人大经管
工商管理经典译丛
会计与财务系列

HORNGREN'S ACCOUNTING
会计学

(第10版)

特蕾西·诺布尔斯 (Tracie Nobles)
布伦达·马蒂森 (Brenda Mattison)　著
埃拉·梅·玛苏姆拉 (Ella Mae Matsumura)
刘俊勇　等　译

中国人民大学出版社
·北京·

译者序

《会计学》(第 10 版) 继承了美国著名会计学家、斯坦福大学商学院查尔斯·T·亨格瑞教授以往《会计学》版本的优良传统，涵盖了财务会计和管理会计的所有基础知识，代表了基础会计的主流，是一本非常优秀的教材。第 10 版也是对已故亨格瑞教授的最好纪念。我们认为本书具有以下特点：

1. 正文结构安排合理，内容丰富多彩，激发学习热情

本书共 26 章，包括了基础会计、财务会计和管理会计的基本内容。作者按照由浅入深、循序渐进的原则，设置了三部分内容：基础会计（第 1～7 章）、财务会计（第 8～17 章）、管理会计（第 18～26 章）。这三个部分各成体系，又环环相扣，脉络清楚。

本书自始至终突出激发学习热情的理念，激励学生在思考和操作中进行学习，避免了枯燥的“填鸭式”教学方式。为了便于学生学习会计的原理和方法，贯彻激发学习热情的理念，作者在每章特意安排了以下内容：(1) 问题导向的章节安排。作者将学生在学习中常见的问题写入书中，引导学生有针对性、高效率地完成学习。全书 26 章包含了 151 个会计问题。(2) 章首案例。章首案例将学生推向了会计的现实世界，在那里业务决策影响组织的未来。案例提供了关于每章主题的现实企业背景，激励学生在思考中进行学习。(3) 图表。本书安排了许多图表，其目的是通过图解的方式阐述会计概念以及概念之间的相互联系，使读者直观地理解会计原则、程序和方法。

这种安排有助于读者迅速地掌握会计的基本原理和方法。同时，也使本书内容丰富多彩，便于激发读者的学习热情。

2. 注意会计和决策之间的关系，力求帮助读者成为决策者

“算为管用，算管结合”这句话在本书中得到了极好体现。学习会计学知识就是要帮助学生在一个变幻的商业世界中航行。会计学的基本知识将帮助他们更好地做出决策，评价现实环境，并理解数字的价值。

每章开始的章首案例，为读者提供了一个企业的范例，并引用了该公司管理者、投资者或所有者对该章主题的精辟论述。STL 公司的范例贯穿于每章的始终，它将会计和企业的实际决策紧密地联系在一起。各章的习题均包括那些在企业实际经营决策中将用到的相关资料和财务指标。为了帮助读者认识会计和决策的关系，作者还特意增加了案例分析。

3. 习题、案例多种多样，难度层层递进，巩固所学内容

本书中的习题材料紧扣正文所讲内容，形式多种多样。大致来讲，习题分为两大类：疑难问题和小组作业。① (1) 疑难问题。每一题都有明确的学习目标，与正文紧密联系，以便学生查阅正文。(2) 小组作业。通过学生之间合作解决一个现实问题，锻炼学生综合运用知

---

① 原书中的习题包括快速检查、初级练习、一般练习、疑难问题、案例、小组作业、综合练习和跨章练习，本书选择了疑难问题和小组作业两种类型。

识解决问题的能力。这种安排，体现了从易到难、由浅入深的原则，在难度上层层递进，便于学生巩固所学内容。

4. 工作团队阵容强大，内容分工细致，帮助学生取得职业成功

除了三位作者之外，该书的工作团队还包括：学生评审者（帮助检查正文和习题）、教师评审者（对全书进行评审）、团体参与者、其他作者和评审者（编写和评审教师手册、录像指南、学习指导、CD、幻灯片、技术、现场录像、在线课程，等等）。在这个强大工作团队的努力下，本书不仅内容丰富多彩，而且整体质量一流。《会计学》（第10版）的工作团队有一个共同的目标：帮助学生理解会计概念，并取得职业成功。通过教材、习题以及其他媒介，他们全面提高了学生的职业素养，增进学生在未来职业生涯中的成功。这些努力具体体现在以下几个方面：（1）注意批判性思维的培养。书中设计的案例有利于培养学生的批判性思维。（2）注意会计与相关环境之间的联系。书中设计的章首案例、企业实例，能帮助读者把会计问题与相关环境紧密地联系在一起，进行系统思考。（3）注意培养读者使用会计信息的能力。本书的读者不一定都从事会计工作，但他们都可能要使用会计信息，为此，本书详细讨论了会计信息使用中应注意的问题。（4）注意职业道德教育。（5）注意交流技巧的培养。（6）注意信息技术的应用，增进学生在信息时代的职业能力。

作为本书的译者，我参加了本书前两个中文版本（第6版和第8版）的翻译和组织工作，我深刻地体会到本书的先进教育理念。因此，近五年来，我将本书的部分内容在中央财经大学的MBA，MPAcc以及多个面向高级经理人的培训项目中加以运用，取得了良好的教学效果。

本书可以作为高等院校经济管理类学生会计学课程的教材，也可供财务会计人员和经济管理人员自学会计时使用。本书的主要目的是为了告诉读者如何使用会计信息，因而，企业的经理和其他中层管理人员要了解如何利用会计信息进行科学决策时，选择本书是非常合适的。

本书的翻译、审校工作由中央财经大学会计学院副院长刘俊勇教授负责，魏紫副教授参与了财务会计部分章节的审校工作，其他参加翻译的人员均为中央财经大学的硕士研究生，他们是奚恩民、吴冰、徐静一和夏稀靖。本次翻译项目我们制定了严密的计划，由于有第6版和第8版的翻译经验积累，项目组制定了“每周一章，问题及时反馈，集体解决”的策略，即项目组成员每周都反馈翻译进度以及遇到的问题，通过讨论及时解决问题。严密的计划使翻译工作得以高效、如期完成。最后，刘俊勇通阅了全部书稿，统一了有关名词和体例。本书的翻译过程得到了中国人民大学出版社陈永凤编辑的大力支持，在此表示感谢。

在本书的翻译过程中，除了要面对会计专业术语外，还涉及大量的与会计相关的行业、技术、管理、文化等方面的背景知识，这些都增加了我们工作的难度，我们尽力准确地将其翻译出来。有些名词、术语经过多次反复推敲，部分章节几经修改，但因译者水平所限，书中难免有疏漏和错误之处，恳请读者批评指正。来信请致：13911909589@139.com。

刘俊勇

前　言

我们对《会计学》(第 10 版) 发生的变化觉得非常兴奋，希望你们在使用本书时也能注意到。在开始撰写这个版本之前，一些会计教育家坐到一起，讨论希望在一本教材中看到的内容。我们问他们：如果你们可以设计一本帮助学生学习会计知识的教材，这本教材会是什么样子呢？他们给我们的建议是：以原有的版本为基础，重新定义设计、章节特色和会计学的内容，让学生学起来更轻松。我们采纳了这些建议，加上来自其他深入关注此问题的小组和调查的反馈，在第 10 版中更新了上一版的内容：重点关注学生的成功和教师的期望。

帮助学生成功。借助自身执教多年的经验，我们对学生应该如何学习、学习什么以及为何种目标而努力进行了反复考量。我们力图在书本内容与课堂教学之间搭建桥梁，所以在此版本中新增了许多针对学生的学习辅助资料。我们还将学生在学习过程中所遇到的常见问题写入此书。作为教授，我们清楚每个学期都会有学生就某一关键会计概念提出同样的问题。我们从中筛选了部分问题编入本书，试图帮助学生走出学习误区、解决学习困惑。

满足教师期望。身为教授，我们明白你们需要的是一本能够涵盖所需知识的教材——包括精挑细选的章末练习。带着这些期许，我们对本书的内容进行了大幅调整，新添了许多重要的会计主题，如合伙制、投资、会计信息系统以及制造企业的预算等。我们修订并新增了章末的习题，并对本书及其配套答案手册进行了严格的校对和核查，确保内容完整无误。

从一个问题入手，就此诞生了一本全新的《会计学》。对于您的任何反馈、建议或评论，我们均表示诚挚欢迎。如有需要，请发送邮件至 HorngrensAccounting@pearson. com。

目　　录

第 1 章

会计与企业环境

- 会计：商业语言
- 会计行业的监管机构和规则体系
- 会计恒等式
- 如何分析交易活动
- 如何编制财务报表
- 利用财务报表评价企业绩效

有人需要咖啡吗？

艾登·杰克逊正在仔细阅读开会时银行工作人员递给他的一份清单——包括商业计划书、现金流量预测表、财务报表、纳税申报表等。艾登之所以与银行工作人员会面，是因为长久以来他一直梦想在大学校园对面的街道上开一家咖啡店。艾登明白市场有这方面的需求——大学生都希望学校附近有一个可供学习、与朋友见面闲聊的僻静去处。艾伦也有这方面的经营经验——过去三年他一直担任邻镇一家咖啡店的经理。然而艾伦还缺一样东西——钱。他以前攒下的工资加上部分家人和朋友的投资，远远不能满足开店所需的资金要求。艾伦认为最好的选择就是从银行贷款。会面后，艾伦觉得自己的事业前景一片渺茫，他十分灰心，不知所措。

也许你认为艾伦的困境在现实中不可能出现，但是你错了。几乎每一家企业都面临类似的问题。初创期创业者野心勃勃，但是他需要持续的现金流来维持企业的运营。除此之外，创业者还必须做出决策：是否应该扩大经营范围，到别的地区开一家分公司？是否拥有足够的现金来购买一台咖啡豆烘焙机？我如何得知公司是否赚得了利润？

那么艾登的公司究竟该如何起步呢？接着往下读，这就是会计学所要教给你的内容。

艾登所面临的困境是大多数企业都会遇到的问题。举例而言，星巴克公司于1971年在华盛顿州的西雅图开设了第一家店面。三个合伙人——杰瑞·鲍德温、泽夫·西格尔和戈登·鲍克为梦想所激励，致力于销售高质量的咖啡。我们知道他们三人成功地实现了梦想，因为目前星巴克已在全球50个国家和地区开了15 000多家分店。星巴克是如何从一家店面成长到今天的呢？因为它的合伙人懂得会计这门商业语言。他们清楚该如何评估企业的经营活动、如何将会计信息加工成财务报表、如何利用财务报告制定决策。会计知识有助于你更好地理解商业活动，使你成为一名出色的企业家、员工或者投资者。

本章大纲

- 为什么会计很重要？
- 会计监管机构及会计原则是什么？
- 会计恒等式是什么？
- 如何分析企业的一项交易活动？
- 如何编制企业财务报告？
- 如何运用财务报表评价企业经营业绩？

学习目的

1. 阐明会计的重要性，列清财务信息的使用者。
2. 介绍会计监管机构及会计原则。
3. 介绍会计恒等式，定义资产、负债和所有者权益。
4. 运用会计恒等式分析企业的交易活动。
5. 编制企业财务报告。
6. 运用财务报表和资产回报率（ROA）评价企业经营业绩。

会计：商业语言

会计（accounting）是计量企业经济活动，处理、加工这些经济信息并将其反映在报表中，同时将处理结果传递给决策者的信息系统。会计常常被人们称为“商业语言”。对这门语言理解得越透彻，对企业的经营掌控能力就会越强，也就越有可能成为有价值的员工或者精明的投资者。

我们总是习惯性地认为会计工作枯燥乏味。然而，会计并不仅仅是简单的记账。当今的会计师还参与企业内部形形色色的其他活动，例如，调查研究财务证据、设计用于处理会计信息的计算机程序，以及将财务数据传递给利益相关者等。人们每天都在借助会计知识进行商业决策。

决策者：会计信息的使用者

会计可以分为两大领域——财务会计与管理会计。

财务会计（financial accounting）主要为企业外部信息使用者（如外部投资者、贷款人、客户、政府等）提供信息。

管理会计（management accounting）主要为企业内部决策者（如企业管理者、内部员工等）提供信息。图表 1—1 描述了财务会计和管理会计的区别。

图表 1—1　决策制定：财务会计 vs. 管理会计

财务会计

外部决策者

我是否应该投资该企业？
该企业盈利与否？
我们是否应该向该企业借钱？
该企业是否能够偿还借款？

管理会计

内部决策者

企业应如何确定预算金额？
企业是否应开设一家分公司？
企业的实际成本与预算成本的差异有多大？

无论是企业外部信息使用者还是内部信息使用者，所有的决策者都需要信息来做出最好的选择。决策越重要，对信息的需求也就越强烈。下面是使用会计信息的一些决策者。

1. **个人**（individuals）　你拥有多少现金？每个月需要存多少钱为退休后的生活或者孩子的学费做准备？会计知识可以帮你解答这些问题。你在日常生活中可以使用会计信息来管理银行账户、评价一份新工作、估计自己是否买得起一台新电脑。商业活动也需要使用会计信息做出类似的决策。

2. **企业**（businesses）　企业所有者利用会计信息来制定经营目标、评估目标实现的进度，并在必要时采取修正措施。财务报表为企业管理者提供他们所需要的、能够帮助他们做出决策的信息。例如，一名业主想知道他的企业是否拥有足够的现金流来支付一台电脑的价格。此时，财务报表大有用处。

3. **投资者**（investors） 拥有所有者权益的外部投资者为企业提供运营资金。假设你目前正考虑向一家企业投资，你将如何评估这是不是一项值得投资的项目？在做决定时，你可能会考虑预期可从中赚取多少利润。同样地，投资之后，投资者通过分析企业的财务报告来评估其投资的回报情况。

根据你所在公司的退休政策，你可能有机会投资股票市场。那么你会选择购买哪只股票呢？分析公司的财务报告有助于你做出正确的决策。你可以登录 http://finance.yahoo.com，www.google.com/finance 或者证券交易委员会（SEC）的 EDGAR 数据库（www.sec.gov/edgar.shtml）获取大型公司的财务报告。

4. **债权人**（creditors） 债权人指借出钱的任何个人或组织。在向企业借款之前，债权人需要通过查看财务报表来评估该企业的到期偿债能力，并预测其未来收入。如果你想获得购车贷款或者住房贷款，债权人也会遵循相同的流程。债权人会通过评价会计数据来决定你偿还贷款的能力。

5. **税收机关**（taxing authorities） 地方政府、各州以及联邦政府都要征税。所得税金额是根据会计信息计算而得的。健全的会计记录能够帮助个人或者企业利用法律上的税收减免政策。如果会计记录不健全，国税局会禁止税收减免，并对企业开具包括滞纳金、罚金在内的高额税单。

□ 会计行业

亚马逊、沃尔玛和你学校附近的本地三明治店有什么共同之处吗？它们都需要会计师！这也是毕业后一张会计专业的学历证书意味着拥有更多就业机会的原因。

也许你以前曾经听说过注册会计师。**注册会计师**（CPA），是服务大众的持证上岗的会计专业人士。注册会计师大多在公共会计师事务所、企业、政府部门或者教育机构工作。如何成为一名注册会计师呢？尽管各州要求不同，但是要想获得注册会计师证书，除了必须满足学历、工作经验等方面的要求外，还要通过资格考试。美国注册会计师协会（AICPA）的官网（www.thiswaytocpa.com）上提供了关于如何成为一名CPA、就业机会以及考试要求的海量信息。

注册管理会计师（CMA），指的是精通会计和财务管理知识的持证专业人士。一般而言，注册管理会计师只为一家公司工作。你可以在美国管理会计师协会（IMA）的官网（www.imanet.org）上搜索到如何成为一名 CMA，CMA 与 CPA 的区别，以及为什么雇主认可 CMA 证书等信息。花费时间和精力考取证书，对于一名会计从业人员来说是值得的——初入职场时，得到认证的会计师要比他们没有获得认证的同事多赚10%～15%的工资。

学习会计知识、考取专业资格证书，可以获得一个保证自己的生活无忧的工作机会。根据罗伯特·哈夫公司（Robert Half）在2012年所做的《薪酬指南》，需要会计技能的顶级职位包括主计长（总会计师）、财务分析师、税务会计、审计师、成本会计师以及业务系统分析员。这些类型的会计师大约赚多少钱？图表1—2提供了一些关键职位的收入潜力，从中可以略窥一二。

会计师通常分为公众会计、私人会计或者政府会计。公众会计提供审计或者税收筹划服务。知名的公众会计师事务所包括安永、德勤、普华永道和毕马威。私人会计指的是受雇于单个企业的会计，如亚马逊、沃尔玛或者戴尔等。其他为联邦政府或者州政府工作的会计师，则称为政府会计。不管会计师在何处从事工作，社会对于他们所能提供服务的需求非常旺盛。根据美国劳动部门发布的《职业展望手册 2010—2011》，联邦政府预期 2010—2011 年会计师和审计师的平均就业增长率与 2008—2018 年相比，增速明显加快。

图表 1—2　　**会计职位对比一览表**

职位	工作描述	工资范围
总会计师	编制财务报表，与审计师沟通，以及对财务报告的合规性进行监督	$ 82 750～$ 199 000
财务分析师	审查财务数据，挖掘和解释数字背后的含义	$ 38 000～$ 114 500
业务系统分析员	运用会计知识，构架计算机系统	$ 44 250～$ 107 250
税务会计	辅助公司进行税收筹划	$ 41 500～$ 114 750
审计师	审核公司财务报表，保证公司合规经营	$ 42 500～$ 171 150
成本会计师	通常在制造业公司工作，辅助分析会计数据	$ 40 000～$ 103 750

会计行业的监管机构和规则体系

所有的职业都有其特有的一套规章体系，以下将介绍会计行业的监管机构和规章制度。

监管机构

在美国，一个称为**财务会计准则委员会**（Financial Accounting Standards Board，FASB）的民间组织制定会计准则。它与联邦政府监管机构——证券交易委员会（SEC）协同合作（SEC 是监管美国金融市场的政府机构，它同时还监管一些准则制定机构，例如 FASB）。FASB 同时还与国会设立的组织——公司会计监管委员会（PCAOB），以及民间组织——美国注册会计师协会（AICPA）、美国管理会计师协会（IMA）、国际会计准则理事会（IASB）通力合作。

一般公认会计原则

一般公认会计原则（Generally Accepted Accounting Principles，GAAP）是指导会计师行为的规范。GAAP 作为美国主要的会计规则手册，目前由 FASB 制定和管理。理解掌握 GAAP，对于我们运用、起草、编制财务报表尤其重要。

一般公认会计原则以概念框架体系为基础，涵盖了目标、特征、元素、财务报表的编制等内容；创立了一套可接受的会计实务准则。

财务报告的主要目的就是为投资和贷款决策提供有用信息。只有相关、可靠的财务信息，才具有有用性。相关性，是指信息使用者能够依靠信息做出决策。可靠性，是指信息是完整的、客观的、准确的。这些会计假设和原则构成了公司所需报送的财务报告的基础。

经济实体假设

会计最基本的概念就是经济实体假设。会计主体是区别于其他实体的作为一个独立经济单元的某一机构。会计上各主体间界限分明，才不至于将各主体的事务混淆在一起。一个实体指的是独立于其所有者的一家企业。

为了描述经济实体假设以及本章的其他几个概念，我们以某虚构的公司——STL公司为例（一家远程网络教育公司，以提供会计学、经济学、市场营销学和管理学方面的网上课程为主要经营范围）。这家虚构的公司在整本书中将被提及多次。

设想一下，希娜·布莱特出资＄30 000创建了STL公司。按照会计主体的概念，STL公司把这＄30 000与希娜的个人资产（如衣物、汽车等）分开核算。如果将这＄30 000和希娜的个人资产混在一起核算，会使得STL公司经营状况的计量变得复杂。会计主体假设要求每家企业必须与其他公司，以及与所有者个人相独立。

企业的组织结构可以有独资企业、合伙企业、股份公司或者有限责任公司（LLC）等形式。图表1—3对这四种类型的企业组织形式的相同点与不同点进行了总结。

图表1—3　　企业组织形式

	独资企业	合伙企业	股份公司	有限责任公司
定义	只有一个所有者的企业	有两个或两个以上所有者，但不是以股份形式	根据州法律设立的独立法律实体	各成员只对自己行为负责的公司
所有者	业主，一个	合伙人，两个或两个以上所有者	股东，一个或一个以上	成员或者合伙人，一个或者一个以上
存续期限	取决于所有者的选择，或所有者死亡	取决于合伙人的选择，或所有者死亡	无限期	无限期
所有者承担的公司债务责任	无限责任，以个人财产抵付	无限责任，以个人财产抵付	有限责任，与股东个人财产不相联系	有限责任，与成员个人财产不相联系
纳税规定	不是独立的纳税实体，业主在个体经营所得的基础上缴纳税收	合伙企业不纳税。合伙人以从合伙企业所分的利润份额为基础分别缴税	独立纳税实体。股份公司缴纳税收	有限责任公司不纳税。各成员以从公司分得的利润份额作为应纳税所得额，分别缴税
商业类型	小型企业	诊所、律师事务所、会计师事务所等专业服务机构	大型跨国公司	合伙企业的替代形式

历史成本原则

历史成本原则（cost principle）要求取得的资产和劳务应当以其实际成本，即**历史成本**（historical cost）记录入账。历史成本原则，意味着我们在记录一项交易时，必须以收据上所列示的总额（也即我们实际支付的总额）记录入账。即使购买者认为此价格为优惠价格，也必须以交易中实际支付的价格而非“预期”的价格来记录。例如，假设我们前面虚构的STL公司以$20 000的价格购买了一块土地。公司的所有者，希娜·布莱特可能认为这块土地实际上值$25 000。根据历史成本原则，该土地的入账成本应当是$20 000，而非$25 000。

历史成本原则还要求企业在资产存续期间一直保持其历史成本的会计记录，原因就在于历史成本是一项可靠的计量标准。假设STL公司持有该土地达6个月，在此期间，土地价格上涨，市场价值为$30 000。该土地的会计价值（账面价值）应该是其实际成本$20 000，还是其现行市场价值$30 000？根据历史成本原则，这块土地的会计价值仍然应当是其实际成本$20 000。

□ 持续经营假设

以历史成本计量资产的另外一个原因就是**持续经营假设**（going-concern assumption），它认为企业在可预见的将来能够持续经营。根据持续经营概念，会计师假设企业将存续足够长的时间，以充分利用现有资产实现预期目标。

□ 货币单位假设

美国的会计师都以美元记录经济交易，因为美元是交易的媒介。随着时间的推移，美元价值可能发生变化，价格的普遍上涨称为通货膨胀。在通货膨胀期间，1美元所能购买的东西将减少，但会计师都假设美元的购买力相对稳定。这是**货币单位假设**（the monetary unit assumption）的基础，这一假设要求财务报表中的项目都必须以货币单位计量。

□ 国际财务报告标准

我们之前已经讨论过的会计概念和原则是以美国一般公认会计原则为样板制定的。这套原则也适用于美国的证券交易所，如纽约证券交易所。证券交易委员会（SEC）要求美国的企业必须遵循一般公认会计原则的要求。然而，目前证券交易委员会正在考虑签署通过国际财务报告准则（由国际会计准则理事会制定并颁布）。国际财务报告准则是一套适用于120多个国家和地区的全球性会计标准。与美国一般公认会计原则相比，它更简略且更忠实于会计原则。国际财务报告准则留给会计师充足的专业判断空间。例如，与美国一般公认会计原则不同，国际财务报告准则允许对特定资产和负债定期重估值，以市场价值而非历史成本记账。

如果证券交易委员会签署通过国际财务报告准则，这意味着什么呢？签署过程包含一系列缓慢将国际财务报告准则融入美国财政体系的具体流程环节，使得美国一般公认会计原则的目标与国际财务报告准则的目标保持一致。目前的进展情况表明最早可于2015年或者2016年实现依据国际财务报告准则编制报告。

□ 会计和商业中的职业道德

职业道德问题影响会计师的所有工作。投资人和债权人需要关于公司的相关、可靠的信息，借以做出投资决策或者信贷决策。而公司为了用良好的盈利能力和强大的财务实力吸引投资者，自然希望自家财务报表尽可能地好。有时候这两种截然相反的视角就产生了利益冲突。举例而言，假设某公司因为产品质量问题正面临一笔潜在的高达数百万美元的诉讼债务。这家公司极有可能不愿意与投资者分享此信息，恐将损及企业的盈利能力。另一方面，投资者则非常想获得关于此未决诉讼的信息，以便在投资此公司时做出一个明智的决定。为了处理其中的利益冲突、提供可靠的会计信息，证券交易委员会（SEC）要求上市公司的财务报表必须经过独立会计师的审计。**审计**（audit）是对公司财务报表和会计记录的检查，然后独立审计师会就财务报表是否客观、公允地反映了公司的财务状况出具审计意见。

大量的会计师遵守职业道德，按照执业要求，默默地从事自己的工作，不为人知。遗憾的是，只有那些违反职业道德的会计师才会登上报刊的新闻头条。近几年，我们目睹了很多财务丑闻。

例如，针对安然（Enron）公司和世界通信公司（WorldCom）的财务报告丑闻，美国政府迅速制定措施：颁布了《萨班斯-奥克斯利法案》（SOX），以遏制财务丑闻的发生。《萨班斯-奥克斯利法案》要求公司评估内部控制、对财务报告的真实性和完整性负责。除此之外，法案明确了提供虚假财务报表就是犯罪行为，并建立了一个新的监管组织——美国公众公司会计监督委员会（PCAOB），来监督独立审计师（尤其是审查上市公司的独立审计师）的工作。因财务丑闻遭到指控的伯纳德·麦道夫，通过编造虚假报表对成千上万名投资者实施诈骗，这些丑闻进一步挫伤了公众对于财务报告的信心，必将导致未来在财务报表编制领域出现更严苛的立法。

会计恒等式

最基本的会计工具就是**会计恒等式**（accounting equation），它反映企业所拥有的或控制的经济资源以及对该资源的求偿权。会计恒等式由三部分组成：资产、负债和所有者权益。会计恒等式反映了资产、负债以及所有者权益之间的关系。恒等式的左边是资产，右边是负债和所有者权益。

资产＝负债＋所有者权益

例如，某公司拥有＄230 000的资产和＄120 000的负债，那么其所有者权益一定是＄110 000（230 000－120 000＝110 000）。

资产

资产（assets）是企业所拥有或者控制的、能在未来期间给企业带来预期经济利益的经济资源。现金、商品存货、设备、土地等都是资产。

负债

对企业资产的求偿权主要来自两个方面。**负债**（liabilities）是“外部求偿权”，它代表了债权人对企业资产的求偿权，是企业对债权人承担的债务。例如，贷款给某公司的债权人在公司清偿债务之前对公司的部分资产拥有求偿权。很多负债在名字上都使用了“应付”这个词，比如应付账款、应付票据、应付职工薪酬。

□ 所有者权益

所有者对企业资产的“内部求偿权”称为**所有者权益**（owners' equity），它是企业资产扣除负债后由所有者享有的剩余权益，是公司的净资产。

所有者权益随着所有者出资和收入的发生而增长。所有者的出资，指的是实收资本，所有者可以通过现金出资或者其他出资形式（如设备出资等）向企业投资，取得相应的资本。所有者权益还会随收入增长而增长。收入指的是通过向顾客销售货物、提供劳务所赚取的收益，例如，销售货物收入、提供劳务收入和租金收入等。

所有者权益会随着费用的发生、业主转出权益的转出而减少。费用，指的是销售货物或者提供劳务的成本。费用是收入的配比扣除项目，因此会导致所有者权益的减少。常见的费用包括租赁费用、工资费用、广告费用和水电费等。

业主转出权益是对所有者的资产（通常是现金）的分配。业主转出权益不是费用项目，因为它是一项私人支出，与企业的经营活动无关。所有者可能会也可能不会从企业里转出权益。业务转出权益是业主出资的反面，因此会导致所有者权益的减少。

所有者权益可以被拆分成四个组成部分，如下面会计恒等式的扩展公式所示：

$$\underline{\text{资产}}\Big\} = \Big\{\underline{\text{负债}} + \frac{\text{所有者权益}}{\text{实收资本}-\text{业主转出权益}+\text{收入}-\text{费用}}$$

企业以盈利为目的，当收入大于费用时，经营结果的表现形式是利润或者净收入；相反则为**净损失**（net loss）。

如何分析交易活动

会计记录是建立在真实交易基础上的。**交易**（transaction）是任何影响企业财务状况且能够可靠记录的事件。交易可能影响企业拥有的资产、所欠的负债或者净资产。许多事件可能影响企业，包括经济繁荣与衰退，但会计师并不记录这些事件的影响，因为它们不能被可靠地计量。会计师只记录那些能够以货币单位可靠计量的事件，例如，购买建筑物、销售存货、支付租金等。

哪些是你的个人交易呢？你可能买了一辆车，这就是一项交易。如果你正在偿还汽车贷款，这同样也是一项交易。

□ STL 公司的交易分析

为了阐述企业交易的会计核算，我们将以之前提到的 STL 公司为例，对 2014 年 11 月份所发生的交易做出解释，并且说明每一笔交易是如何影响会计恒等式的。

交易 1：开办企业　希娜·布莱特创办了家名叫 STL 的独资企业。这家网络远程教育公司从所有者希娜·布莱特手中收到了 \$30 000 的现金投资，相应地给予了希娜 \$30 000 的股本。这笔业务对会计恒等式的影响如下：

	资产		负债 +	所有者权益
	现金	=		布莱特，资本
（1）	+30 000			+30 000

让我们通过以下几个步骤仔细研究一下这个交易。

第一步：找出交易所涉及的会计科目和科目类型。每一笔交易一定涉及至少两个会计科目，甚至更多。本交易涉及的会计科目为：现金（资产类）和实收资本（所有者权益类）。

第二步：判断每个会计科目的增减变动。要时刻牢记从企业的视角来看待会计科目的增减变动，而不是从所有者或者顾客的角度来看。现金增加了，这家公司拥有比之前更多的现金。实收资本增加了，这家公司收到了＄30 000的出资。

第三步：判断会计恒等式是否仍然平衡。对于每一笔交易而言，会计恒等式左边的增减量都必然等于右边的增减量。＄30 000＝＄30 000

交易2：购置土地 STL支付了＄20 000来购置一块办公用地。此项交易对于会计恒等式的影响如下：

	资产				负债	+	所有者权益
	现金	+	土地	=			布莱特，资本
	30 000						30 000
（2）	−20 000	+	20 000				
	10 000	+	20 000				30 000

让我们用之前所学的几个步骤来重新研究一下这个交易。

第一步：找出交易所涉及的会计科目和科目类型。交易2涉及的会计科目包括现金（资产类）和土地（资产类）。

第二步：判断每个会计科目的增减变动。交易2中，公司购买土地、支付现金，导致现金数量减少，公司所拥有的土地增加。

第三步：判断会计恒等式是否仍然平衡。＄10 000＋＄20 000＝＄30 000

交易3：购买办公用品 STL公司购买了价值＄500的文具和其他办公用品，并答应在30天内付款。这笔业务使得企业的资产与负债同时等额增加，其对会计恒等式的影响如下：

	资产						负债	+	所有者权益
	现金	+	办公用品	+	土地	=	应付账款	+	布莱特，资本
	10 000				20 000				30 000
（3）			+500				+500		
	10 000		500		20 000		500	+	30 000

第一步：找出交易所涉及的会计科目和科目类型。交易3涉及的会计科目包括办公用品（资产类）和应付账款（负债类）。办公用品是一项资产，而不是费用，因为它并非在当前立刻被消耗殆尽，而是可以在未来的一段时期内使用。此项交易产生的负债是**应付账款**（account payable），它是企业的一项短期负债，需要在未来予以偿还。任何一项应付款项都是企业的负债。

第二步：判断每个会计科目的增减变动。办公用品增加，公司拥有比之前更多的办公用品；应付账款增加，公司所欠的负债也比之前更多了。

第三步：判断会计恒等式是否仍然平衡。＄10 000＋＄500＋＄20 000＝＄500＋＄30 000

交易4：取得服务收入　企业通过为顾客提供培训而取得服务收入。假设STL取得了＄5 500的现金收入，则该笔业务将使得会计恒等式左右两边的现金和服务收入等额增加，表示如下：

	资产					=	负债	+	所有者权益		
	现金	+	办公用品	+	土地		应付账款	+	普通股	+	留存收益
	10 000	+	500	+	20 000		500	+	30 000		
(4)	+5 500										+5 500
	15 500		500		20 000		500		30 000		5 500

收入业务使企业得以成长，正如上面所示体现在资产总额和所有者权益上的增加。

交易5：取得应计收入　有些顾客在接受了该公司的服务后却不能立即付款，而是许诺在1个月内付款＄3 000。此项许诺也是一项资产，因为它是企业可以在未来获取现金的**应收款项**（account payable）。在会计上，我们说STL为顾客提供了应计收入服务。这种服务并没有收取现金，却实现了收入。在交易4中，收益的增加带来了"布莱特，资本"的增加。STL公司在账户上记录了＄3 000的收入，如下所示：

	资产							=	负债	+	股东权益		
	现金	+	应收账款	+	办公用品	+	土地		应付账款	+	普通股	+	留存收益
	15 500			+	500	+	20 000		500	+	30 000		+5 500
(5)			+3 000										+3 000
	15 500	+	3 000	+	500	+	20 000		500		30 000		8 500

交易6：费用支出　企业当月用现金支付了＄3 200的费用，其中包括：＄2 000的房屋租金以及＄1 200的临时工工资。该笔交易对会计恒等式的影响如下：

	资产							=	负债	+	所有者权益						
	现金	+	应收账款	+	办公用品	+	土地		应付账款	+	布莱特，资本	+	服务收入	−	租赁费用	−	工资费用
	15 500	+	3 000	+	500	+	20 000		500	+	30 000	+	8 500				
(6)	−3 200														−2 000		−1 200
	12 300	+	3 000	+	500	+	20 000		500	+	30 000	+	8 500		−2 000		−1 200

费用和收入具有正好相反的作用，它使得企业萎缩，企业资产和所有者权益余额都减少了。实际上每笔费用支出都应该单独地逐笔记录。为简便起见，这里我们把它们记在了一起，即将两笔费用支出用它们的支出总额＄3 200（＄2 000＋＄1 200）来记录。请注意会计恒等式左右两边仍然保持平衡（＄12 300＋＄3 000＋＄500＋＄20 000＝＄500＋＄30 000＋＄8 500－＄2 000－＄1 200）。

交易7：支付应付款 STL公司支付了＄300来偿还上述交易3中购买办公用品的＄500应付款。在会计上，我们称企业在账户上支付了＄300。它使得会计恒等式左右两边的资产（现金）和负债（应付账款）同时等额减少，如下所示：

	资产					负债	+	所有者权益			
	现金	＋应收账款	＋办公用品	＋土地	＝	应付账款	＋	布莱特，资本	＋服务收入	－租赁费用	－工资费用
	12 300	＋3 000	＋500	＋20 000		500		＋30 000	＋8 500	－2 000	－1 200
（7）	－300					－300					
	12 000	＋3 000	＋500	20 000		200		＋30 000	＋8 500	－2 000	－1 200

这种应付款支付不会影响办公用品的使用和费用，因为企业只是偿还了负债，这并不是费用支出。

交易8：收回应收款 在前面交易5中，STL公司为顾客提供了服务而未收取价款。现在，公司从顾客那里收到了＄2 000的现金。我们称，企业收回了之前赊销业务的现金。显然，公司应该记录现金的增加。但是，是否需要同时记录收入的增加呢？答案是“不应记录”。因为在交易5中，企业已经记录了该项收入。收回赊销业务的现金意味着在现金增加的同时，应收款项等额地减少。应收账款减少是因为现在企业已经收到了本应在未来某一时点流入企业的＄2 000。这笔业务对会计恒等式的影响如下所示：

	资产					负债	+	所有者权益			
	现金	＋应收账款	＋办公用品	＋土地	＝	应付账款	＋	布莱特，资本	＋服务收入	－租赁费用	－工资费用
	12 000	＋3 000	＋500	＋20 000		500		＋30 000	＋8 500	－2 000	－1 200
（8）	＋2 000	－2 000				－300					
	14 000	＋1 000	＋500	＋20 000		200		＋30 000	＋8 500	－2 000	－1 200

交易8在会计账面记录上表现为一笔资产（现金）的增加和另一笔资产（应收账款）的减少。此时会计恒等式还保持平衡么？是的。只要你在会计恒等式的一边记录的增加数和减少数相等，会计恒等式就仍然保持平衡。换句话说，资产、负债、所有者权益总额与之前相比，都不会发生任何变化。为什么？因为STL公司只不过是将资产以一种形式（现金）转换成了另外一种形式（应收账款），对会计恒等式中的资产总额没有影响（＄2 000－＄2 000＝＄0）。

交易9：资金撤回 希娜·布莱特从企业提取＄5 000现金以备个人支出使用。该笔交易对会计恒等式的影响如下：

	资产：现金	+ 应收账款	+ 办公用品	+ 土地	=	负债：应付账款	+ 所有者权益：布莱特，资本	− 布莱特，提款	+ 服务收入	− 租赁费用	− 工资费用
	14 000	+ 1 000	+ 500	+ 20 000	=	200	+ 30 000		+ 8 500	− 2 000	− 1 200
(9)	−5 000							−5 000			
	9 000	+ 1 000	+ 500	+ 20 000	=	200	+ 30 000	− 5 000	+ 8 500	− 2 000	− 1 200

希娜·布莱特提取 $ 5 000，使得企业资产（现金）和所有者权益同时等额减少。提取资金并不是企业的一项费用支出，因为它与企业的收入不相配比。因此，所有者的提款不会影响企业的净利润或者净损失。

图表 1—4 是关于 STL 公司这 9 笔交易的汇总。

图表 1—4　分析 STL 公司的交易活动

（1）STL 公司收到了 $ 30 000 的现金投资，给予了希娜 $ 30 000 的股本
（2）购置土地，支付现金 $ 20 000
（3）赊购办公用品，价值 $ 500
（4）取得服务收入，收取现金 $ 5 500
（5）向客户提供服务，取得应计收入 $ 3 000
（6）支付现金费用：$ 2 000 的房屋租金以及 $ 1 200 的临时工工资
（7）偿还上述交易 3 中的购买办公用品的应付款 $ 300
（8）从顾客那里收到了交易 5 中应该收取的 $ 2 000 现金
（9）从企业提取 $ 5 000 现金

	资产：现金	+ 应收账款	+ 办公用品	+ 土地	=	负债：应付账款	+ 所有者权益：布莱特，资本	− 布莱特，提款	+ 服务收入	− 租赁费用	− 工资费用
(1)	+30 000						+30 000				
(2)	−20 000			+20 000							
	10 000			+ 20 000			30 000				
(3)			+500			+500					
	10 000		+ 500	+ 20 000		500	+ 30 000				
(4)	+5 500								+5 500		
	15 500		+ 500	+ 20 000		500	+ 30 000		+ 5 500		
(5)		+3 000							+3 000		
	15 500	+ 3 000	+ 500	+ 20 000	=	500	+ 30 000		+ 8 500		
(6)	−3 200									−2 000	−1 200
	12 300	+ 3 000	+ 500	+ 20 000		500	+ 30 000		+ 8 500	− 2 000	− 1 200
(7)	−300					−300					
	12 000	+ 3 000	+ 500	+ 20 000		200	+ 30 000		+ 8 500	− 2 000	− 1 200
(8)	+2 000	−2 000									
	14 000	+ 1 000	+ 500	+ 20 000		200	+ 30 000		+ 8 500	− 2 000	− 1 200
(9)	−5 000							−5 000			
	9 000	+ 1 000	+ 500	+ 20 000		200	+ 30 000	− 5 000	+ 8 500	− 2 000	− 1 200
	30 500					30 500					

如何编制财务报表

我们已经记录了 STL 公司的交易，图表 1—4 汇总了所发生的业务，请注意每笔交易均保持了会计恒等式的左右两边相等（资产总额＝负债总额＋所有者权益总额，＄30 500＝＄30 500）。

基本的问题是：人们在实践中如何利用这些信息？图表 1—4 没有为出借人提供关于 STL 公司是否能够支付贷款的信息，也没有提供关于企业盈利能力的信息。

为了解决这些重要问题，我们需要财务报表。财务报表以商业文件的形式，向利益相关者传递做商业决策所需要的信息。需要编制的财务报表有四类，以如下顺序进行编报：

1. 利润表——回答了企业是否能够盈利的问题。利润表汇总反映了企业在某一特定时期内的收入、费用，以及净利润或者净损失。

2. 所有者权益变动表——回答了企业如何使用收益的问题。所有者是收回了利润还是将收益留存在企业用于进一步的投资？所有者权益变动表反映了某一特定期间内业主所拥有资本额的增减变动情况。所有者权益随着业主投资和净利润的增加而增长，随着业主的提款和净损失而减少。

3. 资产负债表——回答了企业所拥有的资产总额以及谁对企业资产拥有求偿权问题——债权人和所有者。资产负债表反映了企业在某一特定时点的资产、负债和所有者权益的会计恒等式关系。

4. 现金流量表——回答了企业是否能够产生充足的现金流来偿还债务的问题。现金流量表反映了企业在一段特定期间内的现金收入与支出。

利润表

我们首先要编制的是利润表。利润表汇总反映企业在某一特定时期内，如一个月或一年的收入和费用。利润表提供了企业最重要的一部分信息——企业是否取得了：

- 净利润（总收入大于总费用）
- 净损失（总费用大于总收入）

一定要记住的是，在利润表上记录的只有两种类型的账户：收入和费用。图表 1—5 是 STL 公司的利润表。每张利润表所包含的信息内容大同小异。

所有者权益变动表

接下来需要编制的报表是所有者权益变动表。所有者权益变动表汇总反映企业在某一特定时期内，如一个月或一年内所有者权益的变化。仔细研究一下 STL 公司的所有者权益变动表（见图表 1—6）。注意一下这个月的净利润也就是利润表中所计算出来的净利润。这也就是为什么在编制所有者权益变动表之前要先编制利润表的主要原因。净利润必须先在利润表中进行计算，然后结转过入所有者权益变动表中。

资产负债表

资产负债表反映企业在某一特定时点，通常是月末或年末的资产、负债及所有者权益，也称为**财务状况表**（the statement of financial position）。资产负债表就像企业的快照，投资者或者债权人可以在短时间内通过研读资产负债表，快速评估企业的整体经营质量。

仔细研究 STL 的资产负债表（见图表 1—7）。所有的资产负债表格式大致相同。

现金流量表

现金流量表反映企业在特定时间内现金的流入（正的现金流）和现金的流出（负的现金流）情况。现金流量表只反映企业所从事的涉及现金的业务，因为它表示的是企业在该特定时间内的现金净增加额或现金净减少额，以及期末的现金余额。如果一项交易不涉及现金收支，例如，用抵押贷款来购买一块土地，这笔业务就不会在现金流量表中得到反映。

现金流量表分为三大部分：经营活动现金流、投资活动现金流和融资活动现金流。经营活动现金流包括提供劳务所收到的现金以及支付费用所流出的现金。投资活动包括用现金购买或者出售土地、设备等。第三部分——融资活动，包括业主的出资和提款。

仔细研究 STL 公司的现金流量表（见图表 1—8），并重点关注每张现金流量表所包含的重点项目。

图表 1—5　　**STL 公司利润表**

STL 公司利润表 2014 年 11 月		
收入		
服务收入		$ 8 500
费用		
房屋租金	2 000	
工资费用	1 200	
费用总计		$ 3 200
净利润		$ 5 300

图表 1—6　　**STL 公司所有者权益变动表**

STL 公司所有者权益变动表 2014 年 11 月	
希娜·布莱特，资本，2014 年 11 月 1 日	$ 0
加：所有者投资	30 000
当月净利润	5 300
	35 300
减：所有者提款	(5 000)
希娜·布莱特，资本，2014 年 11 月 30 日	$ 30 300

图表 1—7 STL公司资产负债表

STL公司资产负债表 2014年11月30日			
资产		负债	
现金	\$ 9 000	应付账款	\$ 200
应收账款	1 000		
办公用品	500	所有者权益	
土地	20 000	希娜·布莱特，资本	30 300
资产总计	\$ 30 500	负债和所有者权益总计	\$ 30 500

图表 1—8 STL公司现金流量表

STL公司现金流量表 2014年11月		
经营活动产生的现金流量：		
现金流入：		
收顾客款		\$ 7 500
现金流出：		
支付租金	\$ (2 000)	
支付员工工资	(1 200)	
支付办公用品	(300)	(3 500)
营业活动产生的净现金流量		4 000
投资活动产生的现金流量：		
购置土地	(20 000)	
投资活动产生的净现金流量		(20 000)
筹资活动产生的现金流量：		
所有者投资	30 000	
所有者提款	(5 000)	
筹资活动产生的净现金流量		25 000
现金净增加		9 000
现金余额，2014年11月1日		0
现金余额，2014年11月30日		\$ 9 000

利用财务报表评价企业绩效

每一张财务报表都从不同的角度向财务报表使用者提供了关于此公司的各种信息。图表 1—9 汇总了财务报表所提供的这些信息，并且指明了每张报表的用途。

图表 1—9 财务报表所提供的信息一览表

财务报表	所提供的信息和报表用途
利润表	提供公司在特定期间内的盈利能力信息。
所有者权益变动表	告知报表使用者企业留存的用于再投资的利润比例。
资产负债表	向财务报表使用者提供关于企业所拥有的经济资源以及所欠债务的有价值的信息，方便决策者评估企业的财务状况。
现金流量表	报告企业在一段时期内的现金流入和流出情况。

绿山咖啡公司

在这一章节，我们仔细研究了一家虚构的公司——STL 公司的交易活动和财务报表。现在是将我们所学的知识应用于真实案例的时候了。在每一章节，我们都将研究绿山咖啡公司的财务报表，你将学会如何分析公司的财务报表，以及如何应用在每章节所学到的各种概念。

先仔细阅读绿山咖啡公司 2011 年度的财务报表（见本书附录 A① 或者访问网站：http://investor.gmcr.com/annuals.cfm）。让我们从本章所谈及的财务报表着手分析。利润表在年度财务报告——“集团的合并财务报表”的 F-4 页。注意利润表所计算出来的是净利润（收入减去费用）。绿山咖啡公司截止到 2011 年 9 月 24 日的年度净利润为 \$199 501 000。

资产负债表在年度财务报告的 F-3 页。你能找到资产、负债和所有者权益吗？正如你在本章中所学，绿山咖啡公司的资产总额 \$3 197 887 000 等同于负债和所有者权益之和 \$3 197 887 000。

资产收益率

资产收益率（ROA），是财务报表使用者可以用来评估公司运营情况的工具之一。资产收益率代表企业所拥有的资产的盈利能力，由净利润除以平均资产总额可得。平均资产总额可由期初资产总额加上期末资产总额，然后除以 2。

资产收益率＝净利润/平均资产总额

平均资产总额＝(期初资产总额＋期末资产总额)/2

让我们计算一下绿山咖啡公司的 ROA，以评估其资产的盈利能力。由其 2011 年的利润表可知，绿山咖啡公司的净利润为 \$199 501 000。由其资产负债表可知，绿山咖啡公司的期初资产总额为 \$1 370 574 000，期末资产总额为 \$3 197 887 000。绿山咖啡公司 2011 年的资产收益率计算如下：

资产收益率＝\$199 501 000/(\$1 370 574 000＋\$3 197 887 000)/2

＝\$199 501 000/\$2 284 231 000*

＝8.7%*

*四舍五入。

作为投资者，我们如何得知 8.7%的资产收益率是高是低呢？我们可以将其与同业竞争者（例如，驯鹿咖啡、星巴克公司及唐恩都乐公司）的资产收益率做对比。如果我告诉你唐恩都乐的资产收益率是 1.1%，你将如何评价绿山咖啡公司呢？鉴于绿山咖啡公司的高资产收益率，我们可以断定绿山咖啡公司的资产盈利能力比唐恩都乐公司要好。这又意味着什么呢？这意味着绿山咖啡公司每 1 美元所赚取的利润要比唐恩都乐公司多。随着会计知识学习的深入，你将学会使用财务工具来帮助投资者评估公司的经营业绩。只有投资者对公司有一个全局把控时，他才能够具备投资的悟性。

---

① 该附录可录登人大经管图书在线（www.rdjg.com.cn）下载。

疑难问题 A 部分*

P1-40A　利用会计恒等式对业务进行分析

Matilda Crone 自己经营着一家名为 Dance Fever 的公关公司，下列数据汇总反映了企业 2014 年 8 月 31 日的财务状况：

资产	=	负债	+	所有者权益
现金＋应收账款＋办公用品＋土地	=	应付账款	+	Crone，资本－Crone，提款＋提供服务收入－租赁费用－广告费用
$2 300＋$3 000＋$0＋$14 000	=	$8 000	+	$11 300

2014 年 9 月份发生如下交易：

a. 所有者投入 $13 000 的资本。

b. 为顾客提供服务并收到 $900 的现金收入。

c. 偿还了期初应付账款余额。

d. 从 OfficeMax 购置 $600 的办公用品。

e. 收回应收账款 $2 300。

f. 所有者提取 $1 600。

g. 为一个新乐队提供咨询，向客户开出了 $5 500 服务收入的账单。

h. 记录本月发生的费用如下：

房屋租金 $1 200，

广告费用 $600。

要求：

按照本章提供的格式分析上述各项交易对 Dance Fever 公司会计恒等式的影响。

P1-41A　利用会计恒等式对业务进行分析

Christopher Turner 新开办了一家公司——Turner Gymnastics，12 月份发生了以下交易：

12 月 1 日，Christopher 出资 $21 000，取得相应的所有者权益。

2 日，为客户提供服务，收取现金 $3 500。

5 日，购买办公用品，支付现金 $200。

9 日，为客户提供服务，向客户开具 $2 000 的账单。

10 日，收到水电费账单 $300，需在两周之内缴清。

15 日，向一家当地报纸支付广告费 $325。

20 日，用现金支付 10 日收到的水电费账单 $300。

25 日，全额收回 9 日因向客户提供服务所应收取的款项 $2 000。

28 日，支付月租金 $2 000。

28 日，支付助手工资 $1 250。

30 日，为客户提供服务，收取现金 $1 800。

31 日，Christopher 从公司提取中 $5 000。

要求：

按照本章图表 1—4 所提供的格式分析上述各项交易对 Turner Gymnastics 公司会计恒等式的影响。

P1-42A　编制财务报表

下表是 Gate City 电话应答公司 2014 年 12 月 31 日的会计科目金额。

土地	$8 000	所有者出资，2014	$28 000
应付票据	32 000	应付账款	11 000
财产税	2 600	应收账款	1 000
Wayne，提款	30 000	广告费用	15 000
租赁费用	13 000	建筑物	145 200
工资费用	65 000	现金	3 000
应付职工薪酬	1 300	设备	16 000
服务收入	192 000	保险费用	2 500
办公用品	10 000	利息费用	7 000
Wayne，资本，12/31/13	54 000		

要求：

1. 编制 Gate City 电话应答公司的利润表。

2. 编制 Gate City 电话应答公司的所有者权益变动表。

3. 编制 Gate City 电话应答公司的资产负债表。

P1-43A　编制财务报表

某摄影工作室主要负责设计婚礼和毕业舞会。

* 限于篇幅，本书练习题有删减。

2013 年 12 月 31 日，Ansel 在此工作室拥有的资本余额为 $ 16 000。在 2014 年 12 月 31 日的会计记录如下：

保险费用	$ 8 000	应收账款	$ 8 000
现金	37 000	应付票据	12 000
应付账款	7 000	Ansel，资本余额，2014. 12. 31	?
广告费用	3 000	工资费用	25 000
服务收入	80 000	设备	50 000
Ansel，提款	13 000	所有者投资，2014	29 000

要求：

编制工作室 2014 年度的财务报表（截止到 2014 年 12 月 31 日）：

a. 利润表

b. 所有者权益表

c. 资产负债表

P1-44A　编制财务报表

由于 Greener Landscaping 公司的会计生病了，公司簿记员编制了下面的资产负债表。资产负债表有许多错误，特别需要指出的是，簿记员知道资产负债表应保持平衡，所以他在所有者权益项目中添加了数据，以达到平衡。所有者权益项目不正确，然而其他数据均正确无误，但有些项目位置不对。请修改此报表。

Greener Landscaping 公司资产负债表 2014 年 11 月 30 日			
资产		负债	
现金	$ 4 900	应收账款	$ 2 200
办公用品	600	Tum，提款	10 000
土地	34 200	服务收入	39 000
工资费用	2 800	财产税	2 600
办公设备	6 100	应付账款	2 700
应付票据	24 200		
租赁费用	300	所有者权益	
		Tum，资本	16 600
总资产	$ 73 100	负债总额	$ 73 100

P1-45A　利用会计恒等式对业务进行分析，编制财务报表

Alex Shore 最近成立了一家独资形式的会计服务公司——Alex Shore 注册会计师事务所。下表列示了此事务所在筹办阶段和在运营首月发生业务的情况。

2 月 5 日，将 $ 50 000 现金存入事务所的银行账户，取得对应的所有者权益。

6 日，购买印有事务所抬头的信纸，支付现金 $ 100。

7 日，以赊购方式购买供办公室使用的设备，价值 $ 9 700。

10 日，为客户提供税务咨询，收取服务费用 $ 2 000。

11 日，支付水电费 $ 200。

12 日，代表客户参加税收听证会，向客户开具 $ 17 000 的账单。

18 日，支付办公室租金 $ 1 500。

25 日，全额收回 12 日因向客户提供服务所应收取的款项 $ 17 000。

27 日，全额支付 7 日所赊销的款项 $ 9 700。

28 日，Shore 从事务所提取 $ 1 000。

要求：

1. 按照本章图表 1—4 的格式分析各项业务对这家独资公司——Alex Shore 注册会计师事务所的会计恒等式的影响。

2. 编制以下财务报表：

a. 利润表

b. 所有者权益变动表

c. 资产负债表

P1-46A　利用会计恒等式对业务进行分析，编制财务报表

Angela Peters 最近以独资形式开设了自己的律师事务所——Arlene Lavoie 事务所。在事务所的筹办和开始经营的第一个月（2014 年 3 月）中，发生了下列交易。其中有的纯属私事，对事务所没有影响，而其他业务却是企业交易，需要进行会计核算。

3 月 1 日，出售已持有很多年的易趣公司股票，获得 $ 31 000 现金。

2 日，将出售股票所得的 $ 31 000 现金存入她的个人银行账户。

3 日，将 $ 89 000 现金存入银行 Arlene Lavoie 事务所的账户，取得相对应的所有者权益。

5 日，支付 $ 400 现金购买打印机的墨盒。

7 日，以赊购方式购买电脑，价值 $ 9 300，承诺在 3 个月内付款。

9 日，向客户提供服务，收到 $ 2 000 的现金。

15 日，收到《律师》杂志寄来的账单—— $ 120 的杂志订阅费。

23 日，替当事人出庭听证，并将 $ 13 500 的账单交给当事人。

28日，支付《律师》杂志订阅费$120。
30日，支付水电费$1 200。
31日，部分收回23日向客户提供服务所应收取的款项$3 000。
31日，Peters从事务所提取$2 000。

要求：

1. 按照本章图表1—4的格式分析各项业务对Angela Peters事务所会计恒等式的影响。
2. 编制以下财务报表：
   a. 利润表
   b. 所有者权益变动表
   c. 资产负债表

小组作业

小组作业1—1

你打算开一家宠物商店，目的是盈利，该商店为独资企业。

要求：

1. 详细列出建立此企业需要考虑的10个因素。

2. 列出开设或经营此宠物商店的过程中，企业将从事的10项（或以上）经济活动。

3. 在经营期的第一个月月末，编制宠物商店的利润表、所有者权益变动表和资产负债表。可使用虚构的数据，但每一张财务报表都需要有完整的标题。资产负债表的日期为20××年1月31日。

4. 讨论你将如何评估商店的经营情况，如何决定是否继续经营。

小组作业1—2

假设你们公司在为即将于当地举办的一场摇滚演唱会做宣传，目的是盈利，该公司为独资企业。

要求：

1. 详细列出建立此企业需要考虑的10个因素。

2. 列出为了宣传并举办此场摇滚演唱会，企业必须从事的10项（或以上）经济活动。

3. 在演唱会结束后，编制此公司的利润表、所有者权益变动表和资产负债表。可使用虚构的数据，但每一张财务报表都需要有完整的标题。资产负债表的日期为20××年6月30日。利润表和所有者权益变动表的报告年度为3个月（截止到20××年6月30日）。

4. 假设如果此次宣传活动取得成功，那么你将继续从事摇滚演唱会宣传工作。如果此次宣传活动不幸失败，你将在演唱会结束后三个月内终止此公司的一切经营活动。讨论你将如何评估公司的经营情况，如何决定是否继续经营。

第 2 章

记录企业交易

- 会计账户
- 复式记账法
- 记录交易
- 试算平衡表
- 使用资产负债率评估企业业绩

钱都去了哪儿?

瑞秋·朗正翻阅着一摞打印资料。她在调查一宗发生于当地教育局的侵占资产案（偷取组织的现金或其他资产）。首席执行官之前曾打电话给她，因为瑞秋发现了他的一个员工从家庭教师协会窃取过钱财。瑞秋喜欢调查侵占资产案，喜欢通过查阅财务报表从中发现问题，然后追查到与此项侵占记录相关的交易活动。瑞秋清楚如果深入调查下去，肯定会发现偷盗现金的证据。她经常把这些案件看做是亟待解决的谜题。

有时候，企业会出现“内鬼”，企业需要查出“内鬼”，并获得足够的证据以便将偷盗者移送执法机关。这些企业经常会向和瑞秋一样拥有调查欺诈案经验的会计师求助，并称其为“注册舞弊检查师”。除此之外，企业也会雇用会计师，通过识别账簿记录以及内控中的潜在问题来保全资产。

当瑞秋开始调查现金被盗案时，她从何处着手呢？她将从源头开始，从检查原始凭证（例如，发票、销售收据、银行存款单等）开始。然后瑞秋着手检查与上述原始凭证相关的会计记录。这两个环节可以帮助瑞秋确定现金是否被盗以及是如何被盗的。瑞秋不仅要找出偷盗者，更重要的是，要帮助教育局在未来避免损失。她在会计方面所积累的知识和经验使她能够胜任这一工作。

会计的产生基于企业的交易活动。对这些交易活动的记录，需要以原始凭证为依据——原始凭证是对企业财务状况的证明。缺乏这种证据可能意味着公司存在现金被盗或者编制虚假财务报表的现象。举例而言，当世通公司的一名员工发现该公司有一笔5亿美元的会计分录，但是缺乏相应的证据支持。这名员工以此为线索，最终发现了一起金额高达38亿美元的诈骗事件。以原始凭证为依据记录交易活动，是会计流程的第一步，也是极其关键的一步。在本章中，你将学到有关原始凭证的知识以及如何记录企业的交易活动。

本章大纲

- 什么是会计账户？
- 什么是复式记账法？
- 如何记录交易？
- 什么是试算平衡表？
- 如何使用负债比率评估企业的运营情况？

学习目的

1. 解释账户与会计恒等式的关系，并且能够描述常用的账户。
2. 定义借方、贷方和会计平衡，使用复式记账和T型账户。
3. 在日记账中记录交易，并将其过账至分类账。
4. 编制试算平衡表以及利用试算平衡表编制财务报表。
5. 使用负债比率评估企业的运营情况。

希娜·布莱特利用会计恒等式，记录公司发生的各项业务活动。当我们学习如何分析交易活动的时候，这种方法比较好用。但这并不是现实中公司实际记录业务时所采用的方法。在这一章，你将学习到一种更为有效的记录企业业务活动的方法。首先，我们需要先来复习一下会计恒等式。

会计账户

再来回顾一下，最基础的会计工具就是会计恒等式。

资产＝负债＋所有者权益

会计恒等式由三部分组成：资产、负债和所有者权益。每一部分都包含很多会计账户。会计账户详细记录了一定时期内某项资产、负债或所有者权益的增减变化。

资产

资产（asset）是指企业所拥有或控制的、预期能给企业带来收益的经济资源。图表 2—1 包含了大多数企业都会使用的资产账户：

图表 2—1　资产账户

账户名称	解释
现金	包括以银行存款、纸币、硬币、支票等表示的货币。
应收账款	在销售产品和服务过程中，企业取得的顾客在未来某一时间偿还货款的承诺，通常称为“赊销”。
应收票据	应收票据是顾客在未来某一特定时间支付固定金额及利息的书面承诺，通常比“应收账款”更为正式。
预付费用	企业预先支付的费用，之所以是资产，是因为预先付款常为企业带来未来收益，如预付租金、预付保险费和预付办公费等。
机器、设备及固定装置	机器、设备及固定装置（如照明设备及搁架）的成本。企业对每一类型的设备都单独设置账户核算。
建筑物	办公楼、商店或者仓库的成本。
土地	企业用于经营活动的土地的成本。

负债

负债（liability）即企业债务。企业的负债账户通常少于企业的资产账户，图表 2—2 列示了企业常见的几种负债账户：

你也许对应收账款（资产账户）和应付账款（负债账户）这二者的区别迷惑不解。一种区分这两种账户的简单方法是注意关键词“应收”和“应付”。“应收”指的是未来将要收到现金，“应付”指的是未来需要支付现金。

图表 2—2　　负债账户

账户名称	解释
应付账款	由企业赊购而产生的未来清偿债务的承诺。
应付票据	企业签发的在未来一定期限内清偿债务的书面承诺，通常包含利息。
应计负债	尚未支付的款项，包括应付税款、应付利息和应付薪金等。
预收收入	企业已收到客户支付的现金但尚未发送产品或者提供服务。

所有者权益

所有者对企业资产的求偿权即为**所有者权益**（owner's equity）。如图表 2—3 所示，每个所有者权益项目经常会被分成单独的几个账户。

图表 2—3　　所有者权益账户

账户名称	解释
资本	所有者在企业的净投资，增加所有者权益。
所有者提款	所有者从公司撤出现金或其他资产，减少所有者权益。
收入	因销售产品和劳务而实现的收入，增加所有者权益。例如，提供劳务收入、租金收入等。
费用	因销售产品和劳务而产生的成本，减少所有者权益。例如，租赁费用、薪金费用、水电费用。

会计科目表

企业利用**会计科目表**（chart of accounts）列示所有的会计科目以及编号。STL 公司的会计科目表如图表 2—4 所示。科目编号是对科目名称的简写，一个编号代表一个账户名称——正如你的身份证号码也是你所独有的。

图表 2—4　　STL 公司的会计科目表

资产负债表账户

资产		负债		股东权益	
101	现金	201	应付账款	301	布莱特，资本
111	应收账款	211	应付职工薪酬	311	布莱特，提款
121	应收票据	221	应付利息		
141	办公用品	231	预收收入		
151	设备	241	应付票据		
171	建筑物				
191	土地				

利润表账户

收入		费用	
401	服务收入	501	租赁费用
411	利息收入	511	工资费用
		521	水电费用
		531	广告费用

科目编号一般有两个或两个以上的数位。资产通常以 1 开始编号，负债为 2，所有者权益为 3，收入为 4，费用为 5。编号中的第二位和第三位表明在同一类中科目的位置。例如，如果 STL 公司使用三位的编号，现金可能是 101——是第一个资产。应付账款可能是 201，是第一个负债。所有科目都使用这种方法来编号。但是，每一家公司只能选择一种会计科目编号系统。

请注意图表 2—4 中科目号码 121 到 141 之间是有间隔的，STL 公司可能想要将来增加其他资产科目。例如，可能想要卖掉某种存货，并使用 131 代表存货科目。所以，会计科目表会随着企业业务的变动而有所改动。

各个公司的会计科目表不尽相同，但是很多会计科目是所有公司通用的。例如，你可以在每家公司的会计科目表上发现“现金”账户。会计科目表包含了用来记录交易的所有会计账户的名称。

总分类账

除了会计科目表，公司还通过使用总分类账（所有账户的集合）来记录、显示每个账户的增减变动数额以及余额。会计科目表和分类账的相似之处在于，它们都列示了账户名称和账户数额。但是，分类账提供的信息更为详细，包括在特定期间内每个账户的增减数额以及在特定时点的账户余额。

复式记账法

在前面我们学过每一笔交易都至少会影响两个会计科目的记录。例如，当一名所有者用现金出资换取资本时，将影响“现金”和“业主资本”两个账户。会计上用这种复式记账体系来记录每一笔交易对会计科目的双重影响。单独记录其中一方的交易都是不完整的。

考虑用现金购买办公用品的情况。该项交易的双重影响是什么？这些购买使得：

（1）办公用品增加（因为收到了所购买的办公用品）；

（2）现金减少（因为支付了现金）。

T 型账户

总分类账的简略格式称为**“T 型账户”**（T-account），因为它像大写字母“T”。T 型账户中的竖线将账户分成左右两边，账户名称写在横线上。例如，企业中的现金账户通常表示为：

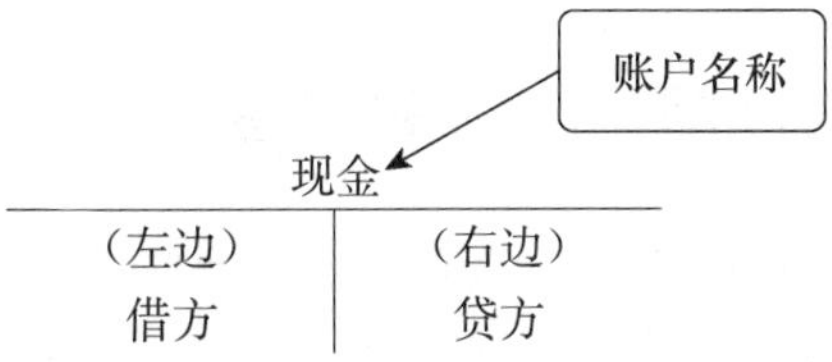

账户的左边称为**借方**（debit），右边称为**贷方**（credit）。借、贷两词在这里有新的

含义。为更加方便地使用它们，请记住：

借＝左边　　　　贷＝右边

借方和贷方的简写如下所示：

Dr＝借方	Cr＝贷方

□ 账户的增减

账户的类型（资产、负债、所有者权益）决定了其增减的记录方式。对每一给定账户，所有的增加都记录在一边，所有的减少则记录在另一边。下面的T型账户是一个概括。

资产

增加记录在左边 即借方	减少记录在右边 即贷方

负债和所有者权益

减少记录在左边 即借方	增加记录在右边 即贷方

换言之，资产增加要借记，减少要贷记；负债和所有者权益增加要贷记，减少要借记。账户科目在借方和贷方的增与减取决于科目的类型，借方和贷方不代表“好的”或“坏的”，也不总是代表增加或减少。“借记”或者“贷记”的指定，唯一的含义在于某一会计科目的增减额应当记入T型账户的左侧还是右侧。

在计算机会计系统中，计算机根据账户类型确定借贷是增加还是减少。例如，计算机认为借记现金就是增加现金，因为现金是资产类账户；而借记应付账款则意味着应付账款减少，因为它是负债类的账户。

例如，企业想记录现金账户的增加额＄30 000，将借记现金如下：

现金

30 000	

现金是资产类账户，时刻牢记资产类账户的增加额要借记。

相反，如果企业想记录现金账户的减少额＄20 000，将贷记现金如下，因为现金是资产类账户，而资产类账户的减少要贷记：

现金

	20 000

□ 借贷规则的延伸：收入和费用

我们注意到，所有者权益包含四种账户类型：业主资本，业主权益转出（业主提款），收入和费用。业主资本和收入使得所有者权益增加，业主提款和费用使得所有者权益减少。我们必须扩大会计恒等式和借贷规则的范围，使其包含所有者权益的全部要素。

				所有者权益							
资产		负债		业主资本		业主提款		收入		费用	
↑借记	↓贷记	↓借记	↑贷记	↓借记	↑贷记	↑借记	↓贷记	↓借记	↑贷记	↑借记	↓贷记

（资产 = 负债 + 业主资本 − 业主提款 + 收入 − 费用）

注意：在此会计恒等式的扩展式中，业主提款和费用的增减记录方向与业主资本和收入的记录方向恰恰相反，这是因为业主提款和费用的增加会使得所有者权益减少。

□ 账户的正常余额

所有的账户都会有一个正常余额。账户的**正常余额**（normal balance）可能是在账户的借方或贷方，但无论如何，总是在记录账户增加的那一方。

例如，资产增加要借记，因此资产在正常情况下有借方余额。相反，负债和所有者权益的增加要贷记，所以正常情况下有贷方余额。费用和提款是借方余额，这一点不同于其他权益账户，这是因为它们减少了权益。收入和业主资本通常会有贷方余额。让我们仔细观察一下标记有正常余额的会计恒等式，如下图所示：

				所有者权益							
资产		负债		业主资本		业主提款		收入		费用	
↑借记 正常余额	↓贷记	↓借记	↑贷记 正常余额	↓借记	↑贷记 正常余额	↑借记 正常余额	↓贷记	↓借记	↑贷记 正常余额	↑借记 正常余额	↓贷记

（资产 = 负债 + 业主资本 − 业主提款 + 收入 − 费用）

正常情况下借方余额的账户偶尔也会出现贷方余额，那就说明该账户有负金额。例如，如果企业透支了银行账户，现金账户会有贷方余额。同样地，通常情况下有贷方余额的应付账款在企业多偿还了负债的情况下也会有借方余额。而在其他情况下，非正常余额往往意味着有错误发生。例如，办公用品、设备或者建筑物等账户就不可能出现贷方余额，因为这些资产项目的负金额没有意义。

图表 2—5 总结了每类会计科目的借贷规则及正常余额。

图表 2—5　　会计科目的借贷规则及正常余额

会计科目类型	增加	减少	正常余额
资产类	借记	贷记	借方余额
费用类	借记	贷记	借方余额
业主提款	借记	贷记	借方余额
负债类	贷记	借记	贷方余额
收入类	贷记	借记	贷方余额
业主资本	贷记	借记	贷方余额

□ 计算 T 型账户的账户余额

T 型账户可以用来计算账户余额。用现金账户举例如下：

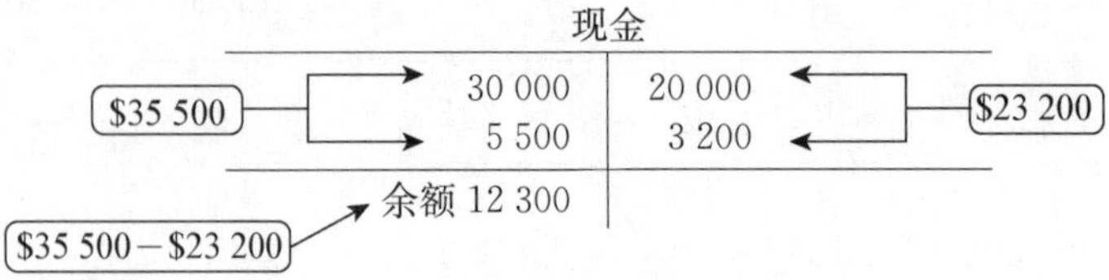

现金账户的余额为＄12 300。先将 T 型账户每一边分别相加（左边相加得 ＄35 500，右边相加为＄23 200），然后用较大的数字减去较小的数字（＄35 500－＄23 200）。账户余额（＄12 300）列示在 T 型账户数字较大的一边。

记录交易

当我们研究 STL 公司的商业活动时，所有的交易都是虚构的。但在现实商业活动中，由于忠实表达原则的要求，会计师需要提供这些交易活动的证据。

□ 原始凭证：交易活动的起点

会计师通过原始凭证来提供用于记录交易活动的证据和数据。例如，如图表 2—6 所示，希娜·布莱特向公司出资＄30 000。STL 公司收到＄30 000 现金，并将其存入企业的银行账户，同时给予布莱特相应的资本份额。企业收到的支票、银行存款单是企业收到现金的原始凭证，也是所有者希娜·布莱特的出资证明。根据这些凭证，企业可以判断如何记录这笔交易。

图表 2—6　会计数据从日记账流向分类账

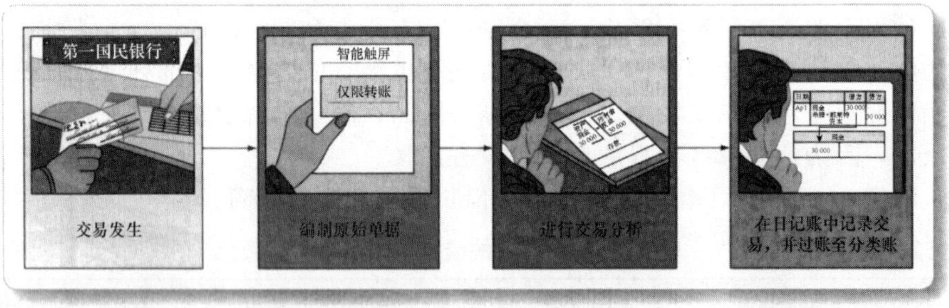

企业的原始凭证还包括以下几种：

采购发票——发票上会显示 STL 公司购买了什么，金额是多少，以及赊购时所要求的付款期限，例如，采购办公用品时所收到的发票单据。

银行支票——显示支付金额和现金支付日期的文件。

销售发票——企业销售货物或者提供服务时向客户开具的发票，告诉企业需要记录多少收入金额的原始凭证。

□ 登记日记账，并将其过账至分类账

会计师在审核完原始凭证之后，开始准备着手记录交易。会计人员首先将交易记入

日记账（journal）。日记账是按时间顺序记录交易的。然后会计人员还需要将日记账的信息过账到**分类账**（ledger）。日记账中的借方数过账到分类账的借方，同样，日记账的贷方数过账到分类账的贷方，无一例外。

以下的表格展示了这一过程：

在日记账中记录交易。

日期		借方	贷方
11 月 1 日	现金 　布莱特，资本 （所有者权益）	30 000	30 000

数据过入分类账。

现金	
30 000	

你之前已经学过分析会计交易的步骤。对这些步骤稍加修正，就可以帮助你学会记录日记账以及将日记账数据过入分类账。大体而言，有如下五个步骤：

第一步，确认交易影响的账户及其类型（资产、负债或所有者权益）。

第二步，明确各账户是增加还是减少，使用借贷记账规则。

第三步，在日记账中记录交易。

第四步，将日记账会计分录过入分类账。

第五步：判断会计恒等式左右是否相等。

现在，我们开始分析 STL 公司的第一笔交易。

交易 1——所有者出资

STL 公司 11 月 1 日收到希娜·布莱特投入的 \$ 30 000 现金，存入企业的银行账户，希娜获得对应的所有者权益。

第一步：找出此项交易所涉及的账户和账户类型：现金（资产类）和布莱特，资本（所有者权益类）。

第二步：根据借贷规则判断账户的增减变动。现金和所有者权益账户均增加了 \$ 30 000。回顾之前所介绍的借贷规则，我们可以用会计恒等式来帮助我们判断相关的会计账户是借记还是贷记。企业的现金资产增加，所以贷记“现金”，同时所有者权益增加，所以贷记“布莱特，资本”。

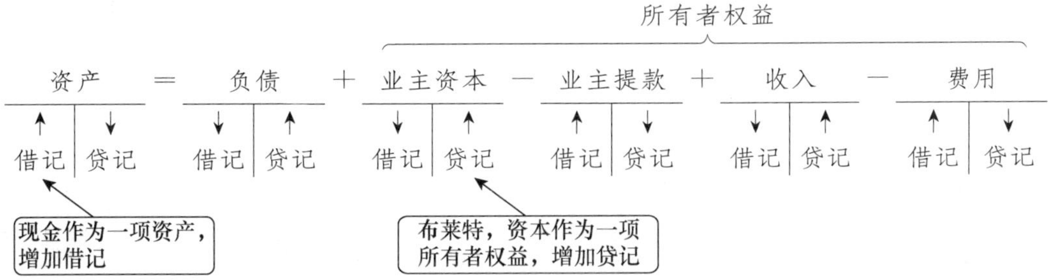

第三步：在日记账中记录此项交易。在日记账中记录一项交易时会产生一条相应的会计分录。交易 1 的会计分录如下所示。注意：每条会计分录包含四部分。

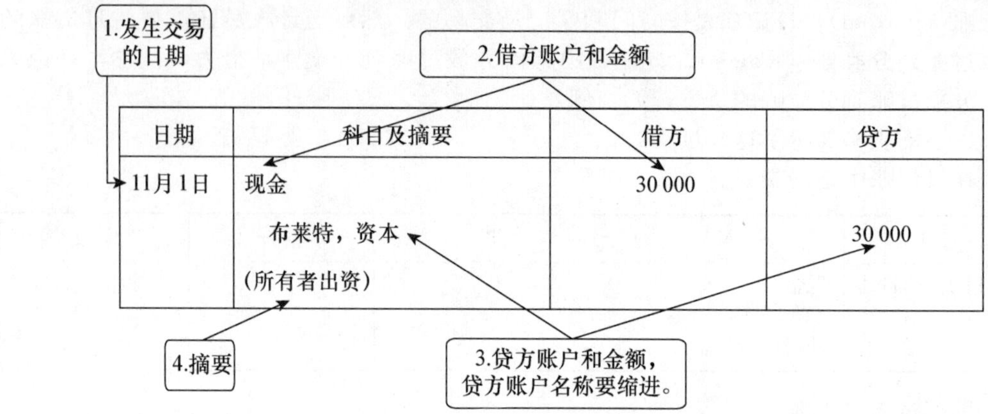

第四步：将日记账会计分录过账到分类账中。过账时，借方或贷方金额应分别过入到相应会计科目的借方栏或者贷方栏。日记账分录的日期也要过入分类账的T型账户中。在计算机信息系统中，当在日记账中记录交易时，这一步骤同时自动完成。

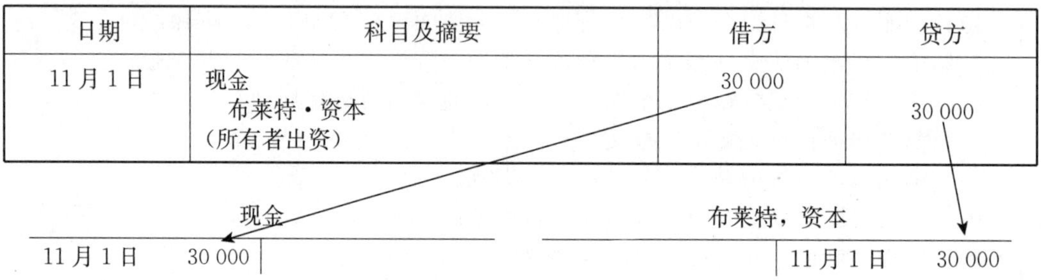

第五步：判断会计恒等式左右是否相等。

	资产		负债	+	所有者权益
	现金	=			布莱特，资本
（1）	＋30 000				＋30 000

交易2——用现金购置土地

11月2日，STL公司支付现金＄20 000购买土地。

第一步：找出此项交易所涉及的账户和账户类型：现金（资产类）和土地（资产类）。

第二步：根据借贷规则判断账户的增减变动。现金减少，贷记现金账户；土地增加，借记土地账户。

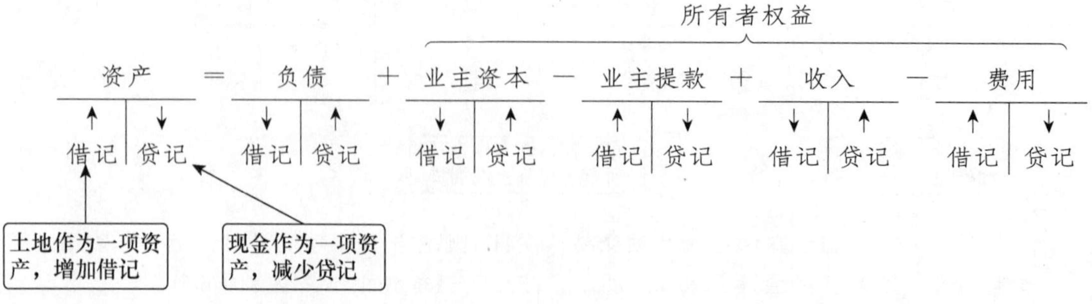

第三步：在日记账中记录此项交易。

日期	科目及摘要	借方	贷方
11 月 2 日	土地 　现金 （用现金购买土地）	20 000	20 000

第四步：将日记账会计分录过账到分类账中。

现金

11 月 1 日　30 000	11 月 2 日　20 000

土地

11 月 2 日　20 000	

第五步：判断会计恒等式左右是否相等。

	资产			=	负债	+	所有者权益
	现金	+	土地			+	布莱特，资本
余额	+30 000						+30 000
(2)	−20 000		+20 000				
余额	10 000	+	20 000				30 000

我们已经在日记账上记录了 STL 公司的好几笔交易。既然你已经掌握了步骤要领，所以在看日记账分录之前可以自己先尝试着把步骤写下来。

交易 3——赊购办公用品

11 月 3 日，STL 公司赊购了 $ 500 的办公用品。

公司将在未来期间内受益于这些办公用品，所以它们直到用完之前都是公司的资产。办公用品（资产类）增加，所以应借记办公用品，同时负债增加，故应贷记应付账款。

日期	科目及摘要	借方	贷方
11 月 3 日	办公用品 　应付账款 （赊购办公用品）	500	500

办公用品

11 月 3 日　500	

应付账款

	11 月 3 日　500

交易 4——提供劳务收入，获取现金

11 月 8 日，STL 公司为客户提供在线学习服务而取得 $ 5 500 现金的服务收入。

资产类项目现金增加，所以借记现金；收入增加，所以贷记服务收入。

日期	科目及摘要	借方	贷方
11 月 8 日	现金 　服务收入 （提供服务，收取现金）	5 500	5 500

现金

借方		贷方	
11月1日	30 000	11月2日	20 000
11月8日	5 500		

服务收入

借方		贷方	
		11月8日	5 500

交易5——以赊销的方式提供劳务收入

11月10日，STL公司为客户提供服务，并允许他们随后付款，企业在会计上取得了＄3 000的服务收入。

这笔交易增加了应收账款，所以我们借记此资产类科目。贷方为服务收入，表示其增加。

日期	科目及摘要	借方	贷方
11月10日	应收账款 　服务收入 （以赊销的方式提供服务）	3 000	 3 000

应收账款

借方		贷方	
11月10日	3 000		

服务收入

借方		贷方	
		11月8日	5 500
		11月10日	3 000

比较交易4和交易5的相同和不同。这两笔交易中，公司都确认了收入，服务收入账户都增加。但是，交易4中公司在提供服务时就收到了现金，而交易5中公司将在未来收取现金（应收账款）。这一点很重要，因为收入金额的确定并不取决于公司收到现金与否。当公司提供服务赚取收入时，就要确认收入。

交易6——用现金支付费用

STL公司在11月15日用现金支付下列费用：办公楼租赁费用，＄2 000；工资费用，＄1 200。费用增加，所以我们要借记相关账户；现金减少，所以贷记现金。

日期	科目及摘要	借方	贷方
11月15日	租赁费用 工资费用 　现金 （用现金支付费用）	2 000 1 200	 3 200

现金

借方		贷方	
11月1日	30 000	11月2日	20 000
11月8日	5 500	11月15日	3 200

租赁费用

借方		贷方	
11月15日	2 000		

工资费用

借方		贷方	
11月15日	1 200		

注意：这笔会计分录涉及三个会计科目——两个借方账户和一个贷方账户。这是一个**复合分录**（compound journal entry）。复合分录指的是经济业务同时涉及两个以上账

户的会计分录，借方总额仍然等于贷方总额。

在我们处理下一个交易之前，先来仔细研究一下费用账户。在交易 6 中，我们借记了费用账户。根据会计恒等式和借贷规则，借记费用账户增加了费用总额。

我们记录了费用账户的增加额，是因为公司现在所发生的费用总额比之前变多了。但是要牢记，这项交易对会计恒等式的总体影响却是：费用的增加导致所有者权益减少。一种简便的理解方式是我们增加的费用账户其实是一种负资产账户。

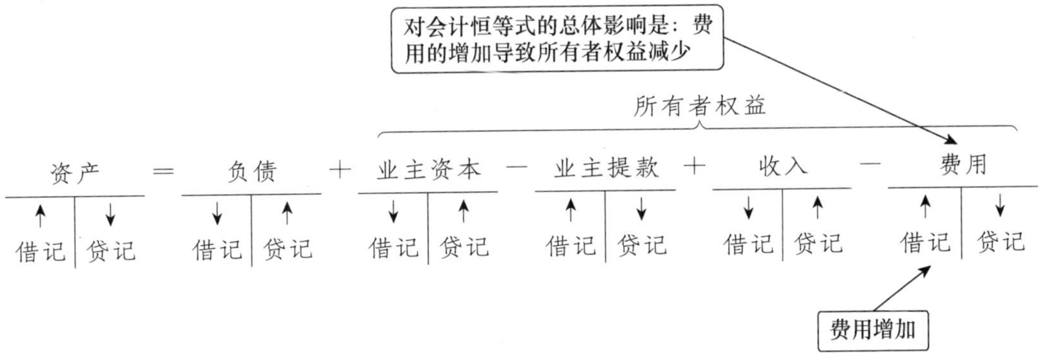

交易 7——偿还应付账款

11 月 21 日，STL 公司用现金 $ 300 偿还了上述第 3 笔交易的应付账款。该项支付使得现金资产减少，故应贷记现金；同时负债减少，故应借记应付账款。

日期	科目及摘要	借方	贷方
11 月 21 日	应付账款 　现金 （偿还应付账款）	300	 300

现金

11 月 1 日	30 000	11 月 2 日	20 000
11 月 8 日	5 500	11 月 15 日	3 200
		11 月 21 日	300

应付账款

11 月 21 日	300	11 月 3 日	500

注意：在记录完此项交易，并过账到应付账款分类账后，应付账款账户的余额为 $ 200（$ 500－$ 300）。这是 STL 公司对债权人所欠债务的当前余额。

交易 8——收回应收款项（应收账款）

11 月 22 日，STL 公司收到了交易 5 中顾客应支付的 $ 2 000 现金。现金增加，所以借记现金账户；应收账款减少，所以贷记应收账款。注意：此项交易对于收入没有任何影响，相关的收入已在交易 5 中得到确认。

日期	科目及摘要	借方	贷方
11 月 22 日	现金 　应收账款 （收回应收账款）	2 000	 2 000

现金

11月1日	30 000	11月2日	20 000
11月8日	5 500	11月15日	3 200
11月22日	2 000	11月21日	300

应收账款

11月10日	3 000	11月22日	2 000

交易9——业主提款

11月25日，希娜·布莱特从公司提取＄5 000现金。该提款减少了企业现金，故应贷记现金，同时也减少了所有者权益。由于所有者提款而导致所有者权益的减少应借记另一单独账户——布莱特，提款。

日期	科目及摘要	借方	贷方
11月25日	布莱特，提款 　现金 （业主提款）	5 000	 5 000

现金

11月1日	30 000	11月2日	20 000
11月8日	5 500	11月15日	3 200
11月22日	2 000	11月21日	300
		11月25日	5 000

布莱特，提款

11月25日	5 000		

交易10——预付费用

12月1日，STL公司预付了三个月的租赁费用＄3 000（＄1 000/月×3）。租金的预付应当借记预付租金账户。此账户属于资产类账户，因为STL公司在未来将会因此而受益。预付租金增加，借记相关科目；现金减少，贷记现金。

日期	科目及摘要	借方	贷方
12月1日	预付租金 　现金 （提前支付租金）	3 000	 3 000

现金

11月1日	30 000	11月2日	20 000
11月8日	5 500	11月15日	3 200
11月22日	2 000	11月21日	300
		11月25日	5 000
		12月1日	3 000

预付租金

12月1日	3 000		

交易11——用现金支付费用

12月1日，STL公司支付工资费用＄1 200。工资费用增加，借记相关科目；现金减少，贷记现金。

日期	科目及摘要	借方	贷方
12 月 1 日	工资费用 　现金 (支付工资)	1 200	 1 200

现金

借方		贷方	
11 月 1 日	30 000	11 月 2 日	20 000
11 月 8 日	5 500	11 月 15 日	3 200
11 月 22 日	2 000	11 月 21 日	300
		11 月 25 日	5 000
		12 月 1 日	3 000
		12 月 1 日	1 200

工资费用

借方		贷方	
11 月 15 日	1 200		
12 月 1 日	1 200		

交易 12——使用应付票据购买建筑物

12 月 1 日，STL 公司使用应付票据购买了一座价值 $ 60 000 的建筑物。此建筑物可以在未来给公司带来预期经济利益，所以应当作为公司的一项资产来记录。资产增加，借记建筑物；同时负债增加，贷记应付票据。

日期	科目及摘要	借方	贷方
12 月 1 日	建筑物 　应付票据 (使用票据购置建筑物)	60 000	 60 000

建筑物

借方		贷方	
12 月 1 日	60 000		

应付票据

借方		贷方	
		12 月 1 日	60 000

交易 13——所有者出资

12 月 2 日，希娜・布莱特以市场价值 $ 18 000 的办公设备向 STL 公司出资。同时，她获得与设备价值相对应的业主资本。此设备将在未来一段期间内给公司带来经济利益，所以应列入资产类账户。资产增加，借记办公设备账户；所有者权益增加，贷记布莱特，资本。

日期	科目及摘要	借方	贷方
12 月 2 日	办公设备 　布莱特，资本 (以设备出资)	18 000	 18 000

办公设备

借方		贷方	
12 月 1 日	18 000		

布莱特，资本

借方		贷方	
		11 月 1 日	30 000
		12 月 1 日	18 000

交易14——应计负债

12月15日，STL公司收到$100的水电费账单，打算将于下个月支付。当前没有现金流出，属于一项应计负债。应计负债，指的是企业已经发生但是尚未支付的费用。水电费增加，借记相关费用科目；同时负债增加，贷记应付水电费或者应付账款科目。

日期	科目及摘要	借方	贷方
12月15日	水电费 　应付水电费 （关于水电费的一项应计负债）	100	100

应付水电费

12月15日	100		

水电费

12月15日	100		

交易15——用现金支付费用

12月15日，STL公司支付工资费用$1 200。工资费用增加，借记工资费用；现金减少，贷记现金。

日期	科目及摘要	借方	贷方
12月15日	工资费用 　现金 （支付工资）	1 200	1 200

现金

11月1日	30 000	11月2日	20 000
11月8日	5 500	11月15日	3 200
11月22日	2 000	11月21日	300
		11月25日	5 000
		12月1日	3 000
		12月1日	1 200
		12月15日	1 200

工资费用

11月15日	1 200		
12月1日	1 200		
12月15日	1 200		

交易16——未实现收入

12月21日，一家律师事务所向STL公司预订了远程教育服务，并同意提前支付$600。STL公司收取现金，但是尚未提供服务。现金增加，借记现金账户；在未来提供服务的承诺应作为一项负债，贷记未实现收入科目。注意：我们并没有贷记收入，在STL公司提供服务之前不得提前确认收入。

日期	科目及摘要	借方	贷方
12月21日	现金 　未实现收入 （收取现金，但尚未提供服务）	600	600

现金

11 月 1 日	30 000	11 月 2 日	20 000
11 月 8 日	5 500	11 月 15 日	3 200
11 月 22 日	2 000	11 月 21 日	300
12 月 21 日	600	11 月 25 日	5 000
		12 月 1 日	3 000
		12 月 1 日	1 200
		12 月 15 日	1 200

未实现收入

		12 月 21 日	600

交易 17——提供劳务，收取现金

12 月 28 日，STL 公司向客户提供远程教育服务，收到现金 $ 8 000。

日期	科目及摘要	借方	贷方
12 月 28 日	现金 　服务收入 （提供服务，收取现金）	8 000	8 000

现金

11 月 1 日	30 000	11 月 2 日	20 000
11 月 8 日	5 500	11 月 15 日	3 200
11 月 22 日	2 000	11 月 21 日	300
12 月 21 日	600	11 月 25 日	5 000
12 月 28 日	8 000	12 月 1 日	3 000
		12 月 1 日	1 200
		12 月 15 日	1 200

服务收入

		11 月 8 日	5 500
		11 月 10 日	3 000
		11 月 28 日	8 000

□ 过账后的分类账科目

下面看一看 STL 公司的各个 T 型账户在上述交易都过账后的情形。账户都已经按照会计要素分类，如图表 2—7 所示。

注意：在 12 月 31 日，STL 公司的资产总额为 $ 114 700（$ 12 200＋ $ 1 000＋ $ 500＋ $ 3 000＋ $ 18 000＋ $ 60 000＋ $ 20 000），负债总额为 $ 60 900（$ 200＋ $ 100＋ $ 600＋ $ 60 000），所有者权益总额为 $ 53 800（$ 48 000－ $ 5 000＋ $ 16 500－ $ 2 000－ $ 3 600－ $ 100）。

会计恒等式左右两边仍然相等（$ 114 700＝ $ 60 900＋ $ 53 800）。

□ 四栏式账户：可代替 T 型账户

分类账账户是类似 T 型账户的两栏式账户，左边是借方栏，右边是贷方栏。T 型账户将借方与贷方清楚地区分开来，经常用于无须过多细节的教学之中。另一种账户格式是如图表 2—8 所示的四栏式账户。四栏式账户也有借方栏和贷方栏，另外两栏用来计算账户的动态余额。图表 2—8 列示了 STL 公司的现金 T 型账户和现金四栏式账户。

图表 2—7

11 月份、12 月份 STL 公司过账后的分类账科目

资产 = 负债 + 所有者权益

资产

现金

借方		贷方	
11 月 1 日	30 000	11 月 2 日	20 000
11 月 8 日	5 500	11 月 15 日	3 200
11 月 22 日	2 000	11 月 21 日	300
12.21 日	600	11 月 25 日	5 000
12.28 日	8 000	12.1 日	3 000
		12 月 1 日	1 200
		12 月 15 日	1 200
余额	12 200		

应收账款

借方		贷方	
11 月 10 日	3 000	11 月 22 日	2 000
余额	1 000		

办公用品

借方		贷方	
11 月 3 日	500		
余额	500		

预付租金

借方		贷方	
12 月 1 日	3 000		
余额	3 000		

办公设备

借方		贷方	
12 月 2 日	18 000		
余额	18 000		

建筑物

借方		贷方	
12 月 1 日	60 000		
余额	60 000		

土地

借方		贷方	
11 月 2 日	20 000		
余额	20 000		

$ 114 700

负债

应付账款

借方		贷方	
11 月 21 日	300	12 月 3 日	500
		余额	200

应付水电费

借方		贷方	
		12 月 15 日	100
		余额	100

未实现收入

借方		贷方	
		12 月 21 日	600
		余额	600

应付票据

借方		贷方	
		12 月 1 日	60 000
		余额	60 000

$ 60 900

所有者权益

布莱特，资本

借方		贷方	
		11 月 1 日	30 000
		12 月 2 日	18 000
		余额	48 000

布莱特，提款

借方		贷方	
12 月 25 日	5 000		
余额	5 000		

服务收入

借方		贷方	
		11 月 8 日	5 500
		11 月 10 日	3 000
		12 月 28 日	8 000
		余额	16 500

租赁费用

借方		贷方	
11 月 15 日	2 000		
余额	2 000		

工资费用

借方		贷方	
11 月 15 日	1 200		
12 月 1 日	1 200		
12 月 15 日	1 200		
余额	3 600		

水电费

借方		贷方	
12 月 15 日	100		
余额	100		

$ 53 800

$ 114 700 = $ 60 900 + $ 53 800

图表 2—8　　T 型账户 VS 四栏式账户

现金

11 月 1 日	30 000	11 月 2 日	20 000
11 月 8 日	5 500	11 月 15 日	3 200
11 月 22 日	2 000	11 月 21 日	300
12 月 21 日	600	11 月 25 日	5 000
12 月 28 日	8 000	12 月 1 日	3 000
		12 月 1 日	1 200
		12 月 15 日	1 200
余额	12 200		

每笔交易的借或贷

每笔交易过后的账户余额

现金账户					账户代码：101	
日期	项目	过账索引	借方	贷方	余额	
					借方	贷方
2014						
11 月 1 日		J1	30 000		30 000	
11 月 2 日		J1		20 000	10 000	
11 月 8 日		J1	5 500		15 500	
11 月 15 日		J1		3 200	12 300	
11 月 21 日		J1		300	12 000	
11 月 22 日		J1	2 000		14 000	
11 月 25 日		J1		5 000	9 000	
12 月 1 日		J2		3 000	6 000	
12 月 1 日		J2		1 200	4 800	
12 月 15 日		J2		1 200	3 600	
12 月 21 日		J2	600		4 200	
12 月 28 日		J2	8 000		12 200	

第一对借方/贷方金额栏是从日记账中过账来的交易金额，如借方 $ 30 000；第二对借方/贷方金额栏则显示了每一日期下账户的余额。正由于该原因，在实践中这种账户比 T 型账户使用更为广泛。如图表 2—8 所示，注意到 12 月 28 日最后一笔交易后的现金余额是 $ 12 200，这同 T 型账户计算出的余额相同。

你是否注意到图表 2—8 的四栏式账户有“过账索引”这一栏？在过账过程中使用该栏。当将会计信息从日记账过到总分类账时，就要在此栏中标明过账索引号，方便使用者对总分类账中的数据信息进行追踪，追溯到对应的日记账中。在计算机化的会计信息系统下，使用者可以点击“过账索引”，来查看与之相关联的日记账分录。图表 2—9 展示了 STL 公司的过账流程和过账索引的使用方法。需明确的一点是，在计算机化的会计信息系统下，当使用者输入完日记账分录之后，过账完全由计算机自动完成。

图表 2—9　　过账索引

页码（取自日记账）

日期	科目及摘要	过账索引	借方	贷方
11月1日	现金	101	30 000	
	布莱特，资本	301		30 000
	(所有者投资)			

科目代码（取自总分类账）

现金　　科目代码：101

日期	项目	过账索引	借方	贷方	余额	
					借方	贷方
2014年11月1日		J1	30 000		30 000	

布莱特，资本　　科目代码：301

日期	项目	过账索引	借方	贷方	余额	
					借方	贷方
2014年11月1日		J1		30 000		30 000

试算平衡表

试算平衡表列示了分类账中所有账户的余额，并且按资产、负债和所有者权益这样一个顺序排列。在手工会计核算系统中，试算平衡表通过检查借方与贷方余额合计是否相等，来检验会计处理的正确性。对任何系统而言，试算平衡表都是对账户及其余额非常有用的汇总，通常是在会计期末编制。图表 2—10 是 STL 公司在运营后第一个月，即 2014 年 12 月 31 号的试算平衡表。

警告：不要将试算平衡表与资产负债表混为一谈。试算平衡表是仅供公司内部人员使用的内部资料，外部人不会看到试算平衡表，他们只能看到公司的财务报表。

图表 2—10　　试算平衡表

STL 公司试算平衡表
2014 年 12 月 31 日

账户名称	余额	
	借方	贷方
现金	$12 200	
应收账款	1 000	
办公用品	500	
预付租金	3 000	
设备	18 000	
建筑物	60 000	
土地	20 000	

应付账款		$200
应付水电费		100
未实现收入		600
应付票据		60 000
希娜·布莱特，资本		48 000
希娜·布莱特，提款	5 000	
服务收入		16 500
租赁费用	2 000	
工资费用	3 600	
水电费用	100	
总计	$125 400	$125 400

根据试算平衡表编制财务报表

试算平衡表除了能验证借贷是否相等，还能用来编制财务报表。会计科目余额可以从试算平衡表中直接取得，用以编制利润表、所有者权益变动表和资产负债表。在图表 2—11 中，我们编制了 STL 公司两个月的财务报表（截至 2014 年 12 月 31 日）。

试算平衡表错误改正

在会计核算中，借方总额与贷方总额是相等的。如果借贷合计不相等，则肯定存在会计错误。由于计算机能将日记账中的金额准确无误地过账至分类账，因而计算机会计系统能清除大部分错误。但人工输入数据所造成的错误，计算机却不能清除。

多数不平衡的情形都可以通过计算试算平衡表中的借贷方合计的差额而被发现，然后可以采取以下措施予以改正：

1. 在试算平衡表中寻找被漏记的账户。例如，假设会计师在图表 2—10 中的试算平衡表中漏记了希娜·布莱特，提款。借方总金额将是 $120 400（$125 400－$5 000）对每一账户从分类账追溯至试算平衡表，你将会找到漏记的账户。

2. 用借贷方的差额除以 2。借方错记作贷方或贷方错记作借方，都使错误金额扩大了两倍。假设会计师将 $500 的贷方错记为借方，这样，借方就多了 $500，而贷方漏记了 $500，试算表中借贷方的差额就为 $1 000，除以 2 即可以找到金额为 $500 的交易，然后在日记账中查找该交易并追溯至受其影响的账户。

3. 用借贷方的差额除以 9。如果能被 9 整除，错误可能是偏离（如将 $1 000 写成 $100，或将 $100 写成 $1 000）或倒置（如将 $1 200 写成 $2 100）。假设会计师将其 $5 000 的提款在试算平衡表中错写成 $50 000——发生了偏离错误，借贷方的差额将是 $45 000（即 $50 000－$5 000）。用 $45 000 除以 9，得数为 $5 000，这就是正确的提款数。根据该金额在分类账中查找，直到找到“希娜·布莱特，提款”账户，你就会发现错误所在。

尽管在试算平衡时借方总额等于贷方总额，但是在个别账户中仍然会有错误。因为在记录日记账时可能选错了账户。

图表 2—11 STL公司财务报表

STL公司 利润表 两个月（截至2014年12月31日）		
收入：		
服务收入		$16 500
费用：		
工资费用	$3 600	
租赁费用	2 000	
水电费	100	
费用合计		5 700
净利润		$10 800

STL公司 所有者权益变动表 两个月（截至2014年12月31日）	
布莱特，资本，2014年11月1日	$0
所有者权益	48 000
此两个月的净利润	10 800
	$58 800
所有者提款	(5 000)
布莱特，资本，2014年12月31日	$53 800

STL公司 资产负债表 2014年12月31日			
资产		负债	
现金	$12 200	应付账款	$200
应收账款	1 000	应付水电费	100
办公用品	500	未实现收入	600
预付租金	3 000	应付票据	60 000
设备	18 000	负债总额	60 900
房屋建筑	60 000		
土地	20 000	所有者权益	
		布莱特，资本	53 800
资产总额	$114 700	负债和所有者权益总额	$114 700

使用资产负债率评估企业业绩

此前你已经知道资产收益率（净利润/平均资产总额）可以用来判断一家公司的运营情况。在本节，你将学到另外一种财务报表分析工具——资产负债率，由负债总额除以资产总额，用来衡量企业的偿债能力。

资产负债率＝负债总额/资产总额

会计恒等式的右侧（资产＝负债＋所有者权益），代表着对资产享有请求权的各方。负债代表着债权人的请求权，所有者权益则代表着所有者的请求权。负债比率较高的公司违约风险也较大。如果公司不能在债务到期时清偿债务，那么债权人则有权行使其对公司资产的请求权。资产负债率，代表着企业有多少资产是由负债提供的。

我们以绿山咖啡公司为例，计算其偿债能力。在其2011年的资产负债表上（见附录A），绿山公司的负债总额为＄1 285 672 000（＄471 374 000＋＄575 969 000＋＄189 637 000＋＄27 184 000＋＄474 000＋＄21 034 000），资产总额为＄3 197 887 000。则绿山公司2011年9月24日的资产负债率如下：

资产负债率＝负债总额/资产总额

＝$ 1 285 672 000/$ 3 197 887 000＝0.40＝40.0%

40.0%的负债比率，意味着绿山公司略少于一半的资产由负债所提供，而剩余的60.0%（100%－40.0%）的资产则由企业的投资者提供。可接受的资产负债率的高低，取决于行业平均水平。咖啡和茶制作行业的平均资产负债率大约为 41.2%。绿山公司的资产负债率略低于行业平均水平。资产负债率，代表着企业所存在的风险。资产负债率越高，风险越大。企业所有的负债都必须清偿，资产负债率是衡量企业完成这些任务的能力的指标之一。

疑难问题 A 部分

P2-29A　分析交易，登记日记账，过账，并编制试算平衡表

Vernon Yung 以 Vernon Yung，M. D. 诊所的名义行医。7 月份，诊所发生了以下交易：

7 月 1 日	White 在公司银行存款账户存入 $ 68 000 现金，作为投资，从而成为公司的所有者。
5 日	支付每月的医疗设备租金 $ 560。
9 日	支付 $ 16 000 购买办公用地。
10 日	赊购办公用品，价值 $ 1 600。
19 日	向银行举借经营用款 $ 23 000。Yung 以公司名义向银行签发了应付票据。
22 日	偿付 $ 1 300 的应付账款。
28 日	公司收到《每日新报》所开具的广告费账单 $ 240，需在 8 月份支付。
31 日	当月赚得的收入包括现金 $ 6 500 和应收款 $ 5 800。
31 日	支付员工工资 $ 2 600、办公室租赁费用 $ 1 000 和水电费用 $ 400（编制一个复合分录）。
31 日	公司收到客户支付的医疗影像服务预付款 $ 1 140，将于下个月提供服务。
31 日	Yung 提款 $ 7 000，以备个人使用。

Yung 的诊所使用以下账户：现金；应收账款；办公用品；土地；应付账款；应付广告费；未实现收入；应付票据；Yung，资本；Yung，提款；服务收入；工资费用；租赁费用；水电费和广告费。

要求：

1. 将上述交易记入日记账（无须做摘要说明）。

2. 用交易日期作为过账索引，将日记账分录过账至 T 型账户。用“Bal”标记每一科目的余额。

3. 编制 2015 年 7 月 31 日 Vernon Yung，M. D. 诊所的试算平衡表。

P2-30A　分析交易，登记日记账，过账，并编制试算平衡表

Doris Stewart 作为一名设计咨询师于 2015 年 9 月 1 日开始执业。在经营的第一个月，企业完成了以下交易：

9 月 1 日	收到 $ 42 000 现金，Stewart 成为企业的所有者。
4 日	赊购办公用品 $ 700，办公设备 $ 1 900。
6 日	为律师事务所提供服务，收取现金 $ 1 400。
7 日	支付现金 $ 24 000 购买土地作为将来的办公地点。
10 日	为一家旅馆提供服务，向其开具账单 $ 1 000，客户承诺在一周内支付。
14 日	支付 9 月 4 日赊购家具的款项。
15 日	支付秘书半个月的薪水 $ 1 490。
17 日	收到客户的还款 $ 400。
20 日	为一所学校提供设计服务，应收取费用 $ 700，尚未收取。
25 日	收到客户支付的设计服务预付款 $ 1 800，将于 10 月份提供服务。
28 日	为 Plummer & Gordon 公司提供咨询，收到现金 $ 2 100。
29 日	用现金 $ 1 200 购买了一份为期 12 个月的保单（保险期从 10 月 1 日开始）。
30 日	支付秘书半个月的薪水 $ 1 490。
30 日	支付租赁费用 $ 650。
30 日	收到水电费账单 $ 350，将于下个月支付。
30 日	Stewart 提款 $ 3 000 供个人使用。

要求：

1. 使用给出的账户名，在日记账中记录每笔交易：现金；应收账款；办公用品；预付保险费；办公设备；土地；应付账款；应付水电费；未实现收入；Stewart，资本；Stewart，提款；服务收入；工资费用；租赁费用；水电费（无须做摘要说明）。

2. 为每一个会计科目开设 T 型账户。

3. 将交易过入 T 型账户，将交易日期作为过账号，过入分类账中。用“Bal”标明余额。

4. 编制此公司 2015 年 9 月 30 日的试算平衡表。

P2-31A 登记日记账，过账至四栏式账户，并编制试算平衡表

Trevor Moore 在 2015 年 1 月 1 日开设了一家律师事务所。在经营的第一个月，企业完成了以下交易：

1 日	Moore 将 $ 59 000 现金存入 Trevor Moore 律师事务所的银行账户中，成为公司的所有者。
3 日	赊购办公用品 $ 600，家具 $ 2 000。
4 日	为客户提供法律服务，收取现金 $ 1 300。
7 日	分别购置价值 $ 100 000 的建筑物和价值 $ 26 000 的土地，支付现金 $ 40 000，余款用应付票据支付。
11 日	为客户准备法律文书，应收取费用 $ 700，尚未收取。
15 日	支付秘书半个月的薪水 $ 1 180。
16 日	支付 1 月 3 日赊购办公用品的款项。
18 日	帮助客户出售不动产，收到现金 $ 2 400。
19 日	为客户在法庭上辩护，向其开具账单 $ 800。
25 日	收到水电费账单 $ 400，将于下个月支付。
29 日	收到部分客户的结欠款项 $ 700。
30 日	用现金 $ 2 400 购买了一份为期 12 个月的保单（保险期从 1 月 1 日开始）。
30 日	支付秘书半个月的薪水 $ 1 180。
31 日	支付月租金 $ 1 500。
31 日	提款 $ 2 400 供个人使用。

要求：

1. 使用给出的账户名，在日记账中记录每笔交易：现金；应收账款；办公用品；预付保险费；办公设备；建筑物；土地；应付账款；应付水电费；应付票据；Moore，资本；Moore，提款；服务收入；工资费用；租赁费用和水电费（无须做摘要说明）。

2. 开设下列四栏式账户：现金，101；应收账款，111；办公用品，121；预付保险费，131；办公设备，141；建筑物，151；土地，161；应付账款，201；应付水电费，211；应付票据，221；Moore，资本，301；Moore，提款，311；服务收入，411；工资费用，511；租赁费用，521；水电费，531。

3. 利用交易日期、会计科目编号、日记账索引、过账索引，将交易过入分类账。假设日记账分录从第一页开始记录。

4. 编制 Trevor Moore 律师事务所 2015 年 1 月 31 日的试算平衡表。

P2-32A 登记日记账，过账至四栏式账户，并编制试算平衡表

Sam Mitchell 注册会计师事务所 2015 年 1 月 31 日的试算平衡表如下：

Sam Mitchell 注册会计师事务所
试算平衡表
2015 年 1 月 31 日

账户	借方	贷方
现金	$ 7 000	
应收账款	10 500	
办公用品	600	
办公设备	0	
汽车	0	
土地	17 000	
应付账款		$ 4 700
未实现收入		0
Mitchell，资本		30 400
Mitchell，提款	0	
服务收入		0
薪金费用	0	
租赁费用	0	
总计	$ 35 100	$ 35 100

在 2 月份，公司完成了下列交易：

2 月 4 日	收回一位客户的结欠款项 $ 4 000。
8 日	向一位客户提供税务服务，应收取费用 $ 4 600。
13 日	支付应付款项 $ 2 400。
14 日	赊购办公设备 $ 3 000。
15 日	Mitchell 以其私家轿车作为对公司的出资，汽车的市场价值为 $ 8 500。
18 日	赊购办公用品 $ 900。

19 日	部分收回 8 日提供税务服务的应收款项 $2 300。
20 日	Mitchell 提款 $2 200。
21 日	收取刚完成的咨询工作收入，现金 $2 300。
24 日	收取客户支付的会计服务预付款 $1 000，将于下个月提供服务。
27 日	支付办公楼租金 $500。
28 日	支付员工工资 $1 600。

要求：

1. 在日记账中记录 2 月份发生的交易，使用以下账户：现金；应收账款；办公用品；办公设备；汽车；土地；应付账款；未实现收入；Mitchell，资本；Mitchell，提款；服务收入；工资费用；租赁费用（包含每一笔交易的摘要说明）。

2. 设立试算平衡表中列示的四栏式分类账账户，以及各账户在 1 月 31 日的余额。

现金，11；应收账款，12；办公用品，13；办公设备，14；汽车，15；土地，16；应付账款，21；未实现收入，22；Mitchell，资本，31；Mitchell，提款，32；服务收入，41；工资费用，51；租赁费用，52。

3. 使用交易日期、会计科目编号、日记账索引、过账索引，将日记账分录过账至分类账中的四栏式账户。假设日记账分录从第五页开始记录。

4. 编制 Sam Mitchell 注册会计师事务所 2015 年 2 月 28 日的试算平衡表。

P2-33A　改正试算平衡表中的错误

Smart Tots 早教中心的试算平衡表借贷不平衡。

Smart Tots 早教中心试算平衡表 2015 年 8 月 31 日		
账目科目	借方	贷方
现金	$7 700	
应收账款	7 000	
办公用品	700	
预付保险费	800	
设备	87 000	
应付账款		$3 000
应付票据		50 000
Tilley，资本		51 700
Tilley，提款	4 400	
服务收入		4 700
工资费用	3 600	
租赁费用	500	
总计	$111 700	$109 400

经过查阅，发现有以下错误：

（1）现金余额少记 $1 000。

（2）应收账款 $4 000 应该借记，但过账时误记为贷方。

（3）赊购价值 $1 000 的办公用品既没有记入日记账，也没有过账。

（4）设备价值应为 $87 000，过账时误记为 $78 500。

（5）工资费用少记 $200。

（6）$400 的广告费用现金支出既没有记入日记账，也没有过账。

（7）所有者 $200 的现金提款，在日记账中被错误记为 $2 000。

（8）服务收入少记 $5 000。

（9）为期 12 个月、价值 $1 200 的保单被过账至预付保险费账户的贷方。现金账户过账正确。

要求：

编制 2015 年 8 月 31 日正确的试算平衡表，不需要编制日记账分录。

P2-34A　改正试算平衡表中的错误

Treasure Hunt 勘探公司的试算平衡表借贷不平衡：

Treasure Hunt 勘探公司试算平衡表 2015 年 2 月 28 日		
账目科目	借方	贷方
现金	$6 300	
应收账款	6 000	
办公用品	400	
计算机	22 300	
勘探设备	49 000	
应付账款		$2 800
应付票据		18 500
Jones，资本		50 000

续前表

Jones，提款	4 000	
服务收入		4 100
工资费用	1 400	
租赁费用	800	
广告费用	900	
水电费用	800	
总计	$ 91 900	$ 75 400

经过查阅，发现有以下错误：

（1）现金余额少记 $ 5 000。

（2）租赁费用 $ 340 应该借记，但过账时误记为贷方。

（3）服务收入的贷方记录 $ 6 800 未过账。

（4）一笔应借记应收账款 $ 400 的分录在过账时被误记为 $ 40。

（5）水电费用的余额少记 $ 70。

（6）赊购价值 $ 900 的办公用品既没有记入日记账，也没有过账。

（7）计算机的金额应为 $ 16 490。

要求：

编制 2015 年 2 月 28 日正确的试算平衡表，不需要编制日记账分录。

P2-35A　根据试算平衡表编制财务报表，计算负债比率

Sharon Silver 注册营养机构在 2015 年 1 月 31 日的试算平衡表如下所示：

账户科目	借方	贷方
现金	$ 36 200	
应收账款	9 100	
办公用品	1 800	
预付保险费	2 000	
设备	13 000	
应付账款		$ 3 300
未实现收入		1 500
应付票据		30 000
Silver，资本		23 150
Silver，提款	2 300	
服务收入		8 800
工资费用	1 700	
租赁费用	500	
水电费	150	
总计	$ 66 750	$ 66 750

要求：

1. 编制本月的利润表（截止到 2015 年 1 月 31 日）。

2. 编制本月的所有者权益变动表（截止到 2015 年 1 月 31 日）。业主资本的期初余额为 $ 0，本月所有者出资 $ 23 150。

3. 编制 2015 年 1 月 31 日的资产负债表。

4. 计算 2015 年 1 月 31 日的负债比率。

小组作业

小组作业 2—1

联系一家当地企业，通过咨询企业的所有者，了解企业使用哪些会计科目。

要求：

1. 获取一份该公司的会计科目表。

2. 编制该公司最近月份、季度或年度的财务报表（可以省略现金流量表）。你可以使用所有者提供给你的账户余额或者其他替代数额。

如果该企业在同一类型下设置了许多会计科目，可以合并相关科目，在财务报表上只列示一个汇总科目。例如，该企业可能有好几个现金账户。将所有的现金账户进行合并加总，在资产负债表上只列示一个现金账户的汇总数即可。

你可能会接触到许多之前在书本上没有学过的会计科目，尽最大努力对这些科目进行了解。

需要牢记：财务报表只是对公司会计科目表上的科目余额进行列报，以单独科目或以合并科目形式。因此，财务报表需与会计科目表保持一致。

第 3 章 调整过程

- 收付实现制和权责发生制的区别
- 权责发生制的概念和原则
- 调整分录
- 编制调整后试算平衡表
- 调整分录对财务报表的影响
- 工作底稿
- 附录 3A：编制预付费用和未实现收入的其他方法

我的奖金哪儿去了？

利亚姆·米尔斯在打开老板发给他的季度奖金支票的时候很惊讶，支票数额比他想象的少。利亚姆是一名销售经理，负责产品的市场开拓和在美国西北片区的销售完成。除固定月收入之外，他还可获得3%的销售提成，销售提成来源于他负责区域顾客的广告服务。他指望着季度奖金能够清偿他在假日期间透支的信用卡债务。这一年对利亚姆来说真不容易，他还清了几个未结清的账户，成功签署了几笔年度广告合同。另外，由于他擅长谈判，因此可以一次性得到一半的服务收入，而不用每月等待顾客支付。利亚姆原本以为这项业务收入可以增加他的奖金，但实际上没有。

第二天，他到会计部咨询他的奖金问题。他惊讶地得知他的奖金是依据12月31日公司实现的收入来计算的。虽然他谈妥了一笔可以一次性得到一半收入的合同，但是这笔收入尚未实现。直到完成广告服务，销售部才会将它计算到已实现收入中。最终利亚姆能在他的奖金中看到这笔生意的反映，但是他必须等到收入实现。

在会计期间末（通常是12月31日），公司需要上报在此期间准确实现的收入和确切发生的支出。为此，公司将会审查会计平衡表，决定是否做一些必要的调整。比如CC Media Holdings，Inc. 旗下的Clear Channel Communications公司和Clear Channel Outdoor Holdings公司必须确定可实现的收入来源于几周或几年有效的广告合同。只有在当前得到的收入才能被计算到利润表里。调整过程就是为了让财务报表的数据准确无误而对其进行不断审查和调整的过程。这就是我们本章将要学习的内容。

本章大纲

- 权责发生制和收付实现制的区别是什么？
- 权责发生制的概念和原则是什么？
- 何为调整分录？如何编制调整分录？
- 编制试算平衡表的目的是什么？如何编制？
- 调整分录会对财务报表产生何种影响？
- 工作底稿对于编制调整分录和试算平衡表有何帮助？
- 何为预付费用和未实现收入的替代分录（附录3A）？

学习目的

1. 区分权责发生制和收付实现制。
2. 定义并运用会计分期、收入确认原则和配比分配。
3. 解释调整分录的原因。
4. 解释并编制调整后的试算平衡表。
5. 辨别调整分录在财务报表中的影响。
6. 解释工作底稿，并在调整分录和试算平衡表中运用。
7. 理解预付费用和未实现收入的替代分录。

第1章介绍了会计恒等式和财务报表，第2章介绍了T型账户、借方、贷方和试算平衡表。但是你已经准备好了进入会计循环的下一步吗？

第 3 章将继续介绍会计循环过程，企业必须在会计期末使会计记录反映最新信息，这个过程叫做账项调整，它需要编制特殊的会计分录，即调整分录。比如，在一定的时期末，你要学会确定所用办公用品的数量，欠员工的债务，根据这些编制调整分录。这些只是在全面掌握自己公司的盈利情况前需要做的调整分录。

收付实现制和权责发生制的区别

有两种会计核算方法：

- **收付实现制**(cash basis accounting) 只是在收到或付出现金时才进行记录。当得到现金时，记收入；当付出现金时，记支出。所以只有得到现金时，记收入；只有付出现金时，记支出。收付实现制在一般公认会计原则中是不允许的，只有非常小的企业才采用收付实现制。收付实现制比较简单，因为它不要求掌握很多的会计概念和原理，这种方法有益于追踪企业的现金流量。
- **权责发生制**(accrual basis accounting) 在企业交易发生时记录其影响，即当取得收入时，记录收入；当发生费用时，记录费用。多数企业采用权责发生制，本书也采用这一方法。这个方法有助于掌握企业的收入和支出，只有当取得收入和发生费用时，才记录。权责发生制与现金的取得或支出没有关系。

例子：假设 STL 公司在 5 月 1 日支付了从 5 月到 10 月的保险费，根据收付实现制，STL 将记录在 5 月 1 日保险费支出 \$1 200；然而权责发生制则要求按比例分配这笔支出。STL 公司记录这笔交易如下所示：

	权责发生制		收付实现制	
现金支出	5 月 1 日	\$1 200	5 月 1 日	\$1 200
支出记录	5 月 1 日	\$1 200	5 月 31 日	\$200
			6 月 30 日	200
			7 月 31 日	200
			8 月 31 日	200
			9 月 30 日	200
			10 月 31 日	200
总支出		\$1 200		\$1 200

现在让我们来看看权责发生制和收付实现制对收入的不同处理方式。

例子：假设在 4 月 30 日，STL 得到了一笔预付 6 月到 10 月的服务费，根据收付实现制，STL 将在 4 月 30 日得到这笔现金的时候就入账 \$600 收入；然而权责发生制要求只有在真正得到这笔收入的时候才入账。STL 将从 5 月起每月入账 \$100 收入。

	权责发生制		收付实现制	
现金收入	4 月 30 日	\$600	4 月 30 日	\$600
收入记录	4 月 30 日	\$600	5 月 31 日	\$100
			6 月 30 日	100

		7月31日	100
		8月31日	100
		9月30日	100
		10月31日	100
总收入	$600		$600

注意：在收付实现制和权责发生制这两种方法下，截至10月31日的收入和支出总数是一样的，最主要的差别就是记录收入和支出的时间节点不一样。

权责发生制的概念和原则

从上述例子中可以看到，时间点以及收入和支出的确认是收付实现制和权责发生制的主要区别。会计期间、收入确认原则和配比原则这三个概念会解释这主要区别。

□ 会计期间

STL公司要确切地知道企业经营成败与否，唯一的途径就是出售其全部资产并偿还全部债务，将剩余的部分返还给所有者。显然，用这种方式来计量企业收益是不现实的。实际上，企业在经营过程中也需要定期的报告。于是，会计人员将时间人为地分成几个阶段，并为每个阶段分别编制财务报表，比如一个月、一个季度、一年。

最基本的会计期间是一年，实际上每个企业都编制年度财务报表。大多数企业，每年的会计期间是从1月1日到12月31日的公历年度。其他企业采用**财务年度**（fiscal year），其结束日期是除12月31日以外的任一日期。一般来说，会计年末应是企业经营活动的低潮期。零售店就是一个很典型的例子。例如，沃尔玛、潘尼百货公司以及其他大多数零售企业采用结束于1月31日的财务年度，这主要是因为这些公司业务的低潮是在圣诞节过后。

□ 收入确认原则

收入确认原则（revenue recognition principle）告诉会计人员：

- 何时编制日记账分录来记录收入；
- 应记录的收入金额。

何时记录收入

收入确认原则指出应在收入实现时记录收入，而不是在收入实现前记录。当企业向客户提供了产品或服务，而并非从客户手中得到现金时，收入即被实现。不论现金到账与否，企业按照合同履行了所有的义务，收入即被实现。

应记录的收入金额

收入确认原则规定应按照转移商品或提供劳务的现金价值记录收入。假设，为了争取新的客户，STL公司以$100的优惠价格为客户提供在线学习服务，但在平时，该项服务的收费是$200。该公司应按多少金额记录该笔收入呢？答案是$100，因为这是该笔交易的现金价值，公司不会收到＄200，所以不应记录＄200 的收入，公司将收到的金额只是＄100，所以应该记录＄100 的收入。

□ 配比原则

配比原则（matching principle）将指导会计人员：

- 确认并计量会计期间内发生的所有费用。
- 将同一期间的费用与收入进行配比。

费用与收入配比，就是将当期收入减去当期费用以计算当期净损益，目的是计算净利润或净损失。

某些收入和费用之间有着天然的联系。例如，STL 公司可能会为销售出在线学习服务的员工支付销售佣金。但是有一些费用与收入之间的联系不是很明显。例如，不论当期是否取得收入，STL 公司必须支付的每月租金就是一个例子。配比原则指导会计人员按照月、年等会计期间确认该类费用。按照租赁合约，公司将会按月记录租赁费用。

调整分录

从前面的章节中我们了解到，期末工作流程是从试算平衡表开始的。图表 3—1 是 STL 公司在 2014 年 12 月 31 日未调整的试算平衡表：

图表 3—1　　未调整的试算平衡表

STL 公司 未调整的试算平衡表 2014 年 12 月 31 日		
科目	借方	贷方
现金	＄12 200	
应收账款	1 000	
办公用品	500	
预付租金	3 000	
家具	18 000	
建筑物	60 000	
土地	20 000	
应付账款		＄200
应付水电费		100
未实现服务收入		600
应付票据		60 000
布莱特，资本		48 000
布莱特，提款	5 000	
服务收入		16 500
租赁费用	2 000	
工资费用	3 600	
水电费用	100	
总计	＄125 400	＄125 400

这张未调整的试算平衡表包括了该公司在11月份和12月份大部分的收入和费用，但数据并不完整，因为图表中遗漏了一些收入和费用交易，权责发生制要求企业审查未调整的试算平衡表，决定是否应该录入额外的收入和支出。STL公司是否将已实现的收入和已发生的支出编制进去？

STL公司在两个月中使用了办公用品，这减少了办公用品的数量，因而构成了一项费用，这类似于工资和租赁费用。每次使用办公用品时都记录费用，这太费事了。但是到月末，图表3—1中$500办公用品可能有一部分已经被使用了。所以会计人员必须调整账户。这就是为什么我们必须在月末调整会计账户的一个很好的例子。

调整分录（adjusting entries）是指在会计期间，记入已实现的收入和已发生的费用。同时，它还反映资产与负债账户的最新真实信息。调整是为了正确地计量：

- 反映在利润表中的期间收益。
- 反映在资产负债表上的资产与负债。

两种调整分录

两种基本的调整类型是预付款项和应计项目。预付款项的调整中，现金的收付先于费用或收入的记录。预付款项又可称为延期项目（deferrals），因为收入或支出的记录在现金的收付之后。应计项目的调整与之相反，应计项目先于现金的收付来记录费用或收入。

调整分录可以进一步分为四种类型：

1. 预付费用
2. 未实现收入
3. 应计费用
4. 应计收入

本章的核心就是介绍如何编制这四种调整分录。

□ 预付费用

预付费用（prepaid expenses，也叫待摊费用）是提前支付的费用，通常在消耗完之前支付。预付费用是企业的资产，而不是费用，直到被用完。当预付费用用完时，使用的资产部分通过调整分录调整为一项费用。

预付租金

第2章的交易10中，STL公司在2014年12月1日预付了3个月的房租，如果租约规定每月租金为$1 000，那么这笔业务的会计分录为：

日期	科目及摘要	借方	贷方
12月1日	预付租金	3 000	
	现金		3 000
	（预付租金）		

过账后，预付租金账户有$3 000的借方余额：

预付租金	
12月1日　3 000	

于是，整个 12 月份，预付租金账户在这个平衡表中，但是，＄3 000 并不是该公司 12 月 31 日资产负债表上预付租金的真实金额。为什么？

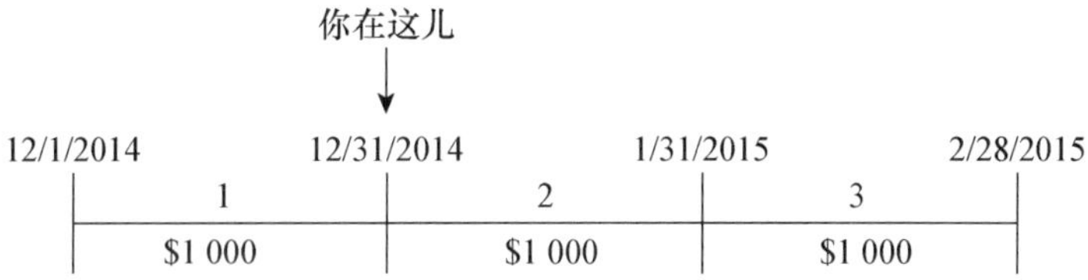

在 12 月 31 日，预付租金账户应该减少已被消耗的资产数额——1/3 的预付款。根据定义，已耗费的资产即为费用。调整分录就是将＄1 000（＄3 000×1/3）的预付租金转到租赁费用账户。调整分录为：

日期	科目及摘要	借方	贷方
12 月 31 日	租赁费用 　预付租金 （记录租赁费用）	1 000	 1 000

过账后，预付租金和租赁费用账户显示正确余额：

预付租金

12 月 1 日	3 000	12 月 31 日	1 000
余额	2 000		

租赁费用

11 月 15 日	2 000		
12 月 31 日	1 000		
余额	3 000		

预付租金是资产在分录调整前被低估的一个例子。注意到预付租金最后的余额为＄2 000。预付租金为资产类科目。STL 公司在 12 月 31 日的预付租金应包括两个月的租金（1 月和 2 月）。每月＄1 000 的租金，乘以两个月，等于预付租金的余额＄2 000。

同样的分析也可以应用于预付 3 个月的保险费，唯一的区别就是账户名称不同，预付保险费代替了预付租金，保险费用代替了租赁费用。

办公用品

办公用品的核算方法与预付费用类似。11 月 3 日，STL 公司支付＄500 现金购买办公用品。

因此，12 月 31 日试算平衡表中，办公用品的余额为借方＄500，如图表 3—1 所示。但是公司 12 月 31 日的资产负债表中办公用品项目的金额不应为＄500，为什么？

11 月和 12 月的经营过程中实际上已使用了办公用品，这部分已被使用的办公用品价值变成了办公用品费用。为计量办公用品费用，STL 公司在 12 月末对办公用品进行了盘点——这是公司仍可使用的资产数额。假定 12 月 31 日办公用品的价值为＄100。利用 T 型账户来计算已使用的办公用品价值：

办公用品

11 月 3 日	500	已使用的办公用品	?
办公用品余额	100		

所以，我们这样来处理已使用的办公用品：

期初办公用品－已使用的办公用品＝期末办公用品

＄500－已使用的办公用品＝＄100

已使用的办公用品＝＄400

12月31日的调整分录更新办公用品账户并记录11月和12月办公用品费用，分录为：

日期	科目及摘要	借方	贷方
12月31日	办公用品费用 　办公用品 （记录办公用品费用）	400	400

过账后，办公用品和办公用品费用账户有了正确的期末余额：

办公用品

11月3日	500	12月31日	400
余额	100		

办公用品费用

12月31日	400		
余额	400		

因此，1月份办公用品的期初余额就是＄100，如果没有编制办公用品的调整分录，资产会被高估，而办公用品费用将被降低，在编制调整分录时，12月31日试算平衡表的办公用品为＄100，利润表中的办公用品费用为＄400。

□ 折旧

固定资产（plant assets）是企业经营过程中长期使用的有形资产，如土地、建筑物、设备、家具等。企业使用资产时，资产的价值和有效性都降低了。固定资产有效性的降低就是费用，会计人员将固定资产的成本在它的有效使用期内进行系统分摊。这种将成本分摊成费用的方法称为**折旧**（depreciation）。比如，企业一次性购买了商务用车，但是车辆会使用好几年，所以折旧会分摊成本费用。土地是一个例外，对土地不计提折旧，因为它的价值通常不会随着使用而降低。

折旧与预付费用的相同点

固定资产会计核算的基本概念与预付费用相同。二者最大的区别在于消耗的时间长度不同。预付费用通常在一年内耗用完毕，而固定资产有许多年的有效使用期。当企业使用它的固定资产时，调整分录要求分摊资产费用，这个调整分录就叫做折旧费用。

以STL公司为例，假定12月2日，公司购置了价值＄18 000的家具，并做日记账分录如下：

日期	科目及摘要	借方	贷方
12月2日	家具 　布莱特，资本 （所有者以家具作为出资）	18 000	18 000

过账后，家具账户的余额为＄18 000。

家具

12月2日	18 000	

STL 公司估计家具的使用期限为 5 年，且 5 年后残值为零。折旧资产在使用期限内的最后价值叫做残值。STL 将用直线方法计算折旧，就是等额平分折旧。

折旧费用=(成本−残值)/使用年限

STL 公司 12 月份家具的折旧费用计算如下：

折旧费用=(成本−残值)/使用年限
=($18 000−$0)/5 年
=$3 600 每年/12 个月=$300 每月

12 月份折旧的会计分录如下：

日期	科目及摘要	借方	贷方
12 月 31 日	折旧费用——家具 　累计折旧——家具 (记录家具折旧)	300	 300

累计折旧

注意在上面的折旧调整分录里，贷方为累计折旧——家具，而不是家具资产，这是为什么呢？因为根据会计原理，我们需要把原始家具成本和累计折旧分开。管理者可以通过家具资产查询到家具的原始成本，这样可以帮助决定以后以多少钱拍卖旧家具或买进新家具。累计折旧是所有折旧费用的总数，随着时间增长。

累计折旧是一个资产抵减账户，其正常余额在贷方。一个**抵减账户**(contra account) 有以下两个主要特点：

- 抵减账户在账户表或相关财务报表中总有一个对应账户，并列示在对应账户后面。
- 抵减账户的正常余额（借方或贷方）与对应账户的正常余额相反。

例如，累计折旧——家具就是家具资产的抵减账户。家具有借方余额，所以抵减账户累计折旧——家具的余额在贷方。

相应账户 家具		抵减账户 累计折旧——家具	
正常余额在借方			正常余额在贷方

企业要为每一项折旧资产开设一个累计折旧账户。如果 STL 公司有建筑物和家具，它就要开设两个账户：累计折旧——建筑物和累计折旧——家具。但小公司经常只设置一个所有资产的累计折旧账户。

折旧分录过账以后，公司的账户结构如下所示：

家具		累计折旧——家具		折旧费用——家具	
12 月 2 日　18 000			300　12 月 31 日	12 月 31 日　300	

□ 账面价值

资产负债表同时反映了家具和累计折旧。由于累计折旧是一个抵减账户，累计折旧的余额要从家具的余额中扣减，剩余的固定资产净值（成本−累计折旧）称为**账面价值**(book value)。账面价值代表了企业未使用资产的投资成本的一部分。以下是 STL 公司家具的账面价值：

家具的账面价值	
家具的账面价值	
家具	$ 18 000
减：累计折旧	(300)
家具的账面价值	$ 17 700

12 月 1 日的建筑物折旧也用同样的方式录入，假设每月的折旧额为 $ 250，12 月份的折旧分录为：

日期	科目及摘要	借方	贷方
12 月 31 日	折旧费用——建筑物 　累计折旧——建筑物 （记录建筑物折旧）	250	 250

如果 STL 公司没有将家具和建筑物的折旧录入调整分录，固定资产将被高估，费用将被减少。编制了调整分录后，固定资产才会正确。该公司 12 月 31 日资产负债表中固定资产的列示如图表 3—2 所示：

图表 3—2　　STL 公司资产负债表中的固定资产（2014 年 12 月 31 日）

固定资产		
家具	$ 18 000	
减：累计折旧	(300)	$ 17 700
建筑物	$ 60 000	
减：累计折旧	(250)	59 750
土地		20 000
固定资产，净值		$ 97 450

□ 未实现收入

当公司未给顾客提供商品或服务而提前从顾客处收到现金时才发生**未实现收入**（unearned revenue），公司应向顾客提供产品或服务，或归还现金。只有当公司向顾客提供了产品或服务后，才能实现这部分收入。由于这一延期，未实现收入也称为**延期收入**（deferred revenue）。

假设一家律师事务所聘请 STL 公司为其提供职业道德在线学习服务，同意为此每月支付 $ 600，并立即开始执行。12 月 21 日，STL 公司收到了第一个月的现金，公司记录收到现金和负债如下所示：

日期	科目及摘要	借方	贷方
12 月 21 日	现金 　未实现服务收入 （预先收到收入）	600	 600

现在，负债账户未实现收入表明 STL 公司负有 $ 600 的债务。

未实现收入

借方	贷方
	12 月 21 日　　600

在 12 月份的最后 10 天内——从 12 月 22 日到 12 月 31 日，STL 公司将会实现（$600）大约 1/3 的收入（10/30），即 $200。因此，公司为实现 $200 收入做了如下调整分录：

日期	科目及摘要	借方	贷方
12 月 31 日	未实现服务收入 　服务收入 （记录已实现的提前收到的服务收入）	200	 200

这笔调整分录将 $200 负债金额转至收入账户。服务收入因此增加了 $200，同时未实现收入减少 $200。12 月 31 日两个账户的结构为：

未实现服务收入

借方	贷方
12 月 31 日　　200	12 月 21 日　　600
	余额　　400

服务收入

借方	贷方
	11 月 8 日　　5 500
	11 月 10 日　　3 000
	12 月 28 日　　8 000
	12 月 31 日　　200
	余额　　16 700

如果不记录调整分录，负债即未实现收入将被高估，服务收入将被低估。

□ 应计费用

企业经常会在现金支付前发生费用，这种费用称为**应计费用**(accrued expense)。应计费用是一种尚未支付的费用。以员工的工资为例，因为工资费用随着员工的工作而增加，因此是应计费用。应付票据的利息费用也是一个明显的例子。随着时间的推移，利息费用也在增长。应计费用会产生一项负债。

公司不会每周都编制应计费用的日记账，相反，会计人员通常在会计期末编制调整分录，从而使每笔费用（以及相关的负债）的最新信息反映在财务报表中。

应计工资费用

假设 STL 公司每月为员工支付的薪金为 $2 400，其中一半在每月 15 日支付，另一半在下月月初支付。下面是 12 月、1 月的日历，包括了两次付薪日期：

2014 年 12 月						
周日	周一	周二	周三	周四	周五	周六
	12 月 1	2	3	4	5	6
7	8	9	10	11	12	13
14	15	16	17	18	19	20
21	22	23	24	25	26	27
28	29	30	31	1 月 1	2	3

STL 公司在 12 月 15 日星期一支付了前一半薪金，并做了如下会计分录：

日期	科目及摘要	借方	贷方
12 月 15 日	工资费用 现金 （支付薪金）	1 200	 1 200

该公司在 12 月 31 日的调整分录里记录了公司前半月的工资费用。后半月的工资费用将在 1 月 1 日支付，但是这笔费用发生在 12 月份，因此必须在 12 月份的账目里做一笔应计工资费用分录，在 12 月 31 日，调整分录如下：

日期	科目及摘要	借方	贷方
12 月 31 日	工资费用 应付职工薪酬 （应计工资费用）	1 200	 1 200

过账后，12 月 31 日的工资费用、应付职工薪酬账户结构为：

应付职工薪酬

借方	贷方
	12 月 31 日　1 200
	余额　1 200

工资费用

借方	贷方
11 月 15 日　1 200	
12 月 1 日　1 200	
12 月 15 日　1 200	
12 月 31 日　1 200	
余额　4 800	

工资费用账户反映了 2 个月有关薪金的全部信息，应付职工薪酬账户反映了公司在 12 月 31 日的负债。这是一个负债在调整分录前被低估的例子。这也是应用配比原则的一个例子。我们做了 12 月份的工资费用分录，这在利润表里反映为 12 月份的费用。

已发生工资费用的支付　12 月 31 日的这个分录是一项最终需要支付的负债，在上述例子中，STL 公司将在 1 月 1 日支付 12 月后半月的工资。但是这个费用已在 12 月录入，STL 公司将不会再次记录，如果录入费用两次，将增大支出。企业将在应付职工薪酬的借方记录现金支出，减少负债。1 月 1 日，STL 公司调整分录为：

日期	科目及摘要	借方	贷方
1 月 1 日	应付职工薪酬 现金 （已发生费用支付）	1 200	 1 200

说明：不能将这条分录和调整分录混淆。调整分录只在会计期末使用，记录已实现收入和已发生费用。这条分录是分类账，记录日常交易，即支付已发生的工资费用。在上述例子里，调整分录的工资应付金额和负债金额是一样的，但是，有时应付金额和负债金额是不一致的。比如，STL 不在 1 月 1 日支付工资，而拖延到 1 月 5 日，这样 STL 公司的应付职工薪酬就出现在其他时间。1 月 5 日的日常费用记录不仅降低了调整分录中的费用，而且录入了额外的应计费用。

应计利息费用

借钱会产生一项应付票据的负债。如果在 2014 年 12 月 1 日，STL 公司从银行借款 $ 60 000 购买建筑物，签发了一张 1 年期的建筑物应付票据，则 2014 年 12 月 1 日的分录为：

日期	科目及摘要	借方	贷方
12 月 1 日	建筑物 　应付票据 （票据借款购买建筑物）	60 000	 60 000

票据的利息将在一年后即 2015 年 12 月 1 日支付。虽然 2014 年公司不支付这笔利息费用，但在 2014 年 12 月 31 日时，公司必须做一笔调整分录来记录本月应计的利息费用。假设票据月利息为＄100，则 12 月 31 日应计利息的调整分录为：

日期	科目及摘要	借方	贷方
12 月 31 日	利息费用 　应付利息 （应计利息费用）	100	 100

注意：这条调整分录记录应付利息为贷方，这是因为直到下一年企业才会支付利息，因此 STL 公司在银行里欠着利息。如果没有这条调整分录，负债和费用都被低估。在过账后，利息费用和应付利息账户如下：

应付利息（借方）	应付利息（贷方）		利息费用（借方）	利息费用（贷方）
	12 月 31 日　100	←→	12 月 31 日　100	
	余额　100		余额　100	

□ 应计收入

正如我们前面看到的那样，一些费用发生在现金支付之前，于是就产生了应计费用。同理，企业也有已经实现但尚未收到现金的收入，我们称之为**应计收入**（accrued revenue），它是指已取得但未收到现金的收入。

假设 STL 公司于 12 月 16 日被雇用提供在线学习服务。按照合同，公司将在 1 月 15 日收到月收入＄1 600，在被雇用的那一天，STL 公司不能记录日常分录，因为收入还未发生。12 月份，STL 公司将收到半月的服务费用＄800（从 12 月 16 日到 12 月 31 日），12 月 31 日，公司编制以下调整分录记录本月 16 日到 31 日取得的应计收入：

日期	科目及摘要	借方	贷方
12 月 31 日	应收账款 　服务收入 （记录服务收入）	800	 800

调整分录记录了已实现的收入，并将试算平衡表中的应计收入调整为＄17 500。另外，还记录了额外＄800 的应收账款。STL 公司没有录入现金，因为在 1 月 15 日前还未收到顾客支付的费用。调整分录过账后，STL 公司的账户余额如下所示：

应收账款

借方		贷方	
11月10日	3 000	11月22日	2 000
12月31日	800		
余额	1 800		

服务收入

借方	贷方	
	11月8日	5 500
	11月10日	3 000
	12月28日	8 000
	12月31日	200
	12月31日	800
	余额	17 500

如果没有调整，STL公司的财务报表就会低估资产中的应收账款和收入中的服务收入。

收取应计收入 12月31日的调整分录录入了半月收入，创建了应收账款。当STL公司1月15日收到客户应付费用时，应记录如下：

日期	科目及摘要	借方	贷方
1月15日	现金	1 600	
	服务收入		800
	应收账款		800
	（记录服务收入和收入现金）		

（服务收入800：1月1—15日的收入；应收账款800：调整分录创建的应收账款）

注意在STL公司在1月15日仅仅记录了剩余半个月的收入（1月1—15日），12月份已经记录了＄800的收入。1月15日的分录仅录入应收账款和剩余收入。如果企业在1月15日的服务收入里录入＄1 600，那么1月份的收入将被高估。

图表3—3总结了预付和应计项目调整分录。

图表3—3　　预付和应计项目调整分录

预付项目——现金收入或现金支出在交易以前发生

	调整前			调整分录		
预付费用	预付租金并记录资产			使用租金的调整分录		
	预付租金	×××		租赁费用	×××	
	现金		×××	预付租金		×××
折旧	预付家具并记录资产			资产折旧的调整分录		
	家具	×××		折旧家具费用	×××	
	现金		×××	累计家具折旧		×××
未实现收入	收到现金并记录负债			实现收入的调整分录		
	现金	×××		未实现服务收入	×××	
	未实现收入		×××	服务收入		×××

应计项目——现金收入或现金支出在交易以后发生

调整分录应记住以下两条原则：
1. 调整分录不涉及现金账户
2. 调整分录或增加收入（借方）或增加支出（贷方）

应计费用	应计已发生支出		
	工资费用	×××	
	应付职工薪酬		×××
应计收入	应计已实现收入及相关应收款项		
	应收款项	×××	
	服务收入		×××

图表 3—4 汇总了 STL 公司 12 月 31 日所有的调整分录。分录以字母来标识。

- A 部分：每一调整分录的数据
- B 部分：调整分录
- C 部分：过账后的账户结构

图表 3—4　　STL 公司调整分录及过账

A 部分——调整分录内容：

a. 到期预付租金 $ 1 000。
b. 办公用品 $ 400。
c. 家具折旧 $ 300。
d. 建筑物折旧 $ 250。
e. 提前收到服务收入并已实现 $ 200。
f. 应计工资费用 $ 1 200。
g. 应计票据利息 $ 100。
h. 应计服务收入 $ 800。

B 部分——调整分录

12 月 31 日		
a. 借：租赁费用	1 000	
贷：预付租金		1 000
（记录租赁费用）		
b. 借：办公用品费用	400	
贷：办公用品		400
（记录已消耗的办公用品）		
c. 借：折旧费用——家具	300	
贷：累计折旧——家具		300
（记录家具的折旧费用）		
d. 借：折旧费用——建筑物	250	
贷：累计折旧——建筑物		250
（记录建筑物的折旧费用）		
e. 借：未实现收入	200	
贷：服务收入		200
（记录已实现的服务收入）		
f. 借：工资费用	1 200	
贷：应付职工薪酬		1 200
（记录应付工薪费用）		
g. 借：利息费用	100	
贷：应付利息		100
（记录应付利息费用）		
h. 借：应收账款	800	
贷：服务收入		800
（记录应计服务收入）		

C 部分——分类账账户

资产 = 负债 + 所有者权益

资产

现金

11 月 1 日 30 000	11 月 2 日 20 000
11 月 8 日 5 500	11 月 15 日 3 200
11 月 22 日 2 000	11 月 21 日 300
12 月 21 日 600	11 月 25 日 5 000
12 月 28 日 8 000	12 月 1 日 3 000
	12 月 1 日 1 200
	12 月 15 日 1 200
余额 12 200	

应收账款

11 月 10 日 3 000	11 月 22 日 2 000
12 月 31 日 800	
余额 1 800	

办公用品

11 月 3 日 500	12 月 31 日 400
余额 100	

预付租金

12 月 1 日 3 000	12 月 31 日 1 000
余额 2 000	

家具

12 月 2 日 18 000	
余额 18 000	

累计折旧——办公家具

	12 月 31 日 300
	余额 300

建筑物

12 月 1 日 60 000	
余额 60 000	

累计折旧——建筑物

	12 月 31 日 250
	余额 250

土地

11 月 2 日 20 000	
余额 20 000	

$ 113 550

负债

应付账款

11 月 21 日 300	12 月 3 日 500
	余额 200

水电费用

	12 月 15 日 100
	余额 100

工资费用

	12 月 31 日 1 200
	余额 1 200

应付利息

	12 月 31 日 100
	余额 100

未实现收入

12 月 31 日 200	12 月 21 日 600
	余额 400

应付票据

	12 月 1 日 60 000
	余额 60 000

$ 62 000

所有者权益

布莱特，资本

	11 月 1 日 30 000
	12 月 2 日 18 000
	余额 48 000

−

布莱特，提款

12 月 25 日 5 000	
余额 5 000	

\+

服务收入

	11 月 8 日 5 500
	11 月 10 日 3 000
	12 月 28 日 8 000
	12 月 31 日 200
	12 月 31 日 800
	余额 17 500

−

租赁费用

11 月 15 日 2 000	
12 月 31 日 1 000	
余额 3 000	

工资费用

11 月 15 日 1 200	
12 月 1 日 1 200	
12 月 15 日 1 200	
12 月 31 日 1 200	
余额 4 800	

办公用品费用

12 月 31 日 400	
余额 400	

水电费用

12 月 15 日 100	
余额 100	

折旧费用——家具

12 月 31 日 300	
余额 300	

折旧费用——建筑物

12 月 31 日 250	
余额 250	

利息费用

12 月 31 日 100	
余额 100	

$ 51 550

$ 113 550 = $ 62 000 + $ 51 550

编制调整后试算平衡表

本章开始讨论的是未经调整的试算平衡表，编制财务报表的有效途径就是在调整后的试算平衡表中列出各账户及**调整后余额**（adjusted trial balance）。即使是试算平衡表中，错误也在所难免，调整分录的金额有时会录错或遗漏，试算平衡表只能保证每一笔交易的借方和贷方金额相同。图表 3—5 展示了 STL 公司调整后的试算平衡表。

图表 3—5　　调整后的试算平衡表

STL 公司
调整后的试算平衡表
2014 年 12 月 31 日

账户名称	调整后试算余额 借方	调整后试算余额 贷方
现金	12 200	
应收账款	1 800	
办公用品	100	
预付租金	2 000	
家具	18 000	
累计折旧——家具		300
建筑物	60 000	
累计折旧——建筑物		250
土地	20 000	
应付账款		200
应付水电费		100
应付工资		1 200
应付利息		100
未实现收入		400
应付票据		60 000
布莱特，资本		48 000
布莱特，提款	5 000	
服务收入		17 500
租赁费用	3 000	
工资费用	4 800	
办公用品费用	400	
水电费用	100	
折旧费用——家具	300	
折旧费用——建筑物	250	
利息费用	100	
总计	128 050	128 050

调整分录对财务报表的影响

调整后的试算平衡表用来编制财务报表，如果没有录入调整分录，总账不会反映正确的余额，调整后的试算平衡表也是错误的。注意调整分录的编制是为了保证录入会计期间所有的收入和费用。另外，调整分录更新了资产负债表账户，所以所有的科目被正确估价。图表3—6总结了不编制调整分录对财务报表的影响：

图表3—6　　调整分录对财务报表的影响

调整分录类型	描述	调整分录	对财务报表的影响
预付费用	提前支付费用	费用　借方 　资产*　贷方	利润表：低估费用 　　　　高估净利润 资产负债表：高估资产 　　　　　　高估费用
未实现收入	提前获取收入	负债　借方 　收入　贷方	利润表：低估收入 　　　　低估净利润 资产负债表：高估负债 　　　　　　低估费用
应计费用	已发生但未支付的费用	费用　借方 　负债　贷方	利润表：低估费用 　　　　高估净利润 资产负债表：低估负债 　　　　　　高估费用
应计收入	已获得但未得到的收入	资产　借方 　收入　贷方	利润表：低估收入 　　　　低估净利润 资产负债表：低估资产 　　　　　　低估费用

* 如果记录折旧：抵减资产账户，即累计折旧是贷方。

工作底稿

编制调整分录和试算平衡表的有用一步是创建工作底稿，工作底稿是编制财务报表时统计数据的一个内部文件，不是分类账，不是总账，也不是财务报表，只是一个能够帮助解释需调整账目的总结工具，通常是Excel表格。

图表3—7是STL公司的工作底稿的部分：

这节我们完成了表格的一部分，现在讨论一下表格前四个部分：

- **账户名称**：账户名称和会计报表的顺序和内容保持一致。
- **未调整试算余额**：试算余额直接复制未编制调整分录的总账，借方等于贷方。
- **调整额**：录入12月31日编制的调整分录。

图表 3—7 STL 公司的工作底稿（节选）

STL 公司工作表 2014 年 12 月 31 日												
账户名称	未调整的试算余额			调整额			调整后的试算余额		利润表		资产负债表	
	借方	贷方		借方	贷方		借方	贷方	借方	贷方	借方	贷方
现金	$ 12 200						$ 12 200					
应收账款	1 000		h	$ 800			$ 1 800					
办公用品	500				$ 400	b	100					
预付租金	3 000				1 000	a	2 000					
家具	18 000						18 000					
累计折旧——家具					300	c		300				
建筑物	60 000						60 000					
累计折旧——建筑物					250	d		250				
土地	20 000						20 000					
应付账款		$ 200						200				
应付水电费		100						100				
应付工资					1 200	f		1 200				
应付利息					100	g		100				
未实现收入		600	e	200				400				
应付票据		60 000						60 000				
布莱特，资产		48 000						48 000				
布莱特，提款	5 000						5 000					
服务收入		16 500			1 000	e，h		17 500				
租赁费用	2 000		a	1 000			3 000					
工资费用	3 600		f	1 200			4 800					
办公用品费用			b	400			400					
水电费用	100						100					
折旧费用——家具			c	300			300					
折旧费用——建筑物			d	250			250					
利息费用			g	100			100					
总计	$ 125 400	$ 125 400		$ 4 250	$ 4 250		$ 128 050	$ 128 050				

● **调整后的试算余额**：给出调整后的试算余额。每个栏目的数额是未调整的余额加上或减去调整额。比如，应收账款最初为借方＄1 000，加上调整分录应收账款借方＄800，得到借方＄1 800。最初服务收入为贷方＄16 500，加上调整分录服务收入贷方＄1 000，最终得到调整后的＄17 500。和调整前的试算平衡表一样，借方金额和贷方金额是一致的。

利润表和资产负债表将会在下一章完成。

附录 3A：编制预付费用和未实现收入的其他方法

第 1 章到第 3 章阐述了编制预付费用和未实现收入的最普遍方法，本附录将讲述其他方法。

预付费用

预付费用是提前支付未发生的花费，比如保险费、租金和广告费。办公用品也记做预付费用。当企业提前支付费用，比如租金的时候，可记做资产的贷方（预付租金）。比如，STL 公司在 2014 年 12 月 1 日预付了 3 个月的租金＄3 000，记如下分类账：

日期	科目及摘要	借方	贷方
12 月 1 日	预付租金 　现金 （提前支付租金）	3 000	 3 000

预付费用最初可记为一项费用

提前支付费用创造了资产，然而资产可能寿命很短，会在当前会计期间（一年之内或更短）到期，所以会计可以在付款时将其记为一项费用，如下：

日期	科目及摘要	借方	贷方
12 月 1 日	租赁费用 　现金 （提前支付租金）	3 000	 3 000

12 月 31 日，一个月的预付租金已经到期，剩余两个月仍属于预付，会计需要将全部租金的 2/3，即＄2 000 转为资产类的预付租金。在 2014 年 12 月 31 日，企业仍可享受随后两个月即 2015 年 1 月 1 日到 2 月 28 日预付费用的益处。12 月 31 日的调整分录如下：

日期	科目及摘要	借方	贷方
12 月 1 日	预付租金 　租赁费用 （记录预付租金）	2 000	 2 000

过账后，两个账户显示为：

预付租金

借方		贷方	
12 月 31 日	2 000		
余额	2 000		

租赁费用

借方		贷方	
12 月 1 日	3 000	12 月 31 日	2 000
余额	1 000		

12 月 31 日，不论企业初始借方为资产类或费用类，$ 3 000 的预付资金分为 $ 2 000 的预付租金和 $ 1 000 的租赁费用。

未实现收入

未实现收入是指企业在尚未赚得收入的情况下收取现金，它是一种负债，因为企业没有给客户提供商品或服务而提前取得了收入。在尚未提供服务的情况下取得收入时就产生了负债。假设一家律师事务所聘请 STL 公司为其提供在线学习服务，同意为此每月支付 $ 600，并立即开始执行。12 月 21 日，STL 公司收到了第一个月的现金，公司记录收到现金和负债如下所示：

日期	科目及摘要	借方	贷方
12 月 21 日	现金 　未实现服务收入 （预先收到收入）	600	 600

未实现收入最初可记为一项收入

如果企业在同一会计期间获得所有的收入，最终就不必编制调整分录。然而，如果企业只取得部分收入，就必须编制调整分录。假设 STL 公司在 2014 年 12 月 31 日只得到 1/3 的收入，即 1/3× $ 600＝ $ 200，会计人员就必须编制调整分录，将剩余 2/3，即 $ 400 从收入转为负债：

日期	科目及摘要	借方	贷方
12 月 31 日	服务收入 　未实现服务收入 （记录未实现收入）	400	 400

调整分录将服务收入的未实现部分转为负债，因为 STL 公司没有完成下一年的在线学习服务。过账后，总数 $ 600 分为负债 $ 400 和收入 $ 200 两部分：

未实现服务收入

借方		贷方	
		1 月 31 日	400
		余额	400

服务收入

借方		贷方	
12 月 31 日	400	5 月 31 日	600
		余额	200

12月31日，不论企业最初借记负债账户还是收入账户，$600的现金收入分为$200的服务收入和$400的未实现收入。

疑难问题A部分

P3-33A　将调整分录记入日记账

以下是与Laughter景观美化公司12月31日编制调整分录相关的数据信息：

(1) 每周五公司向员工支付本周五天的周薪，总额为$7 000。本期会计期末12月31日恰巧是周三，公司将于1月2日支付员工薪酬。

(2) 公司于今年的1月1日购买了一份价值$9 000的保险，保险期限为2年。

(3) 办公用品的期初余额为$4 000，本年公司购买的办公用品价值$5 200，12月31日库存办公用品为$2 400。

(4) 公司设计了一套景观美化方案，客户为此在项目开始时预先支付了$7 000，公司将其记为未实现收入。这个项目将持续几个月才能完成，公司估计本年已实现总收入中的40%。

(5) 在12月31日，公司为T家电公司设计了一套景观美化方案，赚取收入$3 500，T公司承诺将于1月10日支付服务费用。

(6) 本年的折旧费用包括：机器设备$3 700，卡车$1 300。

(7) 本期总共产生$300的应付利息，另有$450的利息将于1月15日到期。

要求：

1. 对于影响Laughter景观美化公司的重要项目，在12月31日编制调整分录并记入日记账中。

2. 将调整分录(1)、(4)和(7)的后续日记账分录记入日记账中。

P3-34A　将调整分录记入日记账，识别其对财务报表的影响

下面是与迪伦渔业特许公司12月31日编制调整分录相关的数据信息：

(1) 公司于12月20日收到电费账单$230，承诺于1月5日支付（使用应付水电费账户）。

(2) 迪伦公司于11月1日花费$4 800购买了一份船舶保险，保险期限为6个月，迪伦公司借记预付保险费账户。

(3) 12月31日，迪伦公司赚取收入$2 500，尚未收到也未进行记录。

(4) 迪伦公司于1月1日以$60 000的价格购买了一艘渔船。迪伦预计使用5年，预计残值为$5 000。假设公司对此艘渔船采取直线折旧法。

(5) 10月1日，迪伦承诺于12月份为客户提供一项深海捕捞作业，收到预付款$8 000。12月31日，迪伦公司全部完成了此项作业。

要求：

1. 请于12月31日编制每笔业务的调整分录。假设迪伦公司只在年末编制调整分录。

2. 如果迪伦公司尚未编制调整分录，请指出财务报表中的哪些特定种类的账户科目会被错误表达（高估或低估），填写下表：

调整分录	资产负债表中受影响的科目名称	高估/低估	利润表受影响的科目名称	高估/低估

P3-35A　将调整事项记入日记账，并过账至T型账户，编制调整后的试算平衡表

Arlington空气净化公司2014年12月31日未调整的试算平衡表如下表所示，月末需要调整的资料如下：

Arlington空气净化公司 试算平衡表 2014年12月31日		
现金	$7 700	
应收账款	19 200	
预付租金	2 400	
办公用品	1 300	
设备	19 900	
累计折旧——设备		$4 300
应付账款		3 600
应付职工薪酬		

未实现服务收入		2 600
Arlington，资本		39 500
Arlington，提款	9 500	
服务收入		15 400
工资费用	3 500	
租赁费用		
折旧费用——设备		
广告费用	1 900	
办公用品费用		
总计	$ 65 400	$ 65 400

12 月 31 日的调整事项有：

(1) 12 月 15 日，Arlington 公司提前收取客户支付的未实现服务收入——现金 $ 2 600。截止到 12 月 31 日，Arlington 公司已提供价值 $ 1 100 的服务。

(2) 12 月 1 日，Arlington 公司预付两个月的租金。

(3) 本月耗用的办公用品为 $ 600。

(4) 本期机器设备折旧为 $ 900。

(5) 12 月份的应计广告费用为 $ 900，Arlington 公司将于 1 月支付此笔费用（贷记应付账款）。

(6) Arlington 公司在每周一向其员工支付上周工资。其员工每周工作 5 天，可获得报酬 $ 1 500（今年的 12 月 31 日是周三）。

(7) 10 月 1 日，Arlington 公司同意为某客户提供为期四个月（从 10 月 1 日开始）的空气净化系统检查服务，服务费用共计 $ 3 200。Arlington 公司每个月都向客户提供了检查服务，但是尚未收到客户支付的服务费用，也未编制日记账分录。

要求：

1. 将调整分录记入日记账。
2. 使用未调整的试算平衡表，开设 T 型账户，将调整分录过账至 T 型账户中。
3. 编制调整后的试算平衡表。
4. 公司将如何使用调整后的试算平衡表?

P3-36A 编制调整分录，并过账至四栏式账户；编制调整后的试算平衡表

莱克星顿旅馆 2014 年 12 月 31 日试算平衡表如下所示，月末需要调整的资料如下：

a. 12 月 31 日，仍然有效的预付租金为 $ 700。

b. 本月月末，办公用品价值为 $ 600。

c. 本月建筑物折旧 $ 1 600。

d. 莱克星顿旅馆于每周五向其员工支付工资，其员工每周工作 5 天，可获得报酬 $ 2 000（今年的 12 月 31 日是周三）。

e. 11 月 20 日，莱克星顿宾馆同意为某客户提供服务，并提前收取现金 $ 2 400，记入未实现服务收入。截止到 12 月 31 日，莱克星顿宾馆还有 $ 1 400 的未实现收入。

莱克星顿旅馆 试算平衡表 2014 年 12 月 31 日		
现金	$ 12 100	
应收账款	14 300	
预付保险费	2 300	
办公用品	1 100	
建筑物	411 000	
累计折旧——建筑物		$ 312 500
应付账款		1 950
应付职工薪酬		
未实现服务收入		2 400
Calvasina，资本		114 740
Calvasina，提款	2 860	
服务收入		15 600
工资费用	2 700	
保险费用		
折旧费用——建筑物		
广告费用	830	
办公用品费用		
总计	$ 447 190	$ 447 190

要求：

1. 将调整分录记入日记账。
2. 将未调整的余额记入四栏式分类账的科目中，将调整分录过账至分类账中。
3. 编制调整后的试算平衡表。
4. 假设调整后的试算平衡表的借方总额和贷方总额相等，这是否意味着调整分录已被正确记录？试解释原因。

P3-37A 使用工作底稿记录调整分录

Galant 影院公司 2014 年 12 月 31 日部分已完成的工作底稿如下表所示：

Galant 影院出品公司 工作底稿 2014 年 12 月 31 日						
科目名称	调整前试算余额		调整分录		调整后试算余额	
	借方	贷方	借方	贷方	借方	贷方
现金	3 900				3 900	
应收账款	6 100				6 900	
办公用品	1 700				300	
预付保险费	2 700				2 100	
机器设备	25 000				25 000	
累计折旧——设备		8 800				13 200
应付账款		4 000				4 000
应付职工薪酬						300
Galant，资本		20 300				20 300
Galant，提款	30 500				30 500	
服务收入		71 000				71 800
折旧费用					4 400	
办公用品费用——设备					1 400	
水电费用	4 700				4 700	
工资费用	29 500				29 800	
保险费用					600	
总计	104 100	104 100			109 600	109 600

要求：

1. 分析此工作底稿，解释调整前后的余额变化。完成此工作底稿，使用字母 a～e 来标明五项调整项。

2. 编制调整分录。

P3-38A　理解预付费用和未实现收入的替代处理方法

EP 邮政公司在 2014 年完成了以下交易活动：

11 月 1 日	支付商店租金＄6 000，租期为 3 个月，截止到 2015 年 1 月 31 日。
11 月 1 日	支付保险费用＄6 000，保险期限为 4 个月，截止到 2015 年 2 月 28 日。
12 月 1 日	收取客户预先支付的现金＄5 200，将作为服务收入分摊到 4 个月中（截止到 2015 年 1 月 31 日），每个月确认服务收入＄1 300。
12 月 1 日	收取客户预先支付的现金＄4 500，将作为服务收入分摊到 3 个月中（截止到 2015 年 2 月 28 日），每个月确认服务收入＄1 500。

要求：

1. 假设 EP 邮政公司借记资产项目——预付费用，贷记负债项目——未实现服务收入，编制日记账分录以记录交易活动。

2. 在 2014 年 12 月 31 日编制相关的调整分录。

3. 过账，开设 T 型账户，并将调整分录过账至 T 型账户中，列示 2014 年 1 月 31 日的账户余额（不考虑现金账户）。

4. 重复要求 1～3。借记费用类账户——预付费用，贷记收入类账户——未实现收入。

5. 比较要求 3 和要求 4 的账户余额，二者应该相等。

小组作业

小组作业 3—1

绝味午餐是一家为顾客安排午餐约会的全国连锁服务业企业，公司预先收取了客户支付的一揽子服务费用。假如你的团队目前正筹划在你所居住的地区开设一家绝味午餐分店。你必须做出一些重要的决策：选址、营销，等等。与此同时，你也需要做出会计上的一些决策，例如，何时是会计年度的终止日？多久编制一次财务报表以用来评估企业的财务状况和经营业绩？企业应采用收付实现制还是权责发生制？何时记录公司所赚收入？如何记录费用？

要求：

在导师的指导下，写一份书面报告，以解决以下问题：

1. 企业究竟应采取收付实现制还是权责发生制？请详细阐述一下你的理由。

2. 财务报表多久编制一次？为什么？讨论一下公司应该如何使用每张财务报表。

3. 企业将赚取何种收入？何时确认收入？

4. 企业将发生何种费用？何时记录费用？

第 4 章

会计循环的完成

- 编制财务报表
- 运用工作底稿协助编制财务报表
- 结账流程
- 编制结账后试算平衡表
- 会计循环
- 运用流动比率评价企业业绩
- 附录 4A：转回分录：一个备选步骤

年末了，该做些什么？会发生什么？

克里斯汀娜·马修是一家小旅馆的所有人，这家小旅馆刚刚举办完周年庆。克里斯汀娜对今年旅馆的成功经营略感兴奋。尽管之前作为度假村经理的工作经验对她与客户打交道大有裨益，她仍然需要学习一些会计方面的知识。克里斯汀娜把她第一年经营的成功归结于她总是向客户提供高质量和个性化的服务。除此之外，克里斯汀娜还发掘了一名能帮助她处理账务的杰出会计师。

起初，克里斯汀娜依赖会计师的建议来记录旅馆全年的交易活动。目前既然第一年的经营已接近尾声，她准备完成今年最后的会计工作。克里斯汀娜的会计师建议她可以编制财务报表，以帮助其计算旅馆今年的毛利，并评价其财务状况。克里斯汀娜将使用这些财务报表来评估旅馆过去一年的经营业绩。克里斯汀娜已开始为下一年的经营活动做准备，为了达到这一目的，她现在必须通过结账分录来为下年的账务记录做准备。

正如我们在克里斯汀娜和她所经营的旅馆这个例子中所见到的，企业往往需要在会计循环的终点完成一些特殊作业。完成这些作业有助于企业评价过去一年的经营状况和下一年新业务的开展。例如，四季酒店必须编制能够报告公司当年盈亏数额与年末财务状况的年度财务报表。此外，四季酒店必须为下一年账簿的编制做好准备——这一过程称为结账，其包括将结账分录记入日记账并更新当年资本账户的数额。在本章你将学习这些会计循环最后的业务。

本章大纲

- 如何编制财务报表？
- 工作底稿对于编制财务报表有何帮助？
- 何为结账？如何结账？
- 如何编制结账后的试算平衡表？
- 何为会计循环？
- 如何运用流动比率评估企业业绩？
- 何为转回分录（附录4A）？

学习目的

1. 编制包括分类资产负债表在内的财务报表。
2. 运用工作底稿来编制财务报表。
3. 了解日记账与结账的目的。
4. 编制结账后试算平衡表。
5. 描述会计循环。
6. 运用流动比率来评价企业业绩。
7. 了解将转回分录记入日记账的目的（附录4A）。

在第3章，我们虚构的STL公司已经做出了必要的调整分录来正确反映利润表中的净利润和资产负债表中的资产与负债。其所有账户的数额已经更新，STL准备进行会计循环中的下一步——编制财务报表。在本章中，通过审阅你已经熟悉的财务报表，你将学会如何编制更为完备的资产负债表。此外，你将通过学习如何结账来完成会计循环。

编制财务报表

正如第 3 章所描述的，STL 的财务报表来自于调整后的试算平衡表。图表 4—1 列示了 STL 公司调整后的试算平衡表。在该图表的右侧，能够看到账户如何被列示在财务报表中。

图表 4—1　　调整后的试算平衡表

STL 公司调整后的试算平衡表
2014 年 12 月 31 日

	余额		
账户名称	借	贷	
现金	$ 12 200		
应收账款	1 800		
办公用品	100		
预付租金	2 000		
家具	18 000		
累计折旧——家具		300	
建筑物	60 000		3. 资产负债表账户
累计折旧——建筑物		250	
土地	20 000		
应付账款		200	
应付水电费		100	
应付职工薪酬		1 200	
应付利息		100	
预收账款		400	
应付票据		60 000	
Bright，资本		48 000	2. 所有者权益变动表账户
Bright，提款	5 000		
服务收入		17 500	
租赁费用	3 000		
工资费用	4 800		
办公费用	400		
水电费用	100		1. 利润表账户
折旧费用——家具	30		
折旧费用——建筑物	250		
利息费用	100		
总额	$ 128 050	$ 128 050	

一般来说，财务报表应该按照下列顺序编制：

1. 利润表——报告当期的收入与费用并且计算当期损益。

2. 所有者权益变动表——列示由于所有者投资、净利润（或者净损失）以及所有者提款所导致的当期资本数额的变化。

3. 资产负债表——报告当期期末资产、负债与所有者权益的数额。

STL 的财务报表列示在图表 4—2 中。

□ 财务报表之间的关系

图表 4—2 中的箭头表示了财务报表之间的相互关系。

1. 利润表中的净利润增加了资本数额，同理，净损失减少了资本数额。

图表 4—2　　**STL 公司财务报表**

STL 公司利润表 两个月（截至 2014 年 12 月 31 日）		
收入：		
提供服务获取的收入		$17 500
费用：		
工资费用	$48 000	
租赁费用	3 000	
办公费用	400	
折旧费用——家具	300	
折旧费用——建筑物	250	
水电费用	100	
利息费用	100	
费用总额		8 950
净利润		$8 550

STL 公司所有者权益变动表 两个月（截至 2014 年 12 月 31 日）	
2014 年 11 月 1 日的资本总额	$0
所有者投资	48 000
两个月的净利润	8 550
	56 550
所有者提款	(5 000)
2014 年 12 月 31 日的资本总额	$51 550

（箭头 1：利润表中的净利润 $8 550 → 所有者权益变动表中两个月的净利润；箭头 2：所有者权益变动表中 2014 年 12 月 31 日的资本总额 $51 550 → 资产负债表中的资本总额）

STL 公司资产负债表 2014 年 12 月 31 日				
资产			负债	
现金		$12 200	应付账款	$200
应收账款		1 800	应付公共事业费	100
办公用品		100	应付职工薪酬	1 200
预付租金		2 000	应付利息	100
生产设备	$18 000		预收账款	400
减：累计折旧——家具	(300)	17 700	应付票据	60 000
建筑物	60 000		负债总额	62 000
减：累计折旧——建筑物	(250)	59 750		
土地		20 000	所有者权益	
			资本总额	51 550
资产总额		$113 550	负债与所有者权益总额	113 550

2. 所有者权益变动表中的期末资本总额被填列在资产负债表中，使得总负债加所有者权益等于总资产，即满足会计恒等式的要求。

为了巩固对这些关系的理解，将利润表中的净利润追溯至所有者权益变动表中，再将布莱特的期末资本总额追溯至资产负债表中。你也许会注意到，这些报表是你在第1章中学到的三张主要财务报表。其编制顺序也正如前文所描述的那样：首先是利润表，其次是所有者权益变动表，最后是资产负债表。

分类资产负债表

迄今为止，我们已经看到了STL公司的未分类资产负债表。现在，我们将要准备编制在实务中运用的资产负债表——分类资产负债表。在分类资产负债表中，每一项资产和负债均按照某一特定类别来列示。

在分类资产负债表中，资产和负债被归类为流动（一年之内）和长期（一年以上）两大类。相对而言，这样的分类能够表明它们流动性的强弱。流动性可以衡量某一资产转化为现金的快慢和难易（因为现金是流动性最强的资产）。应收账款的流动性比较强，因为其能够很快被收回；办公用品的流动性比较弱；而生产设备和建筑物的流动性则更差，因为其转化为现金需要更长的时间。

资产

资产负债表按照流动性的强弱来列示资产。分类资产负债表列报两大类资产：流动资产和长期资产。

在企业的运营周期大于一年的情况下，流动资产是指将在未来12个月之内或转化为现金、或被售出、或使用寿命到期的资产。运营周期是指下列业务发生的区间：

- 现金被用来购买货物或者劳务。
- 企业销售货物或者提供劳务给消费者。
- 企业从客户收回现金。

对于大多数企业来说，运营周期往往为几个月。现金、应收账款、办公设备、预付费用都是流动资产

长期资产（long-term assets）是指企业在一年或者一个运营周期（二者孰长）之内无法转化为现金或者使用寿命未到期的资产。长期资产通常有三类：长期投资、生产设备和无形资产。

长期投资　期限较长的应收票据和其他投资都被视为长期投资。同时，公司持有期限在一年以上的股权投资和债券投资也是长期投资。

生产性资产　另外一类长期资产是生产设备（也称为固定资产或财产、厂场和设备）。土地、建筑物、家具和设备都可归为此类。生产设备也往往按照流动性的强弱列示，例如，家具和设备往往列示在前，而土地往往列示在最后。

无形资产　无形资产是指没有物理形态的资产。无形资产往往包括专利、版权和商标。作为长期资产，无形资产往往赋予企业某些特定权利，例如，独家生产或者销售某项发明或者书籍（专利权和版权）和展现某一特定品牌（商标）。

负债

资产负债表按照负债被偿付的先后顺序来列示各项负债。资产负债表中的负债分为

两大类：流动负债，长期负债。

流动负债是指在一年或者大于一年的营业周期之内以现金、商品和劳务偿还的负债。在一年以内到期的应付账款、应付票据、应付职工薪酬、应付利息和预收账款都是流动负债。长期负债将在未来一年内到期的那部分也被视为流动负债。流动负债按照到期顺序的先后予以列示。

长期负债是指无须在未来一年或者一个运营周期（二者孰长）内予以偿付的负债。许多应付票据都是长期的，例如，对建筑物的抵押。

所有者权益

所有者权益代表了所有者对于企业资产的索取权。在资产负债表中，所有者权益的数额来源于所有者权益表的期末余额。所有者权益的余额反映了所有者投入的本金、企业的净利润和净损失，以及所有者的投资。其代表了公司在清偿完所有负债之后剩余的财产金额。

图表 4—3 代表了 STL 公司的分类资产负债表。注意到公司将每一项资产和负债划分为流动和长期两大类，同时资产总额 $ 113 550 与图表 4—2 中未分类资产负债表中的资产总额相一致。

图表 4—3　　分类资产负债表

STL 公司资产负债表
2014 年 12 月 31 日

资产			
流动资产：			
现金		$ 12 200	
应收账款		1 800	
办公用品		100	
预付租金		2 000	
流动资产总额			$ 16 100
长期资产：			
生产设备	$ 18 000		
减：累计折旧——生产设备	(300)	17 700	
建筑物	60 000		
减：累计折旧——建筑物	(2 500)	$ 59 750	
土地		20 000	
长期资产总额			97 450
资产总额			$ 113 550
负债			
流动负债：			
应付账款		$ 200	
应付水电费		100	
应付职工薪酬		1 200	
应付利息		100	
预收账款		400	

流动负债总额	$2 000
长期负债：	
应付票据：	60 000
负债总额	62 000
所有者权益	
资本总额	51 550
负债与所有者权益总额	$113 550

对比图表 4—3 和图表 4—2 中的资产负债表，你会注意到两点不同之处。图表 4—3 中分类资产负债表的列报形式与图表 4—2 不同。图表 4—3 中资产负债表的各项是以报告模式列示的，其中资产类项目在上面，负债和所有者权益项目在下面。图表 4—2 中 STL 的资产负债表将资产列示在左边，将负债和所有者权益列示在右边。这种排列方式称为账户模式。尽管两种模式都为人们所接受，但报告模式更为普遍。

运用工作底稿协助编制财务报表

在前面你已经学习了如何运用工作底稿来编制调整分录。现在你将要学习如何运用工作底稿来编制财务报表。图表 4—4 列示了 STL 公司完整的工作底稿。在这张工作底稿中，第 1～4 部分已经在第 3 章完成。现在，你需要完成剩下的部分来编制财务报表。

□ 第 5 部分——利润表

利润表部分只包括收入和费用账户。来自于调整后试算平衡表部分的收入和费用将被填列在利润表部分中合适的列。例如，在调整后试算平衡表部分中，提供劳务获取的收入有贷方余额 $17 500，其将被填列在利润表部分贷方这一列。这一步完成之后，加总各列的数额。

□ 第 6 部分——资产负债表

资产负债表部分包括资产、负债和所有者权益账户。在工作底稿中，这些账户的余额将由调整后试算平衡表这一部分转填至资产负债表这一部分中合适的列。例如，在调整后试算平衡表部分中，作为资产类的抵减账户，累计折旧——生产设备有贷方余额 $300。这一数额将在资产负债表部分中列示为贷方余额 $300。这一步完成之后，加总各列的数额。

□ 第 7 部分——确定净利润或者净损失

用总收入减去总费用（$17 500－$8 950）得到净利润或者净损失。将净利润（净损

图表 4—4 **完整的工作底稿**

	A	B	C	D	E	F	G	H	I	J	K	L	M
1	STL公司												
2	工作底稿												
3	2013年12月31日												
4	账户名称	未调整的试算平衡表			调整项目			调整后的试算平衡表		利润表		资产负债表	
5		借	贷		借	贷		借	贷	借	贷	借	贷
6	现金	$12 200						$12 500				$12 200	
7	应收账款	1 000		(h)	800			1 800				18 000	
8	办公用品	500				$400	(b)	100				100	
9	预付租金	3 000				1 000	(a)	2 000				200	
10	生产设备	18 000						18 000				18 000	
11	累计折旧——生产设备					300	(c)		$300				$300
12	建筑物	60 000						60 000				60 000	
13	累计折旧——建筑物					250	(d)		250				250
14	土地	20 000						20 000				20 000	
15	应付账款		$400						200				200
16	应付水电费		100						100				100
17	应付职工薪酬					1 200	(f)		1 200				1 200
18	应付利息					100	(g)		100				100
19	预付账款		600	(e)	200				400				400
20	应付票据		60 000						60 000				6 000
21	Bright,资本		48 000						48 000				48 000
22	Bright,提款	5 000						5 000				5 000	
23	服务收入		16 500			1 000	(e,h)		17 500		$17 500		
24	租赁费用	2 000		(a)	1 000			3 000		$3 000			
25	工资费用	3 600		(f)	1 200			4 800		4 800			
26	办公费用			(b)	400			400		400			
27	水电费用	100						100		100			
28	折旧费用——生产设备			(c)	300			300		300			
29	折旧费用——建筑物			(d)	250			250		250			
30	利息费用			(g)	100			100		100			
31	总计	$125 400	$125 400		$4 250	$4 250		$128 050	$128 050	$8 950	$17 500	$119 100	$110 550
32									净利润	8 550			8 550
33	总计									$17 500	$17 500	$119 100	$119 100
34													

第5部分（J—K列）　第6部分（L—M列）　第7部分（第32—33行）

第1～4部分（A—I列）

净利润=$17 500－$8 950

失）作为结余数额填列在利润表和资产负债表这两部分中。如果是净利润的话，余额将填列在利润表部分的借方一列和资产负债表的贷方一列。

例如，STL 公司拥有净利润＄8 550。这一数额将填列在利润表部分的借方和资产负债表部分的贷方。

如果费用大于收入，则会出现净损失。在这种情况下，将净损失列示在工作底稿的底端。净损失的数额将列示在利润表的贷方一列（用以抵销借方余额）和资产负债表的借方一列（用以抵销贷方余额）。需要注意的是，净利润或者净损失是工作底稿中的结余数额，对于这一数额的记录应当确保借贷两列平衡。

STL公司已经完成了12月31日工作底稿的编制。要记住的是，工作底稿是用来记录调整分录和编制财务报表的内部工具。调整分录还需记录在日记账中并过账至分类账（就像第3章所描述的那样），财务报表也仍需要编制（就像图表4—2中列示的那样）。

结账流程

在会计循环的终点，STL公司在编制完财务报表之后准备结账。通常所指的结账流程包括将结账分录记入日记账并过账，从而使得会计账户能够在下一期间进行更为准确的记录。在结账的流程中，将所有收入账户和费用账户清零，从而能够将每一期间的净利润与其他期间的净利润区别开。同时，由于当期出现净利润和净亏损以及所有者提款，还要更新资本总额账户的余额。结账流程通过将收入、费用和提款这些账户清零来为下一期间的会计记录做好准备。整个结账过程正是企业遵循会计分期假设的体现。企业将其经营活动分解在若干时间段内并且在这些特定期间内编制财务报表。

如前文所述，利润表报告某一特定期间的净利润。例如，企业在2014年12月31日前两个月的净利润专门指的是2014年11月和12月的净利润。在2014年12月31日，STL公司对其在本年最后两个月的收入和费用账户进行了结账。因此，收入和费用账户称为暂时性账户（也称为名义账户）。例如，STL公司的服务收入这一账户在2014年12月31日的余额为$17 500。这一数额特指2014年最后两个月的数额，并在公司记录下一年的收入之前，其必须被清零。与此类似，仅与2014年相关的所有费用类账户余额在当年年末必须被清空。

布莱特，提款这一账户同样是暂时性的，在当期期末也必须进行结账。原因在于它衡量的是所有者在这一期间的提款数额。所有的暂时性账户（提款，收入和费用）都需要被结账（清零）。所有暂时性账户的余额都不能被带至下一期间。企业在新的会计期间所有暂时性账户的期初余额均为零。

与暂时性账户相对应的是永久性账户（也称为实账户）——资产、负债和所有者权益——这些账户无须在期末结账。永久性账户的余额会被带入下一期间。所有的资产负债表账户均为永久性账户。

通过结账分录将收入、费用和所有者提款的余额转入资本总额账户，从而利于公司在下一期间进行会计记录。

作为一个承上启下的步骤，收入与费用首先转入损益汇总账户。损益汇总账户通过加总所有的费用（在借方）和所有的收入（在贷方）来计算当期的净利润（或者净亏损）。损益汇总账户就像一个暂时性的“储存罐”，能够展示出当期的净利润或者净损失。其余额——净利润或者净损失——将被结转（结账）至资本总额账户（结账流程中的最后一个账户）。图表4—5对结账流程进行了总结。

结转暂时性账户——净利润

如前所述，所有的暂时性账户在结账过程中都被结转（清零）。暂时性账户并不是

图表 4—5　　结账流程

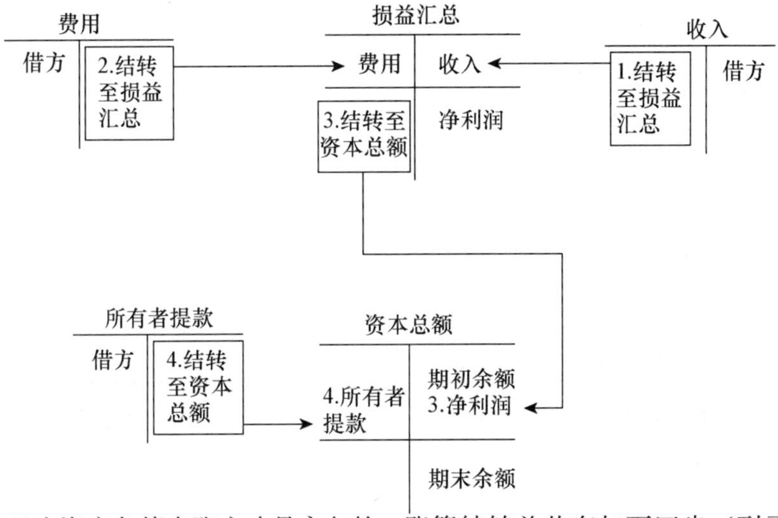

永久的，只有资产负债表账户才是永久的。账簿结转总共有如下四步（列示在图表 4—6 中）。

步骤 1：通过损益汇总账户，结算收入账户余额。这一结账分录将所有的收入结转至损益汇总账户的贷方。

例如，STL 公司在服务收入这一账户中有＄17 500 的借方余额。为了结算这一账户，我们需要贷记损益汇总。

服务收入

		17 500	调整前余额
结转 1	17 500		
		0	余额

损益汇总

		17 500	结转 1

日期	科目及摘要	借方	贷方
12 月 31 日	服务收入	17 500	
	损益汇总		17 500
	（结转收入）		

步骤 2：通过损益汇总账户，结算费用账户余额。这一结账分录将所有的费用结转至损益汇总账户的借方。

例如，STL 公司在租赁费用这一账户中有＄3 000 的贷方余额。为了结转这一账户，我们借记提供劳务获取的收入，贷记租赁费用。

租赁费用

调整前余额	3 000		
		3 000	结转 2
余额	0		

按照这一方法，STL 公司结算所有的费用类账户。这一过程往往由复合结账分录完成。贷记每一个费用类账户，同时按照费用总额借记损益汇总账户。

日期	科目及摘要	借方	贷方
12 月 31 日	损益汇总	8 950	
	租赁费用		3 000
	工资费用		4 800
	办公费用		400
	水电费用		100
	折旧费用——生产设备		300
	折旧费用——建筑物		250
	利息费用		100
	（结转费用）		

现在损益汇总账户中有当期净利润 $8 550。结转完收入和费用之后的损益汇总 T 型账户为：

损益汇总

结转 2	8 950	17 500	结转 1
		8 550	余额

步骤 3：通过资本账户，结转损益汇总账户。这一结账分录将净利润（或者净损失）结转至资本账户。

STL 公司的损益汇总账户中有 $8 550 的贷方余额。这代表了本期的净利润。该笔净利润将被结转至资本账户。我们应该借记损益汇总，贷记布莱特，资本。可以看到，在这笔结账分录中，本期的净利润增加了资本账户的余额。

损益汇总

结转 2	8 950	17 500	结转 1
		8 550	余额
结转 3	8 550		
		0	余额

布莱特，资本

		48 000	调整前余额
		8 550	结转 3

日期	科目及摘要	借方	贷方
12 月 31 日	损益汇总	8 550	
	布莱特，资本		8 550
	结转损益汇总		

步骤 4：通过资本账户，结算损益汇总账户。该笔分录将所有者提款的数额结转。

STL 公司的布莱特，资本退回账户有借方余额 $5 000。通过借记布莱特，资本和贷记布莱特，提款来结算该账户。

布莱特，资本

		48 000	调整前余额
结转 4	5 000	8 550	结转 3
		51 550	余额

布莱特，提款

调整前余额	5 000		
		5 000	结转 4
余额	0		

日期	科目及摘要	借方	贷方
12 月 31 日	布莱特，资本	5 000	
	布莱特，提款		5 000
	（结转所有者）		

□ 结转暂时性账户——净损失

如果企业在当期出现了净损失，其结账分录 1，2 和 4 与净利润的结账分录类似。然而，结转损益汇总账户的结账分录却存在差异。考虑一下该情况。假设企业存在 $2 000 的净亏损。损益汇总的 T 型账户将会有借方余额而非贷方余额。因此，结算损益汇总账户的结账分录应当是借记所有者权益，贷记损益汇总。

损益汇总

结转 2	5 000	3 000	结转 1
余额	2 000		
		2 000	结转 3
		0	余额

净损失

所有者权益

结转 3	2 000	48 000	调整前余额

日期	科目及摘要	借方	贷方
12 月 31 日	所有者权益	2 000	
	损益汇总		2 000
	（结转损益汇总）		

注意到该笔结账分录减少了所有者权益的数额。这是因为净亏损减少了资本总额账户的余额。

图表 4—6 展示了 STL 公司整个的结账流程。A 部分列示了结账分录，B 部分列示了过账后的账户。结账之后，布莱特，资本账户的最终余额为 $51 550。追溯该笔余额至图表 4—2 中的所有者权益变动表和资产负债表。

图表 4—6　　将结账分录记入日记账并过账

A 部分：记入日记账

日期	科目及摘要	借方	贷方
12 月 31 日	服务收入	17 500	
	损益汇总		17 500
	（结转收入）		
12 月 31 日	损益汇总	8 950	
	租赁费用		3 000
	工资费用		4 800
	办公费用		400
	水电费用		100
	折旧费用——生产设备		300
	折旧费用——建筑物		250
	利息费用		100
	（结转费用）		

日期	科目及摘要	借方	贷方
12月31日	损益汇总	8 550	
	布莱特，资本		8 550
	（结转损益汇总）		
12月31日	布莱特，资本	5 000	
	布莱特，提款		5 000
	（结转所有者）		

B部分：过账

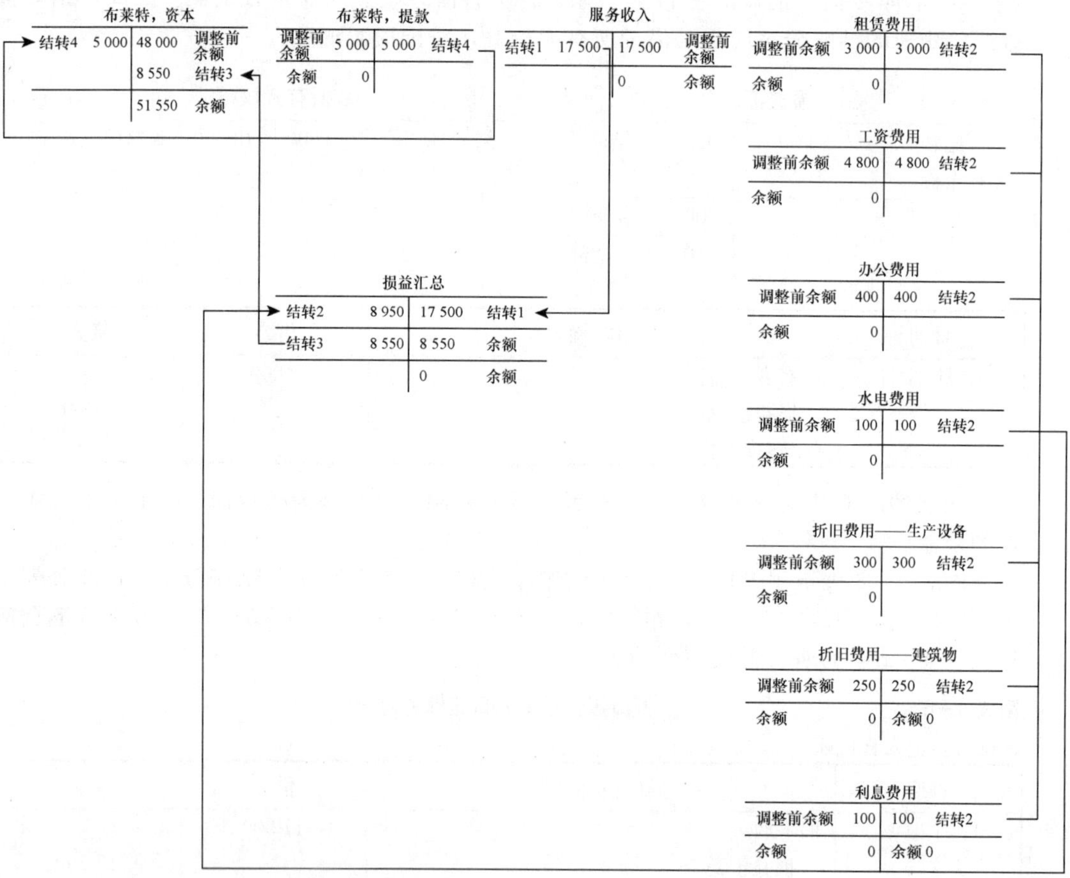

编制结账后试算平衡表

在记录结账分录并将之过账之后，会计循环以一张结账后的试算平衡表结束（详见图表4—7）。这一步骤列示了各个账户在过账后的余额。

过账后的试算平衡表上只有资产、负债和资本类账户（永久性账户）。收入、费用和提款这些暂时性账户并不包括在内，原因在于它们已经被结转（其余额为零）。另外需要注意的是，更新了数据的资本账户反映了当期的净利润（或者净亏损）以及提款数额。更新完毕的分类账已经为下一期间的会计记录做好了准备。

图表 4—7　　结账后的试算平衡表

STL 公司结账后试算平衡表
2014 年 12 月 31 日

账户名称	余额 借方	余额 贷方
现金	$ 12 200	
应收账款	1 800	
办公设备	100	
预付租金	2 000	
生产设备	18 000	
累计折旧——生产设备		$ 300
建筑物	60 000	
累计折旧——建筑物		250
土地	20 000	
应付账款		200
应付水电费		100
应付职工薪酬		1 200
应付利息		100
预收账款		400
应付票据		60 000
Bright，资本		51 550
总额	$ 114 100	$ 114 100

（现金至 Bright，资本：永久性账户）

会计循环

我们现在已经完成了 STL 公司的会计循环。会计循环是企业编制某一特定期间财务报表的流程。这些步骤贯穿于整个会计期间。会计循环始于资产、负债和所有者权益账户在本期的期初余额，这些期初余额来自于上一会计期间。图表 4—8 描述了 STL 公司的整个会计循环和其他业务。其开始于步骤 1 并按顺时针方向逐步结转。

整个会计循环可以划分为两个时间段：

- 本期期间（步骤 1～3）——将交易记入日记账并过账至账户
- 本期期末（步骤 4～10）——调整账户余额、编制财务报表并结账

运用流动比率评价企业业绩

会计的初衷在于为企业所有者、管理者和债权人提供信息，以便其作出决策。考虑是否贷款给企业的银行必须预测企业能否偿还该笔贷款。如果企业已经存在大量负债，那么在没有足够多的现金的条件下，其能够偿还贷款的可能性并不大。在本章中，我们

将会介绍另外一个可以用来衡量企业财务状况的比率，即流动比率。

图表 4—8 **会计循环**

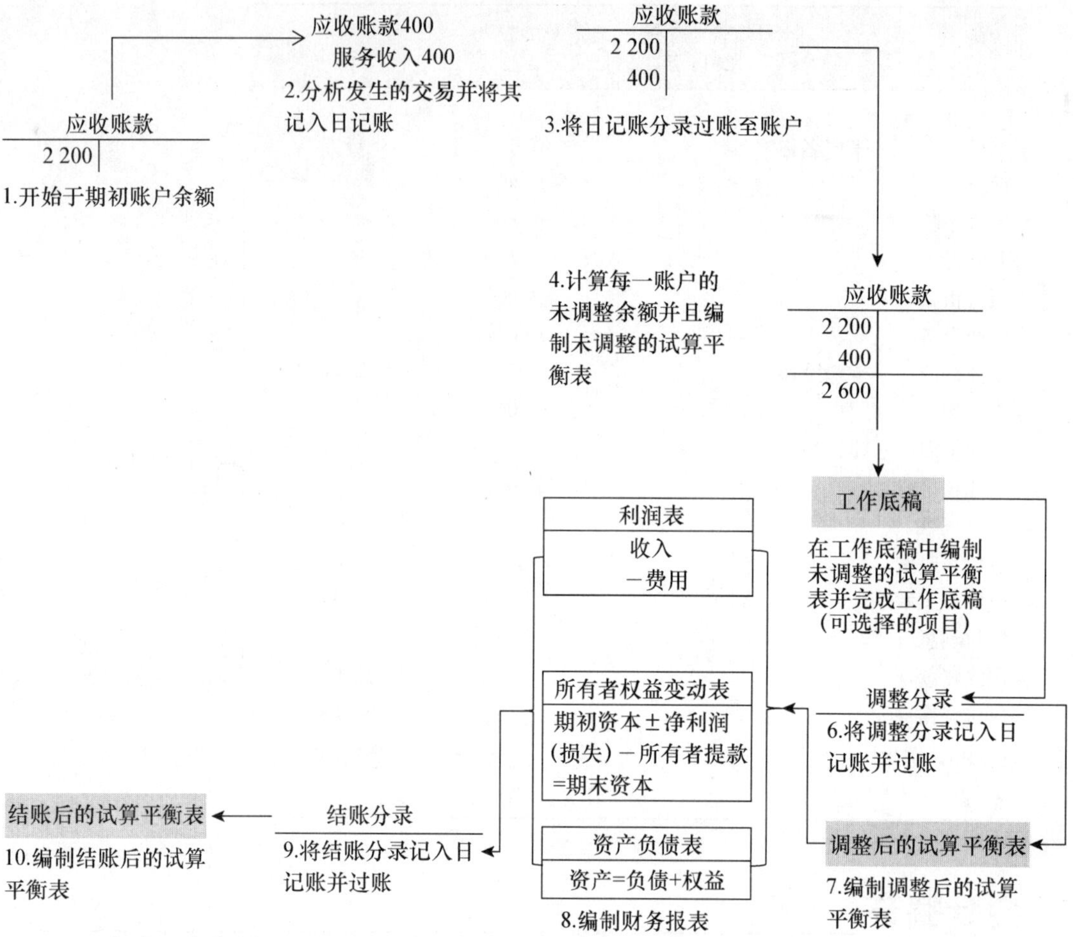

流动比率衡量企业运用流动资产偿还流动负债的能力。该比率的计算方式如下：

流动比率＝流动资产总额/流动负债总额

公司倾向于拥有较高的流动比率，因为这意味着其拥有足够的流动资产来偿付流动负债。自上一期间就开始升高的流动比率意味着公司短期偿债能力的提高，而自上一期间就开始降低的流动比率低则意味着公司短期偿债能力的下降。

经验法则认为：比较高的流动比率为1.50，这意味着公司每＄1.00的流动负债上都有＄1.50的流动资产。数值为1.00的流动比率则被认为是较低的，并且其存在一定的风险。

回到绿山咖啡公司的例子，我们现在可以评价绿山公司的流动比率。它的流动资产总额和流动负债总额如下所示，这些数字来源于本书附录A中该公司的资产负债表。

	2011年9月24日	2010年9月25日
流动资产总额（以千美元记）	＄1 131 527	＄495 269
流动负债总额（以千美元记）	471 374	238 055

绿山公司在 2011 年 9 月 24 日的流动比率如下所示：

流动比率＝＄1 131 527/＄471 374＝2.4

为了便于对比，绿山公司在 2010 年 9 月 25 日的流动比率为：

流动比率＝＄495 269/＄238 055＝2.08

从 2010 年到 2011 年，流动比率略微增长。这表明绿山公司短期偿债能力有所提升。因为两年的流动比率都高于 1.5，与其他流动比率较低的企业相比，对绿山公司进行投资的风险是比较小的。

附录 4A：转回分录：一个备选步骤

转回分录是一种特殊的日记账分录，其能够减轻企业在未来期间对交易进行会计处理的工作量。转回分录是对某些调整分录进行反向冲销。转回分录往往用于应计制项目的调整，例如，计提工资费用和计提劳务收入。一般公认会计原则并未对转回分录提出要求。采用转回分录的目的往往是为了简便和节约时间。

对应计费用的会计处理

为了分析转回分录的作用，让我们回到 STL 公司的例子。在其未调整试算平衡表中，用于支付 11 月份和 12 月份工资的工资费用科目的借方余额为＄3 600，同时公司仍应支付其职工最后半个月的工资＄1 200，故公司做如下调整分录：

日期	科目及摘要	借方	贷方
12 月 31 日	工资费用	1 200	
	应付职工薪酬		1 200
	（计提工资费用）		

应付职工薪酬

借方	贷方
	1 200 调整数额
	1 200 调整后余额

工资费用

借方	贷方
11 月 15 日 1 200	
12 月 1 日 1 200	
12 月 15 日 1 200	
调整数额 1 200	
调整后余额 4 800	

调整分录之后，有如下项目需要注意：

- 利润表中列报的工资费用为＄4 800。
- 资产负债表中列报的应付职工薪酬为＄1 200。

工资费用的借方余额＄4 800 在 2014 年 12 月 31 日被结算，结账分录如下所示：

日期	科目及摘要	借方	贷方
12 月 31 日	损益汇总	4 800	
	工资费用		4 800
	（结转工资费用）		

在将结账分录过账后，工资费用的余额如下所示，数额为零：

工资费用

11 月 15 日	1 200		
12 月 1 日	1 200		
12 月 15 日	1 200		
调整数额	1 200		
调整后余额	4 800		
		4 800	结转
余额	0		

无转回分录的会计处理

如果 STL 公司将在 2015 年 1 月 15 日即 2015 年 1 月份的上半月支付员工 2014 年 12 月下半月的工资，则在 1 月 15 日，公司应做如下日记账分录：

日期	科目及摘要	借方	贷方
2015 年 1 月 15 日	应付职工薪酬	1 200	
	工资费用	1 200	
	现金		2 400
	（记录工资的支付）		

在用现金支付工资之后，应付职工薪酬和工资费用的账户余额如下所示：

应付职工薪酬

		1 200	2015 年 1 月 1 日余额
1 月 15 日	1 200		
		0	余额

工资费用

1 月 15 日	1 200		

此处，用以记录现金支付的方法是正确的。然而，这种方法比较浪费时间，因为公司需要追溯至上年的 12 月 31 日进行调整。另外，企业并不知道借记应付职工薪酬的数额（本例中为 $ 1 200），再去追溯 12 月份的调整分录费时费力。为了节省时间，会计师往往运用转回分录。

有转回分录的会计处理

转回分录将先前分录的借方与贷方进行反向冲销。可以说转回分录是对先前调整分录做相反方向的转销。转回分录往往在新期间的第一天。

为了说明转回分录，让我们回到 12 月 31 日，STL 公司做如下调整分录来计提工资费用：

日期	科目及摘要	借方	贷方
12 月 31 日	工资费用	1 200	
	应付职工薪酬		1 200
	（计提工资费用）		

转回分录对该笔调整的借方与贷方进行了反向冲销。

日期	科目及摘要	借方	贷方
2015 年 1 月 1 日	应付职工薪酬	1 200	
	工资费用		1 200
	（反冲工资调整分录）		

注意，转回分录是在新期间的第一天做出的，其借贷方向与调整分录相反。一般说来，编制调整分录的会计人员也同时负责转回分录的编制。STL 公司在 1 月 1 日编制调整分录从而使得其只对新期间产生影响。请注意会计人员将转回分录过账之后相关账户的数额。

应付职工薪酬

	1 200　调整数额
	1 200　2015 年 1 月 1 日余额
转销　1 200	
	0　余额

工资费用

2015 年 1 月 1 日余额　0	
	1 200　转销

T 型账户之间的箭头表示将应付职工薪酬账户中的 $1 200 转至工资费用账户。这里贷记工资费用并不表示工资费用为负，这与你所想的可能不同。事实上，这一工资费用账户的奇怪贷方数额仅仅是转回分录所产生的一个暂时性结果。当 STL 公司在 1 月 15 日支付工资并借记工资费用时，该笔贷方数额将会被转销。

日期	科目及摘要	借方	贷方
1 月 15 日	工资费用	2 400	
	现金		2 400
	（记录工资的支付）		

该笔现金支付被过账至工资费用账户，如下所示：

工资费用

2015 年 1 月 1 日余额	0		
1 月 15 日	2 400	1 200	结转
余额	1 200		

现在工资费用账户的借方余额为 $1 200。该笔正确的数额仅仅代表 1 月份的工资。该笔工资的支付跨越了两个区间：与上期相关的 $1 200 和与本期相关的 $1 200。工资费用账户仅包含与本期相关的数额。

疑难问题 A 部分

P4-27A　以报告模式编制包括分类资产负债表在内的财务报表，编制结账分录并将其过账，并且编制结账后试算平衡表

Elias 房地产评估公司在 2014 年 6 月 30 日调整后的试算平衡表如下所示：

Elias 房地产评估公司
调整后的试算平衡表
2014 年 6 月 30 日

	余额	
账户名称	借方	贷方
现金	$ 4 900	
应收账款	5 300	
办公用品	2 400	
预付保险费	1 800	
建筑物	74 400	
累计折旧——建筑物		$ 26 700
土地	13 600	
应付账款		19 500
应付利息		8 800
应付职工薪酬		2 200
预收账款		1 300
（长期）应付票据		40 000
Elias，资本		40 500
Elias，提款	27 900	
服务收入		48 200
保险费用	4 500	
工资费用	33 300	
办公费用	600	
利息费用	8 800	
水电费用	2 200	
折旧费用——建筑物	7 500	
总额	$ 187 200	$ 187 200

要求：

1. 编制该公司 2014 年 6 月 30 日的利润表。

2. 编制该公司 2014 年 6 月 30 日的所有者权益变动表。假设本年度没有所有者投入资本。

3. 以报告模式编制该公司在 2014 年 6 月 30 日的分类资产负债表。

4. 将结账分录记入日记账。

5. 根据调整后试算平衡表中的余额开设 T 型账户，并将结账分录过账至 T 型账户。

6. 编制该公司在 2014 年 6 月 30 日结账后的试算平衡表。

P4-28A　以报告模式编制包括分类资产负债表在内的财务报表，编制结账分录，运用流动比率来评价公司业绩

Blume 灌溉机械公司在 2014 年 12 月 31 日调整后的试算平衡表如下所示：

Blume 灌溉机械公司
调整后的试算平衡表
2014 年 12 月 31 日

	余额	
账户名称	借方	贷方
现金	$ 11 000	
应收账款	43 100	
办公用品	3 300	
预付保险费	4 000	
生产设备	23 000	
累计折旧——生产设备		$ 7 900
建筑物	55 800	
累计折旧——建筑物		24 000
应付账款		24 700
应付利息		400
应付职工薪酬		3 900
预收账款		1 600
（长期）应付票据		2 800
Blume，资本		25 000
Blume，提款	2 000	
服务收入		74 800
保险费用	900	
工资费用	16 300	
办公费用	1 500	
利息费用	400	
折旧费用——生产设备	2 000	
折旧费用——建筑物	1 800	
总额	$ 165 100	$ 165 100

要求：

1. 编制该公司 2014 年 12 月 31 日的利润表。
2. 编制该公司 2014 年 12 月 31 日的所有者权益变动表。假设本年度没有所有者投入资本。
3. 以报告模式编制该公司在 2014 年 12 月 31 日的分类资产负债表。
4. 将该公司的结账分录记入日记账。
5. 计算该公司在 2014 年 12 月 31 日的流动比率。在 2013 年 12 月 31 日，该公司的流动比率为 1.81。该公司的短期偿债能力是上升、下降，还是没有变化?

P4-29A　编制工作底稿，财务报表和结账分录

Fugazy 投资咨询公司在 2014 年 12 月 31 日未调整的试算平衡表如下所示：

Fugazy 投资咨询公司
未调整的试算平衡表
2014 年 12 月 31 日

	余额	
账户名称	借方	贷方
现金	$ 32 000	
应收账款	46 000	
办公用品	3 000	
生产设备	25 000	
累计折旧——生产设备		$ 11 000
应付账款		15 000
应付职工薪酬		
预收账款		2 000
(长期) 应付票据		19 000
Fugazy，资本		38 000
Fugazy，提款	30 000	
服务收入		97 000
保险费用	2 000	
工资费用	32 000	
办公费用		
利息费用	3 000	
租赁费用	9 000	
折旧费用——生产设备		
总额	$ 182 000	182 000

2014 年 12 月 31 日的调整数据为：

a. 本年度预收账款中实现了 $ 500 的收入。
b. 发生办公费用 $ 1 000。
c. 本年度折旧费用 $ 6 000。
d. 计提工资费用 $ 1 000。
e. 计提劳务收入 $ 4 000。

要求：

1. 编制 Fugazy 投资咨询公司在 2014 年 12 月 31 日的工作底稿。
2. 以账户模式编制该公司在 2014 年 12 月 31 日的利润表、所有者权益表和分类资产负债表。假设本年度没有所有者投入资本。
3. 编制日记账中的结账分录。

P4-30A　考虑运用工作底稿完成从调整分录至结账后试算平衡表这一整个会计循环

Wolfe Anvils 公司在 2014 年 12 月 31 日的未调整试算平衡表和调整数据如下所示：

Wolfe Anvils 公司
未调整的试算平衡表
2014 年 12 月 31 日

	余额	
账户名称	借方	贷方
现金	$ 4 300	
应收账款	15 000	
预付租金	2 700	
办公用品	1 600	
生产设备	31 200	
累计折旧——生产设备		$ 3 000
应付账款		6 900
应付职工薪酬		
预收账款		5 400
Wolfe，资本		26 600
Wolfe，提款	3 500	
服务收入		18 900
工资费用	2 500	
租赁费用		
折旧费用——生产设备		
办公费用		
总额	$ 60 800	$ 60 800

调整数据：

a. 预收账款在 12 月 31 日的余额为 $ 1 200。
b. 预付租金在 12 月 31 日的余额为 $ 2 500。
c. 本期使用的办公用品为 $ 1 000。
d. 折旧费用为 $ 300。

e. 计提的工资费用在12月31日的余额为＄200。

要求：

1. 根据未调整试算平衡表中的余额开设T型账户。
2. 编制调整分录并将其过账。
3. 编制调整后的试算平衡表。
4. 完成2014年12月31日的工作底稿。
5. 以报告形式编制该公司的利润表、所有者权益变动表和分类资产负债表。假设本年度没有所有者投入资本。
6. 编制结账分录并过账。
7. 编制结账后的试算平衡表。
8. 计算该公司的流动比率。

P4-31A　考虑运用工作底稿完成从调整分录至结账后试算平衡表这一整个会计循环

12月1日，Tim Walker开设了一家汽车修理厂，在12月份发生了如下交易：

12月1日	Walker投入＄48 000作为企业资本。
1日	支付＄10 000购买设备。
1日	支付＄1 600购买期限为4个月的保险，保险开始时间为12月1日。
9日	支付＄20 000购买用于经营的土地。
10日	赊购＄2 400的办公用品。
19日	从银行借款＄15 000供经营使用。Walker以公司的名义向银行签发了一张应付票据。
22日	支付＄1 300的广告费用。
26日	支付＄600的赊购费用。
28日	公司收到了应在1月份支付的公共费用账单＄240。
31日	本月获得的收入包括＄16 500的现金和＄2 800的应收账款。
31日	支付职工工资＄3 500和建筑物租金＄1 000。以复合式分录记录此次交易。
31日	企业收到了汽车检测服务费＄1 140，该项服务将在下月提供。
31日	Walker撤回资本＄5 000。

该公司采用如下账户：现金；应收账款；办公用品；预付保险费；生产设备；累计折旧——生产设备；土地；应付账款；应付水电费；应付利息；预收账款；应付票据；Walker，资本；Walker，提款；服务收入；工资费用；租赁费用；水电费用；广告费用；办公费用；保险费用；利息费用；折旧费用——生产设备。

调整数据：

a. 本月耗用的办公用品为＄800。
b. 本月的折旧费用＄200。
c. 已经摊销了一个月的保险费用。
d. 计提利息费用＄80。

要求：

1. 编制日记账分录并将其过账至T型账户。
2. 编制未调整的试算平衡表。
3. 编制调整分录并将其过账至T型账户。
4. 编制调整后的试算平衡表。
5. 编制以2014年12月31日为终点的该月工作底稿。
6. 以账户模式编制利润表、所有者权益变动表和未调整的资产负债表。
7. 编制结账分录并将其过账至T型账户。
8. 编制结账后的试算平衡表。

P4A-32A　编制调整分录和转回分录

Myla汽车公司在2014年12月31日的未调整试算平衡表和调整数据如下所示：

Myla汽车公司
调整的试算平衡表
2014年12月31日

	余额	
账户名称	借方	贷方
现金	＄4 300	
应收账款	26 600	
办公用品	500	
预付保险费	1 700	
生产设备	53 500	
累计折旧——生产设备		＄36 400
应付账款		13 400
应付职工薪酬		
预收账款		8 000
Myla，资本		19 700
Myla，提款	3 800	
服务收入		16 000
折旧费用——生产设备		
工资费用	1 600	
保险费用		

水电费用	1 500	
办公费用		
总额	$ 93 500	$ 93 500

2014 年 12 月 31 日的调整数据：

a. 生产设备的折旧费用 $ 1 100。

b. 计提工资费用 $ 600。

c. 办公用品余额为 $ 200。

d. 预付保险费在 12 月份摊销 $ 200。

e. 在预收账款中确认 12 月份的收入 $ 4 000。

f. 计提服务收入 $ 800。

2015 年发生的交易：

a. 在 1 月 4 日，Myla 汽车公司支付了 $ 1 000 的工资费用。其中，$ 600 是 12 月 31 日所记录的应计工资。

b. 在 1 月 10 日，Myla 汽车公司收到了 $ 1 000 的服务收入。其中，$ 800 是 12 月 31 日所记录的应计服务收入。

要求：

1. 将调整分录记入日记账。

2. 将转回分录记入日记账来编制恰当的调整分录。

3. 参考 2015 年的数据，将 2015 年收到的现金和支付的现金记入日记账。

小组作业

小组作业 4—1

凯西·温兹成立了一家提供草坪清理服务的公司。为了在 2014 年 5 月 1 日开业，她将 $ 1 000 以公司的名义存入一个新的银行账户。这 $ 1 000 包括美一银行为温兹草坪清理公司提供的贷款 $ 600 和她的自有资金 $ 400。温兹在该公司中的资本为 $ 400。温兹租用了草坪清理设备，购买了办公用品，并且雇用了其他学生来修剪客户的草坪。

在每月末，温兹向其客户寄发账单。在 8 月 31 日，她打算解散该公司并回到学校继续学业。因为她太忙了，除了支票簿和一组应收客户款项的列表，几乎没有其他记录。

8 月 31 日，企业的支票簿余额为 $ 2 000，仍有客户欠款 $ 750。在这个夏天，企业从客户收回款项 $ 5 500。企业的支票簿中，列有购买办公用品的支出 $ 5 500，同时还有汽油、剪草线和其他物品 $ 50。公司支付给员工 $ 1 800，自己还有 $ 300 剩余。

温兹从路德维格机器商店租用了若干机器设备。在 5 月 1 日，企业签订了租用割草机的合同，租赁期限为 6 个月，同时预付了整个租赁期间的费用 $ 600。如果割草机在返还时无损坏，路德维格商店将会退回该笔预付款中未使用的部分。为了获得该笔返款，温兹将该割草机保持在良好的状态。事实上，公司必须为修理该割草机支付 $ 300。

温兹用拖车将员工和设备运至工作场所，公司购买该拖车的款项为 $ 300。公司估计整个夏天的工作量将耗用该拖车潜在使用寿命的 1/3。在公司的支票簿中，列示了在夏季 $ 500 的提款。公司在 8 月偿付了贷款（简化起见，不考虑该笔贷款产生的利息费用）。

要求：

1. 作为一个小组，编制温兹草坪清理公司从 2014 年 5 月 1 日至 8 月 31 日这四个月的利润表和所有者权益变动表。

2. 编制温兹公司在 2014 年 8 月 31 日的分类资产负债表（报告模式）。

3. 温兹公司在夏季的工作是否成功？给出能够支持你们小组答案的理由。

第 5 章

商业企业的运营

- 商业企业的运营
- 永续盘存制下如何记录与存货采购相关的交易
- 永续盘存制下如何记录与存货销售相关的交易
- 商业企业的调账与结账分录
- 如何编制商业企业的财务报表
- 如何使用毛利率来评估企业运营状况
- 附录 5A：定期盘存制下商业企业存货的会计处理

他们会买吗？

朱莉·瑞斯克最近在观察那些身穿最新款春装走着猫步的模特。作为一家全美高端品牌店的零售批发商，朱莉负责挑选将在全美销售的服装款式和类型。这要求朱莉不仅要有一双能够洞察最新时尚风格和季节风向标的慧眼，更要求她能敏锐地探察到顾客的需求。朱莉喜欢出席各类时尚秀和其他定位于时尚的促销活动，但是她明白她的任务并不仅仅是挑选出最新的春款服装。

在朱莉观察模特以决定是否应该为品牌店的春季销售活动采购存货时，她明白她必须时刻将商店的毛利记在心上。朱莉要确保她采购的存货会被顾客所喜爱并购买，并且还须确保商品定价合理以尽可能地实现利润最大化。除此之外，她还需确保所采购的存货能够达到商店设定的销售量目标以及最终的财务目标。从长远来看，朱莉应该为存货在商店被销售这一过程的方方面面负责。她必须清楚存货在财务报告中是如何列示的、在会计账簿中是如何记录的，以及商店如何来确定毛利（原始成本和零售价格的差额）。朱莉所做出的采购决定和她所具备的专业知识，对于企业的毛利来言起着至关重要的作用。朱莉的定价决策会最终影响商店的净利润，是影响商店盈亏的一个主要组成部分。

在本章中，我们将开始研究那些向客户销售货物（或称为存货）的企业。尽管之前你所学到的与服务业企业相关的许多会计概念仍然适用，但是商业企业（销售货物的企业）仍然存在很多特有的概念和会计记录方法需要你来学习。梅西百货是一家全美闻名的大型零售商，其在45个州拥有超过800家店铺和家具城。该公司必须采取一种能够准确跟踪、记录存货采购和销售情况的会计方法。除此之外，梅西需要决定是否以合理的价格销售存货，以确保利润最大化目标的实现。本章对存货的流通与运营以及如何记录存货进行探讨。

本章大纲

- 何为商品流通？
- 在永续盘存制下，如何对存货的采购进行记录和核算？
- 在永续盘存制下，如何对存货的销售进行记录和核算？
- 何为商业企业的调账和结账分录？
- 如何编制商业企业的财务报表？
- 如何使用毛利率来评价企业的经营情况？
- 在定期盘存制下，如何对存货的交易活动进行记录和核算（附录5A）？

学习目的

1. 解释并说明商品流通和两种存货管理系统。
2. 利用永续盘存制核算存货的采购。
3. 利用永续盘存制核算存货的销售。
4. 为商业企业调账和结账。
5. 编制商业企业的财务报表。

6. 使用毛利率评价企业经营情况。
7. 使用定期盘存制核算存货的采购和销售（附录5A）。

商业企业的运营

前四章我们研究了STL公司——一家专门提供远程学习服务的公司，所提供的课程包括：会计、经济学、市场营销以及管理学。在本章中，你将学习到商业企业的相关会计知识。商业企业，是指向顾客销售商品或货物的公司。这种类型的公司所销售的商品或货物，称为存货。商业企业或为批发商，或为零售商。批发商指的是从制造商购买货物然后转手卖给零售商的企业。零售商指的是从制造商或者批发商购买货物然后销售给顾客的企业。

商业企业的营业循环

图表5—1反映了商业企业的营业循环：

1. 企业从**供货商**（vendor）采购存货，循环开始。
2. 然后企业把存货销售给**顾客**（customer）。
3. 最后，企业向顾客收取现金。

图表5—1　商业企业的营业循环

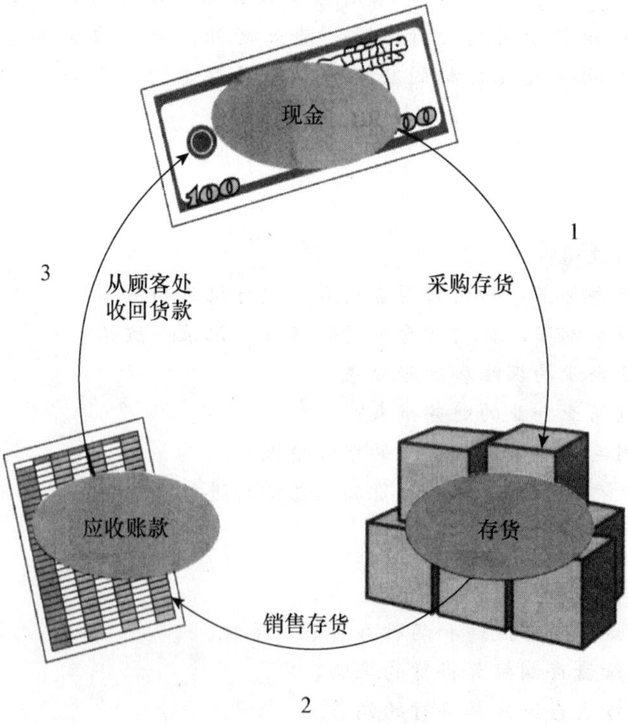

因为服务业企业与商业企业的营业循环存在差异，所以其财务报表也略有不同。图

表 5—2 列示了服务业企业（左边）和商业企业（右边）财务报表的区别。如你所见，商业企业拥有一些特有的资产负债表和利润表项目。

商业企业的利润表中记录了销售给顾客的存货的成本，即**销货成本**（cost of goods sold，COGS）。因为销货成本是商业企业的主要费用支出，在计算净利润之前，还需要计算一个中间数据——毛利。毛利，又称边际利润，由净销售收入减去销货成本所得，代表着商业存货的边际收益。毛利是企业从顾客处收取的高于其向供应商支付的价格的超额收益。在计算完毛利之后，将营业费用从毛利中扣除即得到净利润。营业费用指的是企业主要业务发生的除了销货成本之外的其他费用。

商业企业的资产负债表中，在流动资产部分包含有存货项目，它代表着企业目前所拥有的、即将销售给顾客的存货价值。注意：流动资产部分的项目是按资产流动性强弱的顺序列示的，因此，存货通常列示在应收账款和预付费用之间。

图表 5—2　　服务业企业和商业企业的财务报表

服务业企业利润表 2015 年度（截止到 2015 年 12 月 31 日）		
服务收入		$230 000
营业费用：		
工资费用	$80 000	
租赁费用	24 000	
折旧费用——设备	9 000	
水电费	3 000	
营业费用总额		116 000
净利润		$114 000

服务收入－营业费用=净利润

商业企业利润表 2015 年度（截止到 2015 年 12 月 31 日）		
销售收入		$230 000
销货成本		100 000
毛利		130 000
营业费用：		
工资费用		$80 000
租赁费用		24 000
折旧费用——设备	9 000	
水电费	3 000	
营业费用总额		116 000
净利润		$14 000

销售收入－销货成本=毛利

毛利－营业费用=净利润

服务业企业资产负债表 2015 年 12 月 31 日		
资产		
流动资产：		
现金	$34 000	
应收账款	10 800	
办公用品	800	
预付租金	2 100	
流动资产总额		$47 700

商业企业资产负债表 2015 年 12 月 31 日		
资产		
流动资产：		
现金	$34 000	
应收账款	10 800	
商品存货	60 000	
办公用品	800	
预付租金	2 100	
流动资产总额		$107 700

在商品流通企业中，商品存货列示在流动资产下。

□ 存货系统：永续盘存制和定期盘存制

企业必须选择一种方法来核算存货以及销货成本。目前有两种主要的存货会计系统：定期盘存制和永续盘存制。

定期盘存制（periodic inventory system）要求企业对存货进行实物盘点，以确定存货的数量，一般用于核算相对不太贵重的商品。例如，一个没有激光收银机的当地小杂货店不可能每天都对其出售的每一块面包和每一个钥匙扣进行动态的跟踪记录。饭店和小零售商店也采用定期盘存制。附录 5A 将介绍定期盘存制。随着计算机在企业中的广泛运用，定期盘存制正在失去它的重要性。

在**永续盘存制**（perpetual inventory system）下，企业对存货和商品销货成本进行计算机跟踪记录，即存货数量和金额的记录是持续更新的。这种方法能对商品进行更好的控制。现代的永续盘存制系统记录以下内容：

- 采购数量及采购成本；
- 销售量及销货成本；
- 实有存货数量及库存成本。

在永续盘存制下，存货和采购系统通常与应收账款和销售结合在一起。例如，大型商场的计算机系统使用条形码来随时更新存货记录，随时可以显示当前存货信息。

在永续盘存制下，商店的“现金收款员”是一台能同时记录销售状况和更新存货信息的电脑终端。用激光来扫描条形码，用来记录每一项存货的成本数据信息。值得注意的是，即使采用了永续盘存制，企业也必须至少每年盘点一次现有的存货。实物盘点会发现在信息系统中无法识别的交易，比如放置错误的、被盗的或者毁损的存货。盘点确定了财务报表上期末存货的正确数量，并且也是对永续盘存记录的一个检验。

永续盘存制下如何记录与存货采购相关的交易

正如前面所言，商业企业的营业循环从购买存货开始。这一节我们将追踪虚构的 STL 公司的存货核算步骤。STL 公司计划停止其服务业务，转为销售已安装其远程教育课程软件的触摸式平板电脑。STL 公司将从 SED 公司采购这些平板电脑。

卖方公司（SED 公司）将平板电脑和发票在同一天邮寄给 STL 公司。发票是销货方（SED 公司）要求购货方（STL 公司）付款的请求，又称账单。图表 5—3 是 STL 公司从 SED 公司收到的采购发票。收到货物以后，STL 公司向 SED 公司付款。

□ 购买存货

我们利用图表 5—3 所示的真实发票为例说明购买过程。假定 STL 公司在 2015 年 6 月 3 日收到货物，并且于当天支付了货款（不考虑发票上的赊销条款）。关于此业务的会计记录如下。

图表 5—3　采购发票

①

SED公司
邮政编码：101010
休斯敦，TX77212

发票	
日期	号码
2015.06.01	410

③

②
运送给：　STL公司
湖街227号
波普顿普莱恩斯，IL07444

⑥ Pd.6/15/15

④

信用条件
3/15，n/30

	摘要	数量	单价	总价
	平板电脑	100	$350	$35 000
		小计		$35 000
		运费		—
		税（3%）		—
		合计		$35 000

⑤

到期日/到期应付金额	
2015.06.16	2015.07.01
$33 950	$35 000

⑦

摘要：
①卖方为SED公司。
②买方为STL公司。
③发票日期用来确定当买方提前付款时，是否给予买方折扣（见④）。
④信用条件：如果STL公司在发票开具日期15天以内付款，可以获得3%的折扣。否则必须在到期日（发票日期30天以内）全额付款。
⑤发票总额为$35 000。
⑥STL公司的付款日期。STL公司实际需要支付多少金额？（见⑦）。
⑦在发票日期14天之后付款（在折扣期内），所以STL公司应支付$33 950($35 000－3%的折扣）。

日期	科目及摘要	借方	贷方
6 月 3 日	库存商品	35 000	
	现金		35 000
	（用现金采购存货）		

库存商品账户，只限于记录STL公司采购的打算将来转售给顾客的商品。办公用品、设备和其他资产记录在它们各自的账户中。

假定 STL 公司在 6 月 3 日并没有支付现金，而是赊购了这些存货。相关的会计记录如下所示：

日期	科目及摘要	借方	贷方
6 月 3 日	库存商品	35 000	
	应付账款		35 000
	（赊购存货）		

□ 购货折扣

许多企业也给尽早付款的客户提供折扣，这称为**购货折扣**（purchase discount）。SED公司的信用条件是“3/15，n/30”，即如果STL公司在15天内付款，可以享受3%的折扣优惠（不包括运费）。否则，必须在30天内按照购货净额全额付款。

如果信用条件仅仅是n/30，则表明公司不提供任何优惠，且必须在发票日期以后30天内付款。大部分信用条件都包括折扣比例、折扣期限以及最后付款期限。有时候，信用条件会用eom（end of month）来表示，这通常意味着必须在当月的月末付款。

如果STL公司在2015年6月15日（折扣期内）付款，现金付款会计记录如下：

日期	科目及摘要	借方	贷方
6月15日	应付账款	35 000	
	现金（＄35 000－＄1 050）		33 950
	存货（＄35 000×0.03）		1 050
	（在折扣期限内偿付赊购款项）		

折扣额贷记存货账户，因为折扣减少了公司的销货成本，存货T型账户结构如下所示：

存货

6.3	35 000	6.15	1 050
余额	33 950		

应付账款

6.15	35 000	6.3	35 000
余额	0		

存货账户的余额为＄33 950，恰好是2015年6月15日支付存货的数额。同时应付账款账户的余额为0，表明公司已经全额支付发票所列金额。

但是如果STL公司在2015年6月24日（折扣期限以外）支付货款，则必须全额支付，即＄35 000。在这种情况下，付款分录如下：

日期	科目及摘要	借方	贷方
6月24日	应付账款	35 000	
	现金		35 000
	（在折扣期限后偿付赊购款项）		

□ 购货退回和折让

大多数的企业允许顾客退回有质量问题、毁损或其他不合顾客需要的产品，这称为**购货退回**（purchase return）。或者卖方给予顾客价格上的一部分折让，称为**购货折让**（purchase allowance）。购货折让，是卖方给买方提供的优惠，以使买方在其收到的货物与订购要求不符时仍有保留货物的动机。因此购货退回和购货折让都减少了顾客的购货成本。

假设STL公司还未对6月1日的发票付款，其购买的20台平板电脑在运输途中被损坏了。于是STL公司在6月4日将价值＄7 000的20台平板电脑退回给SED公司。购货退回的分录如下：

日期	科目及摘要	借方	贷方
6 月 4 日	应付账款 　存货（$350/台×20 台） （将存货退回给销售方）	7 000	7 000

这与购货折让的处理是相同的分录，退回和折让的区别仅仅在于：如果发生购货折让，STL 公司仍然留有存货。

有时候，企业也会在付款之前退回所购商品，或者享受卖方所提供的购货折让的优惠。在这种情况下，如果企业是在折扣期内付款，那么应该以扣减购货退回之后的采购成本为基础计算购货折扣。让我们再来看一个例子。假设 6 月 10 日，STL 公司以赊购的方式从 SED 公司购买了 15 台平板电脑，价值为 $5 250，信用条件为“3/15，n/30”。5 天以后，STL 公司向 SED 公司退回 5 台已损坏的平板电脑，并取得购货退回 $1 750。当 STL 公司在 6 月 20 日（折扣期内）付款的时候，它将以扣减了购货退回后的采购成本 $3 500（$5 250－$1 750）为基数计算购货折扣。STL 公司所能享受的购货折扣为 $105（$3 500×0.03）。STL 公司所发生的这些交易的会计分录如下所示：

日期	科目及摘要	借方	贷方
6 月 10 日	存货 　应付账款 （赊购存货）	5 250	5 250
6 月 15 日	应付账款 　存货 （将存货退回给销售方）	1 750	1 750
6 月 20 日	应付账款（$5 250－$1 750） 　现金（$3 500－$105） 　存货（$3 500×0.03） （在折扣期限内偿付赊购款项）	3 500	3 395 105

☐ 运输成本

将货物从销货方运送至购货方的运输费用必须有一方来承担。购货合同上的 FOB（free on broad）条款指明了：（1）什么时候货物的所有权从销售方转移至购买方；（2）谁支付运费。图表 5—4 概要地介绍了 FOB 条款。

图表 5—4　FOB 条款决定谁支付运费

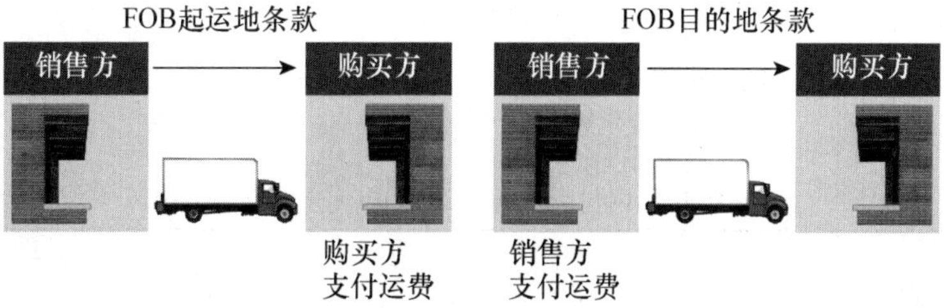

● FOB起运地条款：在货物运离销售方的营业场所后，购买方即取得货物的所有权，购买方支付运费。

● FOB目的地条款：购买方在目的地取得货物的所有权，通常销售方支付运费。

运输费用通常指运入运费或运出运费。

● 运入运费是将货物运至购买方仓库的运费，因此，运费加在购货成本中。

● 运出运费是将货物运出销售方仓库的运费，因此，运费加在销货成本中。

运入运费

最常见的形式就是FOB起运地条款，在运输中所有权属于购买方，所以购买方支付运费。由于为购入存货所支付的运费是必须发生的一项成本，所以运费也构成了存货成本的一部分。因此，运入运费借记至存货科目。假设STL公司在6月3日支付了＄60运费，记录该笔运费的会计分录为：

日期	科目及摘要	借方	贷方
6月3日	存货 　现金 （支付运费）	60	 60

在折扣期内支付运入运费

折扣只能按应付给销货方的货款金额计算，不能将运输成本包括在内，因为运输费用是没有折扣的。

在FOB起运地条款中，销货方有时为了方便而预付费用并将该笔款项列在销售发票上。假设STL公司在6月20日采购了＄5 000的货物，加上有关的运输费用＄400，信用条件为“3/5，n/30”，销货方事先垫付了运费。则这笔采购交易的会计记录如下：

日期	科目及摘要	借方	贷方
6月20日	存货（＄5 000＋＄400） 　应付账款 （赊购存货并支付运费）	5 400	 5 400

如果购货方STL公司在信用期内支付货款，折扣应该以＄5 000为基数计算，而不是以＄5 400为基数计算。运费＄400并不能享受折扣。所以，3%的折扣额应为＄150（＄5 000×0.03）。在6月25日付款时，这笔分录记录如下：

日期	科目及摘要	借方	贷方
6月25日	应付账款 　现金（＄5 400－＄150） 　存货（＄5 000×3%） （在折扣期内付款，包括运费）	5 400	 5 250 150

□ 存货的采购成本

所采购存货的净成本是用采购成本扣减掉购货退回和折让、购货折扣，然后再加上运入运费。净成本数据可以使企业了解所购买存货的实际成本，计算公式如下：

存货的净成本＝采购成本－购货退回和折让－购货折扣＋运输费用

假设 STL 公司在本年度购买了价值＄281 750 的货物，购货退回和折让的价值为＄61 250，同时还享受到因为提前付款而获得的＄4 410 的购货折扣。STL 公司还支付了＄14 700 的运入运费，下面汇总了 STL 公司关于这批存货的净成本。

支付的买价	＄281 750
减：购货退回和折让	61 250
购货折扣	4 410
加：运入运费	14 700
所采购存货的净成本	＄230 790

永续盘存制下如何记录与存货销售相关的交易

企业购买存货以后，营业循环的下一步就是销售货物。现在我们的讨论转向销货方，并继续以 STL 公司为例追踪其一系列的销售业务流程。

□ 销售存货

零售店，如 STL 公司，多采用现金销售的形式。假设 STL 公司在 2015 年 6 月 19 日销售了两台平板电脑，并向顾客开具了销售发票（如图表 5—5 所示。）销售发票是用来表明顾客应该支付的货物金额的凭证。

图表 5—5

销售发票

STL 公司

湖街 227 号

日期：2015-6-19　　波普顿普莱恩斯，IL07444　　发票号码：＃582

数量	摘要	单价	总价
2	触摸式平板电脑	＄500	＄1 000
合计			＄1 000

企业从销售商品存货中得到的收入称为**销售收入**（sales revenue）（通常简称收入）。销售业务发生时，在永续盘存制下要记录两笔会计分录：一笔是借记现金或者应收账款，贷记销售收入；另一笔是借记费用类账户销货成本，贷记资产类账户存货。注意，**商品销售成本**（cost of goods sold）（通常简称销货成本）是企业将存货销售给顾客时发生的成本，它是费用类账户。

为了记录 STL 公司所发生的销售交易，必须要做两笔会计分录。第一笔是借记现金、贷记销售收入，各＄1 000。第二笔是借记费用账户，贷记存货，以减少存货余额。第二笔会计分录将＄700从存货账户转到销货成本账户，如下所示：

日期	科目及摘要	借方	贷方
6月19日	现金 　销售收入 （现销货物）	1 000	 1 000
19日	销货成本 　存货 （记录销货成本）	700	 700

此分录记录了销售收入

此分录记录了销货成本以及存货的减少

永续盘存制下，销货成本账户在整个会计期间保持着这个余额。在该例中，商品销货成本是＄700，不是＄1 000，因为＄1 000是商品的销售价格。销货成本总是建立在企业的成本基础上，而不是销售价格。

存货	
余额　××，×××	6月19日　700

销货成本	
6月19日	700

大多数销售都采用赊销而非现销方式。假设STL公司在6月21日赊销了10台平板电脑，每台价值＄500，总价值＄5 000，信用条件为“2/10，n/30”，销货成本为＄3 500，会计分录如下：

日期	科目及摘要	借方	贷方
6月21日	应收账款 　销售收入 （赊销货物）	5 000	 5 000
21日	销货成本 　存货 （记录销货成本）	3 500	 3 500

□ 销售折扣

很多企业会为尽早付款的客户提供一定的销售折扣。我们已经知道购货折扣会减少存货的购货成本，同样地，销售折扣也会减少销售所获取的收入净额。销售折扣账户是销售收入账户的抵减账户。抵减账户具有和被调整账户方向相反的正常余额。因此，销售折扣账户是销售收入的抵减账户，正常情况下表现为贷方余额。

假设在6月21日购买平板电脑的顾客，选择在6月30日付款（在折扣期内）。STL公司将收取＄4 900的现金——＄5 000，减去2%的销售折扣业——＄100（＄5 000×0.02）。STL公司所做的会计分录如下：

日期	科目及摘要	借方	贷方
6月30日	现金（＄5 000－＄100） 销售折扣（＄5 000×0.02） 　应收账款 （在折扣期内收回应收账款）	4 900 100	 5 000

注意：STL 公司对销售发票上列示的应收账款进行了全额贷记。如下图 T 型账户所示，STL 公司的应收账款余额为 0。

应收账款

6 月 21 日	5 000	6 月 30 日	5 000
余额	0		

假设客户并没有在折扣期内付款，而是在 7 月 15 日支付款项。那么，此顾客需要全额支付货款 \$5 000，STL 公司所应做的会计分录如下：

日期	科目及摘要	借方	贷方
7 月 15 日	现金 　应收账款 （在折扣期后收回应收账款）	5 000	 5 000

□ 销售退回和销售折让

STL 公司在销售货物后，可能会收到客户退回的货物，要求退款或者提供信用折扣。或者公司将会给予顾客一定的销售折让，来说服顾客接受不符合标准的产品。这样的销售折让将减少公司未来从客户处收回的现金数额。货物的退回或者提供一定的价格折让，称为销售退回和销售折让。与销售折扣相同，销售退回和销售折让也是销售收入的抵减账户，正常余额在贷方。

销售退回

假设顾客在 6 月 25 日退回了其所购买的三台平板电脑，售价 \$1 500，成本 \$1 050。当对货物退回业务进行处理时，销售方必须做两笔会计分录：一笔借记销售退回和折让，贷记应收账款；另外一笔借记存货账户，贷记销货成本。当货物被退回时，STL 公司将做如下会计处理：

	日期	科目及摘要	借方	贷方
这笔会计分录记录了销售退回和折让	6 月 25 日	销售退回和折让 　应收账款 （收到顾客退回的货物）	1 500	 1 500
这笔会计分录记录了货物的退回	25 日	存货 　销货成本 （将退回货物收归存货）	1 500	 1 050

通过做以上两笔会计分录，销售退回和折让账户数额增加，应收账款账户数额减少，销售方在将来无法就已退回的货物收取货款。除此之外，存货账户增加以反映已退回的货物，但是销货成本数额减少，因为退回的货物不再被视为已售货物。

销售折让

当销售方同意给予客户一定的销售折让时，并没有从顾客处收到退回的商品，因此发生销售折让不用编制以上第二笔有关存货的分录。假设 6 月 28 日 STL 公司同意就在运输途中损坏的货物给予客户＄100的销售折让，相应的会计处理如下所示：

日期	科目及摘要	借方	贷方
6月28日	销售退回和折让 应收账款 （就受损货物给予客户一定的销售折让）	100	 100

在将销售退回和折让过账后，与6月21日销售相关的应收账款账户余额为＄3 400，如下所示：

应收账款

6月21日	5 000	6月25日	1 500
		6月28日	100
余额	3 400		

在折扣期内的销售退回和折让

如果销售退回和折让发生在折扣期内，销售折扣必须以扣除销售退回和折让后的销售净额为基数计算。例如，6月30日STL公司收到客户支付的货款，现金＄3 332，相关的会计分录如下所示：

日期	科目及摘要	借方	贷方
6月30日	现金（＄3 400－＄68） 销售折扣（＄3 400×0.02） 应收账款 （在折扣期内回收应收账款）	3 332 68	 3 400

运输费用——运出运费

运出费用（freight out）指的是销售方支付的将货物运抵顾客的运费。运出费用是一项营业费用，需要借记运输费用账户。例如，假设STL公司在6月21日支付运费＄30，将货物运抵顾客。相关的会计分录如下所示：

日期	科目及摘要	借方	贷方
6月21日	运输费用 现金 （支付运费）	30	 30

□ 销售净额和毛利

销售净额，为销售收入扣减销售退回、销售折让和销售折扣后的余额。销售净额是企业在扣除掉销售退回和折让以及销售折扣后，企业销售存货所赚取的数额。

销售净额＝销售收入－销售退回和折让－销售折扣

假设STL公司全年销售存货＄297 500，发生＄11 200的销售退回和折让，以及给予顾客＄5 600的销售折扣。STL公司的销售净额如下所示：

销售收入	$ 297 500
减：销售退回和折让	11 200
销售折扣	5 600
销售净额	$ 280 700

在计算出公司的销售净额之后，STL 公司可以计算其毛利。毛利是企业销售存货所获取的边际收益，计算方法为净销售收入减去销货成本。对于此例而言，假设 STL 公司的销货成本为 $ 199 500；其销售毛利的计算如下：

销售净额	$ 280 700
减：销货成本	199 500
销售毛利	$ 81 200

毛利和净利润，是衡量企业经营成功与否的指标。高的毛利对于商业企业来说非常重要。毛利在企业的利润表中列示，是企业所销售货物的毛利总额。毛利必须足以支撑企业的营业费用，以便能够维持企业的正常经营。

商业企业的调账与结账分录

商业企业期末的调账、结账过程与服务业企业完全相同。如果使用工作底稿，首先是过入未调整的试算平衡表的余额，然后在工作底稿中完成企业净利润或净损失的计算。

根据实地盘点调整存货余额

在永续盘存制下，存货账户无论何时都应反映存货的现时余额。但是实地存货盘点的结果可能会与账面记录不同。偷盗损失、毁损以及会计错误等是产生差异的原因，统称为存货损耗。也正是由于差异的存在，几乎所有的企业每年都至少进行一次存货的实地盘点与清查。存货盘点的时间一般选择在会计年度结束时，企业根据实地盘点的结果将存货的记录调整至正确的金额。STL 公司必须做一笔调整分录，来记录和处理已损失的存货。

STL 公司存货账户未调整的余额为 $ 31 530。如果没有存货损耗，即没有任何盗窃或者错误，公司应该有价值 $ 31 530 的存货。但是在 12 月 31 日，盘点存货的结果却表明公司年末存货的成本只有 $ 31 290。

存货账户的调整分录＝调整之前报表中的存货余额－实际盘存的存货
＝$ 31 530－$ 31 290＝$ 240

STL 公司因此需要编制反映存货减少的调整分录：

日期	科目及摘要	借方	贷方
12 月 31 日	销货成本 　存货 （对存货损耗额进行调整）	240	 240

这笔分录使得存货账户显示了正确的金额。

存货

未调整的余额	31 530	12月31日	调整	240
调整余额	31 290			

□ 编制结账分录

图表5—6为STL公司调整后的试算平衡表以及本年的结账分录，和我们已经学过的结账分录基本相同，但有一些新的账户（用蓝色标出）。结账仍然意味着所有的暂时性账户（不在资产负债表上列示的账户）余额都归为零。

对于商业企业，结平账户有四个步骤：

第一步，通过损益汇总账户使收入的期末余额为零。

第二步，通过损益汇总账户结平费用账户和其他有借方余额的临时性账户（收入抵减账户：销售退回和折让、销售折扣）。

第三步，通过资本账户来结平损益汇总账户。这笔结账分录将净利润或净损失结转至资本账户。

第四步，通过资本账户来结平提款账户。

图表5—6　　调整后的试算平衡表和结账分录

STL公司试算平衡表
2015年12月31日

账户名称	余额	
	借方	贷方
现金	$8 810	
应收账款	4 400	
存货	31 290	
办公用品	100	
预付租金	4 000	
办公设备	18 000	
累计折旧——设备		$2 100
建筑物	60 000	
累计折旧——建筑物		1 750
土地	20 000	
应付账款		10 800
应付水电费		2 500
应付职工薪酬		1 500
应付利息		300
预收收入		900
应付票据		60 000
Bright，资本		51 550
Bright，提款	10 000	

销售收入		297 500
销售退回和折让	11 200	
销售折扣	5 600	
销货成本	199 500	
工资费用	15 000	
租赁费用	13 000	
水电费	11 300	
保险费	6 500	
折旧费用——办公设备	1 800	
折旧费用——建筑物	1 500	
广告费用	2 400	
利息费用	2 300	
运输费用	1 600	
办公用品费用	600	
总计	$428 900	$428 900

临时性账户被结转

日期	科目及摘要	借方	贷方
12 月 31 日	销售收入	297 500	
	损益汇总		297 500
	（结转收入类账户）		
12 月 31 日	损益汇总	272 300	
	销售退回和折让		11 200
	销售折扣		5 600
	销货成本		199 500
	工资费用		15 000
	租赁费用		13 000
	水电费		11 300
	保险费		6 500
	折旧费用——办公设备		1 800
	折旧费用——建筑物		1 500
	广告费用		2 400
	利息费用		2 300
	运输费用		1 600
	办公用品费用		600
	（结转费用类及其他借方账户）		
31	收益汇总		25 200
	Bright，资本		25 200
	（结转收益汇总账户）		
31	Bright，资本		10 000
	Bright，提款		10 000
	（结转提款账户）		

损益汇总

结转分录 2	272 300	297 500	结转分录 1
		25 200	余额
结转分录 3	25 200		
		0	余额

Bright，资本

		51 550	调整后余额
结转分录 4	10 000	25 200	结转分录 3
		66 750	余额

Bright，提款

调整后余额	10 000		
		10 000	结转分录 4
余额	0		

永续盘存制下商业企业的工作底稿

商业企业的工作底稿与服务业企业的工作底稿基本类似，增加的账户主要是存货账户（需要在实地盘点的基础上用存货损耗金额来调减存货账户。）除此之外，商业企业的工作底稿还包含其他的商品购销账户（销售收入、销售退回和折让、销售折扣和销货成本等账户）。编制商业企业工作底稿的步骤与服务业企业完全一致。未调整的试算平衡总额，加上或者减去调整金额，等于调整后的试算平衡总额。收入类账户和费用类账户被结转到利润表中，而资产类、负债类和权益类账户则被结转到资产负债表中。

如何编制商业企业的财务报表

之前学过的服务业企业的财务报表，对于商业企业也同样适用。然而，商业企业的财务报表增加了一些本章所介绍的新账户。让我们来观察一下商业企业的财务报表有何不同之处。

利润表

我们已经知道了资产负债表有两种格式：

- 报告式（资产在上方，负债和所有者权益在下方）；
- 账户式（资产在左边，负债和所有者权益在右边）。

利润表同样也有两种格式：

- 单步式；
- 多步式。

单步式利润表

单步式利润表（single-step income statement）先将所有的收入列示在一起，然后列示所有的费用，并计算出净利润。在单步式利润表中没有小计金额。很多公司就采用这种格式的利润表。这种格式的利润表能将收入与费用清晰地区分开来，比较适用于服务性企业，因为它们不报告毛利。图表 5—7 为 STL 公司的单步式利润表。

图表 5—7　　**单步式利润表**

STL 公司利润表 截止到 2015 年 12 月 31 日		
收入：		
净销售额		$ 280 700
费用：		
销货成本	$ 199 500	
工资费用	15 000	
租赁费用	13 000	
水电费	11 300	
保险费用	6 500	
折旧费用——办公设备	1 800	
折旧费用——建筑物	1 500	
广告费用	2 400	
利息费用	2 300	
运输费用	1 600	
办公用品费用	600	
费用总额		255 500
净利润		$ 25 200

多步式利润表

多步式利润表（multi-step income statement）列示出一些重要的小计。除了净利润以外，还有毛利、营业利润等。图表 5—8 为 STL 公司的多步式利润表。

图表 5—8　　**多步式利润表**

STL 公司利润表 截止到 2015 年 12 月 31 日			
毛利	销售收入：	$ 297 500	
	减：销售退回与折让	112 000	
	销售折扣	5 600	
	净销售额		$ 280 700
	销货成本		199 500
	毛利		81 200

	营业费用：		
	销售费用：		
	工资费用	8 100	
	租赁费用	7 300	
	广告费用	2 400	
	折旧费用	2 200	
	运输费用	1 600	
	销售费用总额	21 600	
	管理费用：		
营业利润	水电费	11 300	
	工资费用	6 900	
	保险费用	6 500	
	租赁费用	5 700	
	折旧费用	1 100	
	办公用品费用	600	
	管理费用总额	32 100	
	营业费用总额		53 700
	营业利润		27 500
	其他收入和费用：		
净利润	利息费用	(2 300)	
	其他收入和费用总额		(2 300)
	净利润：		$ 25 200

利润表的编制始于销售收入、销货成本、毛利，然后是营业费用（operating expenses），营业费用是企业除了销货成本以外的费用。商业企业和服务业企业都将营业费用分为两类：

- 一类是**销售费用**（selling expenses），即与销售商品有关的各种费用，如销售人员工资、销售佣金、广告费、商场建筑物和设备的折旧费、租金、水电费、零售店建筑物的房产税和运输费用。
- 一类是**管理费用**（administrative expenses），即与销售商品无关的各种费用，包括办公费用，例如，公司经理和员工的工资；建筑物和办公设备的折旧费用；租金（比如用于管理性办公楼的租金）；水电费用（比如用于管理性办公楼的水电费用）；管理性办公用房的房产税等。

毛利减去营业费用就是**营业利润**（operating income）。该指标是企业主要经营业务活动（正常经营）结果的反映。

利润表的最后一部分是**其他收入和费用**（other revenue and expenses）。这部分是企业其他业务活动（非经常性、偶发性经营）的结果。例如，利息收入、利息费用、企业出售固定资产的利得或损失等。这些都与公司的经常性主营业务无关，所以它们被归为其他项目中。

□ 所有者权益变动表和资产负债表

商业企业的所有者权益变动表和服务业企业的完全相同。商业企业的资产负债表与服务业企业的资产负债表大体相同，只不过增加了一个流动资产项目——存货。服务业企业通常没有存货项目。

如何使用毛利率来评估企业运营状况

商业企业通常运用一些财务比率来评价公司的经营情况，毛利率就是其中之一。**毛利率**（gross profit percentage）表示每一元销售收入扣除销货成本后所具有的盈利能力。毛利率计算公式如下：

毛利率＝毛利/净销售额

毛利率是评价企业获利能力的基本指标，它代表企业从存货销售中所能获取的盈利能力。毛利率必须足够高，以足额支付营业费用并赚取利润。毛利率的轻微上升可能会导致企业净利润的大幅度增加，反之亦然。各行业的毛利率有所差别，但是总体而言，毛利率越高越好。

以绿山咖啡公司为例，我们来计算其毛利率。我们可以从绿山咖啡公司 2011 年度（截止到 9 月 24 日）的利润表中，得到净销售额和销货成本的数据（见附录 A）。

单位：千美元

	2011 年度（截止到 9 月 24 日）	2010 年度（截止到 9 月 25 日）
净销售额	$2 650 899	$1 356 775
销货成本	1 746 274	931 017

毛利等于净销售额减去销货成本，毛利率等于毛利除以净销售额。2011 年度公司的毛利率计算如下：

毛利率＝($2 650 899－$1 746 274)/$2 650 899＝0.341＝34.1%

与之相对比，2010 年度公司的毛利率计算如下：

毛利率＝($1 356 775－$931 017)/$1 356 775＝0.314＝31.4%

从 2010 年到 2011 年，绿山公司的毛利率相对比较稳定，表明尽管公司的净销售额有了大幅度增长，其获取毛利的能力却基本稳定。然而，与行业平均毛利率 56.83%相比较，绿山公司的毛利率远低于行业平均水平。绿山公司应该仔细考虑一下如何提高其在存货上的获利能力。

附录 5A：定期盘存制下商业企业存货的会计处理

实行永续盘存制对于一些小型企业来说，成本过于昂贵，因此它们大多采用定期盘存制。定期盘存制下，企业必须定期对存货实地盘点，以确定实有存货的数量。

采购存货

所有的盘存制度都会涉及存货账户。但是在定期盘存制下，购货成本、购货折扣、购货退回和折让以及运入运费都被记录在单独的账户中，在结账时对存货账户的数据进行更新。我们将通过 STL 公司从 SED 公司购买平板电脑这一案例进行相关说明，如图表 5A—1 所示。

图表 5A—1　采购发票

①

SED公司
邮政编码：101010
休斯敦，TX77212

③

发票	
日期	号码
2015.06.01	410

②

运送给：　STL公司
湖街227号
波普顿普莱恩斯，IL07444

⑥ Pd.6/15/15

④

信用条件
3/15，n/30

	摘要	数量	单价	总价
	平板电脑	100	$350	$35 000
		小计		$35 000
		运费		—
		税（3%）		—
		合计		$35 000

到期日/到期应付金额	
2015.06.16	2015.07.01
$33 950	$35 000

⑦　⑤

摘要：
①卖方为SED公司。
②买方为STL公司。
③发票日期用来确定当买方提前付款时，是否给予买方折扣（见④）。
④信用条件：如果STL公司在发票开具日期15天以内付款，可以获得3%的折扣。否则必须在到期日（发票日期30天以内）全额付款。
⑤发票总额为$35 000。
⑥STL公司的付款日期。STL公司实际需要支付多少金额？（见⑦）。
⑦在发票日期14天之后付款（在折扣期内），所以STL公司应支付$33 950($35 000－3%的折扣）。

以下是在定期盘存制下，公司 6 月 3 日赊购存货以及 6 月 15 日支付货款（在折扣期内）所应做的相关会计分录。

日期	科目及摘要	借方	贷方
6 月 3 日	采购成本 　应付账款 （赊购存货）	35 000	 35 000
6 月 15 日	应付账款 　现金（$35 000－$1 050） 　购货折扣（$35 000×0.03） （在折扣期内付款）	35 000	 33 950 1 050

说明：存货的采购并不直接记入存货账户，而是记入一个独立的账户——材料采购账户（费用类账户）。类似地，当 STL 公司支付货款时，购货折扣也记入一个独立的账户——购货折扣账户（费用抵减类账户）。

记录购货退回和折让

假设在 STL 公司付款之前，6 月 4 日 STL 向供应商退回其购买的 20 台平板电脑，价值$7 000。STL 公司相关的会计处理如下：

日期	科目及摘要	借方	贷方
6 月 4 日	应付账款 　购货退回和折让 (将所购货物退给供应商)	7 000	 7 000

在定期盘存制下，购货退回并不记入存货账户，而是记入一个单独的账户——购货退回和折让。购货退回和折让与购货折扣账户都属于费用抵减类账户，与材料采购账户相关联。

在经营期内，企业将所有采购货物的成本都记入材料采购账户中。材料采购的账户余额是购货总额，因为它尚未扣减相关的购货折扣、退回和折让。将这些扣减账户从材料采购账户中减除，就得到了购货净额。

材料采购
减：购货退回和折让
减：购货折扣
=购货净额

记录运输费用

在定期盘存制下，运入运费被借记在一个独立账户——运入运费账户中（费用类账户），而不是借记在存货账户。例如，假设 STL 公司在 6 月 3 日支付了 \$ 60 的运费，相关的会计处理如下：

日期	科目及摘要	借方	贷方
6 月 3 日	运入运费 　现金 (支付运费)	60	 60

□ 销售存货

在定期盘存制下，存货销售的记录得以简化。由于不需要对存货进行流水记录，因此也就没有必要做一笔会计分录，记入存货和销货成本账户，而只需记入销售收入账户即可。假设 STL 公司在 6 月 19 日共赊销 10 台平板电脑，价值总额为 \$ 5 000，相关的会计分录如下：

日期	科目及摘要	借方	贷方
6 月 19 日	应付账款 　销售收入 (赊销货物)	5 000	 5 000

在定期盘存制下，对销售折扣、销售退回和折让的会计处理与永续盘存制下的处理方式相同，唯一的区别在于企业不需要做关于存货或者销货成本的会计分录。

□ 调整和结账分录

在定期盘存制下，没有必要对存货损耗做调整分录，这是因为企业并没有对存货账户逐笔结计余额，而是通过实地盘点来确定存货项目的期末余额（STL 公司的期末余额为＄31 290）。

登记期末余额的程序完全在结账过程中完成。让我们来研究一下在定期盘存制下，STL 公司本年的调整后试算平衡表和结转分录（如图表 5A—2 所示）。在定期盘存制下使用的账户用黑体字加以标记。

图表 5A—2　　调整后的试算平衡表和结账分录

STL 公司试算平衡表
2015 年 12 月 31 日

账户名称	余额 借方	余额 贷方	
现金	＄8 810		
应收账款	4 400		
存货（期初余额）	**0**		
办公用品	100		
预付租金	4 000		
办公设备	18 000		
累计折旧——设备		＄2 100	
建筑物	60 000		
累计折旧——建筑物		1 750	
土地	20 000		
应付账款		10 800	
应付水电费		2 500	
应付职工薪酬		1 500	
应付利息		300	
预收收入		900	
应付票据		60 000	
Bright，资本		51 550	
Bright，提款	10 000		
销售收入		297 500	临时性账户被结转（销售收入至办公用品费用）
销售退回和折让	11 200		
销售折扣	5 600		
材料采购	**281 750**		
购货退回和折让		**61 250**	
购货折扣		**4 410**	
运入运费	**14 700**		
工资费用	15 000		
租赁费用	13 000		
水电费	11 300		
保险费	6 500		
折旧费用——办公设备	1 800		
折旧费用——建筑物	1 500		
广告费用	2 400		
利息费用	2 300		
运输费用	1 600		
办公用品费用	600		
总计	＄494 560	＄494 560	

日期	科目及摘要	借方	贷方
12 月 31 日	销售收入	297 500	
	购货退回和折让	**61 250**	
	购货折扣	**4 410**	
	存货（期末余额）	**31 290**	
	损益汇总		394 450
	（结转收入类及其他贷方账户，并记录存货的期末余额）		
12 月 31 日	损益汇总	369 250	
	销售退回和折让		11 200
	销售折扣		5 600
	材料采购		**281 750**
	运入运费		**14 700**
	存货（期初余额）		**0**
	工资费用		15 000
	租赁费用		13 000
	水电费		11 300
	保险费		6 500
	折旧费用——办公设备		1 800
	折旧费用——建筑物		1 500
	广告费用		2 400
	利息费用		2 300
	运输费用		1 600
	办公用品费用		600
	（结转费用类及其他借方账户，结转存货的期初余额）		
12 月 31 日	损益汇总	25 200	
	Bright，资本		25 200
	（结转损益汇总账户）		
12 月 31 日	Bright，资本	10 000	
	Bright，提款		10 000
	（结平提款账户）		

损益汇总

结转分录 2	369 250	结转分录 1	394 450
		余额	25 200
结转分录 3	25 200		
		余额	0

Bright，资本

		调整后余额	51 550
结转分录 4	10 000	结转分录 3	25 200
		余额	66 750

Bright，提款

调整后余额 10 000	
	结转分录 4 10 000
余额 0	

定期盘存制的结账四步骤与永续盘存制非常相似，我们着重来看一下它们的不同之处：

第一步，在定期盘存制下，通过损益汇总账户使收入的期末余额为零。除此之外，还需结平所有存在贷方余额的暂时性账户（购货退回和折让、购货折扣等），以及借记存货的期末余额（通过实地盘点可得）。

第二步，通过损益汇总账户结平费用账户和其他有借方余额的暂时性账户。除此之外，存货的期初余额、材料采购、运入运费等也通过损益汇总账户结平。

第三步和第四步，结平损益汇总账户和提款账户，与永续盘存制下处理方式相同。

定期盘存制下，结账过程的主要不同之处在于对存货的处理方式。在结账时，存货的期末余额必须借记，而期初余额则必须贷记。其他的材料采购以及其对应的抵销科目也必须结平。

□ 编制财务报表

定期盘存制和永续盘存制下的财务报表非常类似。但是在定期盘存制下，需要计算的一个数额是货物的销售成本。在永续盘存制下，货物的销售成本就是被过账到销货成本账户的总额，而在定期盘存制下，货物的销售成本还需要单独计算。在每期期末，企业都需要将若干账户的数额综合考虑，以计算出本期的销货成本。这个计算过程就体现在利润表中。STL 公司的销货成本的计算过程如下所示：

期初存货		$0
材料采购	$281 750	
减：购货退回和折让	61 250	
购货折扣	4 410	
购货净额	216 090	
加：运入运费	14 700	
购货净成本		230 790
可供出售的存货		230 790
减：期末存货		31 290
销货成本		$199 500

STL 公司的多步式利润表如图表 5A—3 所示，注意两种盘存制度下的净利润相同。

图表 5A—4 将公司同样的交易业务分别在定期盘存制和永续盘存制下所做的会计分录进行了对比。

图表 5A—3 **多步式利润表**

STL 公司利润表
截止到 2015 年 12 月 31 日

毛利	销售收入：		$ 297 500	
	减：销售退回与折让		112 000	
	销售折扣		5 600	
	净销售额			$ 280 700
	销货成本：			
	期初存货		$ 0	
	材料采购	$ 281 750		
	减：购货退回和折让	61 250		
	购货折扣	4 410		
	购货净额	216 090		
	加：运入运费	14 700		
	购货净成本		230 790	
	可供出售的存货		230 790	
	减：期末存货		31 290	
	销货成本			$ 199 500
	毛利			81 200
营业利润	营业费用：			
	销售费用：			
	工资费用		$ 8 100	
	租赁费用		7 300	
	广告费用		2 400	
	折旧费用		2 200	
	运输费用		1 600	
	销售费用总额		21 600	
	管理费用：			
	水电费		11 300	
	工资费用		6 900	
	保险费用		6 500	
	租赁费用		5 700	
	折旧费用		1 100	
	办公用品费用		600	
	管理费用总额		32 100	
	营业费用总额			53 700
	营业利润			27 500
净利润	其他收入和费用：			
	利息费用		(2 300)	
	其他收入和费用总额			(2 300)
	净利润			$ 25 200

图表 5A—4　　永续盘存制 vs. 定期盘存制

永续盘存制

赊购存货：

日期	科目及摘要	借方	贷方
	存货	5 250	
	应付账款		5 250
	（赊购存货）		

将购买存货退回给销售商：

日期	科目及摘要	借方	贷方
	应付账款	1 750	
	存货		1 750
	（购货退回）		

支付运入运费：

日期	科目及摘要	借方	贷方
	存货	60	
	现金		60
	（支付运费）		

在折扣期内支付采购存货的价款：

日期	科目及摘要	借方	贷方
	应付账款	3 500	
	现金		3 395
	存货		105
	（在折扣期内付款）		

在折扣期后支付采购存货的价款：

日期	科目及摘要	借方	贷方
	应付账款	3 600	
	现金		3 500
	（在折扣期后付款）		

赊销存货：

日期	科目及摘要	借方	贷方
	应收账款	5 000	
	销售收入		5 000
	（赊销存货）		
	销货成本	3 500	
	存货		3 500
	（记录销货成本）		

定期盘存制

赊购存货：

日期	科目及摘要	借方	贷方
	材料采购	5 250	
	应付账款		5 250
	（赊购账户）		

将购买存货退回给销售商：

日期	科目及摘要	借方	贷方
	应付账款	1 750	
	购货退回和折让		1 750
	（购货退回）		

支付运入运费：

日期	科目及摘要	借方	贷方
	存货	60	
	现金		60
	（支付运费）		

在折扣期内支付采购存货的价款：

日期	科目及摘要	借方	贷方
	应付账款	3 500	
	现金		3 395
	购货折扣		105
	（在折扣期内付款）		

在折扣期后支付采购存货的价款：

日期	科目及摘要	借方	贷方
	应付账款	3 500	
	现金		3 500
	（在折扣期后付款）		

赊销存货：

日期	科目及摘要	借方	贷方
	应收账款	5 000	
	销售收入		5 000
	（赊销存货）		

支付运出运费：

日期	科目及摘要	借方	贷方
	运输费用	30	
	现金		30
	（支付运费）		

日期	科目及摘要	借方	贷方
	运输费用	30	
	现金		30
	（支付运费）		

收到客户退回的货物：

日期	科目及摘要	借方	贷方
	购货退回和折让	1 500	
	应付账款		1 500
	（收到客户退回商品）		
	存货	1 050	
	销货成本		1 050

日期	科目及摘要	借方	贷方
	购货退回和折让	1 500	
	应付账款		1 500
	（收到客户退回商品）		

给予顾客销售折让：

日期	科目及摘要	借方	贷方
	销售退回和折让	100	
	应收账款		100
	（就受损商品给予折让）		

日期	科目及摘要	借方	贷方
	销售退回和折让	100	
	应收账款		100
	（就受损商品给予折让）		

在折扣期内回收货款：

日期	科目及摘要	借方	贷方
	现金	3 332	
	销售折扣	68	
	应收账款		3 400
	（在折扣期内回收货款）		

日期	科目及摘要	借方	贷方
	现金	3 332	
	销售折扣	68	
	应收账款		3 400
	（在折扣期内回收货款）		

在折扣期后回收货款：

日期	科目及摘要	借方	贷方
	现金	3 400	
	应收账款		3 400
	（在折扣期后回收货款）		

日期	科目及摘要	借方	贷方
	现金	3 400	
	应收账款		3 400
	（在折扣期后回收货款）		

调整存货损耗金额：

日期	科目及摘要	借方	贷方
	销货成本	240	
	存货		240
	（调整存货损耗额）		

结账分录：

日期	科目及摘要	借方	贷方
	销售收入	297 500	
	损益汇总		297 500
	（结转收入类账户）		
	损益汇总	272 300	
	销售退回和折让		11 200
	销售折扣		5 600
	销货成本		199 500
	工资费用		15 000
	租赁费用		13 000
	水电费		11 300
	保险费		6 500
	折旧费用——办公设备		1 800
	折旧费用——建筑物		1 500
	广告费用		2 400
	利息费用		2 300
	运输费用		1 600
	办公用品费用		600
	（结转费用类及其他借方账户）		
	损益汇总	25 200	
	Bright，资本		25 200
	（结转损益汇总账户）		
	Bright，资本	10 000	
	Bright，提款		10 000
	（结平提款账户）		

日期	科目及摘要	借方	贷方
	销售收入	297 500	
	购货退回和折让	61 250	
	购货折扣	4 410	
	存货（期末余额）	31 290	
	损益汇总		394 450
	（结转收入类及其他贷方账户，并记录存货的期末余额）		
	损益汇总	369 250	
	销售退回和折让		11 200
	销售折扣		5 600
	材料采购		281 750
	运入运费		14 700
	存货（期初余额）		0
	工资费用		15 000
	租赁费用		13 000
	水电费		11 300
	保险费		6 500
	折旧费用——办公设备		1 800
	折旧费用——建筑物		1 500
	广告费用		2 400
	利息费用		2 300
	运输费用		1 600
	办公用品费用		600
	（结转费用类及其他借方账户，结转存货的期初余额）		
	损益汇总	25 200	
	Bright，资本		25 200
	（结转损益汇总账户）		
	Bright，资本	10 000	
	Bright，提款		10 000
	（结平提款账户）		

疑难问题 A 部分

P5-31A　永续盘存制下，将采购和销售交易记入日记账中

请将下列 Aquamarines 公司 2015 年 9 月发生的相关交易记入日记账，无须做摘要说明，为每一个供货商或者顾客分别登记应收账款和应付账款明细账账户：

9月3日	从批发商 Shallin 处购买了存货 $5 000，信用条件为“1/15，n/月末”，FOB 起运地。

9 月 4 日	支付 9 月 3 日采购存货时所发生的运费 $ 80。
9 月 4 日	使用现金 $ 1 700 购买存货。
9 月 6 日	退回 9 月 3 日购买的存货 $ 500。
9 月 8 日	向 Hermosa 公司销售存货 $ 6 000，信用条件为“2/15，n/35”(销售成本 $ 2 640)。
9 月 9 日	从批发商 Thomas 处采购了存货 $ 8 000，信用条件为“2/10，n/30”，FOB 目的地。
9 月 10 日	支付 9 月 3 日的货款（扣除购货退回和购货折扣）。
9 月 12 日	收到 9 月 8 日的客户付款（扣除销售折扣）。
9 月 13 日	谈判过后，从批发商 Thomas 处取得 $ 200 的购货折让。
9 月 15 日	向 Jordan 公司销售存货 $ 2 500，信用条件为“1/10，n/月末”，销售成本 $ 1 050。
9 月 22 日	支付 9 月 9 日采购存货的货款（扣除购货折让）。
9 月 23 日	Jordan 公司退回 9 月 15 日购买的存货 $ 400，成本 $ 160。
9 月 25 日	向 Smithsons 公司出售货物 $ 1 100，成本 $ 400，信用条件为“2/10，n/30”，FOB 起运地。作为对客户的优惠措施，$ 75 的运输费用由本公司支付。
9 月 26 日	谈判后，对于 Smithsons 公司在 9 月 25 日购买的存货，决定给予 $ 100 的销售折让。
9 月 29 日	收到 Smithsons 公司支付的货款（扣除销售折让和销售折扣）。
9 月 30 日	收到 Jordan 公司支付的货款（扣除销售退回）。

P5-32A 永续盘存制下，将采购和销售交易记入日记账中

请将下列 Thelma's 娱乐公司 2015 年 11 月份发生的相关交易记入日记账，无须做摘要说明，为每一个供货商或者顾客分别登记应收账款和应付账款明细账账户：

11 月 4 日	从 Valencia 公司处购买了存货 $ 9 600，信用条件为“3/10，n/月末”，FOB 起运地。
11 月 6 日	支付 11 月 4 日采购存货时所发生的运费 $ 120。
11 月 8 日	退回 11 月 4 日从 Valencia 公司购买的存货的一半。
11 月 10 日	销售存货，收取现金 $ 1 200，成本 $ 700，FOB 目的地。
11 月 11 日	向 Gilmore 公司销售存货 $ 10 250，信用条件为“1/10，n/月末”，成本 $ 5 500，FOB 起运地。
11 月 12 日	支付 11 月 10 日销售存货时所发生的运费 $ 40。
11 月 13 日	向 Callahan 公司销售存货 $ 9 900，信用条件为“2/15，n/45”，成本 $ 5 030，FOB 起运地。
11 月 14 日	支付 11 月 4 日采购存货的货款（扣除购货折让和购货折扣）。
11 月 16 日	谈判后，对于 Gilmore 公司在 11 月 11 日购买的存货，决定给予 $ 250 的销售折让。
11 月 17 日	收回 11 月 13 日销售的有瑕疵的存货，发生销售退回 $ 600，成本 $ 450。
11 月 18 日	从 Russo 公司处购买了存货 $ 4 100，信用条件为“2/10，n/30”，FOB 目的地。
11 月 20 日	收到 Gilmore 公司支付的货款（扣除销售折让和销售折扣）。
11 月 26 日	支付 11 月 18 日因采购存货所欠 Russo 公司的货款（扣除购货折扣）。
11 月 28 日	收到 Callahan 公司支付的货款（扣除销售折让和销售折扣）。
11 月 29 日	从 Suarez 公司处购买了存货 $ 12 000，现金支付，FOB 起运地。向运输公司支付运入运费 $ 200。

P5-33A 编制多步骤利润表，并做结账分录，并编制试算平衡表

Big Papi 音乐公司 2015 年 6 月 30 日的试算平衡表如下：

Big Papi 音乐公司试算平衡表
2015 年 6 月 30 日

账户名称	余额	
	借方	贷方
现金	$ 3 600	
应收账款	38 800	
存货	17 200	
办公用品	200	
办公设备	40 000	
累计折旧——设备		$ 8 400
应付账款		13 300

账户名称	余额	
	借方	贷方
应付职工薪酬		1 200
预收收入		6 700
长期应付票据		15 000
Papi，资本		36 000
Papi，提款	40 500	
销售收入		180 000
销售退回和折让	3 000	
销售折扣	2 000	
销货成本	82 500	
销售费用	19 200	
管理费用	12 000	
利息费用	1 600	
总计	$260 600	$260 600

要求：

1. 编制 Big Papi 音乐公司的多步式利润表（截止到2015年6月30日）。
2. 将公司的结账分录记入日记账。
3. 编制 Big Papi 音乐公司的试算平衡表（截止到2015年6月30日）。

P5-34A 将调整分录记入日记账，编制试算平衡表，编制财务报表

Taylor 电子公司未调整的试算平衡表如下所示：

Taylor 电子公司未调整的试算平衡表
2015年3月31日

账户名称	余额	
	借方	贷方
现金	$3 900	
应收账款	33 600	
应收利息	0	
存货	45 100	
办公用品	6 000	
设备	129 100	
累计折旧——设备		$37 700
应付账款		16 700
应付职工薪酬		0
应付利息		0
预收收入		13 800
长期应付票据		46 000
Taylor，资本		52 430
Taylor，提款	20 000	
销售收入		297 000
销售退回和折让	7 500	
销售折扣	2 900	
利息收入		0
销货成本	162 300	
工资费用（销售部门）	22 900	
租赁费用（销售部门）	15 300	

账户名称	余额	
	借方	贷方
工资费用（管理部门）	5 010	
水电费（管理部门）	10 020	
折旧费用——设备（管理部门）	0	
利息费用	0	
总计	$ 463 630	$ 463 630

要求：

1. 使用下列数据，将调整分录记入日记账：

a. 应计利息收入 $ 200

b. 应计工资费用（销售部门） $ 2 700

c. 折旧费用——设备（管理部门） $ 1 670

d. 应计利息费用 $ 1 200

e. 对存货进行实地盘点，期末存货余额 $ 44 500

2. 编制 Taylor 电子公司调整后的试算平衡表（截止到 2015 年 3 月 31 日）。

3. 编制 Taylor 电子公司的多步式利润表（截止到 2015 年 3 月 31 日）。

4. 编制 Taylor 电子公司的所有者权益变动表（截止到 2015 年 3 月 31 日）。假设 Taylor 在本年度内没有追加出资。

5. 采用报告格式，编制 Taylor 电子公司的分类资产负债表（截止到 2015 年 3 月 31 日）。

P5-35A　编制单步式利润表以及多步式利润表，并计算毛利率

上等牛排店 2015 年 4 月 30 日季末的某些账户余额如下所示：

利息收入	$ 800	应付账款	$ 17 000
存货	45 100	应收账款	33 500
长期应付票据	47 000	累计折旧——设备	37 600
应付职工薪酬	2 400	Angus，资本（1 月 31 日）	53 300
销售折扣	2 000	Angus，提款	20 000
销售退回和折让	7 500	现金	7 600
销售收入	296 100	销货成本	162 100
租赁费用（销售部门）	21 780	设备	130 600
办公用品	5 700	应付利息	1 200
预收收入	13 300	租赁费用（管理部门）	9 780
利息费用	2 000	水电费（销售部门）	10 890
折旧费用——设备（管理部门）	1 630	运费（销售部门）	3 630
水电费（管理部门）	4 890		

要求：

1. 编制公司单步式利润表。

2. 编制公司多步式利润表。

3. 公司经理 Davidson 想将毛利率至少提高到 50%，公司是否达到了这个目标？列示你的计算过程。

P5-36A　定期盘存制下，将采购和销售交易记入日记账中

Durham 公司 2015 年 3 月份的交易如下。假设公司采用定期盘存制，无须做摘要说明，为每一个供货商或者顾客分别登记应收账款和应付账款明细账账户：

3 月 3 日	从 Stout 批发商处赊购存货，价值 $ 2 000，信用条件为“1/15，n/月末”，FOB 起运地。
4 日	支付 3 日采购货物的运费 $ 50。
4 日	用现金采购货物，价值 $ 1 020。
6 日	退回 3 日购买的价值 $ 300 的存货。
8 日	向 Herman 公司赊销存货，价值 $ 3 600，信用条件为“2/15，n/35”。
9 日	从 Tapia 批发商处赊购存货，价值 $ 4 800，信用条件为“2/10，n/30”，FOB 目的地。

10日	向Stout批发商支付3月3日所购货物的价款（扣除购货退回和折扣）。
12日	收到Herman公司支付的货款（扣除销售折扣）。
13日	谈判后，从Tapia批发商处获得＄120的购货折让。
15日	向Jarvis公司赊销存货，价值＄1 500，信用条件为“1/10，n/月末”。
22日	向Tapia批发商支付3月9日所购货物的价款（扣除购货折让）。
23日	Jarvis公司退回3月15日购买的价值＄240的存货。
25日	向公司赊销存货，价值＄660，信用条件为“2/10，n/30”，FOB起运地。
26日	对于Stark公司在3月25日购买的存货，决定给予＄60的销售折让。
29日	收到Stark公司支付的货款（扣除购货折让和折扣）。
30日	收到Jarvis公司支付的货款（扣除购货退回）。

P5-37A　编制多步骤利润表，并做结账分录

Tucker商场采用定期盘存制。Tucker商场调整后的试算平衡表（截止到2015年12月31日）如下所示：

Tucker商场试算平衡表
2015年12月31日

账户名称	余额	
	借方	贷方
现金	＄7 920	
应收账款	85 360	
存货（期初）	37 840	
办公用品	440	
办公设备	88 000	
累计折旧——设备		＄18 480
应付账款		29 260
应付职工薪酬		2 640
预收收入		14 740
长期应付票据		33 000
Tucker，资本		77 860
Tucker，提款	89 100	
销售收入		396 000
销售退回和折让	6 600	
销售折扣	4 400	
购货成本	299 600	
购货退回和折让		114 040
购货折扣		6 000
运入运费	600	
销售费用	42 240	
管理费用	26 400	
利息费用	3 520	
总计	＄692 020	＄692 020

要求：

1. 编制Tucker商场的多步式利润表（截止到2015年12月31日），假设期末存货为＄36 500。

2. 编制Tucker商场的结账分录，并记入日记账。

小组作业

小组作业 5—1

与你的同学一起去参观你所在地区的一个或几个商业企业。采访企业的相关负责人，咨询其存货政策和会计系统。获取以下问题的答案，写成报告，并向全班同学做展示。

要求：

1. 企业销售何种类型的存货？

2. 企业的进货渠道是什么？其与供应商的合作关系是刚刚建立还是保持了很长一段时间？

3. 采购存货时的 FOB 条款的内容是什么？谁来支付运费，买方还是卖方？运费数额是否巨大？占存货总成本的比例如何？

4. 采购存货时的信用条款“2/10，n/30”是什么意思？为了获得购货折扣，企业是否会选择提前付款？如果会，为什么？如果不会，为什么？

5. 在实务中，企业会如何向其供应商支付货款？是邮寄支票还是电子转账？实际的支付流程是怎样的？

6. 企业采用何种存货盘存制度，永续盘存制还是定期盘存制？该盘存制度是否已经实现了计算机化？

7. 企业多长时间实地盘点一次存货？何时进行盘点？试描述所参观企业的存货盘点流程。

8. 管理层是否使用毛利率来评估企业的经营业绩？如果不是，试向管理层解释在制定决策时应该如何使用此指标。

第 6 章

商品存货

- 存货相关的会计原则与内部控制
- 永续盘存制下的存货计价方法
- 不同存货计价方法对财务报表的影响
- 使用成本与市价孰低法确定存货价值
- 存货记录差错对财务报表的影响
- 利用存货周转率和周转天数评估经营业绩
- 附录 6A：定期盘存制下的存货计价方法
- 附录 6B：估计期末存货

什么是商品存货的成本？

乔瑞对最近新一批存货的运抵感到非常兴奋。作为一家经营颇为成功的体育用品店老板，他打算通过销售户外烹饪用具，譬如烧烤架、炉灶及其他配饰来拓宽其存货供应链。他相信新一批存货将会吸引更多的顾客前来光顾，给商店带来更多的利润。

在乔瑞为即将销售的存货做准备时，他必须先确定采取何种计价方法来追踪每件产品的成本。例如，如果商店打算销售其在不同时刻以不同价格购买的500台完全相同的烧烤架，那么商店该如何确定每件烧烤架的销货成本？商店是否应该对其销售的每一台烧烤架都进行详细的记录？抑或商店应该采取与存货实物流转相一致的存货计价方法？例如，商店可能打算将先购入的存货成本转入销货成本，或者可能将最后购入的存货成本转入销货成本。

乔瑞明白目前存在多种存货计价方法可供其选择。他想选择一种相对容易实行的方法。乔瑞明白通过选择最适合商店的存货计价方法，他将能够轻而易举地计算销货成本以及毛利。

在本章中，我们将讨论与存货相关的内容，学习如何确定存货成本。当迪克体育用品商店——一家销售体育用品、服装及鞋类的零售商店，采购和销售存货时，该商店必须对存货成本进行恰当的记录。迪克公司必须确定销货成本以计算毛利。如果企业的存货种类较少，单独辨认每一个存货项目的成本可能比较容易。但是，对于大型企业（譬如迪克公司）而言，其拥有数以百万计的存货项目，这使得追踪单个存货项目的成本变得极为困难。通过本章的学习，你将明白每家公司都必须选择一种存货计价方法以追踪成本、确定销货成本、计算毛利和确定期末存货的价值。

本章大纲

- 与存货相关的会计原则与内部控制是什么？
- 在永续盘存制下，对存货成本如何计价？
- 使用不同的存货成本计价方法，会对财务报表产生何种影响？
- 如何使用成本与市价孰低法来记录存货成本？
- 存货的计算差错会对财务报表产生何种影响？
- 如何运用存货周转率和存货每日销售量来评估企业的运营情况？
- 在定期盘存制下，对存货成本如何计价（附录6A）？
- 如何估计期末存货的成本（附录6B）？

学习目的

1. 定义与存货相关的会计原则与内部控制。
2. 定义永续盘存制下的存货成本计算方法。
3. 比较使用不同的存货成本计价方法对财务报表的影响。
4. 应用成本与市价孰低法记录存货。
5. 评估存货的计算差错对财务报表产生的影响。
6. 运用存货周转率和存货每日销售量来评估企业的运营情况。
7. 定义定期盘存制下的存货成本计价方法（附录6A）。
8. 运用毛利率法和零售价格法估计期末存货的价值（附录6B）。

存货相关的会计原则与内部控制

第5章解释了商业企业存货的会计处理方法，介绍了STL这家销售安装有在线学习软件的平板电脑的公司，如何来记录存货的采购和销售。本章将完成对商品存货的会计处理过程。

会计原则

有几项会计原则与存货存在特别的相关关系。其中包括一致性原则、公开披露原则、重要性原则和谨慎性原则。

一致性原则

一致性原则（consistency principle）是指企业在不同的会计期间应使用同样的会计方法和程序。一致性原则有助于投资者和债权人比较公司不同会计期间的财务报表。

假定你正在分析某公司两年的净利润情况，在这两年间公司的净利润有所增长。通过分析利润表得知，这两年的销售收入持平，但是销货成本有了大幅下降，由此导致毛利和营业利润的大幅上升。如果没有其他的额外信息，你也许可能得出这样的结论：公司在第二年能够以较低的成本采购存货，并且公司的利润在将来还会持续增长。然而，改变存货成本计价方法仅仅能够导致利润的一时变动，而不会影响到未来利润。所以，公司在使用会计方法和程序上，必须保持不同会计期间的一致性。如果会计方法出现了变更，公司必须予以报告和披露。投资者和债权人需要利用这些信息以便做出明智的决策。

公开披露原则

公开披露原则（disclosure principle）是指公司的财务报表应列报足够多的信息以使外界能够据此对公司做出合理的判断。简而言之，公司应就其经济事项提供相关、可靠和可比的信息。对存货而言，公开披露原则意味着揭示其所使用的计价方法。所有主要的会计方法和程序都应在财务报表的附注里有所披露。假定银行正在比较两家公司的业绩，一家公司采用A种存货计价方法，另一家公司采用B种存货计价方法。采用B种存货计价方法的公司报告了较高的净利润，然而这仅仅因为它采用了B方法。如果不了解公司所使用的存货计价方法，银行很可能会做出错误的贷款决策。

重要性原则

重要性原则（materiality concept）是指公司仅就那些对财务报表有重要影响的项目和业务进行严格适当的会计处理。凡是对财务报表使用者的决策产生重要影响的信息均是重要的信息，用会计术语来讲称为有重要性。重要性概念使得会计人员不必对每个细小问题都严格依照一般公认会计原则进行报告。例如，＄1 000对于一家年销售收入

＄100 000的小型企业而言具有重要性，然而对于一家年销售收入可达＄100 000 000的大型企业而言就显得不那么重要。因此，小型企业对＄1 000存货成本使用的会计处理方法可能与大型企业有所不同。

谨慎性原则

会计上的**谨慎性**（conservatism）是指在财务报表中报告项目时要实行谨慎原则。谨慎性体现在以下会计指导方法中：

- 不预计利得，但对所有可能的损失做准备。
- 如有疑虑，按合理的最低金额记录资产和按合理的最高金额记录负债。
- 如果存在问题，记录一项费用而不是一项资产。
- 当你有两种方案可供选择时，你应该选择低估而非高估企业价值的方案。

谨慎性原则的目的是在财务报表中报告真实的数据，避免高估资产或者净利润。

对存货的控制

对存货进行严格的控制，对于一家企业而言非常重要。严格的存货控制，可以保证存货的采购和销售都已得到会计系统的充分授权和记录。企业可以通过采取以下措施，实现存货的管理目标：

- 保证存货的采购都已获得充分授权，包括从经认可的供应商处采购和在可接受的价格范围内采购。
- 存货采购完毕以后，需要对订单进行追踪并在收到存货时进行合理记录。交货时，企业需要仔细清点收到的存货，并检查存货是否存在毁损情况。
- 企业需要对存货毁损情况进行恰当的记录，这部分存货或被耗用，或被处理，或被退回给供应商。
- 企业应当至少每年一次对存货进行实地盘点，以追踪由于偷窃、毁坏或者错误记录而导致的存货损耗情况。
- 销售存货时，企业需要对销售的存货成本进行充分记录，并且将其从存货盘点总数中扣除。这有助于防止公司出现存货供应不足的情况，俗称缺货。

永续盘存制下的存货计价方法

正如我们之前所学，存货成本和销货成本的计算公式如下：

期末存货＝存货盘存数量×单位存货成本
销货成本＝商品销售数量×单位商品成本

公司通过由盘点支撑的永续盘存记录确定存货数量。图表6—1列示了STL公司TAB0503产品（一种型号的平板电脑）的存货记录：

如图表6—1所示，STL公司8月1日的存货数量是2台TAB0503。8月5日STL公司又购买了4台，平板电脑的存货数量变为6台（2＋4）。8月15日，STL公司销售了4台平板电脑，存货数量变为2台（6－4）。STL公司于8月26日购买了12台，于

8月31日销售了10台。在8月末STL公司的平板电脑TAB0503存货数量为4台（2+12−10）。STL公司每一台TAB0503的售价为＄500。

图表6—1　　永续盘存记录——存货数量

项目：TAB0503				
日期	购买数量	销售数量	单位成本	实有数量
8月1日			＄350	2
5日	4		＄350	6（2+4）
15日		4		2（6−4）
26日	12		＄350	14
31日		10		4
合计	16	14		4

当价格保持不变时，计算存货的成本是比较容易的。例如，如图表6—1所示，STL公司的产品TAB0503的单位成本稳定在＄350。因此公司的期末存货和销货成本很容易计算出来：

期末存货＝期末存货数量×单位存货成本
＝4台×＄350/台
＝＄1 400

销货成本＝商品销售数量×单位商品成本
＝14台×＄350/台
＝＄4 900

但是单位存货的价格经常变动。假设STL公司TAB0503的单位成本在8月5日为＄360，在8月26日又变为＄380，如图表6—2所示。当STL公司在8月31日销售平板电脑时，有多少存货的单位销货成本是＄350？有多少存货的单位销货成本是＄360？有多少是＄380？为了计算期末存货成本和销货成本，STL公司必须将销货成本分配至各个存货项目。GAAP允许的四种存货计价方法是：

1. 个别计价法
2. 先进先出法（FIFO）
3. 后进先出法（LIFO）
4. 加权平均法

除了个别计价法之外，每一种存货成本计价方法都与实际的存货实物流转方式相一致，可以用来计算存货销货成本和期末存货成本。

个别计价法（specific identification method）使用每种存货的个别成本计价。在此方法下，企业对于销售的各个存货项目及其对应的成本了如指掌。这种成本计价方法适用于销售不能替代使用、容易识别的存货项目的企业，如汽车（通过车辆识别码对车辆进行识别）、珠宝（独一无二的钻石戒指）和房地产（通过地址进行识别）。例如，假设STL公司在8月15日销售4台平板电脑，其中1台的成本为＄350，另外3台的成本为＄360；在8月31日销售10台平板电脑，其中1台的成本为＄350，另外9台的成本为＄380。存货的销货成本与期末存货的成本计算方法如图表6—3所示：

图表 6—2　　永续盘存记录——单位存货成本变动

项目：TAB0503				
日期	购买数量	销售数量	单位成本	实有数量
8 月 1 日			$ 350	2
5 日	4		$ 360	6
15 日		4		2
26 日	12		$ 380	14
31 日		10		4
合计	16	14		4

图表 6—3　　永续盘存记录——个别计价法

日期	采购成本			销货成本			库存存货		
	数量	单位成本	总成本	数量	单位成本	总成本	数量	单位成本	总成本
8 月 1 日							2	× $ 350	= $ 700 } $ 700
5 日	4	× $ 360	= $ 1 440				2 4	× $ 350 × $ 360	= $ 700 = $ 1 440 } $ 2 140
15 日				1 3	× $ 350 × $ 360	= $ 350 = $ 1 080 } $ 1 430	1 1	× $ 350 × $ 360	= $ 350 = $ 360 } $ 710
26 日	12	× $ 380	= $ 4 560				1 1 12	× $ 350 × $ 360 × $ 380	= $ 350 = $ 360 = $ 4 560 } $ 5 270
31 日				1 9	× $ 350 × $ 380	= $ 350 = $ 3 420 } $ 3 770	1 3	× $ 360 × $ 380	= $ 360 = $ 1 140 } $ 1 500
合计	16		$ 6 000	14		$ 5 200	4		$ 1 500

注意在个别计价法下，当销售存货时，分别按其购入或生产时所确定的单位成本计算各批发出存货和期末存货的成本。例如，8 月 15 日 STL 公司销售了一台成本为 $ 350 的平板电脑和 3 台成本为 $ 360 的平板电脑。期末剩余存货数量为 2 台，成本分别为 $ 350 和 $ 360。这种存货计价方法要求企业必须有详细的存货买卖记录，并且能够识别销售的各存货项目。

□ 先进先出法

在**先进先出法**（first-in，first-out，FIFO）下，商品销货成本建立在最早购进的存货基础上，即最先进来的存货最早发货出库。如图表 6—4 中所示，STL 公司每一会计期间先购入的存货成本被先转入销货成本（从 8 月 1 日购入的期初存货开始结转）。对于大部分企业而言，先进先出法下的存货成本同存货的实物流转是一致的，即企业会先出售储存最久的存货。

图表 6—4　　永续盘存记录——先进先出法

日期	采购成本			销货成本			库存存货		
	数量	单位成本	总成本	数量	单位成本	总成本	数量	单位成本	总成本
8 月 1 日							2	× $ 350	= $ 700 } $ 700
5 日	4	× $ 360	= $ 1 440				2 4	× $ 350 × $ 360	= $ 700 = $ 1 440 } $ 2 140
15 日				2 2	× $ 350 × $ 360	= $ 700 = $ 720 } $ 1 420	2	× $ 360	= $ 720 } $ 720
26 日	12	× $ 380	= $ 4 560				2 12	× $ 360 × $ 380	= $ 720 = $ 4 560 } $ 5 280
31 日				2 8	× $ 350 × $ 380	= $ 720 = $ 3 040 } $ 3 760	4	× $ 380	= $ 1 520 } $ 1 520
合计	16		$ 6 000	14		$ 5 180	4		$ 1 520

STL 公司 8 月初有 2 台 TAB0503，成本为每台 $ 350。8 月 5 日购进一批存货后，存货数量为 6 台（2+4）。8 月 15 日，公司售出 4 台存货。在先进先出法下，前 2 台售出存货的成本为 $ 350（以最先入库的存货的单价计算），其余 2 台均来自于成本为 $ 360 的那批存货，售出后存货余额为 2 台，每台成本 $ 360。下面的存货记录思路也是一样的。考虑 8 月 31 日销售的 10 台商品，最早的来自 8 月 5 日（2 台，每台成本 $ 360），其次是在 8 月 26 日以每台 $ 380 的价格采购的 8 台存货，所以 8 月 31 日剩余存货为 4 台，每台成本 $ 380。

先进先出法下 8 月 31 日的月末小结为：

- 销货成本：14 台，总成本 $ 5 180。
- 期末存货：4 台，总成本 $ 1 520。

注意 STL 公司总的存货销货成本 $ 5 180 加上期末存货成本 $ 1 520 等于 8 月份可供销售的存货总成本 $ 6 700（2 台× $ 350+4 台× $ 360+12 台× $ 380）。可供销售的存货总成本代表着本期可以供企业销售的各项存货的总成本之和。STL 公司就是用这种方法计算销货成本和存货成本，并编制财务报表。

日记账分录

先进先出法下的日记账分录如下所示。假设所有的购买都是赊购，销售都是赊销。

日期	科目及摘要	借方	贷方
8 月 5 日	存货（4× $ 360）	1 440	
	应付账款		1 440
	（赊购货物）		
15 日	应收账款（4× $ 500）	2 000	
	销售收入		2 000
	（赊销货物）		

15日	销货成本（2×＄350）＋（2×＄360）	1 420	
	存货		1 420
	（记录存货的销货成本）		
26日	存货（12×＄380）	4 560	
	应付账款		4 560
	（赊购存货）		
31日	应收账款（10×＄500）	5 000	
	销售收入		5 000
	（赊销存货）		
31日	销货成本（2×＄360）＋（8×＄380）	3 760	
	存货		3 760
	（记录存货的销货成本）		

例如，8月5日，STL公司采购存货＄1 440，并编制第一笔分录。在8月15日，公司销售了4台TAB0503，销售单价为＄500。STL公司记录销售收入＄2 000，商品销货成本＄1 420（如图表6—4所示，2×＄350＋2×＄360）。其余的分录（8月26日和8月31日）也是根据图表6—4中的存货数据计算得到的。

□ 后进先出法

后进先出法与先进先出法的计价方式正好相反。在后进先出法（last-in，first-out，FIFO）下，期末存货来自最先采购的存货成本（期初存货和最早的采购存货），商品销货成本以最近的购货为基础，所以最晚入库的最早发货出库。如图表6—5所示，8月31日销售存货的销货成本以8月26日所采购存货的价格为基础计算确定。在后进先出法下，企业会最先出售其最新采购的存货。

图表6—5　　永续盘存记录——后进先出法

日期	采购成本			销货成本			库存存货		
	数量	单位成本	总成本	数量	单位成本	总成本	数量	单位成本	总成本
8月1日							2	×＄350	＝＄700 } ＄700
5日	4	×＄360	＝＄1 440				2 4	×＄350 ×＄360	＝＄700 ＝＄1 440 } ＄2 140
15日				4	×＄360	＝＄1 440 } ＄1 440	2	×＄350	＝＄700 } ＄700
26日	12	×＄380	＝＄4 560				2 12	×＄350 ×＄380	＝＄700 ＝＄4 560 } ＄5 260
31日				10	×＄380	＝＄3 800 } ＄3 800	2 2	×＄350 ×＄380	＝＄700 ＝＄760 } ＄1 460
合计	16		＄6 000	14		＄5 240	4		＄1 460

STL公司在8月初有2台TAB0503存货。8月5日购进4台存货后，公司有6台存货（2台成本为＄350，4台成本为＄360），然后，公司在8月15日销售了4台。在

后进先出法下，商品销货成本总是由最近的购货成本（4×＄360）结转而来。8 月 15 日尚有存货 2 台（成本为＄350）。

8 月 26 日又购买了 12 台产品，每台成本为＄380。现在存货为 14 台。

所以 8 月 31 日销售的 10 台产品是按后进先出法的顺序计价的（10×＄380）。后进先出法下 8 月 31 日的小结为：

- 销售商品 14 台，总成本＄5 240。
- 期末存货 4 台，总成本＄1 460。

如果 STL 公司采用后进先出法记录存货，它就会采用这种方法计算商品销货成本和存货成本，并据此编制财务报表。

日记账分录

后进先出法下的日记账分录如下所示。假设所有的购买都是赊购，销售都是赊销。

日期	科目及摘要	借方	贷方
8 月 5 日	存货（4×＄360）	1 440	
	应付账款		1 440
	（赊购货物）		
15 日	应收账款（4×＄500）	2 000	
	销售收入		2 000
	（赊销货物）		
15 日	销货成本（4×＄360）	1 440	
	存货		1 440
	（记录存货的销货成本）		
26 日	存货（12×＄380）	4 560	
	应付账款		4 560
	（赊购存货）		
31 日	应收账款（10×＄500）	5 000	
	销售收入		5 000
	（赊销存货）		
31 日	销货成本（10×＄380）	3 800	
	存货		3 800
	（记录存货的销货成本）		

8 月 5 日，STL 公司采购存货＄1 440。8 月 15 日的销售收入为＄2 000（4×＄500）和销货成本＄1 440（4×＄360）。其余的分录（8 月 26 日和 8 月 31 日）也是根据图表 6—5 的存货数据计算得来。

□ 加权平均法

在**加权平均法**（weighted-average method）下，企业在每次采购之后都重新计算一次新的平均成本，期末存货和销货成本都以相同的存货加权平均值为基础计算。在 8 月

5 日企业进行第一次采购之后，存货的加权平均成本就大致落在期初存货成本 $ 350 和最近存货采购成本 $ 360 之间。

图表 6—6 列示了加权平均法下的永续存货记录，这里将加权平均成本的数据都四舍五入。

图表 6—6　　永续盘存记录——加权平均法

日期	采购成本			销货成本			库存存货		
	数量	单位成本	总成本	数量	单位成本	总成本	数量	单位成本	总成本
8 月 1 日							2	× $ 350	= $ 700
5 日	4	× $ 360	= $ 1 440				6	× $ 356.67	= $ 2 140（$ 2 140/6 = $ 356.67）
15 日				4	× $ 356.67	= $ 1 427	2	× $ 356.67	= $ 713
26 日	12	× $ 380	= $ 4 560				14	× $ 376.64	= $ 5 273（$ 5 273/14 = $ 376.64）
31 日				10	× $ 376.64	= $ 3 766	4	× $ 376.64	= $ 1 507
合计	16		$ 6 000	14		$ 5 193	4		$ 1 507

如前所述，每一次购货之后，STL 公司都要计算存货的加权平均成本。8 月 5 日的加权平均成本为：

$$\underset{\$2\,140(\$700+\$1\,440)}{\text{存货总成本}} \div \underset{6(2+4)}{\text{存货数量}} = \underset{\$356.67}{\text{单位存货平均成本}}$$

所以，8 月 15 日售出商品的单位成本为 $ 356.67。在 26 日购进新的存货后，公司重新计算加权平均成本。

$$\underset{\$5\,273(\$713+\$4\,560)}{\text{存货总成本}} \div \underset{14(2+12)}{\text{存货数量}} = \underset{\$376.64}{\text{单位存货平均成本}}$$

加权平均法下，8 月 31 日的小结为：

- 销售商品 14 台，总成本 $ 5 193。
- 期末存货 4 台，总成本 $ 1 507。

如果 STL 公司采用加权平均法，它就应采用以上数据编制财务报表。

日记账分录

加权平均法下的日记账分录如下所示，假设 STL 公司所有的购买都是赊购，销售都是赊销。

日期	科目及摘要	借方	贷方
8 月 5 日	存货（4× $ 360）	1 440	
	应付账款		1 440
	（赊购货物）		

15日	应收账款（4×＄500）	2 000	
	销售收入		2 000
	（赊销货物）		
15日	销货成本（4×＄356.67）	1 427	
	存货		1 427
	（记录存货的销货成本）		
26日	存货（12×＄380）	4 560	
	应付账款		4 560
	（赊购存货）		
31日	应收账款（10×＄500）	5 000	
	销售收入		5 000
	（赊销存货）		
31日	销货成本（10×＄376.64）	3 766	
	存货		3 766
	（记录存货的销货成本）		

8月5日，STL公司采购存货＄1 440，编制第一笔会计分录。8月15日，STL公司售出4台TAB0503，单价为＄500，销售收入为＄2 000（4×＄500），销货成本＄1 427（4×＄356.67）。其余的分录（8月26日和8月31日的分录）也是按照相同的方法编制的。

不同存货计价方法对财务报表的影响

STL公司究竟采取何种存货计价方法——个别计价法、先进先出法、后进先出法还是加权平均法？不同的存货计价方法有各自的优缺点。

利润表

图表6—7列示了四种不同的存货计价方法对STL公司经营成果的影响，主要包括销售收入、销货成本、毛利等项目。

图表6—7　个别计价法、先进先出法、后进先出法和加权平均法的比较——利润表

	个别计价法	先进先出法	后进先出法	加权平均法
销售收入（14×＄500）	＄7 000	＄7 000	＄7 000	＄7 000
减：销货成本	＄5 200	5 180	5 240	5 193
毛利	＄1 800	＄1 820	＄1 760	＄1 807

从图表6—7可以看出，先进先出法计算的销货成本最低，毛利最高。因为营运费用相等，所以不管企业采取何种存货计价方法，当存货价格上升的时候，按先进先出法计算的净利润最高。许多公司希望报告高的净利润，从而吸引投资者和取得带有优惠条款的贷款。当存货价格上升时，利用先进先出法可以达到这个目的。

当存货价格上升的时候，后进先出法计算的销货成本最高，毛利最低。毛利最低意味着公司可以少交所得税。少交所得税会减少公司现金的流出，这是采取后进先出法的优势，但不利的一面是公司不得不报告较低的净利润。

加权平均法存货计价方法下计算的毛利、应交所得税、净利润结果介于先进先出法和后进先出法之间。当公司寻求一种“中间”状态时，会选择加权平均法。

□ 资产负债表

结合 STL 公司 8 月份的采购情况，其存货总额如下所示：

8 月 1 日	2× $ 350	$ 700
8 月 5 日	4× $ 360	1 440
8 月 26 日	12× $ 380	4 560
可供销售成本总额		$ 6 700

平板电脑或者被卖掉（销货成本），或者被继续储存在仓库中（期末存货）。期初存货加上本期采购存货成本，再扣除存货的销货成本，即可以得到期末存货的成本。图表 6—8 列示了在各存货计价方法下，STL 公司 8 月份的期末存货数额。

图表 6—8　　个别计价法、先进先出法、后进先出法和加权平均法的比较——资产负债表

	个别计价法	先进先出法	后进先出法	加权平均法
期初存货	$ 700	$ 700	$ 700	$ 700
加：购货净额	6 000	6 000	6 000	6 000
可供销售存货的总成本	6 700	6 700	6 700	6 700
减：销货成本	5 200	5 180	5 240	5 193
期末存货	$ 1 500	$ 1 520	$ 1 460	$ 1 507

当存货价格上升时，使用先进先出法计算的期末存货最高，使用后进先出法计算的期末存货最低，使用加权平均法计算的值则介于二者之间。

到目前为止，我们尚未提及使用个别计价法对利润表和资产负债表的影响。这是因为在个别计价法下，计算结果将根据分配到已销售存货的成本的变动而变动。除非企业想按照其购入的每一件存货的准确成本来匹配存货项目，否则绝大部分企业在实务中不会选择个别计价法。

我们已经观察了在存货价格上涨的情况下，各种存货计价方法对财务报表所产生的影响。当存货价格持续下跌时，正好与之前讨论的情形相反。图表 6—9 总结了存货价格上涨和下跌时对财务报表产生的影响。

图表 6—9　　存货价格上涨和下跌时对财务报表产生的影响

存货价格上涨时				
	个别计价法	先进先出法	后进先出法	加权平均法
利润表：				
销货成本	变动	最低	最高	中间
净利润	变动	最高	最低	中间
资产负债表：				
期末存货	变动	最高	最低	中间

存货价格下跌时				
	个别计价法	先进先出法	后进先出法	加权平均法
利润表：				
销货成本	变动	最高	最低	中间
净利润	变动	最低	最高	中间
资产负债表：				
期末存货	变动	最低	最高	中间

使用成本与市价孰低法确定存货价值

除了个别计价法、先进先出法、后进先出法和加权平均法，会计人员还需要解决其他存货问题，比如成本与市价孰低法（lower-of-cost-or-market rule，LCM）的运用。成本与市价孰低法体现了会计的谨慎性原则，它要求在财务报表中应按资产的历史成本和市场价值中较低者列报。

成本与市价孰低法的计算过程

具体到存货上，市场价值通常是指现行重置成本（即重购现存存货的成本）。如果存货的重置成本低于历史成本，企业必须冲销其存货的价值。通过调低存货价值（贷记存货科目），资产负债表中的资产价值——存货，以其正确的价值（市场价格）而非其高估价值（成本）列示。如果存货的重置成本高于历史成本，那么根据谨慎性原则，无须调整存货科目。

存货调整的日记账调整分录

假设STL公司购买了价值＄3 000的存货TAB0503。到12月31日重置成本变为＄2 200，并且存货价值的下跌是持续的。市价低于按先进先出法确定的成本，按成本与市价孰低法冲销存货的分录如下：

日期	科目及摘要	借方	贷方
12月31日	销货成本	800	
	存货（＄3 000－＄2 200）		800
	（调低存货价值至市场价格）		

在本例中，该公司资产负债表中存货的列示为：

STL公司资产负债表（部分） 2015年12月31日	
流动资产：	
存货	＄2 200

公司通常在财务报表附注中披露成本与市价孰低原则的应用，如STL公司的附注：

附注 2：重要会计原则的说明

存货：存货采用成本与市价孰低法列示。成本按先进先出法计算。

存货记录差错对财务报表的影响

企业要于期末进行实地盘点以确定其存货额。为了使财务报表更加准确，获取准确的期末存货金额是非常重要的。这对于一个业务广泛的企业来说是有困难的。

期末存货金额的错误可能导致一连串的错误。假设 STL 公司不经意间多记了期末存货＄5 000。资产负债表上期末存货将被高估＄5 000。下面的表格说明了期末存货的高估是如何影响商品销货成本、毛利和净利润的。

	期末存货高估＄5 000
销售收入	正确
销货成本：	
期初存货	正确
购货净额	正确
可供销售存货成本	正确
减：期末存货	错误：高估＄5 000
销货成本	低估＄5 000
毛利	高估＄5 000
营业费用	正确
净利润	高估＄5 000

低估期末存货，即披露的存货成本太低，将会产生相反的影响。如果 STL 公司低估存货＄1 200，则相应的影响如下：

	期末存货低估＄1 200
销售收入	正确
销货成本：	
期初存货	正确
购货净额	正确
可供销售存货成本	正确
减：期末存货	错误：低估＄1 200
销货成本	高估＄1 200
毛利	低估＄1 200
营业费用	正确
净利润	低估＄1 200

第一期期末的存货将会变为下一期期初存货。所以，期末存货的错误将递延到下一期。图表 6—10 说明了存货错误的影响，假定利润表中其他项目在这三期内都没有改变。第一期的期末存货高估了＄5 000，那么第一期期末存货将变为＄10 000，错误将会影响到第二期，第三期是正确的。

图表 6—10　　存货记录差错举例

Sample 公司利润表						
		第一期		第二期		第三期
		期末存货高估＄5 000		期初存货高估＄5000		正确
销售收入		＄100 000		＄100 000		＄100 000
销货成本						
期初存货	＄10 000		＄15 000		＄10 000	
购货净额	50 000		50 000		50 000	
可供销售存货成本	60 000		65 000		60 000	
减：期末存货	15 000		10 000		10 000	
销货成本		45 000		55 000		50 000
毛利		＄55 000		＄45 000		＄50 000

＄100 000

正确的毛利是每一期均为＄50 000。
资料来源：作者感谢卡尔·海提供本例。

由于在计算当期销货成本时要减掉期末存货数，而这个期末存货数在计算下期销货成本时要作为期初存货加上，所以存货错误的影响在第二期期末得以抵销。第二期高估的销货成本冲销了第一期低估的销货成本，因此两期的毛利总数是正确的，其影响汇总于图表 6—11。

图表 6—11　　存货记录差错的影响

Sample 公司利润表				
	第一期		第二期	
	销货成本	毛利和净利	销货成本	毛利和净利
第一期期末存货高估	低估	高估	高估	低估
第一期期末存货低估	高估	低估	低估	高估

利用存货周转率和周转天数评估经营业绩

所有者和管理者都企图尽快销售存货，因为产品只有在销售之后才会给企业带来利润。进一步而言，存货销售速度快还意味着：存货废弃的可能性小、与存货管理相关的高额库存费用和保险费用少。所有者和管理者可以使用以下两个指标来监控存货管理水平：存货周转率和存货周转天数。

存货周转率

企业都力图将自身的存货管理水平保持在这样一个水平上：既保证企业有足够的存货来满足客户需求，同时又不会造成过多的资金占用和浪费。存货周转率可用来衡量存货的销售速度，计算公式如下：

存货周转率＝销货成本/平均存货余额

平均存货余额＝(期初存货＋期末存货)/2

存货周转率高意味着存货变现能力强，反之则意味着变现能力差。例如，存货周转率为4意味着企业的存货在一年之内周转了四次——每3个月一次。存货周转率因行业性质而异，所以企业需要与自身所处行业的平均水平做比较。

□ 存货周转天数

另一个关键的衡量存货管理水平的指标是存货周转天数。存货周转天数，是指企业从取得存货开始，至消耗、销售为止所经历的天数，其计算公式如下：

存货周转天数＝365/存货周转率

存货周转天数也因行业性质而异。通常而言，存货周转天数越少越好，因为这意味着企业销售存货的速度快，存货的储存和保险费用低，同时也有助于降低存货毁损变质的风险。

让我们再回到绿山咖啡公司的例子，并用上面所提到的这两个指标来评估其存货管理水平。以下是从绿山咖啡公司2011年（截止到9月24日）的利润表和资产负债表中所获取的相关数据（单位：千美元）：

销货成本	$1 746 274
期初存货	262 478
期末存货	672 248

绿山咖啡公司的存货周转率为一年3.74次，计算过程如下：

存货周转率＝销货成本/平均存货余额
＝$1 746 274/[($262 478＋$672 248)/2]
＝3.74次/年

绿山咖啡公司的存货周转天数为97.6天，计算过程如下：

存货周转天数＝365/存货周转率
＝365天/3.74
＝97.6天

由上可知，绿山咖啡公司的存货在一年之内周转了3.74次。通常而言，存货周转率越高越好，因为这意味着更高的利润。除此之外，绿山咖啡公司的存货周转天数则表明企业平均周转一次存货的天数为97.6天。这对于一家饮料公司而言可能偏高，究竟是否偏高应该与行业平均水平相比较。

附录6A：定期盘存制下的存货计价方法

在上一章我们简单地介绍了定期盘存制，定期盘存制下的会计核算比较简单，因为公司不需要保持存货的连续记录。确定存货和销货成本的方法只是定期对存货进行实物盘点——通常是在会计年度的年末。相对来说，定期盘存制更适合于小企业，因为雇主可以通过巡视检查控制存货。也就是说这种盘存方法不适用于经营规模或者资本规模较大的公司。

定期盘存制下应用不同的存货计价方法和前面介绍的永续盘存制下不同存货计价方法的思路是一样的。我们仍然采用永续盘存制下 STL 公司的数据来说明定期盘存制的应用，见图表 6A—1。

图表 6A—1　　永续盘存记录——单位存货成本变动

项目：TAB 0503

日期	购买数量	销售数量	单位成本	实有数量
8 月 1 日			$ 350	2
5 日	4		$ 360	6
15 日		4		2
26 日	12		$ 380	14
31 日		10		4
合计	16	14		4

我们使用这些数据来说明：先进先出法、后进先出法、加权平均法这三种方法下的存货计价成本。因为个别计价法在永续盘存制和定期盘存制下的计算结果完全相同，所以此处不再赘述。

在四种存货计价方法下，可供销售商品的销货成本总是等于期初存货加上净购货值。

期初存货（2× $ 350）	$ 700
加：购货净额（4× $ 360+12× $ 380）	6 000
可供销售的商品成本	$ 6 700

这四种不同的方法——个别计价法、先进先出法、后进先出法和加权平均法——对于期末存货和销货成本有着不同的计算结果，换句话说，这 $ 6 700 可供销售的商品成本也许在资产负债表的存货科目，也许在利润表的销货成本科目。资产负债表上的金额是尚未销售的 4 台平板电脑的成本，而利润表上的金额为已经销售的 14 台平板电脑的成本。

□ 先进先出法

在先进先出法下，期末存货来自于最后——即最近采购的存货，在本例中是单价为 $ 380 的商品，如下所示：

期初存货（2× $ 350）	$ 700
购货净额（4× $ 360+12× $ 380）	6 000
可销售存货成本	$ 6 700
减：期末存货（4× $ 380）	(1 520)
销货成本	$ 5 180

注意：定期盘存制下采用先进先出法计算的销货成本为 $ 5 180。这些计算结果与永续盘存制下是一样的。永续盘存制和定期盘存制对于先进先出法是一样的，因为先进先出法总是先销售已有库存。因此，当使用先进先出法进行核算时，盘存方法毫不影

响；不管我们使用销售日期（永续盘存制）还是期末日期（定期盘存制）作为计算销货成本的起点，第一次购买总会是一样的。

后进先出法

在后进先出法下，期末存货来自最早购进的存货——期初单价为＄350 的 2 件加上单价为＄360 的 2 件，计算过程如下：

期初存货（2×＄350）	＄700
购货净额（4×＄360+12×＄380）	6 000
可销售存货成本	＄6 700
减：期末存货（2×＄350+2×＄360）	(1 420)
销货成本	＄5 280

加权平均法

当采用定期盘存制下的加权平均法时，我们对整个会计期间的存货计算一个加权平均成本。如下所示：

可供销售的商品成本	÷	可供销售的商品数量	=	本期加权平均存货成本
＄6 700		18 件		＄372.22（四舍五入）

然后就可以利用这个加权平均成本计算期末存货和销货成本。如下所示：

期初存货（2×＄350）	＄700
购货净额（4×＄360+12×＄380）	6 000
可销售存货成本	＄6 700
减：期末存货（4×＄372.22）	(1 489)
销货成本	＄5 211

注意：定期盘存制下采用后进先出法和加权平均法计算的商品销货成本和期末存货成本与永续盘存制下计算的结果大相径庭。这是因为永续盘存制保持存货的连续记录，而定期盘存制并不如此。在定期盘存制下，期末存货成本的确定并不考虑存货的销售日期。

附录 6B：估计期末存货

假设企业遭受到一场严重的自然灾害（譬如火灾），所有的存货都被毁损，此时企业常需要估计其存货的价值。因为当此种情况发生时，企业可能只有关于期初存货、购货净额和销售收入的记录。

毛利率法

毛利率法（gross profit method）是一种通过利用销货成本计算公式和毛利率来确定期末存货成本的方法。可供销售的存货成本或者转变为销货成本，或者转化为期末存货成本。由于销货成本加上期末存货等同于可供销售的存货成本，因此我们对销货成本的计算公式进行如下的变形，以匡算销货成本或者期末存货，如图表 6B—1 所示。该公司将以毛利率为基础，采用销货成本的变形公式来估计期末存货。

图表 6B—1　　销货成本计算公式

原始公式		变形公式	
期初存货	$ 14 000	期初存货	$ 14 000
+购货净额	66 000	+购货净额	66 000
=可销售存货成本	80 000	=可销售存货成本	80 000
−期末存货	20 000	−销货成本	60 000
=销货成本	$ 60 000	=期末存货	$ 20 000

假设一场飓风毁掉了 STL 公司的所有存货。为取得保险赔偿，公司必须估计期末存货成本。运用企业一般的毛利率（毛利除以净销售收入），STL 公司能够估计出销货成本。然后从可销售商品中减去销货成本来估计期末存货。

STL 公司期初存货 $ 14 000，本期购货净额 $ 66 000。除此之外，公司本期销售收入为 $ 100 000。STL 公司可以运用其一般毛利率 40%来估计销货成本。图表 6B—2 解释了毛利率法的计算过程。

图表 6B—2　　存货估计的毛利率法

期初存货		$ 14 000
购货		66 000
可销售存货成本		80 000
估计的销货成本		
销售收入	$ 100 000	
减：估计的 40%毛利（$ 100 000×40%）	40 000	
估计的销货成本		60 000
估计的期末存货成本		$ 20 000

这种方法使 STL 公司通过利用一般毛利率来估计期末存货成本。

□ 零售价格法

零售价格法（retail method）是另一种可以用来估计期末存货的方法。在此方法下，企业用可供销售的存货的成本与售价之比来确定期末存货的成本。

假设一家公司的存货成本与零售价格如下表所示。除此之外，该企业本期的销售收入为 $ 40 000。

	成本	零售价
期初	$ 20 000	$ 34 000
购货净额	80 000	136 000
可销售存货成本	$ 100 000	$ 170 000
成本售价比＝　$ 100 000/ $ 170 000＝		59%

该公司将会使用成本与售价的比率来估计期末存货的成本，如图表6B—3所示：

图表6B—3　　**零售价格法**

	成本	零售价
期初	$ 20 000	$ 34 000
购货净额	80 000	136 000
可销售存货成本	$ 100 000	$ 170 000
减：净销售收入		40 000
期末存货零售价格		$ 130 000
估计的期末存货成本（$ 130 000×59%）	$ 76 700	

疑难问题A部分

以下所有问题，除非有特殊说明，否则都假定企业采取永续盘存制。

P6-32A　在永续盘存制下，利用先进先出法、后进先出法、加权平均法对存货进行会计处理

环球保健公司1月初有维生素保健品存货80箱，总成本$ 4 000。1月份，该商店存货买卖业务记录如下：

		数量	单位成本
1月5日	购货	140	$ 55
13日	销货	160	$ 100
18日	购货	160	$ 60
26日	销货	170	$ 110

要求：

1. 按先进先出法编制永续盘存记录，计算企业1月份的销货成本、期末存货和毛利。

2. 按后进先出法编制永续盘存记录，计算企业1月份的销货成本、期末存货和毛利。

3. 按加权平均法编制永续盘存记录，计算企业1月份的销货成本、期末存货和毛利（加权平均法下存货的单位成本精确到美分，其他数据精确到美元。）

4. 如果公司想少缴所得税，应该采取何种存货计价方法？

P6-33A　在永续盘存制下，利用先进先出法、后进先出法、加权平均法对存货进行会计处理，并对各种存货计价方法进行比较

某公司8月初有存货55件，每件成本$ 35。8月份，该商店存货业务记录如下：

		数量	单位成本	单位售价
8月3日	销货	45		$ 83
8日	购货	75	$ 52	
21日	销货	70		$ 85
30日	购货	10	$ 55	

要求：

1. 按先进先出法编制永续盘存记录。

2. 按后进先出法编制永续盘存记录。

3. 按加权平均法编制永续盘存记录。

4. 使用先进先出法、后进先出法和加权平均法计算公司8月份的销货成本。

5. 使用先进先出法、后进先出法和加权平均法计算公司8月份的毛利。

6. 如果该公司想实现毛利最大化，应该选择何种存货计价方法？

P6-34A　解释与存货相关的会计原则，并应用成本与市价孰低法

L&M电子公司的一些存货堆在角落很久了。

现在是2015年12月31日，期末存货的重置成本为$20 000，而该批存货的成本为$100 000。在进行期末调整之前，公司销货成本账户上的余额为$410 000。

要求：

1. 编制必要的会计分录，并登记日记账。
2. 资产负债表中存货的金额应为多少？
3. 利润表中商品销货成本账户的金额应为多少？
4. 哪个会计原则与这种情况最为相关？

P6-35A 纠正存货在三个会计年度的错误，计算存货周转率和存货周转天数

EC书店的账簿列示了如下的数据（单位：千美元）。2016年初，公司内审人员发现2013年的期末存货被低估了$6 000，2015年的期末存货被高估了$7 000。2014年12月31日的期末存货是正确的。

单位：千美元

	2015年		2014年		2013年	
净销售收入		$210 000		$162 000		$169 000
销货成本：						
期初存货	$20 000		$27 000		$41 000	
购货净额	140 000		108 000		98 000	
可供销售的存货成本	160 000		135 000		139 000	
减：期末存货	29 000		20 000		27 000	
销货成本		131 000		115 000		112 000
毛利		79 000		47 000		57 000
营业费用		53 000		18 000		24 000
净利润		$26 000		$29 000		$33 000

要求：

1. 编制三年正确的利润表。
2. 说明纠正之前各年的净利润是被低估了还是高估了，并指出每个错误数据被低估或高估的金额。
3. 使用利润表中三年的数据，计算存货周转率和存货周转天数（所有计算结果四舍五入到小数点后两位）。

P6A-36A 在定期盘存制下，利用先进先出法、后进先出法、加权平均法对存货进行会计处理，并对各种存货计价方法进行比较

T电子公司10月初有存货90件，每件成本$70。10月份，该商店存货采购业务记录如下：

	数量	单位成本
10月3日	20	$75
12日	40	$78
18日	60	$84

T电子公司采用定期盘存制，10月31日的存货盘点数量为110件。

要求：

1. 分别计算先进先出法、后进先出法和加权平均法下企业10月份的销货成本和期末存货成本。
2. 10月份存货的销售收入总计$26 000。分别计算先进先出法、后进先出法和加权平均法下T电子公司10月份的毛利。
3. 如果公司想少缴所得税，应该采取何种存货计价方法？为什么？如果该公司想实现净利润最大化，应该选择何种存货计价方法？为什么？

P6B-37A 通过毛利率法估计期末存货，并编制利润表

万圣节服装公司采用毛利率法估计存货。毛利为净销售收入的30%。假设公司的存货记录包括如下数据：

5 月 1 日存货	$270 000
5 月份的业务：	
购货	7 520 000
购货折扣	146 000
购货退回和折让	34 000
销货	8 719 000
销货退回和折让	27 000

要求：

1. 使用毛利率法估计 5 月 31 日的存货。

2. 通过计算毛利编制该公司 2015 年 5 月份的部分利润表。

P6B-38A　通过零售价格法估计期末存货，并编制利润表

绘画用品供应公司遭遇了一场严重的龙卷风，企业内部所有的存货都被毁损。目前此公司需要估计期末存货以申请领取保险补偿。假设公司的存货记录包括如下数据：

	成本	零售价格
3 月 1 日存货	$108 000	$129 600
3 月份的业务：		
购货	3 000 000	3 600 000
购货折扣	58 000	70 000
购货退回和折让	14 000	16 000

要求：

1. 使用零售价格法估计 3 月 31 日的期末存货成本。假设该公司 3 月份存货的销售收入总计 $1 200 000（将零售成本率的计算结果四舍五入到百分位）。

2. 通过计算毛利编制该公司 2015 年 3 月份的部分利润表。

小组作业

小组作业 6—1

请跟团队成员一起，获取尽可能多的企业财务报告——每个团队成员至少获取一家企业的财务报告（绝大多数企业都将自己的财务报告挂在公司官网主页上）。

要求：

1. 识别每家公司所采取的存货计价方法。

2. 计算每家公司近两年的毛利率、存货周转率和存货周转天数。

3. 从以下渠道获取你所分析行业的平均毛利率和平均存货周转率：Robert Morris Associates，*Annual Statement Studies*；Dun and Bradstreet，*Industry Norms and Key Bussiness Ratios*；Leo Troy，*Almanac of Business and Industrial Financial Ratios*。

4. 与行业平均水平相比，每家公司的存货管理水平如何？从这些比率中，你可以获取哪些信息？

第 7 章

会计信息系统

- 会计信息系统
- 手工会计信息系统下销售和现金收取的记录
- 手工会计信息系统采购、现金支付和其他交易活动的记录
- 计算机化的会计信息系统下交易的记录

我应该如何处理这些纸质作业?

周五萨拉正盯着桌子上的一摞纸质文件发呆。1月初，会计师打电话提醒她需要递交公司的财务信息以便编制纳税申报单。萨拉拥有并经营着一家成功的商店，出售特色食物以及厨房用具，同时也提供烹饪课程和美食研讨会。萨拉喜欢与顾客进行交流，帮助他们挑选合适的厨房用具，或者教给他们新的烹饪技巧。她唯一不喜欢的是企业需要完成大量的纸质会计记录。刚开业时，她在一个笔记本上记录下销售给顾客商品所赚取的收入以及应付的账单费用。然而，随着企业规模的扩大，再用这种方式进行会计记录就变得非常低效。

萨拉正考虑请她的会计师帮其建立一个更为有效的企业会计信息系统，这样既节省时间又可以简化记账流程。除此之外，她还想将企业所有的交易活动都输入电脑，实现企业会计信息的即时获得。萨拉还需要一个可以生成各种报告（譬如企业财务报表）的系统，以方便其做出会计决策。她知道目前已存在更为简便的记录交易活动的方法。

在计算机时代到来之前，企业不得不手工处理会计信息——使用纸和笔来编制会计分录。随着计算机技术的进步，越来越多的会计信息实现了自动化处理。目前，大多数企业使用各种形式的会计软件，或是只处理会计信息的基础系统，或是不仅处理会计信息还附带人事管理、生产排程和客户服务的高级系统。比如说，大卫美食之家公司设立之初致力于调制出世界上最受欢迎的辣椒酱，但是在成长为一家跨国企业以后，公司的所有者不得不寻找一种记录企业所有会计信息的新方法。大卫美食之家使用一种特制的计算机系统，将其所从事的全部行业都整合在一起。在本章中，我们将研究企业的会计信息系统。大卫美食之家所采用的会计系统可以帮助公司提高经营效率和效果。

本章大纲

- 何为会计信息系统?
- 在手工会计系统下，如何登记销售和现金收取的日记账?
- 在手工会计系统下，如何登记采购、现金支付，以及其他交易活动的日记账?
- 在计算机会计信息系统下，如何对交易活动进行记录?

学习目标

1. 描述一个有效的会计信息系统。
2. 在手工会计系统下，用特种日记账和明细分类账来登记销售和现金收取的日记账并过账。
3. 在手工会计系统下，用特种日记账和明细分类账来登记采购、现金支付，以及其他交易活动的日记账并过账。
4. 详细描述在计算机会计信息系统下，如何对交易活动进行处理。

会计信息系统

会计信息系统（accounting information system，AIS），对各种会计数据进行收集、

记录、存储、处理，以向决策者提供所需的会计信息。企业必须采用某种方式，来收集和存储大量交易产生的会计数据，并用这些数据来编制财务报告，以辅助投资者或者管理者做出决策。图表 7—1 举例说明企业发生的各项商业交易在会计信息系统中是如何处理的。

图表 7—1　　商业交易及对应的会计信息系统活动

商业交易	会计信息系统活动
销售存货	接受客户订单 审批信用条件 检查是否有足够存货可供销售 将存货运送给客户 开具销售发票 收到客户支付的货款
购买货物或者服务	申请购买货物或者服务 确定供应商 收到货物或者接受服务 处理供应商开具给企业的发票 支付所购货物或者服务的费用
工资	招聘新员工 收集工时记录数据 编制工资单，支付工资 编制工资纳税单，支付雇员工资税收

□ 有效的会计信息系统

一个有效的会计信息系统必须具备以下几个特征：

- 控制性
- 兼容性
- 灵活性
- 相关性
- 符合成本效益原则

控制性

会计信息系统必须对企业的资产和数据进行严密的控制。内部控制可以保证企业资产的安全性，减少数据虚假或者错误的可能性。例如，企业需要建立一套支付货款的严格程序。会计信息系统建立的构架，应该最好与管理程序相一致。

兼容性

一个具有兼容性的系统应该能与企业的雇员和组织建构相配套。一家小规模的公司并不需要大型的会计信息系统，它可以采用一套入门级别的软件包（譬如，QuickBooks，或者 Sage 50™ Accounting（即原来的 Peachtree））。大型公司需要的会计系统则必须能够控制多个分支机构，并且能够追踪企业所有部门的收入和费用。

灵活性

会计信息系统必须足够灵活，能适应企业内部发生的各种变化。企业可能会销售新产品或者扩大销售区域，这意味着企业需要一个更为复杂的会计信息系统。

相关性

一个有效的会计信息系统所提供的信息必须具有相关性。换句话说，它所提供的信息必须能够帮助信息使用者有效提高决策能力、减少未来的不确定性，能够辅助企业实现总体战略目标。

符合成本效益原则

为实现会计信息系统的控制性、兼容性、灵活性和相关性，企业所投入的相关成本可能非常昂贵。企业需要的会计信息系统必须能够做到以最少的成本获取最大的收益。一个相对而言不太昂贵的系统（例如 QuickBooks），也许是某家企业用来处理会计数据的最为有效的方式。但对于其他企业而言，也许更有必要投入大量金钱获得一个更复杂的系统。除此之外，企业必须考虑组织员工学习使用系统的培训成本，以及将数据输入到系统中的时间成本。企业只能投资那些带来的效益超过其所耗费成本的会计信息系统。

一个会计信息系统可以是手工系统（完全依赖于纸和笔），或是计算机系统。但是不管是哪种系统，都应具备上面所提及的所有特征。

会计信息系统的组成部分

一个会计信息系统有三大基本组成部分：

- 原始凭证和输入设备
- 处理和存储
- 输出

原始凭证和输入设备

所有的数据都来源于原始凭证。原始凭证为会计交易活动提供了相关证据，包括：购买发票、银行支票、销售发票等。许多企业使用纸质的原始凭证，需要雇员将纸质原始凭证上的相关数据输入到会计信息系统中。这也可以通过数据输入程序，并使用键盘和电脑或者使用计算机化的扫描设备来实现。

现在大多数企业使用计算机化的会计信息系统，开发电子化的原始凭证，以电子格式来捕捉数据，譬如电子发票和电子验收单。

原始凭证也增强了会计信息系统的控制性和可靠性。标准化的原始凭证，要求将具体的数据输入系统，以确保每笔交易都得以准确、完整地记录。除此之外，通过为每笔新交易自动生成序号，使用预先编制号码的原始凭证还可以为系统提供必要的控制。

处理和存储

一旦数据被输入到系统后，系统就需要对其进行处理。在手工会计信息系统下，处理程序包括将交易记入日记账，以及过账到各分类账户。然而在计算机化的会计信息系统下，通常使用软件对交易进行处理。软件对数据进行读取和编辑，使得企业不必再要求雇员登记日记账和过账。

企业的数据还需要存储。在手工系统下，数据通常以纸质的形式，被存储在档案柜以及离线文件库中。计算机化的系统允许企业将数据存储在一台主要计算机上（通常称为服务器），使得企业的员工能够从世界各地接触到这些信息。企业数据的维护和安全工作日益重要，必须注意黑客攻击（未授权访问）和恶意软件（病毒和间谍程序）对数据的威胁。企业正逐步增加现金投入以确保相关数据和信息的安全。

输出

输出指的是用来辅助信息使用者做出决策的各类报告，包括财务报表。在手工系统下，通常使用 Word 文档、Excel 表格或者 PowerPoint 等来编制报告和财务报表。在计算机化的系统下，软件能够即刻生成报表，来辅助商业决策，并且容易控制。

图表 7—2 总结了会计信息系统的三大组成部分。

图表 7—2　会计信息系统的三大组成部分

手工会计信息系统下销售和现金收取的记录

我们现在开始来回顾在手工会计信息系统中，销售和现金收取是如何记录的。你也许会感到疑惑：既然大部分企业都使用计算机化的会计信息系统，我们何必花费精力来研究手工会计信息系统呢？下面给出三条主要理由：

1. 学习手工会计信息系统可以使你同时掌握手工和计算机系统的处理方法。不管采用什么系统，会计处理是相同的。

2. 很少有小型企业将其会计信息全部计算机化。即使是使用 QuickBooks 或者 Sage 50（两种最流行的入门级会计信息系统）的企业，也会有一些手工会计记录。

3. 学习手工会计信息系统有助于你更好地掌握会计知识。

□ 特种日记账

在手工会计系统下，交易活动通常会被分类。将所有的交易都登记在总分类账中是非常低效的，所以企业通常使用特种日记账。**特种日记账**（special journal），是专门用来记录某一特定种类经济业务发生情况的日记账。赊销、现金收取、赊购、现金支付这四种类型，对应产生了四类特种日记账。例如：

- 赊销活动记录在销货日记账中。
- 现金收取记录在现金收入日记账中。
- 赊购存货及其他资产记录在购货日记账中。
- 现金支付记录在现金支出日记账中。
- 不符合任何一种特种日记账的交易活动，譬如调整分录，记录在总分类账中（起兜底功能的日记账）。

手工会计信息系统下这五种类型的交易活动，以及与它们相关的日记账、过账索引，可参照图表7—3的总结。

图表7—3　　手工会计信息系统

交易活动	日记账	过账索引
赊销	销货日记账	S
现金收取	现金收入日记账	CR
赊购	购货日记账	P
现金支付	现金支出日记账	CP
其他	总分类账	J

□ 明细分类账

除了特种日记账，会计信息系统还使用明细分类账。**明细分类账**（subsidiary ledger）在有关总账科目下设置，有两种较为常见：应收账款明细分类账和应付账款明细分类账。

应收账款明细分类账

应收账款明细分类账包含了每一个客户的应收账款账户项目，详细记录了应收账款的客户名称和账户余额。除此之外，应收账款明细分类账还包含其他详细信息：如每个客户采购总额、已支付款项及尚欠公司的款项等。应收账款明细分类账中所有账户的余额加总必须等同于总分类账中应收账款账户的金额，如图表7—4所示。总分类账中应收账款的账户余额为＄4 319，等同于应收账款明细分类账中所有账户的余额加总（＄935＋＄907＋＄694＋＄1 783）。

总分类账中的应收账款账户称为**统驭账户**（control account），此账户的余额应等同于明细分类账中所有账户的余额之和。

应付账款明细分类账

为了保证及时付款，企业必须对其所欠每个供应商的货款数目都了如指掌。总分类账中的应付账款仅仅列示了所欠供应商货款的总额，并没有列示企业对每个供应商的欠款数额。因此，企业开设了与应收账款明细分类账非常类似的应付账款明细分类账。

在应付账款明细分类账中，企业以字母顺序列示了所有供应商的名字，并详细记录了对每一个供应商的已支付款项及尚未支付款项。应付账款明细分类账中所有账户科目的余额总和与总分类账中的应付账款（统驭账户）的余额相等。

图表 7—4　应收账款明细分类账

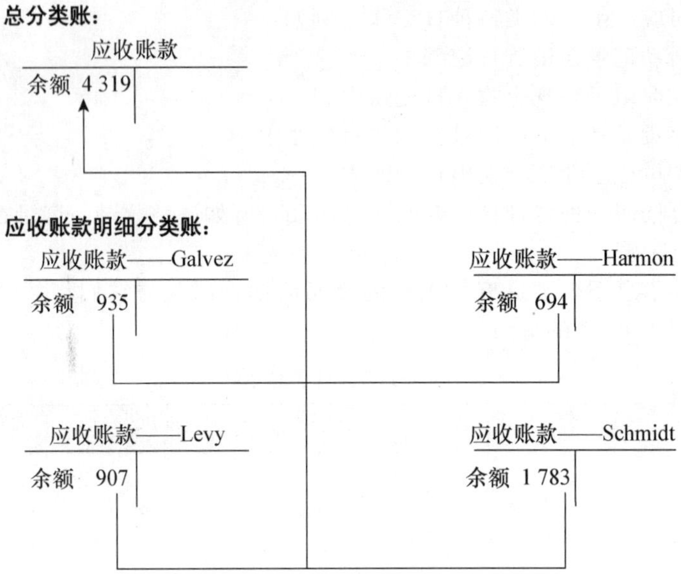

销货日记账

大部分商品流通企业赊销货物，这些赊销交易记录在销货日记账中。**销货日记账**（sales journal），只记录赊销交易，而不记录现销交易（现销交易记录在现金收入日记账中）。除存货以外的其他资产的赊销，譬如建筑物的赊销等，由于不经常发生，所以也不记录在销货日记账中，而是记录在总分类账中。

记录交易

图表 7—5 列示了销货日记账（部分 A）以及与其相关的向总分类账过账的过程（部分 B）。当一家企业完成一笔销售交易时，会计师将下列信息输入销货日记账中：

- 日期
- 发票号码
- 客户名称
- 交易金额

仔细考虑部分 A 中的第一笔交易。在 11 月 2 日，企业向客户 Maria Galvez 赊购了价值＄935 的货物，成本为＄505，发票号码为 422。在第 5 章，你已经学会了在总分类账中企业所做的会计分录如下：

日期	科目及摘要	借方	贷方
11 月 2 日	应收账款	935	
	销售收入		935
	（赊销货物）		
2 日	销货成本	505	
	存货		505
	（记录销货成本）		

图表7—5 登记销货日记账及过账

部分A——销货日记账

销货日记账					第3页
日期	发票号码	客户名称	过账索引	借记应收账款 贷记销售收入	借记销售成本 贷记存货
2014					
11月2日	422	Maria Galvez	√	935	505
13日	423	Brent Harmon	√	694	361
18日	424	Susan Levy	√	907	517
27日	425	Clay Schmidt	√	1 783	431
11月30日		合计		4 319	1 814
				(115/410)	(511/131)

个别账户的金额须每日结转

总额在月末结转

总额在月末结转

部分B——过账到分类账：

应收账款明细分类账：

Maria Galvez					
				余额	
日期	过账索引	借方	贷方	借方	贷方
11月2日	S.3	935		935	

Brent Harmon					
				余额	
日期	过账索引	借方	贷方	借方	贷方
11月13日	S.3	694		694	

Susan Levy					
				余额	
日期	过账索引	借方	贷方	借方	贷方
11月18日	S.3	907		907	

Clay Schmidt					
				余额	
日期	过账索引	借方	贷方	借方	贷方
11月27日	S.3	1 783		1 783	

总分类账

应收账款					115号
				余额	
日期	过账索引	借方	贷方	借方	贷方
11月30日	S.3	4 319		4 319	

存货					131号
				余额	
日期	过账索引	借方	贷方	借方	贷方
11月1日	余额			3 885	
11月30日	S.3		1 814	2 071	

销售收入					410号
				余额	
日期	过账索引	借方	贷方	借方	贷方
11月30日	S.3		4 319		4 319

销售成本					511号
				余额	
日期	过账索引	借方	贷方	借方	贷方
11月30日	S.3	1 814		1 814	

当使用特种日记账时，企业将这笔交易记录在销货日记账中，而不是总分类账中。销货日记账中与此笔销售交易相关的所有信息只有一行，如下所示：

销货日记账					第三页
日期	发票号码	客户名称	过账索引	借记应收账款 贷记销售收入	借记销货成本 贷记存货
2014年 11月2日	422	Maria Galvez		935	505

直到过账后才使用此栏。

日记账的一部分，记录销售收入和对应的应收款项。

日记账的一部分，记录费用和存货的减少。

这笔会计分录通过借记应收账款，贷记销售收入各＄935，记录了此交易活动产生的销售收入和对应的应收账款；同时，通过借记销货成本、贷记存货各＄505，记录了该交易所耗费的成本费用以及存货的减少额。使用销货日记账对销售交易进行流水账记录，大大节省了时间。

像大多数企业一样，该企业也采用永续盘存制（本章我们只以永续盘存制为例）。永续盘存制下记录一笔销售交易时，企业必须记录销售成本和存货的减少。而在定期盘存制下，销货日记账则不需要最后一栏（借记销货成本，贷记存货），因为在销售发生时并没有做有关销货成本和存货的会计分录。

在我们所举的例子中，销货日记账仅有两栏需要填写金额：一栏记录销售收入和应收账款，另一栏则记录与销售相关的成本费用。需要缴纳销售税的企业则需要对销货日记账进行相应的修改，增加“应付销售税”一栏。修改过的销货日记账如下所示：

销货日记账							第三页
日期	发票号码	客户名称	过账索引	借记应收账款	贷记应付销售税	贷记销售收入	借记销货成本

每家企业都会根据其自身的销售业务类型，对销货日记账进行相应的修改。但是，尽管如此，仍须注意销货日记账只记录赊销交易。

过账

销货日记账中的分录要过账到应收账款明细分类账和总分类账中。

过账到应收账款明细分类账　对于应收账款的个人账户，企业须从销货日记账逐日结转到应收账款明细分类账中。例如，在11月2日，会计师将＄935的应收账款过账到应收账款个人账户——Maria Galvez账户中。从销货日记账逐日过账到明细分类账中，可以使企业对每一名顾客的应收款项进行动态记录。

在过账到明细分类账以后，会计师会在销货日记账的过账索引一栏内作核对标记（见图表7—5），来提醒企业此笔交易已经过账到Galvez的账户。

过账到总分类账　在每月月末，会计师分别加总（通常称为“合计”）应收账款、销售收入、销货成本、存货各栏，然后将这些科目的总额从销货日记账过账到总分类账中。

在图表7—5（部分A）中，11月份的贷方销售额合计＄4 319，需将其过账到总分类账中的应收账款和销售收入科目，还需将每一笔科目的科目编号打印在销货日记账的合计数下面。在图表 7—5（部分 B）中，应收账款的科目编号为 115，销售收入的科目编号为 410。将这些科目编号写在销货日记账上，表明已经将＄4 319 过账到这两个科目中。

销货成本的借方合计额＄1 814 和存货的贷方合计额＄1 814，也需要在每月月末进行过账。过账后，这两个科目的科目编号也要写在销货日记账对应合计数的下方，以表明已完成了对此二科目的过账。

当会计师过账时，日记账页码和名称简写也要登记在分类账中，以表明数据来源。图表 7—5 中的所有交易数据都来自于第三页的销货日记账，因此“过账索引”一栏应填写“S3”（S 代表销货日记账，sales journal）。过账后，总分类账中应收账款的余额需要与明细分类账中各个顾客的应收账款汇总数相等。

在图表 7—5 中可以追踪到所有的过账过程。学习会计信息系统的方式就是研究数据流动，箭头标明了信息流动的方向。

现金收入日记账

所有的企业都会发生很多现金交易，所以现金收入日记账可以派上用场。**现金收入日记账**（cash receipts journal）是用来记录现金收取情况的特种日记账。

图表 7—6 列示了现金收入日记账，此日记账所记录的每一笔交易都是现金收入。

现金收入日记账中包含一栏借方科目——现金，下一栏是借方科目——销售折扣。现金的主要来源是应收账款的回收和现销交易：应收账款的回收需要借记现金，贷记应收账款；现销交易需要借记现金，贷记销售收入，并同时借记销货成本，贷记存货。现金收入日记账还包含其他科目（贷方）一栏，用来记录其他杂项现金收取交易。

记录交易活动

在图表 7—6 中，第一笔现金收入发生在 11 月 6 日，现销交易收取现金＄517（销货成本，＄290）。如果在总分类账中记录这项交易活动，则相应的会计分录如下：

日期	科目及摘要	借方	贷方
11 月 6 日	现金	517	
	销货收入		517
	（现销货物）		
6 日	销售成本	290	
	存货		290
	（记录销货成本）		

然而在现金收入日记账中记录此项交易活动时，只需要做一行记录。借记现金、贷记销售收入各＄517，并同时借记销货成本、贷记存货各＄290。

11 月 11 日，企业从第一银行借款＄1 000。如果在总分类账记录这项交易活动，则相应的会计分录如下：

日期	科目及摘要	借方	贷方
11 月 11 日	现金	1 000	
	应付票据——第一银行		1 000
	（收取现金，以应付票据作交换）		

图表 7—6 现金收入日记账及过账

部分A——现金收入日记账：

日期	贷方账户	过账索引	现金（借方）	销售折扣（借方）	应收账款（贷方）	销售收入（贷方）	其他科目（贷方）	销售成本（借方）存货（贷方）
2014								
11月6日			517			517		290
11日	应付票据——第一银行	221	1 000				1 000	
14日	Maria Galvez	√	900	35	935			
19日			853					426
22日	Brent Harmon	√	300		300	853		
25日	利息收入	446	762				762	
28日			1 802					991
						1,802		
31日		合计	6 134	35	1 235	3 172	1 762	1 707
			(101)	(420)	(115)	(410)	(×)	(511/131)

总额在月末结转　应收账户逐个逐日结转　总额不过账　总额在月末结转

各个账户的变动额在月末结转

部分B——过账到分类账：

应收账款明细分类账：

Maria Galvez

日期	过账索引	借方	贷方	余额 借方	余额 贷方
11月2日	S.3	935		935	
14日	CR.5		935	0	

Brent Harmon

日期	过账索引	借方	贷方	余额 借方	余额 贷方
11月13日	S.3	694		694	
22日	CR.5		300	394	

Susan Levy

日期	过账索引	借方	贷方	余额 借方	余额 贷方
11月18日	S.3	907		907	

Clay Schmidt

日期	过账索引	借方	贷方	余额 借方	余额 贷方
11月27日	S.3	1 783		1 783	

总分类账

现金　101号

日期	过账索引	借方	贷方	余额 借方	余额 贷方
11月3日	CR.5	6 134		6 134	

应付账款　115号

日期	过账索引	借方	贷方	余额 借方	余额 贷方
11月3日	S.3	4 319		4 319	
30日	CR.5		1 235	3 084	

存货　131号

日期	过账索引	借方	贷方	余额 借方	余额 贷方
11月1日	余额			3 885	
30日	S.3		1 814	2 071	
30日	CR.5		1 707	364	

应付票据——第一银行　221号

日期	过账索引	借方	贷方	余额 借方	余额 贷方
11月11日	CR.5		1 000		1 000

销售收入					410号
				余额	
日期	过账索引	借方	贷方	借方	贷方
11月30日	S.3		4 319		4 319
30日	CR.5		3 172		3 172

销售折扣					420号
				余额	
日期	过账索引	借方	贷方	借方	贷方
11月3日	CR.5	35		35	

利息收入					460号
				余额	
日期	过账索引	借方	贷方	借方	贷方
11月25日	CR.5		762		762

销货成本					511号
				余额	
日期	过账索引	借方	贷方	借方	贷方
11月30日	S.3	1 814		1 814	
30日	CR.5	1 707		1 707	

然而在现金收入日记账中记录此项交易活动时，会计师将在“现金（借方）”一栏中记录＄1 000。“其他科目（贷方）”一栏则用来记录应付票据的贷方发生额，因为现金收入日记账中没有为借款开设专门的贷方栏目。对本笔交易而言，还需要将科目名称“应付票据——第一银行”写入“贷方账户”一栏。当现金收入日记账没有列示一笔交易活动所涉及的贷方科目时，使用“其他科目（贷方）”一栏。另举一例：11 月 25 日，企业收到一笔现金流入——利息收入＄762。现金收入日记账中没有为利息收入开设专门的贷方科目，所以使用“其他科目（贷方）”一栏来记录，并且将贷方科目名称写入“贷方账户”一栏。

11 月 14 日，企业从 Maria Galvez 处回收应收账款＄900。回到 11 月 2 日，企业向 Maria Galvez 赊销货物＄935，并将此笔赊销交易记录在销货日记账上。该赊销交易规定：如果客户及时付款，企业将给予＄35 的销售折扣；而 Galvez 恰在折扣期内支付了货款。企业将此笔现金收入登记在现金收入日记账上，借记现金＄900，借记销售折扣＄35，贷记应收账款＄935。客户的名字出现在“贷方账户”一栏中。

过账

如销货日记账一样，现金收入日记账中的分录也需要逐日结转到应收账款明细分类账中，以及逐月结转到总分类账中。

过账到应收账款明细分类账　企业须将现金收入日记账的发生额逐日结转到应收账款明细分类账中，过账必须贷记有关账户。将＄935 过账到 Maria Galvez 账户的贷方，其账户余额减至 0。从 Brent Harmon 处收到＄300 的现金，使得 Brent Harmon 账户余额减至＄394。过账后，会计师会在现金收入日记账的“过账索引”一栏内作核对标记，并在明细分类账中列示过账依据——CR.5（表明过账来源是现金收入日记账，第5页）。

过账到总分类账 在每月月末，现金收入日记账的每一栏均被加总。通过比较借方科目总额和贷方科目总额，可以验证借方和贷方是否相等。

借方栏		贷方栏	
现金	＄6 134	应收账款	＄1 235
销售折扣	35	销售收入	3 172
销货成本	1 707	其他账户	1 762
		存货	1 707
合计	＄7 876		＄7 876

除“其他账户（贷方）”一栏的其他所有栏目，均以其总额过账到总分类账。例如，现金总额＄6 134过账到总分类账中现金（借方）。过账后，将科目编号写在现金收入日记账对应合计数的下方。现金的科目编号为101，写在“现金（借方）”一栏合计数的下方，其他科目以此类推。总分类账中还需列示出：日记账（CR）以及页码数（5），作为过账索引。通过图表7—6中的箭头指示，追踪被过账的数额。

对于“其他科目（贷方）”一栏，并不以其总额过账，而是以各个科目的金额分别过账。在图表7—6中，11月11日发生的交易活动记入“应付票据——第一银行”。＄1 000的贷方金额需要单独过账到总分类账中的“应付票据——第一银行”账户。在“过账索引”一栏列示的科目编号（221），表明此笔交易金额已被单独过账。此栏目下方的符号“×”则表示该栏目的合计数并没有被过账。

过账后，应收账款明细分类账中各余额之和与总分类账中应收账款账户的余额相等，如下所示：

总分类账	
应收账款借方余额	＄3 084
明细分类账：客户应收账款	
客户名称	余额
Maria Galvez	＄0
Brent Harmon	394
Susan Levy	907
Clay Schmidt	1 783
应收账款总额	＄3 084

两者必须相等

手工会计信息系统采购、现金支付和其他交易活动的记录

在之前你已经学过手工会计信息系统下，赊销交易记录在销货日记账中，而现金收取则登记在销售收入日记账中。现在我们把注意力转移到采购和现金支付上来。

购货日记账

商业企业需要赊购存货以及其他商品（譬如办公用品、办公设备、机器设备等）。**购货日记账**（purchases journal）用来记录此类交易以及其他赊购交易活动。现购交易并不记录在购货日记账中，而是登记在现金支出日记账中。

图表 7—7 列示了购货日记账（部分 A）及过账过程（部分 B）。购货日记账有以下特殊栏目：

- 应付账款（贷方）
- 存货（借方），办公用品（借方），其他账户（借方）。

图表 7—7　购货日记账及过账

部分A——购货日记账：

购货日记账							第8页		
							其他科目（借方）		
日期	供应商名称	采购条款	过账索引	应付账款（贷方）	存货（借方）	办公用品（借方）	科目名称	过账索引	金额
2014									
11月2日	Hanes纺织品公司	3/15,n/30	√	700	700				
5日	先锋塑料制品公司	n/30	√	319	319				
9日	城市办公用品供应处	2/10,n/30	√	440			机器设备	191	440
12日	高级影印公司	n/30	√	236	236				
13日	Hanes纺织品公司	3/15,n/30	√	451	451				
19日	城市办公用品供应处	2/10,n/30	√	103		103			
23日	O'Leary设备公司	n/60	√	627			办公设备	181	627
11月3日	合计			2 876	1 706	103			1 067
				(210)	(131)	(161)			(×)

应付账款账户逐个逐日过账　　总额每月月末过账　　总额不过账　　个别账户每月月末过账

部分B——过账到分类账：

应付账款明细分类账：

高级影印公司

				余额	
日期	过账索引	借方	贷方	借方	贷方
11月12日	P.8		236		236

城市办公用品供应处

				余额	
日期	过账索引	借方	贷方	借方	贷方
11月9日	P.8		440		440
19日	P.8		103		543

Hanes纺织品公司

				余额	
日期	过账索引	借方	贷方	借方	贷方
11月2日	P.8		700		700
13日	P.8		451		1,151

O'Leary设备公司

				余额	
日期	过账索引	借方	贷方	借方	贷方
11月23日	P.8		627		627

先锋塑料制品公司

				余额	
日期	过账索引	借方	贷方	借方	贷方
11月5日	P.8		319		319

总分类账

存货　第131号

				余额	
日期	过账索引	借方	贷方	借方	贷方
11月1日	余额			3 885	
30日	S.3		1 814	2 071	
30日	CR.5		1 707	364	
30日	P.8	1 706		2 070	

办公用品　第161号

				余额	
日期	过账索引	借方	贷方	借方	贷方
11月3日	P.8	103		103	

办公设备　第181号

				余额	
日期	过账索引	借方	贷方	借方	贷方
11月23日	P.8	627		627	

机器设备　第191号

				余额	
日期	过账索引	借方	贷方	借方	贷方
11月9日	P.8	440		440	

应付账款　第210号

				余额	
日期	过账索引	借方	贷方	借方	贷方
11月30日	P.8		2 876		2 876

赊购除存货和办公用品以外的其他商品时，需登记在“其他科目（借方）”一栏。该企业采用的是永续盘存制。在定期盘存制下，“存货（借方）”这一栏将被“材料采购（借方）”所代替。

记录交易活动

我们先来看第一笔交易。11 月 2 日，企业从 Hanes 纺织品公司采购存货，花费 $700。如果在总分类账中记录这项交易活动，则相应的会计分录如下：

日期	科目及摘要	借方	贷方
11 月 2 日	存货	700	
	应付账款		700
	（赊购货物）		

然而在购货日记账中记录此项交易活动时，只需要做一行记录。这家供应商的名称（Hanes 纺织品公司）登记在“供应商账户（贷方）”一栏。采购条款“3/15，n/30”也要进行记录，以表明付款的截止日期和可获得的折扣。同时还要贷记应付账款，借记存货。

11 月 9 日企业从城市办公设备供应处采购机器设备。购货日记账没有为机器设备专门设置一栏，所以需登记在“其他科目（借方）”这一栏中。因为这是一笔赊购交易，所以会计师还要将供应商的名称（城市办公设备供应处）登记在“供应商账户（贷方）”一栏，将“机器设备”写在“科目名称”一栏。

过账

购货日记账中的分录需要逐日结转到应付账款明细分类账中，以及逐月结转到总分类账中。

过账到应付账款明细分类账 对于应付账款的个人账户，企业须从购货日记账逐日结转到应付账款明细分类账中，这可以使企业对每一名供应商的应付款项进行动态记录。例如，在 11 月 2 日，会计师将 $700 的应收账款过账到应付账款明细分类账中的“Hanes 纺织品公司”账户。过账后，会计师会在购货日记账的“过账索引”一栏内作核对标记，表明金额已被过入到明细分类账之中。除此之外，还需要在明细分类账上标明过账索引（P. 8）。

过账到总分类账 从购货日记账过账到总分类账的方法与从其他特种日记账过账到总分类账的方法类似。图表 7—7（部分 B）阐明了过账过程。在每月月末，会计师分别加总各栏金额。除了“其他科目（借方）”之外，所有栏目的总额均须过账到总分类账中。例如，“应付账款（借方）”一栏的总额为 $2 876，需将其过账到总分类账中应付账款账户的借方。过账后，科目编号需列示在购货日记账上，过账索引需标明在总分类账上。对于“其他科目（借方）”一栏，并不以其总额过账，而是以各个科目的金额分别过账（跟在现金收入日记账的过账方式相同）。在所有的过账结束以后，总分类账中应付账款账户的余额应该与明细分类账中企业对各个供应商的应付账款的汇总数相等。

现金支出日记账

大多数情况下企业用支票来付款，所有的支票都要登记于**现金支出日记账**（cash payment journal）——也称为支票登记簿（check register）。图表 7—8 列示了现金支出日记账（部分 A）及过账过程（部分 B）。

图表 7—8 现金支出日记账及过账

部分A——现金支出日记账:

现金支出日记账 第6页

日期	支票号码	借方科目	过账索引	其他科目（借方）	应付账款（借方）	存货（贷方）	现金（贷方）
2014							
11月3日	101	租赁费用	541	1 200			1 200
8日	102	办公用品	161	61			61
15日	103	Hanes纺织品公司	√		700	21	679
20日	104	先锋塑料制品公司	√		119		119
26日	105	存货	131	2 200			2 200
11月30日		合计		3 461	819	21	4 259
				(×)	(210)	(131)	(101)

总额不过账

总额每月月末过账

个别应付账户逐日过账

个别应付账户月末过账

部分B——过账到分类账:

应付账款明细分类账:

高级影印公司

日期	过账索引	借方	贷方	余额 借方	余额 贷方
11月12日	P.8		236		236

城市办公用品供应处

日期	过账索引	借方	贷方	余额 借方	余额 贷方
11月9日	P.8		440		440
19日	P.8		103		543

Hanes纺织品公司

日期	过账索引	借方	贷方	余额 借方	余额 贷方
11月2日	P.8		700		700
13日	P.8		451		1 151
15日	CP.6	700			451

O Leary'设备公司

日期	过账索引	借方	贷方	余额 借方	余额 贷方
11月23日	P.8		627		627

先锋塑料制品公司

日期	过账索引	借方	贷方	余额 借方	余额 贷方
11月5日	P.8		319		319
20日	CP.6	119			200

总分类账

现金 第101号

日期	过账索引	借方	贷方	余额 借方	余额 贷方
11月30日	CR.5	6 134		6 134	
30日	CP.6		4 259	1 875	

存货 第131号

日期	过账索引	借方	贷方	余额 借方	余额 贷方
11月1日	余额			3 885	
26日	CP.6	2 200		6 085	
30日	S.3		1 814	4 271	
30日	CR.5		1 707	2 564	
30日	P.8	1 706		4 270	
30日	CP.6		21	4 249	

办公设备 第181号

日期	过账索引	借方	贷方	余额 借方	余额 贷方
11月8日	CP.6	61		61	
30日	P.8	103		164	

应付账款 第191号

日期	过账索引	借方	贷方	余额 借方	余额 贷方
11月3日	P.8		2 876		2 876
30日	CR.6	819			2 057

租赁费用 第210号

日期	过账索引	借方	贷方	余额 借方	余额 贷方
11月3日	CP.6	1 200		1 200	

现金支出日记账有两个借方栏——“其他科目”和“应付账款”，有两个贷方栏——“存货（购货折扣）”和“现金”。此外，还包括每笔现金支付的日期、支票号码以及要借记的对方科目等各栏。

记录交易

我们先来观察现金支出日记账中所列示的第一笔交易。11 月 3 日，企业支付现金＄1 200 来偿付租金。现金支出日记账通过借记其他科目、贷记现金来记录这笔现金的支付活动。“其他科目（借方）”一栏作为兜底栏，用来登记没有专门栏目的会计科目。企业将其他科目的名称——此例中的“租赁费用”，写在“其他科目（借方）”一栏中。在 11 月 8 日企业使用现金购买办公用品，以及 11 月 26 日使用现金购买存货时，也要用到“其他科目（借方）”一栏。

在 11 月 15 日，企业向供应商 Hanes 纺织品公司支付之前赊购的款项，信用条件为“3/15，n/30”（细节可参照图表 7—7 购货日记账的第一笔交易）。在折扣期内付款可以获得 3%的购货折扣（＄21），企业只需支付剩余的＄679（＄700－＄21）。如果在总分类账中记录这项交易活动，则相应的会计分录如下：

日期	科目及摘要	借方	贷方
11 月 15 日	应付账款	700	
	现金		679
	存货		21
	（在折扣期内付款）		

然而在现金支出日记账中记录此项交易活动时，只需要做一行记录。贷记“现金”栏＄679、借记“应付账款”栏＄700，并同时将购货折扣数额＄21 贷记“存货”一栏。所有包含现金支付的交易活动都要登记在现金支出日记账中。

过账

现金支出日记账中的分录也需要逐日结转到应付账款明细分类账中，以及逐月结转到总分类账中。

过账到应付账款明细分类账 从现金支出日记账过账到明细分类账的过程类似于从现金收入日记账过账到明细分类账的过程。企业对每个供应商的应付账款数额，都需逐日结转到应付账款的明细分类账中的借方，减少应付账款的余额。

例如，企业向 Hanes 纺织品公司偿付了应付账款＄700，需将＄700 过账到 Hanes 纺织品公司明细分类账账户的借方，其账户余额减至＄451。过账后，会计师会在现金支出日记账的“过账索引”一栏内作核对标记，并在明细分类账中列示过账依据——CP. 6（表明过账来源是现金支出日记账，第 6 页）。

过账到总分类账 在每月月末，现金支出日记账的每一栏均要被加总。除了“其他科目（借方）”之外，所有栏目的总额均须过到总分类账中。过账后，科目编号需列示在现金支出日记账对应合计数的下方，过账索引需标明在总分类账上。

对于“其他科目（借方）”一栏，并不以其总额过账，而是以各个科目的金额分别过账（例如，租赁费用——借记＄1 200）。当“其他科目（借方）”中的各个数额均过账到总分类账以后，企业需在“过账索引”一栏列示科目编号。此栏目下方的符号×则表示该栏目的合计数并没有过账。

在所有的过账结束以后，总分类账中应付账款账户的余额应该与明细分类账中企业对各个供应商的应付账款的汇总数相等。

总分类账	
应收账款借方余额	$ 2 057
明细分类账：客户应收账款	
客户名称	余额
高级影印公司	$ 236
城市办公用品供应处	543
Hanes 纺织品公司	451
O'Leary 设备公司	627
先锋塑料制品公司	200
应收账款总额	$ 2 057

两者必须相等

总分类账

在记录重复性的交易时，特种日记账可以节约时间。但是有些交易并不适合登记在特种日记账中，例如，每期期末的折旧、预付保险费的到期摊销以及应计职工薪酬等。企业也常常使用总分类账来记录销售退回和折让、购货退回和折让。所有的会计信息系统都需要总分类账。调整分录、结账分录，以及其他非常规的交易，都需要登记在总分类账中。

如我们所知，手工会计信息系统包含五种日记账：销货日记账、现金收入日记账、购货日记账、现金支付日记账以及总分类账。要牢记，任何一种交易活动，要么登记在其中一种特种日记账上，要么登记在总分类账上，而并非两者都要登记。在手工会计信息系统下记录某笔交易活动时，图表 7—9 所提供的对五种日记账的总结可以帮助你决定究竟应该使用哪种日记账。

图表 7—9　判断使用哪种日记账记录交易活动

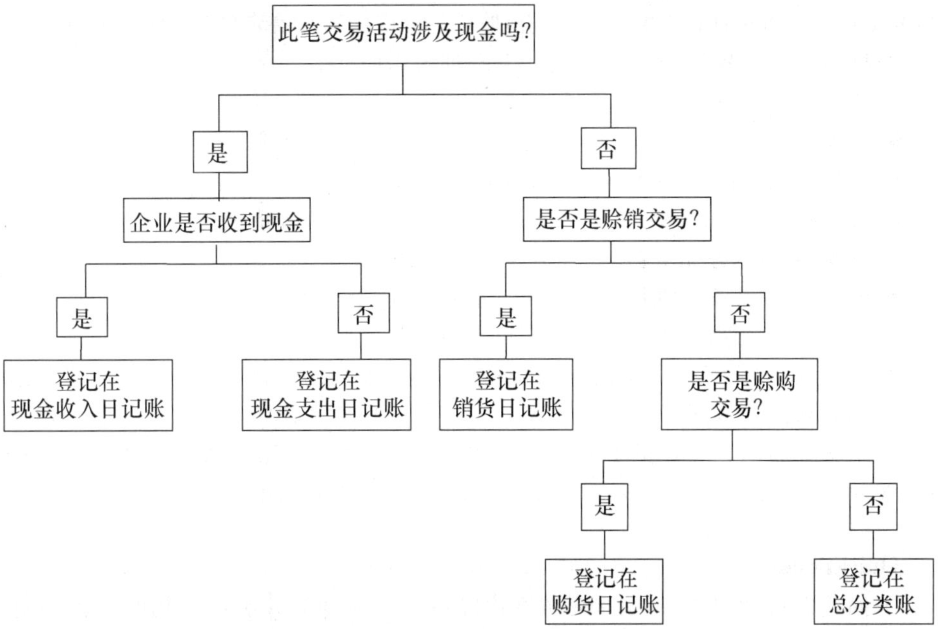

计算机化的会计信息系统下交易的记录

计算机化的会计信息系统，有两大基本组成部分：

- 硬件
- 软件

硬件，指的是电子设备，包括计算机、显示器、打印机以及连接这些设备的网络。大部分系统需要连接计算机网络。在联网系统中，服务器存储程序和数据。

软件，指的是驱动计算机运行的一系列程序。会计软件读取、编辑和存储交易数据，同时生成用来辅助企业进行决策的财务报告。很多软件包具有极大的灵活性。譬如，一家小型清洁公司的会计信息系统可能只部分计算机化，使用计算机生成员工工资单，其他部分则手工处理。

入门级别的软件

随着可获得的计算机化的会计信息系统的增加，越来越多的企业开始使用计算机处理其所有的会计业务。两个最常用的入门级别的软件包是：QuickBooks 和 Sage 50 Accounting。这两个系统使得企业可以记录商品销售和存货信息。除此之外，系统还可以记录费用并生成财务报表。这些计算机化的会计信息系统，操作起来非常方便，并不需要知晓太多的会计知识或者一般会计准则。它使得企业能够规划财务、追踪收入和费用，并完成记账工作。尽管 QuickBooks 和 Sage 50 Accounting 对于小企业来说非常合适，但是随着规模的不断扩大，企业迫切需要可以处理更复杂流程和交易的软件系统。

企业资源计划系统

大型企业通常使用企业资源计划（ERP）系统来管理数据。ERP 系统，譬如 SAP 和 Oracle 可以将企业所有的数据整合成一个数据库。ERP 可以将企业所有经济活动的相关数据输入到此软件中，从采购、生产到售后服务。

ERP 系统的优势如下：

- 减少营运费用。
- 帮助企业根据外部环境变化做出战略调整。
- 替代独立的软件系统，例如，销售系统和职工薪酬系统。

ERP 系统的劣势如下：

- ERP 价格昂贵，大规模安装可能会花费上百万美元。
- ERP 的运行需要投入大量的时间和人力。

“云”可以提供很多版本的 ERP 系统和入门级别的软件系统。“云计算”指的是从第三方购买软件和数据。在“云计算”下，软件和数据存储在第三方的服务器中，而不是企业的服务器里。企业员工通过使用 Web 浏览器和互联网来接触软件和数据。对很多企业而言，“云计算”可以大大削减使用 ERP 系统的成本。

QuickBooks

下面我们将介绍一种入门级别的软件系统——QuickBooks。我们可以通过观察此种软件系统如何处理经济业务，来了解计算机化的会计信息系统的运行。尽管老师也许并没有要求你们使用 QuickBooks 来完成作业，但对你们而言，研究学习 QuickBooks

软件如何处理常见会计分录仍然非常有益。

大多数计算机化的会计信息系统是以功能或者任务组合在一起的。使用者可以从菜单中选择任何一种功能，譬如开发票。QuickBooks 软件使用漫游网页（Getting Around page），使用者能够从菜单中进行选择。此软件也在屏幕上方设置了菜单选择项。

图表 7—10　QuickBooks 软件的漫游网页

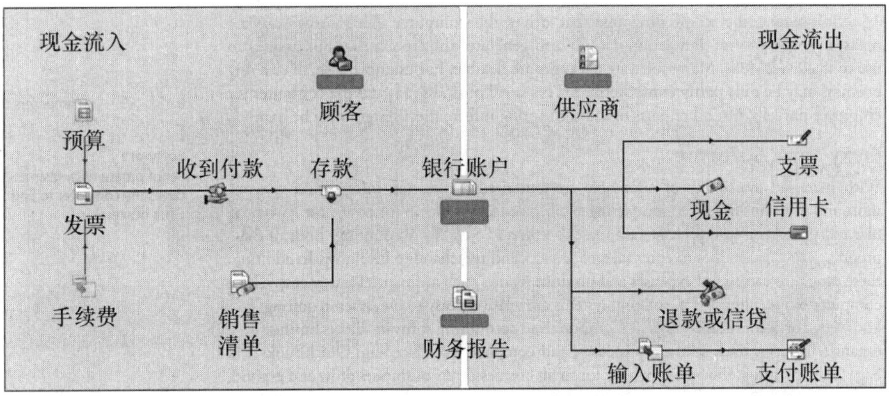

QuickBooks 软件将其漫游网页分为两大功能板块：现金流入和现金流出。现金流入板块处理涉及客户的交易活动，包括发票（应收账款）、收款凭证和销售清单。现金流出板块处理涉及供应商的交易活动，包括入库单（应付账款）、付款凭证和退款办理。此外使用者通过漫游网页也可以获取企业的利润表和资产负债表等财务报告。

开具销售发票

假设 6 月 23 日，STL 公司为理查德·米丘林提供了＄3 000 的服务，客户尚未支付此项服务费用。在 QuickBooks 软件系统中记录此笔交易活动时，STL 公司需要为理查德开具销售发票。图表 7—11 是公司所开具的发票，注意发票上没有借方和贷方项目。在计算

图表 7—11　发票

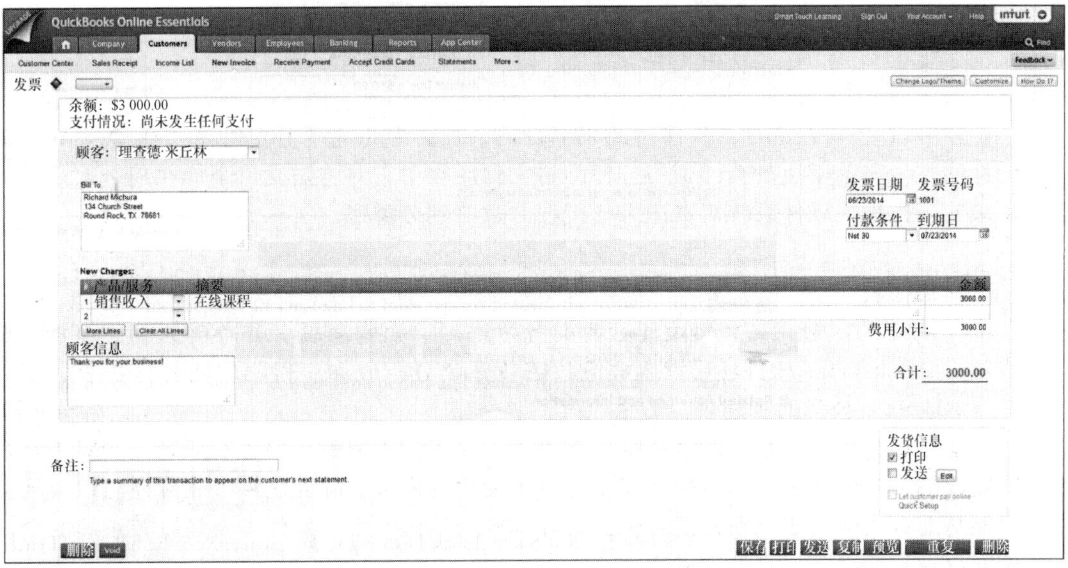

机化的会计信息系统下，企业并不必要以借贷的格式来记录交易。通过开具这张发票，软件系统自动借记应收账款——理查德，贷记销售收入。在开完发票以后，软件系统将此项交易过账到相应的总分类账中，而无须手工过账。

当STL公司从顾客处收回应收账款＄3 000时，会计师将此笔交易输入QuickBooks软件的收到客户付款模块，并选择与此项现金流入相关的发票。通过进行上面的处理，QuickBooks软件确认发票金额已被支付，理查德账户已没有未清余额。

输入账单

当企业记录所收到的账单时，需要使用QuickBooks软件的输入账单模块。假设6月25日，STL公司收到一张＄580的水电费账单。图表7—12是企业需要输入QuickBooks软件的账单。当STL公司保存此账单时，软件系统将自动借记水电费，贷记应付账款——Smart能源公司。

图表7—12　账单

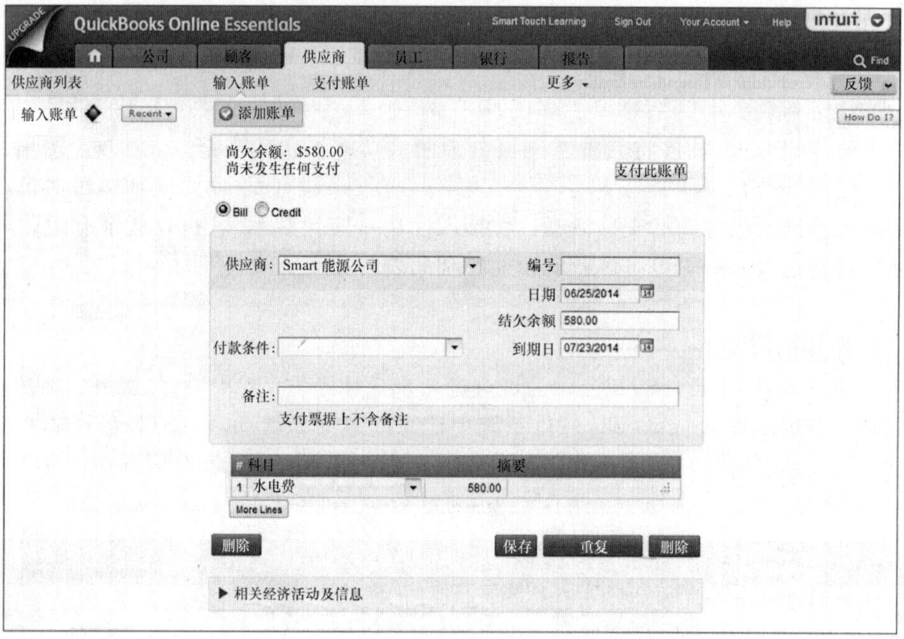

当STL公司在7月5日偿付此账单时，系统会将此笔现金支付输入到QuickBooks软件的支付账单模块。会计师将选择即将支付的账单，并将需支付金额在现金账户进行记录。同样地，软件系统负责记录日记账并过账到分类账。

财务报表

QuickBooks软件可以生成无数种财务报告，譬如利润表、资产负债表、现金流量表等。QuickBooks软件还可以生成应收账款账龄分析表和应付账款账龄分析表。图表7—13是STL公司的利润表。

使用计算机化的会计信息系统的优势之一在于：生成财务报告的便利性。对于企业所需要的大多数报表，软件都可以重建可供使用的模板。除此之外，软件还可以自动将金额从总分类账过账到财务报表中。会计师所需要做的唯一一件事就是设置正确的会计期间以及检验财务报表的准确性。

图表 7—13 利润表

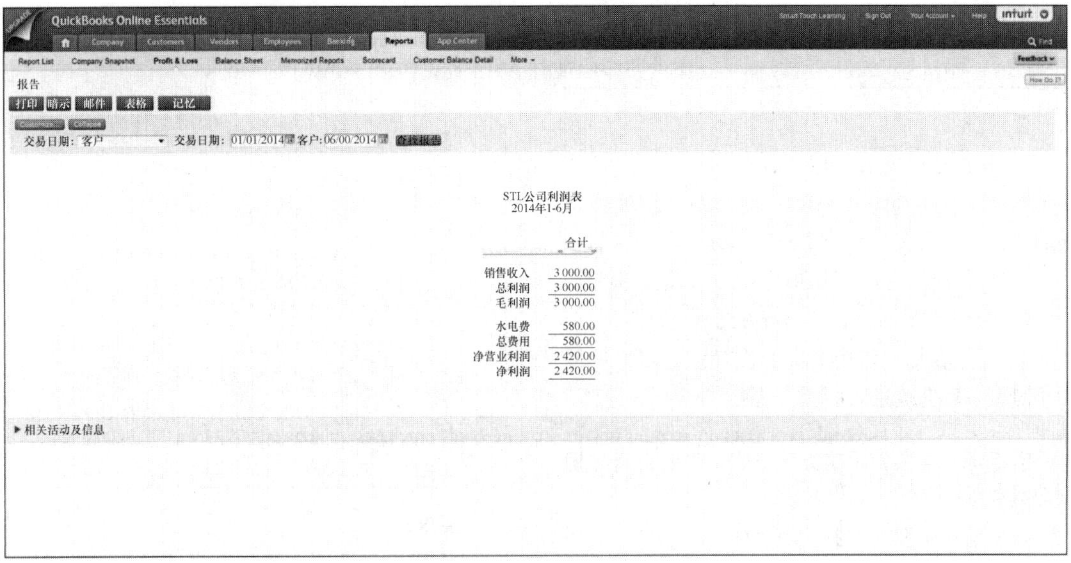

疑难问题 A 部分

P7-25A 学会使用销货日记账、现金收入日记账和总分类账

假设巴顿弹簧玻璃公司采用永续盘存制。其总分类账包括下列所选账户。

账户编号	账户	账户编号	账户
11	现金	19	土地
12	应收账款	41	销售收入
13	应收票据	42	销售折扣
15	存货	43	销售退回和折让
16	办公用品	51	销货成本
18	机器设备		

所有的赊销交易的信用条款都为“2/10，n/30”。7月份公司发生的销售和现金收入交易如下所示：

7月2日	向 Intelysis 有限公司赊销存货，价值 \$1 750；销货成本为 \$600。
3日	基于竞争的需要，以成本价 \$85 销售办公用品，收取现金。
7日	一周的销售交易收取现金 \$1 890，成本 \$1 640。
9日	向 A. L. Prince 公司赊销存货 \$7 320，成本 \$5 110。
10日	销售价值 \$10 000 的土地，收取现金 \$10 000。
11日	向 Sloan 电气公司赊销存货 \$5 100，成本 \$3 520。
12日	从 Intelysis 有限公司处收回 7 月 2 日发生的全部应收账款。
14日	一周的销售交易收取现金 \$2 106，成本 \$1 530。
15日	向 Wilkie&Blinn 公司赊销存货 \$3 650，成本 \$2 260。
18日	收到 A. L. Prince 公司退回的质次商品 \$600，成本 \$440。
20日	向 Sloan 电气公司赊销存货 \$620，成本 \$450。
21日	一周的销售交易收取现金 \$990，成本 \$690。
22日	从 A. L. Prince 公司处收回 7 月 9 日发生的部分应收账款 \$4 000（无折扣）。
S25日	从 Wilkie&Blinn 公司处收回 7 月 15 日发生的全部应收账款。
25日	向 Olsen 公司赊销存货 \$1 520，成本 \$1 050。
27日	收到应收票据 \$5 125（无利息）。
28日	一周的销售交易收取现金 \$3 774，成本 \$2 460。
29日	向 R. O. Bankson 公司赊销存货 \$240，成本 \$170。

30日	7月25日销售给Olsen公司的存货发生销售退回$40，成本$10。
31日	从A. L. Prince公司处收回应收账款$2720。

要求：

1. 将上述所列交易记入合适的日记账（销货日记账、现金收入日记账或总分类账）。巴顿弹簧玻璃公司将销售退回和折让记入总分类账。

2. 计算出销货日记账和现金收入日记账中每一栏的合计数，检验借方总额和贷方总额是否相等。

3. 通过在日记账中对应的位置标记账户编号和核对符号，完成过账。

P7-26A　学会使用购货日记账、现金支出日记账和总分类账

克里斯特尔湖高尔夫店的总分类账包括下列所选账户。

账户编号	账户	账户编号	账户
111	现金	181	机器设备
131	存货	211	应付账款
161	预付保险费	564	租赁费用
171	办公用品	583	水电费

12月份公司发生的购货和现金支出交易如下所示：

12月2日	从Timmons公司处赊销存货，价值$4000，信用条件“2/10，n/30”。
3日	支付月租金$2000，借记“租赁费用”账户。
5日	从Ross供应商处赊购办公用品，价值$450，信用条件“2/10，n/30”。
8日	支付水电费账单$580。
9日	从A-1设备公司赊购机器设备，价值$6100，付款方式为30天内付款（无折扣）。
10日	收到从A-1设备公司购买的机器设备，设备已损坏。
11日	向Timmons公司支付12月2日赊购存货应支付的货款。
12日	从Callahan高尔夫店赊购存货，价值$4400，信用条件“3/10，n/30”。
13日	购买存货，支付现金$650。
14日	支付半年的保险金，借记预付保险费$1200。
16日	清偿12月5日发生的对Ross供应商的应付账款。
18日	支付天然气费和水费$190。
21日	从Dunlop股份有限公司处赊购存货，价值$3900，信用条件为“1/10，n/45”。
21日	清偿12月12日发生的对Callahan高尔夫店的应付账款。
22日	从办公用品销售股份有限公司处赊购办公用品，价值$100，付款方式为30天内付款（无折扣）。
26日	退回于12月21日从Dunlop股份有限公司处所购买的存货，价值$1200。
31日	清偿12月21日发生的对Dunlop股份有限公司的应付账款（扣减掉26日所发生的购货退回）。

要求：

1. 将上述所列交易记入合适的日记账：购货日记账、现金支出日记账（“支票号码”一栏可省略）或总分类账。克里斯特尔湖高尔夫店使用永续盘存制，将购货退回和折让记入总分类账。

2. 计算出特种日记账每一栏的合计数，检验借方总额和贷方总额是否相等。

3. 通过在日记账中对应的位置标记账户编号和核对符号，完成过账。

P7-27A　学会正确使用各类日记账、过账以及结算分类账账户余额

克雷斯特维尤计算机安全公司采用永续盘存制，赊销交易的信用条款均为“2/10，n/30”。5月份公司发生的交易如下：

5月2日	向K. D. Forbes公司赊销存货，价值$2000；销货成本为$900，所开具的发票号码为913。
3日	从Chicosky公司赊购存货，价值$2467，信用条件为“3/10，n/60”。
5日	销售存货收取现金$1077，成本$480。
5日	购买办公设备，支付现金$2185，所开具的支票号码为532。
8日	收取利息收入$1775。
9日	向Bell公司赊销存货价值$5550，成本$2310，所开具的支票号码为914。
10日	购买存货，支付现金$1143，所开具的支票号码为533。

12日	从K. D. Forbes公司处收回5月2日发生的全部应收账款。
13日	开具支票534号，清偿5月3日发生的对Chicosky公司的应付款项（四舍五入到个位）。
13日	从Manley股份有限公司处赊购办公用品，价值＄441，信用条件为“n/月末”。
15日	向M. O. Brown公司赊销存货＄665，成本＄240，开具发票号码为915。
17日	向M. O. Brown公司开具红色发票，记录销售退回＄665，并对退回的存货以其成本进行借记。
18日	向K. D. Forbes公司赊销存货，价值＄357；销货成本为＄127，所开具的发票号码为916。
19日	从Bell公司处收回7月9日发生的全部应收账款＄5 439（由于提前付款，Bell公司享受到一定的现金折扣）。
20日	从Sims公司处赊购存货＄2 047，信用条件为“在30天内付款”。
22日	从Chicosky公司处赊购存货，价值＄645，信用条件为“3/10，n/60”。
22日	开具支票535号，支付保险费＄1 000，借记“预付保险费”。
24日	向一名雇员出售办公用品，收取现金＄54，所出售办公用品的成本也为＄54。
25日	开具支票536号，支付水电费账单＄453。
28日	从Manley股份有限公司处赊购办公用品，价值＄675，信用条件为“2/10，n/30”。
29日	退回从Manley股份有限公司处赊购的已受损办公用品，开具红字发票＄675。
29日	向Bell公司赊销存货价值＄2 900，成本＄800，所开具的支票号码为917。
30日	开具支票537号，清偿5月13日发生的对Manley股份有限公司的应付款项。
31日	从K. D. Forbes公司处收回5月18日发生的应收账款全额（无折扣）。
31日	开具支票538号，支付每月职工工资＄1 950。

要求：

1. 借助克雷斯特维尤公司的账户编号和2014年5月1日的账户余额，开设四栏式总分类账，所有的账户余额均为正常余额。

账户编号	账户	账户余额
111	现金	＄15 850
112	应收账款	1 500
114	存货	6 000
116	办公用品	500
117	预付保险费	0
151	办公设备	2 000
211	应付账款	800
311	Powell，资本	21 350
411	销售收入	7 000
412	销售折扣	0
413	销售退回和折让	0
419	利息收入	850
511	销货成本	2 250
531	工资费用	1 500
541	水电费	400

2. 以2014年5月1日的账户余额作为期初余额，开设四栏式明细分类账：

应收账款——Alan公司，＄1 500；Bell公司，＄0；M. O. Brown 公司，＄0；K. D. Forbes 公司，＄0。

应付账款——Chicosky公司，＄0；Manley股份有限公司，＄0；Sims公司，＄0；Yellow公司，＄800。

3. 将上述所列交易记入合适的日记账：销货日记账（第7页）、现金收入日记账（第5页）、购货日记账（第10页）、现金支出日记账（第8页）或总分类账（第6页）。

4. 逐日过账至应收账款明细分类账和应付账款明细分类账。

5. 计算出特种日记账每一栏的合计数，检验借方总额和贷方总额是否相等；5月31日，过账到总分类账。

6. 编制2014年5月31日的试算平衡表，检验总分类账借贷方数额是否相等；检验应收账款明细分类账的各客户余额合计数与总分类账中的应收账款账户余额是否相等；检验应付账款明细分类账的各账户余额合计数与总分类账中的应付账款账户余额是否相等。

P7-28A　学会正确使用各类日记账、过账以及结算分类账账户余额

Soccer Shots公司采用永续盘存制，赊销交易的信用条款均为“2/10，n/30”。11月份公司发生的交易如下：

11月1日	所有者投入$40 000，以换取公司资本。
1日	从Smith公司处赊购存货，价值$5 400，信用条件为“2/15，n/60”。
3日	向Heather Stokes公司赊销存货，价值$4 400；销货成本为$1 980，所开具的发票号码为1001。
3日	收取利息收入$3 900。
4日	向Bookmyer公司赊销存货，价值$3 400；销货成本为$2 300，所开具的发票号码为1002。
8日	购买机器设备，支付现金$4 800，所开具的支票号码为900。
9日	销售存货，收取现金$2 300，成本$1 500。
10日	从Heather Stokes公司处收回11月3日发生的全部应收账款（由于提前付款，对方享受到一定的折扣）。
11日	购买存货，支付现金$5 500，所开具的支票号码为901。
11日	从Jordan公司处赊购办公用品，价值$900，信用条件为“n/月末”。
13日	开具支票902号，清偿11月1日发生的对Smith公司的应付款项（四舍五入到个位）。
14日	向Heather Stokes公司赊销存货，价值$357，销货成本为$127，所开具的发票号码为1003。
15日	向Bookmyer公司开具红字发票，记录销售退回$600，并对退回的存货以其成本$540进行借记。
16日	向Robert Mysse公司赊销存货，价值$665，销货成本为$240，所开具的发票号码为1004。
17日	从Bookmyer公司处收回11月4日发生的全部应收账款（扣减掉销售退回）。
17日	从Smith公司处赊购存货，价值$4 500，信用条件为“在30天内付款”。
19日	开具903号支票，支付保险费$2 000，借记“预付保险费”。
20日	从Hildebrand公司处赊购存货，价值$1 430，信用条件为“3/10，n/60”。
22日	退回从Smith公司处赊购的已受损存货，开具红字发票$500。
22日	从Smith公司处赊购存货，价值$675，信用条件为“2/10，n/30”。
25日	开具支票904号，支付水电费账单$453。
27日	开具支票905号，全额清偿11月17日发生的对Smith公司的应付款项（扣减掉购货退回）。
30日	开具支票906号，支付每月职工工资$4 200。
30日	从Heather Stokes公司处收回11月14日发生的全部应收账款（无折扣）。
30日	开具支票907号，全额清偿11月11日发生的对Jordan公司的应付款项。

要求：

1. 借助于Soccer Shots公司的账户编号和2014年11月1日的账户余额，开设四栏式总分类账，如下所示：

账户编号	账户	余额	账户编号	账户	余额
111	现金	$12 450	411	销售收入	$6 000
112	应收账款	2 250	412	销售折扣	0
114	存货	6 500	413	销售退回和折让	0
116	办公用品	450	419	利息收入	1 200
117	预付保险费	0	511	销货成本	3 600
151	机器设备	1 000	531	工资费用	3 500
211	应付账款	600	541	水电费	250
311	Golden，资本	22 200			

2. 以11月1日的账户余额作为期初余额，开设四栏式明细分类账：

应收账款——Adam公司，$2 250；Bookmyer公司，$0；Robert Mysse公司，$0；Heather Stokes公司，$0。

应付账款——Hildebrand公司，$0；Jordan公司，$0；Smith公司，$0；Zebra公司，$600。

3. 将上述所列交易记入合适的日记账：销货日记账（第10页）、现金收入日记账（第8页）、购货日记账（第13页）、现金支出日记账（第12页）或总分类账（第9页）。

4. 逐日过账至应收账款明细分类账和应付账

款明细分类账。

5. 计算出特种日记账每一栏的合计数，检验借方总额和贷方总额是否相等；11 月 30 日，过账到总分类账。

6. 编制 2014 年 11 月 30 日的试算平衡表，检验总分类账借贷方是否相等；检验应收账款明细分类账的各客户余额合计数与总分类账中的应收账款账户余额是否相等；检验应付账款明细分类账的各账户余额合计数与总分类账中的应付账款账户余额是否相等。

小组作业

小组作业 7—1

AM 公司正在考虑投资构建一套入门级别的计算机会计信息系统，此系统需要能够记录客户发票和收据。除此之外，还必须能够追踪企业所有的账单和现金支付情况。你的团队需要调查两家普通的入门级别会计软件产品：QuickBooks 和 Sage 50 Accounting。试着总结这两种软件系统的相似点和不同之处，并用 PPT 的形式加以展示。

第8章

内部控制与现金管理

- 内部控制
- 与现金收入相关的内部控制
- 与现金支出相关的内部控制
- 利用备用金实现内部控制的目的
- 将银行账户作为一种控制手段
- 使用现金比率评估企业经营业绩

现金去哪儿了？

安德鲁·葛尔德是一家坐落于加利福尼亚州布伦特伍德的体育主题餐厅的所有者。他正在研究桌子上的一份银行对账单。由于客流量增加、菜单和酒水供应日益多样化，餐厅最近的收入屡创佳绩。安德鲁知道与此同时餐厅的费用也在大幅增加，不过他期望餐厅的现金应该有所增加而非减少，正如他面前的这份银行对账单所示。

安德鲁怀疑他的某个雇员从现金柜台窃取了现金。尽管他非常尊重每一个下属，并不认为他们中会有人偷窃企业的现金，但是银行对账单上列示的企业从销售收入所得的存款数目并不合理。鉴于销售收入大幅增加，现金存款也应该数额较大才对。

作为餐厅的所有者，安德鲁明白他有义务确保企业各项流程合理、程序适当，以保证现金和其他资产的安全。他原本以为通过完善对雇员背景的审核程序完全可以防止盗窃企业资产行为的发生，但是现在他怀疑仅仅这样做还远远不够。安德鲁开始核对银行对账单并将其与现金实有数做对比。不久他就发现现金的确被负责每天去银行存钱的雇员私吞了。然而，安德鲁意识到仅仅将偷窃现金的雇员解雇并不能触及问题的实质，他需要想方设法采取各种安全措施，以减少现金盗窃行为。

保护和保全资产，是所有企业（无论其规模大小）都应该考虑的一件事。企业为了保全资产而采取的程序称为内部控制，这是管理层的一项重要职责。例如，布法罗鸡翅烧烤吧，是一家纽约风格的鸡翅餐厅连锁店，体育主题氛围浓郁，提供包括从沙拉到鸡翅的丰盛菜品。企业必须能够使投资者和所有者相信其内部控制非常有效，以便实现保全企业资产、提高经营效率和效果、保证财务报表记录可靠准确的目标。在本章中，我们将对企业为实现这一目标所采取的政策和程序进行说明。

本章大纲

- 何为内部控制？如何使用内部控制来保全企业资产？
- 与现金收入相关的内部控制措施有哪些？
- 与现金支出相关的内部控制措施有哪些？
- 为实现内部控制的目的，应如何对企业的备用金账户进行管理？
- 如何将银行账户作为控制手段？
- 如何使用现金比率来评价企业经营业绩？

学习目的

1. 明确内部控制的含义，列出并说明内部控制的要素和必要程序。
2. 利用内部控制系统控制现金收入。
3. 利用内部控制系统控制现金支出。
4. 解释并记录零星、小额现金交易。
5. 说明如何将银行账户作为控制手段，编制银行存款余额调节表与相应的日记账分录。
6. 使用现金比率来评价企业经营业绩。

内部控制

管理人员的主要职责之一是控制企业的经营。企业的所有者设立目标，管理人员发挥领导职能，员工执行计划。**内部控制**（internal control）就是为了实现下列目标所采取的组织计划和相关措施：

1. 保全资产。公司必须保护自己的资产，否则就会失去经营资源。如果没能保全你的现金——这项流动性最强的资产，现金将很快流失。

2. 鼓励员工遵循公司政策。公司里每一个员工都需要为同一个目标工作。企业需要制定一些政策来确保实现公司目标，这点很重要。同时这些政策还可以确保平等对待所有顾客，并且有效地度量经营成果。

3. 提高经营效率。公司难以承受对资源的浪费。公司所有者和雇员为了增加销售收入都非常努力地工作，他们不想浪费任何有利资源。提高经营效率意味着降低费用，从而增加企业利润。

4. 确保准确可靠的会计记录。良好的会计记录是最为关键的。没有可靠的会计记录，经理无法知道企业的哪项业务是盈利的，哪项业务需要提高。如果公司不能可靠地记录产品的成本，那么可能其所销售的每一件产品都会发生亏损，并且企业自身毫无察觉。

内部控制和《萨班斯-奥克斯利法案》

内控是如此之重要，以至于美国国会通过了一项法案，要求**上市公司**（public companies）必须建立企业的内控系统。

21世纪初，安然公司（Enron）和世通公司（Worldcom）的会计丑闻震惊了整个美国。安然公司夸大利润，几乎在一夜之间破产。世通公司将费用列为资产，同时高估了利润和资产。关键的是，两家公司的报表都是由安达信会计师事务所（Arthur Anderson）来审计的。安达信在成立近90年后，于2002年主动倒闭。

对于被揭露的会计丑闻，很多人质疑："这怎么会发生呢？审计师都到哪里去了？"为了打消公众的担忧，美国国会通过了**《萨班斯-奥克斯利法案》**（Sarbanes-Oxley Act，SOX）。这一法案要求公司必须对其内部控制进行评价，并且为其所出具的财务报告的真实性和完整性负责。SOX弥补了美国的公司治理漏洞，并影响到会计界。下面是一些SOX的条款：

1. 上市公司必须公布内部控制报告，内部控制报告是描述管理当局对所出具的财务报告的真实性和完整性负责的报告。除此之外，外部审计师必须评估审计客户的内部控制，并将对内部控制评价的报告作为审计报告的一部分。

2. 成立美国上市公司会计监督委员会（Public Company Accounting Oversight Board，PCAOB），来监督审计人员对上市公司的审计工作。

3. 会计师事务所不可以同时既审计上市公司，又为同一家客户提供相关的内部控制咨询服务。

4. 对违反者予以严厉处罚，管理层欺诈入狱可达25年，编制虚假报表入狱可达20年。

《萨班斯-奥克斯利法案》改变了审计行业的行业规则，对审计师所能提供的除审计业务之外的其他服务类型进行了限制，并要求审计师对其审计的每一家上市公司的内部控制都必须出具一份报告。公司如何才能建立良好的内部控制制度呢？下面将会介绍内部控制的构成要素。

内部控制的要素

企业可以通过五个要素来达到内部控制的目标：

- 控制活动（control procedures）；
- 风险评估（risk assessment）；
- 信息系统（information system）；
- 对控制的监督（monitoring of controls）；
- 控制环境（control environment）。

控制活动

这些活动是为了确保实现企业目标。后文将讨论内部控制的控制活动。

风险评估

企业必须识别风险。例如，食品生产商要面临食品可能会对人体产生危害的风险；航空公司的飞机可能撞机；音像品公司要面临侵权的风险；所有公司都面临破产的风险。遇到困难的公司都倾向于编制虚假的财务报表，以使得企业业绩比真实的情况要好。作为企业内控系统的一部分，企业所面临的个别账户风险以及总的经营风险，都必须加以评估。风险越高，越需要企业加大投入以保全资产。

信息系统

如我们所见，信息系统是非常关键的。适当的内部控制应该能够确保只有被授权的用户才可以接触到会计信息系统的各部分。除此之外，还应该能够确保对所记录的各项交易进行恰当的审批。决策制定者需要准确的信息来记录资产，衡量利润和损失。

对控制的监督

公司雇用审计师来监督它们的控制。企业中的**内部审计师**（internal auditors）是企业的员工，其主要职责是确保员工都遵循公司政策，且经营活动有效地进行。这些内部审计师也要评估公司是否遵循了与内部控制相关的法律要求以达到保全资产的目的。**外部审计师**（external auditors）是完全独立于企业的外部审计人员。他们评估内部控制，以确保财务报表公允地反映了一般会计准则的要求。

控制环境

控制环境指“高层基调”或者企业文化。从业主、CEO 和高级经理开始，他们必须为员工做出表率。如果期望员工认真对待内部控制，那么这些高管必须要说明内部控制的重要性。

□ 内部控制活动

无论是年销售收入仅有1万美元的小型企业，还是年销售收入高达100亿美元的大型公司，所有的公司都需要以下的控制活动：

胜任工作、值得信赖并遵守职业道德的员工

企业员工应该是胜任工作、可以信赖并遵守职业道德的。支付高薪以吸引高素质的员工，训练员工使其做好本职工作，以及对员工的工作进行监督都有助于公司建立一支有能力胜任工作的员工队伍。

合理授权

在具有良好内部控制系统的公司里，任何一项重要职责都不会被忽视。每一个员工都被赋予特定的、明确的责任。举例而言，在一家大型企业中，负责现金支票的是出纳（treasurer），主管会计工作的是主计长（controller）。即便是只负责准确记录交易活动的初级记账员，也要承担特定的责任。明确的职责分工可以带来工作上的责任感，从而确保所有重大任务都顺利完成。

职责分离

明智的管理方法是将业务责任在两个或更多的人或者部门之间分配。**职责分离**（separation of duties）限制了舞弊的机会，提高了会计记录的准确性。职责分离可以分为以下两部分内容：

1. 业务经营与会计核算相分离。

会计职能应该完全独立于经营部门，如制造和销售等业务部门。如果销售人员掌管着公司的收入记录会怎么样呢？销售数字可能被夸大，高层管理人员将很难得知公司真实的销售额是多少。

2. 资产保管与会计核算相分离。

会计不能兼管现金，出纳不能接近会计记录。如果一个员工既管理现金又负责会计记录，这个人就可以贪污现金并通过在账簿上做一笔假分录来掩盖这一行为。出纳掌管现金，而主计长负责现金的会计处理。任何一个人都不能同时对这两件事负责。这一控制原则适合所有的资产管理，并非仅仅适用于现金管理。

审计

为了评价会计记录的准确性和完整性，大多数公司都既进行内部审计，又进行外部审计。审计是指受过培训的专业人士——审计师，对公司财务报表和会计系统进行的审查。内部审计由企业内部员工进行，外部审计由企业以外的独立审计师进行。

为了评价公司的会计系统，审计师要审查公司的内部控制，以确保其恰当运行。举例而言，一项内部控制可能要求企业＄50以上的支付请求需要经过经理授权。因此审计师就需要检查企业所有超过＄50的交易是否都经过经理审批。

凭证

凭证提供了企业交易的详细信息。凭证包括发票和订货单（纸质的或者电子版的）。为了预防盗窃和低效，凭证应预先编号，如果序号不连续就能够引起注意。

例如，STL 公司的顾客发票就是一项重要的凭证。经理可以将发票上记录的销售金额和企业收到并存入银行的现金数额进行对比。

电子设备

会计系统现在越来越少地依赖于纸质凭证，而越来越多地依靠数字存储设备。例如，零售商通过在其商品上附上电子传感器来控制存货。当商品售出时去掉传感器。如果顾客试图把附有传感器的商品带出商店，就会触动警报。类似电子传感器这样的设备可以减少失窃损失。

电子商务

电子商务有其特有的风险。黑客有可能获取机密信息，比如盗取账户和密码，或者传播计算机病毒和木马程序，或者网络钓鱼。为了应对电子商务带来的风险，许多公司都实施了多种安全措施。保护电子商务数据的一项技术就是加密。**加密**（encryption）是对文本信息按某种数学程式进行重新编排，而任何不知道这一程式的人都不能够阅读已经加密的信息。一个会计实例就是对顾客的账号使用总和校验数字。每个账号都把最后一个数字设置成前面数字之和。例如客户账号是 2237，这里 2＋2＋3＝7。任何不能通过这项测试的账号就会引发错误信息。

另外一项保护数据的措施是**防火墙**（firewall），它限制了进入局域网的路径，防火墙允许局域网的成员进入互联网，但是不允许非成员进入局域网。在局域网内通常建有几个防火墙。在入口处，密码口令、PINs（个人认证号码）和签名等其他的安全措施都要用到。在网络的深层次中还会用到更为复杂的防火墙以保护更为敏感的数据信息。

其他控制手段

因为存在多种类型的企业，所以控制手段也是多种多样的。其他常见的控制有：

- 将重要的公司文件存放在防火储藏室里面；
- 设置防盗警报、防火警报和监控摄像头；
- 由预防损失领域的专家来培训员工，以发现可疑活动；
- 建立员工互保基金，补偿公司由于雇员自盗引起的损失；
- 实施强制休假与工作轮换。

□ 内部控制的局限性——成本与效益

遗憾的是，绝大多数内部控制方法都可以被规避。串通——两个或者更多的雇员联合起来合谋的时候，内部控制系统就会失效。例如 Galaxy 剧院的这起丑闻。Galaxy 剧院的拉尔夫和拉娜共同密谋，售票员拉尔夫贪污 10 位观众交来的票款，而检票员拉娜则允许这些观众入场但并不收取入场券，那么拉尔夫和拉娜就可以私分这些票款。为了避免这种情形发生，经理必须采取额外的控制措施，比如比较剧院的人数和所保存的剧票存根，但是这要占用其大量的工作时间。设计控制来防止合谋，不仅困难，而且成本很高。

内部控制系统越是严密，成本就越高。一个过于复杂的内部控制系统会使经营陷于繁文缛节的公事程序中从而拖累整个公司。内部控制究竟要严格到什么程度才好呢？对内部控制的投入程度必须建立在对成本效益分析的判断之上。下面是效益高于成本的一个很好的例子。超市每个保安人员的年薪为＄28 000，平均每个保安可以预防＄50 000的盗窃损失，那么对于超市来说，内部控制的净节余为＄22 000。但是如果同样为每个保安人员支付＄28 000，而只能预防＄1 000的现金损失，那么成本将比收益高＄27 000。

到目前为止，我们已经讨论过何为内部控制以及如何利用内部控制来保全企业资产。在剩余的章节中我们将把精力集中在对现金的内部控制上，因为现金最容易失窃。然而，需要牢记的是内部控制原则应该应用于所有的资产，并不仅仅是现金。

与现金收入相关的内部控制

现金收入主要发生在当企业销售存货或者提供服务时。在收到现金之后，应立即将其存入银行以安全储存。企业可以通过柜台、邮寄或电子转账等方式收取现金，每种方式都有其相应的保护措施。之前我们已经讨论过电子商务的内部控制程序，所以这一部分将着重讨论如何对通过柜台或邮寄方式收取现金进行内部控制。

通过柜台收取现金

在商店柜台收取现金需要一台销售网点终端（收银机），它对商店收到的现金进行管理控制。这里以零售类商店为例。对每一笔交易活动都要出具收据以确保每笔销售都通过收银机记录。现金抽屉仅在销售人员在键盘上输入每一笔交易活动时才能打开，同时机器（收银机）在纸带上对此笔交易活动进行记录。每天下班的时候管理人员要将现金抽屉里的现金和记录的数额相核对。这一步骤有助于防止员工盗窃。

在每天下班时，将现金送存银行（如果企业的交易活动较为频繁，也可以一天数次）。机器纸带交由会计部门作为编制与现金收取和销售收入有关的会计分录的依据。这些安全措施连同管理人员的定期现场检查可以防止收款员贪污现金。

通过邮寄方式收取现金

许多公司通过邮寄方式（邮寄支票等）收取现金。图表8—1说明了公司如何对这种方式进行控制。

图表 8—1　通过邮寄方式收取现金

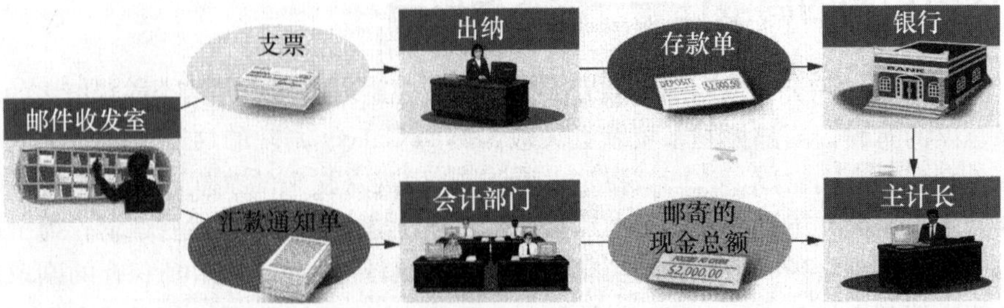

通过邮寄方式收取现金的流程如下所示：

步骤一：所有的邮寄收入都应该由专人开启。邮件收发室将所有的顾客支票送给出纳，汇款通知单交由会计部门。汇款通知单可附于支票后，告知企业付款缘由。

步骤二：出纳将现金存入银行。从银行处收取存款收据。

步骤三：会计部门（或记账员）借助汇款通知单来登记现金日记账和客户账户。

步骤四：主计长核对当天的记录：

- 出纳记录的银行存款金额
- 会计部门编制的现金借方记录

这种核对确保现金账户借方记录的金额等于存入银行的金额。所有的现金收入都安全地存储在银行中了，并且公司的账簿记录得到及时更新。

许多公司使用锁箱制度来替代柜台或邮寄方式以收取现金。在锁箱制度下，顾客将他们的支票直接投递到某银行指定的邮政信箱。银行雇员每天清空箱子，并将收到的现金存款记录在公司在这家银行开设的银行账户上。由于公司员工不会接触现金收入，内部控制得到了加强。锁箱制度使公司收取现金的速度加快。

与现金支出相关的内部控制

公司的现金支出大多是支票方式，也有少部分零星现金是通过备用金支付的，备用金将在后文中介绍。我们先介绍支票付款。

对支票付款的控制

我们知道，现金支付的实际操作和签发支票是职责分离的。用支票付款是对现金支出的一项重要控制，原因如下：

首先，支票提供了付款的原始凭证和记账依据。

其次，支票必须由经过授权的管理人员签发才有效。

最后，在签发之前，管理人员应该审查付款理由（包括发票和其他原始凭证）。

购买和付款的控制

为了说明对支票付款的内部控制情况，我们假设 STL 公司正在从一家电子产品制造商处购买商品存货。购买和付款过程的步骤如图表 8—2 所示。

步骤一：STL 公司向电子产品制造商传真一份订货单，包含所需产品的型号和数量。

步骤二：电子产品制造商发出商品，同时也向 STL 公司传真一份发票。

步骤三：STL 公司收到货物，并编制验货报告。

步骤四：STL 公司在收集完上述所有的凭证后，向这家电子产品制造商签发支票。在良好的内部控制下，采购部门（准备订货单的部门）既不能接收货物，也不能审批付款。如果这些职责没有分离，那么采购人员可以自行购买货物，并将货物运回自己家中。或者，采购人员会在购买货物时抬高进价，并批准付款，然后从供货商处获取回扣。

图表 8—2　支票付款

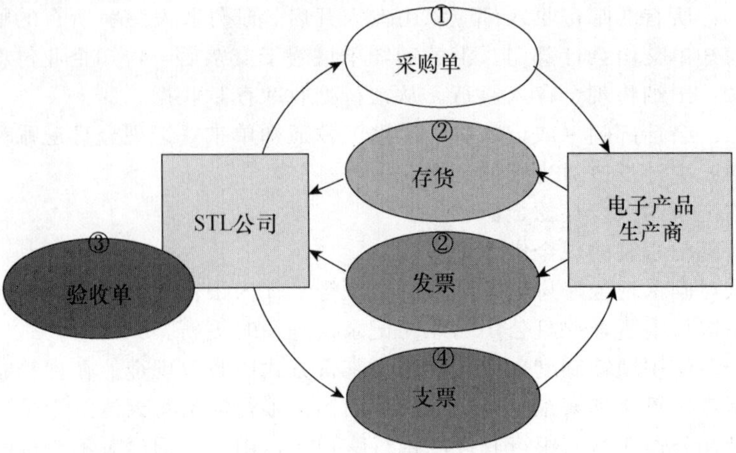

图表 8—3 是 STL 公司的付款凭证袋（纸质或电子格式均可）。在签发付款支票之前，出纳或者主计长应该检查付款凭证袋，以确认所有文件的一致性，只有这样公司才能确保：

1. 确实收到了所订购的货物。
2. 仅为已收到并且已授权的货物付款。
3. 付款金额无差错。

图表 8—3　付款凭证袋

付款后，支票签发者在付款凭证袋上打孔，以避免对这些凭证重复付款。在大多数会计信息系统中，通常对已付款的发票自动标记"已付款"标识。

付款凭证制度

很多公司在现金付款的内部控制中使用付款凭证制度，**凭证**（voucher）是按顺序编号的授权现金付款的证据。

付款凭证制度使用：（1）凭证；（2）应付凭证登记簿；（3）支票登记簿。所有的支出在实际付款之前都必须经过批准。批准采用凭证的形式。

图表 8—4 是 STL 公司的一张凭证，为了确保内部控制，STL 公司需要在付款凭证袋后附上这张凭证。

图表 8—4　　凭　证

	凭证 STL 公司	V＃1238

收款人＿西南电子科技公司＿＿＿＿＿＿＿＿

截止日期＿6 月 3 日＿＿＿＿＿＿＿＿＿＿
付款条件＿3/15，n/30＿＿＿＿＿＿＿＿＿＿

日期	发票号码	摘要	数额
5 月 19 日	620	平板电脑	＄700

审批：安德鲁·布莱特　审批：约翰·卡伦

主管会计：　　　出纳：

高效率的程序

信息技术的发展使得现金付款的程序更加简单有效。已评估收据结算（evaluated receipt settlement，ERS）把批准付款程序压缩到只有一步：比较验货报告和购货订单。例如，如果两项凭证相符，则表明 STL 公司收到了其订购的平板电脑，并已向供应商付款。

更简单有效的程序甚至绕过所有的纸质文件。在电子数据交换系统（electronic data interchange，EDI）中，零售商的计算机系统与供货商的计算机系统直接相连。当零售商的存货下降到一个较低水平的时候，电脑会自动生成购货订单并向供应商发出。供应商就会将货物送至零售商处并向零售商开具电子发票。在经管人员核实发票之后，电子资金转账系统自动将零售商的付款转到供应商的账户上。这种高效的电子数据交换系统应用于很多公司的现金收支活动中。

利用备用金实现内部控制的目的

对企业而言，为打车费或快递费单独开一张支票是不经济的。因此，为应付这种零星的开支并简化对小额现金交易活动的记账流程，企业需要保持小额的现金——**备用金**（petty cash fund）。

我们知道现金是流动性最强的资产，而备用金比银行中的现金更具流动性，因为它不存在任何的银行管制。因此，企业需要对备用金建立如下的控制措施：

1. 指定备用金的**保管人**（custodian）；保管人是指派的、需要对备用金负责的人员。
2. 保持某一特定数额的现金作为备用金。
3. 使用**备用金票**（petty cash ticket）支付所有的零用现金支出；备用金票事先按顺序编号，可以作为已授权的凭证和摘要说明。

□ 建立备用金

当一笔预定金额支票被批准并签发给备用金账户时，备用金就建立起来了。企业签发支票，作为备用金。假设STL公司在8月1日决定设立一笔金额为＄200的备用金。保管人员用支票提取＄200的现金作为备用金，并将其放入备用金账户。对应的会计分录如下所示：

日期	科目及摘要	借方	贷方
8月1日	备用金	200	
	现金		200
	（设立备用金）		

对于每一笔备用金开支，保管人员都要开立一张如图表8—5所示的备用金票。

图表8—5　　备用金票

备用金票　＃101

日期　2015年8月25日

金额　＄60

事项　印有信头的发票

借记　办公用品

收款人　（签名）　备用金保管人（签名）

备用金票上的签名（或者姓名的开头字母）确认了备用金的收款人和备用金保管人。保管人在备用金中保存所有的备用金票。现金与备用金票数额之和在任何时候都与开立备用金时的金额相等，在本例中是＄200。

备用金账户保持着开立时的＄200金额是**预付款制度**（imprest system）的一个特征。预付款制度要求在任何时候备用金账户的现金与备用金票数额之和都等同于预付款的数额。它清楚地说明保管人员所负责的现金金额。这是系统主要的内部控制方式。

□ 补充备用金

由于开支减少了备用金中现金的数额，因此需要定期补充备用金。在8月31日备用金中有＄118的现金和＄80备用金票（一张编号＃101的＄60的备用金票用于购买办公用品，一张编号＃102的＄20的备用金票用于支付运费）。

你可以看到现金少了＄2：

备用金余额		＄200
实际现金	＄118	
备用金票	80	
总计		＄198
现金缺少额		＄2

为了补充备用金，你需要使实际的现金恢复到＄200。公司签发了一张＄82的支票，支付给备用金（预付款金额＄200减去实际现金＄118）。备用金保管人员将这张支票兑现并将此＄82放入备用金账户中，现在备用金中实际的现金为它应有

的＄200。

备用金票明确了需要借记的账户，支票数额明确了需要贷记的账户和金额，关于补足备用金的会计分录如下所示：

日期	科目及摘要	借方	贷方
8 月 31 日	办公用品	60	
	运费	20	
	现金溢缺	2	
	现金		82
	（补足备用金）		

缺少的现金借记或贷记一个新的账户——现金溢缺。在本例中，现金缺少了＄2，所以借记现金溢缺。另一种理解这一问题的思路是：我们需要另外借记＄2 来平衡借贷方金额。

备用金账户始终保持＄200 的金额。只有在开立备用金的时候（见 8 月 1 日的分录）或者是备用金数额需要变动的时候，才会用到“备用金”账户。例如，如果公司要把备用金的数额从＄200 提高到＄250，这就需要签发支票取现＄50，并在“备用金”账户中借记＄50。当补足备用金时，公司需要借记使用备用金所支付的相关费用的账户或者所购买的相关资产的账户。

有时，实际的现金和备用金票之和会超过备用金限额。在前面的例子中，假设备用金票＃102 的运输费用为＄30，而不是＄20。我们知道了备用金票的数额和手头所拥有的现金金额，那么我们就可以计算现金溢缺数：

备用金余额		＄200
实际现金	＄118	
备用金票	90	
总计		＄208
现金溢余额	＄8	

在此例中，现金金额加上备用金票数额的合计数＄208 超过了备用金余额＄200，产生了现金溢余。相关的会计分录如下所示：

日期	科目及摘要	借方	贷方
8 月 31 日	办公用品	60	
	运费	30	
	现金溢缺		8
	现金		82
	（补足备用金）		

借方总额为＄90（＄60＋＄30），用于补充备用金的支票金额仍为＄82（贷记现金＄82）——因为备用金余额合计数需要达到＄200，而其中现存数仅为＄118。在这种情况下，我们需要贷记＄8 来平衡借贷方金额，因此贷记现金溢缺＄8。

□ 改变备用金金额

假设9月1日，STL公司决定把备用金的数额从＄200提高到＄300。这就需要STL公司签发支票＄100并取现，然后将其放入备用金账户中。因为备用金账户的金额发生了改变，所以公司必须作如下一笔会计分录以反映这种改变：

日期	科目及摘要	借方	贷方
9月1日	备用金 现金 （增加备用金）	100	 100

注：当减少备用金金额时，需要借记现金，贷记备用金科目。记住：只有在开设备用金、增加或减少备用金数额的时候，才会用到备用金账户。

将银行账户作为一种控制手段

作为一种最重要的交换媒介，现金是最具流动性的资产。现金易于藏匿和移送，相应地也就容易失窃。所以大多数公司将现金存入银行。银行在保护现金方面已采取了许多切实可行的措施。这一部分将介绍几种最常用的对银行账户的控制手段。

□ 签字样卡

银行要求每个被授权通过银行账户经办业务的人都必须留有签字样卡（signature card）。使用签字样卡可以防止伪造签名，银行员工会定期核对检查签字样卡，以鉴定企业签发的支票或者存入的存款是否为真实的。

□ 存款单

银行提供标准格式的存款单（deposit ticket）。客户在上面填入存款的金额。顾客保留存款收据作为经办业务的凭据。

□ 支票

为了从银行账户上提取现金，存款人需填写一张支票（check）。支票事先连续编号，是委托银行向指定的个人或企业支付一定数额款项的凭证。图表8—6是STL公司所签发的一张支票。它涉及三方面的关系人：出票人、收款人以及银行。出票人指的是签发支票的人（在此例中指的是STL公司），收款人（加利福尼亚办公用品公司）指的是STL公司签发支票所要支付的个人或企业。

这张支票有两部分：支票本身和**汇款通知单**（remittance advice）。除此之外，支票还包括银行代码和账户编号。银行代码是用来标识提取支票存款的银行名称的九位数。账户编号用来标识提取存款的账户名称。

图表 8—6　带有汇款通知单的支票

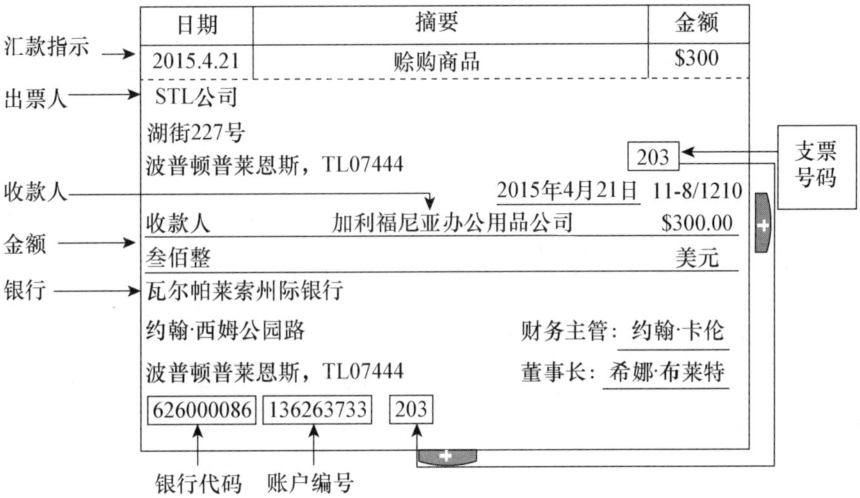

银行对账单

银行每月向其存款人提供银行对账单（bank statement）。银行对账单是银行用来汇报存款人现金收支及结存情况的单据。对账单上列示出期初和期末该账户的现金余额并列出本月所有的现金收入和现金支出交易。银行对账单中还包括那些被取消的支票和支付支票的原件或扫描件。图表 8—7 是 STL 公司 2015 年 4 月收到的当月的银行对账单。

电子资金转账

电子资金转账（electric funds transfer，EFT）是一种依靠电子通信来结转现金的系统。企业的各类账单和其他的现金支付活动，譬如工资、租金、水电费和保险费等，都通过 EFT 来支付。对于公司来说，通过 EFT（直接存款）来支付这些项目比较经济方便，不必邮寄支票。借记卡交易和直接存款也会使用 EFT。

银行存款余额调节表

通过某一日期的银行存款余额调节表（bank reconciliation），可分析调整企业银行存款日记账中和银行对账单中现金数额的差异。企业的现金有两种记录：

1. 企业总分类账中的现金账户。4 月份 STL 公司的现金 T 型账户如下所示：

现金

期初余额	10 550	4 月 2 日	20 000
4 月 1 日	19 450	4 月 15 日	3 200
4 月 8 日	5 500	4 月 21 日	300
4 月 22 日	2 000	4 月 30 日	2 000
4 月 24 日	9 000	4 月 30 日	150
期末余额	20 850		

图表 8—7 银行对账单

银行对账单

瓦尔帕莱索州际银行
约翰·西姆公园路，波普顿普莱恩斯，IL

STL公司　　　　支票账户：136-213733
湖街227号
波普顿普莱恩斯，IL07444　　　　2015年4月30日

期初余额	存款总额	取款总额	手续费	期末余额
$12 470	27 080	26 810	20	$12 720

业务往来

存款	日期	金额
存	4月1日	19 450
存	4月10日	5 500
存	4月22日	2 000
电子资金转账	4月27日	100
利息	4月30日	30

手续费	日期	金额
服务费	4月30日	20

支票

号码	金额	号码	金额	号码	金额
202	3 200	203	300		
201	20 000	205	150		
200	1 920				

其他扣减项	日期	金额
电子资金转账	4月20日	40
空头支票	4月25日	1 200

2. 银行对账单记录通过银行的现金收入和支取。在图表 8—7 银行对账单中的 STL 公司的现金期末余额为 $ 12 720。

现金日记账和银行对账单的余额经常不一致，产生差异是由于企业和银行记录业务存在时间滞后，称为时间差异（timing difference），以下是三个关于时间差异的例子。

● 当公司签发支票时，公司会立即从支票账簿中扣除这部分金额，但是只有在银行实际支付的几天后，银行才会从公司的账户中扣除这部分金额。

● 对于所有存款，公司会立即在支票账簿和现金账户中增加这部分金额，但是可能一两天后银行才会将存款增加到公司的账户中。

● 银行通常更早地记录电子资金转账的现金支付和收入。

为了确保现金记录的准确，企业需要在收到银行对账单之后，及时更新支票账簿和现金科目，这就要求企业必须编制银行存款余额调节表。银行存款余额调节表解释了现金日记账和银行对账单之间所有差异的原因。编制银行存款余额调节表的员工不应再从事其他有关现金的工作。这意味着编制银行存款余额调节表的员工无权接触现金，无权登记现金日记账。否则，他有可能会盗用现金，操纵银行存款调节表，以掩盖盗窃行为。

银行存款余额调节表中银行方面

下面是银行存款余额调节表中一些常见的调节项目，它们通常导致银行存款余额和企业的账面余额不等。

银行方面的调节项目包括企业已记录，但银行未记录或者错误记录的项目，主要有以下几类：

1. **在途存款**（deposits in transit）。企业已经记录了这些存款，但是银行尚未记录。银行方面需要在表中列示为“增加：在途存款”，因为当银行记录这些存款时，将会增加现金余额。

2. **未清偿的支票**（outstanding checks）。这些支票已经由企业签发并在账簿上进行登记，从企业的账面余额中予以扣除，但银行尚未付款。在表中列示为“扣减：未清偿支票”，因为当银行记录这些支票时，它们将会减少现金余额。

3. **银行错误**（bank error）。指的是银行在过账过程中错误地对企业的银行账户余额进行了增减。银行应通过对错误做相反的处理，来更正银行存款余额调节表中的所有银行错误。

说明：差错更正通常应记录在造成错误的那一方。如果错误是由银行造成的，那么应记录在银行存款余额调节表的银行一方；如果是由企业造成的，那就应该记录在企业账户一方。

银行存款余额调节表中企业账户方面

企业账户方面包含那些银行已做记录，但企业内部账簿未做记录或者错误记录的项目。这些项目包括：

1. **银行收款**（bank collection）。银行已对企业的银行账户做了现金收入记录，但企业账簿中未做记录，这部分现金收入即为银行收款。例如，当企业采取锁箱制度（lock-box system）时，就会产生银行收款。另一个例子是，银行为储户接收应收票据的现金时，也会产生银行收款。银行收款，也称为贷款通知单，它表示顾客账户余额的增加。银行收款在银行存款余额调节表中的企业账户一方都将列示为“增加：银行收款”，因为它代表了企业还未记录的现金收入。

2. **电子资金转账**（electronic funds transfers）。银行可以用这种方式为储户收付现金。电子资金转账可能是一项现金收入或现金支出。如果是企业未增加的现金，现金收入将在银行存款余额调节表企业账户方面列示为“增加：电子资金转账”；如果是企业未扣除的现金，现金支出将列示为“扣减：电子资金转账”。

3. **服务费**（service charge）。这是银行经办储户业务所收取的手续费，除此之外还包括打印支票的费用及其他银行收费。服务费，通常称为借项通知单，代表顾客账户余额的减少。在银行存款余额调节表中企业账户方面列示为“扣减：服务费”，因为这是企业还未记录、还未从企业的现金余额中扣除的现金支出。

4. **支票账户的利息收入**（interest revenue on a checking account）。储户的账户上如果有足够的现金就可以得到利息。银行会通过银行对账单来通知储户这笔利息，在银行存款余额调节表中企业账户方面列示为“增加：利息收入”，因为这是企业还未增加的现金收入。

5. **空头支票**（nonsufficient funds checks）是指企业因向顾客销售货物或者提供服务，而从顾客那里收到的没有价值的支票。有时候又叫做热票（hot checks）或坏票（bad checks），应该从银行存款余额调节表中扣除。空头支票指的是支票持有人请求付款时，出票人在付款人处实有的存款不足以支付票据金额的支票。在银行存款余额调节表中企业账户方面列示为“扣减：空头支票”。

6. **记账错误**（book error）。企业账簿中的记录错误，不正确地增加或减少了企业总账中的现金余额。通过对错误做相反的处理，在银行存款余额调节表中的企业账户一方更正所有的记账差错。

图表8—7中的银行对账单显示了4月30日STL公司的银行存款余额是＄12 720（右上角处），然而，公司现金账户的余额却是＄20 850，这种情况就需要进行银行存款调节。在编制银行存款余额调节表的过程中，STL公司会再次审查银行对账单和公司的现金账户，以发现并调整时间差异。图表8—8的A部分列示了调节项目，B部分是完整的调节过程。

图表8—8 **银行存款余额调节表**

A部分——调节项目

银行方面：	企业账户方面：
1. 4月24号在途存款：＄9 000	3. 从顾客处所获的电子资金转账收入：＄100
2. 未清偿的支票：第204号，＄2 000	4. 银行存款利息收入：＄30
	5. 银行服务费：＄20
	6. 电子资金转账支付的水费：＄40
	7. 空头支票：＄1 200

B部分——银行存款余额调节表

银行		企业账面		
4月30日余额	＄12 720	4月30日余额	＄20 850	
加：		加：		
1. 在途存款	9 000	3. 从顾客所获的电子资金收入	＄100	
		4. 银行存款利息收入	＄30	130
	21 720			20 980
减：		减：		
2. 未清偿支票		5. 服务费	20	
204号	2 000	6. 电子资金转账支付的水费	40	

		7. 空头支票	1 200	1 260
调整后银行余额	$ 19 720	调整后账面余额		$ 19 720

金额应该一致

处理不同调节项目的总结：

银行余额应该：

- 加上在途存款；
- 减去未清偿支票；
- 加上或者减去对银行错误的更正。

企业账面余额应该：

- 加上银行收款、利息收入和电子资金转账收入；
- 减去服务费、空头支票和电子资金转账付款；
- 加上或者减去对账簿错误的更正。

银行存款余额调节表应用举例

让我们以 STL 公司为例，来说明如何对银行存款余额调节表的每一方进行调整。

银行存款余额调节表中银行方面

我们可以从银行对账单中得到 STL 公司 2015 年 4 月 30 日的银行账户余额为 $ 12 720。企业需要检查一下是否存在影响银行账户余额的以下加减项：

1. **在途存款**。STL 公司检查银行对账单和现金账户，以便查看是否存在企业已经记录但银行尚未记录的在途存款。STL 公司发现 4 月 24 日的存款 $ 9 000 尚未被银行记录，因此应该在银行存款余额上增加此笔款项。

2. **未清偿的支票**。这些支票已经由企业签发并在账簿上进行登记，从企业的账面余额中予以扣除，但银行尚未付款。STL 公司发现支票号码为 204 的支票银行方面尚未清偿，金额为 $ 2 000，因此应该将此笔款项从银行账户余额上予以扣减。

在所有影响银行一方账户余额的项目被调整后，即可得到调整后的银行余额。

银行存款余额调节表中企业账户方面

我们可以从企业的总分类账中得到 STL 公司 2015 年 4 月 30 日的现金账户余额为 $ 20 850。企业需要检查一下是否存在影响企业现金账户余额的以下加减项：

3. **电子资金转账**。在检查银行对账单时，STL 公司发现一笔从客户处收取的电子资金转账收款，金额为 $ 100。企业尚未将此笔收款记入企业的现金账户，因此需要调增账户余额。

4. **利息收入**。STL 公司发现一笔 $ 30 的存款利息尚未记入企业的现金账户，因此需要调增账户余额。

5. **服务费**。银行对账单上有一笔 $ 20 的服务费。STL 公司尚未将此笔收款记入企业的现金账户，因此需要调减账户余额。

6. **电子资金转账**。在检查银行对账单时，STL 公司在“其他各项扣除”部分发现一笔支付给客户（自来水厂）的 EFT 付款，金额为 $ 40。企业尚未将此笔收款记入企业的现金账户，因此需要调减账户余额。

7. **空头支票**。在检查银行对账单时，STL公司发现一张来自客户的空头支票。起初公司在收到此支票时已经将此记录为企业现金账户的增加。银行现在告知企业客户并未清偿此支票，因此客户的存款也尚未被转入企业的账户。STL公司需要调减账户余额。

在所有影响企业一方账户余额的项目被调整后，即可得到调整后的企业账户余额，并且与调整后的银行账户余额相等。这一数额代表着2015年4月30日企业准确的现金余额。

□ 编制银行存款余额调节表的调整分录

银行存款余额调节表独立于公司账簿，并没有在日记账中进行记录。为了将交易活动记入账簿，我们必须编制日记账分录并过账至总分类账。银行调节表中所有公司账簿方面的调节项目都要编制调整分录。对于银行方面不用编制调整分录，因为我们无法接触到银行的总分类账。

依据图表8—8的调节表，STL公司需要编制调整分录以便及时更新现金账户。下图中的日记账分录序号，与图表8—8中A部分的调整项目的序号，以及B部分企业账面调节项目的序号都是一致的。注意：我们在此处编制了5个单独分录，在实际操作中可仅编制一个复合分录。

日期	科目及摘要	借方	贷方
3：4月30日	现金	100	
	应收账款		100
	（记录银行已回收的应收账款）		
4：4月30日	现金	30	
	利息收入		30
	（记录银行账户已确认的利息收入）		
5：4月30日	银行费用	20	
	现金		20
	（记录应支付给银行的服务费）		
6：4月30日	水电费	40	
	现金		40
	（记录通过电子资金转账支付的水费）		
7：4月30日	应收账款	1 200	
	现金		1 200
	（被银行退回的空头支票）		

现金

期初余额：	10 550	4 月 2 日	20 000
4 月 1 日	19 450	4 月 15 日	3 200
4 月 8 日	5 500	4 月 21 日	300
4 月 22 日	2 000	4 月 30 日	2 000
4 月 24 日	9 000	4 月 30 日	150
余额：	20 850		
4 月 30 日	100	4 月 30 日	20
4 月 30 日	30	4 月 30 日	40
		4 月 30 日	1 200
期末余额：	19 720		

使用现金比率评估企业经营业绩

对于每家企业来言，现金都是最重要的资产。如果没有充裕的现金，企业无法继续正常经营。因此，企业需要仔细对现金进行监控。可以用来衡量企业流动性的比率之一是**现金比率**（cash ratio），可以度量企业偿还短期负债的能力。

现金比率=(现金+现金等价物)/流动负债总额

注意：现金比率计算公式中的分子，包含现金和现金等价物。现金等价物，指的是可在三个月或更短的时间内转换为现金的流动性非常强的投资，譬如货币基金以及美国政府国库券等。

回到绿山咖啡公司上来，让我们通过计算其现金比率来评估其流动性。绿山咖啡公司的现金、现金等价物以及流动负债总额可以在附录 A 中找到，数据如下（单位：千美元）：

	2011 年 9 月 24 日	2010 年 9 月 25 日
现金及现金等价物	\$ 12 989	\$ 4 401
流动负债总额	471 374	238 055

绿山咖啡公司 2011 年 9 月 24 日的现金比率计算如下：

现金比率＝\$ 12 989/471 374＝0.028

相比而言，2010 年 9 月 25 日的现金比率则为：

现金比率＝\$ 4 401/238 055＝0.018

由于现金和现金等价物的增加，现金比率从 2010 年到 2011 年略有上升。现金比率是评估流动性最保守的比率，因为它只考虑了现金和现金等价物，将其他的流动资产（如存货和应收账款）排除在外。注意在这两年间，现金比率均在 1.0 以下，这对于企业而言是一件好事。现金比率大于 1 可能预示着企业拥有大额的闲置资金。这部分资金本可以用来产生更高的利润或者用来给股东分红。然而，现金比率过低则可能使企业的投资者和债权人对企业偿还短期负债的能力存疑。

疑难问题 A 部分

P8-21A 找出与现金收支相关的内部控制漏洞

BP 公司所有销售都以赊销方式进行。通过邮件确认现金收入。由邮件收发室员工贾斯汀·欧德森打开信封并分开支票和附带的汇款通知单。欧德森把支票交给另一个雇员，由他负责每日送存银行，但是这个人不能接触会计记录。欧德森把列示收到现金的汇款通知单交给会计部门登账。欧德森仅有的另一个任务是审批提供给顾客的销售折让（销售折让会减少应收账款金额）。当欧德森收到顾客扣除 $ 60 销售折让的价值为 $ 375 的支票时，他对销售折让进行记录，然后把此文档交给会计部门。

要求：

1. 指出在这种情形下公司内部控制的漏洞。
2. 谁应该负责记录销售折让？
3. 应该列示在现金收入分类账上的金额是多少？

P8-22A 纠正内部控制的缺陷

下列中的每一项具有内部控制缺陷：

a. UD 应用软件公司根据客户的要求开发并销售软件。最近，由于程序员正在重新设计 UD 会计软件系统，新程序的开发停滞下来。UD 公司的会计师本来有可能承接此项业务。

b. 诺尔玛作为企业忠实的雇员已经工作 30 年了。她一直承担着现金收支和会计的工作。诺尔玛刚刚购买了雷克萨斯轿车，并在地价较高的郊区购买了一栋新的别墅。作为公司的所有人，你可能会怀疑她怎么能够买起这么贵的奢侈品，因为她每年的薪水为 $ 30 000，而且没有其他的收入来源。

c. IH 是一家私人公司，为了能够获得银行借款，虚构了销售和存货数字。最后借款成功，但是不久，IH 公司就破产了，无法偿还银行借款。

d. 一家办公用品公司发现最近从 PG 体育商品店购买货物后收到的发票没有事先编号，PG 商店的老板霍华德回应说他从来没有使用过发票上的编号。

e. 向 Cusco 这样的折扣店会有许多的现金销售，而剩下的较多通过信用卡销售。为了减少费用，商店的经理取消了出纳的忠诚保险。

f. 康奈利将一周之内收到的所有现金都放在一个空箱子里，他喜欢在周二去银行存款，因为那天正好乔安娜值班。

要求：

1. 确定每种情况下的内部控制缺陷。
2. 确定由于内部控制缺陷可能带来的问题。
3. 对于每个控制缺陷提出一个解决办法。

P8-23A 备用金的会计处理

BS 服装公司 6 月 1 日开立了一笔预付金额为 $ 450 的备用金账户。备用金款项的保管人富兰克林在 6 月份签发的备用金票如下：

备用金票号码	项目	金额
101	办公用品	$ 15
102	经管人员出租车费用	10
103	同城包裹运输费用	20
104	业务招待费	35
105	存货	65

在 6 月 30 日补足备用金之前，备用金账户包括这些备用金票和 $ 310 的现金。备用金支付可能影响的账户包括办公用品费用、差旅费、运输费用、招待费用和存货。

要求：

1. 阐述预付备用金的特征和内部控制方式。
2. 在 6 月 30 日补足备用金之前，备用金账户应该持有的现金数额是多少？
3. 编制开立备用金和补足备用金的日记账分录（含摘要）。
2. 编制 7 月 1 日把备用金余额增加到 $ 475 的分录（含摘要），并简要说明保管人做的工作。

P8-24A 备用金的会计处理

假设 RG 公司于 6 月 1 日开立了一笔预付金额

为 $ 500 的备用金账户。备用金的保管人迈克尔在 6 月份签发的备用金票如下：

备用金票号码	项目	金额
1	收到包裹的邮费	$ 20
2	办公室聚会费用	25
3	两盒文具	35
4	打印机色带盒	15
5	业务招待费	75

在 6 月 30 日备用金补足之前，备用金账户包括这些备用金票和现金 $ 325。备用金支付可能影响的账户包括办公用品费用、招待费用和邮费。

要求：

1. 在 6 月 30 日补足备用金之前，备用金账户应该持有的现金数额是多少？

2. 编制开立备用金和补足备用金的日记账分录（含摘要）。

3. 编制 7 月 1 日把备用金余额增加到 $ 550 的分录（含摘要）。

P8-25A 编制银行余额调节表和相关会计分录

D 公司 12 月份的现金记录如下表所示：

现金收入		现金支出	
日期	借记现金	支票号码	贷记现金
4 月 4 日	$ 4 170	1416	$ 860
9 日	510	1417	130
14 日	530	1418	650
17 日	2 180	1419	1 490
30 日	1 850	1420	1 440
		1421	900
		1422	630

D 公司 12 月 31 日的现金余额为 $ 16 740，在 12 月 31 日，D 公司收到的银行对账单如下：

12 月份的银行对账单		
期初余额		$ 13 600
存款和其他贷项：		
12 月 1 日	电子资金转账 $ 300	
5 日	4 170	
10 日	510	
15 日	530	
18 日	2 180	
22 日	银行收款 1 400	9 090
支票和其他借项：		
12 月 8 日	空头支票 $ 1 000	
11 日（支票号 1416）	860	
19 日	电子资金转账 700	
22 日（支票号 1417）	130	
29 日（支票号 1418）	650	
31 日（支票号 1419）	1 940	
31 日	服务费 60	(5 340)
期末余额		$ 17 350

编制银行存款余额调节表需要的其他数据：

a. 电子资金转账贷方是租金收入。电子资金转账借方是保险费支出。

b. 空头支票是从一名顾客那里收到的。

c. $ 1 400 的银行收款是应收票据。

d. 号码为 1419 的支票，正确的金额是 $ 1 940，D 公司的会计错记为 $ 1 490。

要求：

1. 编制 D 公司 2015 年 8 月 31 日的银行存款余额调节表。

2. 编制与调节银行余额相关的会计分录。

P8-26A　编制银行余额调节表和相关会计分录

温彻斯特保健公司刚刚从联邦银行收到 8 月 31 日的银行对账单。为了编制银行存款余额调节表，你收集了以下信息：

a. 8 月 31 日温彻斯特保健公司的银行账户余额是＄4 870。

b. 银行对账单包括两笔对来自于顾客的空头支票的收费。一张是金额为＄400（1 号）的支票。另一张是金额为＄110（2 号）的支票。

c. 温彻斯特保健公司的下列支票在 8 月 31 日尚未清偿：

支票号码	金额
237	＄50
288	170
291	520
294	580
295	50
296	140

d. 温彻斯特公司通过电子资金转账从一些顾客处回收部分现金。银行对账单包括＄1 300 电子资金转账的回收账款。

e. 银行对账单有两笔存款温彻斯特公司没有入账，其中＄970 是一笔应收股利收入，＄80 是温彻斯特公司 8 月份存款的利息收入。

f. 银行对账单列示有＄30 的银行服务费作为减项。

g. 在 8 月 31 日，温彻斯特保健公司存入银行＄350，但是这笔存款没有反映在银行对账单上。

h. 银行对账单包括了＄1 000 的扣减项，为签发给 MS 运输公司的支票。温彻斯特公司注意到了银行的这一记录错误。

i. 8 月 31 日，温彻斯特公司的现金账户余额为＄2 900。

要求：

1. 编制温彻斯特保健公司在 2015 年 8 月 31 日的银行存款余额调节表。

2. 编制与调节银行余额相关的会计分录，并给出每一笔分录的摘要。

小组作业

小组作业 8—1

假定你正在为即将于你所在地区举办的一场摇滚演唱会宣传造势。你们团队的每一名成员都向此次活动投资赞助了＄10 000，这是他们每个人辛苦赚取的血汗钱。今天是 4 月 1 日，演唱会的时间初步定在 6 月 30 日。你们的宣传活动即将启动，并打算于 5 月 1 日开始出售门票。你们打算在 7 月 31 日之前，卖掉所有的资产、清偿所有的负债，然后将剩余的现金分配给每一名团队成员。

请撰写一份可以帮助企业保全资产的内部控制手册。此手册的开篇主要是如何在团队成员之间分配岗位职责——将特定的职责授权给组内的个体成员或者其他你打算雇用的外部人员，并在组内成员和其他雇员之间合理分配职责。

第 9 章

应收项目

- 应收项目的常见类型及赊销收入的记录
- 直接注销法下不可收回账款的处理
- 备抵法下不可收回账款的处理
- 应收票据的会计处理
- 使用酸性测试比率、应收账款周转率和应收账款周转天数评价经营状况

信用期是否应该延长?

詹姆斯·赫尔希是一家大型百货公司的信用部经理。他的主要职责就是处理所有会产生应收账款的赊销交易。詹姆斯必须评估每一位要求赊销的顾客的情况，并决定允许哪些顾客可以以赊销的方式购买商品。他通过检查顾客的信用记录以及信用得分对顾客做出评价。这是一个很重要的决策工作，他明白允许赊销会增加百货公司的销售额，但是也存在缺陷。

缺陷之一就是百货公司需要等一段时间才能收到现金。但是，对于詹姆斯来说，最大的风险，也是他的工作中最让人沮丧的部分，就是顾客不付钱的时候。当顾客不付钱的情况发生，百货公司就会蒙受损失，因为公司永远都不会收回与那笔销售相关的现金了。百货公司必须想办法将那些不会付账的顾客的账户从账簿中移除，这称为销账。另外，詹姆斯必须帮助百货公司估计无法收回的应收账款的金额，这一点非常重要，因为百货公司只有掌握能够收回应收账款的数额才能预测未来的现金流量。

在本章中，我们会确定企业如何处理应收账款。应收账款代表从现在的交易中未来收取现金的权利。在这一章，我们首先将关注 Sears Holdings 公司如何处理应收账款，包括无法收回的应收账款，学习应收账款的会计处理。然后学习应收票据的处理，它比应收账款的时间更长，并且通常是带有利息的应收款项。最后，我们将了解公司或者投资者如何运用财务比率去评估企业从应收账款中收回现金的能力。

本章大纲

- 应收项目通常可以分为几类？赊销业务是如何记录的？
- 在直接注销法下，如何处理坏账？
- 在备抵法下，如何处理坏账？
- 什么是应收票据？应收票据账户应该如何计量？
- 如何运用速动比率计算应收账款的周转比率？如何运用应收账款周转期评估公司的业绩？

学习目标

1. 定义并解释应收项目的常见类型。
2. 应用直接注销法对坏账进行会计处理。
3. 应用备抵法对坏账进行会计处理，根据销售百分比法、应收账款百分比法和应收账款账龄分析法估计坏账。
4. 对应收票据进行会计处理，包括计算利息、记录已付和拒付的票据。
5. 利用速动比率、应收账款周转率和应收账款周转天数评价一个公司。

应收项目的常见类型及赊销收入的记录

当你以赊销方式向另一方出售产品或劳务时，会产生**应收项目**（receivables）。它是卖方对买方就交易金额的一种要求权。当你借钱给一个人时，也会产生应收项目。所以应收项目可以说是由于当前业务而在将来收取现金的一种权利。这是企业拥有的，所以应收项目是资产。每笔赊销业务至少包括两类关系人：

债权人（creditor），出售商品或提供劳务并获取应收项目，形成一项资产；

债务人（debtor），购买商品或服务并承担应付项目，形成一项负债。

应收项目的种类

应收项目主要有三种类型：

- 应收账款
- 应收票据
- 其他应收款

应收账款（accounts receivables），也称为**应收贸易款项**（trade receivables），是由于赊销而应向顾客收取的金额，是顾客欠企业的金额。应收账款通常是在短时间内进行回收的项目，比如 30 天或者 60 天，因此在资产负债表中属于流动资产。

应收票据（notes receivables）通常比应收账款的时间更长一些。应收票据代表了未来从顾客或另一方收取一定金额现金的权利。应收票据通常收取一定利息。债务人以书面形式向债权人许诺于将来某一特定日期，即**到期日**（maturity date）支付一笔特定金额的款项。被称为**本票**（promissory note）的书面文件是应收项目的证据，它由债权人和债务人签字认可。一年或短于一年到期的应收票据是流动资产，期限超过一年的应收票据是长期应收项目。

其他应收款（other receivables）是一些杂项，包括了在未来应收到的其他类型的现金。常见的例子包括贷给员工的款项和应收利息。其他应收款可能是一种长期应收项目，也可能是流动资产，取决于收款期是否超过一年。

应收项目的内部控制

赊销商品的企业，其大部分现金是以邮寄或者在线支付的方式收取的，因此应收账款收回的内部控制非常重要。正如我们在前一章中所讨论的，内部控制中一个重要的要求是现金经管和现金会计的职责相分离。

大多数公司设有信用管理部门去评价顾客的信用状况，评价他们是否符合企业的信用政策标准。赊销的范围需要权衡。公司不希望丧失信用良好的顾客，与此同时也要避免产生坏账。

应收款项收回的内部控制制度是否有效，关键在于是否能做到职责分离。例如，信用部门的某雇员同时经管现金，那么他可以把从顾客收回的款项放入自己腰包，然后注明该款项是坏账。这样，会计部门就会把应收账款注销，该顾客的应收账款明细账不再纳入公司账务，该雇员也掩饰了侵吞公司财物的行为。

记录赊销收入

前面已经提到，当以赊销方式向另一方出售产品或劳务时，会产生应收账款。企业应当为每一顾客每笔应收账款设置分类账。

例如，在 8 月 8 日，STL 公司以赊销的方式向布朗提供了价值 $ 5 000 的服务，向史密斯提供了销售价格为 $ 10 000 的产品，收入的处理如下：

日期	科目及摘要	借	贷
8 月 8 日	应收账款——布朗	5 000	
	服务收入（已提供的赊销服务）		5 000
8 月 8 日	应收账款——史密斯	10 000	
	销售收入（已卖出的赊销商品）		10 000

顾客的分类账，称为**明细分类账**（subsidiary account）。明细分类账的总和等于**统驭账户**（control account），它汇总了所有顾客的应收账款总额。

统驭账户

应收账款

余额	15 000	

应收账款明细分类账

应收账款——布朗

余额	5 000	

应收账款——史密斯

余额	10 000	

明细账合计 15 000

STL 公司 8 月 29 日从顾客布朗处收回现金 $ 4 000，从顾客史密斯处收回现金 $ 8 000，STL 公司的账务处理如下：

日期	科目及摘要	借	贷
8 月 29 日	现金	12 000	
	应收账款——布朗		4 000
	应收账款——史密斯		8 000
	（收回赊销现金）		

统驭账户

应收账款

余额	15 000	12 000 8 月 29 日
余额	3 000	

应收账款明细分类账

应收账款——布朗

余额	5 000	4 000 8 月 29 日
余额	1 000	

应收账款——史密斯

余额	10 000	8 000 8 月 29 日
余额	2 000	

明细账合计 3 000

□ 记录信用卡和借记卡销售

除了采用赊销方式以外，大部分企业还采用信用卡和借记卡这两种支付方式。通过接受信用卡和借记卡，例如，维萨卡（Visa）和万事达卡（MasterCard），商家可以吸引更多的顾客。信用卡使顾客不需要立即支付现金就能买到东西，借记卡使得顾客使用电子支付代替使用现金或者填写支票。

商家也从信用卡和借记卡销售中获益。它们不用去调查顾客的信用情况，因为签发公司已经调查过了；不用为每个顾客设立应收账款明细分类账；也不用从顾客处收取现金。企业获得的这些好处不是免费的，它们需要支付费用。

企业一般会和第三方合作，让第三方来处理信用卡和借记卡交易，交易通常会在企业从第三方购买或者租用的电子终端上进行。第三方向企业收取的费用根据卡的类型和与企业签订的特殊协议决定，协议会详细说明费用是如何支付给第三方的。下面是两种常见的销售收入计算方法：

- **净收入法**（net）：通常在销售完成后的几天内，用总的销售收入减去估计的第三方处理费用就等于暂存在第三方的净现金收入。
- **总收入法**（gross）在实际销售日后的几天内，所有的收入都会被存放起来，形成总的收入。第三方收取的费用在每个月的最后几天按月从企业的银行账户中扣除，这项工作通常由第三方完成。

通过信用卡和借记卡交易获得的收入通常在销售完成后的几天内就会存起来，因此，信用卡和借记卡销售采用和现金销售同样的方法记入日记账。例如，STL 公司在 8 月 15 日向顾客卖出了价格为＄3 000 的产品，顾客使用信用卡支付。假定第三方收取 4％的服务费用，采用净收入法，则 STL 公司将采用如下方法进行账务处理：

日期	科目及摘要	借	贷
8 月 15 日	现金	2 880	
	信用卡费用（＄3 000×0.04）	120	
	销售收入		3 000
	（采用净收入法记录信用卡销售）		

若第三方采用总收入法，则在销售日 STL 公司账务处理如下：

日期	科目及摘要	借	贷
8 月 15 日	现金	3 000	
	销售收入		3 000
	（采用总收入法记录信用卡销售）		

8 月底，第三方会收取当月的费用。（我们假定当月只有一张信用卡。）

日期	科目及摘要	借	贷
8 月 31 日	信用卡费用	120	
	现金		120
	（向第三方支付费用）		

□ 应收账款的保理和抵押

接受赊销的一个弊端就是企业必须等待现金的支付。有时候这个时期可能会长达 60～90 天。另外，企业也有收不回账款的风险。在前几部分中，我们把信用卡和借记卡视为减少这种风险的方法之一。对于企业来说，另一种方法就是对应收账款进行保理和抵押。

当企业对它的应收账款进行保理时，会把应收账款卖给金融公司或者银行（通常称为代理人），企业会立刻从代理人那里收到减去申请费用的现金。现在是代理人而不是企业需要回收应收账款的资金，企业直接从代理人那里收到应收回的现金。

对应收账款进行抵押是急需现金的企业的另一个选择。在进行抵押时，企业把应收账款作为贷款的担保，从银行借款。企业仍对应收账款的收回负责，但是这笔钱应该用来偿还贷款和利息。如果贷款并未偿还，那么银行有权收回应收账款。

在这两种情况下，企业都会立刻拿到现金而不是等待收回应收账款。

直接注销法下不可收回账款的处理

赊销既会产生收益又会引起成本。

收益：赊销扩大了销售的范围从而增加了公司的收入和利润。

成本：某些赊销顾客的货款可能收不回来，产生不可回收账款，造成成本的增加。

顾客的不可回收账款必须从账面冲销，因为企业认为在未来应收账款已经无法收回。同时，企业必须记录一笔和不可回收账款相对应的费用。这笔费用就称作**坏账费用**（bad-debt expense），坏账费用有时也称为**可疑账款费用**（doubtful-account expense）或**不可收回账款费用**（uncollectible account expense）。

对于不可回收账款和坏账费用，有两种会计处理方法：

- 直接注销法
- 备抵法

记录和注销不可收回账款——直接注销法

直接注销法（direct write-off method）主要用于小型的非上市公司。在直接注销法下，当企业认为无法从一个特定顾客那里收回应收账款时，这笔应收账款被注销，同时记录相应的坏账费用。

例如，假设在 8 月 9 日 STL 公司认定将无法从顾客丹·金那里收回 5 月 5 日卖出库存商品的应收账款 $ 200。公司将会注销顾客的应收账款，同时借记坏账费用，贷记应收账款，账务处理如下：

日期	科目及摘要	借	贷
8 月 9 日	坏账费用	200	
	应收账款——丹·金		200
	（直接注销不可收回账款）		

一项应收账款一旦被注销，公司就会停止跟踪应收账款回收。有些公司可能会将拖欠的账款交给律师或者代理机构催收并收回部分款项，但是通常情况下公司不会期望在未来能够收回任何款项。

已冲销坏账的转回——直接注销法

有时，企业注销一项应收账款后顾客又支付了款项。为了处理这笔收回的账款，企业必须把前期的应收账款注销转回。例如，在 9 月 10 日，STL 公司出乎意料地从丹·金那里收到了＄200，公司将会按照下面的方法来处理：

日期	科目及摘要	借	贷
9 月 10 日	应收账款——丹·金	200	
	坏账费用		200
	（转回前期注销收账款）		
9 月 10 日	现金	200	
	应收账款——丹·金		200
	（赊销收回现金）		

直接注销法的不足

如前文中提到的，直接注销法主要用于小型的非上市公司，这是因为直接注销法违反了配比原则。配比原则要求不可收回账款的费用应该和相关利润配比。例如，使用直接注销法时，一家公司可能在 2014 年就记录销售收入，但是直到 2015 年才记录坏账费用。销售收入和坏账费用在不同的年度记录，使得公司高估了 2014 年的净收入，低估了 2015 年的净收入。另外，在 2014 年的资产负债表中，应收账款会被高估，因为企业将会有一部分应收账款无法收回但是没有在当期注销。直接注销法只有在坏账金额很小的企业才能使用。大多数企业必须使用一种更好的方法来将相关的营业收入和费用进行配比。这种方法称为**备抵法**（allowance method），这种方法也是一般公认会计原则所要求的。

备抵法下不可收回账款的处理

大多数公司使用备抵法计量坏账。**备抵法**（allowance method）是基于配比原则，因此关键一点是在销售收入入账的同时记录坏账费用。公司设立应收账款的抵减账户——**坏账准备**（allowance for bad debts）或**可疑账款准备**（allowance for doubtful accounts）。企业不用等到确定不能从顾客处收回账款时才记录坏账损失。相反，公司依据过去的经验估计坏账费用，计提坏账准备来对潜在无法付款的债务人进行管理。

坏账费用的处理——备抵法

在使用备抵法时，公司在期末估计坏账费用，然后记入调整分录。假设 2015 年 12 月 31 日，STL 公司估计它的＄4 400 应收账款中有＄80 是无法收回的。调整分录处理如下：

日期	科目及摘要	借	贷
2015年12月31日	坏账费用	80	
	坏账准备		80
	（记录当期坏账费用）		

调整分录后，STL公司的账户余额如下：

应收账款		坏账准备		坏账费用	
12月31日 4 400			80 12月31日	12月31日 80	

应收账款会在资产负债表中反映，但是它反映的是净实现价值。**净实现价值**（net realize value）是企业希望从应收账款收回的净值（应收账款减坏账准备），STL公司在资产负债表中将会这样报告：

STL公司 资产负债表（部分） 2015年12月31日		
资 产		
流动资产：		
应收账款	$4 400	
减：坏账准备	(80)	$4 320

资产负债表中报告STL公司预期能够收回应收账款金额：$4 320。备抵账户坏账准备是从应收账款账户中减掉的金额。它表示：虽然属于STL公司的应收账款有$4 400，但是公司估计其中的$80是无法收回的。

□ 注销不可收回账款——备抵法

在使用备抵法时，企业仍然需要注销不可收回的应收账款。但是，不像在使用直接注销法时，贷记坏账费用，在备抵法下，企业将会把这笔不能收回的款项贷记坏账准备。在这种情况下，坏账费用的借方不会变化，因为在备抵法下公司在确认坏账准备时已经对坏账费用进行了确认。因此，在备抵法下注销不可收回账款的会计处理对净利润是没有影响的。

例如，在2016年1月10日，STL公司认定其无法收回顾客肖恩·卡拉汉总额为$25的应收账款，注销此项应收账款的会计处理如下：

日期	科目及摘要	借	贷
2016年1月10日	坏账准备	25	
	应收账款——卡拉汉		25
	（注销不可收回账款）		

注销后STL公司的T型账户如下：

应收账款		坏账准备	
2016年1月1日 4 400			80 2016年1月1日
	25 2016年1月10日	2016年1月10日 25	
余额 4 375			余额 55

注销应收账款的分录减少了坏账准备账户余额和应收账款账户余额，但是没有影响资产负债表中的应收账款净值。这是因为注销的金额同时减少了坏账准备（备抵账户）和应收账款（资产类账户）。另外，注销一项应收账款没有影响净收入是因为这个注销分录不包括收入或费用。

	注销前	注销后
应收账款	$4 400	$4 375
减：坏账准备	(80)	(55)
净实现价值	$4 320	$4 320

转回以前注销的坏账——备抵法

一项应收账款被注销以后，公司就会停止试图收回应收账款。有时，顾客也可能会支付已经注销的应收账款。企业需要转回已注销的坏账，并记录此项现金收入。在这个过程中，企业需要重新建立应收账款账户并将坏账准备账户转回。

2016年1月10日时，STL公司注销了肖恩·卡拉汉$25应收账款。在2016年3月4日，STL公司出乎意料地从卡拉汉那里收到了$25，对已注销坏账转回和记录现金收入的账务处理如下：

日期	科目及摘要	借	贷
3.4	应收账款——卡拉汉	25	
	坏账准备		25
	（转回前期注销坏账）		
3.4	现金	25	
	应收账款——卡拉汉		25
	（赊销收回现金）		

估计和记录坏账费用——备抵法

那么如何估计无法收回的应收账款金额呢？企业需要考虑过去的经验、经济形势、所在行业以及其他因素。简而言之，企业做出预测，称为估计。估计坏账准备有三种基本方法：销售百分比法、应收账款百分比法和应收账款账龄分析法。

销售百分比法

销售百分比法（percent-of-sales method）是按赊销净额的一定百分比来计算坏账费用的方法，这种方法的重点集中在利润表中的费用金额上，所以也叫用利润表估计坏账费用法（income-statement approach）。让我们回到STL公司的例子，公司的坏账费用通常是净赊销金额的0.5%，总额为＄60 000。会计人员使用销售百分比法计算坏账费用的方法如下：

坏账费用＝净赊销值×%
＝＄60 000 ×0.005
＝＄300

12月31日，STL公司使用下列调整账项来对坏账费用进行账务处理：

日期	科目及摘要	借	贷
2016年12月31日	坏账费用	300	
	坏账准备		300
	（记录当期坏账费用）		

调整账项以后，忽略前期已注销坏账的转回，STL公司在资产负债表和利润表账户中的账务处理如下：

资产负债表账户：

应收账款

2016年1月1日余额	4 400		
净赊销销售收入	60 000	25	注销
		58 000	收回
未调整余额	6 375		
2016年12月31日余额	6 375		

坏账准备

		80	2016年1月1日余额
注销	25		
		55	未调整余额
		300	调整金额
		355	2016年12月31日余额

利润表账户：

坏账费用

2016年1月1日余额	0	
调整金额	300	
2016年12年31日余额	300	

应收账款百分比法

应收账款百分比法和应收账款账龄分析法是根据应收账款的余额确定的，也称为用**资产负债表估计坏账费用法**（balance-sheet approaches），因为它们关注应收账款账户（资产负债表账户），并且根据应收账款百分比来确定目标账户余额。

在**应收账款百分比法**（percent-of-receivables method）中，企业仍然根据过去的经验来确定不可收回账款的比例。这个方法和销售百分比法不同，因为它依据的是应收账款账户最后的未调整余额，而不是净赊销收入。

在应收账款百分比法下计算坏账费用分为两步。首先，企业要先确定备抵坏账的目标余额，接着用这个目标余额来确定坏账费用。

第一步：确定备抵坏账的目标余额：

目标余额＝应收账款最终余额×%

第二步：通过对备抵账户估值来确定坏账费用：

坏账费用＝目标余额－未调整坏账准备贷方余额

或　　　　　　　　　　＝目标余额＋未调整坏账准备借方余额

让我们来看一下 STL 公司的例子。假设在 2016 年 12 月 31 日，企业的未调整应收账款账户余额是＄6 375。STL 公司估计应收账款的 4%将无法收回。在第一步中，企业确定备抵坏账的目标金额是：＄255（＄6 375×0.04），接下来，会计人员认定坏账费用调整金额为：＄255－＄55＝＄200。

坏账准备

		80	2016 年 1 月 1 日余额
注销	25		
		55	未调整余额
		200	调整金额
		255	2016 年 12 月 31 日余额

第二步：基于目标余额计算坏账费用调整金额。$255－$55=$200

第一步：确定目标余额，通常作为贷方余额报告。$6 375×0.04

STL 公司在 12 月 31 日记录了下列调整账项来确认当年的坏账费用：

日期	科目及摘要	借	贷
2016 年 12 月 31 日	坏账费用	200	
	坏账准备		200
	（记录当期坏账费用）		

调整账项以后，STL 公司在资产负债表和利润表账户中账务处理如下：

资产负债表：

应收账款

2016 年 1 月 1 日余额	4 400		
净赊销销售收入	60 000	25	注销
		58 000	收回
未调整余额	6 375		
2016 年 12 月 31 日余额	6 375		

坏账准备

		80	2016 年 1 月 1 日余额
注销	25		
		55	未调整余额
		200	调整金额
		255	2016 年 12 月 31 日余额

利润表：

坏账费用

2016 年 1 月 1 日余额	0	
调整金额	200	
2016 年 12 月 31 日余额	200	

在前面的例子中，STL 公司在备抵账户中有未调整的贷方余额。如果一个企业在调整以前有借方余额，那么计算坏账费用会有所不同。在这种情况下，未调整的余额将会加到目标余额上，而不是从目标余额中减去坏账准备账户未调整余额。

我们来看一个例子。假设马丁音乐公司在坏账准备账户中有借方余额＄150。假设它估计无法收回账款比例是＄40 000应收账款的2%。马丁音乐公司的坏账费用调整金额应按照如下方法计算：

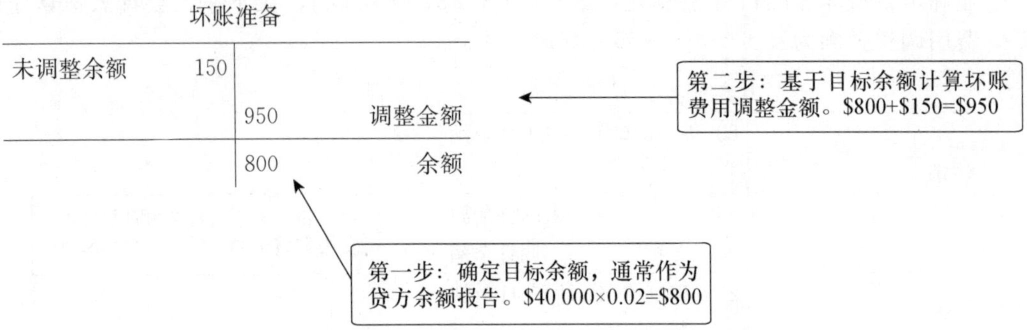

注意到当备抵账户有未调整借方余额时，目标余额必须被加到坏账准备账户的未调整余额上来确定坏账费用的调整金额。马丁音乐公司将会记录如下调整分录来确认坏账费用。

日期	科目及摘要	借	贷
12月31日	坏账费用	950	
	坏账准备		950
	（记录当期坏账费用）		

应收账款账龄分析法

应收账款账龄分析法（the aging-of-receivables method）和应收账款百分比法相类似。但是，在账龄分析法中，每个应收账款账户按照其成为应收账款时间的长短分组（例如，布罗克森、安德鲁斯等），计算机按照顾客账户的账龄进行分类，然后对每一个组应用不同的不可收回账款比例。图表9—1说明了STL公司是如何对应收账款进行分组的。

图表9—1　　STL公司应收账款账龄

顾客名称	账户账龄				
	1～30天	31～60天	61～90天	90天以上	余额合计
布罗克森	＄800				＄800
Phi Chi互助会	2 100				2 100
安德鲁斯		＄350			350
琼斯		480			480
佩雷斯	1 345				1 345
汤姆森			＄1 200		1 200
克拉克				＄100	100
合计	＄4 245	＄830	＄1 200	＄100	＄6 375
估计坏账比	×1%	×2%	×3%	×90%	
坏账准备额	＄42	＋＄17	＋＄36	＋＄90	＝＄185 ← 目标余额

在年末，STL 公司需要记录调整分录来确认坏账费用。步骤和应收账款百分比法类似。

第一步：根据每个账户时间长短确定备抵坏账的目标余额。

第二步：通过对备抵账户估值来确定坏账费用。

坏账费用＝目标余额－未调整坏账准备贷方余额

或 ＝目标余额＋未调整坏账准备借方余额

STL 公司会从目标余额＄185 中减掉坏账准备账户的未调整贷方余额＄55，以此来确定它的坏账费用。

坏账准备

		80	2016 年 1 月 1 日余额
注销	25		
		55	未调整余额
		130	调整金额
		185	2016 年 12 月 31 日余额

第二步：基于目标余额计算坏账费用调整金额。$185－$55=$130

第一步：通过账龄分析表计算目标余额，通常作为贷方余额报告。

STL 公司在 12 月 31 日会记录如下调整分录来确认当年的坏账费用。

日期	科目及摘要	借	贷
2016 年 12 月 31 日	坏账费用	130	
	坏账准备		130
	（记录当期坏账费用）		

调整账项以后，STL 公司在资产负债表和利润表账户中账务处理如下：

资产负债表：

应收账款

2016 年 1 月 1 日余额	4 400		
净赊销销售收入	60 000	25	注销
		58 000	收回
未调整余额	6 375		
2016 年 12 月 31 日余额	6 375		

坏账准备

		80	2016 年 1 月 1 日余额
注销	25		
		55	未调整余额
		130	调整金额
		185	2016 年 12 月 31 日余额

利润表：

坏账费用

2016 年 1 月 1 日余额	0	
调整金额	130	
2016 年 12 月 31 日余额	130	

比较无法回收账款会计处理方法

图表9—2给出了在使用直接注销法和备抵法时需要记录的日记账分录。让我们花一点时间来回顾两种方法的区别。记住在使用直接注销法时，企业是不使用备抵账户的，这种方法和一般公认会计原则的要求是不一致的。

图表9—2　直接注销法和备抵法

直接注销法			备抵法		
注销无法收回账款					
坏账费用	25		坏账准备	25	
应收账款——顾客名称		25	应收账款——顾客名称		25
（注销无法收回账款）			（注销无法收回账款）		
以前注销账户的转回					
应收账款——顾客名称	25		应收账款——顾客名称	25	
坏账费用		25	坏账准备		25
（恢复以前注销账户）			（恢复以前注销账户）		
现金	25		现金	25	
应收账款——顾客名称		25	应收账款——顾客名称		25
（收回现金）			（收回现金）		
调整分录确认坏账					
不需要做调整分录			坏账费用	300	
			坏账准备		300
			（记录当期坏账费用）		

在使用备抵法对不可收回账款进行处理时，企业必须使用下面三种方法之一在会计期末估计坏账费用：销售百分比法、应收账款百分比法和应收账款账龄分析法。图表9—3总结了这三种方法的不同。

图表9—3　比较销售百分比法、应收账款百分比法和应收账款账龄分析法

备抵法	
用利润表估计坏账费用法： 销售百分比法 　坏账费用＝净赊销收入×%	用资产负债表估计坏账费用法： 应收账款百分比法　　应收账款龄分析法 第一步： 　目标余额＝应收账款最终余额×% 第二步： 　坏账费用＝目标余额－未调整坏账准备贷方余额 或 　坏账费用＝目标余额＋未调整坏账准备借方余额

应收票据的会计处理

应收票据是比应收账款更正式的一种文件。借款人签发期票，作为债务的证据。在

开始有关的账务处理之前，我们首先定义所涉及的专有名词。

- **期票**：约定在将来某一特定日期支付特定金额的书面凭证。
- **期票的出票人（借款人）**：签发期票并许诺支付期票所要求金额的企业或个人，即借款人。
- **期票的收款人（贷款人）**：出票人许诺将来支付款项的个人或企业，即贷款人。
- **本金**：收款人贷出、出票人借入的款项金额。
- **利息**：收款人贷出本金的收入，或出票人借入本金的费用。
- **计息期**：计算利息的期间，指票据签发日至到期日的期间，也叫票据期间、票据期限或简称期间。
- **利息率**：票据利息额占本金的百分比，通常指年利息率。期票利息率为 9%就是说一年的利息额为期票本金的 9%。
- **到期日**：期票最后付款的日期。
- **到期价值**：本金与至到期日的利息之和。

图表 9—4 列示了一张期票。

图表 9—4　期票的格式

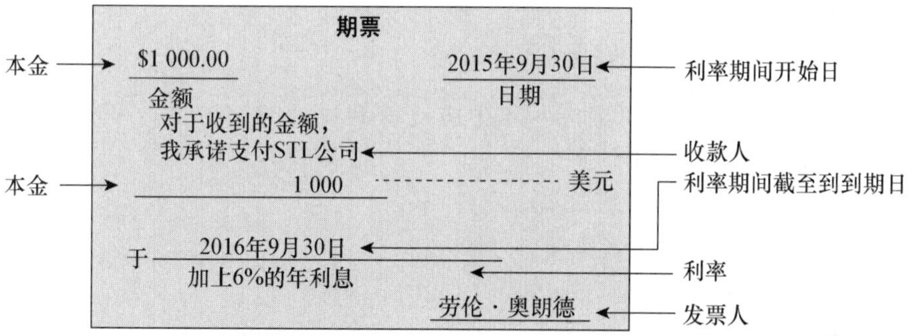

在图表 9—4 中我们可以看到 STL 公司在 2015 年 9 月 30 日借给了劳伦·奥朗德 \$1 000，期限为一年，年利率是 6%。会计人员将进行如下账务处理：

日期	科目及摘要	借	贷
2015 年 9 月 30 日	应收票据——奥朗德	1 000	
	现金		1 000
	（接受换取现金的票据）		

明确期票的到期日

一些期票标明到期日，如图表 9—4 的期票到期日为 2016 年 9 月 30 日。一些票据以日或月注明票据的期限。当期限以月注明时，票据的到期日是到期月份与出票日相同的对应日。例如，2015 年 2 月 16 日签发的 6 个月的票据，其到期日为 2015 年 8 月 16 日。

当期限以天数给定时，到期日是通过从出票日开始计算的天数来决定。2015 年 2 月 16 日签发的 180 天的票据的到期日为 2015 年 8 月 15 日。

月份	天数	累计天数
2015年2月	28－16＝12	12
2015年3月	31	43
2015年4月	30	73
2015年5月	31	104
2015年6月	30	134
2015年7月	31	165
2015年8月	15	180

在计算票据剩余天数时，记住：

- 只计算到期日；
- 出票日不计算在内。

□ 计算票据利息

计算利息的公式为：

利息额＝本金×利率×时间

在这个公式中，时间是指一年中应计算利息的时间长度，可能是一年的几个月（$x/12$），也可能是一年中的多少天（$x/360$，或 $x/365$）。用图表9—4的数据，STL公司计算其应收票据一年的利息为：

利息额＝本金×利率×时间

＄60＝＄1 000×0.06×12/12

票据的到期价值为＄1 060（＄1 000本金＋＄60利息）。其中，时间为12/12或1，因为计算的是一年的利息。

当票据的计息期用月表示时，一年按12个月计算。利率为15%，面值为＄2 000的票据9个月的利息为：

利息额＝本金×利率×时间

＄150＝＄2 000×0.10×9/12

当票据的计息期用天数表示时，我们多以一年360天而不是365天来计算利息。利率为12%，面值为＄5 000的票据60天利息为：

利息额＝本金×利率×时间

＄100＝＄5 000×0.12×60/360

牢记利率是年利率，因此利息计算公式中的计息期都应该用年表示。

□ 应计利息收入和记录已支付的应收票据

应收票据可能在会计期末尚未得到清偿。截至会计期末的利息收入是当期收益的一部分。请回想前面所讨论的利息收入已经实现，但现金尚未收到的情况。基于配比原则，我们要在实际取得利息收入的当年记录利息收入。

让我们继续前面图表 9—5 中 STL 公司收到应收票据的例子。STL 公司的会计年度结束于 12 月 31 日。

● STL 公司在 2015 年赚得了多少利息收入？（从 9 月 30 日到 12 月 31 日）STL 公司赚取了 3 个月（10 月、11 月、12 月）的利息。

$$\$1\,000\times0.06\times3/12=\$15$$

STL 公司在 2015 年 12 月 31 日的调整分录如下：

日期	科目及摘要	借	贷
2015 年 12 月 31 日	应收利息	15	
	利息收入		15
	（应计利息收入）		

● STL 公司在 2016 年赚得了多少利息收入？（从 1 月 1 日到 9 月 30 日）STL 公司赚取了 9 个月（1 月到 9 月）的利息。

$$\$1\,000\times0.06\times9/12=\$45$$

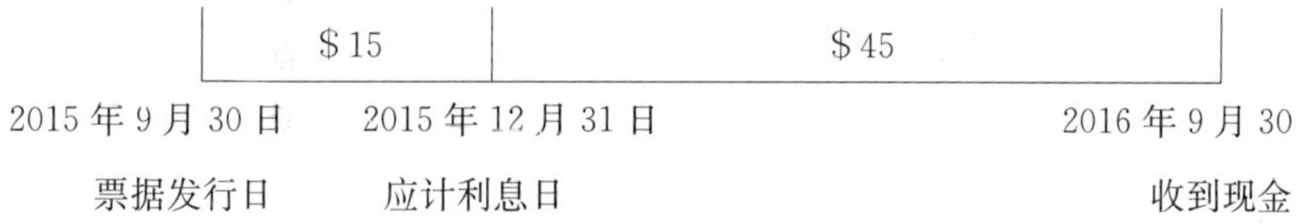

到期日，STL 公司会收到本金加利息。公司计算了支付的票据并做了如下分录：

日期	科目及摘要	借	贷
2016 年 9 月 30 日	现金（$1 000+（$1 000×0.06×12/12））	1 060	
	应收票据——奥朗德		1 000
	应收利息		15
	利息收入		45
	（收到应收票据和利息账款）		

某些公司出售商品时取得应收票据。假设 2015 年 6 月 1 日，Rosa 电气公司向道门·彼德出售了 $2 000 的家用电器。道门签发了一张利率为 10%，期限为 9 个月的期票。Rosa 电气公司记录销售业务、利息收入和从道门处收款业务的分录为：

日期	科目及摘要	借	贷
2015 年 6 月 1 日	应收票据——道门·彼德	2 000	
	销售收入		2 000
12 月 31 日	应收利息（$2 000×0.10×6/12）	100	
	利息收入		100
2016 年 3 月 1 日	现金（$2 000+($2 000×0.10×9/12)）	2 150	
	应收票据——道门·彼德		2 000
	应收利息		100
	利息收入（$2 000×0.10×3/12）		50

公司可以接受不能支付应收账款的贸易客户签发应收票据。顾客签发了期票，并把它交给债权人。假设运动俱乐部无力支付布兰丁服务公司的款项。布兰丁服务公司可以接受运动俱乐部2015年11月19日签发的一张60天，利率为12%，面值为$5 000的应收票据。布兰丁服务公司的分录为：

日期	科目及摘要	借	贷
2015年11月19日	应收票据——运动俱乐部	5 000	
	应收账款——运动俱乐部		5 000
12月31日	应收利息（$5 000×0.12×42/360）	70	
	利息收入		70
2016年1月18日	现金（$5 000+($5 000×0.12×60/360))	5 100	
	应收票据——运动俱乐部		5 000
	应收利息		70
	利息收入（$5 000×0.12×18/360）		30

记录没有兑现的应收票据

如果票据的出票人于到期日不偿付票据，称为**拒付票据**（dishonors a note）或对票据违约。由于票据的期限已满，票据协议不再生效。然而，收款人仍对出票人有债权要求。在这种情况下，收款人会将应收票据转为应收账款。假设罗勃斯坦珠宝店有一张马里奥·阿戴尔在2015年3月3日签发的金额为$1 200，利率为10%的6个月期的应收票据，到期日为9月3日，到期时阿戴尔违约。罗勃斯坦珠宝店记录该违约如下：

日期	科目及摘要	借	贷
2015年9月3日	应收账款——阿戴尔	1 260	
	应收票据——阿戴尔		1 200
	利息收入（$1 200×0.10×6/12）		60

罗勃斯坦珠宝店将此款项作为应收账款向阿戴尔催收。如果罗勃斯坦珠宝店在今后的一段时期内仍不能收回这笔账款，那么最后它会用直接注销法或者备抵法注销这笔应收账款。

使用酸性测试比率、应收账款周转率和应收账款周转天数评价经营状况

如前所述，资产负债表按流动性顺序列示资产（变现能力）。图表9—5是绿山咖啡公司的资产负债表（部分），就是一个很好的例子。资产负债表因列示了资产、负债和收入之间的关系而变得更加有用。让我们检验三个重要的比率。

图表 9—5　　**绿山咖啡公司资产负债表**　　单位：千美元

绿山咖啡公司资产负债表（部分） 2011 年 9 月 24 日和 2010 年 9 月 25 日		
资产	2011 年 9 月 24 日	2010 年 9 月 25 日
流动资产：		
现金和现金等价物	\$ 12 989	\$ 4 401
受限制现金和现金等价物	27 523	355
应收账款，减坏账准备	310 321	172 200
存货	672 248	262 478
应交税费	18 258	5 350
其他流动资产	28 072	23 488
递延所得税（净值）	36 231	26 997
持有待售的流动资产	25 885	0
流动资产合计	\$ 1 131 527	\$ 495 269
流动负债：		
流动负债合计	\$ 471 374	\$ 238 055

□ 酸性测试（速动）比率

在前面我们讨论了流动比率，它表明了用流动资产偿还流动负债的能力；还讨论了现金比率，它衡量了一个企业的现金和现金等价物偿还短期负债的能力。我们现在引入**酸性测试比率**（acid-test ratio）或者叫**速动比率**（quick ratio），它用来衡量一个企业支付流动负债的能力。酸性测试比率比流动比率更严格，但是较现金比率宽松。酸性测试比率是现金和现金等价物之和加上短期投资、净流动性应收款除以总流动负债。酸性测试比率揭示了当流动负债马上就要到期的情况下，公司是否可以偿还其所有的流动负债。

酸性测试比率越高，企业偿还流动负债的能力就越强。绿山咖啡公司的酸性测试比率是 0.74，表明每 \$ 1 的流动负债有 \$ 0.74 的流动资产来偿还。

酸性测试比率＝(现金包括现金等价物＋短期投资＋净流动性应收款)/总流动负债
＝(\$ 12 989＋\$ 27 523＋\$ 310 321)/\$ 471 374
＝0.74

那么可接受的速动比率是多少呢？它取决于企业所处的行业。一般来说，速动比率为 1.00 较安全。

□ 应收账款周转率

应收账款周转率（accounts receivable turnover ratio）衡量的是企业在一年中收回应收账款余额的次数。比率越高，表示现金回收越快。以下为绿山咖啡公司的应收账款周转率，表明公司大约每年周转应收账款 11 次。到 2011 年 9 月 24 日，绿山咖啡公司的净销售收入为＄2 650 899。

应收账款周转率＝净销售收入/平均净应收账款
＝＄2 650 899/[（＄310 321＋＄172 200）/2]
＝10.99 次

□ 应收账款周转期

企业在赊销以后，下一步就是收回应收账款。**应收账款周转期**（days'sales in receivables），也叫**收账期**（collection period），表明平均要花多少天收回账款。收账期越短，企业越能迅速地将现金投入经营；收账期越长，可用于经营的现金就越少。应收账款周转期可按如下所示方法计算：

应收账款周转期＝365 天/应收账款周转率
＝365 天/10.99
＝33 天

平均来看，绿山咖啡公司需要 33 天时间才能收回应收账款。收账期的长短取决于公司的信用政策。例如，信用条件为 30 天内全额付清的，应收账款应在大约 30 天内收回；当有折扣时，比如 30 天内全额付款，如 10 天付款则享受 2％的折扣，其收账期可能会缩短；而信用条件为 45 天内全额付款会导致更长的收账期。

疑难问题 A

P9-27A　对于应收款项，使用备抵法和直接注销法进行会计处理，并且在资产负债表上列报应收款项

2014 年 8 月 31 日，DFS 公司应收账款借方余额为＄155 000，坏账准备余额为＄6 200。9 月份的其他数据包括：

- 实现赊销＄590 000。不考虑销货成本。
- 收回应收账款＄627 000。
- 核销坏账＄7 000。

要求：

1. 采用备抵法编制 9 月份的分录。坏账费用估计为赊销金额的 3％。列示 9 月份所有与应收账款、坏账准备和坏账费用有关的事项（过入相关的 T 型账户）。

2. 在同样情况下，公司采用直接注销法进行坏账的账务处理。然后采用直接注销法记录 9 月份的坏账费用。将其过入应收账款和坏账费用账户，并指出它们在 2014 年 9 月 30 日的余额。

3. 在两种方法下，DFS 公司 9 月份的利润表中列报的坏账费用的金额各为多少？哪个金额与收入更加匹配？说明理由。

4. 在两种方法下，DFS 公司 9 月 30 日资产负债表中列报的应收账款净额各为多少？哪个金额更真实？说明理由。

P9-28A　对于应收款项，使用备抵法（应收账款账龄分析法）进行会计处理，并且在资产负债表上列报应收款项

MTMC 公司 2014 年 9 月 30 日的资产负债表列报如下：

应收账款	＄145 000
坏账准备（贷方余额）	3 500

2014年最后一个季度，MTMC公司完成了下列业务：

12月28日	核销下列坏账：R公司 \$1 300；OM公司 \$900；R公司，\$700。
12月31日	依据下列账龄分析表，记录坏账费用。

应收账款	应收账款账龄			
	1～30天	31～60天	61～90天	90天以上
\$165 000	\$97 000	\$37 000	\$14 000	\$17 000
估计坏账百分比	0.3%	3%	30%	35%

要求：

1. 在日记账中记录上述业务。

2. 设立坏账准备T型账户，把影响该账户的分录过账，余额保持连续。

3. 说明MTMC公司如何在2014年12月31日的资产负债表中列报应收账款。

P9-29A　对于应收款项，使用备抵法（销售百分比法）进行会计处理，并且在资产负债表上列报应收款项

QW公司2013—2014年期间的部分业务如下：

2013年：	
12月31日	估计本年坏账费用为赊销净额 \$450 000的2%。将这个金额记录为坏账费用。
12月31日	编制坏账准备结账分录。
2014年：	
1月17日	向马尔科姆·莫奈赊销货物 \$700，不考虑销货成本。
6月29日	通过反复努力向马尔科姆·莫奈收款失败，将他的账户作为坏账核销。
8月6日	收到马尔科姆·莫奈付来的 \$700，同时收到一封表明他延迟支付欠款的道歉信。全额恢复他的账户额度。
12月31日	编制复合分录将下列应收账款作为坏账核销：BK，\$1 600；MM，\$1 000；RR，\$400。
12月31日	估计本年坏账费用为赊销金额 \$460 000的2%。将这个金额记录为费用。
12月31日	编制坏账费用的结账分录。

要求：

1. 设立坏账准备和坏账费用的普通分类账账户，余额保持连续。所有账户的期初余额为零。

2. 在普通日记账中记录以上业务，并过入上述两个分类账的T型账户。

3. 2014年12月31日应收账款的余额为 \$135 000。说明应收账款如何在12月31日的资产负债表上列报。

P9-30A　坏账的会计处理（账龄分析法），信用卡销售，应收票据和应计利息收入

RRC公司完成了下列业务：

2013年：	
7月1日	向GT公司销售货物，收到一张期限为9个月、利率为12%、金额为 \$45 000的票据。不考虑销货成本。
10月31日	编制调整分录记录GT公司票据的应计利息收入。
12月31日	依据应收账款的账龄编制调整分录记录坏账费用。账龄分析表明应收账款中有 \$14 100无法收回。编制调整分录之前，坏账准备为贷方有 \$10 500余额。
2014年：	
4月1日	从GT公司处收回应收票据的到期值。
6月23日	向AC公司销售货物，收到一张期限为60天，利率为12%，金额为 \$8 000的票据。不考虑销货成本。
8月22日	AC公司拒付（无法支付）到期票据。将票据到期值转入应收账款账户。
11月16日	借款 \$20 000给C公司，用现金支付。收到一张期限为90天，利率为9%的票据。
12月5日	从AC公司全额收回账款。
12月31日	记录C公司票据的应计利息收入。

要求：

在RRC公司的分类账中记录上述业务。不需做分录内容解释。（对于按日发行的票据，每年按照360天计算。将结果保留到整数。）

P9-31A　应收票据和应计利息费用的会计处理

KR公司2014年提供贷款并收到如下票据：

票据	日期	本金	利率	计息期
(1)	8月1日	\$24 000	17%	1年
(2)	11月30日	18 000	6%	6个月
(3)	12月19日	12 000	12%	30天

要求：

1. 确定每张票据的到期日和到期值。

2. 编制获得三张票据的分录，在2014年12月31日，即会计年度结束的时候，做一笔简单的调整分录累计三张票据的应计利息收入。不需要做出解释。

3. 编制三张票据到期本金和利息收回的分录。不需要做出解释。

P9-32A　应收票据、拒付的票据和应计利息费用的会计处理

JJM公司有下列交易：

2013年：	
12月6日	从DSM公司处收到一张期限为90天，利率为12%，金额为$7 000的未兑现票据。
12月31日	编制调整分录记录DSM公司票据的应计利息收入。
12月31日	编制利息收入的结账分录。
2014年：	
3月6日	从DSM公司处收回应收票据的到期值。
6月30日	借款$11 000给LJM公司，用现金支付，收到一张期限为6个月，利率为11%的票据。
10月2日	向VP公司出售商品，收到一张期限为60天，利率为11%，金额为$2 400的票据。不考虑销货成本。
12月1日	VP公司无法支付到期票据。
12月1日	将VP公司的票据注销（使用备抵法）。
12月30日	从LJM公司处收回应收票据的到期值。

要求：

用普通日记账的形式编制JJM公司以上业务的分录。所有金额精确到整数。（对于按日发行的票据，每年按照360天计算。）

P9-33A　使用比率分析法评价公司的财务状况

LCS公司2014年、2013年和2012年的比较财务报表包含了下列数据。

	2014年	2013年	2012年
资产负债表——部分			
流动资产：			
现金	$ 90 000	$70 000	$30 000
短期投资	145 000	175 000	125 000
应收账款净额	290 000	260 000	250 000
存货	370 000	335 000	325 000
待摊费用	60 000	15 000	50 000
流动资产合计	$955 000	$855 000	$780 000
流动负债合计	$560 000	$600 000	$690 000
利润表——部分			
净销售收入（都是赊销）	$5 860 000	$5 140 000	$4 200 00

要求：

1. 计算2014年和2013年的下列比率：

a）速动比率（结果保留两位小数）；

b）应收账款周转率(结果保留两位小数)；

c）应收账款周转天数（精确到天）。

2. 仔细思考每一个比率，指出哪些比率从2013年到2014年有所提高，哪些比率有所下降。讨论这些趋势传达出公司有利还是不利的信息。

小组作业

小组作业9—1

处理信用卡业务的企业通常被称为提供商业服务。在互联网上搜索“信用卡商业服务”或者“信用卡处理服务”。小组的每个人应该确定一家提供信用卡服务的企业或者银行。在一张表格中，比较和对比不同的企业。可以用来做对比的项目包括：价格/费用，防钓鱼服务，接受的信用卡种类，是否提供在线服务和POS机刷卡服务，以及需要花费多少天进行信用卡交易。作为一个小组，确定用哪一家企业最好，并解释原因。

第 10 章

固定资产、自然资源与无形资产

- 如何衡量固定资产的成本
- 折　旧
- 固定资产的处置
- 自然资源的会计处理
- 无形资产的会计处理
- 使用资产周转率评价经营状况
- 附录 10A：交换固定资产

我需要如何处理这个设备？

杰瑞·德雷克已经在他新的园林公司努力工作了几个月，一切都进展得很好——每个月销售额都在增长，他也在扩大他的顾客群。到目前为止，杰瑞一直在租园艺设备或者从朋友那里借。杰瑞现在正在考虑购买几台新的割草机、修剪机和吹叶机。

杰瑞试图搞清楚如何在账簿上记录购买这些设备。他应该把这些都计入费用还是为每一个项目设立资产账户？杰瑞也在考虑在他需要购买新设备以前，现有的设备能够用多久。他知道他的会计师会问他折旧的事情。会计师告诉过杰瑞几种可以考虑的方法。杰瑞知道他想采用一种能将设备的成本与企业的利润匹配起来的折旧方法。

另外，杰瑞计划尽可能长地使用设备，这意味着他需要维修和保养设备。他想知道需要记录多少维修成本。杰瑞知道他的会计师会帮他回答这些问题，这样他就可以正确地记录设备的成本以及任何的未来附带成本。

固定资产、自然资源和无形资产是资产负债表中最重要的资产，这些资产帮助企业创造利润。例如，TruGreen——一家致力于提供草地和园林服务的公司，如果它没有为顾客的草地提供服务的园艺设备，那么它就不会盈利；康菲公司要是没有自然资源——石油储备也不会在2011年有＄12 400 000 000的盈利；我们对麦当劳的标识“金色拱门”也很熟悉。在本章中，我们将会讨论如何记录这些资产的购买、成本分配和处置。

本章大纲

- 企业如何衡量固定资产的成本？
- 什么是折旧，它是怎么计算的？
- 固定资产的处置如何记录？
- 如何对自然资源进行会计处理？
- 如何对无形资产进行会计处理？
- 如何使用资产周转率衡量企业的业绩？
- 如何对固定资产的交换进行会计处理（附录10A）？

学习目标

1. 确定固定资产的成本。
2. 折旧的会计处理。
3. 固定资产处置的会计处理。
4. 自然资源的会计处理。
5. 无形资产的会计处理。
6. 使用资产周转率评价企业状况。
7. 固定资产交换的会计处理（附录10A）。

如何衡量固定资产的成本

固定资产（plant assets）是企业在运营过程中使用的长期、有形的资产。包括土地、建筑物、设备、家具和汽车等。通常情况下，固定资产在财务报表中称为**财产**（property）、**设备**（plant）、**装备**（equipment）或者**固定资产**（fixed assets）。

固定资产和其他的资产（比如办公用品）是不同的，因为固定资产是长期的（存续多年），这需要企业在固定资产预期使用期间内分配成本。在固定资产使用期间内分配成本称为**折旧**（depreciation），折旧需要遵循配比原则。配比原则要确保所有的费用和当期的利润相匹配。因为固定资产会使用多年，因此企业会将固定资产成本分配到若干年中去。除了土地以外的所有固定资产都要计提折旧。我们对土地不计提折旧，因为土地的价值不会随着使用而减少。

固定资产在企业的经营过程中被使用，这意味着它们不是为了买卖占有，相反，它们被用来为企业创造价值。例如，一个企业有一栋空的大楼目前还没有使用，这栋大楼将会被认定为长期投资而不是固定资产，因为这栋楼是闲置的，在企业的日常经营中没有使用。

图表 10—1 总结了在一个企业中的固定资产的使用周期。一开始，企业取得固定资产并将其记入资产账户，包括确定在资产负债表中反映的资产成本。在企业使用资产的时候，必须记录折旧费用。另外，企业也要承担与资产相关的额外费用，如修理费、保养费。最后，当资产达到使用寿命极限时，企业就会处置这项资产。固定资产使用周期的每个阶段都必须记录在企业的账上。

图表 10—1　一项固定资产的生命周期

取得资产　　　　使用资产　　　　处置资产

固定资产是用历史成本衡量的，也就是在取得资产时支付的价格。因为**成本原则**（cost principle）要求在取得资产时应当按照实际取得成本入账。固定资产的实际成本是它的购买价格加上相关税费、购买佣金和其他为了使固定资产达到预定可使用状态所付出的资金。让我们先从回顾不同的固定资产分类开始。

□ 土地和土地改良

土地的成本包括购买者支付的以下资金：

- 买价；
- 地产经纪人佣金；
- 调查费用和法律费用；
- 任何需要购买者支付的应交财产税和土地所有权转让税；
- 清理土地和拆除不需要的建筑物所发生的支出。

土地的成本不包括下列成本：

- 修建栅栏；
- 铺路；
- 洒水装置；

- 照明设施；
- 标识设施。

这些独立的固定资产称为**土地改良物**（land improvement），是要计提折旧的。

假定 STL 公司在 2015 年 8 月 1 日签发了一张＄50 000 的应付票据来购买土地。STL 公司同时还支付了＄4 000 的应交财产税，＄2 000 的交易税，＄5 000 的拆除原有建筑费，＄1 000 的调查费。那么这块土地的成本应该是多少呢？图表 10—2 显示的所有已经发生的使土地达到预定使用状态的成本都是土地成本的一部分。

图表 10—2　　土地成本

土地买价		＄50 000
加上相关的成本：		
应交财产税	＄4 000	
交易税	2 000	
建筑物拆迁费	5 000	
调查费	1 000	12 000
土地成本合计		＄62 000

2015 年 8 月 1 日 STL 公司购买土地的会计分录如下：

日期	科目及摘要	借	贷
8 月 1 日	土地	62 000	
	应付票据		50 000
	现金		12 000
	（记录使用现金和应付票据购买土地）		

STL 公司将土地成本资本化为＄62 000。**资本化**（capitalized）意味着由于公司取得了一项资产，资产账户的借方增加。例如，在我们的例子中，STL 公司将在资产账户（土地）的借方增加＄62 000，即将土地成本资本化。

假设在 2015 年 STL 公司又支付了＄20 000 用于栅栏、铺路、照明和标识。下面的分录记录了这些土地改良成本物。

日期	科目及摘要	借	贷
8 月 15 日	土地改良物	20 000	
	现金		20 000
	（记录使用现金购买土地）		

土地和土地改良物是两类完全不同的资产类账户。土地是不提折旧的，但土地改良物的成本将在它们的有效期限里摊销。

□ 建筑物

建筑物的成本取决于公司是自己建造还是购买。成本如下：

自己建造的建筑物	购买现成的建筑物
• 设计费用 • 房屋许可费 • 合同手续费 • 材料、人工方面的支出	• 购买价格 • 为了使固定资产达到既定用途的翻修改良的支出，可能包括“建造建筑物”下列示的任何费用

□ 机器设备

机器设备的成本包括：

- 买价（减去所有折扣）；
- 运输费用；
- 运输途中的保险费；
- 销售和其他税金；
- 购买佣金；
- 安装费；
- 机器设备使用之前的检测费用。

当机器设备开始运转，我们停止将这些成本资本化，不再记入机器设备账户。从那时以后，保险费、税金和维修费用都将作为费用处理。

□ 家具和附属设备

家具和附属设备包括桌子、椅子、文件柜、陈列架和搁板。家具和附属设备的成本包括每项资产的基本成本（减去所有折扣）加上所有其他使资产达到预定用途的费用。以桌子为例，它就包括了将桌子运输到工作场所的运输成本和将桌子组装好的人工成本。

□ 资产的整批（或一揽子）购置

公司可以用一个价格把许多资产作为整体购买，即一揽子购买。举个例子，STL 公司可以支付一笔款项购买土地和建筑物。为了方便会计记录，必须区分每项资产的成本。总成本依据与各项资产相关的销售价格在各项资产之间进行分配。这种分配技术称为**相对销售价值法**（relative-market-value-method）。

假设 STL 公司在 2015 年 8 月 1 日购买了土地和建筑物。土地和建筑物的合并买价是 \$100 000。评估结果表明土地的市场（销售）价格是 \$30 000，建筑物的市场（销售）价格是 \$90 000。很明显 STL 公司以低于市场价格（\$120 000）的成本获得了这一合并资产，但是 STL 公司怎样把这 \$100 000 分配到两项资产当中去呢？

首先，计算每种资产的市场价格相对于整体资产市场价格的比率。资产的估价总额是 \$120 000。

总市场价格＝土地市场价格＋建筑物市场价格
＝＄30 000＋＄90 000
＝＄120 000

因此价值＄30 000的土地占总市场价格的25%，价值＄90 000的建筑物占市场总价的75%。每项资产的成本按照如下方法确定：

占全部资产价值的百分比＝土地市场价格/总市场价格
＝＄30 000/＄120 000
＝25%

占全部资产价值的百分比＝建筑物市场价格/总市场价格
＝＄90 000/＄120 000
＝75%

对于STL公司，土地成本分配了＄25 000，建筑物成本分配了＄75 000，计算过程如下：

资产	市场（销售）价格	占全部资产价值的百分比	×全部买价	＝每项资产成本
土地	＄30 000	＄30 000/＄120 000＝ 25%	×＄100 000	＝ ＄25 000
建筑物	90 000	＄90 000/＄120 000 ＝ 75%	×＄100 000	＝ ＄75 000
合计	120 000	100%		＄100 000

假设STL公司使用应付票据付款，则购买土地和建筑物的会计分录为：

日期	会计科目和明细	借	贷
8月1日	土地	25 000	
	建筑物	75 000	
	应付票据		100 000
	（记录使用应付票据购买土地和建筑物）		

□ 资本和收益支出

会计师将在固定资产上的支出划分为两类：

- 资本性支出（capital expenditures）；
- 收益性支出（revenue expenditure）。

资本性支出应该记在借方，因为它们能够增加资产的盈利性和效率，或者能延长资产的使用寿命。资本性支出也称为资产负债表支出（balance sheet expenditure），因为支出成本反映在资产负债表的资产账户中。

正如前面讨论的，资本性支出包括购买价格和使资产达到预定可使用状态的其他成本。另外，延长了资产使用寿命的主要大修理费用也是资本性支出。列为资本性支出的修理工作称为**非常修理**（extraordinary repair）。例如，为一辆使用了五年的卡车重新安装发动机，支出了＄3 000的非常修理费用。非常修理使得资产的寿命超出了一般预期寿命。对卡车的非常修理应该借记卡车账户：

日期	科目及摘要	借	贷
	卡车	3 000	
	现金		3 000
	（记录重新安装卡车发动机的成本）		

仅保持资产的现有状况或使资产保持良好的工作状态的支出称为**收益性支出**（revenue expenditure），例如，修理卡车空调设备、改装燃油过滤器、更换安全带。这些**日常修理**（ordinary repairs）成本，应借记修理和维护费用账户。收益性支出通常称为利润表支出（income statement expenditure），不增加资产的生产能力和效率，或者延长使用寿命，在资产负债表中作为当期费用反映。

假设 STL 公司支付了 $500 来更换卡车的安全带。这笔支出并没有延长卡车的使用寿命或者增加它的生产能力。企业会计人员把这笔交易记为收益性支出：

日期	科目及摘要	借	贷
	修理和维护费用	500	
	现金		500
	（记录修理和维护费用）		

图表 10—3 用卡车的几个支出项目说明了资本性支出和收益性支出的区别。

图表 10—3　　运输卡车的支出——资本性支出还是收益性支出

资本性支出	收益性支出
借记资产类账户	借记维修费用账户
非常修理：	日常修理：
发动机大修理	传动系统或发动机的修理
运货车改变用途	换汽油、润滑油等
增加车的载重量	更换汽车轮胎、挡风玻璃等
任何延长资产使用寿命的支出	喷漆工作

将资本性支出作为收益性支出或相反，都会引起财务报表的错误。假定 STL 卡车更换了发动机，这是非常修理，因为它延长了卡车的寿命，如果公司将这项费用借记了维修和维护成本，而没有资本化（借记资产项目），这是一种会计错误。这个会计错误会：

- 高估费用并低估利润；
- 低估净利润；
- 低估资本；
- 低估资产负债表上的机器设备账户。

错误地资本化一项费用会有相反的结果。假如一个日常修理，例如更换卡车上的水泵，被错误地借记到资产账户。这个错误将会导致费用被低估而净利润被高估。另外，由于这一笔维修费用，将会高估资产负债表上卡车的价值。

折 旧

正如我们前面所说的，折旧就是将一项固定资产的成本在其有效使用期内分摊到费用里。折旧将资产的成本与资产所带来的收入匹配起来，除了土地以外，所有的资产都会消耗殆尽。例如，企业的卡车在报废以前只能行驶固定的里程。当它在行驶中，它的使用就会带来折旧。此外，物理因素，像天气和年限，都会引起资产的折旧。

诸如计算机、软件以及其他电子设备这样的资产，在它们用旧报废之前可能已经过时了。当其他资产能更好或更有效率地达到同一目的时，一项资产就过时了。因此，一项资产的使用年限可能大大短于其实际耐用年限。在所有情况下，资产成本均需在其预计的使用年限内摊销。既然要讨论折旧的原因，现在让我们来对比一下哪些不是折旧。

1. 折旧不是一个增加价值的过程。企业不会以资产的市场价值来计提折旧。折旧是对资产历史成本的再回收。

2. 折旧并不意味着企业存续现金来更换报废的资产。折旧和现金没有什么关系。

□ 确定计算折旧要素

一项固定资产的折旧建立在与资产有关的三个因素上：(1) 成本；(2) 预计使用年限；(3) 预计残值。

成本是个确定的数额，正如前面章节所提到的，成本包括资产达到可使用状态前所花费的一切费用。折旧还有其他两个因素需要估计。

预计使用年限（estimated useful life）是企业预计的资产服务年限。使用年限可以用年、产量、里程或其他方法来表示。企业对于资产的估计使用年限可能会比实际可使用时间要短。例如，企业可能会估计一辆运输卡车的使用寿命是5年，因为有规定，5年以后卡车会被出售换成新的交通工具。企业知道卡车能够使用比5年更长的时间，但是企业确定卡车的使用寿命只有5年，因为这是企业希望能够使用这项资产的年限。

使用寿命是企业根据经验和判断来估计的。针对每一项资产，目标是通过一些方法来定义资产的估计使用寿命，这些方法能够很好地和资产价值的下降和使用相匹配。在确定使用寿命时，企业会考虑它会使用这项资产的时间和什么时候这项资产会报废。

预计残值（estimated residual value），也称残余价值或清理价值，是指一项资产在其有效使用期末预计可收回的现金价值。当企业决定处理一项资产时，公司将会卖掉资产或作为废品处理。预计残值就是企业在处置资产时预计可收回的金额。残值可能为零，因为在处置资产时企业可能没有获得任何东西。如果企业打算用这项资产换一个新的资产，预计残值会是期望的交换价值。预计残值不会折旧，应为这是企业预计在最后收到的价值。固定资产的成本减去其预计残值的金额叫做**应计折旧成本**（depreciable cost）。

应计折旧成本＝固定资产的成本－预计残值

□ 折旧方法

对于固定资产有多种折旧方法，三种计算折旧的主要方法是：

- 直线法；
- 产量法；
- 双倍余额递减法。

这些方法分配到每期的折旧费用的金额不同，然而，它们最终会产生同样的折旧额合计。图表 10—4 给出了一些数据，我们用这些数据来说明 STL 公司在 2014 年 1 月 1 日购买的卡车，并立即投入服务的折旧计算。

图表 10—4　　卡车的有关数据

数据项目	金额
卡车成本	$41 000
减：预计残值	1 000
应计折旧成本	$40 000
预计使用期限：	5 年
预计行驶里程	100 000 千米

直线法

在直线法（straight line method）中，折旧费用被平均分配到资产使用的各年中，计算方法如下：

直线法下每年的折旧额＝(成本－残值)/使用年限
＝($41 000－$1 000)/5 年
＝$8 000/年

因为资产是在当年的第一天投入使用的，记录每年的折旧费用的调整分录如下：

日期	科目及摘要	借	贷
12.31	折旧费用——卡车	8 000	
	累计折旧——卡车		8 000
	(记录卡车折旧)		

折旧费用在利润表中反映，累计折旧是资产备抵账户，在资产负债表中的卡车账户下反映。固定资产的**账面值**（book value）——成本减去累计折旧，就是 2014 年 12 月 31 日要在资产负债表中反映的金额：

固定资产	
卡车	$41 000
减：累计折旧——卡车	(8 000)
卡车（净值）	$33 000

图表 10—5 给出的是直线法下的卡车折旧计算表。表中最后一栏给出的是资产的账

面价值。账面价值等于资产的购置成本减去累计折旧。注意，每年的折旧都是相同的，累计折旧是直到当日累计计提的折旧额。

图表 10—5　　卡车的直线折旧额

日期	资产成本	每年折旧				累计折旧	资产账面价值
		应计折旧成本	使用年限		折旧费用		
2014 年 1 月 1 日	$41 000						$41 000
2014 年 12 月 31 日		($41 000－$1 000)	/5 年	=	$8 000	$8 000	$33 000
2015 年 12 月 31 日		($41 000－$1 000)	/5 年	=	$8 000	16 000	$25 000
2016 年 12 月 31 日		($41 000－$1 000)	/5 年	=	$8 000	24 000	$17 000
2017 年 12 月 31 日		($41 000－$1 000)	/5 年	=	$8 000	32 000	$9 000
2018 年 12 月 31 日		($41 000－$1 000)	/5 年	=	$8 000	40 000	1 000←残值

资产在使用过程中，累计折旧会逐渐增加，账面价值逐渐减少（参照图表 10—5）。资产最终的账面价值就是资产的残值。在资产的有效使用年限末，我们认为资产已经提足了折旧。

产量法

在**产量法**（units-of-production method）下，根据资产的使用情况来计提每年的折旧。和我们上述提到情况一样，每一单位的产出可以使用千米、单位、小时来表示，而这依赖于使用哪种类型来定义资产最合适。当固定资产每年使用情况有变动时，产量法会更好地将费用和利润配比在一起。

公司期望这辆卡车在第一年中行驶 20 000 千米，第二年中行驶 30 000 千米，第三年中行驶 25 000 千米，第四年中行驶 15 000 千米，第五年中行驶 10 000 千米。产量法下每年的折旧数额随着资产生产的产品数量的不同而不同。在产量法下计算折旧方法如下：

第一步：

单位产量的折旧＝(成本－残值)/有效使用年限里的总产量
＝($41 000－$1 000)/100 000 千米
＝$0.40/千米

第二步：

产量法下折额旧＝单位产量的折旧×当年产量
＝$0.40/千米×20 000 千米
＝$8 000(第一年)

图表 10—6 给出了在产量法下卡车的折旧。

图表 10—6　　　　产量法下折旧计算表

日期	资产成本	各年折旧 单位产量折旧额×产量＝折旧额					累计折旧	资产账面价值
2014 年 1 月 1 日	\$41 000							\$41 000
2014 年 12 月 31 日		\$0.4	×	20 000	＝	\$8 000	\$8 000	33 000
2015 年 12 月 31 日		0.4	×	30 000	＝	12 000	20 000	21 000
2016 年 12 月 31 日		0.4	×	25 000	＝	10 000	30 000	11 000
2017 年 12 月 31 日		0.4	×	15 000	＝	6 000	36 000	5 000
2018 年 12 月 31 日		0.4	×	10 000	＝	4 000	40 000	1 000←残值

双倍余额递减法

加速折旧法会在资产刚开始使用时提更多的折旧，在使用期末时提更少的折旧。主要的加速折旧法是**双倍余额递减法**（double-declining-balance method）。双倍余额递减法的折旧率是直线法下的两倍，这就加速了资产账面价值减少的速度。直线法下的折旧率是用（1/使用寿命）来计算的，因此双倍余额递减法下的折旧率就是（2/使用寿命）。双倍余额递减法的折旧可按如下方法计算：

双倍余额递减法折旧＝(固定资产成本－累计折旧)×2×(1/寿命)

对于卡车使用的第一年，计算方法如下：

$$双倍余额递减法折旧_1＝(\$41\,000－\$0)×2×(1/5\ 年)＝\$16\,400$$

第二年，由于资产累计折旧（第一年 \$16 400），折旧的数量将会下降。因此，第二年卡车的折旧计算如下：

$$双倍余额递减法折旧_2＝(\$41\,000－\$16\,400)×2×(1/5\ 年)＝\$9\,840$$

我们注意到残值没有考虑到计算过程中，除了最后一年外，不考虑资产的残值。最后一年需要将固定资产的残值考虑到折旧计算当中去，在卡车的例子中，残值假设为 \$1 000。如图表 10—7 中所列示的，四年后（2014 年 12 月 31 日），卡车的账面价值是 5 314。从定义上来看，卡车的寿命是 5 年，寿命期将会终止在 2018 年 12 月 31 日。同样的，按照定义，资产寿命终结时，它的价值为残值。因此，在最后一年，折旧是账面价值 \$5 314 减去残值 \$1 000，最后一年的折旧额是 \$4 314。

图表 10—7　　　　卡车的双倍余额递减法折旧计算表

日期	资产成本	各年折旧 折旧率		账面价值		折旧额	累计 折旧	资产 账面价值
2014 年 1 月 1 日	41 000							\$41 000
2014 年 12 月 31 日		0.4	×	\$41 000	＝	\$16 400	\$16 400	24 600
2015 年 12 月 31 日		0.4	×	24 600	＝	9 840	26 240	14 760
2016 年 12 月 31 日		0.4	×	14 760	＝	5 904	32 144	8 856
2017 年 12 月 31 日		0.4	×	8 856	＝	3 542	35 686	5 314
2018 年 12 月 31 日						4 314*	40 000	1 000←残值

* 最后一年的折旧是资产的账面价值减去残值的金额（\$5 314－\$1 000＝\$4 314）。

几种折旧方法的比较

让我们来比较一下所讨论的几种折旧方法。在每种方法下每年的折旧额各不相同，但总折旧额是相同的——＄40 000。

每年折旧额			
年份	直线法	产量法	双倍余额递减法
1	＄8 000	＄8 000	＄16 400
2	8 000	12 000	9 840
3	8 000	10 000	5 904
4	8 000	6 000	3 542
5	8 000	4 000	4 314
总计	＄40 000	＄40 000	＄40 000

哪种方法最好？这有赖于资产的情况以及企业所处的状况。企业应该将资产带来的收益与资产发生的费用相配比。以下是一些基本原则：

方法	资产特征	对折旧的影响	资产示例
直线法	每期产生相等收入	每期折旧额相等	建筑物
产量法	因为实际使用而损耗，而不是因过时而产生损耗	产量越多，折旧越多	车辆（千米）
双倍余额递减法	在早期能产生较高收益	早期折旧多，后期少	电脑

图表10—8画出了三种方法的年折旧额。

● 直线法的折旧线是水平的，这是因为各期的折旧额相等。

● 产量法的折旧额没有特定的模式，因为每年的折旧额会因为资产使用情况的变化而变化。

● 双倍余额递减法在资产使用的第一年折旧费用比较高而后面的年份比较低。

图表10—8　不同方法的年折旧额

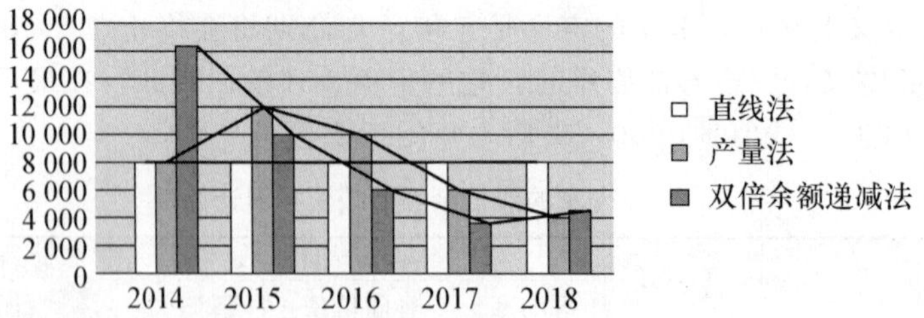

□ 折旧与所得税

美国国税局（IRS）要求企业为了所得税目的使用一种特殊的折旧方法，这种方法叫做**修正的快速成本回收法**（MACRS）。

在修正的快速成本回收法下，资产根据使用寿命被分成了几类，例如3年、5年、7年和39年等。企业不需要选择资产的使用寿命，美国国税局根据特定的分类来确定使用寿命。例如，办公家具在所得税目的上有 7 年的寿命，但是为了账面目的可能仅仅会在 5 年内计提折旧。

另外，修正的快速成本回收法忽视了残值。为了所得税目的，一项资产计提了全部的折旧直到账面价值为 0。修正的快速成本回收法是不被一般公认会计原则接受的，这就要求企业使用两种方法记录固定资产折旧——账面价值法（直线法、产量法或者双倍余额递减法）和所得税法（修正的快速成本回收法）。

□ 不满一年的折旧

在前面的例子中，我们计算了全年的折旧。如果企业在 2014 年 7 月 1 日而不是 1 月 1 日开始使用卡车会发生什么呢？任何折旧法下计提的折旧是否都会变化？只有根据时间长短计算折旧的方法，也就是直线法和双倍余额递减法会发生改变。产量法在计算的过程中没有考虑年度，因此，计算结果保持不变。在改变了卡车开始使用时间的情况下，修正的直线法的折旧计算方法如下：

直线法折旧＝[(成本－残值)/使用寿命]×(使用月数/12)
＝[(＄41 000－＄1 000)/5 年]×(6/12)
＝＄4 000

因为企业在当年只有 6 个月使用了这项资产，所以 2014 年在直线法下记录折旧时我们只记录了 6 个月，也就是＄4 000。

□ 应计折旧资产估计的变更

预计一项固定资产的寿命是一个会计难题。在资产投入使用后，企业可能会改变资产估计的使用寿命和预计残值。如果出现了这种情况，企业必须重新计算折旧费用。举例来说，公司可能发现卡车的使用寿命不是 5 年，而是 8 年，这一变化是会计估计变更，像这样的会计变更是很正常的，因为这些是估计出的，不是能准确预测的。当一个公司进行了会计估计变更，一般公认会计原则要求企业重新计算资产在变更当年和未来的折旧费用。已经披露的以前年度财务报表不需要披露这次变更。

资产寿命或残值发生变更时，资产的剩余账面价值在资产的剩余使用年限中分配。假设 STL 公司在 2014 年 1 月 1 日购买了卡车，使用了两年，按照直线法折旧，累计折旧为＄16 000（可参考图表 10—5）。

直线法折旧＝(成本－残值)/使用寿命
＝(＄41 000－＄1 000)/5 年
＝＄8 000/年×2 年
＝＄16 000

此时资产的账面价值（购置成本减去累计折旧减去残值）是＄25 000(＄41 000－＄16 000)。假设 STL 认为卡车还可以使用 6 年（总共 8 年），在 2016 年年初，公司将会重新计算折旧，具体方法如下：

修正后的直线法折旧＝(账面价值－修正后的残值)/修正后剩余的使用寿命
＝(＄25 000－＄1 000)/6 年
＝＄4 000/年

在 2016—2021 年，在新的使用寿命内，年度折旧的会计分录为：

日期	科目及摘要	借	贷
12 月 31 日	折旧费用——卡车 　累计折旧——卡车 (记录卡车折旧)	4 000	 4 000

□ 报告固定资产

固定资产在资产负债表中是按账面价值反映的。企业可能会选择只单独披露资产价值的数值，并在报表附注中给出具体的信息；或者企业可能会直接在报表中反映具体的信息。资产的取得成本和相关的累计折旧必须披露。图表 10—9 给出了两种在报表中披露固定资产的方法。

图表 10—9　　报告固定资产

方法一：

STL 公司
资产负债表中的固定资产（12 月 31 日）

固定资产：		
家具	＄18 000	
减：累计折旧——家具	(300)	＄17 700
建筑物	60 000	
减：累计折旧——建筑物	(250)	59 750
土地		20 000
固定资产（净值）		＄97 450

方法二：

STL 公司
资产负债表中的固定资产（12 月 31 日）

固定资产（净值）（见附注 8）	＄97 450

固定资产的处置

最终，资产都会因为用坏或过时而停止使用。所有者有三种选择：

- 直接丢弃固定资产；
- 卖掉固定资产；
- 与其他资产交换。

在这个部分，我们讨论前两种方法。与其他资产交换会在本章附录中介绍（见附录 10A）。

固定资产会一直在企业的账面上，直到它们被处置。例如，一项提足折旧的资产，虽然已经达到预期使用寿命的期末，但是仍然在使用，此时它仍将会在资产负债表中作为一项资产反映。如果这项资产仍有使用价值，企业可能会继续使用，虽然它不会再继续计提折旧。如果这项资产已经没有使用价值，它会被处置。这需要企业转移资产并处置账面上的累计折旧。另外，企业可能会确认一项利得或者损失。

无论哪种类型的置换（同种或不同种类型的资产），对于固定资产的处置和置换均可以按以下四步进行处理：

第一步：截止到目前，将折旧提足。转移老旧、已经处置的资产并移除账面上的累计折旧。

第二步：将旧的、丢弃的资产和累计折旧销账。

第三步：记录在处置资产的过程中收到或者支付的任何现金。

第四步：确定利得或者损失的金额。利得还是损失是通过比较企业收到的现金和其他取得的资产以及处置资产账面价值之和得到的。

弃置固定资产

弃置固定资产包括处置资产没有收到现金的情况。如果一项资产在已经提足折旧和没有残值的情况下处置，企业只需要转移资产和将备抵账户——累计折旧销账即可（第二步）。此时不需要将折旧一直计提到当期（第一步），因为资产已经提足折旧。另外，此时企业没有收到现金或者没有确认利得或损失。

例如，假设 STL 公司在 7 月 1 日丢弃了一项设备，设备成本是＄10 000，设备累计折旧＄10 000。在处置前资产和备抵账户如下：

设备	
10 000	

累计折旧——设备	
	10 000

在处置设备的过程中，STL 公司需要贷记资产账户——设备，借记累计折旧——设备。账务处理如下：

日期	科目及摘要	借	贷
7 月 1 日	折旧费用——设备 　累计折旧——设备 （报废提足折旧设备）	10 000	 10 000

设备			
	10 000	10 000	7 月 1 日
期末余额	0		

累计折旧——设备			
7 月 1 日	10 000	10 000	
		0	期末余额

假设相反的情况，在 7 月 1 日 STL 公司丢弃资产的时候，没有提足折旧，资产成本是＄10 000。在前一年的 12 月 31 日，累计折旧是＄8 000。每一年的折旧费用是＄1 000。记录处置资产的第一步就是截止到目前，将折旧提足。因为 STL 公司在 7 月 1 日处置资产，半年的折旧费用按如下方法记录：

日期	科目及摘要	借	贷
7月1日	折旧费用——设备	500	
	累计折旧——设备		500
	（记录设备折旧）		

第二步包括记录设备的处置和将累计折旧销账并计算利得或者损失。在本例中，有＄1 500的损失，计算过程如下：

取得资产的市场价值		＄0
减：资产处置成本的账面价值	＄10 000	
减：累计折旧（＄8 000＋＄500）	(8 500)	1 500
利润或（损失）		＄（1 500）

在处置资产的过程中会使用处置损益账户，会增加这个账户的借方余额，并在利润表中的其他费用和损失部分反映。

STL公司在处置设备时的分录如下：

日期	科目及摘要	借	贷
7月1日	折旧费用——设备	8 500	
	处置损益	1 500	
	设备		10 000
	（报废账面价值为＄1 500的设备）		

设备

借	贷
10 000	10 000　7月1日
期末余额　0	

累计折旧——设备

借	贷
	8 000
7月1日　8 500	500　7月1日
	0　余额

处置损益

借	贷
7月1日　1 500	

出售固定资产

一个企业通常会为了获得现金而出售固定资产。在此我们依然使用STL公司作为例子。在7月1日，公司卖掉了一项设备，历史成本为＄10 000，直到上年12月31日，累计折旧为＄8 000。年度折旧为＄1 000。第一步就是提足从上年12月31日到固定资产处置日间6个月的折旧。

日期	科目及摘要	借	贷
7月1日	折旧费用——设备	500	
	累计折旧		500
	（记录设备折旧）		

这个分录将累计折旧增加到 $8 500（$8 000+$500）。设备目前的账面价值是 $1 500（$10 000－$8 500）。现在已经记录了第一步，让我们来看一下在不同情况下的第二步是如何进行的。

□ 按照账面价值出售固定资产

假设 STL 公司把设备卖了 $1 500。注意，收到的现金等于资产的账面价值。当一个企业按照账面价值卖出设备时，不需要确认利得或者损失，这是因为收到的现金等于卖掉资产的账面价值。

取得资产的市场价值		$ 1 500
减：资产处置成本的账面价值	$10 000	
减：累计折旧（$8 000+$500）	(8 500)	1 500
利得（或损失）		$ 0

在记录日记账分录时，STL 公司会借记现金账户 $1 500，然后将设备和累计折旧销账，分录如下：

日期	科目及摘要	借	贷
7月1日	现金	1 500	
	累计折旧——设备	8 500	
	设备		10 000
	（卖掉设备收到现金）		

现金

7月1日	1 500	

设备

	10 000	10 000	7月1日
期末余额	0		

累计折旧——设备

		8 000	
7月1日	8 500	500	7月1日
		0	余额

□ 以高于账面价值的价格出售固定资产

如果 STL 公司以 $4 000 出售设备，此时公司要记录出售设备利润。注意，收到的现金比资产的账面价值更高。当公司出售资产的价格高于账面价值时，就需要确认利得。

取得资产的市场价值		$4 000
减：资产处置成本的账面价值	$10 000	
减：累计折旧（$8 000+$500）	(8 500)	1 500
利得（或损失）		$2 500

处置损益账户将会被使用，这个账户的正常余额在贷方，并在利润表的其他利润和收益部分反映。

在登记日记账分录时，STL公司会把老旧设备和累计折旧销账（第二步），借记现金账户＄4 000（第三步），并按照如下方法贷记处置损益账户（第四步）：

日期	会计科目和明细	借	贷
7月1日	现金	4 000	
	累计折旧——设备	8 500	
	设备		10 000
	处置损益		2 500
	（出售资产取得现金）		

现金

7月1日	4 000		

设备

	10 000	10 000	7月1日
期末余额	0		

累计折旧——设备

		8 000	
7月1日	8 500	500	7月1日
		0	余额

处置损益

		2 500	7月1日

□ 以低于账面价值的价格出售固定资产

如果STL公司以＄500出售设备，公司会记录一项设备出售损失。注意，收到的现金低于资产的账面价值。当企业以低于账面价值的价格出售一项资产时，需要记录一项损失。

取得资产的市场价值		＄ 500
减：资产处置成本的账面价值	＄10 000	
减：累计折旧（＄8 000＋＄500）	(8 500)	1 500
利得（或损失）		＄1 000

在记录日记账分录时，STL公司将会把过时的设备和累计折旧销账，借记现金账户＄500，然后借记处置损益账户（第四步），方法如下：

日期	科目及摘要	借	贷
7月1日	现金	500	
	累计折旧——设备	8 500	
	处置损益	1 000	
	设备		10 000
	（出售设备取得现金）		

现金

7月1日	500		

设备

	10 000	10 000	7月1日
期末余额	0		

累计折旧——设备

		8 000	
7月1日	8 500	500	7月1日
		0	余额

处置损益

7月1日	1 000		

在这部分，我们复习了报废和出售固定资产的日记账分录处理方法。图表 10—10 总结了这部分内容。在开始新的内容以前，先来复习一下。

图表 10—10　　处置固定资产

丢弃已经提足折旧的固定资产

日期	科目及摘要	借	贷
	累计折旧	10 000	
	固定资产		10 000

报废没有提足折旧的固定资产

日期	科目及摘要	借	贷
	累计折旧	8 500	
	处置损益	1 500	
	固定资产		10 000

按照账面价值出售固定资产

日期	科目及摘要	借	贷
	现金	1 500	
	累计折旧	8 500	
	固定资产		10 000

按照高于账面价值的价格出售固定资产

日期	科目及摘要	借	贷
	现金	4 000	
	累计折旧	8 500	
	固定资产		10 000
	处置损益		2 500

按照低于账面价值的价格出售固定资产

日期	科目及摘要	借	贷
	现金	500	
	累计折旧	8 500	
	处置损益	1 000	
	固定资产		10 000

自然资源的会计处理

自然资源（natural resources）是从地球得到的资产，比如，铁矿石、石油、天然气、宝石和木材，都属于自然资源。自然资源要通过计提折耗费用化。**折耗费用**（depletion）是自然资源成本在特定时间内已耗尽的部分。它被称为折耗费用是因为企业是在折耗一项自然资源直到资源被用尽。折耗费用是通过单位产量折耗费用的公式进行计算的。

例如，一口油井耗用的成本是＄700 000，估计大约能产出 70 000 桶石油，最后没有残值。如果已经开采了 3 000 桶石油并在当年被卖出，那么折耗费用的计算方法如下：

第一步：

每单位产量折耗费用＝(成本－残值)/估计总产量
＝(＄700 000－＄0)/70 000 桶
＝＄10/桶

第二步：

折耗费用＝每单位产量折耗费用×产量
＝＄10/桶×3 000 桶
＝＄30 000(第一年)

当年的折耗费用分录为：

日期	科目及摘要	借	贷
12 月 31 日	折耗费用——石油	30 000	
	累计折耗——石油		30 000
	(记录折耗)		

累计折耗是与累计折旧类似的抵减账户。自然资源可在资产负债表中按照如下方式列报：

石油	＄700 000	
减：累计折耗——石油	(30 000)	＄670 000

无形资产的会计处理

无形资产（intangible assets）是一类没有实物形态的长期资产。这些资产是一种特殊的权利，来自于专利、版权、商标和其他创造性的工作。

在当今的技术经济时代，无形资产是非常重要的。企业的智力资本是很难计量的。但是，当一个公司兼并另一个公司时，我们可大约估计被并购公司的智力资本价值。例如，2000 年美国在线公司宣布要并购时代华纳公司，美国在线公司声称它将以自己价值 1 460 亿美元的股票来交换时代华纳公司价值仅仅为 90 亿美元的净资产。为什么呢?因为时代华纳公司的无形资产价值达数十亿美元。公司的市场价值中无形资产占到了大部分。所以公司应该寻求合理的方法来核算无形资产，就像核算存货和设备一样。

□ 无形资产的会计处理

购买的无形资产是按照成本入账的。如果一项无形资产不是购买的，只有一些限制的成本才能资本化。大部分购买的无形资产通过**摊销**（amortization）成本化，一项无形资产的成本要在它的使用期限内摊销。摊销适用于无形资产就像折旧适用于设备，折耗适用于石油和木材。

无形资产可能有确定的使用寿命，也可能没有。没有因素（如法律、契约债务等）限定使用期限的无形资产具有永久的寿命。只有使用期限确定的无形资产才会摊销。有明确使用期限的无形资产每年都会进行减值测试。**减值**（impairment）是指一项资产的公允价值低于账面价值。如果出现资产减值，那么企业在当期就会确认一项损失。

□ 特殊的无形资产

和前面叙述的一样，专利、版权和商标都是无形资产。购买和摊销的会计处理方法是一样的。

专利（patent）是指联邦政府授予的一项具有排他性的年限为 20 年的生产和销售一项发明的权利。这项发明可能是工艺流程、产品或者准则，例如，杜比降噪系统或者处方药的配方。取得专利的成本在专利账户的借方反映。

和其他资产一样，专利权也可以购买。假设 STL 公司 1 月 1 日支付＄200 000 购买了一项专利，在取得专利的时候会计分录如下：

日期	科目及摘要	借	贷
1 月 1 日	专利	200 000	
	现金		200 000
	（记录购买专利）		

STL 公司认为其预计的使用期限为 5 年，因为它在这 5 年当中很可能是领先的，而且是非常有效率的。摊销费用使用直线法计算如下：

摊销费用＝(成本－残值)/使用期限
＝(＄200 000－＄0)/5 年
＝＄40 000/年

摊销的会计分录如下：

日期	科目及摘要	借	贷
12 月 31 日	摊销费用——专利	40 000	
	专利		40 000
	（记录专利摊销）		

注意，STL公司直接将摊销贷记无形资产账户——专利，而不是使用累计摊销账户。当一个企业记录摊销费用时可能会直接贷记无形资产账户，或者可能会使用累计摊销账户。

在第一年年末，STL公司将会以＄160 000（成本＄200 000－第一年摊销＄40 000）披露这项专利，下一年会是＄120 000，依次类推。5年中的每一年，专利的价值会减少，直到它5年的使用期限结束，此时它的账面价值将会是0。

版权和商标

版权（copyrights）是生产和销售图书、音乐制品、电影和其他形式的艺术作品的独占权。版权还保护计算机软件程序，比如微软的Windows操作系统和Excel工作表。根据联邦政府的规定，版权有效期可以延长到作者去世后70年。

公司可能需要支付一大笔费用去购买现有的版权。例如，Simon & Schuster出版社可能要支付100万美元来购买一本流行小说的版权，因为它认为出售这本小说会带来更大的利润。即使版权有很长的法律期限（创作者的寿命加上70年），但是大多数版权的有效期非常短。

商标（trademarks）也称为**品牌**（brand names），商标和品牌是用来代表不同产品或服务的特有标志。例如，耐克的对勾、全美赛车联合会的车神。一些广告用语也受法律的保护，如雪佛龙公司的"像一块石头"和安飞士租车公司的"我们会更努力"等。商标或品牌的成本应在其使用有效期内摊销。

特许经营权和许可证

特许经营权（franchises）是由企业或联邦政府授予的在特定情形下销售某项产品或服务的特权。比如达拉斯牛仔队在美国国家橄榄球联盟的特许下经营。麦当劳和赛百味是常见的特许经营。许可证（licenses）是由联邦政府授予的在提供服务时使用公共财产的特权。一个电台需得到联邦政府的许可使用广播频道来广播音乐。特许经营权或许可证的取得成本要在其有效期内摊销。

商誉

在会计中**商誉**（good will）被定义为取得某公司而花费的超过其净资产（资产减负债）的市场价值的那部分支出。商誉是超过了企业的资产和负债净值的那部分价值。

假定2014年1月1日White公司以1 000万美元的价格购得Mocha公司，Mocha公司资产的市价之和为900万美元，其负债为100万美元，该公司的净资产则为800万美元。在这个案例中，White公司就购买了价值为200万美元的商誉。其计算如下：

向Mocha公司支付的买价		＄10 000 000
Mocha公司资产的市价之和	＄9 000 000	
减：Mocha公司的负债	＄1 000 000	
Mocha公司净资产市价		＄8 000 000
差额部分为商誉		＄2 000 000

White公司记录其取得Mocha公司连同商誉的会计分录为：

日期	科目及摘要	借	贷
1月1日	资产	9 000 000	
	商誉	2 000 000	
	负债		1 000 000
	现金		10 000 000
	（记录并购 Mocha 公司）		

商誉有如下的特征：

1. 公司只有在购买另一家公司时才记录商誉。突出的信誉可能为公司创造商誉，但是公司从来不为自己记录商誉。相反，商誉只能由购买该公司的企业记录。

2. 根据一般公认会计原则，商誉不进行摊销，而是由公司每年对其所购买的商誉的当前价值进行计量。如果商誉的价值增加了，就不做记录；如果商誉的价值降低了，公司就记录损失并减少商誉的价值。

列报无形资产

和固定资产类似，无形资产在资产负债表中列报。如果企业使用了备抵账户——累计摊销，这个账户并不会在资产负债表中单独列示。通常，无形资产仅仅按照它们的账面净值列报。累计摊销作为经营的一部分在利润表中列示。

图表 10—11 总结了固定资产、自然资源和无形资产的范围。固定资产是企业在运营过程中使用的长期、有形的资产；自然资源是来自地球的资源，并且能够用尽；无形资产是那些并不从物质实体获取价值的资源。

图表 10—11　资产和相关费用

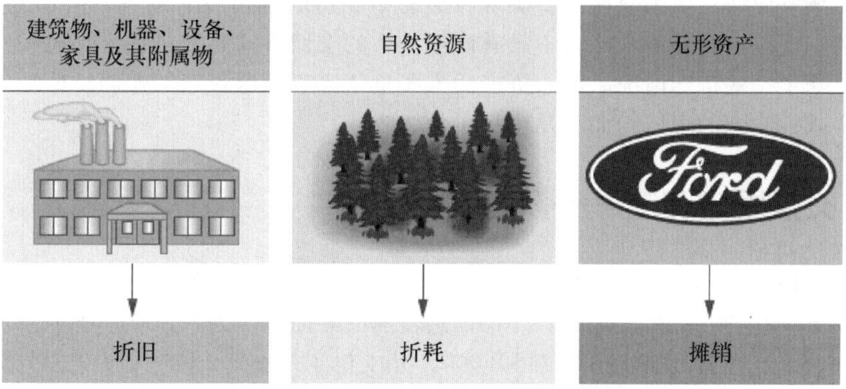

使用资产周转率评价经营状况

资产周转率（asset turnover ratio）衡量了企业投资的总资产的每一美元能够带来的净收入。这个比率衡量了一个企业使用资产创造收入的能力。为了计算这个比率，我们用净销售收入除以平均总资产。使用 2011 年绿山咖啡公司的年度报表（见本书附录 A）中的净销售收入除以平均总资产和总资产，计算资产周转率的方法如下：

单位：千美元

	2011年9月24日	2010年9月25日
净销售收入	$2 650 899	$1 356 775
总资产	3 197 887	1 370 574

资产周转率＝净销售收入/总资产

＝$2 650 899/[($3 197 887＋$1 370 574)/2]

＝1.16次

1.16的资产周转率意味着绿山咖啡公司投资的每1美元资产会带来$1.16的销售收入。假设整个产业的资产周转率是1.7，绿山咖啡公司的资产周转率1.16明显低于行业平均水平。绿山咖啡公司应该考虑提高资产周转率的方法，如增加净销售收入或者减少平均总资产。更高的资产周转率会更好。

附录10A：交换固定资产

在本章的前半部分，我们讨论了企业处置固定资产的方式。一种方法就是用固定资产交换另一项固定资产。在这个部分我们将来学习如何处理具有商业实质的资产交换。一项交换有**商业实质**（commercial substance）是指这个交换会对未来的现金流产生影响。也就是说，如果由于这项交换，企业未来的现金流马上变动，那么这项交换就具有商业实质。例如，将一项陈旧的资产换成新的资产将会增加产出，也就是为企业带来了更多的利润。

具有商业实质的交换需要确认在交易中获得的利得或者损失。陈旧的资产应销账，新的资产按市场价值入账。不具有商业实质的交换不需要记录在交易过程中的利得和损失，除了一些特殊情况。换入资产的入账价值等于换出资产的账面价值加上企业支付的现金减去收到的现金，而不是市场价值。

交换固定资产——获益情形

假设在12月31日，STL公司用一项用过的设备交换新的设备。原来的设备历史成本是$10 000，累计折旧$9 000，它目前的账面价值为$1 000（$10 000－$9 000）。企业换入新设备的市场价值为$8 000，并支付了现金$2 000。假设这个交换具有商业实质，则会计处理如下：

换入资产市场价值		$8 000
减：		
换出资产账面价值	$1 000	
支付现金	2 000	3 000
利得（或损失）		$5 000

会计分录如下：

日期	科目及摘要	借	贷
12 月 31 日	换入设备	8 000	
	累计折旧——设备	9 000	
	换出设备		10 000
	现金		2 000
	处置利得		5 000
	(用旧设备和现金交换新设备)		

现金

		2 000	12 月 31 日

换入设备

12 月 31 日	8 000		

换出设备

	10 000	10 000	12 月 31 日
期末余额	0		

累计折旧——设备

		9 000	
12 月 31 日	9 000		
		0	余额

处置损益

		5 000	12 月 31 日

□ 交换固定资产——损失情形

假设在 12 月 31 日，STL 公司用一项用过的设备交换新的设备。原来的设备历史成本是＄10 000，累计折旧＄9 000，它目前的账面价值为＄1 000（＄10 000－＄9 000）。企业换入新设备的市场价值为＄3 000，并支付了现金＄2 500。假设这个交换具有商业实质，则会计处理如下：

换入资产市场价值		＄3 000
减：		
换出资产账面价值	＄1 000	
支付现金	2 500	3 500
利得（或损失）		＄（500）

会计分录如下：

日期	科目及摘要	借	贷
12 月 21 日	换入设备	3 000	
	累计折旧——设备	9 000	
	处置损益	500	
	换出设备		10 000
	现金		2 500
	(用旧设备和现金交换新设备)		

现金

	2 500	12月31日

换入设备

12月31日	3 000	

换出设备

	10 000	10 000	12月31日
期末余额	0		

累计折旧——设备

		9 000	
12月31日	9 000		
		0	余额

处置损益

12月31日	500	

疑难问题 A 部分

P10-30A　固定资产资本化以及年度摊销

机场附近的DF公司，在收购一片土地、对土地进行改良和建造并装备一栋办公大楼时发生了以下费用：

a. 3英亩土地的购买价格	$80 000
b. 支付的房地产所有权税	5 600
c. 土地清扫（运走土地上的垃圾和其他杂物）	9 000
d. 取得土地的所有权保险费	3 200
e. 在土地的边界上围上篱笆	9 100
f. 办公大楼的施工许可证	500
g. 支付给建筑师的办公大楼设计费用	20 700
h. 通往公司地点的道路上的公司标志	9 000
i. 建造办公大楼所需的水泥、木材和其他原料	215 000
j. 建造办公大楼所需的石匠、木匠、屋顶施工人员和其他劳动力	173 000
k. 建造办公大楼借款发生的利息费用	9 500
l. 停车场和混凝土道路	29 000
m. 停车场、道路和公司标志的照明费用	11 300
n. 工程建造监察人的薪水（办公大楼占80%，篱笆、停车场和混凝土道路占20%）	80 000
o. 办公大楼的装修	11 600
p. 将装修设施从销售商那里运到施工地点	2 200
q. 土地的美化（树木和灌木）	6 300

公司确认办公大楼的折旧期限为20年，建筑物折旧为40年，家具折旧期限是10年，都采用直线法折旧，残值都为零。

要求：

（1）设置土地、土地改良物、办公大楼和设施项目。通过将成本列示于正确的账户展示如何核算每一项成本。确认每项资产的总成本。

（2）7月1日，所有的工程都完工，资产也交付使用。记录以12月31日为结束日的该年计提折旧的会计分录。

P10-31A　资本化固定资产购置成本和第一年度折旧；如何在满足管理层目标的前提下，制定折旧方案

2014年1月3日，TDS公司以$90 000的价格购入一台旧拖车。在这辆拖车投入使用之前，公司花费$3 000粉刷了该车，$1 500用于更换轮胎，$4 500用于翻修发动机。TDS公司的管理层估计该拖车的预计使用寿命为5年，预计净残值为$9 000。该拖车前四年的预计每年里程为22 500千米，在接下来第五年的里程为10 000千米，总行驶里程为 100 000 千米。在决定采用的折旧方法时，公司总经理劳瑞・迈克安图斯要求提供每种折旧方法下的折旧计算表（直线法、产量法和双倍余额递减法）。

要求：

（1）编制每种方法下的折旧表，要求列出资产成本、折旧费用、累计折旧和资产账面价值。

（2）公司在财务报表中采用的折旧方法使得在资产使用的早期披露的利润最大化。然而，为了纳税目的，公司希望使用的折旧方法能使支付的所得税最小化。考虑公司使用拖车的第一年。假设税收机构允许公司采用任何折旧方法，请确定哪种折旧方法可以满足公司管理层的意图。

P10-32A　整合固定资产购买和非整年摊销

GCA 公司的资产负债表披露了下列资产：土地、建筑物、办公设备、通信设备，每个资产都有独立的累计折旧账户。在 2014 年期间，GCA 完成了下列交易：

1 月 1 日	购买办公设备，成本为＄119 000，支付现金＄80 000，并将剩余金额确认为应付票据。
4 月 1 日	公司以整体的形式购买了土地和通信设备，并以现金方式支付了全部成本＄270 000。一个独立的评估人对土地的估值为＄212 625，对通信设备的估值为＄70 875。
9 月 1 日	销售了一座成本为＄555 000 的旧大楼（至上一年的 12 月 31 日为止，累计折旧为＄255 000。）GCA 收到了现金＄370 000。折旧采用直线法，大楼的折旧年限为 40 年，预计净残值为＄75 000。
12 月 31 日	记录下列折旧： 通信设备在 5 年的折旧期内采用直线折旧法，没有残值。 办公设备在 5 年的时间内采用双倍余额递减法计提折旧，残值为＄2 000。

要求：

为 GCA 记录所有的交易分录。

P10-33A　自然资源的会计处理

MO 公司经营天然气管道和石油，公司支付＄6 200 000 用于购买预计储量为 500 000 桶的油田。假设公司支付＄510 000 用于油田的地质勘探，＄490 000 用于钻井平台。在生产的第一年中，公司开采了 90 000 桶石油并出售。为 MO 公司当年所有的交易，包括折耗编制会计分录。

P10-34A　无形资产的会计处理

MT 公司为爱荷华州、内布拉斯加州、达科他州、蒙大拿州提供电信服务。公司的资产负债表披露了合并谢尔登无线公司中取得的商誉的成本，相关金额如下：

资产账面价值	＄750 000
资产市场价值	1 000 000
负债	530 000

要求：

（1）记录公司以＄320 000 的现金和＄480 000 的应付票据购并谢尔登无线公司的会计分录。

（2）MT 公司在取得谢尔登公司后，哪些资产需要确认，如何进行会计处理？详细解释一下。

P10-35A　将部分年度折旧，资产处置以及交换记入企业分类账

2014 年，M 公司完成了下列交易：

1 月 1 日	换出面值为＄40 000（成本为＄132 000，累计折旧为＄92 000）的旧办公设备，换入新办公设备。M 公司还支付了现金＄80 000。新设备的公允价值为＄122 000。假设交换有商业实质。
4 月 1 日	销售成本为＄30 000 的设备（截止到上年 12 月 31 日累计折旧为＄25 000）。出售设备 M 公司收到现金＄2 000。使用直线法计提折旧。设备的使用寿命为 5 年，残值为零。
12 月 31 日	记录折旧如下：办公设备使用双倍余额递减法计算折旧，使用寿命为 4 年，残值为＄4 000。

在 M 公司的分类账中记录上述交易。

小组作业

小组作业 10—1

访问一家当地的企业。

要求：

1. 列出企业所有固定资产。

2. 可能的话，采访企业的经理。获得尽可能多的关于企业固定资产的信息。例如，试着确定资产的成本，企业正在使用的折旧方法，每个资产类别的预计使用寿命。如果没办法进行采访，那么你

就自己估计资产的成本，使用寿命和账面价值，并假设一种折旧方法。

3. 确定企业是否拥有无形资产。如果有，把它们列出来，并确定尽可能多的关于它们的性质、成本和估计使用寿命的信息。

4. 写一份详细的报告总结你的发现，并在班级中展示。

第 11 章

流动负债和工薪

- 金额已知的流动负债的计处理
- 应付职工薪酬的会计处理和记录
- 金额需要估计的流动负债的处理
- 或有负债的处理
- 使用利息保障倍数评价企业业绩

一个雇员要花费多少成本？

玛丽·格林博士最近开了一家健康保健诊所——家庭医药（Family Medicine），为那些低收入家庭和没有投保的个人提供服务。家庭医药为自己在保证低成本的前提下仍能为病人提供优质的健康保健服务而感到自豪。当玛丽开这家诊所的时候，她只雇用了一名兼职护士。现在，随着诊所规模不断扩大，玛丽正在考虑多雇用几名护士和一名医生。

玛丽知道雇用员工是很昂贵的，因为诊所不仅需要支付员工的工资，还需要支付额外的税费。在玛丽决定给新员工支付多少报酬时，她必须考虑这些额外的费用。她知道如果支付给新医生的工资是＄100 000，那么最后诊所需支付的会超过＄100 000。这是因为需要支付额外的税费，像社会保险和失业救济。另外，家庭医药诊所需要为每一位员工支付医疗保险和退休福利。所有的这些额外的费用都会花费金钱——玛丽原本能够省下来的金钱。但是玛丽知道，为了提供病人所期待的服务，她必须支付这些雇用新员工的费用。

我们现在开始关注企业的负债。职工薪酬是负债的一部分，像联合健康集团公司（UnitedHealth Group Incorporated），一家具有领导地位的健康保健公司，为超过7 500万名客户服务，非常看重雇用聪明、忠诚并且有能力的员工。联合健康集团公司雇佣负担的一部分就是给员工支付的工资。另外，联合健康集团公司也提供像休假、医疗保险和退休福利等福利来奖励员工。工资和福利通常在资产负债表中的流动负债中反映，直到企业支付了这笔资金。在本章中，我们会研究像联合健康集团公司这样的企业是如何对职工薪酬和其他流动负债进行会计处理和记录的。

本章大纲

- 如何对已知金额的流动负债进行会计处理？
- 企业对职工薪酬如何进行会计处理和记录？
- 金额需要估计的流动负债如何进行会计处理？
- 对于或有负债怎样进行会计处理？
- 我们如何使用利息保障倍数来评价企业的业绩？

学习目标

1. 金额已知的流动负债的会计处理。
2. 对基本的职工薪酬进行计算并编制日记账。
3. 金额需要估计的流动负债的会计处理。
4. 对或有负债的会计处理。
5. 使用利息保障倍数评价企业的业绩。

到现在为止，我们一直在关注一个企业拥有的所有资产，但是企业所欠的债务呢？作为企业的所有者或者管理者，你必须知道你的欠款（也就是你的债务）和偿还这笔资金的最后期限。这样做的原因是为了确保你手头上的现金能够支付这些债务。在本章中，我们会关注企业可能会欠的常见债务。为了保持章节的连贯性，我们仍然会关注STL公司，看看它是怎么处理流动负债的。

金额已知的流动负债的会计处理

负债（liabilities）是欠债权人的债务。负债有三个主要的特征：

1. 负债是由过去的交易或者事项产生的。
2. 负债产生了现时的债务，并需要在未来支付现金或服务。
3. 负债是不可避免的债务。

负债能够分成两种主要的类别：流动负债和长期负债。在本章中，我们主要讨论流动负债。**流动负债**（current liabilities）必须以现金在一年以内，如果公司的运营周期超过一年则在公司的一个运营周期内支付。

需要在一年内或公司一个运营周期内支付的应付账款、应付票据、应付职工薪酬、应付利息和预收收入都是流动负债。长期负债中任何应在一年内支付的部分也要按照流动负债披露。流动负债在资产负债表中按照到期日的顺序列示。

长期负债（long-term liabilities）是那些不需要在一年内或者企业的一个经营周期内支付的负债，它的支付周期更长。许多应付票据都是长期负债，例如，建筑物的抵押。我们在下一章会深入研究长期负债的相关内容。

大多数流动负债的金额是已知的。例如，一家公司收到要在 30 天内支付的账单，或者企业从银行取得时间为 90 天的贷款。让我们从金额已知的流动负债开始。

应付账款

由于赊购商品或服务应付给供应商的金额就是**应付账款**（accounts payable）。由于它们通常是在 30 天之内产生，所以都是流动负债，前面几章已经有许多应付账款的例子。企业购买商品或者接受服务的同时可以记录应付账款。应付账款的出现是因为企业在支付相关金额前就已经收到了商品或者已经接受了服务。

应交销售税

许多州都对零售业务征收销售税。零售商向其顾客收取所售商品价格之外的销售税。**应交销售税**（sales tax payable）属于流动负债，因为消费税需要在一年之内上缴至州政府。消费税通常按照销售额的百分比计算。

例如，假设 STL 公司 12 月份的应税销售总额是＄10 000，企业应另外收取 6％的销售税，也就是＄600（＄10 000×6％）。公司的现金销售记录如下：

日期	科目及摘要	借	贷
12 月 31 日	现金	10 600	
	销售收入		10 000
	应交销售税（＄10 000×6％）		600
	（记录现金销售和相关销售税）		

销售税并不是企业的费用，它是一项流动负债。企业将销售税归集到一起然后定期缴纳至州政府，企业一般会按月上交，但是根据州政府的研究和税费的数量，也会有其他间隔期。企业上缴消费税时借记应交销售税，贷记现金。

日期	科目及摘要	借	贷
1 月 20 日	应交销售税	600	
	现金		600
	（记录现金支付应交消费税）		

未实现收入

未实现收入（unearned revenue）也叫**递延收入**（deferred revenue）。公司在提供商品或者服务之前就已经从顾客处收到了现金，因而企业在未来负有向顾客提供商品或服务的义务。未实现收入在企业赚取以前属于流动负债。

假设 STL 公司要从 5 月 21 日开始为一个客户提供 1 个月的服务，但是在当日就提前收到了 \$900 的现金，在 5 月 21 日，由于在获得收入之前收取现金，STL 公司就发生了为顾客提供未来服务的负债，这个负债叫做未实现收入。STL 公司在 5 月 21 日的分录应为：

日期	科目及摘要	借	贷
5 月 21 日	现金	900	
	未实现收入		900
	（为未来服务收到现金）		

在 5 月期间，公司提供了 1/3 的服务，实现了 \$300（\$900×1/3）的收入。在 5 月 31 日公司应该记录下列调整分录，表明一些工作已经完成，从而一些收入已经实现。

日期	科目及摘要	借	贷
5 月 31 日	未实现收入	300	
	服务收入		300
	（记录提前收到的现金中实现的服务收入）		

截止到当前，STL 公司已经获得了 \$300 的收入，还欠顾客 \$600 的服务，T 型账户如下：

未实现收入

5 月 31 日	300	900	5 月 21 日
		600	余额

累计折旧——设备

		300	5 月 31 日

短期应付票据

短期应付票据（short-term notes）是一种常见的融资方式。短期应付票据代表了企业偿还负债的承诺，通常包括利息，偿还时间在一年以内或者更短。假设在 5 月 1 日，STL 公司购买了存货，并以利率为 10%，90 天到期的账面金额为 $ 8 000的应付票据支付。企业使用永续盘存制。记录票据的分录如下：

日期	科目及摘要	借	贷
5 月 1 日	存货	8 000	
	应付票据		8 000
	(用利率为 10%，90 天到期的票据购买存货)		

7 月 30 日，票据到期时，STL 公司要支付票据账面金额和利息，分录如下：

日期	科目及摘要	借	贷
7 月 30 日	应付票据	8 000	
	利息费用（$ 8 000×0.10×90/360）	200	
	现金		8 200
	(在到期日支付票据和利息)		

企业偶尔会从银行借入现金。此时银行需要企业签署一张本票（promissory note），声明企业会在指定的到期日支付本金和利息给银行。例如，假设在 2014 年 11 月 1 日，STL 公司从第一街银行借入 $ 10 000，5 个月到期，利率为 6%。在 11 月 1 日，会计分录如下：

日期	科目及摘要	借	贷
2014 年 11 月 1 日	现金	10 000	
	应付票据		10 000
	(收到现金，需要支付利率为 6%，5 个月到期的应付票据)		

在年末的时候，配比原则需要企业确认从 11—12 月两个月份间的利息费用，分录如下：

日期	科目及摘要	借	贷
2014 年 12 月 31 日	利息费用（$ 10 000×0.06×2/12）	100	
	应付利息		100
	(年末确认利息费用)		

2014 年 12 月 31 日的应计利息，即这张票据的利息中应分配给 2014 年的金额为 $ 100。在 2015 年时，这张票据在到期日前剩下三个月的利息是 $ 150。当 STL 公司记录支付票据时，它也会记录剩下的利息费用，并在账面中扣除应付利息和应付票据，会计分录如下：

日期	科目及摘要	借	贷
2015年4月1日	应付票据	10 000	
	利息费用（$10 000×0.06×3/12）	150	
	应付利息	100	
	现金		10 250
	（在到期日支付票据和利息）		

长期应付票据的流动部分

长期应付票据通常在资产负债表中长期负债部分反映。但是，如果长期负债是用分期付款的方式偿还的，那么企业会将应付票据的流动部分作为流动负债反映。**应付票据的流动部分**（current portion of notes payable）是指需要在一年内支付的那部分本金额，长期应付票据的剩余部分计入长期债务。

让我们考虑一张账面金额为$20 000的应付票据，这张票据在4年内分期还款，每期偿还$5 000。在一年以内必须要支付的部分——$5 000是流动的，剩余的$15 000将会被归类到长期负债部分。流动部分不需要使用日记账分录进行重分类，分类为流动负债或者长期负债，仅仅是以在资产负债表中报告为目的。重分类并没有改变负债总额，仅仅将债务总额中的$5 000由长期负债重分类为流动负债。

应付职工薪酬的会计处理和记录

应付职工薪酬（payroll），又叫**应付职工薪酬**（employee compensation），对于企业来说它也会产生负债。对于服务型组织，例如，会计事务所和旅行社，应付职工薪酬是一项主要的费用。对许多公司来说，人力成本都十分重要，因此它们采用特别的工资系统。

一名雇员的薪酬有很多不同的名称：

- **薪金**（salary）是按年、月或周发放的，例如，每年$62 400、每月$5 200、每周$1 200。
- **工资**（wages）是按小时支付的，例如，每小时$10。
- **佣金**（commission）是根据销售量进行支付的，例如，销售量的5%。例如，一名佣金为5%的房地产经纪人销售$100 000的房地产可以获得$5 000（$100 000×5%）的佣金。
- **奖金**（bonus）是根据基本薪金（或工资/佣金）来发放的，奖金通常根据例外绩效进行发放，一般是在年末一次性发放。
- **福利**（benefits）是另一种形式的薪酬——它并不是直接支付给员工的。福利涉及医疗、养老和残疾人保险。雇主向保险公司支付保险，而保险公司面向全体员工提供保障。退休金是另外一种福利类型，它是现在储蓄，员工将来退休以后可以获得的资金。

企业一般在规定的小时数即规定时间里，按照一个基本的工资率支付雇员薪酬。在雇员额外的工作时间，即加班时间内，按更高的工资率计算工资。

假设赖安·帕克受雇于 STL 公司。他的薪酬如下：

- 赖安在规定时间（40 小时）里每小时挣＄15，那么他每周挣＄600（＄15×40 小时）。
- 加班时间公司支付 1.5 倍的工资，即工资率是规定时间的 150%。这样赖安每个小时的加班费用是＄22.5（＄15.00×1.5）。
- 如果他一周工作 42 小时，那么他的收入为＄645。其计算如下：

40 小时正常工作时间的工资	＄600
2 个小时加班工资（＄22.50×2）	45
工资总额	＄645

□ 应付职工薪酬总额和净工薪

两个支付总额对于会计目的来说很重要。**应付职工薪酬总额**（gross pay）是指一定时期内，员工可以获得的所有薪资、工资、佣金和奖金的综合，是扣除税金和其他扣除额之前的薪金、工资总和。应付职工薪酬总额对雇主来说是一项费用。在前面的例子中，赖安·帕克的应付职工薪酬为＄645。**净工薪**（net pay）是雇员实际获得的金额，净工薪也被称为“拿回家的薪酬”。它等于应付职工薪酬总额减去所有扣除额，例如，扣除的应缴所得税。雇主会直接为每一个员工的“拿回家的薪酬”写一张支付薪水的支票，或者直接把薪酬存入雇员的银行账户。

□ 工资扣除额

大部分州的联邦政府以及很多市政当局都要求雇主从雇员的工资中代扣税金。保险公司和投资公司也可能得到职工薪酬的一部分。从雇员支票中扣减的金额叫**扣除额**（withholding deduction）。工资扣除额是应付职工薪酬总额与净工薪的差额，这些扣除额是从员工薪酬中扣除的，并直接交给政府、保险公司或者其他组织。从职工薪酬中预扣的扣除额分为两类：

- **强制性扣除额**（required deductions），例如，雇员应该向联邦政府和州政府缴纳的所得税和社会保障税。雇员上缴所得税和社会保障税的方式是从工资中扣除。
- **选择性扣除额**（optional deductions），包括保险费、退休金计划、慈善捐款和其他根据雇员的需要进行扣除的项目。

扣除额扣除以后，就成为雇主的一项负债，雇主须将其支付给外部团体——例如，税金给政府、慈善捐助给慈善团体。

扣除雇员所得税

美国法律以及一些州、城市和县要求雇主从雇员的薪金和工资中代扣所得税。从应付职工薪酬中扣除的所得税额叫**代扣所得税**（income tax withholding）。扣缴的数额根据雇员的应付职工薪酬总额和雇员要求的补贴数目而定。（在本书中，我们假定代扣所得税的比例为 20%）。

对于代扣联邦税，雇员向雇主提交 W-4 表，说明为扣缴要求的补贴数。每项补贴都减少应扣缴的税额。

- 未婚纳税可以申请一项补贴；
- 没有孩子的已婚夫妇可以申请两项补贴；
- 有一个孩子的已婚夫妇可以申请三项补贴，依此类推。

图表 11—1 是赖安·帕克的 W-4 表，他已结婚并申请了 3 项补贴。

图表 11—1　　W-4 表

雇员预提补贴证明

W-4表 美国财政部 美国国税局	无论你是否获得津贴或者是否可以从抵扣中减免，都必须将此证明递交IRAS	行政管理和预算局 编号：1545-0074 2010

1.名 赖安	姓 帕克	2.社会保障号 123-45-6789

家庭住址 路斯特大道305	3.□单身 ☑已婚 □已婚，但长期保持单身 注意：如果已婚，但合法分居，或者配偶是目前不居住在本州的外国人，请选择“单身”选项
州、城市或城镇，邮编 佛罗里达州彭沙科拉城，32526	4.如果姓与社会保障卡的姓不同，请在此选择，你必须拨打1-800-772-1213，申请新卡 □

5.申请的补贴总额（H行以上或第二页的申请表上的数）	5	3
6.如果有的话，你愿意在每张支票上预提的额外补贴	6	$
7.我申请2012年的预提额免税，我保证我的情况符合免税的两个条件 • 上年度我有权要求退还所有代扣的联邦所得税，因为我没有税务负债 • 本年度我期望退还所有代扣的联邦所得税，因为我预计没有税务负债 如果你符合以上两个条件，请在此填写“免税”	7	

我保证我有权申请领取本证明所载明的补贴数，或者我有权要求免税，并愿意接受做伪证的处罚。

雇员签名　　（本表签名有效）　　日期：1/1/2012

8.雇主名称和地址（雇主：如果只送到国税局，请完成第8和10行） STL公司；波普盾莱恩斯城，雷克街227，07444	9.办公室代码（可选）	10.雇主身份证号码 20-123456789

雇员社会保险税扣除额

联邦保险捐赠法（The Federal Insurance Contributions Act，FICA），也称社会保障法，要求交纳社会保障税。社会保障计划提供退休、残疾和医疗福利。法律要求雇主从雇员工薪里代扣社会保障税。社会保障税由两部分组成：

- 老人、遗属和残疾人保险（OASDI）
- 健康保险（医疗保险）

老人、遗属和残疾人保险根据年龄向个人发放退休金，向符合资格的个人发放津贴，根据健康状况向失去工作能力的人发放残疾人保险。各年从职工薪酬中扣除的税额不一样，因为工资基数是根据 OASDI 税每年进行调整的。在 2012 年，OASDI 适用于雇员一年收入中的前＄110 100 的部分。应税所得额每年调整一次。OASDI 税税率是 4.2%。因此，2012 年一个雇员交纳的 OASDI 税的最大金额是＄4 624.20（＄110 100×0.042）。

社会保障税的医疗保险部分为老人和残疾人提供健康保险。社会保障税的医疗部分适用于雇员的全部收入，它没有上限。在写作本书时，税率是 1.45%。那么雇员年收入中前＄110 100 的部分按照合并社会保险税率 5.65%（4.2%＋1.45%）计算税金，高于＄110 100 的部分按照 1.45%计算税金。

假设 STL 公司的另一位雇员，詹姆斯·科龙 12 月份以前获得的收入为＄105 800。科龙 12 月份的收入为＄10 000。那么雇主应该从他的薪酬中扣除的社会保障税计算如下：

	社会保障税	
	老人、遗属和残疾人保险税	医疗保险税
雇员的应税所得额	$ 110 100	没有上限
本期以前雇员所得	−105 800	
本期应税所得	$ 4 300	$ 10 000
社会保障税税率	×0.042	×0.0145
从本期工薪中扣除的社会保障税	$　181	$　145
社会保障税合计（$ 181＋$ 145）	$ 326	

注意到在科龙 $ 10 000 的工资中只有 $ 4 300 是适用于老人、遗属和残疾人保险税的。这是因为在 12 月份，科龙的收入达到了适用于老人、遗属和残疾人保险税的最大收入。一旦一个雇员收入达到了 $ 110 100，那么在当年这位雇员不需要就任何其他收入缴纳老人、遗属和残疾人保险税。

另一方面，医疗保险税没有上限，所有的收入都适用于医疗保险税。科龙在 12 月份需要就全部收入 $ 10 000 缴纳医疗保险税。

选择性工薪扣除额

为方便雇员，许多公司按照雇员委托计算扣除额并支付现金，如保险费、退休金存款、工会费和慈善捐款都是此类例子。

下面的表格总结了詹姆斯·科龙在 12 月 31 日最终支付的薪酬额，假设他支付健康保险 $ 180，并向联合劝募基金捐赠了 $ 20。假设雇员的所得税为薪酬总额的 20%。

应付职工薪酬总额		$ 10 000
扣除额：		
员工收入所得税（20%）	$ 2 000	
OASDI 税（4.2%）	181	
应付医疗保险税（1.45%）	145	
应付健康保险	180	
捐赠给联合劝募基金	20	
扣除额总额		2 526
净工薪		$ 7 474

□ 职工薪酬记录

很多公司用**职工薪酬**（payroll register）来帮助汇总每一位雇员的工资总额、扣减额和净工薪。图表 11—2 就是 STL 公司 12 月的职工薪酬记录。

图表 11—2　　职工薪酬　　单元：美元

雇员姓名	收入			扣除项						净工薪	支票编号	薪酬和工资费用
	期初累计收入	当期收入	期末累计收入	OASDI税	医疗保险税	所得税	健康保险	其他	总扣除项			
詹姆斯·科龙	105 800	10 000	115 800	181	145	2 000	180	20	2 526	7 474	530	10 000
贝托尼·穆内斯	62 100	5 500	67 600	231	80	1 100	110	0	1 521	3 979	531	5 500
赖安·帕克	37 400	2 580	39 980	108	37	516	110	0	771	1 809	532	2 580
丽莎·斯玛特	0	4 000	4 000	168	58	800	65	0	1 091	2 909	533	4 000
莎伦·扎帕	71 500	6 500	78 000	273	94	1 300	180	40	1 887	4 613	534	6 500
合计	276 800	28 580	305 380	961	414	5 716	645	60	7 796	20 784		28 580

一个公司的职工薪酬记录主要包括下列几项：

1. 雇员姓名；
2. 期初累计收入——雇员在上一期获得的薪酬；
3. 本期收入——雇员在当期获得的薪酬（包括标准和加班工资、佣金和福利）；
4. 期末累计收入——期初累计薪酬加上本期薪酬；
5. 老人、遗属和残疾人保险——雇员收入中的前＄110 100 部分，税率是 4.2%；
6. 医疗保险税——雇员的全部收入，税率为 1.45%；
7. 所得税——包括联邦政府、州政府和任何当地政府扣减的所得税；
8. 健康保险——为给员工支付的医疗保险的扣除额；
9. 其他——雇员的自愿扣除项目，例如，慈善捐款和工会费；
10. 总扣除额——所有扣除额的合计；
11. 净工薪——本期薪酬总额减总扣除额，这是需要支付给每一位雇员的金额；
12. 支票编号——为员工支付薪酬的支票编号；
13. 薪酬和工资费用——当期借记的薪酬和工资费用。

□ 用日记账记录职工薪酬

职工薪酬记录用来记录职工薪酬的日记账分录。职工薪酬和薪酬扣减额记录为负债，直到被支付为止。职工薪酬记录的总计数额将被用来建立 STL 公司的日记账分录。

日期	科目及摘要	借	贷
12 月 31 日	薪酬和工资费用	28 580	
	社会保障税		
	FICA——应付老人、遗属和残疾人保险税		961
	FICA——应付医疗保险税		414
	职工应付所得税		5 716
	职工应付健康保险		645
	联合劝募基金应付账款		60
	薪酬和工资费用		20 784
	（记录薪酬和工资费用以及薪酬扣除额）		

在前面的日记账分录中，薪酬和工资费用（＄28 580）代表了应该向所有的雇员支付的总额。总支付额包括欠雇员的薪酬和工资费用（＄20 784）以及总薪酬扣除额（＄961＋＄414＋＄5 716＋＄645＋＄60）。

在支付当日，STL 公司将会向它的雇员支付＄20 784，并记录如下会计分录：

日期	科目及摘要	借	贷
1 月 5 日	应付薪酬和工资	20 784	
	现金		20 784
	（记录支付薪酬）		

其他的应付会计科目——社会保障税、应付所得税、健康保险和其他慈善捐款，这些特定的应付账款在支付的时候会从账面移除。

□ 雇主工薪税

除了员工必须负担的所得税和社会保障税，雇主必须承担至少三种工薪税，这些税金不是来自于雇员的薪酬，而是由雇主支付：

- 雇主社会保障税（OASDI 税和医疗保险税）；
- 州失业救济税（SUTA）；
- 联邦失业救济税（FUTA）。

雇主社会保障税

除了代扣雇员的社会保障税之外，雇主也必须支付社会保障税。雇主承担的老人、遗属和残疾人保险部分，对每个雇员年收入最初的 $110 100 按 6.2%的税率计算税金。雇主的医疗保险税是对每个雇员的年度总收入按照 1.45%的税率计算的。因此，雇主和雇员对社会保障基金制度做出同样的贡献。

州和联邦政府失业救济税

州和政府失业救济税是为失业的人员提供资助的。这些**失业救济税**（unemployment compensation taxes）是由雇主支付的，而不是从雇员的总收入中扣除。（一些州要求雇员对州失业救济税做出贡献，这里我们假设失业救济税仅由雇主支付。）近些年来，雇主对每个雇员年收入最初的 $7 000 部分按 6.2%的税率计算税金，其中多少上缴给州政府取决各州的状况，但是大部分是 5.6%交给州政府，0.6%交给联邦政府。雇主使用两个税种来核算上述两种税收：

- 应付联邦失业税（FUTA Payable）
- 应付州失业税（SUTA Payable）

图表 11—3 给出的是一位获得 $1 000 薪资的雇员的薪酬分配情况，假设这位雇员没有达到工资税的限额。

图表 11—3　　薪酬成本

雇员应缴税费和其他扣除项目				雇主应缴税费			
净工薪（拿回家的收入）	OASDI 税（年收入最初的 $110 100，4.2% 的税率）	医疗保险税（所有收入，税率为 1.45%）	所得税（假设税率为 20%）	OASDI 税（年收入最初的 $110 100，6.2%的税率）	医疗保险税（所有收入，税率为 1.45%）	FUTA（年收入最初的 $7 000，0.6%的税率）	SUTA（年收入最初的 $7 000，5.6%的税率）
$743	+ $42	+ $15	+ $200	$62	+ $15	+ $6	+ $56
= $1 000				= $139			
雇主总共需要支付 $1 139							

用日记账记录雇主工薪税

STL 公司 12 月份的雇主工薪税的计算方法如下：

雇员名称	收入			雇主工薪税				
	期初累计收入	本期收入	期末累计收入	OASDI 税 (6.2%)	医疗保险税 (1.45%)	FUTA (0.6%)	SUTA (5.6%)	总税费
詹姆斯·科龙	$ 105 800	$ 10 000	$ 115 800	$ 267	$ 145	$ 0	$ 0	$ 412
贝托尼·穆内斯	62 100	5 500	67 600	341	80	0	0	421
赖安·帕克	37 400	2 580	39 980	160	37	0	0	197
丽莎·斯玛特	0	4 000	4 000	248	58	24	224	554
莎伦·扎帕	71 500	6 500	78 000	403	94	0	0	497
合计	$ 276 800	$ 28 580	$ 305 380	$ 1 419	$ 414	$ 24	$ 224	$ 2 081

联邦政府的 FICA——OASDI 税是由每一个雇员的年收入最初的 $ 110 100 的 6.2%决定的。STL 公司必须为所有的雇员支付 OASDI 税，但是，为詹姆斯·科龙支付的金额受到年收入 $ 110 100 的限制 [($110 100－ $ 105 800)×6.2% ＝ $ 267]。FICA——医疗保险税对于所有收入的税率为 1.45%。

FUTA (0.6%) 和 SUTA (5.6%) 仅就每一个雇员的年收入最初的 $ 7 000 征收。STL 公司仅需要为丽莎·斯玛特支付失业救济税，因为到目前为止其他的雇员收入都已高于 $ 7 000。

STL 公司在工资税费用账户中借记工资税费用，并贷记各种应付款账户。

日期	科目及摘要	借	贷
12 月 31 日	工资税费用	2 081	
	FICA——OASDI 应缴税费		1 419
	FICA——应缴医疗保险税		414
	应付联邦失业税		24
	应付州失业税		224
	（记录雇主的工资税费用）		

□ 职工薪酬的内部控制

职工薪酬的内部控制主要有两种：

- 效率控制；
- 职工薪酬发放安全性控制。

效率控制

职工薪酬业务非常适合用计算机处理。雇员工资数据存储在计算机里，计算机就能自动进行所有的计算、打印职工薪酬登记册和支票，并更新雇员所得记录。另外，为了避免要给每一个雇员写纸质的支票，企业可能需要直接保存每一个人的薪酬。这样也能够提高效率，因为减少了对于未兑现支票的调整。

职工薪酬发放安全性控制

小企业主和管理者可以通过与雇员的个人接触来监督工薪的发放，大公司则无法这样做。大公司一个特有的危险是职工薪酬支票可能开给一个虚构的雇员并由不诚实的雇员兑现。为防止这种和其他犯罪行为，大企业都制定了严格的内部控制政策。

雇用和解雇员工的职责应该与发放职工薪酬支票的职责以及传送工资支票的职责相分离。只给提供了带有照片的身份证明的雇员签发工资支票，从而确保只有真正的雇员才能得到薪酬。书面的工时记录制度能够帮助确定雇员实际工作的工时数。让雇员在上下班时打卡，也能证明他们上班以及工作的时间。

良好内部控制的基础在于职责分明。这就是为什么除了最小的公司所有的企业对于下列活动都有互相独立和分立的部门：

- 人事部门雇用和解雇雇员；
- 工薪部门进行雇员的收入记录；
- 会计部门记录所有的业务；
- 财务人员给雇员发放支票。

金额需要估计的流动负债的处理

企业可能知道存在一项负债，但不知道其确切金额。这种负债不能简单地忽略，必须列示于资产负债表上。最简单的经常被估计的负债例子就是企业的福利分配计划、假期工资、健康和养老金以及保证金等。

福利计划

很多企业除了给职工发放正常的工资以外，还会为雇员发放福利。发放福利的前提通常是达到了一个特定的目标，例如，雇员完成了期望的销售量或者企业达到目标收益。一家企业在年末的时候通常不知道会有多少年底福利，企业通常会根据固定比率计算福利的金额。例如，假设STL公司估计会将年度净利润的5%作为福利发放，计算福利前企业报告的净利润为＄315 000。公司会计部门计算福利的方法如下：

福利＝(福利比例×在发放福利前企业的净利润)/(1＋福利比例)
＝(0.05×＄315 000)/(1＋0.05)
＝＄15 000

假设STL公司只到下一年才发放福利，那么企业就必须将福利记录为一项欠雇员的负债，会计分录如下：

日期	科目及摘要	借	贷
12年31日	员工福利费用	15 000	
	应付员工福利费		15 000
	（记录员工福利费用开支）		

当STL公司支付福利的时候，将会借记应付员工福利，贷记现金。

休假、健康和退休金福利

企业通常会向员工提供休假、健康和退休金福利。退休金计划向已经退休的员工提供福利。企业需要对这些事项的金额做出估计并按照负债入账。假设 STL 公司的员工在一年中有两周的休假时间，公司估计提供休假的成本为每个月 \$1 000。那么每个月的日记账分录如下：

日期	科目及摘要	借	贷
	休假福利费用	1 000	
	应付休假福利费		1 000
	（记录休假福利费用开支）		

当员工收到企业支付的福利时，STL 公司会减少负债——借记应付休假福利费账户，贷记现金账户。其他的像健康和退休金等福利也按照同样的方式记录。

质量保证

许多商业企业通过质量保证书来保证产品没有缺陷。质量保证时间的长短是不同的，配比原则要求公司在确认销售收入的同时记录质量保证费用。因此企业需要在实现销售，而不是质量保证费用支付的时候记录这笔费用。企业实现销售时，并不知道质量保证费用的确切数字，但是能够估计出这笔费用。

假设 STL 公司在 6 月 10 日取得销售额 \$50 000（销售的存货成本为 \$35 000），假设质量保证期内的质量保证费用为销售额的 3%。企业记录销售收入，销货成本和估计质量保证费用的会计分录如下：

日期	科目及摘要	借	贷
6 月 10 日	应收账款	50 000	
	销售收入		50 000
	（赊销收入）		
10 日	销货成本	35 000	
	库存商品		35 000
	（记录销货成本）		
10 日	质量保证费用	1 500	
	预估应付质量保证费用		1 500
	（确认应付质量保证费用）		

假设 STL 公司的一些顾客声明根据 STL 公司的质量保证协议，必须做出兑现，在 6 月 27 日 STL 公司支付了产品担保成本，总计为 \$800。公司对有缺陷的产品做出更换并做如下日记账分录：

日期	科目及摘要	借	贷
6月27日	预估应付质量保证费用	800	
	商品库存		800
	（在质保范围内更换商品）		

STL公司在利润表中记录的费用为$1 500，这是一个估计的金额，而不是实际兑现的$800。在履行质保义务后，企业的负债账户有贷方余额$700。这$700的余额代表了STL公司预期未来会支付的质量保证费用，这个余额是一个估计数值。$700对于STL公司来说是一项负债。

预估应付质量保证费用

6月27日	800	1 500	7月10日
		700	余额

或有负债的处理

或有负债（contingent liability）不是实际的负债，而是依赖于某一未来事项的潜在负债。如果一项或有负债需要支付，那么在未来必须要发生某一事项。举个例子，假设STL公司的网上学习视频由于涉嫌专利侵权而引起关于专利权的诉讼，STL公司因此面临一项或有负债，而这项负债也许能也许不能成为一项真正的负债。如果这次诉讼的结果对STL不利，那么它就会增加STL公司的负债。公司向股东和债权人隐瞒此诉讼案件的消息是不道德的。

另一种或有负债发生在一个公司为另一个公司提供**应付票据的担保**（co-signs a note payable）的情况下。例如，一家企业要为另一家企业的应付票据提供担保，企业的担保就是一项或有负债，直到应付票据到期并且偿还，这项预计负债才会消除。如果另一家企业付清了票据，那么或有负债就会消除；如果另一家企业没有兑现票据，那么担保企业必须为这家企业支付这项负债。一个企业如何记录或者是否需要记录或有负债，是根据未来事项的下列三种可能性之一确定的：

- 有极小的可能性
- 比较可能
- 很有可能

极小可能的或有负债

如果一项或有负债的期限很长，那么这项负债出现的可能性很小。如果一项或有负债是长期的，那么企业就不需要记录这项负债，也不需要在财务报表附注中披露。一个长期或有负债的例子就是无理诉讼。

比较可能的或有负债

比较可能的或有负债意味着这项负债出现的可能性较大，但并不是很有可能出现。一项比较可能的或有负债必须在资产负债表附注中披露。例如，假设一个公司在一项重大诉讼中是被告，如果法律顾问告诉这家公司比较可能败诉，那么这项诉讼要在资产负债表附注中披露。

可能的或有负债

如果一项或有负债是可能的，那么这意味着未来事项很有可能发生。只有很有可能出现的或有负债才能估计金额，并作为负债记录下来，同时也会出现一项费用。很有可能的或有负债的例子之一就是质保协议。

很有可能出现的，但是不能被估计金额的或有负债在资产负债表附注中披露。此时，由于金额不能被估计，所以不会记录为一项负债。图表 11—4 总结了或有负债的处理原则。

图表 11—4　　　　或有负债

未来事项发生的可能性	如何报告或有负债
极小	不需要披露
比较可能	在财务报表附注中加以说明
可能，并且损失的金额无法估计	在财务报表附注中加以说明
可能，并且损失的金额可以估计	用估计的金额记录一项费用（或者损失）和一项真实的负债

使用利息保障倍数评价企业业绩

投资者可以使用**利息保障倍数**（times-interest-earned ratio）来评价一家企业支付利息费用的能力。这个比率衡量的是息税前利润（EBIT）能够支付多少次利息费用。利息保障倍数也称为利息支付率（interest-coverage ratio）。一个较高的利息支付率意味着企业能够很轻松地支付利息费用，相反，较低的利息支付率则意味着企业支付利息费用会很艰难。利息保障倍数通过 EBIT（净利润＋所得税费用＋利息费用）除以利息费用来计算。

让我们来评价一下绿山咖啡公司支付利息费用的能力。下表是从绿山公司的利润表中截取的。

单位：千美元

	截止到 2011 年 9 月 24 日的会计年度	截止到 2010 年 9 月 25 日的会计年度
净利润	$ 199 501	$ 76 506
所得税费用	101 699	53 703
利息费用	57 657	5 294

绿山公司在分别截止到 2011 年 9 月 24 日和 2010 年 9 月 25 日的会计年度的利息保障倍数计算方法如下：

利息保障倍数＝(净利润＋所得税＋利息费用)/利息费用

2011 年度：

=（＄199 501＋＄101 699＋＄57 657）/ $57 657
=6.22（四舍五入）

2010 年度：

=（＄79 506＋＄53 703＋＄5 294）/ $5 294
=26.16（四舍五入）

从 2010 年到 2011 年，绿山公司的利息费用有很大的增长。这是因为绿山公司增加了债务，尤其是在它的贷款循环链上。债务的增加将绿山公司的利息保障倍数从 26.16 减少到了 6.22。2011 年的利息保障倍数稍高，和行业平均水平 5.59 基本持平。这意味着，虽然绿山公司增加了负债并且需要承担更多的利息费用，仍然能够很轻松地支付它的利息费用。

疑难问题 A

P11-25A 有关负债列报的会计处理

SS公司 2014 年 6 月 30 日即公司的财务年度截止日编制调整分录前的总分类账包括了下列账户的余额：

应付账款	＄114 000
应付利息	0
应付职工薪酬	0
应付雇员职工薪酬税	0
应付雇主职工薪酬税	0
未实现租赁收入	6 900
长期应付票据	210 000

6 月 30 日为了编制调整分录所需的其他数据如下：

a. 长期负债每年的分期付款额为＄42 000，下一次分期付款日期为 7 月 31 日。7 月 31 日，SS 公司同时还要支付一年的利息，利率为 8%。公司上一次支付利息的日期为上年的 7 月 31 日。编制调整分录记录利息费用。

b. 在上一个支付工资的会计年度，未支付的薪酬总额为＄4 300。假设应付雇员职工薪酬税为＄970。

c. 应付的雇主职工薪酬税为＄850。

d. 2月1日，公司预收一年的租金共计＄6 900。

要求：

（1）使用 T 型账户，开立上列账户，并将 6 月 30 日未调整前的余额填入账户。

（2）编制 6 月 30 日的调整分录并过入上述账户中。用数字标上调整分录的顺序。

（3）编制 2014 年 6 月 30 日资产负债表的流动负债部分。

P11-26A 计算应付职工薪酬及其会计处理

路易斯·韦尔奇是 US 公司的总经理。2014 年，他每月的薪水为＄10 200。年底他还可以获得总薪水 10%的年终奖金。

2014 年，韦尔奇扣除的联邦所得税为每月＄850，年终奖金扣除的联邦所得税为＄924；扣除的州所得税为每月＄70，年终奖金扣除的州所得税为＄40。他的社会保障税从年度收入中扣除。韦尔奇还授权公司代扣下列款项：占总收入 1%的联合基金捐款和每个月＄5 的人寿保险。

公司向韦尔奇收取工薪税是为了支付他的社会保障税。公司还需要支付州失业税和联邦失业税。另外，US 公司还为韦尔奇提供了每月＄150 的健康保险。在 2010 年，US 公司为韦尔奇的退休计划支付了＄4 000 的费用。

要求：

（1）计算韦尔奇在 2014 年的职工薪酬总额，扣除额和净工薪。

（2）计算 US 公司在 2014 年为韦尔奇发生的职工薪酬总成本。

（3）编制会计分录记录 US 公司发生的下列费用：韦尔奇在这年的职工薪酬总额，扣除额和净工薪。借记职工薪酬费用账户和奖金费用账户；贷记负债类账户来核算扣除额，贷记现金账户核算净工薪。不用给出摘要。

P11-27A　练习有关负债交易的会计处理

DP 公司在 2013 年和 2014 年发生以下业务：

2013 年	
1 月 9 日	签发一张利率为 6%，6 个月期的应付票据，购入价值 $ 9 000 的电脑设备。
1 月 29 日	记录本周销售 $ 64 000，其中 3/4 赊销，1/4现销。按销售收入的 6%收取州销售税。忽略销货成本。
2 月 5 日	将上周的销售税上缴州政府。
7 月 9 日	支付到期票据的本金和利息，票据为 6 个月期，利率为 6%。
8 月 31 日	签发一张利率为 9%，6 个月期的应付票据，购入价值 $ 12 000 的库存商品。
12 月 31 日	确认质量保证费用，估计是销售额 $ 603 000 的 2%。
12 月 31 日	确认应付利息。
2014 年	
2 月 28 日	支付到期的利率为 9%的票据本金和利息。

要求：

在公司的普通日记账中记录上述业务，不必给出业务的摘要。

P11-28A　有关负债交易的事项处理

BG 公司在 2014 年发生如下业务：

4 月 30 日	BG 公司是一场专利侵权诉讼的当事人，诉讼金额为 $ 200 000。公司律师确信 BG 公司败诉的可能性很小。
6 月 30 日	BG 公司估计的质量保证费用是销售额 $ 400 000 的 2%。
7 月 28 日	支付质量保证费用 $ 6 000。
9 月 30 日	BG 公司是一场版权侵权诉讼的当事人，诉讼金额为 $ 100 000。BG 公司的律师认为公司有可能会败诉，律师估计的损失额为 $ 100 000。
12 月 31 日	BG 公司估计质量保证费用为后半年销售额 $ 500 000的 2%。

要求：

1. 在公司的日记账中记录上述业务，如果有必要，在 BG 公司的普通日记账中记录。不必给出业务的摘要。

2. 公司的估计质量保证费用余额是多少？

P11-29A　计算利息保障倍数

CC 公司的利润表如下。假设 CC 公司在 2015 年 6 月 1 日签发了一张票面金额为 $ 4 000，120 天到期，利率为 6%的票据，这并不是公司唯一的应付票据。

CC 公司 利润表 截止到 2015 年 7 月 31 日的会计年度		
销售收入	$ 28 000	
减：销货退回及折让	5 040	
销售折让	3 360	
净销售收入		$ 19 600
销货成本		12 600
毛利润		7 000
营业费用：		
销售费用	700	
管理费用	1 750	
总费用		2 450
营业利润		4 550
其他收入（费用）		
利息费用	?	
其他总收入（费用）		?
税前净利润		?
所得税费用		900
净利润		$?

要求：

1. 将 CC 公司在 2015 年 7 月 31 日利润表的空缺信息补充完整。

2. 计算公司的利息保障倍数。

小组作业

小组作业 11—1

近几年，航空公司常常出现于新闻报道中。顾客正在通过登录 Price.com 和其他的互联网网站以最低的价格购买机票。航空公司也用飞行常客奖励计划来吸引顾客——奖励那些累计达到特定飞行里程的顾客。未履行的飞行常客奖励计划形成了航空公司的一项债务，它们必须在资产负债表中披露，通常在航空运输负债账户中反映。

位于美国达拉斯的营利性航空公司西南航空公司，已经排在行业的前列。西南航空公司通过以下方法控制成本：使用小型的价格更低的飞机场；只使用一种机型；不提供膳食；提高员工效率；降低航班间的地面转向次数。西南航空公司能够最大限度地预测所提供服务的城市的天气，这也增加了它准时到达的记录。

两个人或者更多人一组，讨论下面的问题，或者在老师的指导下写一份报告回答下列问题：

飞行常客奖励计划已经变成航空公司的一项重大举措，为什么这些项目需要计入负债？讨论你会如何计算这笔负债的金额。你能想出提供奖励产生类似负债的其他行业吗？

第 12 章

合伙企业

- 合伙企业的特征和类型
- 合伙企业的组建
- 合伙企业的损益分配
- 新合伙人加入的会计处理
- 合伙人退出的会计处理
- 合伙企业清算的会计处理

企业是否应该实行合伙制?

克里斯蒂娜·怀特和丹尼斯·卡瓦利正在考虑在科罗拉多州的格兰特公园建一个微型的高尔夫球场。这个高尔夫球场将有18个洞，有包括恐龙、风车、水景在内的不同景观。克里斯蒂娜已经仔细评估了当地的旅游观光业。她相信这个高尔夫球场在夏天直到接近冬天的月份都会很忙碌，这让克里斯蒂娜和丹尼斯有大量的时间可以在淡季尽情滑雪。

克里斯蒂娜和丹尼斯正在考虑将企业建成合伙企业。克里斯蒂娜愿意贡献在格兰特公园的一块地产。她对管理公司每日的经营也很感兴趣。丹尼斯在会计方面有较高的造诣，她同意为这个高尔夫球场处理会计和商业方面的事务。

现在克里斯蒂娜和丹尼斯需要决定如何组建合伙企业。她们要考虑的问题包括：每个合伙人特定的职责是什么？利润和损失如何在合伙人之间分配？如果在未来一个合伙人想要离开合伙企业要怎么做？合伙企业吸收新的合伙人时要怎么做？克里斯蒂娜和丹尼斯让她们的会计师起草一份协议，对所有这些和其他的问题列出具体的答案。她们已经做好准备打开新企业的大门了。

很多小企业决定作为合伙企业经营。由于合伙企业的经营模式允许个人投入才智和资源来为顾客提供更好的产品和服务，因此产生了很多合伙企业。另外，合伙企业很容易建立，并且享受实质的税收红利。合伙企业允许企业主体将收益分配给股东，而不需要在企业层面上缴纳联邦税。很多合伙企业都是不向公众投资者开放的私人企业。但是也有一些合伙企业，像Cedr Fair——一个拥有11家游乐园、6家户外水上公园和5家旅馆的地区性游乐园运营商，就对公众投资者开放。在截止到2011年12月31日的会计年度，Ceder Fair赚了＄72 158 000，总共向合伙人分配了＄55 347 000。在本章中，你会学到合伙企业的特征和类型，合伙企业的利润是如何分配的，以及如何对分配进行会计处理。

本章大纲

- 合伙企业的特征和类型是什么？
- 如何建立合伙企业？
- 合伙企业的利润和损失如何分配？
- 如何对合伙人的准入进行会计处理？
- 如何对合伙人退伙进行会计处理？
- 如何对合伙企业的清算进行会计处理？

学习目标

1. 辨识合伙企业的特征和类型。
2. 合伙企业成立的核算，编制合伙企业财务报表。
3. 向合伙人分配损益。
4. 新加入合伙人的核算。
5. 合伙人退出的核算。
6. 合伙企业清算的核算。

合伙企业的特征和类型

希娜·布莱特是 STL 公司的所有者，她正在考虑和她的朋友马丁·冈萨雷斯一起开一家软件公司。他们已经讨论了企业的产品开发、市场和销售目标，现在他们只需要最后确定公司如何运营即可。他们最终决定采用合伙企业的方式——企业有两个或者更多的合伙人，而不是采用公司制的方式，布莱特和冈萨雷斯认为合伙企业能够最好地满足他们的需要，并决定为布莱特 & 冈萨雷斯合伙企业起草一份计划书。

设立一家合伙企业意味着更容易遇到新的商业机遇，因为希娜·布莱特和马丁·冈萨雷斯投入了他们的才智和资源。布莱特 & 冈萨雷斯合伙企业跟他们每个人单独比起来能够提供更广泛的产品和服务。合伙企业规模不定，一些合伙企业只有两个合伙人，一些合伙企业规模很大。

你已经学过如何核算个人独资企业。但是，合伙企业会计是不同的。在本章中，我们用布莱特和冈萨雷斯的新合伙企业作为例子来说明两者的不同之处。

合伙企业的特点

跟个人独资企业和公司制形式比起来，合伙企业具有一些特点，这些特点提供了独特的优势和不足。让我们来看看合伙企业都有哪些特点。

书面协议

一个合伙企业就好像一场婚姻。要想成功，合伙人必须合作。但是商业合伙人并不是非要许诺终生都在一起。为了增加合伙人对企业如何运行的理解程度，他们需要签订一份**合伙协议**（partnership agreement），也称为**合伙契约**（articles of partnership）。这个协议是合伙人之间的合同，并受合同法规范。合伙协议是合伙企业规章制度的概述。合伙企业的合约应该明确以下几点：

- 企业的名称、地址和经营性质；
- 每个合伙人的姓名、投入资本和责任；
- 新合伙人入伙的程序；
- 合伙人分配损益的方法；
- 合伙人撤资的程序；
- 合伙人从合伙企业中退伙的程序；
- 合伙企业的清算程序，包括出售资产、清偿债务以及向合伙人支付剩余现金。

有限存续期

合伙企业的存续期是有限的，现有的合伙人发生的任何变动，不管是合伙人退伙或者死亡，还是新的合伙人加入，都会导致原有合伙关系的解散。**解散**（dissolution）是一个合伙企业的结束，新合伙人的入伙解散了原合伙企业并建立了一个新的合伙企业。

互为代理

互为代理（mutual agency）意味着每一个合伙人都是企业的共同代理人。任何一个合伙人都有权在企业常规经营范围内代表企业签订合同。如果希娜·布莱特——布莱特&冈萨雷斯合伙企业的合伙人之一，签订了一份支付负债的合同，那么这就意味着布莱特&冈萨雷斯合伙企业，而不仅仅是布莱特欠了这笔负债。如果布莱特签订了一份为她私人购买轿车的合同（不在合伙企业中使用），合伙企业就不需要对这笔债务负责，因为这是布莱特的私人事项。

无限责任

每个合伙人都对合伙企业的债务负有**无限个人责任**（unlimited personal liability），当合伙企业不能清偿债务时，合伙人必须用其个人财产还清债务。

例如，假设布莱特&冈萨雷斯无法支付＄20 000的负债。那么布莱特和冈萨雷斯每个人都必须对这＄20 000负责，因为每个合伙人都对企业的债务承担无限责任。如果某位合伙人无法清偿他的那部分债务，其他的合伙人必须代为清偿。假设希娜·布莱特只能偿还＄5 000的债务，那么马丁·冈萨雷斯必须偿还＄1 5000。假设希娜·布莱特压根就无法偿还债务，那么马丁·冈萨雷斯必须偿还＄20 000。

共有财产

合伙人投入合伙企业的任何财产，如现金、存货、计算机软件等，都成为企业全部合伙人的共同财产。投资的合伙人不再是这项资产唯一的拥有者。另外，合伙企业购买的任何新的财产由全部合伙人共有。

无须缴纳所得税

合伙企业不需要缴纳所得税，合伙企业的净利润被分配后成为每个合伙人的应税收入。假设布莱特&冈萨雷斯的净利润为＄200 000，由每一个合伙人平均分配。合伙企业作为一个企业主体不缴纳所得税，但是布莱特和冈萨雷斯每个人需要就他们从合伙企业分配的收入＄100 000（＄200 000/2）缴纳个人所得税。

合伙人的所有者权益账户

合伙企业会计与独资企业的会计很相似，但是，因为合伙企业有一个以上的合伙人（所有者），所以必须设置一个以上的所有者权益账户。例如，希娜·布莱特的所有者权益账户就是“布莱特，资本”。类似地，每个所有者还有一个提款账户，如“布莱特，提款”。

图表12—1列出了与独资企业和公司相比较合伙企业的优点和缺点。（下一章会介绍公司。）你可以看到，大多数独资企业的特点也适用于合伙企业。

- 有限存续期；
- 无限责任；
- 无须缴纳所得税。

图表 12—1 合伙企业的优点和缺点

合伙企业的优点	合伙企业的缺点
与独资企业相比： 1. 可以筹集更多资本。 2. 聚集超过一个人的专门的知识和技术。 3. 合伙人合作得好可以获得比各自单独工作更大的成绩。 与公司相比： 1. 由于不需要政府的批准，其组建企业的开支低于公司。 2. 合伙企业的所得不需要缴纳所得税，但合伙人作为个人需缴纳个人所得税。	1. 合伙协议可能很难明确表述。每次新合伙人入伙或原合伙人退伙，企业都需要订立新的合伙协议。 2. 合伙人之间的关系脆弱。 3. 互为代理和个人无限责任为每个合伙人增加了个人义务。

合伙企业的类型

有两种基本的合伙类型：一般的与有限的。

一般合伙企业

一般合伙企业（general partnership）是合伙企业的基本形式。每个合伙人都是企业的所有者，拥有股东所有的权利并承担所有的风险。一般合伙企业的收益和损失传递给每个合伙人，合伙人就他们的个人收入缴纳个人所得税。我们刚才介绍的所有其他特征都适用于一般合伙企业。

有限合伙企业

有限合伙企业（limited partnership）至少有两种级别的合伙人。必须至少有一个承担企业主要责任的**一般合伙人**（general partner），一般合伙人承担主要的责任，通常也要负责经营企业。一般合伙人承担无限的个人责任，因此承担了合伙企业绝大部分的破产风险。通常，一般合伙人是最后分享有限合伙企业盈亏的，但是他们可以获得满足有限合伙人收益需求之后的所有超额利润。

有限合伙人（limited partner）通常是没有参与到合伙企业日常经营中去的投资者，并且对合伙企业的债务承担有限的个人责任。有限合伙人不需要对企业债务承担超过他们对企业投入部分的责任。他们通常最先分享企业的盈亏，但是是有限的。由于承担有限责任，他们的潜在收益通常也是有限的。

有限合伙企业的一种形式是**有限责任合伙企业**（limited liability partnership，LLP）。这种形式的合伙企业是为了避免合伙人受其他合伙人玩忽职守或者粗心大意的影响，在 LLP 中，每个合伙人并不为其他合伙人的玩忽职守承担个人责任。但是在大多数州，每一个合伙人仍然为其他企业债务承担个人责任。LLP 必须购买较大额度的保险来保护公众利益，以防合伙企业被发现有罪或者不法行为。医疗、法律以及其他专业性较强的领域常采用 LLP 的形式。

合伙企业的其他形式

有些其他形式的企业有和合伙企业相似的特征。这些企业主体和合伙企业相似，但是又有一些独特的特征将它们和合伙企业区分开来。

有限责任公司

有限责任公司（limited liability company，LLC）有自己的公司组织形式——既不是合伙企业也不是公司制，而是将两者的优势结合在一起。LLC 形式可能是设立一家公司最灵活的形式，因为所有者，又被称为成员，有很多种选择。

有限责任公司和公司制相同的特征包括：

- LLC 是一个法人团体，需要与州签订与组织有关的文件。
- 公司的名称必须包括"有限责任公司"或者类似字样，以向公众表明所有者的有限责任。
- 公司所有者对企业的债务不承担个人责任，这是有限责任公司和个人独资企业以及合伙企业相比主要的优点。

有限责任公司和合伙企业相似的特征包括：

- LLC 可以选择不支付企业所得税。LLC 的收入向所有者征税，因为他们是合伙人。这是 LLC 和公司制相比最大的优点。公司制企业需要支付企业所得税；同时，股东从企业收到的任何股利都需要支付个人所得税。这是我们说公司制面临双重征税的原因。
- LLC 所有者可以主动参与企业的经营。
- LLC 会计和合伙人企业会计通常是一致的。

S 公司

S 公司（S corporation）是和合伙企业有相同征税方式的公司，股东人数等于或者小于 100 人。这种公司组织形式的名称来源于《美国国内收入法典》的第 S 章。S 公司为它的所有者（也称为股东）提供了公司的好处——个人不用对公司债务承担责任，也提供了合伙企业的好处——不存在双重征税。普通公司（C 公司）是要双重征税的。

S 公司不需要缴纳企业所得税。公司的收入全部直接分配给股东，由股东按分享到的 S 公司收入份额缴纳个人所得税。图表 12—2 总结了不同的企业组织类型。

图表 12—2　　不同的企业组织类型

组织类型	法人主体	所有者个人责任	缴纳企业所得税
个人独资企业	否	无限责任	否
合伙企业	否		否
普通合伙		无限责任	
有限合伙		有限责任	
有限责任公司	是	有限责任	否*
S 公司	是	有限责任	否
C 公司	是	有限责任	是

* 在有些州，有限责任公司可以选择缴纳企业所得税。

合伙企业的组建

设立一家合伙企业很简单。它不需要政府的许可和外部的法律帮助，但是寻求律师的帮助草拟合伙企业协议通常是一个明智的选择。让我们来看一下布莱特和冈萨雷斯是如何创立他们的合伙企业的。

□ 合伙企业的创立

当一家合伙企业创立的时候，合伙人在企业中投入资产和负债。这些投资是以与独资企业同样的记录方式记入账簿的，借记资产，贷记负债。资产减去负债后的净额衡量了每一个合伙人的资本贡献情况。

假设布莱特和冈萨雷斯在 2015 年 6 月 1 日设立了一家销售电脑软件的合伙企业。合伙人双方都认可下列价值。

布莱特的投入

- 现金＄15 000；存货＄40 000；应付账款＄80 000（这些项目的现行市价与布莱特记录的价格相等）。
- 计算机设备：成本＄80 000，累计折旧＄20 000，现行市价为＄55 000。

冈萨雷斯的投入

- 现金＄2 000。
- 办公设备：成本＄20 000，累计折旧＄1 500，现行市价为＄18 000。

合伙企业以当前市场价值记录合伙人的投资。为什么？因为合伙企业准备购买资产并以当前市价记录负债。合伙企业的日记账分录如下：

日期	科目及摘要	借	贷
2015 年 6 月 1 日	现金	15 000	
	存货	40 000	
	计算机设备	55 000	
	应付账款		80 000
	布莱特，资本 （＄15 000 ＋ ＄40 000＋＄55 000－＄80 000）		30 000
	（记录布莱特的投入）		
1 日	现金	2 000	
	办公设备	18 000	
	冈萨雷斯，资本（＄2 000＋＄18 000）		20 000
	（记录冈萨雷斯的投入）		

□ 合伙企业财务报表

合伙企业财务报表和个人独资企业报表类似，但是存在下列不同：

● 合伙企业的所有者权益表称为合伙人权益表，有时也称为合伙人资本表。合伙人权益表列示了在特定的时间段内每一个合伙人实收资本的变化。

● 合伙企业的资产负债表对每一位合伙人的实收资本分别列示。布莱特＆冈萨雷斯在 2015 年 6 月 1 日最初的合伙企业资产负债表如图表 12—3 所示。

图表 12—3 资产负债表

布莱特 & 冈萨雷斯 资产负债表 2015 年 6 月 1 日			
资产		负债	
现金（$15 000 + $2 000）	$17 000	应付账款	$80 000
存货	40 000		
计算机设备	55 000	合伙人权益	
办公设备	18 000	布莱特，资本	30 000
		冈萨雷斯，资本	20 000
总资产	$130 000	总负债和合伙人权益	$130 000

合伙企业的损益分配

如何在合伙人之间分配收益和损失，是合伙企业管理中最具挑战性的一个方面。合伙人可以他们所希望的任何损益分配方式达成协议。合伙人之间的典型的损益分配协议包括下列项目：

- 以每个合伙人确定的比率为基础进行分配，例如，两个合伙人的 50/50，或者三个合伙人的 4∶3∶3（这意味着 4/10 给合伙人 A，3/10 给合伙人 B，3/10 给合伙人 C）；
- 以每个合伙人的资本比例为基础进行分配；
- 以每个合伙人提供的服务为基础进行分配；
- 以每个合伙人的设定比率、资本比例以及服务相结合为基础进行分配。

如果合伙人之间没有签订协议或协议中没有规定合伙人如何分配损益，则平均分配。如果合伙协议中规定了利润的分配方式，而未规定损失的分配方式，则损失按照与利润相同的比例进行分配。例如，一个分配到 75%利润的合伙人同样要承担 75%的损失。

下面我们来看这些损益分配计划是如何实行的。

按确定的比率分配

合伙协议可以为每个合伙人确定一个分享损益的比例。假设布莱特和冈萨雷斯的合伙协议将企业损益的 2/3 分配给布莱特，1/3 分配给冈萨雷斯。这个分配比例也可以表达为 2∶1，如果某年的净利润为 $60 000，那么，布莱特和冈萨雷斯将按照如下方法分配净利润：

根据确定的比率分配净利润＝净利润×分配比率
＝$60 000×2/3
＝$40 000（布莱特）

$= \$60\,000 \times 1/3$

$= \$20\,000$(冈萨雷斯)

根据合伙人的资本账户对净利润账户结账，损益汇总账户将有贷方余额，具体分录如下：

日期	科目及摘要	借	贷
12 年 31 日	损益汇总	60 000	
	布莱特，资本		40 000
	冈萨雷斯，资本		20 000
	(结清损益汇总账户)		

过账以后，具体的账户情况如下：

损益汇总

结清 3	60 000	60 000	余额
		0	期末余额

布莱特，资本

		30 000	6 月 1 日
		40 000	结清 3
		70 000	期末余额

冈萨雷斯，资本

		20 000	6 月 1 日
		20 000	结清 3
		40 000	期末余额

相反，如果合伙企业在某年的净损失为＄18 000，那么损益汇总账户将有借方余额＄18 000：

损益汇总

期末余额	18 000		

在这种情况下，合伙人的资本账户将会减少损失中每个人所占的比例。结账分录如下：

日期	科目及摘要	借	贷
12 年 31 日	布莱特，资本（＄18 000×2/3)	12 000	
	冈萨雷斯，资本（＄18 000×1/3)	6 000	
	损益汇总		18 000
	(对损益汇总账户结账)		

过账后，账户余额如下：

损益汇总

结清 3	18 000	18 000	余额
		0	期末余额

布莱特，资本

		30 000	6 月 1 日
结清 3	12 000		
		18 000	期末余额

冈萨雷斯，资本

		20 000	6月1日
结清3	6 000		
		14 000	期末余额

□ 按照资本余额分配

在一家合伙企业中，一个合伙人可能贡献更多的资本。因此，利润和损失可能根据合伙人投入的资本来分配，而不是按照确定的比率分配。

让我们来重新考虑布莱特 & 冈萨雷斯合伙企业净利润为 \$60 000，合伙人分配这些利润的计算过程。布莱特投资 \$30 000，冈萨雷斯只投资 \$20 000。根据投入资本分配依据的比率是用合伙人投入的资本除以总资本。

假设布莱特 & 冈萨雷斯合伙企业有净利润 \$60 000。净利润的分配计算方法如下。将净利润结清到每一个合伙人的资本账户的日记账分录和前面所示的格式类似。

根据资本余额对净利润进行分配＝净利润×(资金余额/总资金)
＝\$60 000×[\$30 000/(\$30 000＋\$20 000)]
＝\$36 000(布莱特)

＝\$60 000×[\$20 000/(\$30 000＋\$20 000)]
＝\$24 000(冈萨雷斯)

□ 按照完成服务、资本余额和确定的比率分配

我们可以看到，对净利润可以根据确定的比率或者资本余额进行分配，也可以根据服务、资本余额以及确定的比率的组合分配。当一个合伙人投入了更多资本而另一个合伙人通过管理公司的日常经营或者处理会计事务投入了更多时间的时候，合伙企业可能会使用这种方法。方式之一是在根据资本分配的基础上为提供服务的合伙人提供工资津贴。在这种分配方法下，利润和损失的分配可以根据合伙人的资本余额、服务和确定比率的组合进行。

假设布莱特和冈萨雷斯同意按照如下的方法对利润和损失进行分配：

1. 第一次分配是工资津贴，布莱特收到 \$16 000，冈萨雷斯收到 \$24 000。
2. 第二次分配根据合伙人资本余额的10%进行。
3. 任何剩余的利润或损失平均分配。

因为合伙企业协议专门列出了上述三步，因此不管企业分配利润还是损失，上述三步都要进行。第一年合伙企业的净利润仍然是 \$60 000，合伙人按照下列方法分配利润：

	布莱特	冈萨雷斯	合计
净利润（损失）			$ 60 000
工资津贴：			
布莱特	$ 16 000		
冈萨雷斯		$ 24 000	
资本分配：			
布莱特（$ 30 000×10%）	3 000		
冈萨雷斯（$ 20 000×10%）		2 000	
工资和资本分配总额	19 000	26 000	(45 000)
剩余需要分配的净利润（损失）			15 000
剩余的平均分配：			
布莱特（$ 15 000×1/2）	7 500		
冈萨雷斯（$ 15 000×1/2）		7 500	
分配总额			(15 000)
剩余需要分配的净利润（损失）			$ 0
每个合伙人分配的净利润（损失）	$ 26 500	$ 33 500	

在这种分配方式下，结账分录如下：

日期	科目及摘要	借	贷
12 月 31 日	收入合计	60 000	
	布莱特，资本		26 500
	冈萨雷斯，资本		33 500
	（对收入合计结账）		

如果有同样的收入分配协议，但是布莱特 & 冈萨雷斯有净损失 $ 18 000，这时该怎么办呢？因为合伙企业分配协议有三步，所有净损失的分配也要经过这三步，方法如下：

	布莱特	冈萨雷斯	合计
净利润（损失）			$ (18 000)
工资津贴：			
布莱特	$ 16 000		
冈萨雷斯		$ 24 000	
资本分配：			
布莱特（$ 30 000×10%）	3 000		
冈萨雷斯（$ 20 000×10%）		2 000	
工资和资本分配总额	19 000	26 000	(45 000)
剩余需要分配的净利润（损失）			(63 000)
剩余的平均分配：			
布莱特（$ 63 000×1/2）	(31 500)		
冈萨雷斯（$ 63 000×1/2）		(31 500)	
分配总额			63 000
剩余需要分配的净利润（损失）			$ 0
每个合伙人分配的净利润（损失）	$ (12 500)	$ (5 500)	

在这种三步分配协议下，分配＄18 000的损失结账分录如下：

日期	科目及摘要	借	贷
12月31日	布莱特，资本	12 500	
	冈萨雷斯，资本	5 500	
	收入合计		18 000
	（对收入合计结账）		

□ 合伙人提取现金和其他资产

根据合伙协议中的内容，合伙人可以从合伙企业中提取现金或其他资产。从合伙企业中提款记录在权益类账户中，例如布莱特，提款。假设布莱特和冈萨雷斯每个人提款＄3 000，那么在12月31日提款账户如下：

日期	科目及摘要	借	贷
12月31日	布莱特，提款	3 000	
	冈萨雷斯，提款	3 000	
	现金		6 000
	（合伙人提取现金）		

提款账户在当期期末结清。贷记每个合伙人的提款账户，借记资本账户：

日期	会计科目和明细	借	贷
12月31日	布莱特，提款	3 000	
	冈萨雷斯，提款	3 000	
	现金		6 000
	（合伙人提取现金）		

布莱特和冈萨雷斯的资本账户如下，假设＄60 000的净利润根据完成的服务、资本余额和确定的比率进行分配：

布莱特，资本

		30 000	6月1日
结清4	3 000	26 500	结清3
		53 500	余额

冈萨雷斯，资本

		20 000	6月1日
结清4	3 000	33 500	结清3
		50 500	余额

□ 合伙人权益报表

既然我们已经知道合伙企业的利润和损失是如何分配的了，现在让我们来看一下布莱特＆冈萨雷斯合伙企业当年的合伙人权益表。记住合伙人权益表披露的是在一段特定的时期内每个合伙人资本账户的变化。不同于个人独资企业的所有者权益表，合伙人权益表将会分别给出每个合伙人的资本账户，包括合伙人的投入、净利润的分配和合伙人提款。图表12—4是布莱特＆冈萨雷斯的合伙人权益表，假设＄60 000的净利润根据完成服务、资本余额和确定的比率进行分配。

图表 12—4　　合伙人所有者权益表

布莱特 & 冈萨雷斯 合伙人权益表 截止到 2015 年 12 月 31 日的 7 个月	布莱特	冈萨雷斯	合计
资本，2015 年 6 月 1 日	$ 0	$ 0	$ 0
合伙人投资	30 000	$ 20 000	$ 50 000
7 个月的净利润	26 500	33 500	60 000
	56 500	53 500	110 000
合伙人提款	(3 000)	(3 000)	(6 000)
资本，2015 年 12 月 31 日	$ 53 500	$ 50 500	(104 000)

新合伙人加入的会计处理

新成员的入伙会导致原合伙企业的解散以及新合伙企业的成立。合伙人组合发生的任何变化都会导致原有合伙企业的解散以及新合伙企业的诞生。通常，外部人员不会注意到这个变化——企业仍然按照同样的模式经营，但是所有者不同了。让我们看看新成员加入现有合伙企业的方式。

通过购买原合伙人的权益入伙

一个人可以通过购买现有合伙人的权益成为合伙人。但是，新成员必须取得合伙企业其他合伙人的入伙许可。购买现有合伙人权益是两个人之间的交易，与合伙企业没有关系。

例如，假设在 2016 年 1 月 1 日，布莱特想要将她在企业中一半的权益（$ 53 500×1/2＝$ 26 750）卖给一个外部人员——切瑞·卡斯卡。冈萨雷斯接受卡斯卡作为新合伙人，布莱特同意接受 $ 30 000 的价格。那么，合伙企业记录资本权益转移的会计分录如下：

日期	科目及摘要	借	贷
2016 年 1 月 1 日	布莱特，资本	26 750	
	卡斯卡，资本		26 750
	（将布莱特的资本转移给卡斯卡）		

借方减少了布莱特的资本账户，贷方建立起了卡斯卡的资本账户。入账金额是布莱特资本余额的一半——$ 26 750，而不是卡斯卡支付给布莱特的 $ 30 000。合伙企业并没有收到现金，因为交易是在卡斯卡和布莱特之间进行的，而不是卡斯卡和合伙企业之间。$ 30 000 都给了布莱特，而不是合伙企业。合伙企业唯一记录的分录就是合伙人资本的转移。

原来的合伙企业布莱特 & 冈萨雷斯已经解散了。布莱特、冈萨雷斯和卡斯卡起草了一个新的合伙企业协议，有了新的利润和损失分配方法，并将企业持续经营下去。新合伙人加入以后的资本账户如下：

布莱特，资本	
	53 500　余额
1月1日　26 750	
	26 750　1月1日

冈萨雷斯，资本	
	50 500　余额

卡斯卡，资本	
	26 750　1月1日

允许一个合伙人通过购买原有合伙人权益加入合伙企业有两个很重要的特征：

- 合伙企业记录的唯一日记账分录就是转移合伙人的资本。不需要记录新合伙人和原有合伙人之间现金的转移。
- 允许合伙人的加入不会影响总资产、负债和所有者权益。它仅仅是资本从一个合伙人账户转移到另一个合伙人。

□ 通过向合伙企业投资入伙

一个人可以通过直接向合伙企业投资加入合伙企业。（这与前面提到的购买已有合伙人权益不同。）在这种情况下，新的合伙人会向企业投入资产，如现金或设备。让我们来考虑几种增加新合伙人可行的方法。

以面值向合伙企业投资入伙——任何合伙人都没有红利

卡斯卡想在2016年1月1日加入布莱特＆冈萨雷斯合伙企业。卡斯卡可以投入一块市价为＄52 000的土地。布莱特和冈萨雷斯同意解散他们的合伙企业并建立新的合伙企业，给予卡斯卡1/3的权益作为对她＄52 000投入资产的交换，具体如下：

新合伙人加入前合伙企业资本（＄53 500＋＄50 500）	＄104 000
新合伙人投资	52 000
新合伙人加入后合伙企业资本	＄156 000
新合伙人资本（＄156 000×1/3）	＄52 000

注意到卡斯卡以面值在合伙企业中入股，因为她投入的＄52 000等于新合伙企业总资本＄156 000的1/3。合伙企业记录卡斯卡投资的分录如下：

日期	科目及摘要	借	贷
2016年1月1日	土地	52 000	
	卡斯卡，资本		52 000
	（记录卡斯卡投资）		

在接受卡斯卡作为新合伙人后，合伙企业的资产和权益增加了＄52 000。卡斯卡拥有1/3的权益并不一定代表她会得到利润的1/3。记住：利润和损失的分配与合伙企业的建立是相互独立的事项。

向合伙企业投资入伙——对原合伙人支付额外津贴

合伙企业越成功，合伙人对将要入伙的人要求支付的金额就越高。经营良好的合伙企业的合伙人可能要求新加入者向他们支付额外津贴，额外津贴将增加现有合伙人的资本账户。

假设布莱特和冈萨雷斯同意接受卡斯卡以＄100 000 现金投资，并获得合伙企业 1/4 的权益。在新的合伙企业账面上，卡斯卡只有＄51 000，具体如下：

新合伙人加入前合伙企业资本（＄53 500＋＄50 500）	＄104 000
新合伙人投资	100 000
新合伙人加入后合伙企业资本	＄204 000
新合伙人资本（＄204 000×1/4）	＄51 000

事实上，卡斯卡以＄100 000 的投资加入合伙企业，投资的金额高于她取得的 1/4 权益面值——＄51 000。卡斯卡高于面值的投资是对布莱特和冈萨雷斯的津贴：

新合伙人投资	＄100 000
新合伙人资本	(51 000)
现有合伙人津贴	＄49 000

假设布莱特和冈萨雷斯最初的合伙企业规定平均分配利润和损失，那么合伙企业记录接受卡斯卡的分录如下：

日期	科目及摘要	借	贷
2016 年 1 月 1 日	现金	100 000	
	卡斯卡，资本		51 000
	布莱特，资本（＄49 000×1/2）		24 500
	冈萨雷斯，资本（＄49 000×1/2）		24 500
	（记录卡斯卡投资以及现有合伙人津贴）		

卡斯卡的资本账户要贷记她在新合伙企业 1/4 的权益。津贴按照布莱特和冈萨雷斯最初的利润和损失比率分配给他们。

向合伙企业投资入伙——对新合伙人支付额外津贴

新的合伙人也许非常重要，使现有合伙人愿意向他提供包括一定津贴在内的合伙企业份额。

让我们回到卡斯卡入伙的时候。在 2016 年 1 月 1 日，卡斯卡给布莱特和冈萨雷斯＄98 000，并在新的合伙企业中获得 60％的权益。卡斯卡在新的合伙企业中 60％权益的计算方法如下：

新合伙人加入前合伙企业资本（＄53 500＋＄50 500）	＄104 000
新合伙人投资	98 000
新合伙人加入后合伙企业资本	＄202 000
新合伙人资本（＄202 000×60％）	＄121 200
新合伙人资本	＄121 200
新合伙人投资	(98 000)
新合伙人津贴	＄23 200

在本例中，卡斯卡以低于她权益的账面价值（＄121 200）的价格投资于合伙企业。差额＄23 200 从其他合伙人转移到卡斯卡那里，因此要借记他们的资本账户。现有合伙

人分担这些资本的减少，并将其看做损失，按他们的损益分配率进行分配。记录卡斯卡投资的分录如下：

日期	科目及摘要	借	贷
2016年1月1日	现金	98 000	
	布莱特，资本（$23 200×1/2)	11 600	
	冈萨雷斯，资本（$23 200×1/2)	11 600	
	卡斯卡，资本		121 200
	（记录卡斯卡投资和津贴）		

合伙人退出的会计处理

合伙人可能会由于各种原因退出企业，包括退休、死亡，或与其他合伙人有争议。合伙人的退伙使原合伙企业解散。合伙协议应包括用以规范如何处理合伙人退伙的条款。任何时候合伙人的组合发生变动，均会解散原有的合伙企业，建立新的合伙企业。

举个简单的例子，一个合伙人可能将他的权益通过个人交易买给另一人。这同时允许了购买现有合伙人权益的新合伙人的加入，就像前面我们看到的。日记账分录只需要借记合伙人资本账户，并贷记新合伙人资本账户，金额是退出的合伙人的资本余额。但是，通常情况下，退伙更复杂，因为现金或者其他资产是从合伙企业中在结算合伙人权益的时候撤出的。

以面值从合伙企业退伙——任何合伙人都没有红利

假设布莱特、冈萨雷斯 & 卡斯卡合伙企业的资本余额如下，并且合伙企业协议分配利润和损失如下：1/6 分配给布莱特，2/6 分配给冈萨雷斯，3/6 分配给卡斯卡（或者是 1∶2∶3)。

布莱特、冈萨雷斯 & 卡斯卡合伙企业 合伙人权益表 2016年1月1日	
布莱特，资本	$53 500
冈萨雷斯，资本	50 500
卡斯卡，资本	52 000
合伙人权益合计	$156 000

如果在2016年1月2日，布莱特通过收回与其所有者权益账面价值相等的现金退伙，其会计分录为：

日期	科目及摘要	借	贷
2016年1月2日	布莱特，资本	53 500	
	现金		53 500
	（记录布莱特从合伙企业退伙）		

现在布莱特的资本账户已经结清。冈萨雷斯和卡斯卡有可能会把新合伙企业冈萨雷斯 & 卡斯卡继续经营下去，也有可能不会。如果他们继续经营下去，则需要起草一份新的合伙企业协议，并确定新的损益分配率。

从合伙企业退伙——对原合伙人提供额外津贴

退出合伙人可能非常迫切地想离开企业，于是他愿意取得少于其权益的补偿。假设布莱特从合伙企业中退伙，并同意只收回现金＄47 200。这＄47 200 的补偿比她在企业中的资本余额＄53 500 少。其他合伙人以他们的损益分配率分享＄6 300 的差额，差额也可以看作给他们的额外津贴。这意味着之前的分配比率 1∶2∶3 已经变成了 2∶3（只有冈萨雷斯和卡斯卡的部分）

记录布莱特以低于面值退伙的会计分录为：

日期	科目及摘要	借	贷
2016 年 1 月 2 日	布莱特，资本	53 500	
	现金		47 200
	冈萨雷斯，资本（＄6 300×2/5）		2 520
	卡斯卡，资本（＄6 300×3/5）		3 780
	（记录布莱特从合伙企业退伙）		

从合伙企业退伙——对退出合伙人提供额外津贴

退出合伙人可能会收到高于他权益面值的资产。这种情况会：

- 给退出合伙人提供额外津贴；
- 减少剩余合伙人的资本余额和他们的损益分配率。

让我们假设布莱特收到现金＄57 200，布莱特的资本账户为＄53 500，差额为＄3 700(＄57 200－53 500)。其他的合伙人——冈萨雷斯和卡斯卡会分配这＄3 700 的差额，对于他们来说这是资本的减少，并根据现有的损益分配率进行分配（2∶3）。

在新的假设条件下，布莱特从合伙企业退伙的会计分录如下：

日期	科目及摘要	借	贷
2016 年 1 月 2 日	布莱特，资本	53 500	
	冈萨雷斯，资本（＄3 700×2/5）	1 480	
	卡斯卡，资本（＄3 700×3/5）	2 220	
	现金		57 200
	（记录布莱特从合伙企业退伙）		

合伙人的死亡

合伙人的死亡使合伙企业解散。在合伙人死亡时，合伙企业解散。已故合伙人的资产在合伙企业合伙人权益中将拥有索取权。合伙企业协议应该说明合伙人权益将如何换取财产。这包括将合伙人权益卖给其他人或者分配合伙企业财产。

合伙企业清算的会计处理

像我们前面看到的，合伙人的加入或者退出都会导致合伙企业的解散。然而，企业仍然可以继续经营，在外界看来，可能并无明显变化。**清算**（liquidation）则是通过出售企业整体的财产并清偿债务来结束经营的过程。企业清算的最后步骤是向所有者分配剩余现金。企业清算之前，其账簿就应该调整并结清。合伙企业清算包括三个基本步骤：

1. 出售资产。按合伙人的损益分配率来分配出售所得的收益或损失。
2. 偿还合伙企业债务。
3. 以合伙人的资本余额为依据向合伙人分配剩余现金，而不是依据损益分配协议。

清算的关键之处就是企业账户都要结清。企业清算一般持续几个星期或几个月，对于大企业来说可能需要一年或者更长的时间。为了避免过分烦琐，我们仅涉及两个资产项目和一个负债项目——现金和非现金资产以及应付账款。我们在例子中假设企业在一笔交易中出售了非现金资产，并立刻清偿了负债。

出售资产并取得收益

假设布莱特、冈萨雷斯和卡斯卡决定在11月30日对企业进行清算。布莱特、冈萨雷斯和卡斯卡的损益分配率为1∶2∶3（这个比率与分别为1/6，2/6，3/6相等）。图表12—5展示了企业在清算前，账簿调整和结清以后的合伙企业资产负债表。

图表12—5　　清算前资产负债表

布莱特、冈萨雷斯&卡斯卡
资产负债表
2016年11月30日

资产		负债	
现金	$10 000	应付账款	$30 000
非现金资产	90 000		
		合伙人权益	
		布莱特，资本	40 000
		冈萨雷斯，资本	20 000
		卡斯卡，资本	10 000
总资产	$100 000	总负债和合伙人权益	$100 000

第一步：合伙企业卖掉非现金资产，收到$150 000（面值为$90 000）。合伙企业获得收益$60 000（$150 000－$90 000），根据损益分配率分配给合伙人。记录销售和分配的会计分录如下：

日期	科目及摘要	借	贷
2016 年 11 月 30 日	现金	150 000	
	非现金资产		90 000
	处置利得		60 000
	（清算时卖出非现金资产）		
11 月 30 日	处置利得	60 000	
	布莱特，资本（$ 60 000×1/6）		10 000
	冈萨雷斯，资本（$ 60 000×2/6）		20 000
	卡斯卡，资本（$ 60 000×3/6）		30 000
	（分配资产清算利得）		

第二步：合伙企业偿还负债：

日期	科目及摘要	借	贷
2016 年 11 月 30 日	应付账款	30 000	
	现金		30 000
	（偿还负债）		

第三步：偿还负债后，合伙企业账户余额如下：

	资产		=负债	+权益		
	现金	+非现金资产	=应付账款	+布莱特，资产	+冈萨雷斯，资本	+卡斯卡，资本
清算前余额	$ 10 000	$ 90 000	$ 30 000	$ 40 000	$ 20 000	$ 10 000
第一步：						
销售资产并分配利得或损失	150 000	(90 000)		10 000	20 000	30 000
第二步：						
偿还企业所有债务	(30 000)		(30 000)			
分配余额	$ 130 000	$ 0	$ 0	$ 50 000	$ 40 000	$ 40 000

现金

11 月 30 日 10 000	
清算 1　150 000	30 000　清算 2
余额　130 000	

非现金资产

11 月 30 日 90 000	
	90 000　清算 1
余额　0	

应付账款

	30 000 11 月 30 日
清算 2　30 000	
	0　余额

布莱特，资本

	40 000　11 月 30 日
	10 000　清算 1
	50 000　余额

冈萨雷斯，资本

	20 000　11 月 30 日
	20 000　清算 1
	40 000　余额

卡斯卡，资本

	10 000　11 月 30 日
	30 000　清算 1
	40 000　余额

因为在合伙企业中还有剩余的现金，最后的清算交易就是根据合伙人资本余额，将所有剩余的现金支付给合伙人，会计分录如下：

日期	科目及摘要	借	贷
2016 年 11 月 30 日	布莱特，资本	50 000	
	冈萨雷斯，资本	40 000	
	卡斯卡，资本	40 000	
	现金		130 000
	（根据合伙人资本余额分配剩余现金）		

布莱特、冈萨雷斯 & 卡斯卡合伙企业的清算总结如下。记住企业一旦清算，资产销售带来的利得或损失要根据损益分配率进行分配，最后的现金支付根据资本余额进行分配。

	资产		=负债	+权益		
	现金	+非现金资产	=应付账款	+布莱特，资产	+冈萨雷斯，资本	+卡斯卡，资本
清算前余额	$ 10 000	$ 90 000	$ 30 000	$ 40 000	$ 20 000	$ 10 000
第一步：						
销售资产并分配利得或损失	150 000	(90 000)		10 000	20 000	30 000
第二步：						
偿还企业所有债务	(30 000)		(30 000)			
分配余额	$ 130 000	$ 0	$ 0	$ 50 000	$ 40 000	$ 40 000
第三步：						
支付剩余现金	(30 000)			(50 000)	(40 000)	(40 000)
清算后余额	$ 0	$ 0	$ 0	$ 0	$ 0	$ 0

现金

11 月 30 日 10 000	
清算 1 150 000	30 000 清算 2
余额 130 000	
	130 000 清算 3
余额 0	

非现金资产

11 月 30 日 90 000	
	90 000 清算 1
余额 0	

应付账款

	30 000 11 月 30 日
清算 2 30 000	
	0 余额

布莱特，资本

	40 000 11 月 30 日
	10 000 清算 1
	50 000 余额
350 000	
	0 余额

冈萨雷斯，资本

	20 000 11 月 30 日
	20 000 清算 1
	40 000 余额
清算 3 40 000	
	0 余额

卡斯卡，资本

	10 000 11 月 30 日
	30 000 清算 1
	40 000 余额
清算 3 40 000	
	0 余额

出售资产并产生损失

企业清算中常常有出售资产发生损失的情况。在这种情况下，依照合伙人的损益分配率分配损失。

第一步：假设布莱特、冈萨雷斯和卡斯卡决定在 11 月 30 日对企业进行清算，并以 $ 60 000 的价格卖出非现金资产。合伙企业有损失 $ 30 000（$ 60 000－ $ 90 000）。这笔损失根据损益分配率分配给合伙人，分录如下：

日期	科目及摘要	借	贷
2016 年 11 月 30 日	现金	60 000	
	处置损失	30 000	
	非现金资产		90 000
	（清算时卖出资产）		
11 月 30 日	布莱特，资本（$ 30 000×1/6）	5 000	
	冈萨雷斯，资本（$ 30 000×2/6）	10 000	
	卡斯卡，资本（$ 20 000×3/6）	15 000	
	处置损失		30 000
	（分配资产清算损失）		

第二步：布莱特、冈萨雷斯和卡斯卡用剩下的现金 $ 70 000（$ 10 000+$60 000）来偿还债务。合伙企业会计分录如下：

日期	科目及摘要	借	贷
2016 年 11 月 30 日	应付账款	30 000	
	现金		30 000
	（偿还债务）		

在本例中，合伙企业有足够的现金偿还债务。但是，如果企业没有足够的现金，那么将会存在现金短缺，此时每个合伙人（在他们的资本账户中有借方余额）需要根据他们的损益分配率来投入现金。记住合伙人对企业的债务承担个人责任。

第三步：在负债偿还以后，每个合伙人的资本账户如下：

布莱特，资本

	40 000 11 月 30 日
清算 1　5 000	
	35 000　余额

冈萨雷斯，资本

	20 000 11 月 30 日
清算 1　10 000	
	10 000　余额

卡斯卡，资本

	10 000 11 月 30 日
清算 1　15 000	
余额　5 000	

注意到卡斯卡的资本账户有借方余额。这代表了**资本亏欠**（capital deficiency），合伙企业有权利要求合伙人支付这笔金额。卡斯卡必须支付这笔亏欠金额：

日期	科目及摘要	借	贷
2016 年 11 月 30 日	现金	5 000	
	卡斯卡，资本		5 000
	（收到卡斯卡投入亏欠现金）		

在合伙企业中剩余的现金以及合伙人资本账户余额如下：

	资产	=负债		+权益		
	现金	+非现金资产	=应付账款	+布莱特，资产	+冈萨雷斯，资本	+卡斯卡，资本
清算前余额	$10 000	$90 000	$30 000	$40 000	$20 000	$10 000
第一步：						
销售资产并分配利得或损失	60 000	(90 000)		(5 000)	(10 000)	(15 000)
第二步：						
偿还企业所有债务	(30 000)		(30 000)			
分配余额	$40 000	0	0	35 000	10 000	(5 000)
第三步：						
支付剩余现金	5 000					5 000
清算后余额	$45 000	$0	$0	$35 000	$10 000	$0

现金

11月30日 10 000	
清算1 60 000	30 000 清算2
余额 40 000	
清算3 5 000	
余额 45 000	

非现金资产

11月30日 90 000	
	90 000 清算1
余额 0	

应付账款

	30 000 11月30日
清算2 30 000	
	0 余额

布莱特，资本

	40 000 11月30日
清算1 5 000	
	35 000 余额

冈萨雷斯，资本

	20 000 11月30日
清算1 10 000	
	10 000 余额

卡斯卡，资本

	10 000 11月30日
清算1 15 000	
余额 5 000	
	5 000 清算3
	0 余额

合伙人根据他们的资本余额分配剩余的现金。注意到只有布莱特和冈萨雷斯收到了分配的现金，因为卡斯卡在合伙企业中没有剩余的资本了。

日期	会计科目和明细	借	贷
2016年11月30日	布莱特，资本	35 000	
	冈萨雷斯，资本	10 000	
	现金		45 000
	（根据合伙人资本余额分配剩余现金）		

合伙企业存在资本亏欠时清算出现损失的情况总结如下：

	资产		=负债	+权益		
	现金	+非现金资产	=应付账款	+布莱特，资产	+冈萨雷斯，资本	+卡斯卡，资本
清算前余额	\$10 000	\$90 000	\$30 000	\$40 000	\$20 000	\$10 000
第一步：						
销售资产并分配利得或损失	60 000	(90 000)		(5 000)	(10 000)	(15 000)
第二步：						
偿还企业所有债务	(30 000)		(30 000)			
分配余额	\$40 000	0	0	35 000	10 000	(5 000)
第三步：						
支付剩余现金	5 000					5 000
清算后余额	\$45 000	\$0	\$0	35 000	10 000	\$0
支付剩余现金	\$(45 000)			(35 000)	(10 000)	
清算后余额	\$0	\$0	\$0	\$0	\$0	\$0

现金

11 月 30 日 10 000	
清算 1 60 000	30 000 清算 2
余额 40 000	
清算 3 5 000	
余额 45 000	
	45 000 清算 3
余额 0	

非现金资产

11 月 30 日 90 000	
	90 000 清算 1
余额 0	

应付账款

	30 000 11 月 30 日
清算 2 30 000	
	0 余额

布莱特，资本

	40 000 11 月 30 日
清算 1 5 000	
	35 000 余额
清算 3 35 000	
	0 余额

冈萨雷斯，资本

	20 000 11 月 30 日
清算 1 10 000	
	10 000 余额
清算 3 10 000	
	0 余额

卡斯卡，资本

	10 000 11 月 30 日
清算 1 15 000	
余额 5 000	
	5 000 清算
	0 余额

疑难问题 A 部分

P12-25A　确定合伙企业特征，以及对合伙人投资的会计处理

吉纳·桑切斯和卡洛·托雷斯正在组建一家合伙企业——SLG 公司，从西班牙进口货物。桑切斯非常有艺术气质，将到西班牙购买商品。托雷斯是一个出色的商人，已经建立了几家百货公司来销售皮革制品。

要求：

1. 合伙企业协议的目的是什么？
2. 如果合伙协议没有规定损益分配率，利润和损失应该如何分配？

3. 桑切斯投入现金＄100 000以及应付账款＄20 000。托雷斯投入一栋建筑物，成本为＄75 000，建筑物的现行市价为＄90 000。做日记账分录记录两位合伙人的出资。

P12-26A 对合伙人投资进行会计处理，向合伙人分配利润和损失，编制合伙企业财务报表

罗雷娜·拉莉和艾莉·拉拉斯在2014年3月15日建立了一家合伙企业。合伙人同意投入相同数额的资本。拉莉投入了她个人独资企业的资本和负债（圆括号中的贷方余额），具体如下：

	拉莉的公司	
	面值	现行市场价值
应收账款	＄12 300	＄10 600
库存商品	47 000	38 000
预付费用	3 600	3 400
储藏设备，净值	41 000	28 000
应付账款	(24 000)	(24 000)

3月15日，拉拉斯投入了总额等于拉莉合伙企业资本现行市价的现金。合伙人决定拉莉获得合伙企业70%的利润，因为将由她来管理公司。拉拉斯同意获得利润的30%。截止到12月31日，合伙企业获得净利润＄74 000。拉莉获得＄42 000，拉拉斯获得＄22 000。

要求：

1. 记录合伙人最初的投资。

2. 在获得2015年3月15日的信息后立刻编制合伙企业的资产负债表。

3. 做收入合计账户的结账分录以及合伙人在2014年12月31日的提款账户。

P12-27A 向合伙人分配利润和损失并编制合伙企业财务报表

2014年10月1日，爱德华、弗兰奇和吉尔建立了一家EFG合伙企业。爱德华投入＄21 000，弗兰奇投入＄35 000，吉尔投入＄44 000。爱德华将管理商店，弗兰奇在商店工作3/4的时间，吉尔不参与工作。

要求：

1. 在下列每一个计划下计算合伙人对利润和损失的分配：

a. 截止到2015年9月30日，年度净损失为＄42 000。合伙协议将利润的45%分配给爱德华，35%分配给弗兰奇，20%分配给吉尔。合伙协议并没有讨论损益分配的问题。

b. 截止到2015年9月30日，年度净利润为＄97 000。第一笔＄25 000根据合伙人资本余额比例分配。第二笔＄48 000根据完成的服务分配——＄38 000分配给爱德华，＄10 000分配给弗兰奇。剩下的部分平均分配。

2. 假设爱德华、弗兰奇和吉尔每人当年从合伙企业中提款＄10 000。使用b计划，编制合伙企业的合伙人权益表。

P12-28A 新合伙人加入的会计处理

一家合伙企业——HMJ公司，正在考虑接受桑德斯作为新合伙人加入企业。在当年的7月31日，三个原有合伙人的资本账户和他们的损益分配率如下：

	资本	损益分配率
希契科克	＄33 000	20%
迈克逊	66 000	25%
雅思佩尔	99 000	55%

要求：

根据下列情况，分别对在7月31日接受桑德斯作为新合伙人做会计分录。

1. 桑德斯支付给雅思佩尔＄132 000现金购买雅思佩尔在合伙企业中的权益。

2. 桑德斯向合伙企业投资＄66 000，获得合伙企业权益的1/4。

3. 桑德斯向合伙企业投资＄66 000，获得合伙企业权益的1/6。

4. 桑德斯向合伙企业投资＄66 000，获得合伙企业权益的1/3。

P12-29A 合伙人退伙的会计处理

Hu-Kang-Lo公司是一家由三个人拥有的合伙企业。合伙人的损益分配率为：30%分配给Hu，40%分配给Kang，30%分配给Lo。2014年12月31日，企业的资产负债表如下。12月31日，Hu从企业中退伙。

Hu-Kang-Lo 公司 资产负债表 2014 年 12 月 31 日			
资产		负债	
现金	50 000	应付账款	$ 88 000
应收账款，净额	12 000		
库存商品	64 000	合伙人权益	
设备，净额	86 000	Hu，资本	31 000
		Kang，资本	49 000
		Lo，资本	44 000
总资产	$ 212 000	负债和合伙人权益合计	$ 212 000

要求：

根据下列计划，分别记录 Hu 的退伙。

1. 在一项个人交易中，Hu 将她的权益卖给 Win，Win 支付给 Hu $ 110 000。Kang 和 Lo 同意接受 Win 作为合伙人。

2. 合伙企业支付给 Hu 现金 $ 5 000，并且针对处理她的合伙企业权益时权益面值的剩余部分，支付给她应付票据。

3. 针对 Hu 的权益账面价值，合伙企业向 Hu 支付 $ 50 000。

4. 针对 Hu 的权益账面价值，合伙企业向 Hu 支付 $ 26 000。

P12-30A 合伙企业清算的会计处理

合伙企业 EKC 公司在三年的经营期内都出现了经营损失。以埃米尔，15%；卡恩，60%；查尼 25%作为损益分配率的合伙人正在清算企业。他们想让你来分析清算的影响。他们展示了 2014 年 12 月 31 日合伙企业简化的资产负债表：

EKC 公司 资产负债表 2014 年 12 月 31 日			
资产		负债	
现金	$ 14 000	应付账款	$ 65 000
非现金资产	160 000		
		合伙人权益	
		埃米尔，资本	20 000
		卡恩，资本	67 000
		查尼，资本	22 000
总资产	$ 212 000	负债和合伙人权益合计	$ 174 000

要求：

1. 假设销售非现金资产得到 $ 180 000，记录清算交易。

2. 假设销售非现金资产得到 $ 130 000，记录清算交易。

P12-31A 将利润和损失分配给合伙人，并对合伙企业清算进行会计处理

ABC 是一家由阿尔德、拜伦和凯文所有的合伙企业，并按照 1∶3∶4 的比例分配利润和损失。6 月 30 日，合伙企业的账户余额如下：

ABC 公司 调整试算余额表 2014 年 6 月 30 日		
	余额	
账户名称	借方	贷方
现金	$ 33 000	
非现金资产	117 000	
应付票据		$ 32 000
阿尔德，资本		22 000
拜伦，资本		50 000
凯文，资本		53 000
阿尔德，提款	9 000	
拜伦，提款	27 000	
凯文，提款	49 000	
销售利润		164 000
销售费用	74 000	
租赁费用	12 000	
合计	$ 321 000	$ 321 000

要求：

1. 确定在 6 月 30 日结清利润、费用、收入汇总和提款账户的分录。

2. 用调整后余额作为每个合伙人 T 型账户最初的金额，将结账分录过到他们的账户中，然后确定每个合伙人最后的资本余额。

3. 假设销售非现金资产获得 $ 120 000，确定 6 月 30 日对合伙企业进行清算的分录。

P12-32A 将利润和损失分配给合伙人、并对合伙人退伙、合伙企业清算进行会计处理，编制合伙企业财务报表

LOT 是由利恩、奥斯特和特里普所有的合伙企业。合伙人的损益分配率为 1∶3∶4。2014 年 12 月 31 日合伙企业的调整试算余额如下：

LOT公司
调整试算余额表
2014年12月30日

账户名称	余额 借方	余额 贷方
现金	$ 9 000	
库存商品	10 000	
建筑物	200 000	
累计折旧——建筑物		$ 60 000
应付账款		7 000
应付抵押款		50 000
利恩，资本		60 000
奥斯特，资本		35 000
特里普，资本		27 000
利恩，提款	7 000	
奥斯特，提款	4 000	
特里普，提款	1 000	
销售收入		100 000
销货成本	74 000	
销售费用	22 000	
租赁费用	12 000	
合计	$ 339 000	$ 339 000

要求：

1. 编制2014年11月30日合伙企业的合伙人权益表。在合伙人权益表中每个合伙人单独用一列。

2. 编制2014年11月30日的四个结账分录。

3. 特里普决定在2014年12月1日从合伙企业退伙。她需要结算的包括所有的库存商品和所有的现金作为她在合伙企业中权益的交换。

4. 在特里普退伙以后，利恩和奥斯特马上决定将合伙企业清算。他们出售建筑物获得$108 000。然后，他们偿还了负债并将剩余的现金用来完成清算。做出这些清算的分录。假设损益分配率保持一致。

小组作业

小组作业12—1

访问本地的一家合伙企业并采访一个或者更多的合伙人，获得以下问题的答案。在老师的指导下：(a) 写一篇报告；(b) 在你的同学面前展示你的结果。

要求：

1. 你为什么将企业建成合伙企业？合伙企业的形式能带来什么优势？又有哪些劣势？

2. 企业是普通合伙企业还是有限合伙企业？

3. 合伙人是否需要有一份书面合伙企业协议？合伙企业协议包括哪些内容？（可能的话拿到一份复印件。）

4. 谁来管理企业？是所有的合伙人都参与企业的日常经营还是只有一个确定的合伙人承担管理责任？

5. 如果没有书面协议，那么在制定关键决策时的机制是怎样的？

6. 企业是否曾经加入过新的合伙人？如果有，是什么时候？企业允许新合伙人加入的流程是怎样的？

7. 是否曾经有合伙人从企业中退伙？如果有，是什么时候？处理合伙人退伙的流程是怎样的？

8. 可能的话，学习企业是如何在合伙人间分配利润和损失的。

9. 合伙企业是如何缴税的？合伙人对他们享有的合伙企业收入和损失的份额如何纳税。

10. 询问你采访的合伙人关于企业有没有其他的深刻见解。

第 13 章 公　司

- 什么是公司
- 股票发行的会计处理
- 股利和股票分割的会计处理
- 库存股的会计处理
- 企业如何报告权益
- 使用股东权益比率评价经营状况

我们如何筹集更多的现金？

莱西·斯奈德和艾莉森·梅森——Sharemymovie.com的所有者，正在审阅公司最新的财务报表。Sharemymovie.com是一个视频分享网站，使用者可以上传、分享和观看视频，这个网站是五年前用来自所有者提供的现金和一家小银行的贷款创立的。在过去的五年中，网站的成长速度很快，每天都有高于100万人次的视频观看量。莱西和艾莉森对于公司的成功很开心，但是公司最近正在经历成长的瓶颈。

随着每日浏览网站和上传新视频者数量的增加，莱西和艾莉森知道他们需要投资一个新的网站设计并购买更新的软件。但是这些扩张需要花钱，所有者对于从银行借更多的钱很不情愿。莱西和艾莉森正在考虑说服朋友和家人投资公司，但是他们意识到为了满足公司成长的需要，他们需要注入一大笔现金。在和会计师讨论以后，所有者正在考虑设立一家公司制企业并将他们的公司上市。

通过提供在公司中拥有股票的机会，Sharemymovie.com可以很快地筹集现金来满足它的扩张。另外，企业的公司制为所有者提供了债务保护。但是公司制形式也存在不足，像双重课税和政府监管的增强。随着莱西和艾莉森决定的不断深入，他们需要明白公司制的利弊并仔细地评估这个决定的影响。

2012年2月1日，著名的社交网络——脸书（Facebook），宣布它计划在股票市场上发行股票，股票代码为FB。5月18日，马克·扎克伯格——脸书的策划者，敲响了股票交易开始的锣声，脸书的股票开始以每股＄42.05的价格销售。在当天，即卖出了超过5亿股股票，估计的市场交易资金量已经超过了1 040亿美元，这是迄今为止最大的IPO。有趣的是，在IPO以后不到一个月，脸书的股票下跌了超过1/4的价格，并且还在持续波动。

为什么脸书决定发行股票？公司制的优点和不足是什么？股票在财务报表中如何披露？股票市价的下跌对脸书来说意味着什么？在本章中，我们会探索这些以及更多问题的答案。你会学到为什么企业决定采取公司制，以及如何对公司独有的交易进行会计处理。

本章大纲

- 什么是公司？
- 如何对发行股票进行会计处理？
- 如何对股利和股票分割进行会计处理？
- 如何对库藏股进行会计处理？
- 一家公司如何披露权益？
- 如何使用所有者权益比率来评价企业的业绩？

学习目的

1. 说明公司制的特点。
2. 记录股票的发行，理解股东权益的两个来源和股票的分类。
3. 解释现金股利、股票股利和股票分割。
4. 解释库存股的回购和卖出。
5. 编制股份有限公司资产负债表的股东权益部分。
6. 使用每股收益率、普通股回报率和市盈率评价企业的经营状况。

什么是公司

公司（corporation）是遵循各州法律成立的经营实体。在美国，公司是居主导地位的企业组织形式。

公司的特征

公司有很多特征：

- 独立的法律实体——公司是独立的法律实体，完全独立于其所有者。
- 众多的所有者——公司有一个或者更多的所有者（称为股东）。上市公司的股票可以在证券交易市场上购买，像纽约证券交易所或者纳斯达克证券市场。上市公司通常有上千名所有者。一些公司是私人控股的，这意味着股票不能在证券市场上交易。这种公司通常只有很少的股东。
- 对于公司债务无个人责任——股东不需要对公司的债务承担个人责任。
- 不存在相互代理——不同于个人独资企业和合伙企业，公司的股东不都是企业的代理人。股东不能代表公司签订合约。
- 无限存续——公司的存续期是无限的，可以一直持续到公司决定终止经营。股东的退出或者死亡都不会影响公司的持续存在。
- 公司的税负——公司是独立纳税主体。公司根据收益情况缴纳公司所得税，同时也对雇员的薪水和工资承担缴纳工资税的责任。公司要经过双重课税。当公司向股东支付现金（股利）的时候，双重纳税就会发生。首先需缴纳公司所得税，然后股东对他们从公司取得的现金股利缴纳个人所得税。
- 资本积累——比起个人独资企业和合伙企业，公司能够筹集更多的资金。这完全是通过首次公开发行（IPO）实现的，同时也代表向公众提供公司股份。

图表 13—1 综合了公司形式的优缺点。

图表 13—1　　公司的优点和缺点

优点	缺点
1. 比独资和合伙企业能筹集到更多的资金	1. 所有权和管理职能相分离
2. 持久生命	2. 双重课税
3. 易于转让所有权	3. 政府监管费用较高
4. 股东非互为代理	4. 组建成本高于其他企业形式
5. 股东对公司债务只承担有限责任	

所有者权益

当公司创办人从州政府取得营业执照，公司组建的过程就开始了。政府授权以公司制的形式创办企业，并颁发许可证或者签署必要的文件。公司创办人还要制定出一套公司章程管理和规范公司行为。

公司的执照上说明了公司可以发行的股票最大数量，这叫做**额定股本**（authorized stock）。许可证表明政府对这家公司经营的许可。股票发行量不用非得达到额定股本。已发行股票必定是由公司发行的，但是不一定为股东持有。公司对所有者签发**股权证书**（stock certificate）作为他们投入资本的交换。由于股票代表公司的资本，它也常称为**股本**（capital stock）。股本的基本单位为 1 股。一个公司可以发行任意数量的股票。现在，很多公司都发行电子股票而不是打印纸质股票。图表 13—2 展示了考特尼·爱德华持有的 STL 公司 288 股股权凭证。

图表 13—2　股权凭证

股权凭证上显示了：

- 公司的名称；
- 股东的名字；
- 股份数。

股东手中持有的股票称为**流通在外股票**（outstanding stock），流通在外股票的股份总额代表公司的全部所有权。额定股本、已发行股票和流通在外股票很有可能数量不一致。图表 13—3 解释了这些不同种类的股票。

□ 股东的权利

股东享有股票所有权所赋予的四个基本权利，除非合同限制了股东们的某些特定权利。

1. **投票表决权**（vote）。股东通过投票表决来参与公司经营。这是股东管理公司的唯一方式。股东持有几股股票就享有几票表决权。

2. **股利享有权**（dividends）。股东从公司宣布并发放的股利中获取相应比例的股利，股利是公司的收益对股东的分配。同类股每股所得股利相等。例如，股东拥有所有股票的 1%，他就拥有 1%的股利。

3. **清算求偿权**（liquidation）。公司清算（结束经营）时，股东有权利按比例获取公司偿债后剩余的任何资产。

图表 13—3 股票的种类

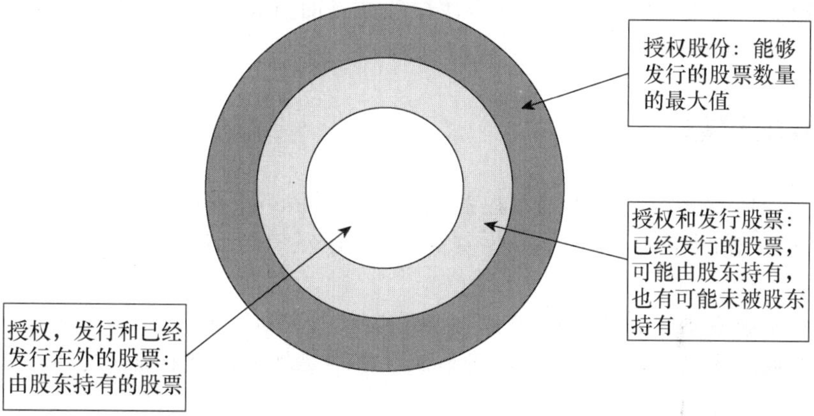

4. **优先认购权**（preemptive right）。股东可以保持他们在公司中的股权比例。假设你拥有一家公司5%的股份，如果该公司发行100 000股新股，就会提供给你购买5%新股（5 000股）的机会。这项权利称为优先认购权，但是在大多数公司中经常通过合同的形式而放弃。

□ 股本

公司可发行不同种类的股票，如普通股和优先股。每个公司都发行**普通股**（common stock），这是股票最基本的形式，公司的所有者就是普通股股东。有些公司发行A类普通股，这种股票通常具有投票表决权；还可以发行B类普通股，此类普通股无投票表决权。对于公司发行各类股票的数量，法律没有限制。每一类普通股设置单独账户，实行独立核算。

优先股（preferred stock）股东比普通股股东享有某些优先权利，其中最为重要的是先于普通股股东获得股利，还有就是公司清算时先于普通股股东获得财产清偿。公司支付给优先股股东固定金额的股利，投资者购买优先股通常就是为了获得固定股利。正是基于以上优点，优先股要比普通股的投资风险小。

优先股股东也享有四项基本权利，除非某项权利受到特别限制。例如，优先股股东通常没有投票表决权。公司可以发行不同种类的优先股（如A类和B类），每一类设置独立账户核算。优先股比人们想象的要少，很多公司都有权发行优先股，但很少会真的发行。

股票可以有面值，也可以无面值。**面值**（par-value）是公司人为设定的其每股股票代表的金额。多数公司为其普通股设定的面值非常低，目的是避免以低于面值的价格发行股票时可能遇到的法律困难。股票的面值和市值之间不存在联系，市值是指股票在市场上买卖的价格。

优先股面值可能会比普通股面值更高，当公司与州政府商议执照时，面值的制定通常是武断的，所以没有什么合适的原因可以解释面值的多样性，这只是公司创始人的一个选择。

一些州允许发行无面值股票，无面值股票没有面值。无面值股票有一个优势，那就是在面值和市值之间不会存在混淆。设定价值的股票是无面值股票，但是有些无面值股票有一个设定价值，这使它与有面值股票相类似。设定价值与面值一样也是一个人为设定的数额。通常公司的所在州将会决定股票是面值股票还是设定价值股票。面值和设定价值的会计处理是一样的。

□ 股东权益

公司所有者权益称为**股东权益**（stockholders' equity）。州的法律要求公司披露它们股东权益的来源，因为一些资金必须由公司保留。股东权益的两种基础来源如下：

- **实收资本**（paid-in capital）（也称为投入资本），代表了公司从股东那里收到的资金。普通股是实收资本的主要来源。实收资本是外部资金来源，是和外部人员进行交易的结果。
- **留存收益**（retained earnings）是经营活动产生的收益中没有分配给股东的部分。留存收益是内部资本来源，因为它来自企业决定从净利润中留存多少金额供企业为了未来的经营或者扩张使用。

股票发行的会计处理

大型公司，如英特尔、耐克等需要巨额经营资金，它们不能期望这些资金全部通过借债来解决，它们需要通过发行股票筹资。公司可以将股票直接出售给股东，也可以通过如美林证券、摩根士丹利之类的证券包销商代为销售。证券包销商会购买所有未销售出去的剩余股票。上市公司的股票可以在证券市场上买卖，像纽约证券交易所或者纳斯达克证券市场。

股东从公司购买股票时支付的价格称为**发行价格**（issue price）。发行价格一般远高于股票面值，因为面值非常低。下面我们将通过STL公司来论述股票发行的会计处理。

□ 以面值发行普通股

假设STL普通股每股面值＄1，1月1日，100万股股票按面值的发行分录如下：

日期	科目及摘要	借	贷
1月1日	现金	1 000 000	
	普通股——面值＄1（面值＄1×100万股）		1 000 000
	（以面值发行普通股）		

□ 按溢价发行普通股

很多公司为普通股设定一个低面值，而发行价往往高于面值，高于面值的部分称为**溢价**（premium）。假设STL公司在1月2日，以每股＄20的总发行价增发100万股，发行价＄20与面值＄1的差额＄19就是溢价部分。

股票销售的溢价额不是公司的利得、收益或利润，因为这是对公司股东业务的处理。这种情况说明了会计的一个基本原理，即一个公司向它的股东出售股票或购回股票既不能产生收益也不会发生损失。所以，溢价部分也是另外一种**超面值缴入股本**（paid-in capital in excess of par），一般也可称为附加缴入股本。超面值缴入资本属于资产负债表中披露的权益类账户。

在每股面值＄1 的情况下，STL 公司 1 月 2 日以每股＄20 的价格发行股票的分录如下：

日期	科目及摘要	借	贷
1月2日	现金（每股＄20×100 万股）	20 000 000	
	普通股——面值＄1（面值＄1×100 万股）		1 000 000
	超面值缴入资本—— 普通股（＄20 000 000－＄1 000 000）		19 000 000
	（溢价发行普通股）		

STL 公司将在资产负债表上按如图表 13—4 所示的方式报告其股东权益部分。假设公司经特许核准可发行 20 000 000 股普通股，留存收益为＄9 000 000。

图表 13—4　　所有者权益

STL 公司股东权益 2015 年 1 月 2 日	
实收资本：	
普通股股本，每股面值＄1，授权发行 20 000 000 股普通股	
已发行 200 万股	＄2 000 000
超面值缴入普通股股本	19 000 000
实收资本总计	21 000 000
留存收益	9 000 000
股东权益总计	＄30 000 000

□ 按折价发行普通股

公司按照低于面值的发行价发行股票这种情况虽然很少见，但也会发生。低于面值的部分称为**折价**（discount）。在对这种普通股发行记日记账时，公司会把折价记入超面值缴入资本的贷方。普通股按照面值记入贷方，现金按照实收金额记入借方。

□ 发行无面值普通股

当公司发行无面值股票时，借记所接受的资产，贷记股本账户。无面值股票不会出现溢价现象，因为它根本没有面值。

假如 STL 公司不是以＄1 的面值，而是以无面值的形式发行普通股。那么在 1 月 1 日发行的 1 000 000 股普通股和 1 月 2 日以＄20 发行的 1 000 000 普通股的会计分录将如何调整？它的股票发行分录如下：

日期	科目及摘要	借	贷
1月1日	现金（每股＄1×100 万股）	1 000 000	
	普通股——无面值		1 000 000
	（发行无面值普通股）		
1月2日	现金（每股＄20×100 万股）	20 000 000	
	普通股——无面值		20 000 000
	（发行无面值普通股）		

不管股票价格是多少，现金和普通股股本总是以收到的现金数额分别借记和贷记。所以总的＄21 000 000 所有者权益仍然一样，差别在于普通股账户中是＄2 000 000 还是＄21 000 000。

公司将在资产负债表中对股东权益做出以下调整（见图表 13—5）：

图表 13—5　　所有者权益——无面值股票

STL 公司 资产负债表 2015 年 1 月 2 日	
实收资本：	
普通股股本，无面值，授权发行 20 000 000 股普通股，	
已发行 200 万股	＄21 000 000
留存收益	9 000 000
股东权益总计	＄30 000 000

□ 发行有设定价值的普通股

对有设定价值的股票的核算与有面值股票的核算相同。仅有的区别在于有设定价值的无面值普通股的溢价账户称为超设定价值缴入普通股股本。

例如，假设 STL 公司不是以每股＄1 的面值，而是以每股＄1 的设定价值发行普通股，那么 STL 公司的会计分录如下：

日期	科目及摘要	借	贷
1月2日	现金（每股＄20×100 万股）	20 000 000	
	普通股——设定价值＄1（面值＄1×100 万股）		1 000 000
	超设定价值缴入资本——普通股（＄20 000 000−＄1 000 000）		19 000 000
	（溢价发行普通股）		

□ 发行普通股换取非现金资产

当公司发行普通股交换现金以外的其他资产时，以发行股票的市场价值或者所得资产的现行市价中可决定性较强的一个进行账务处理。让我们再回顾一下 STL 公司 1 月 2 日的分录。假如 STL 公司在 1 月 2 日以每股＄1 的面值发行了 1 000 000 股普通股，换得价值为＄20 000 000 的建筑物，有关分录如下。正如所看到的一样，仅有的变化就是得到了建筑物这一资产。

日期	科目及摘要	借	贷
1月2日	建筑物	20 000 000	
	普通股——面值＄1（面值＄1×100 万股）		1 000 000
	超面值缴入资本——普通股（＄20 000 000−$1 000 000）		19 000 000
	（发行普通股交换建筑物）		

优先股的发行

优先股的核算与前面已举例说明的普通股的核算相同。假设州政府授权 STL 公司发行 2 000 股优先股股票。STL 公司在 1 月 3 日以每股＄55 发行了面值＄50，股利率为 6%的优先股 1 000 股。其发行分录如下：

日期	科目及摘要	借	贷
1月3日	现金（＄55 每股×1 000 股）	55 000	
	优先股——面值＄50（面值＄50×1 000 股）		50 000
	超面值缴入资本——优先股(＄55 000−$50 000)		5 000
	（溢价发行优先股）		

优先股列示在资产负债表中的所有者权益部分，并且通常最先列示。接下来是优先股的超面值缴入资本，然后是普通股和普通股的超面值缴入资本。下面是 STL 公司资产负债表的所有者权益部分。假设两种股票都具有面值。

图表 13—6　所有者权益

STL 公司资产负债表（部分） 2015 年 1 月 3 日	
实收资本：	
优先股，面值＄50，授权发行 2 000 股，	
已发行 1 000 股	＄50 000
超面值缴入资本——优先股	5 000
普通股，面值＄1，授权发行 20 000 000 股	
已发行 2 000 000 股	2 000 000
超面值缴入资本——普通股	19 000 000
投入资本总额	21 055 000
留存收益	9 000 000
股东权益总额	＄30 055 000

股利和股票分割的会计处理

营利性公司可能会以股利（dividend）的形式向股东分配财富。股利可以以现金、股票或者其他财产的形式支付。

现金股利

现金股利的支付会带来资产（现金）和权益（留存收益）的减少。大多数州禁止使用实收资本来发放股利。因此，会计师通常使用法定资本这一术语来指代不能用于发放股利的所有者权益部分。

公司在支付股利之前必须先宣告股利发放，与股利相关的三个日期是：

1. **宣告日**（declaration date）。在宣告日，比如说5月1日，董事会宣告股利发放计划。宣告使公司产生负债。

2. **登记日**（date of record）。那些在登记日持有股票的股东将收到支付的股利，登记日是在宣告日后的一至两周，比如说5月15日。登记日是公司记录哪些股东将收到股利支票的日子。

3. **股利发放日**（payment date）。股利发放日通常在登记日后一周至两周。比如说，5月30日，你会发现邮箱里的支票。

宣告并支付股利——普通股

假设在5月1日，STL公司宣告对2 000 000股普通股每股发放＄0.25的现金股利。在宣告日，STL公司借记留存收益，贷记应付股利——普通股，会计分录如下：

日期	科目及摘要	借	贷
5月1日	留存收益（＄0.25×2 000 000股）	500 000	
	应付股利——普通股		500 000
	（宣告发放现金股利）		

在登记日5月15日，不需要做会计分录。这仅是确定谁拥有股票并将会收到支付的现金股利。在5月30日股利发放日，STL公司借记应付股利——普通股，贷记现金。

日期	会计科目和明细	借	贷
5月30日	应付股利——普通股	500 000	
	现金		500 000
	（支付现金股利）		

宣告并支付股利——优先股

优先股股东的股利优先权通常规定为一个百分比比率，例如，6%；但是有些时候，优先股现金股利的发放可能会使用每股的美元数，例如，每股＄3。因此优先股的现金股利有两种计算方法，而这都依赖于优先股的现金股利如何发放。让我们分别看一下优先股股利的两种计算方法。我们假设STL公司有1 000股利率为6%的优先股，每股面值＄50。

优先股股利＝优先股股数×面值×优先股利率
＝1 000 股×＄50×6％
＝＄3 000

优先股现金股利支付的会计分录类似于普通股，唯一的区别就是“应付股利——普通股”应该改为“应付股利——优先股”。在前面我们提到了优先股持有者收到的优先股股利。当一家企业同时发行优先股和普通股的时候，优先股股东最先收到股利。普通股股东只有在股利总额能够满足优先股股利需要的前提下才能收到股利。也就是说，普通股股东收到的是剩余的股利——支付优先股股利之后剩余的那部分。

例如，假设 STL 公司有 1 000 股利率为 6％的优先股，每股面值＄50，还有2 000 000 股面值为＄1 的普通股，优先股股东将会收到宣告发放的＄3 000 现金股利。因此，只有当宣告发放股利总额超过＄3 000 时，普通股股东才会有可能收到股利。

如果年度股利等于或者少于年度优先股股利，那么优先股股东会收到股利，而普通股股东不会收到。但是，如果 STL 公司的股利总额足够支付优先股股利，那么优先股股东就会收到约定的股利＄3 000，而普通股股东会收到剩余的股利。

企业并不一定总会按约定支付优先股股利。例如，一个公司很可能因为现金短缺，无法支付优先股股利，这称为**过期未分配股利**（passing the dividend），这样的股利则称为**拖欠股利**（dividend in arrears）。也就是说，如果企业没有在当年支付股利，那么优先股股利就成为拖欠股利。

优先股也分两种类型，累积或者非累积。除非被专门指出是非累积优先股，优先股一般是指累积优先股。**累积优先股**（cumulative preferred stock）持有者一定会收到所有的拖欠股利加上当年的股利，并且是在普通股股东之前收到股利。如果优先股是**非累积优先股**（noncumulative preferred stock），那么股东不会收到任何拖欠股利，因为企业不需要支付过期未分配股利。

假设 STL 公司发行的是累积优先股，在 2015 年没有支付任何现金股利。2016 年公司在向普通股股东支付股利之前，必须先支付 2015 年的优先股股利＄3 000 和 2016 年的优先股股利＄3 000，总额为＄6 000。2016 年公司宣告发放＄50 000 股利，这些股利当中将有多少分配到普通股，有多少分配到优先股当中去呢？如下所示：

股利总额		＄50 000
优先股股利		
拖欠股利（2015）	3 000	
本年度股利（2016）	3 000	
优先股股利合计		(6 000)
普通股获得的剩余股利		＄44 000

STL 公司 2016 年 9 月 6 日，股利宣告的分录为：

日期	科目及摘要	借	贷
2016 年 9 月 6 日	留存收益	50 000	
	应付股利——普通股		44 000
	应付股利——优先股		6 000
	（宣告发放现金股利）		

拖欠的累积优先股股利并不是公司的一项债务，只有当董事会宣告股利发放时股利负债才出现，但是公司对拖欠的累积优先股股利必须报告说明。这项信息可以提醒普通股股东注意，在他们得到任何股利之前有多少优先股股利需要先行支付。

如果优先股是非累积的，则公司没有义务支付拖欠股利。记住，当投资者投资非累是优先股时是需要承担此风险的。假设 STL 公司优先股为非累积的，且公司未支付 2015 年的优先股股利，则优先股股东将永远也拿不到 2015 年的＄3 000 股利。2016 年公司在支付普通股股利前，只需要支付 2016 年的优先股股利＄3 000，剩下的＄47 000 用来支付普通股股利。

股利总额		＄50 000
优先股分配		
本年度股利（2016）	＄3 000	
优先股股利合计		（3 000）
普通股获得的剩余股利		＄47 000

□ 股票股利

股票股利（stock dividend）是指企业将自己的股票分配给股东。和现金股利不同，股票股利并没有给股东任何企业的资产，如现金。股票股利有如下的特征：

- 它们只会影响所有者权益账户（包括留存收益、普通股和超面值缴入资本——普通股）
- 它们不会影响所有者权益总额。
- 它们不会影响资产或者负债。

企业根据股东持有的股份按比例分配股票股利。假设一个股东持有 STL 公司普通股 1 000 股，如果 STL 公司发放 10％的股票股利，那么股东将会收到 100 股额外股票（1 000股×10％）。股东现在拥有 1 100 股股票。公司所有的其他股东也会收到额外的他们持有股票 10％的股份，所以在收到股票股利以后，所有股东在公司的地位是不变的。发放股票股利会导致发行股票的总数上升，但是个人股东的总所有权并没有发生变化。

为什么要发放股票股利

一家企业可能出于以下几种原因发放股票股利：

- 为了持续发放股利并保留现金。一家企业可能希望持续发放股利来取悦股东，但是又希望保留现金来维持企业的经营。股票股利是一种很好的方法，并且不需要占用经营用的现金。
- 为了降低股票的每股市场价值。由于股票供给的增加，股票股利可能会导致企业的每股市场价值下降。假设 STL 公司股票最近以每股＄50 的价格交易。通过发放股票股利来加倍发行股票可能会使 STL 公司股票的市价下降到接近每股＄25。发行股票股利的一个目的可能是让股票的价格不那么高，对投资者来说会更有效和更有吸引力。

● 为了奖励投资者。当投资者收到股票股利时，他们通常会觉得收到了有价值的东西。

记录股票股利

和现金股利一样，与股票股利相关的三个日期是：

● **宣告日**；
● **登记日**；
● **股利发放日**。

在宣告日，董事会宣告股利发放计划，然后是登记日和股利发放日。董事会宣告股利发放时并不会出现股利负债，因为企业没有义务支付资产。股票股利意味着企业有意向分配它的股票。发放日类似于现金股利的发放日。但是股票股利并不支付现金，只有股票的分配。

记录股票股利的分录取决于股票股利的规模，一般公认会计原则使用下面的方式：

● 小比例股票股利——小于发行股票的 20%～25%；
● 大比例股票股利——大于发行股票的 20%～25%。

小比例股票股利——小于 20%～25%　小比例股票股利使用股票的市价来核算。下面是在宣告日各种账户的变动情况：

● 按股票股利的市场价值借记留存收益账户；
● 按股票股利的账面价值贷记普通股股利分配账户；
● 超出部分贷记超面值缴入资本。

例如，假设 STL 公司对 2 000 000 股普通股发放 5%的股票股利，此时 STL 普通股的市价为 $ 50。那么 STL 公司将会分配 100 000 股股票给股东。下面的分录说明了在宣告日 2 月 1 日，STL 公司对这 5%的股利进行的会计处理。

日期	科目及摘要	借	贷
2 月 1 日	留存收益（$ 50 每股×2 000 000 股×0. 05）	5 000 000	
	普通股股利分配（$ 1 每股×2 000 000 股×0. 05）		100 000
	超面值缴入资本——普通股($ 5 000 000−$100 000)		4 900 000
	(宣告 5%的股票股利)		

注意，要按普通股账面价值贷记普通股股利分配账户，普通股股利分配账户是权益类账户，而不是负债类账户，它是作为额外的实收资本在所有者权益中报告的，直到股利被支付给股东。2 月 25 日，STL 公司分配普通股时的会计分录如下：

日期	科目及摘要	借	贷
2 月 25 日	普通股股利分配	100 000	
	普通股——每股账面价值 $ 1		100 000
	(发放 5%的股票股利)		

在对普通股股利的宣告和发放进行会计处理以后，STL 公司的账户如下：

普通股——每股账面价值＄1

		2 000 000	余额
		100 000	2月25日
		2 100 000	余额

超面值缴入资本——普通股

		19 000 000	余额
		4 900 000	2月1日
		23 900 000	余额

普通股股利分配

		100 000	2月1日
2月25日	100 000		
		0	余额

留存收益

		9 000 000	余额
2月1日	5 000 000		
		4 000 000	余额

股票股利不会影响资产、负债和所有者权益的总额。股票股利仅仅对所有者权益账户的余额进行了重新调整，但是所有者权益总额并没有发生改变。图表13—7就是STL公司在发放5%的普通股股利前后的资产负债表。

注意，所有者权益账户的总额保持在＄30 055 000。实收资本总额增加了＄5 000 000，留存收益减少了＄5 000 000。

图表13—7　　所有者权益——小比例股票股利

STL公司
资产负债表（部分）
2015年2月25日

小比例股票股利发放前：所有者权益		小比例股票股利发放后：所有者权益	
实收资本：		实收资本：	
优先股，6%，面值＄50，授权发行2 000股，		优先股，6%，面值＄50，授权发行2 000股，	
已发行1 000股	＄50 000	已发行1 000股	＄50 000
超面值缴入资本——优先股	5 000	超面值缴入资本——优先股	5 000
普通股，面值＄1，授权发行20 000 000股		普通股，面值＄1，授权发行20 000 000股	
已发行2 000 000股	2 000 000	已发行2 100 000股	2 100 000
超面值缴入资本——普通股	19 000 000	超面值缴入资本——普通股	23 900 000
投入资本总额	21 055 000	投入资本总额	26 055 000
留存收益	9 000 000	留存收益	4 000 000
股东权益总额	＄30 055 000	股东权益总额	＄30 055 000

大比例股票股利——大于20%～25%　大比例股票股利很少见，但是当宣告发放时，通常按照股票的面值入账，而不是股票的市场价值。使用面值是因为发放大比例股票股利会减少股票的每股市值，导致每股市值不能准确衡量股票股利的价值。例如，假设在3月2日，STL公司宣布发放50%的第二次普通股股利，此时STL公司的普通股市价为＄50每股。宣告日和发放日（3月30日）的会计分录如下：

日期	科目及摘要	借	贷
3月2日	留存收益（＄1每股×2 100 000股×0.5）	1 050 000	
	普通股股利分配（＄1每股×2 100 000股×0.5）		1 050 000
	（宣告50%的股票股利）		
30日	普通股股利分配	1 050 000	
	普通股——＄1每股		1 050 000
	（发放50%的股票股利）		

注意，大比例股票股利也不会改变所有者权益账户的总额。总实收资本增加了＄1 050 000，留存收益减少了＄1 050 000。

股票分割

股票分割完全不同于股票股利。**股票分割**（stock split）增加了发行的股票数量，也会减少每股面值，但是股票股利并不会影响每股面值。例如，如果 STL 公司将普通股一股分割成两股，那么公司发行的股票数量就会翻倍，股票每股面值则会减半。股票分割也会降低股票的每股市价，将一股分割成两股会导致面值为＄2，市价为＄20 的股票变成两股每股面值为＄1，市价为＄10 的股票。

STL 公司普通股的市价大概为每股＄50，假设 STL 公司希望降低市价到每股＄25，那么公司可以将普通股一股分割成两股。这意味着 STL 公司将股票分割以后，公司发行的股票数量将会变成原来的两倍，同时每股面值会减少一半。假设 STL 公司在股票分割前发行了 3 150 000 股股票，每股面值为＄1，在股票分割以后，STL 公司将会有 6 300 000 股（3 150 000×2）股票，每股面值为＄0.50。

股票分割前普通股		股票分割后普通股	
普通股——每股面值＄1；		普通股——每股面值＄0.5；	
发行 3 150 000	＄3 150 000	发行 6 300 000	＄3 150 000

因为股票分割不会影响任何账户的余额，不需要做会计分录，而是要记录在**备查分录**（memorandum entry）中，备查分录是日记账中用来记录重大事项的分录，但是没有借方和贷方数额。

现金股利、股票股利和股票分割的比较

现金股利、股票股利和股票分割有一些相似和不同的地方。图表 13—8 总结了它们对会计等式的影响。

图表 13—8　　股利和股票分割对会计等式的影响

影响账户	现金股利	小比例股票股利	大比例股票股利	股票分割
总资产	下降	没有影响	没有影响	没有影响
总负债	没有影响	没有影响	没有影响	没有影响
普通股	没有影响	提高	提高	没有影响
超面值缴入资本	没有影响	提高	没有影响	没有影响
留存收益	下降	下降	下降	没有影响
所有者权益总额	下降	没有影响	没有影响	没有影响

库存股的会计处理

企业拥有的以前发行并回购的股票称为**库存股**（treasury stock）。像 STL 这样的公

司，可能会由于以下几个原因购买库存股：

1. 管理层希望通过低买高卖来提高净资产。
2. 管理层希望对公司的股价表示支持。
3. 管理层希望通过减少发行在外的有投票权的股票来避免外部收购。
4. 管理层希望使用股票奖励有价值的雇员。

□ 库存股的会计处理原则

下面是库存股的会计处理原则。

● 库存股账户通常有借方余额，这和其他所有者权益类账户是相反的。因此，库存股账户是备抵权益账户。

● 库存股按照成本（企业在回购股票时支付的金额）入账，与面值没有关系。

● 库存股账户在资产负债表中的留存收益账户下披露，作为对所有者权益总额的减少。

库存股减少了由股东持有的企业发行的股票数量。因此，已发行股票就等于总发行股票数量减去库存股数。只有发行的股票才有投票权，并能收到现金或者股票股利。库存股并没有投票权，也不会收到现金和股票股利。现在我们来说明如何对库存股进行会计处理，我们将继续使用STL公司的例子。

□ 库存股的购买

假设STL公司在购买库存股前的所有者权益如图表13—9所示。

图表13—9　所有者权益

STL公司 资产负债表（部分） 2015年2月25日	
实收资本	
优先股，面值$50，授权发行2 000股，	
已发行1 000股	$50 000
超面值缴入资本——优先股	5 000
普通股，面值$1，授权发行20 000 000股	
已发行2 100 000股	2 100 000
超面值缴入资本——普通股	23 900 000
投入资本总额	26 055 000
留存收益	4 000 000
股东权益总额	$30 055 000

假设在3月31日，STL公司购买了1 000股以前发行的普通股，每股支付了$5，为了记录这笔购买行为，公司需要借记库存股——普通股，贷记现金。

日期	科目及摘要	借	贷
3月31日	库存股——普通股（每股＄5×1 000股） 现金 （购买库存股）	5 000	 5 000

库存股的销售

公司购买它们的库存股，最后会重新卖出或者注销。公司可能会等于、低于或者高于成本价再次销售库存股（库存股的成本是指公司为股票支付的金额）。

以成本价销售库存股

如果公司以成本价销售库存股，那么在日记账中，成本和售价并没有区别。假设在4月1日STL公司重新卖出了100股库存股，每股价格为＄5。会计分录如下：

日期	科目及摘要	借	贷
4月1日	现金 库存股——普通股（＄5每股×100股） （以成本价卖出库存股）	500	 500

库存股——普通股

3月31日	5 000		
		500	4月1日
余额	4 500		

以高于成本价销售库存股

如果库存股以高于成本价再销售，那么两者的差异需要贷记新的所有者权益账户——来自库存股交易的实收资本。这个超额需要计入实收资本，因为它来自股东。它对净利润并没有影响。假设在4月2日STL公司重新出售它的200股库存股，每股价格为＄6（成本为每股＄5）。以高于成本价销售库存股会计分录如下：

日期	科目及摘要	借	贷
4月2日	现金（＄6每股×200股） 库存股——普通股（＄5每股×200股） 来自库存股交易的实收资本(＄1每股×200股) （以高于成本价出售库存股）	1 200	 1 000 200

库存股——普通股

3月31日	5 000		
		500	4月1日
		1 000	4月2日
余额	3 500		

来自库存股交易的实收资本

		200	4月2日

来自库存股交易的实收资本在资产负债表中的其他实收资本账户披露，列示在普通股和实收资本账户下面。

以低于成本价销售库存股

库存股再销售的价格可能会低于成本。低于的部分首先需要借记来自库存股交易的实收资本账户。如果这个账户的余额太小，那么需要就剩下的金额借记留存收益账户。为了说明这个问题，我们假设 STL 公司有两笔额外的库存股销售。第一笔在 4 月 3 日，公司再销售了 200 股库存股，每股＄4.3。会计分录如下：

日期	科目及摘要	借	贷
4月3日	现金（＄4.3 每股×200 股）	860	
	来自库存股交易的实收资本（＄0.7 每股×200 股）	140	
	库存股——普通股（＄5 每股×200 股）		1 000
	（以低于成本价出售库存股）		

库存股——普通股

3月31日	5 000		
		500	4月1日
		1 000	4月2日
		1 000	4月3日
余额	2 500		

来自库存股交易的实收资本

4月3日	140	200	4月2日
		60	余额

库存股以低于成本＄140 的价格出售。STL 公司曾经以高于成本的每股＄200 的价格出售库存股，因此来自库存股交易的实收资本账户的＄200 贷方余额足够抵减＄140 的借方余额。

现在，如果 STL 公司在 4 月 4 日以每股＄4.5 的价格再销售额外的 200 股库存股，会发生什么呢？STL 公司的会计分录如下：

日期	科目及摘要	借	贷
4月4日	现金（＄4.5 每股×200 股）	900	
	来自库存股交易的实收资本	60	
	留存收益（＄1 000－＄900－＄60）	40	
	库存股——普通股（＄5 每股×200 股）		1 000
	（以低于成本价出售库存股）		

库存股——普通股

3月31日	5 000		
		500	4月1日
		1 000	4月2日
		1 000	4月3日
		1 000	4月4日
余额	1 500		

来自库存股交易的实收资本

4月3日	140	200	4月2日
4月4日	60		
		0	余额

留存收益

		4 000 000	余额
4月4日	40		
		3 999 960	余额

200 股库存股以低于成本的＄100 [($4.5 每股售价－＄5 每股成本)×200 股)] 的价格出售。但是，在来自库存股交易的实收资本账户中只有＄60 余额。＄40(＄100－＄60)的差额需要借记留存收益账户，因为实收资本账户不能有借方余额。

现在我们可以看看修订后的 STL 公司的所有者权益，如图表 13—10 所示。

图表 13—10　　库存股交易后的所有者权益

STL 公司 资产负债表（部分） 2015 年 4 月 4 日	
实收资本	
优先股，面值＄50，授权发行 2 000 股，	
已发行 1 000 股	＄50 000
超面值缴入资本——优先股	5 000
普通股，面值＄1，授权发行 20 000 000 股	
已发行 2 100 000 股，流通在外的股票数为 2 099 700 股	2 100 000
超面值缴入资本——普通股	23 900 000
投入资本总额	26 055 000
留存收益	3 999 960
库存股——普通股；以成本价出售 300 股	(1 500)
股东权益总额	＄30 053 460

那么，4 月 4 日有多少发行在外的普通股呢？原本已经发行的 2 100 000 股减去 300 股库存股等于 2 099 700 股流通在外的普通股。

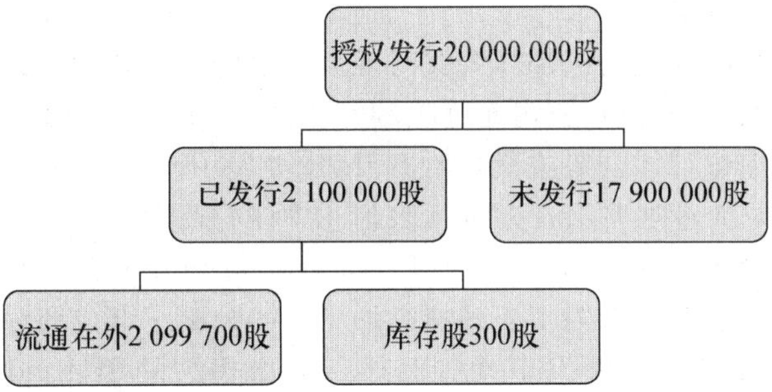

股票的注销

不是所有的公司都会将前期发行的股票回购储存起来。一些公司可能会通过注销股票证书对股票进行回收。已经回收的股票不能再发行。

优先股的注销很常见，因为企业会设法避免支付优先股股利。对于回购前期发行的股票进行注销，我们要借记股票账户，例如优先股和超面值缴入资本——优先股账户，贷记现金账户。这就将回收的股票从企业的账户中移除了，企业的总资产和总的所有者权益会相应地减少。

企业如何报告权益

前面你已经学习了企业的权益有两个基本来源：实收资本和留存收益。现在让我们来研究一下企业如何报告所有者权益。

留存收益表

留存收益表报告了企业的留存收益账户余额从期初到期末是如何变化的。留存收益是指那些通过营利性经营活动得到的，没有分配给股东的部分。图表13—11就是2016年STL公司的所有者权益变动表。所有的数据都是假定的。

图表13—11　　留存收益表

STL公司 留存收益表 截止到2016年12月31日的会计年度	
留存收益，2016年1月1日	＄5 000 000
年度净利润	1 050 000
	6 050 000
宣告股利	(500 000)
留存收益	5 550 000

企业可以在留存收益账户中报告负的金额，称为**赤字**（deficit），并在所有者权益账户的借方反映。当一家公司重新出现亏损或者宣告了超过留存收益的股利时，就会出现赤字，此时，大多数州都会禁止企业支付股利。

留存收益的分配

现金股利和库存股购买都需要支付现金。这些现金费用导致可用于支付负债的资源变少。例如，只有当STL公司通过限制宣告股利和库存股购买来保持最低水平的所有者权益时，一家银行才会答应贷款给STL公司＄500 000。限制条件通常会关注留存收益受到的余额，企业通常会在财务报表附注中注明留存收益受到的限制。

留存收益分配（appropriations of retained earnings）是由日记账分录记录的留存收益限制。一家企业可能会为了一些特定的用途，分配一部分留存收益。例如，董事会可能会为了扩张或者一些突发事件（例如与诉讼相关的预计负债）而分配一部分留存收益。

前期调整

有时候，企业可能由于数学错误、错误使用会计准则或者忽视那些没有发现的事项直到下个期间等原因而导致会计错误。一旦发现，这些错误就必须更正，因为留存收益账户的余额是错误的。这个错误可以通过调整发现错误当期的留存收益账户期初余额来更正。对前期留存收益账户错误的更正称为**前期调整**（prior-period adjustment）。前期调整会增加或者减少留存收益账户的期初余额，并在留存收益表中体现。

为了说明这个问题，假设有一家虚构的公司——GT公司，记录了2014年＄30 000的销售费用，但是正确的销售费用金额为＄40 000。这个错误会产生下列影响：

- 低估销售费用＄10 000；
- 高估净利润＄10 000。

2015年，GT公司为前一年支付了额外的＄10 000。如图表13—12所示，GT公司前期调整会减少留存收益账户金额。

图表 13—12　　留存收益表——前期调整

GT 公司 留存收益表 截止到 2015 年 12 月 31 日的会计年度	
留存收益，2015 年 1 月 1 日，与前期报告的一致	$ 140 000
前期调整	(10 000)
留存收益，2015 年 1 月 1 日，调整后	$ 130 000
年度净利润	63 000
	193 000
宣告股利	(23 000)
留存收益，2016 年 12 月 31 日	$ 170 000

所有者权益变动表

所有者权益变动表是企业报告所有者权益变动状况的另一个选择。所有者权益变动表比留存收益表提供的信息更多，因为它报告了全部所有所有者权益类账户的变动状况，而不仅仅是留存收益账户。所有者权益变动表披露了期初余额、账户金额的增加或者减少以及期末余额。另外，所有者权益账户也报告了股票数以及当前年度优先股、普通股和库存股的变动情况。图表 13—13 就是 GT 公司的所有者权益变动表。

图表 13—13　　所有者权益变动表

GT 公司
所有者权益变动表
截止到 2015 年 12 月 31 日的会计年度

	普通股		超面值	留存收益	所有者权益
	股数	金额	缴入股本		总额
2015 年 1 月 1 日，余额 前面已经报告过	20 000	$ 20 000	$ 80 000	$ 140 000	$ 240 000
前期调整				(10 000)	(10 000)
调整后余额，2015 年 1 月 1 日	20 000	$ 20 000	$ 80 000	$ 130 000	$ 230 000
当年净利润				63 000	63 000
宣告股利				(23 000)	(23 000)
余额，2015 年 12 月 31 日	20 000	$ 20 000	$ 80 000	$ 170 000	$ 270 000

使用股东权益比率评价经营状况

投资者和债权人经常要比较公司的盈利能力。为了对公司进行比较，我们使用一些标准的盈利能力衡量指标，最重要的三个比率就是每股收益、市盈率和普通股股东权益报酬率。

每股收益

企业利润表的最后一部分披露了企业的每股收益。**每股收益**（earnings per share, EPS）在所有企业数据中是最常用的。每股收益反映了企业发行在外的普通股每股承担的净利润（损失）。每股收益用净利润减去优先股股利，然后除以加权的发行在外普通股平均数。优先股股利要从净利润中减去，因为优先股股东优先分配股利。发行在外的加权普通股平均数的计算将在高级会计的课程中提到。简单来说，我们将用发行在外的股票平均数来确定每股收益（期初余额加上期末余额除以2）。

例如，绿山咖啡公司2011年度披露了下列数据：

	2011年9月24日	2010年9月25日
净利润	$199 501 000	$79 506 000
优先股股利	0	0
股东权益合计	1 912 215 000	699 245 000
分配给优先股的股东权益	0	0
发行在外的普通股股数	154 466 463股	132 823 585股

绿山咖啡公司的每股收益计算如下：

EPS＝(净利润－优先股股利)/发行在外普通股平均数
＝($199 501 000－$0)/[(154 466 463股＋132 823 585股)/2]
＝$1.39每股

财务会计准则委员会要求在利润表中披露每股收益。

市盈率

市盈率（price/earnings ratio）是普通股市价与企业每股收益的比率。市盈率反映了每$1的收益对应的市场价格。假设绿山咖啡公司普通股每股市价为$17.90，那么绿山咖啡公司的市盈率计算过程如下：

市盈率＝普通股每股市价/每股收益
＝$17.90每股/$1.39每股
＝12.88

市盈率表明绿山咖啡公司的股票以一年的每股收益的12.88倍出售。投资者通常用这个比率来评价股票获得投资回报的能力，它告诉投资者他们应该愿意为企业$1的收益支付多少钱。较高的市盈率意味着较高的投资回报。和其他比率相比，在将一家企业和另一家相比较时，市盈率是最有用的。

普通股股东权益报酬率

普通股股东权益报酬率（rate of return on common stockholders'），通常称为**权益报酬率**（return on equity），用以反映普通股股东可得的净利润与普通股股东权益的平均额之间的关系。分子是净利润减去优先股股利。减去优先股股利是因为它在公司净利润中具有优先要求权。分母是平均普通股股东权益，即用股东权益总额减去优先股股东权益。

让我们回到绿山咖啡公司，公司普通股股东权益报酬率计算如下：

$$\begin{aligned}\text{普通股股东权益报酬率} &= (\text{净利润}-\text{优先股股利})/\text{普通股股东权益平均数}\\ &= (\$199\,501\,000-\$0)/[(\$1\,912\,215\,000+\$699\,245\,000)/2]\\ &= 0.15 = 15\%\end{aligned}$$

绿山咖啡公司普通股股东投资的平均额中每＄1获得的收益为＄0.15。在大多数行业中，普通股股东权益报酬率为15％～20％。绿山咖啡公司为15％，这是比较好的水平。

疑难问题A

P13-35A　公司创办与股票发行

简和麦克在筹建一个油漆店。目前在这个地区没有油漆店。他们要做的决策是如何组建企业。他们期望在第一年能够获得＄300 000的利润，并且希望在将来能够获得特许经营权，尽管他们目前作为合伙制企业有足够的资金开设公司，但是随着业务的逐步开展，现金流会是一个发展瓶颈。他们认为公司制的运营形式会适合其长期的发展。他们非常希望能够获得建议。

要求：

1. 选择公司形式，主要的优点是什么？
2. 刚开始你是建议发行优先股还是普通股，为什么？
3. 如果决定发行面值为＄2的普通股，并且期望初始的市场价格是每股＄30，他们现在需要发行多少股，才能募集＄1 800 000？

P13-36A　权益来源、股票发行和股利

TCS公司经调整后的2014年6月30日资产负债表反映公司所有者权益如下：

所有者权益	
实收资本	
优先股，股利支付率5％，面值为？	
授权发行650 000股，已发行280 000股	＄1 400 000
普通股，每股设定价值＄1——授权	
发行5 000 000股,已发行1 350 000股	＄1 350 000
超面值缴入资本——普通股	＄2 400 000
实收资本合计	＄5 150 000
留存收益	＄12 300 000
所有者权益合计	＄17 450 000

要求：

1. 区分该公司发行股票的不同方式。
2. TCS公司的优先股每股面值是多少？
3. 编制两笔汇总会计分录反映公司发行股票的业务，假设所有股票的发行都收到现金。不要求给出摘要。
4. 假设公司没有拖欠的优先股股利，编制2014年6月30日宣布分配股利60万美元，并在2014年7月20日支付股利的会计分录。要求应付股利账户下分别设置优先股和普通股明细科目进行核算，不要求给出摘要。

P13-37A　编制公司发行股票和现金股利的会计分录，编制资产负债表所有者权益部分

BM公司目前需要追加资本以开拓新市场。因此，公司重组并成立了有限公司。佐治亚州的法定授权的资本为：发行股利支付率为5％，面值为＄100的优先股70 000股和面值为＄2的普通股110 000股。在第一个月，公司发生了如下业务：

10月2日	为建造建筑物发行普通股19 000股，市值＄250 000。
10月6日	发行优先股800股，每股为＄110。
10月9日	发行15 000股普通股，收到现金＄90 000。
10月10日	宣告向有记录的股东发放现金股利＄16 000，登记日为20日。优先股和普通股分别设置应付股利账户核算。
10月25日	支付现金股利。

要求：

1. 将以上业务记入日记账中。

2. 编制BM公司12月31日资产负债表的所有者权益部分。假设当月BM公司的净利润为＄92 000。

P13-38A 编制股利和库存股交易的会计分录，并编制资产负债表的所有者权益部分

SM公司在2014年完成了下列交易：

1月16日	宣告利率为5%，面值为＄100的非累积优先股的现金股利（发行900股），宣告发行在外的每股面值为＄6的80 000股普通股每股＄0.60股利。登记日为1月31日，支付日为2月15日。
2月15日	支付现金股利。
6月10日	将普通股一股拆分成两股。
7月30日	对普通股宣告50%的股票股利。普通股的市价为每股＄9。
8月15日	发放股票股利。
10月26日	以每股＄13的价格购买1 000股库存股。
11月8日	以每股＄15的价格卖出500股库存股。
11月30日	以每股＄8的价格卖出300股库存股。

要求：

1. 将以上业务记入日记账中。

2. 编制SM公司12月31日资产负债表的所有者权益部分。假设SM公司被授权发行2 000股优先股和400 000股普通股。优先股和普通股都以面值发行。2014年12月31日留存收益的余额为＄2 050 000。

P13-39A 编制股利和库存股交易的会计分录，并编制资产负债表的所有者权益部分

GMC公司2013年12月31日的资产负债表报告了下列所有者权益

所有者权益	
实收资本	
优先股，面值为＄10	
授权发行200 000股，已发行15 000股	＄150 000
超面值缴入资本——普通股	310 000
实收资本合计	460 000
留存收益	162 000
所有者权益合计	＄622 000

GMC公司在2014年完成了下列交易（部分）：

2月6日	宣告普通股发放5%的股票股利。GMC的股票市值为＄21。
2月15日	发放股票股利。
7月29日	以每股＄21的价格购买2 300股库存股。
11月27日	发行在外的普通股宣告每股＄0.10的现金股利。

要求：

1. 将以上业务记入日记账中。

2. 编制截止到2014年12月31日的留存收益表。假设当年GMC的净利润为＄81 000。

3. 编制公司2014年12月31日资产负债表的股东权益部分。

P13-40A 计算每股收益、市盈率、普通股东权益报酬率

C公司在2013年和2014年报告了下列数据：

	2014年	2013年
利润表（部分）		
净利润	＄16 600	＄20 000
资产负债表（部分）：		
	2014年12月31日	2013年12月31日
总资产	＄240 000	＄255 000
实收资本：		
优先股，股利支付率2%，面值为＄10		
授权发行20 000股，已发行8 000股	＄80 000	＄80 000
普通股，每股设定价值＄1，		
授权发行50 000股，已发行30 000股	30 000	30 000
超面值缴入资本——普通股	10 000	10 000
留存收益	60 000	45 000
所有者权益合计	＄180 000	＄165 000

要求：

1. 计算 C 公司 2014 年的每股收益。假设公司在 2014 年支付了最少的优先股股利。

2. 计算 C 公司 2014 年的市盈率。假设公司普通股每股市价为 $ 6。

3. 计算 C 公司 2014 年的普通股股东权益报酬率。假设公司在 2014 年支付了最少的优先股股利。

小组作业

小组作业 13—1

找五家著名公司的年报（或者年报数据）。你可以从公司的网站上找到年报，大学的图书馆也能找到，或者你可以直接给公司写邮件。你也可以到网上搜索证券交易委员会数据库（www.sec.gov/edgar.shtml），这个数据库囊括了大部分著名公司的财务报告。

要求：

1. 选定五家企业以后，查找公司的利润表，找到下列数据：

a. 净利润或者净损失；

b. 每股收益数据。

2. 研究公司的资产负债表，回答下列问题：

a. 每个公司发行的股票种类；

b. 哪一项的余额更多——普通股账户还是超面值缴入资本（也称为额外缴入资本）？

c. 每家公司所有者权益占留存收益的百分比是多少？

d. 是否有公司有库存股？如果有，有多少股票？成本是多少？

3. 检查公司的所有者权益表并找出下列事项的证据：

a. 现金股利；

b. 股票股利；

c. 购买和销售库存股。

4. 在老师的指导下，写一份报告，或者在班里展示你的发现。你可能不明白你找的所有内容，华尔街的分析师们也不懂！你会对你已经学到了多少东西感到吃惊的。

第 14 章

长期负债

- 长期应付票据和应付抵押款的会计处理
- 什么是债券
- 使用直线摊销法对应付债券进行会计处理
- 应付债券注销的会计处理
- 负债在资产负债表上的列报
- 使用债券权益比率评价经营状况
- 附录 14A：货币的时间价值
- 附录 14B：实际利率摊销法

企业是否应该承担额外的债务?

苏菲动画工作室公司致力于为儿童和年轻人提供有活力的电影。公司是由史蒂夫·拉塞特和李·博德创办的，现在已经制作过很多著名的电影。公司的股票最近在国际证券市场上销售，每年公司都由于收益持续增长而被广泛地看好。

公司决定通过在加拿大新建一家工作室来拓展业务，这家工作室会制作电影短片和电视特辑。为了给扩张提供资金支持，公司正在考虑几个可行的选择，一个选择就是通过发行额外的股票来增加所需要的现金；另一个就是公司承担额外的债务。作为大股东，史蒂夫和李表达了他们对发行额外股票的担忧。股东们担心额外发行的股票会降低他们在公司中的股份占比，也会导致股票市场价值的下跌。由于这些担忧，公司认为最好的选择就是通过承担额外的债务来寻求扩张所需的资金。

苏菲动画工作室公司正在评估不同的长期负债类型，例如，长期应付票据和应付抵押款。这些负债很有可能用公司的大楼作抵押，并提供合理的利率和偿还期。另外，苏菲动画工作室公司正在考虑长期负债的一种特殊形式，即应付债券。应付债券是由债券市场发行的，能提供比应付票据和应付抵押款更多的现金流入量。另外，应付债券也提供了更长的偿还期限，有的甚至长达 100 年。这些长期负债中的每一个都很独特，也都提供了苏菲动画工作室公司在开始扩张前需要考虑的有利和不利条件。

1993 年 7 月 21 日，迪士尼公司发行了一份将在 100 年以后支付的长期应付债券。这些债券的年利率为 7.55%，大约 3 亿美元的本金计划在 2093 年归还。迪士尼公司因其国际性的家庭娱乐和包括网络直播、公园和度假村、迪士尼工作室、消费品以及交互技术和游戏而闻名。为什么迪士尼公司要发行 100 年以后才会偿还的债券呢？这些类型的长期负债如何进行会计处理？如何在资产负债表中披露？在本章中，你会学到为什么企业会发行应付债券以及如何对其他的长期负债进行会计处理，例如，长期应付票据和应付抵押款。

本章大纲

- 如何对长期应付票据和应付抵押款进行会计处理?
- 什么是债券?
- 如何使用直线法对应付债券的摊销进行会计处理?
- 如何对债券的注销进行会计处理?
- 如何使用债务权益比率来评价一家企业的经营业绩?
- 货币的时间价值是什么？未来一定金额的货币现值如何计算（附录 14A)?
- 如何使用有效利率法对应付债券的摊销进行会计处理?

学习目的

1. 对长期应付票据和应付抵押款交易进行日记账处理。
2. 描述应付债券。
3. 使用直线法进行摊销，对应付债券和利息费用进行日记账处理。
4. 对注销应付债券进行日记账处理。
5. 在资产负债表中披露负债。

6. 使用负债所有者权益比率评价一家公司的经营状况。
7. 使用货币的时间价值计算未来金额的现值（附录14A）。
8. 使用实际利率法进行摊销，对应付债券和利息费用进行日记账处理。

长期应付票据和应付抵押款的会计处理

长期负债是不需要在一年内或者企业一个经营周期内支付的负债，它的付款期更长。长期应付票据和应付抵押款都是常见的长期负债。

长期应付票据

长期应付票据在资产负债表的长期负债部分披露。之前的章节涉及长期应付票据中的流动部分。现在，让我们来研究一下应付票据的长期部分以及根据票据合同进行的偿还。

大部分长期应付票据都是分期付款的，应付票据的流动部分（current portion of notes payable）是那些需要在一年内偿还的部分——流动负债，剩下的部分就是长期负债。例如，STL公司在2014年12月31日签了一份本金为$20 000的应付票据。这份应付票据将会在今后的四年进行偿还，每年12月31日时需要支付$5 000和6%的利息。票据的流动部分，即2015年12月31日到期的$5 000是流动负债。我们用如下的方法记录2014年12月31日票据的签发。

日期	科目及摘要	借	贷
2014年 12月31日	现金	20 000	
	应付票据		20 000
	（收到现金，签署4年期、利率为6%的票据）		

在2015年12月31日，STL公司将会归还本金$5 000加上利息。图表14—1给出了应付票据的分期摊销时间表。摊销时间表详细说明了每一笔偿还金额在本金和利息之

图表 14—1

	期初余额	应付本金	利息费用	支付总额	期末余额
2014年12月31日					$20 000
2015年12月31日	$20 000	$5 000	$1 200	$6 200	15 000
2016年12月31日	15 000	5 000	900	5 900	10 000
2017年12月31日	10 000	5 000	600	5 600	5 000
2018年12月31日	5 000	5 000	300	5 300	0
合计		$20 000	$3 000	$23 000	

期初余额－应付本金
=$20 000－$5 000=
$15 000

期初余额×利息率×时间
=$20 000×0.06×1年=$1 200

应付本金+利息费用
=$5 000+$1 200=$6 200

间的分配以及欠款的期初和期末余额。STL 公司将会用期初余额×利息率×时间来计算利息费用。总的现金支付金额为本金加上利息费用。注意到在四年年末，STL 公司将会总共支付 $ 3 000 的利息费用。

假设现在是 2015 年 12 月 31 日，STL 公司必须支付它的第一笔分期应付款：$ 5 000 的本金加上利息。企业的会计人员记录的会计分录如下：

日期	科目及摘要	借	贷
2015 年 12 月 31 日	应付票据 利息费用 　现金 （支付本金和利息）	5 000 1 200	 6 200

在 2015 年 12 月 31 日的分录之后，STL 公司还欠 $ 15 000（$ 20 000 的最初票面金额减去 2015 年 12 月 31 日支付的本金 $ 5 000）。企业将会使用同样的分录以及在摊销时间表中计算的数据来对剩下的三次支付进行账务处理。

□ 应付抵押款

应付抵押款（mortgages payable）是用特定的财产作为保证的一种长期负债。抵押表明借款人承诺如果抵押款没有按时归还，那么将会对特定财产的法定权利进行转移。这和长期应付票据很相似。主要的不同就在于应付抵押款使用特定的资产做保证，而长期票据没有特定的资产作保证。和长期应付票据类似，应付抵押款有一部分需要在一年内支付（流动），有一部分需要在从特定的某一天开始的长于一年的期限内支付。

通常情况下，应付抵押款需要向贷方（通常是银行）按月支付本金和利息。最常见的抵押就是不动产——例如，对你的房子进行抵押。让我们一起来回顾一个例子。

假设在 2014 年 12 月 31 日，STL 公司购买了一栋建筑，金额为 $ 150 000，STL 公司用现金支付 $ 49 925 并签了一份 30 年的抵押贷款 $ 100 075，从 2015 年 1 月 31 日开始，每月支付包括本金和利息在内的 $ 600，利息率为 6%。取得资产的会计分录如下：

日期	科目及摘要	借	贷
2014 年 12 月 31 日	建筑物 应付抵押款 　现金 （使用现金和应付抵押款购买建筑物）	150 000	 100 075 49 925

2014 年和 2015 年的部分摊销时间表如图表 14—2 所示。

我们可以确定在债券摊销时间表中提供的利息计算方法。因此，对于 2015 年 1 月 31 日第一次支付来说，利息的计算方法是：$ 100 075.00×6%×1/12 或者 $ 500.38。本金的 $ 99.62 是月度支付的 $ 600.00 和利息费用 $ 500.38 之间的差额（$ 600.0－ $ 500.38＝$ 99.62）。$ 99.62 使应付抵押款从 $ 10 075.00 减少到 $ 99 975.38（$ 10 075.00－$ 99.62＝ $ 99 975.38）。因此，在查阅过摊销时间表以后，STL 公司记录第一次支付应付抵押款的分录如下：

图表 14—2

	期初余额	应付本金	利息费用	支付总额	期末余额
2014. 12. 31					$ 10 075. 00
2015. 1. 31	$ 100 075. 00	$ 99. 62	$ 500. 38	$ 600. 00	99 975. 38
2015. 2. 31	99 975. 38	100. 12	499. 88	600. 00	99 875. 26
2015. 3. 31	99 875. 26	100. 62	499. 38	600. 00	99 774. 64
2015. 4. 31	99 774. 64	101. 13	498. 87	600. 00	99 673. 51
2015. 5. 31	99 673. 51	101. 63	498. 37	600. 00	99 571. 88
2015. 6. 31	99 571. 88	102. 14	497. 86	600. 00	99 469. 74
2015. 7. 31	99 469. 74	102. 65	497. 35	600. 00	99 367. 09
2015. 8. 31	99 367. 09	103. 16	496. 84	600. 00	99 263. 93
2015. 9. 31	99 263. 93	103. 68	496. 32	600. 00	99 160. 25
2015. 10. 31	99 160. 25	104. 20	495. 80	600. 00	99 056. 05
2015. 11. 31	99 056. 05	104. 72	495. 28	600. 00	98 951. 33
2015. 12. 31	98 951. 33	105. 24	494. 76	600. 00	98 846. 09
合计		$ 1 228. 91	$ 5 971. 09	$ 7 200. 00	

期初余额×利息率×时间=$100 075×0.06×1/12=$500.38

支付总额－利息费用=$600.00－$500.38=$99.62

期初余额－应付本金=$100 075.00－$99.62=$99 975.38

日期	科目及摘要	借	贷
2015 年 1 月 31 日	应付抵押款	99. 62	
	利息费用	500. 38	
	现金		600. 00
	（支付本金和应付利息）		

每一次偿还应付抵押款都会记录在相似的日记账分录中，使用摊销时间表中的金额。

我们花一点时间来回顾一下图表 14—1 和图表 14—2。在图表 14—1 中，支付的本金数额一直保持不变但是支付的总额在发生变化。在图表 14—2 中，支付的本金数额发生了变化但是支付的总额一直保持不变。长期负债可以用任何一种方法构造——相等的本金支付额或者相等的支付总金额。但是有一项一直在变化，那就是每期的利息费用。利息费用通常用贷款的期初余额进行计算，因为贷款的期初余额在减少，利息费用的金额也在减少。

什么是债券

大型公司需要筹集巨额资金来支持它们的财务运营。它们可能会从银行里获得长期贷款，也可能通过债券从公众处募集资金。**应付债券**（bonds payable）是公司向众多债权人——债券持有者发行的长期负债，一般面值为＄1 000。例如，一家公司可以从一个债权人（银行）那里借款＄100 000，或者可以发行 100 张应付债券，每张面值为＄1 000，发行给 100 个不同的债权人。通过发行应付债券，公司能够从上千名投资者那里借到几百万美元，而不是仅仅依靠从单独一家银行或者债权人那里取得贷款。每一个投资者都可以购买公司向公众发行的应付债券。

债券的购买者会获得一份债券凭证，上面记录有发行公司的名称，这一点与应付票据完全相同。同时，凭证上还标明本金，即公司所借款项的金额。该金额又可称为债券到期价值、本金或面值。企业在未来特定的日期必须为每一位债券持有者支付债券到期价值，这个日期称为到期日。

债券持有人借款的目的是赚取利息。因此债券凭证上会注明利息率以及支付利息的日期，一般是半年一次（一年两次）。例如，5 年期，利率为 9%，面值是＄100 000 的债券将会支付 10 次半年度利息，每次＄4 500（＄100 000×0.09×6/12），除了在到期日应偿还的面值。债券的现金流模式如下：

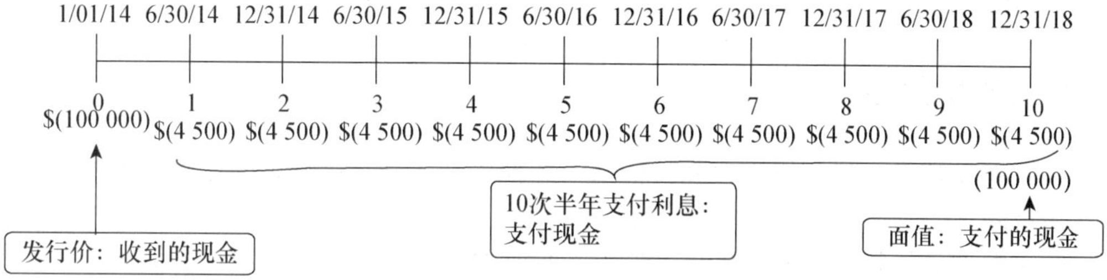

图表 14—3 展示了 STL 所发行的债券凭证。从中我们可以发现债券的基本组成要素：

- 本金（又称为到期价值或面值），即借款人必须偿还债权人的金额。
- 到期日，即借款人偿还本金的日期。
- 票面利率，即决定每年借款人支付和投资者收到的现金金额的利息率。

图表 14—3 债券凭证

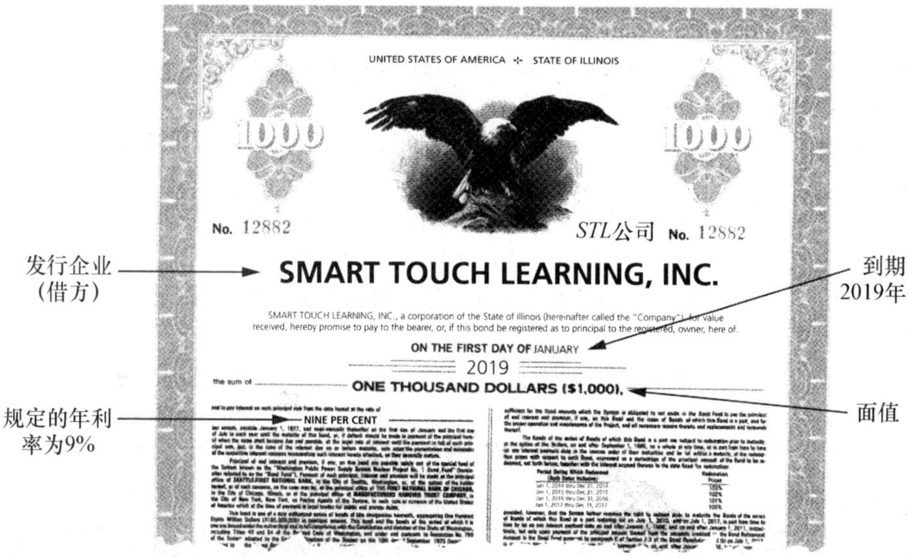

债券种类

债券的种类有很多，包括如下几种：

● **定期债券**（term bonds）。一次发行的所有债券都在一个特定日期到期的叫定期债券。例如：＄100 000 的定期债券都在 5 年后到期。

● **分期还本债券**（serial bonds）。在一段时期内分批到期的债券叫分期还本债券。例如，对于 5 年＄500 000 的分期还本债券每年都会有＄100 000 到期。

● **担保或不动产抵押债券**（secured bonds）。赋予债券持有人一种权利。如果公司不能履行义务，即不能还本或付息，债券持有人有权取得公司的抵押资产，以房子为抵押所发行的债券就是一种担保或不动产抵押债券。

● **无担保债券**（debentures）。是指没有资产进行抵押的一种债券，只能凭借款人的良好信用来保证。

债券价格

对于债券，发行方可以和投资人以任何价格成交，因此，对于债券价格有以下三种可能：

● **面值发行**（face value）。例如，面值为＄1 000 的债券发行价为＄1 000。债券的发行价格与面值相同。

● **折价发行**（discount）。债券发行价格低于票面价格称为折价发行，例如，面值为＄1 000 的债券发行价为＄980。折价为＄20（＄1 000－＄980）。

● **溢价发行**（premium）。债券发行价格高于票面价格称为溢价发行，例如，面值为＄1 000 的债券发行价为＄1 015。溢价为＄15（＄1 015－＄1 000）。

债券的发行价格不影响本金的偿还。在前面的例子中，当债券到期时，公司必须偿还债券的本金。

债券发行后，投资人可以通过债券市场买卖债券，就如同通过股票市场买卖股票一样。最著名的债券市场是纽约证券交易所，有几千种债券在那里上市。

债券以到期值的百分数报价。例如：

● 面值＄1 000 债券报价 100，即以＄1 000（＄1 000×1.00）成交，市场价就是面值的 100%。

● 面值＄1 000 的债券报价 88.375，市场价就是＄883.75（＄1 000×0.883 75）。

● 面值＄1 000 债券以 101.5 报价，市场价就是＄1 015（10 00×1.015）。

债券的发行价格决定了当债券发行时，公司能够收回的现金。在所有的例子中，公司必须在到期日偿还本金。

图表 14—4 包含 STL 公司发行债券的价格信息。当日有 12 手 STL 公司的债券成交，利率为 9%，到期日是 2019 年。债券当天最高价＄795（＄1 000×0.795），最低价＄784.5（＄1 000×0.784 5）。收盘价（当日最后一次交易价）为＄795。

图表 14—4 **债券价格信息**

债券	数量	最高价	最低价	收盘价
STL 公司 2019 年到期 9%的债券	12	79.5	78.45	79.5

□ 现值

货币随时间的变化而增加的价值，叫做**货币的时间价值**（time of value money）。附录 14A 会详细介绍货币的时间价值。

下面考察货币的时间价值怎样影响债券的价格。假设有一张面值为＄1 000，期限为 3 年的不带息债券。你会付＄1 000 去买这张债券吗？不会，因为你现在支付 ＄1 000 而未来得到同样数量的货币，这项投资没给你带来任何收入。那么为了在 3 年后得到＄1 000，你现在应付多少钱呢？答案是比＄1 000 少。假定你觉得＄750 是合适的价格。现在投资＄750，以后收回＄1 000，这 3 年里你挣了＄250 的利息。下面的图形解释了债券价格（现值）和到期值（终值）的关系。

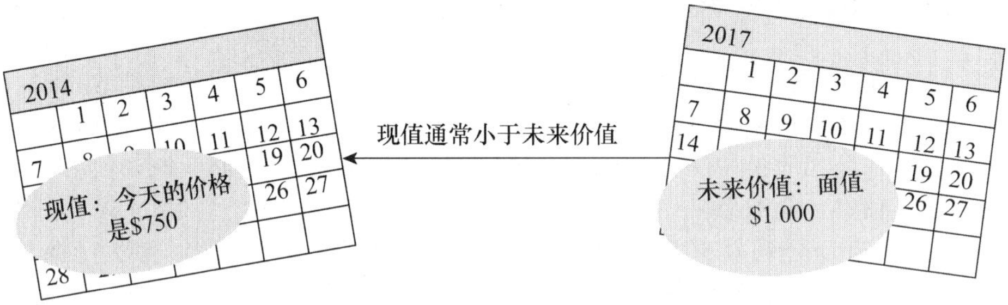

为了在未来获得更多的货币，人们愿意现在投资一定量的货币，现在的投资量叫做**现值**（present value）。现值就是债券的市场价格。在这个例子里，＄750 是现值（债券的市价），3 年后将要得到的＄1 000 是终值。我们会在附录 14A 中展示现值的计算过程。

□ 债券利率

债券以投资者在给定时间愿意付的最高价——市场价格（债券第一次出售的价格）出售。市场价格是债券的现值，等于支付本金的现值加上支付票面利息的现值。两种利率共同确定债券的价格：

● **票面利率**（stated interest）决定借款人每年支付现金利息的金额。票面利率印制在债券凭证上，不能改变。例如，STL 公司发行票面利率为 9％的债券（见图表 14—3），因此每＄1 000 的债券每年必须支付＄90 的利息，利息支付的金额不会随着债券的市场买卖价格变化而变化。

● **市场利率**（market interest rate）（即实际利率）是投资者出让货币所要求的利率。市场利率每天都在变动。由于票面利率的确定与债券发行有着时间间隔，公司可以发行票面利率与现行市场利率不同的债券。

STL 公司发行票面利率为 9％的债券，而此时市场利率涨到 10％。STL 公司的债券能在市场上吸引投资者吗？不能，因为投资者冒同样的风险投资其他债券能得到 10％的利率。因此，投资者只会以低于面值的价格购买 STL 公司的债券。低价和票面价值之间的差价是折价，折价将使投资者获得 10％的收益率，即使 STL 公司的票面利率是 9％。而实际支付的价格（低于＄1 000）与面值的差额将会弥补 9％和 10％的利息率差。

相反，如果市场利率是8%，STL公司利率为9%的债券就会具有吸引力，投资者会付出高于票面价值的价格购买。高价和票面值之间的差价就是溢价。图表14—5说明票面利率和市场利率如何共同决定债券价格。

图表14—5 债券价格

票面利率为9%的债券				
债券票面利率		市场利率		应付债券发行价格
9%	=	9%	→	到期价值
9%	<	10%	→	折价（低于到期价值）
9%	>	8%	→	溢价（高于到期价值）

□ 债券融资 vs. 发行股票

通过发行应付债券融资，企业可能面临无法偿还债券和相关利息的风险。那么为什么企业不通过发行股票融资呢？债务比起股票来说是成本相对较低的方式，债券也不会影响股东在公司股份中所占的比重。企业面临如下决定：我们应该如何为一个新的项目融资——债券还是股票？

假设STL公司在开始新项目前有净利润＄300 000，同时有发行在外的普通股100 000股。STL公司的新项目需要＄500 000，公司正在考虑下面两个计划：

- 计划一：以10%的利率借款＄500 000（发行利率为10%，金额为＄500 000的应付债券）；
- 计划二：发行50 000股普通股筹资＄500 000。

STL公司的管理层相信，新的现金可以每年增加息税前所得＄200 000。公司估计所得税费用为40%。图表14—6比较了两个计划。

图表14—6 发行债券 vs. 发行普通股

	计划一：发行利率为10%金额为＄500 000的应付债券		计划二：发行＄500 000的普通股	
新项目前的净利润		＄300 000		＄300 000
希望从新项目获得的息税前收入	＄200 000		＄200 000	
减：利息费用（＄500 000×0.10）	50 000		0	
所得税前的项目收入	150 000		200 000	
减：所得税费用	60 000		80 000	
项目净利润		90 000		120 000
新项目带来的净利润		＄390 000		＄420 000
新项目带来的每股收益				
计划一（＄390 000/100 000股）		＄3.90		
计划二（＄420 000/150 000股）				＄2.80

如果STL公司发行债券，那么每股收益就会上升。如果一切顺利的话，与支付给债券的利息（＄50 000）相比，公司可以从新项目获得更多的收益（＄90 000）。从借来的钱中得到比相关的利息更多的收入称为**杠杆**（leverage），它被广泛地用来增加普通股的每股收益。注意：即使在计划二下净利润更高，但是每股收益更低。因为收益必须分配到增加的50 000股股票中去。

借款可以增加每股收益，但是也有它的不足之处。债务必须偿还，无论是盈利的年份还是亏损的年份。一家公司可能没有足够的现金流来支付利息，因此就会拖欠债务。现金股利可以有选择地支付给股东，而应付债券的利息费用必须支付。没有足够的现金来支付利息费用，一家公司可能会宣告破产。

使用直线摊销法对应付债券进行会计处理

发行应付债券业务的基本会计分录为借记现金，贷记应付债券。前面已经提到过，公司可以以面值、折价或者溢价发行债券和长期负债。

我们从最简单的例子——以面值发行债券入手，讨论其账务处理。

以到期价值（面值）发行应付债券

假设 STL 公司发行面值 \$100 000，利率 9%，期限 5 年的债券。如果 STL 公司 2014 年 1 月 1 日以面值发行债券，发行业务的分录是：

日期	科目及摘要	借	贷
2014 年 1 月 31 日	现金 　应付票据 （以面值发行债券）	100 000	 100 000

借款人 STL 公司做了一个类似上面例子的分录来记录收到现金和发行债券。STL 公司每年在 12 月 31 日和 6 月 30 日支付利息，下面的分录记录了 STL 公司头一个半年利息的支付。

日期	科目及摘要	借	贷
2014 年 6 月 30 日	利息费用（\$100 000×0.09×6/12） 　现金 （支付半年利息）	4 500	 4 500

每一次半年支付利息的会计处理和上面的方法类似。

折价发行应付债券

下面我们来看如何对折价发行应付债券进行会计处理，折价发行应付债券是一种很常见的情形。

我们知道市场情况可能迫使发行公司接受折价。例如，假设 STL 公司发行面值 \$100 000，利率为 9%，5 年期的债券。此时，市场利率为 10%，债券的市场价降至 96.149，即面值的 96.149%。发行债券收到 \$96 149（\$100 000×0.96 149），的现金，其分录如下：

日期	科目及摘要	借	贷
2014年			
1月1日	现金	96 149	
	应付债券折价（$100 000－$96 149）	3 851	
	应付债券		100 000
	（折价发行债券）		

过账后，债券账户有下列余额：

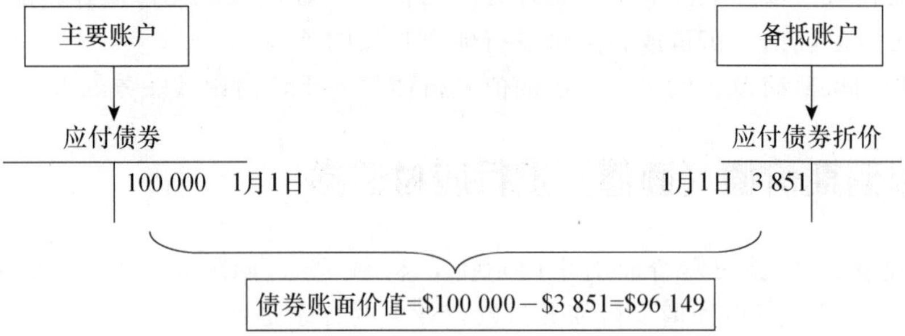

应付债券折价账户是应付债券账户的备抵账户。从应付债券账户减去应付债券折价的余额等于债券的账面价值。发行后，STL公司在资产负债表中对应付债券做如下披露：

长期负债：		
应付债券	$100 000	
减：应付债券折价	3 851	$96 149

折价发行债券的利息费用

我们前面讨论过票面利率与市场利率可能不同。假设市场利率是10%，而STL公司债券利率为9%，1%的利率差产生了$3 851的债券折价。STL公司不得不提供这个折价，因为当投资者能从其他债券中获得10%的收益时，他们只愿意付出$96 149来购买利率为9%的$100 000的债券。

因此STL公司借到了$96 149，但必须在5年后到期时偿还$100 000。$3 851的折价余额会怎样变化呢？$3 851实际上是STL公司的附加利息费用，它把债券的利息率提高到市场利率（10%）。在债券存续的每个会计期间，折价通过摊销分配到利息费用中。摊销是在一定期间内对会计项目的逐渐抵减。

债券折价的直线摊销法

我们可以将债券折价等额摊销到每个付息期，这个方法叫直线摊销法。它与固定资产中的直线折旧法非常相似。在这个例子里，初始折价是$3 851，在5年存续期中有10个半年期的付息期。因此，每个利息期要摊销债券折价$3 851的1/10（$385)。STL公司支付第一个半年期利息的分录如下：

日期	科目及摘要	借	贷
2014 年			
6 月 30 日	利息费用（＄4 500＋＄385）	4 885	
	应付票据折价（＄3 851×1/10）		385
	现金（＄100 000×0.09×6/12）		4 500
	（支付半年利息费用和折价摊销）		

每 6 个月＄4 885 的利息费用计算方法如下：

- 利息费用＄4 500 等于票面利息（＄4 500 用现金支付）；
- 加上摊销折价（＄385）。

2014 年 12 月 31 日将会使用同样的分录，因此，在 2014 年 12 月 31 日债券折价账户的余额为＄3 081。

应付债券

		100 000	1 月 1 日

应付债券折价

1 月 1 日	3 851	385	6 月 30 日
		385	12 月 31 日
余额	3 081		

那么，2014 年 12 月 31 日，在资产负债表中应付债券账户的余额是多少？

长期负债：		
应付债券	＄100 000	
减：应付债券折价	3 081	＄96 919

债券的折价有一个贷方余额，因此贷记应付债券折价，摊销（减少）该账户的借方余额。10 个摊销分录将把这个折价余额减到零，意味着应付债券的账面价值将增加到面值＄100 000。它是由应付债券的＄100 000 减去债券折价账户＄0 得出的。图表 14—7 就是对债券的摊销时间表。

图表 14—7　　应付债券——折价摊销时间表

	支付现金	利息费用	折价摊销	账面金额
2014 年 1 月 1 日				＄96 149
2014 年 6 月 30 日	＄4 500	＄4 885	＄385	96 534
2014 年 12 月 31 日	4 500	4 885	385	96 919
2015 年 6 月 30 日	4 500	4 885	385	97 304
2015 年 12 月 31 日	4 500	4 885	385	97 689
2016 年 6 月 30 日	4 500	4 885	385	98 074
2016 年 12 月 31 日	4 500	4 885	385	98 459
2017 年 6 月 30 日	4 500	4 885	385	98 844
2017 年 12 月 31 日	4 500	4 885	385	99 229
2018 年 6 月 30 日	4 500	4 885	385	99 614
2018 年 12 月 31 日	4 500	4 885	385	100 000
合计	＄45 000	＄48 850	＄3 850	

账面金额+折价摊销
=$96 149+$385
=$96 534

面值×利率×时间=
$100 000×0.09×6/12
=$4 500

支付现金+折价摊销
=$4 500+$385
=$4 885

折价摊销=$3 851/10
=$385

溢价发行应付债券

为了说明溢价发行债券，我们把 STL 公司的例子变动一下。如果市场利率是 8%而公司发行利率为 9%，5 年期债券。因为利率为 9%的债券在利率为 8%的市场上很有吸引力，投资者必须以溢价才能购得债券。如果债券标价为 104.1（面值的 104.1%），在此例中，STL 公司发行债券得到 104 100。其分录如下：

日期	科目及摘要	借	贷
2014 年 1 月 1 日	现金	104 100	
	应付债券溢价（$104 100－$100 000）		4 100
	应付债券		100 000
	（溢价发行债券）		

过账后，债券账户余额如下：

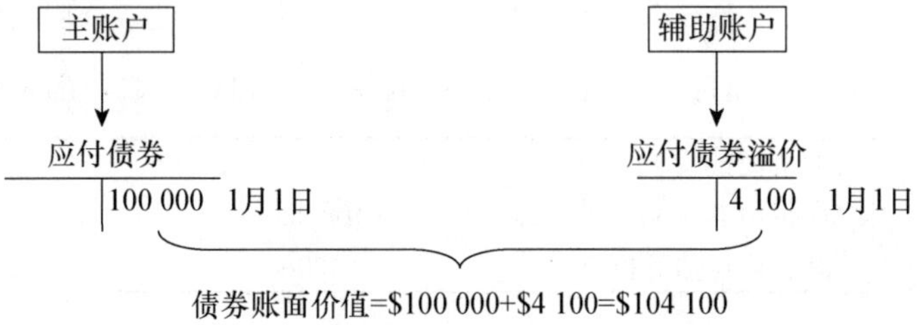

应付债券与债券溢价都有贷方余额。应付债券溢价是应付债券的辅助账户。辅助账户与有相同正常余额的账户相关，并在资产负债表中被加到相关账户上。辅助账户与备抵账户的作用类似——唯一的区别在于辅助账户与主账户有相同类型的余额，备抵账户与主账户的余额类型相反。因此，我们将应付债券溢价与应付债券的合计数作为债券账面价值。STL 公司在发行时，将应付债券披露如下：

长期负债：		
应付债券	$100 000	
加：应付债券溢价	4 100	$104 100

溢价发行债券的利息费用

债券票面利率 9%与市场利率 8%之间 1%的差异产生 $4 100（$104 100－面值 $100 000）的溢价。STL 公司借到现金 $104 100，但到期日只须偿还 $100 000。我们把溢价看作 STL 公司利息费用的节约。溢价降低了 STL 公司借款的成本，把利息费用降到 8%（市场利率）。STL 公司把溢价作为利息减少，摊销到债券的整个存续期。

溢价的直线摊销法

这个例子里，债券溢价是 $4 100，债券的 5 年期内有 10 个半年期的付息期。因此，每个付息期摊销债券溢价 $4 100 的 1/10（$410）。STL 公司支付半年期利息的分录如下：

日期	科目及摘要	借	贷
2014 年			
6 月 30 日	利息费用（$ 4 500－$ 410）	4 090	
	应付票据溢价（$ 4 100×1/10）	410	
	现金（$ 100 000×0.09×6/12）		4 500
	（支付半年利息费用和溢价摊销）		

利息费用 $ 4 090 等于：

- 面值的现金利息（通过现金支付的 $ 4 500）；
- 减去溢价摊销 $ 410。

2014 年 12 月 31 日将会使用同样的分录，因此，在 2014 年 12 月 31 日债券溢价账户的余额为 $ 3 280。

应付债券

		100 000	1 月 1 日

应付债券溢价

6 月 30 日	410	4 100	1 月 1 日
12 月 31 日	410		
		3 280	余额

那么，2014 年 12 月 31 日，在资产负债表中应付债券账户的余额是：

长期负债：		
应付债券	$ 100 000	
减：应付债券折价	3 280	$ 103 280

在到期日 2018 年 12 月 31 日，债券溢价都会被摊销掉（余额为 0），债券的账面金额为 $ 100 000。图表 14—8 就是债券的摊销时间表。

图表 14—8　　应付债券——折价摊销时间表

	支付现金	利息费用	折价摊销	账面金额
2014 年 1 月 1 日				$ 104 100
2014 年 6 月 30 日	$ 4 500	$ 4 090	$ 410	103 690
2014 年 12 月 31 日	4 500	4 090	410	103 280
2015 年 6 月 30 日	4 500	4 090	410	102 870
2015 年 12 月 31 日	4 500	4 090	410	102 460
2016 年 6 月 30 日	4 500	4 090	410	102 050
2016 年 12 月 31 日	4 500	4 090	410	101 640
2017 年 6 月 30 日	4 500	4 090	410	101 230
2017 年 12 月 31 日	4 500	4 090	410	100 820
2018 年 6 月 30 日	4 500	4 090	410	100 410
2018 年 12 月 31 日	4 500	4 090	410	100 000
合计	$ 45 000	$ 40 900	$ 4 100	

账面金额－折价摊销=$104 100－$410=$103 690

面值×利率×时间=$100 000×0.09×6/12=$4 500

支付现金－折价摊销=$4 500－$410=$4 090

折价摊销=$4 100/10=$410

应付债券注销的会计处理

应付债券的注销包括支付债券的面值。债券可以在到期日或者到期日之前注销。

在到期日注销债券

债券到期的时候，账面金额通常等于面值。在STL公司折价以及溢价发行债券的例子中，在2018年12月31日，账面金额和面值都是＄100 000。注销债券的分录如下：

日期	科目及摘要	借	贷
2018年			
12月31日	应付债券	100 000	
	现金		100 000
	（在到期日注销应付债券）		

在到期日前注销债券

通常企业会等到到期日清偿或者注销债务，但企业有时会在到期日前就注销债券，主要是为了减轻偿还利息的压力。

有些债券是可以随时**偿还**（callable）的，意味着企业可能以特定价格偿还或者注销债券。偿还价格通常是100，或者稍高于面值——可能是101或者102，以此来激励股利债券持有者。可随时偿还债券给了发行者偿还债券的灵活性。偿还债券的选择是以债券当前的市价在开放的市场中购买债券，不管债券是被偿还是在开放市场中购买的，在日记账分录中使用的是相同的账户。

假设在2014年12月31日，STL公司有发行在外的价值＄100 000的应付债券，账户余额为＄3 081（最初账户金额为＄3 851（＄100 000－＄96 149））减去6月份用直线法摊销的＄385和12月份摊销的＄385）。

较低的利息率保证管理层现在可以偿还这些债券。这些债券以＄100的价格偿还。如果债券的市价为＄95，STL公司应该以100的价格偿还债券，还是在公开市场上以95购买债券？市价比债券的偿还价格低，因此STL公司应该以市价在公开市场上购买债券。在2014年12月31日注销债券，将会有利得＄1 919，计算过程如下：

注销的债券面值	＄100 000
减：折价	3 081
应付债券的账面价值	96 919
注销债券支付的市场价值（＄100 000×0.95）	95 000
注销应付债券利得	＄1 919

在计息日后，下面的分录记录了债券的注销：

日期	科目及摘要	借	贷
2014 年 12 月 31 日	应付债券	100 000	
	应付债券折价		3 081
	注销应付债券利得		1 919
	现金		95 000
	(在到期日前注销应付债券)		

过账后，债券账户的余额为 0。

应付债券

		100 000	1 月 1 日
12 月 31 日	100 000		
		0	余额

应付债券溢价

1 月 1 日	3 851	385	1 月 30 日
		385	12 月 31 日
		3 081	12 月 31 日
余额	0		

日记账分录将债券从账簿中移除，并在债券注销账户中记录利得。任何存在的溢价将会用债务来移除。如果 STL 公司将这些债券的一半注销，那么它只需要将折价或者溢价的一半从账簿中移除。

在到期日前注销债券时的步骤如下：

1. 如果注销日不与利息支付日重合，那么需要记录一定期间的折价或者溢价摊销。
2. 注销与债券相关的未摊销折价或溢价部分。
3. 以面值借记应付债券。
4. 借记注销债券利得或损失。
5. 借记为注销债券支付的现金。

负债在资产负债表上的列报

每期期末，公司都会在资产负债表中列报自己的流动负债和长期负债，正如我们所观察到的，负债分为两个类型：流动的和长期的。图表 14—9 中呈现的是本章中 STL 公司的部分负债的数据。

图表 14—9　　**负债**

STL 公司合并资产负债表（部分） 2014 年 12 月 31 日	
流动负债：	
应付账款	$ 17 000
应付职工薪酬税费	2 000
应付 OASDI 税	1 158
应付医疗保险税	855
应付健康保险	180
捐赠给 United Way	20
应付联邦失业税	15
应付州失业税	60
应付职工福利	1 000

应付休假福利		800	
估计应付担保金		700	
应付票据（短期）		400	
应付抵押款的流动部分		1 305	
长期应付票据的流动部分		5 000	
流动负债总额			$ 30 493
长期负债：			
应付票据		15 000	
应付抵押款		97 451	
应付债券	$ 100 000		
减：应付债券折价	3 081	96 919	
长期负债总额			209 460
负债总额			$ 239 953

使用债券权益比率评价经营状况

负债总额和权益总额之间的关系称为**负债权益比率**（debt to equity ratio），这个比率表明负债总额占权益总额的比率。因此，负债权益比率衡量的是财务杠杆。如果资产负债率大于 1，那么与权益相比，企业使用了更多的债券为资产融资；如果比率小于 1，那么与负债相比，企业更多地使用权益为资产融资。权益负债率越高，企业将会面临越高的财务风险。

绿山咖啡公司在 2011 财务年度报告的总负债和总权益如下（单位：千美元）：

	2011 年 9 月 24 日	2010 年 9 月 25 日
负债总额	$ 1 285 672	$ 671 329
权益总额	1 912 215	699 245

绿山咖啡公司在 2011 年 9 月 24 日的负债权益比率计算方法如下：

负债权益比率＝负债总额/所有者权益总额
＝$ 1 285 672/$ 1 912 215
＝0.67

绿山公司在 2011 年 9 月 24 日的负债权益比率小于 1，表明企业更多地使用权益为资产融资。注意，它的负债权益比率比 2010 年有所改善，2010 年绿山公司的权益负债率为 0.96（$ 671 329/$ 699 245）。这是由于绿山公司发行了普通股带来的所有者权益的增长。公司两年的负债权益比率表明公司的风险相对较低。

附录 14A：货币的时间价值

现在收到的一美元与未来收到一美元相比更值钱，因为你可以用现在收到的一美元进行投资获得额外的收入，这样明年你就会有更多的现金。对现金进行投资并随着时间的推移获得更多收入称为**货币的时间价值**（time value of money）。这个概念解释了为什么比起以后收到现金，我们更想立刻就收到现金。货币的时间价值被用来确定债券的现值——也就是债券的市场价值。

□ 货币时间价值概念

货币的时间价值取决于三个因素：

1. 本金（p）；
2. 期限长短（n）；
3. 利率（i）。

本金（p）指的是投资或者借款的金额。本金要么一次付清要么作为年金分期支付。例如，如果你中了彩票，那么你有机会选择现在一次性收到奖金（一次性付清总额），或者选择在未来一定期限内收到等额款项（年金）。年金（annuity）是在相同的时间间隔内支付的相等的现金流。例如，12 个月内每个月都收到＄100 就是年金。

期限长短（n）就是指从投资开始到结束经过的时间长短。其他要素都一样的情况下，投资期限越短，能够得到的现金就越少。如果你在四年而不是五年后就撤回你的投资，那么你能得到的利息就会减少。对于债券来说，期限的长短就是需要支付利息的期限。例如，如果 5 年期的债券每半年支付一次利息，那么期限长短就是 10（5 年×每年支付 2 次）。

利率（i）是指通过投资能够得到的比例，利率可以是日利率，也可以是月或者季度利率。利率必须反映当年的期限长短。5 年的半年付息债券的年度市场利率为 10%，这将表明债券的半年度利率为 5%（每年 10%/2）。利率可以用单利或者复利计算。

单利 vs. 复利

单利（simple interest）意味着利息仅根据本金计算。**复利**（compound interest）意味着利息根据本金和以前收到的利息计算。复利假设所有收到的利息将会被投资并以同样的利率获得利息。图表 14A—1 就是对利率为 6%，5 年期，金额为＄10 000 的投资进行的单利和复利的比较。可以看到，随着计算金额的增加（本金加上累计到期的利息），每年收到的复利利息也在增加。在这笔投资的期限内，复利收到的利息额比单利收到的利息额要多。大部分投资为复利，因此我们在本章中假设利息均为复利，而不是单利。

图表 14A—1　　单利 vs. 复利——5 年期，利率为 6%，金额为＄10 000

年份	计算单利	单利	计算复利	复利
1	＄10 000×6%	＄600	＄10 000×6%	＄600
2	＄10 000×6%	＄600	(＄10 000+＄600)×6%	636
3	＄10 000×6%	＄600	(＄10 000+＄600+＄636)×6%	674
4	＄10 000×6%	＄600	(＄10 000+＄600+＄636+＄674)×6%	715
5	＄10 000×6%	＄600	(＄10 000+＄600+＄636+＄674+＄715)×6%	758
	利息总额	＄3 000	利息总额	＄3 383

幸运的是，计算复利时间价值的时候不需要像图表 14A—1 中那么复杂。商业计算器和图表软件，像 Microsoft Excel，都有相应的程序。另外，现值系数表也可以简化计算。

现值要素

投资的终值或现值仅仅是指投资在不同时点上的价值。我们可以通过前面列出的三个要素来计算任何投资的终值或者现值：（1）本金；（2）期限长短；（3）利率。例如，在图表14A—1中，（1）本金为＄10 000；（2）投资期限为5年；（3）利率为6%。投资终值也就是它在5年末到期后的价值——期初的本金加上获得的利息。在我们的例子中，投资终值的计算方法如下：

终值＝本金＋所得利息
　　＝＄10 000＋＄3 383
　　＝＄13 383

如果现在投资＄10 000，那么它的现值就是＄10 000。因此计算终值的另一种方法就是：

终值＝现值＋获得的利息

可以用如下的方法重新安排等式：

现值＝终值－获得利息
＄10 000＝＄13 383－＄3 383

现值和终值唯一的区别就在于在间隔的时间段内获得的利息金额。

计算每期的复利，就像我们在图表14A—1中做的那样，然后把利息加到现值上来确定终值（或者从终值中减去利息来确定现值），这是一种很复杂的方法。幸运的是，已经有数学公式可以用来计算终值和现值了，并且不会对利率和期限的组合有限制。对于一次性结清投资和年金有不同的计算公式。

在大部分商业计算图表中都有这些公式，因此使用者只需要更改输入的本金金额、利率和期限长短即可得到现值或者终值。微软的Excel电子数据表中也包含这些公式。在本章中，我们使用现值表。现值表包括不同利率和期限组合计算出的结果。

公式和结果表在本书末附录中：

1. ＄1的现值（见附录，表1）——用来计算今天一美元的终值（一次性结清）。

2. 年金＄1的现值（见附录，表2）——用来计算今天一系列等价现金流的终值（年金）。

花一点时间看一下这些表格，因为我们会在接下来的附录中用到它们。注意表格中列表示的是利率（i），行表示的是时间（n）。

在每张表的数据——现值系数（PV），都是针对＄1的投资（或者贷款）。为了计算除了＄1以外的其他金额的现值，需要用PV乘以终值。

年金表是根据一次性结清金额的表格得来的。例如，年金的PV（在＄1的年金现值表格中）是在确定的时期，在金额为＄1的现值表格中找到的PV的总和。年金表让我们可以一步就算出结果，而不需要分别计算每年支付金额的现值然后再相加。

□ 一次性结清金额现值

计算现值的过程通常称为贴现（discounting future cash flows），因为通常现值小于终值。让我们来考虑一下图表14A—1中的投资。投资终值是＄13 383。因此问题是：在利率为6%的条件下，如果希望5年后能够得到＄13 383，那么现在要投资多少？让

我们使用 PV 来计算现值。

$$现值=终值\times PV(i=6\%,n=5)$$

我们从＄1 现值表中获得现值系数的数据（见附录，表 1）。我们使用这个表中的数据计算一次性结清金额。利率 6%、5 年期、投资＄1 的现值系数为 0.747，即利率 6% 列和期间 5 行的交叉点，计算过程如下：

$$\begin{aligned}现值&=终值\times PV(i=6\%,n=5)\\&=\$13\,383\times0.747\\&=\$9\,997\end{aligned}$$

注意到由于四舍五入导致现值减少了＄3（＄10 000－＄9 997），由于现值系数是精确到小数点后三位的，所以计算会不精确。同样地，在图表 14A—1 中计算利息的时候也是精确到个位数的，因此，在这个计算中有两次凑整数。但是，我们的确已经有了问题的答案：在今天，投资大概＄9 997，利率为 6%，期限为 5 年，在第 5 年末的时候，投资者将得到＄13 383。或者换一种说法，如果我们希望在 5 年以后收到＄13 383，那么在今天它的现值（贴现）为＄9 997。

年金现值

假设与在第 5 年末一次性收到现金不同，在每年年末都会收到＄2 000。这就是在相同的间隔期限（1 年）内收到相同的现金（＄2 000），因此这是年金。如果假设利率为 6%，那么今天你需要投资多少来获得这些支付的现金呢？

我们在年金＄1 现值表中找到年金 PV（见附录，表 2），使用这张表对年金进行计算。利率 6%、5 年期、投资＄1 的年金现值为 4.212，是利率 6%列和期间 5 行的交叉点，计算过程如下：

$$\begin{aligned}现值&=终值\times 年金\ PV(i=6\%,n=5)\\&=\$13\,383\times4.212\\&=\$8\,424\end{aligned}$$

这意味着在利率为 6%的情况下，现在投资＄8 424，在 5 年后将会得到总额＄10 000（每年＄2 000×5 年）。原因是从本金中得到的利息每年都会被再投资。让我们重新核实一下计算过程。

年度	[1] 期初余额 上期 [4]	[2] 利息 [1]×6%	[3] 收回 ＄2 000	[4] 期末余额 [1]+[2]-[3]
0				＄8 424
1	＄8 424	＄505	＄2 000	6 929
2	6 929	416	＄2 000	5 345
3	5 345	321	＄2 000	3 666
4	3 666	220	＄2 000	1 886
5	1 886	114	＄2 000	0

表格表明最初投资的＄8 424 第一年获得的利息收入为＄505，在那一期期末，收回金额为＄2 000，余额为＄6 929（＄8 424＋＄505－＄2 000）。在第 5 年末，余额为 0，表明年金＄2 000 的现值为＄8 424。

□ 应付债券现值

我们可以用刚学到的关于一次性结清金额的现值和年金现值来计算应付债券的现值。债券现值，即其市场价格包括：

- 未来到期日本金的现值；
- 加上未来支付票面利息的现值之和，利息是一项年金，因为它是定期发生的（年金的现值）。

债券折价

让我们来计算 STL 公司利率为 9%、5 年期债券的现值，债券的面值为＄100 000，每半年按 4.5%的利率支付票面利息。发行时市场利率为 10%（但计算时按照半年期 5%）。这样，10 个半年付息期的实际利率均为 5%。我们用 5%来计算到期时本金和利息的现值（*PV*）。债券的市场价格为＄96 149 元，推导如下：

本金现值：

现值＝终值×复利现值系数($i=5\%,n=10$)

＝＄100 000×0.164

＝＄61 400

利息现值：

现值＝现金流量×年金现值系数($i=5\%,n=10$)

＝(＄100 000×0.09×6/12)×7.722

＝＄34 749

应付债券现值：

现值＝本金现值＋利息现值

＝＄61 400＋＄34 749

＝＄96 149

债券溢价

我们再来考虑 STL 债券溢价的情况，假设发行时市场利率为 8%。10 个半年期中每期实际利率为 4%：我们可以通过以下方式结算债券的到期价格：

本金现值：

现值＝终值×复利现值系数($i=4\%,n=10$)

＝＄100 000×0.676

＝＄67 600

利息现值：

现值＝现金流量×年金现值系数($i=4\%,n=10$)

＝(＄100 000×0.09×6/12)×8.111

＝＄36 500

应付债券现值：

现值＝本金现值＋利息现值

＝＄67 600＋＄36 500

＝＄104 100

附录 14B：实际利率摊销法

本章正文中解释了直线摊销法，引入了债券摊销的概念，但在实际工作中，有一种更为精确的方法，那就是**实际利率摊销法**（effective-interest amortization method）。这种方法是根据发行时的市场利率来摊销债券的溢价和折价。本附录解释了用实际利率法对债券折价和溢价进行摊销的现值概念。

一般公认会计原则要求运用实际利率法摊销计量利息费用。如果直线法和实际利率摊销法的差异是可以忽略的，则两种方法都是允许的。两种方法下在整个债券存续期，利息费用总额是相同的，但是，每年的利息费用是不同的。下面我们介绍实际利率摊销法的原理和运用。

实际利率摊销法下债券折价的会计处理

假设 STL 公司发行利率为 9%，面值 $ 100 000 的债券，市场利率为 10%，债券 5 年到期，每半年付息一次，有 10 个付息期。债券的发行价格是 $ 96 149，债券折价是 $ 3 851（$ 10 000－ $ 96 149）。

在使用实际利率摊销法时，利息费用的金额需要用账面价值和市场利率来计算。支付的利息用面值和账面利率来计算。摊销折价就是利息费用超过支付利息的部分。图表 14B—1 说明了如何在实际利率摊销法下计量利息费用。

在记录支付应付债券利息时，在实际利率摊销法和直线法下摊销借记和贷记的账户是相同，只有金额是不同的。STL 公司在 6 月 30 日时记录第一次支付利息的分录如下：

图表 14B—1　　应付票据——折价摊销时间表；实际利率摊销法

	支付现金	利息费用	折价摊销	账面金额
2014 年 1 月 1 日				$ 96 149
2014 年 6 月 30 日	$ 4 500	$ 4 807	$ 307	96 456
2014 年 12 月 31 日	4 500	4 823	323	96 779
2015 年 6 月 30 日	4 500	4 839	339	97 118
2015 年 12 月 31 日	4 500	4 856	356	97 474
2016 年 6 月 30 日	4 500	4 874	374	97 848
2016 年 12 月 31 日	4 500	4 892	392	98 240
2017 年 6 月 30 日	4 500	4 912	412	98 652
2017 年 12 月 31 日	4 500	4 933	433	99 085
2018 年 6 月 30 日	4 500	4 954	454	99 539
2018 年 12 月 31 日	4 500	4 961	461	100 000
总计	$ 45 000	$ 48 851	$ 3 851	

账面金额+折价摊销=$96 149+$307=$96 456

面值×利率×时间=$100 000×0.09×6/12=$4 500

账面金额×市场利率×时间=$96 149×0.10×6/12=$4 807

利息费用－支付现金=$4 807－$4 500=$307

日期	科目及摘要	借	贷
2014 年 6 月 30 日	利息费用（＄96 149×0.10×6/12）	4 807	
	应付债券折价（＄4 807－＄4 500）		307
	现金（＄100 000×0.09×6/12）		4 500
	（支付半年利息和折价摊销）		

不管使用哪种方法，支付的现金和利息费用总额是相同的。你可以通过回顾图表 14—7 和图表 14B—1 中的总额进行核对。

□ 实际利率摊销法下债券溢价的会计处理

STL 公司也可能溢价发行债券。假设 STL 公司发行 5 年期，利率为 9%，价值＄100 000 的债券。如果债券发行的市场利率是 8%，债券的发行价格是＄104 100，则债券溢价是＄4 100。当溢价发行债券时，使用实际利率法计算利息费用时，采用的是在债券折价中提到的账面金额和市场利率。通过计算支付现金和利息费用之间的差额来确定溢价摊销的金额。图表 14B—2 提供了在实际利率摊销法下 STL 公司的摊销时间表。

STL 公司在 6 月 30 日时记录第一次支付利息的分录如下：

日期	科目及摘要	借	贷
2014 年 6 月 30 日	利息费用（＄104 100×0.08×6/12）	4 164	
	应付债券溢价（＄4 500－＄4 164）	336	
	现金（＄100 000×0.09×6/12）		4 500
	（支付半年利息和溢价摊销）		

图表 14B—2　　应付债券——溢价摊销时间表；实际利率摊销法

	支付现金	利息费用	折价摊销	账面金额
2014 年 1 月 1 日				＄104 100
2014 年 6 月 30 日	＄4 500	＄4 164	＄336	103 764
2014 年 12 月 31 日	4 500	4 151	349	103 415
2015 年 6 月 30 日	4 500	4 137	363	103 052
2015 年 12 月 31 日	4 500	4 122	378	102 674
2016 年 6 月 30 日	4 500	4 107	393	102 281
2016 年 12 月 31 日	4 500	4 091	409	101 872
2017 年 6 月 30 日	4 500	4 075	425	101 447
2017 年 12 月 31 日	4 500	4 058	442	101 005
2018 年 6 月 30 日	4 500	4 040	460	100 545
2018 年 12 月 31 日	4 500	3 955	545	100 000
总计	＄45 000	＄40 900	＄4 100	

账面金额－折价摊销=$104 100－$336=$103 764

面值×利率×时间=$100 000×0.09×6/12=$4 500

账面金额×市场利率×时间=$104 100×0.08×6/12=$4 164

支付现金－利息费用=$4 500－$4 164=$336

不管使用哪种方法，支付现金的总额和总利息费用是相同的。你可以通过回顾图表 14—8 和图表 14B—2 中的总额进行核对。

疑难问题 A 部分

P14-30A　将负债交易记入分类账并在资产负债表中反映

EP 公司在 2014 年和 2015 年发生以下业务：

2014 年	
3 月 1 日	从莱斯堡银行借款 $360 000。签发一张利率为 10%、6 年期的票据，需要在每年的 3 月 1 日支付。每次支付包括 $60 000 的本金和一年的利息。
12 月 1 日	向萨普托银行抵押仓库获得现金 $200 000。抵押需要每月支付 $4 000。票据的利率为 9%，按月累计。第一次支付在 2015 年 1 月 1 日。
12 月 31 日	记录萨普托银行票据应计利息。
12 月 31 日	记录莱斯堡银行票据应计利息。
2015 年	
1 月 1 日	支付萨普托银行月度抵押应付款。
2 月 1 日	支付萨普托银行月度抵押应付款。
3 月 1 日	支付萨普托银行月度抵押应付款。
3 月 1 日	支付莱斯堡银行首笔到期分期付款额。

要求：

1. 在公司的普通日记账中记录上述业务，不必给出业务摘要。

2. 编制 2015 年 3 月 1 日公司资产负债表的负债部分。

P14-31A　有关债券交易的分析、入账和列报

BH 公司在 2012 年 12 月 31 日以 90 的价格发行了 10 年期，利率 5%的长期债券，在 2014 年 12 月 31 日 BH 公司列报应付债券如下：

长期负债：		
应付债券	$400 000	
减：折价	32 000	$368 000

BH 公司在 6 月 30 日和 12 月 31 日每半年支付一次利息。

要求：

1. 回答下列关于 BH 公司应付债券的问题。

a. 债券的到期值是多少？

b. 2014 年 12 月 31 债券的账面价值是多少？

c. 债券每年现付的银行利息是多少？

d. 公司每年账面的利息费用是多少？

2. 编写 2014 年 6 月 30 日的半年应付利息和折价摊销。

P14-32A　有关债券交易的分析与处理

2014 年 1 月 1 日，MCU 公司发行面值为 $300 000、利率为 7%的 20 年期应付债券，债券付息日为每年 6 月 30 日和 12 月 31 日。

要求：

1. 如果该公司发行债券时，市场利率为 6%。那么债券是按面值发行、溢价发行还是折价发行？试做解释。

2. 如果该公司发行债券时，市场利率为 8%。那么债券是按面值发行、溢价发行还是折价发行？试做解释。

3. 假定债券发行价格为 95。编制如下债券交易的分录：

a. 2014 年 1 月 1 日债券发行；

b. 2014 年 6 月 30 日支付利息和摊销；

c. 2014 年 12 月 30 日支付利息和摊销；

d. 2033 年 12 月 31 日到期日注销债券。

P14-33A　有关债券交易的分析与处理

回顾在问题 P14-32A 中提到的信息。假设债券发行价格为 102。编制如下债券交易的分录：

a. 2014 年 1 月 1 日债券发行；

b. 2014 年 6 月 30 日支付利息和摊销；

c. 2014 年 12 月 30 日支付利息和摊销；

d. 2033 年 12 月 31 日到期日注销债券。

P14-34A　负债在资产负债表的列报以及计算权益负债率

RMW 公司的会计记录包括如下项目：

应付账款	$76 000	应付职工薪酬	$9 500
应付抵押票据，长期	80 000	应付债券，流动	30 000
应付利息	19 000	应付债券溢价	11 000
应付债券，长期	64 000		
所有者权益合计	175 000	未实现收益	3 000

要求：

1. 编写 RMW 公司的资产负债表，包括流动负债和长期负债的账户名和金额。

2. 计算 RMW 公司在 2014 年 12 月 31 日的权益报酬率。

P14AB-35A　确定债券现值并记入日记账，使用实际利率法

NR 公司在 2014 年 1 月 1 日发行了面值为 $300 000，利率为 11%的 10 年期应付债券。发行日市场利率为 10%，公司债券每半年付息一次。

要求：

1. 通过发行应付债券将募集到多少现金？（将所有数据精确到整数。）

2. 编制前两个利息支付日按实际利率摊销法计算的债券摊销表。（将所有数据精确到整数。）

3. 记录公司 2014 年 1 月 1 日债券发行和 2014 年 6 月 30 日支付首次半年利息及摊销债券。不需要给出摘要。

P14AB-36A　确定债券现值并记入日记账，使用实际利率法

R 公司授权发行利率为 14%的 10 年期应付债券。在 2014 年 1 月 1 日，市场利率为 16%时，公司发行了面值为 $500 000 的债券。公司债券每半年付息一次。

要求：

1. 通过发行应付债券将募集到多少现金？（将所有数据精确到整数。）

2. 编制前两个利息支付日按实际利率摊销法计算的债券摊销表。（将所有的数据精确到整数。）

3. 记录公司 2014 年 1 月 1 日债券发行和 2014 年 6 月 30 日支付首次半年利息及摊销债券。不需要给出摘要。

小组作业

小组作业 14—1

小组中的每一个人选择一家大公司，并去这家公司的网站找到公司的资产负债表。通常正确的表格都是按照下列方式之一命名的：

- 投资者关系
- 关于企业
- 财务报告
- 10-K 报告

在公司的资产负债表中找出负债部分。

要求：

1. 列出企业所有的负债——包括流动负债和长期负债，并列出每一项负债的金额。

2. 阅读公司的财务报表附注以及任何可以帮助你确定一项负债金额的详细信息。

3. 计算企业的负债权益比率。

4. 将你的发现带到你们的小组会议中，把你的结果和小组其他成员的进行比较。在老师的指导下准备一份书面或者口头报告。

第 15 章

投　资

- 企业为什么要进行投资
- 债券投资的会计处理
- 股票投资的会计处理
- 债券和股票的披露
- 使用总资产报酬率评价经营状况

企业如何用多余的现金进行投资？

GMP投资公司的投资组合顾问唐纳文·吉尔，刚刚结束了和他的新顾客沙拉·米勒的会议。沙拉是MC建筑公司的CEO，MC公司是一家营利性的建筑公司，在全美都有办公室。沙拉要求和唐纳文召开会议讨论企业的投资计划。MC建筑公司对使用它的富余资金进行投资很感兴趣，作为CEO，沙拉有很多问题要问唐纳文。

在会议中，唐纳文和沙拉分享了公司可以考虑的不同的投资机会。一个机会是MC公司投资其他公司的股票（股本证券）；另一个就是投资债券（债务证券）。他也和沙拉谈论了为什么公司可以投资这两种证券。唐纳文知道为MC建筑公司提供一种定制的方法满足其盈余的需要是他的责任。

沙拉也对MC建筑公司如何在财务报表中对这些投资进行披露很感兴趣。她知道对债务和股权的投资都是在资产负债表的资产部分披露，但是她担心可能还会有额外的披露要求。唐纳文很高兴沙拉考虑了这些问题并很高兴能帮助她。他和沙拉分享了证券的种类（债券或股本）以及证券持有的时间长度（短期和长期）决定了它是如何在资产负债表中披露的。唐纳文也建议沙拉在决定公司的投资计划以前与企业的会计人员交流，他知道在决定如何用富余现金进行投资的时候有很多选择可以考虑。

很多人都非常熟悉作为商人的沃伦·巴菲特，但是你可能不知道他也是伯克希尔·哈撒韦公司第一大股东和CEO。伯克希尔·哈撒韦公司是一家控股公司，拥有很多子公司，包括著名的汽车保险公司——GEICO，以及铁路系统运营商——北伯灵顿铁路公司。除了拥有子公司以外，伯克希尔·哈撒韦公司也对其他企业的股票进行投资，像可口可乐（8.8%的所有权）、沃尔玛（1.1%的所有权）和康菲石油（2.3%的所有权）。将额外的现金投资公司股票和债券是一种很常见的行为，许多企业（和个人）都会这样做。在本章中，你会学习为什么企业会投资有价证券以及这些投资如何在财务报表中披露。

本章大纲

- 企业为什么要进行投资？
- 如何对债券投资进行会计处理？
- 如何对股票投资进行会计处理？
- 如何对债券和股票进行披露？
- 如何使用总资产报酬率评价一家企业的经营业绩？

学习目的

1. 确认为什么公司会投资债务证券和股本证券，并对投资进行分类。
2. 对债务证券投资进行解释。
3. 对股本证券投资进行解释。
4. 描述并说明如何披露债券和股本证券。
5. 使用总资产报酬率评价企业的经营业绩。

企业为什么要进行投资

就像个人会投资不同企业的股票和债券一样，企业也需要投资。投资股票或者债券的规模可以从一家公司的部分证券到获得整个公司。在前面的章节中，我们讨论了企业为运营筹资而发行债券和股票，现在我们来研究投资者购买债券和股权的会计处理。

□ 债务证券 vs. 股本证券

一家公司的债券或者股票的拥有者称为**投资者**（investor），发行债券或者股票的公司称为**接受投资者**（investee）。例如，如果你拥有 STL 公司的股票，你就是投资者，STL 公司就是接受投资者。

投资者可以投资债务证券，也可以投资股本证券。**证券**（security）代表了金融价值的股份或者利息。证券由证书（像股权证书）代表，并且通常在交易所（如纽约证券交易所）交易。**债务证券**（debt security）代表了和其他企业或者政府主体的贷方关系，并且在固定的期限内支付利息。债券包括美国政府债券、地方政府公债以及公司债券。**股本证券**（equity security）代表在其他公司的股票所有权，有时会支付股利。股本证券包括普通股和优先股。

□ 投资的理由

为什么一家公司会投资债券或者股票？让我们来看一下常见的理由：

1. 公司有短期的超额现金，日常的经营活动中用不到。这些超额现金可能是暂时或者季节性的经济波动导致的，或者为长期项目准备的。企业希望能够最好地利用它的超额现金，所以会投资债券或者股票来获得投资收益。这个投资收益可能来自从债券投资中得到的利息、从股票投资中得到的股利，以及证券市价的上升。

2. 公司可能会投资其他企业的债券或者股票来开展企业特定的战略。例如，企业可能会投资关键供应商的债券或者股票，以此来加强和供应商的商业关系。这样做可能会加强投资企业的供应链资源。

当然，企业也会出于别的原因投资其他公司的债券或者股票，但是我们上面所说的原因是最常见的。现在，让我们来看一看债券和股本投资的基本原理。

□ 投资的分类和披露

投资首先根据投资者想要持有投资的时间长短来分类。两种分类和前面学到的资产负债表分类法相似。

- 短期投资（short-term investments），有时也称为有价证券或者暂时性投资，是流动资产。短期投资是有高度流动性的债券和股票投资（可以轻而易举地转换成现金），并且投资者打算在一年内将投资转换成现金。
- 长期投资（long-term investments），是除短期投资之外的所有投资。长期投资包括投资者希望持有超过一年的债券和股票，以及不能够被马上销售出去的债券或者股票。例如，不在任何交易市场上交易的、对一家小公司或者私有企业的股票投资。

债券和股票可以更深入地分成五种类型：

- 交易性投资（trading investment）是投资者持有的少于 20%的表决权的债券或者股票，并且投资者计划在不久的将来会出售——几天，几周或者几个月，他们希望通过快速销售来获得利润。交易性投资属于流动资产。

- 持有至到期投资（held-to-maturity investment）是投资者打算一直持有至到期日的债券。因为股票不会在特定的日期“到期”，所以这个分类仅适用于债券。根据到期日，持有至到期投资在资产负债表中被分为流动资产或者长期资产。
- 可供出售投资（available-for-sale investment）包括投资者持有的所有少于20%的有表决权的债券或者股票，这些债券或者股票不是交易性投资和持有至到期投资。对于债券，可供出售投资并不计划持有至到期日，在资产负债表中按照流动资产或者长期资产披露。如果公司希望在一年内出售，那么可供出售投资在流动资产中反映；所有其他的准备持有超过一年的按照长期资产反映。
- 有重大影响的投资（significant interest investments）是投资者持有的等于或者高于20%，但是小于50%的有表决权的股票。有重大影响的投资在资产负债表中按照长期资产披露。
- 有控制性影响的投资（controlling interest investments）是投资者持有的高于50%的有表决权的股票。有控制性影响的投资要合并进投资者的财务报表中，这个我们会在本章的后半部分进行讨论。

图表15—1总结了五种投资的类型。

图表15—1

投资类型	债券，股票或者两者都可以	定义
交易性投资	两者都可以	投资者持有的少于20%的有表决权的证券（如果是股票），并且投资者计划在不久的将来会出售。
持有至到期投资	债券	投资者打算持有直到到期日的证券。
可供出售投资	两者都可以	投资者持有的少于20%的有表决权的证券（如果是股票），并且投资者没有计划在不久的将来会出售。
有重大影响的投资	股票	投资者持有的等于或者高于被投资者有表决权股票的20%，但是小于50%的股票。
有控制性影响的投资	股票	投资者持有的高于被投资者有表决权股票50%的股票。

债券投资的会计处理

下面我们讨论如何对债券进行会计处理，包括购买、获得利息收入以及债券的处置。

购买债券

假设STL公司有超额现金进行投资。在2014年7月1日支付了\$100 000购买面值为\$100 000，利率为9%，5年期的Neon公司的债券。这些债券是在2014年7月1日发行的，并在6月30日和12月31日支付利息。STL公司打算持有这些债券一直到到期日，因此将会把它们记为持有至到期投资。STL公司的会计人员以成本在债券账户中记录投资，包括所有的手续费，会计分录如下：

日期	科目及摘要	借	贷
2014 年 7 月 1 日	长期投资——持有至到期投资 　现金 (购买债券进行投资)	100 000	 100 000

利息收入

2014 年 12 月 31 日，STL 公司将会收到债券投资支付的第一笔利息。STL 公司记录在 2014 年 12 月 31 日收到利息的分录如下：

日期	科目及摘要	借	贷
2014 年 12 月 31 日	现金 　利息收入（$100 000×0.09×6/12) (收到现金利息)	4 500	 4 500

STL 公司在接下来的 5 年中每 6 个月将会重复这个分录——每次收到支付利息的时候。

到期日处置

当 STL 公司在到期日处置债券的时候，它将会收到面值，假设最后一次收到支付利息已经记录下来了，那么 STL 公司处置债券时的分录如下：

日期	科目及摘要	借	贷
2019 年 6 月 30 日	现金 　长期投资——持有至到期投资 (到期日处置债券)	100 000	 100 000

在这个例子中，我们用面值购买债券来说明。债券可以以面值、折价或者溢价购买。如果债券以折价或者溢价购买，那么在获得利息收入的时候，折价或者溢价必须进行摊销。摊销可以使用直线法或者实际利率摊销法，与应付债券折价和溢价的摊销相似。

股票投资的会计处理

根据投资者持有的比重，对股票的会计处理必须分成三类。

持有少于 20%所有权的股票（成本法）

投资者持有的少于 20%表决权的股票可能是交易性投资或者可供出售投资。对这些不同种类股票的会计处理与债券相同，最主要的不同点就是股票获得的是股利收入而不是利息收入。

购买股票

假设STL公司有超额现金进行投资。在2014年3月1日购买了Yellow公司1 000股股票，每股＄26.16。STL公司拥有Yellow公司少于20%的有表决权的股票，并打算持有股票两年。这是一项可供出售投资，STL公司的会计分录如下：

日期	科目及摘要	借	贷
2014年 3月1日	长期投资——可供出售投资（＄26.16每股×1 000股） 现金 （购买股票进行投资）	26 160	 26 160

股利收入

2014年3月14日，Yellow公司宣告每股发放＄0.16的现金股利，对股权登记日为2014年3月17日，并在2014年6月9日支付。STL公司将会在6月9日收到现金股利，会计分录如下：

日期	科目及摘要	借	贷
2014年 6月9日	现金 股利收入（＄0.16每股×1 000股） （收到现金股利）	160	 160

处置

假设在2014年7月15日，STL公司卖掉了Yellow公司800股股票，收到现金＄25 000。STL将收到的现金和处置的股票成本进行比较，然后对处置的利得或损失进行记录：

收到现金	＄25 000
减：处置股票成本（800股×＄26.16）	20 928
利得（或损失）	＄4 072

STL公司的日记账分录记录如下：

日期	科目及摘要	借	贷
2014年 7月15日	现金 长期投资——可供出售投资 处置利得 （处置股票投资）	25 000	 20 928 4 072

□ 持有高于20%但少于50%所有权的股票（权益法）

当一家公司投资股本证券，并持有被投资单位有投票权股票高于20%但少于50%

时，投资者可以对被投资者的决策产生重大影响。如果投资者和被投资者的经营有一些关联的话，那么这个重大影响可能会有所帮助。这种类型的投资应该用权益法进行会计处理。

购买

使用权益法进行会计处理的投资按照购买时的成本入账。假设STL公司支付＄400 000购买科林公司40％的普通股，那么科林就成为STL公司的关联公司。STL公司在2014年1月6日记录购买这笔投资的分录如下：

日期	科目及摘要	借	贷
2014年 1月6日	长期投资——科林公司 　现金 （购买股票进行投资（权益法））	400 000	400 000

收到股利和净利润份额

STL公司从科林公司收到它所持有的股份的现金股利。假设科林公司在2014年6月30日宣布并向STL公司支付＄20 000的现金股利。STL公司收到股利并做如下会计分录：

日期	科目及摘要	借	贷
2014年 6月30日	现金 　长期投资——科林公司 （收到现金股利（权益法））	20 000	20 000

在使用权益法记录投资时，收到的股利需要贷记长期投资账户，因为股利会减少接受投资者的权益。它也会减少投资者的投资。换句话说，股利会被看成是资金的返还而不是利得。

在权益法下，投资者也需要记录被投资者净利润中它所占的份额。当被投资者报告收入时，投资者贷记长期投资账户，借记投资收入。就像STL公司在科林公司的权益增加一样，在投资者账簿中的长期投资账户也会增加。

假设科林公司2014年报告净利润＄125 000，那么STL公司将会在投资账户中记录增加这笔金额的40％，方法如下：

日期	科目及摘要	借	贷
2014年 12月31日	长期投资——科林公司 　投资收入（＄125 000×0.40） （记录投资收入（权益法））	50 000	50 000

在上述分录过账后，STL公司的长期投资T型账户显示它在科林公司净资产中的权益如下：

长期投资——科林公司			
1月6日	400 000	20 000	6月30日
12月31日	50 000		
余额	430 000		

STL公司将会在资产负债表中披露长期投资，在利润表中披露投资收入。

处置

当STL公司打算卖出在科林公司的投资时，它需要确定是否存在利得或损失。假设STL公司在2015年1月1日卖出科林公司普通股的10%，价格为$40 000，那么STL公司计算利得或损失的方法及日记账分录如下：

收到现金	$40 000
减：处置股票当天的面值（$430 000×0.10）	43 000
利得（或损失）	$(3 000)

日期	科目及摘要	借	贷
2015年			
1月1日	现金	40 000	
	处置损失	3 000	
	长期投资——科林公司		43 000
	（处置部分股票投资（权益法））		

□ 持有高于50%所有权的股票（合并）

很多大公司在其他公司中拥有控制性影响。当一个投资者持有接受投资者有投票权股票的50%或者更多时，它就有控制性影响。这种类型的投资让投资者可以选举大多数董事会成员，因此可以控制被投资企业。控制其他企业的公司称为**母公司**（parent company），由其他公司控制的企业称为**子公司**（subsidiary company）。

在持有高于50%或者更多有投票权股票的时候，母公司通常需要准备合并财务报表。**合并会计**（consolidation accounting）是合并有相同所有者的两家或者两家以上公司财务报表的方法。**合并报表**（consolidated statements）合并了母公司和有控制性子公司的资产负债表、利润表和现金流量表。最终的结果是形成单个报表，就像母公司和子公司是一家公司一样。这个主题将在高级会计课程中讲解。

债券和股票的披露

公司的债券和股票都在资产负债表中的流动资产或者长期资产中反映。但是，它们如何披露需要根据投资的类型以及所有权比例而定。

□ 交易性投资

前面已经提到过，投资者计划在不久的将来卖出的交易性投资最初按照成本记录。

但是，在每期期末，交易性证券必须按照公允价值进行调整和披露。**公允价值**（fair value）是如果企业在市场上出售投资将会被使用的价格。企业将会对交易性投资做一次年末调整，将账户调整为市场价值。这个调整按照未实现持有利得或损失记录，并在利润表中的其他收入和费用账户中反映。

假设在 2014 年 12 月 31 日，STL 公司报告的交易性投资为 $ 26 160。经过仔细的计算，STL 公司认为交易性投资的市价已经减少到 $ 24 000。公司有一笔未实现损失 $ 2 160（$ 24 000－$ 26 160）。在年末，STL 公司的会计分录如下：

日期	科目及摘要	借	贷
2014 年 12 月 31 日	未实现持有损失——交易性投资	2 160	
	公允价值调整——交易性投资		2 160
	（将交易性投资调整为市场价值）		

调整后，投资的 T 型账户如下：

短期投资——交易性投资				公允价值调整——交易性投资	
余额	26 160			2 160	12月31日

$26 160－$2 160=$24 000

合并的 T 型账户表明，交易性投资还有 $ 24 000 的余额。在 2014 年 12 月 31 日，STL 公司将会在资产负债表中披露它的交易性投资 $ 24 000，以及在利润表中披露 $ 2 160 的交易性投资未实现损失。

STL 公司 资产负债表（部分） 2014 年 12 月 31 日	
流动资产：	
短期投资——交易性投资（公允价值；成本为 $ 26 160）	$ 24 000

STL 公司 利润表（部分） 2014 年 12 月 31 日	
其他收入和费用	
未实现持有损失——交易性投资	$（2 160）

□ 可供出售投资

如果投资者希望在一年内出售，那么可供出售投资在资产负债表中按照流动资产披露。所有计划持有超过一年的可供出售投资在资产负债表中按照长期资产反映。公允价值法也用来对可供出售投资进行处理，因为它们通常在不久的将来按照当前的市价出售。

可供出售投资在资产负债表中按照目前的市价披露，这就需要对可供出售投资进行年末的调整——调整为当前的市价，就像对交易性投资的处理一样。但是，可供出售投资的未实现持有利得和损失不在利润表中披露。它们作为加以未实现持有利得的调整加以记录——可供出售账户或者未实现持有损失——可供出售账户，这些账户包括在全面收益表的其他综合收益中，并作为资产负债表所有者权益部分的累计其他综合收益的组成部分。假设在 2014 年 12 月 31 日，STL 公司记录了长期可供出售投资 $60 000，经过仔细的检查，企业认为可供出售投资的市价增长到了 $64 000。STL 公司有投资未实现持有利得 $4 000（市价 $64 000－买价 $60 000）。在年末，STL 公司将会做如下调整：

日期	科目及摘要	借	贷
2014 年 12 月 31 日	公允价值调整——可供出售投资	4 000	
	未实现持有利得——可供出售投资		4 000
	(将可供出售投资调整为市价)		

在对 2014 年 12 月 31 日的调整过账以后，T 型账户如下：

长期投资——可供出售投资	
余额 60 000	

公允价值调整——可供出售投资	
12月31日 4 000	

$60 000+$4 000=$64 000

合并的 T 型账户表明，可供出售投资还有 $64 000 的余额。在 2014 年 12 月 31 日，STL 公司将会在资产负债表中披露它的可供出售投资 $64 000，$4 000 的可供出售投资未实现持有利得将在资产负债表的所有者权益部分披露，作为累计其他综合收益，如下：

STL 公司 资产负债表（部分） 2014 年 12 月 31 日	
资产	
长期资产	
长期投资——可供出售投资（公允价值；成本为 $60 000）	$64 000
所有者权益	
累计其他综合收益	
未实现持有利得——可供出售投资	$4 000

可供出售投资的未实现持有利得或损失不包括在净利润中，它们包括在其他综合收益中，通过对净利润的调整来确定综合收入。**综合收益**（comperhensive income）是企业所有来源的所有者权益总额的调整，而不是所有者的投资和股利。综合收益包括净利润加上一些特殊的利得和损失，如下所示：

- 可供出售投资的未实现持有利得或损失；
- 外币折算调整；
- 来自退休福利计划的利得或损失；
- 推迟的衍生品利得或损失。

这些项目的计算将在高级会计课程中解释。现在，你只需要知道净利润不包括这些项目，这些项目在其他综合收益中反映。

综合收益可以用下面两种方法进行披露：作为利润表的第二项或者与传统的利润表结合，生成包括综合收益的综合利润表。图表 15—2 就是如何披露综合收益的例子。

图表 15—2　　综合收益

STL 公司 综合利润表 2014 年 12 月 31 日	
净利润	$ 100 000
其他综合收益：	
未实现持有利得——可供出售投资	4 000
综合收益	$ 104 000

持有至到期投资

持有至到期投资通常按照摊销成本披露，这在高级会计课程中有具体的解释。根据到期日，持有至到期投资将会在资产负债表中按照流动资产或者长期资产披露。当到期日与资产负债表日在同一年的时候，持有至到期投资将按照流动资产披露。持有至到期投资获得的利息收入在利润表的其他综合收益部分反映。

图表 15—3 总结了对债券和股票的会计处理方法以及对财务报表的影响。

图表 15—3　　债券和股票——会计方法和对财务报表的影响

投资类型	会计方法	财务报表影响	
		资产负债表	利润表
交易性投资	公允价值：未实现持有利得和损失包括在净利润中	投资在资产负债表中作为流动资产反映	股利或利息收入在利润表中反映
持有至到期投资	摊销成本	根据到期日，投资在资产负债表中按照流动资产或者长期资产反映	利息收入在利润表中反映
可供出售投资	公允价值：未实现持有利得和损失包括在其他综合收益中，并作为所有者权益的独立组成部分	投资在资产负债表中作为流动资产或长期资产反映	股利和利息收入在利润表中反映
有重大影响投资	股权	投资在资产负债表中按照长期资产反映	被投资者净利润的部分在利润表中反映
有控制性影响投资	合并	合并母公司和子公司的资产负债表	合并母公司和子公司的利润表

使用总资产报酬率评价经营状况

总资产报酬率（rate of return on total assets），或者简单地说就是资产回报率，衡量的是企业使用资产来赚取利润成功的程度。企业可以使用两种方法为资产融资：

● 债券——一家企业可以从贷方借钱来购买资产。贷方可以通过借钱来获得利息收入。

● 股票——一家企业可以从股东那里收到现金或者其他资产。股东向企业投资并希望获得投资回报。

总资产报酬率通过将利息费用和净利润相加然后除以平均总资产来计算。利息费用需要加回到净利润上，来确定资产的实际回报，不管公司的筹资选择（债券还是股票）。

使用绿山咖啡公司2011财务年度报告中的数据，我们可以确定它的总资产回报率。净利润和利息费用的数据都来自公司的利润表，总资产来自资产负债表，具体如下（单位：千美元）：

总资产，2011年9月24日	＄3 197 887
总资产，2010年9月25日	1 370 574
截止至2011年9月25日的会计年度：	
利息费用	＄57 657
净利润	201 048

总资产报酬率的计算过程如下：

总资产报酬率＝(净利润＋利息费用)/平均总资产

＝(＄201 048＋＄57 657)/[(3 197 887＋＄1 370 574)/2]

＝0.11＝11％

绿山咖啡的报酬率为11％，这意味着在公司的平均资产中每投资＄1.00，公司在支付利息费用前会获得＄0.11的利润。那么比较好的资产回报率是多少呢？这个问题没有唯一的答案，因为不同行业的回报率有很大的不同。假设在咖啡和茶制造业，8％的总资产回报率是好的。在这种情况下，绿山咖啡公司11％的资产回报率就会非常好，因为它高于行业平均水平。

疑难问题A部分

P15-17A 债券投资的会计处理

假设哈雷和宋斯在2014年1月1日以面值购买了MP公司的债券＄800 000，年利率为5％。这些债券在每年的6月30日和12月31日支付利息。它们在2018年12月31日到期。哈雷打算持有债券一直到到期日。

要求：

1. 对哈雷和宋斯在2014年与债券有关的交易记录日记账。

2. 做MP公司债券到期日需要的日记账分录(假设最后一次支付利息已经被记录)。

P15-18A 对股票投资进行分类并进行会计处理

D公司有超额现金并投资有价证券，具体如下：

2014年	
7月2日	以每股＄13的价格购买B公司3 600股普通股。D公司将在交易活跃账户中持有股票，并计划在3个月以内当企业的日常经营需要现金的时候卖出。
8月21日	收到来自B公司股票投资的每股现金股利＄0.30。
9月16日	以每股＄13.60的价格卖出B公司股票。
10月8日	以每股＄10的价格购买Z公司500股股票，公司将在交易活跃账户中持有股票，因为公司计划持有Z公司的股票少于5个月。
12月31日	Z公司股票现行的市场价格为＄9.00。

要求：

1. 将2014年所做的投资进行分类。(假设投资均少于被投资方发行在外有投票权股票的20％。)

2. 在日记账中记录2014年的交易，不需要给出摘要。

3. 为投资资产准备 T 型账户，并展示如何在 2014 年 12 月 31 日 D 公司的资产负债表中披露投资。

P15-19A 对股票投资进行会计处理

TS 公司最初持有 P 公司 $800 000 股股票（20%所有权），在当年，TS 公司完成了如下投资交易：

3 月 3 日	以每股 $9 的价格购买 AS 公司 6 000 股股票，作为长期可供出售投资，代表对 AS 公司 5%的所有权。
5 月 15 日	收到 AS 公司发放的每股 $0.40 现金股利。
12 月 15 日	从 P 公司的投资中收到 $80 000 现金股利。
12 月 31 日	收到 P 公司的年度报告披露 $300 000 的净利润。
12 月 31 日	收到 AS 公司的年度报告披露当年 $200 000 的净利润。
12 月 31 日	P 公司的股票在年末的公允价值为 $780 000。
12 月 31 日	AS 公司的普通股在年末公允价值为 $10。

要求：

1. 在日记账中记录 TS 公司当年的交易。

2. 将交易过到 T 型账户中，确定投资和投资收入账户在 12 月 31 日的余额。

3. 根据你在 2 中的答案准备 TS 公司的部分资产负债表。

小组作业

小组作业 15—1

伯克希尔·哈撒韦股份有限公司是一家拥有很多种类公司的控股公司，回顾公司 2011 年的报告。你可以在网站 www.berkshirehathaway.com/2011ar/linksannual11.html 上找到。

要求：

和一个搭档或者小组一起，与班级同学一同讨论下列问题，或者在老师的指导下写一份报告。

1. 伯克希尔·哈撒韦公司拥有哪些类型的公司？

2. 找到合并财务报表，并说明在 2011 年 12 月 31 日，公司持有多少债券和股票投资？这些投资是如何分类的？（提示：回顾附注 1（d））

3. 回顾伯克希尔·哈撒韦公司在 2011 年 12 月 31 日的现金流量表。确定与公司债券和股票投资相关的项目、项目的金额以及这些项目在现金流量表出现的部分。

4. 回顾附注 1（g），公司如何使用公允价值衡量它的投资？

第 16 章

现金流量表

- 什么是现金流量表
- 使用间接法编制现金流量表
- 使用自由现金流评价企业经营状况
- 附录 16A：使用直接法编制现金流量表
- 附录 16B：使用工作底稿和间接法编制现金流量表

为什么企业没有现金了？

大卫·松下一脸困惑地检查公司的利润表。利润表中报告了过去季度有＄20 000的净利润。大卫知道他的小零售店的销售额一直在增长，他希望这个趋势可以持续到年底。但是，大卫不明白为什么利润表会报告盈利，因为公司负责支付工资的员工在当天早些时候找过他，告诉他在银行没有足够的现金支付企业员工本月的工资。

大卫不理解为什么公司可以在利润表中报告＄20 000的利润却没有足够的现金支付工资。他认为新雇用的会计师马克·马洛尼一定是搞错了。

大卫拿起电话打给马克，问了他几个问题：为什么公司在银行没有现金了？公司是如何使用现金的？为什么公司报告了＄20 000的利润但是在银行里却没有这些现金？从顾客处收到的现金都到哪里去了？

经过和会计师的交谈，大卫知道了在利润表中披露的利润并不代表现金，检查公司的现金流量表非常重要。马克告诉他，现金流量表代表公司收到和支付的现金，它展示了现金的来源以及对现金的使用，现金流量表能够帮助回答"现金都去哪了"这个问题。

你可以根据自己的经验来回答这个问题。支付账单需要现金，为公司未来创造收入也需要现金。塔吉特百货公司是一家销售从传统食品到服装的零售企业，它会密切地关注现金。塔吉特百货公司对它的现金是从哪里来的（收到）以及是如何花费的（支付）很感兴趣。塔吉特关注现金收支的一种方法就是编制现金流量表。例如，在塔吉特2011年的现金流量表中，公司披露它支付了44亿美元购买不动产和设备，通过处置不动产和设备收到了370亿美元现金。它也披露了虽然净利润为29亿美元，但是从2010年到2011年现金减少了9.18亿美元。在本章中，你会学到什么是现金流量表，为什么它对一家公司如此有用。另外，你也会学到如何编制现金流量表，并理解为什么公司和投资者会密切关注现金流量表。

本章大纲

- 什么是现金流量表？
- 如何使用间接法编制现金流量表？
- 如何使用自由现金流来评价企业的经营业绩？
- 如何使用直接法编制现金流量表（附录16A）？
- 如何使用间接法和试算表编制现金流量表？

学习目的

1. 区分经营活动、投资活动、筹资活动产生的现金流量。
2. 用间接法编制现金流量表。
3. 使用自由现金流来评价企业业绩。
4. 用直接法编制现金流量表（附录16A）。
5. 通过电子数据表用间接法编制现金流量表（附录16B）。

什么是现金流量表

到目前为止，你已经学习了三种财务报表——利润表，留存收益表和资产负债表。

这些财务报表分别反映了一家公司某些特定的项目。利润表反映公司当期的净利润或者净损失；留存收益表反映了公司当期留存收益的变动情况；资产负债表反映了公司的财务状况。这些财务报表中没有专门披露现金变动的报表。

当比较连续两期的资产负债表时，就可以知道现金增加了还是减少了。但是，资产负债表并没有显示为什么现金会增加或者减少。因此我们需要现金流量表。

现金流量表反映了特定时期的现金收支情况，它：

- 反映了企业的**现金流量**（cash flows）——现金流入和流出的来源。
- 报告了为什么现金会在本期流入和流出。
- 涉及的时间范围、截止时间点与利润表相同，例如，均是截止至2015年12月31日的会计年度。

现金流量表的目的

现金流量表可以说明利润表和现金流量表差异的原因，实质上来说，现金流量表是利润表上应计项目和资产负债表现金科目的桥梁。

人们如何使用现金流量表？现金流量表可以满足以下目的：

- 预测未来现金流量。公司需要用现金来偿还债务，过去的现金收支能够很好地预测未来的现金流量。
- 评价管理层决策。正确的决策可以带来利润和较多的现金流量，错误的决策则可能导致企业破产。现金流量表报告经营活动和投资活动产生的现金流量。投资者和债权人利用现金流量信息评价管理层的决策。
- 预测公司向股东支付股利和向债权人还本付息的能力。债权人希望按时收到本息，而股东希望投资能获得股利。现金流量表有助于预测公司能否进行这些支付。

现金流的类型

现金流有三种类型，针对这三种类型，现金流量表也各有一个部分相对应：

- 经营活动；
- 投资活动；
- 筹资活动。

让我们仔细看一下每个部分的报告。

经营活动

经营活动是现金流量表的第一部分，通常是这三类业务活动中最重要的一类。现金流量表中的**经营活动**（operating activities）反映了制造利润或者费用的活动。它反映了企业日复一日的经营活动，如通过销售库存商品和服务从顾客那里收到现金（现金流入），或者通过购买库存商品或者支付经营费用带来的现金流出。经营活动现金流也包括利息和股利现金流入，以及利息费用和所得税费用等现金流出。

投资活动

投资活动（investing activities）是现金流量表的第二部分，这部分反映了现金收入和支出导致的资产的增加或减少，如不动产、厂房、设备、应收票据和投资。它包括销售获得的现金以及购买这些长期资产带来的现金流出。另外，它也包括长期应收票据带来的现金流出和现金流入。

筹资活动

现金流量表的最后一部分就是**筹资活动**（financing activities）。筹资活动包括涉及长期负债和权益的现金流入和现金流出。这包括发行股票、支付股利、回购和销售库存股，也包括借入现金和偿还长期负债，如应付票据、应付债券和应付抵押。

现金流量表的每个部分分别会影响资产负债表的不同部分。经营活动部分反映了现金流是如何影响流动账户的——流动资产和流动负债。投资活动影响长期资产。筹资活动部分影响长期资产和所有者权益。

图表 16—1 反映了经营活动、投资活动和筹资活动与资产负债表各部分之间的关系。

图表 16—1　经营活动、投资活动和筹资活动与资产负债表的关系

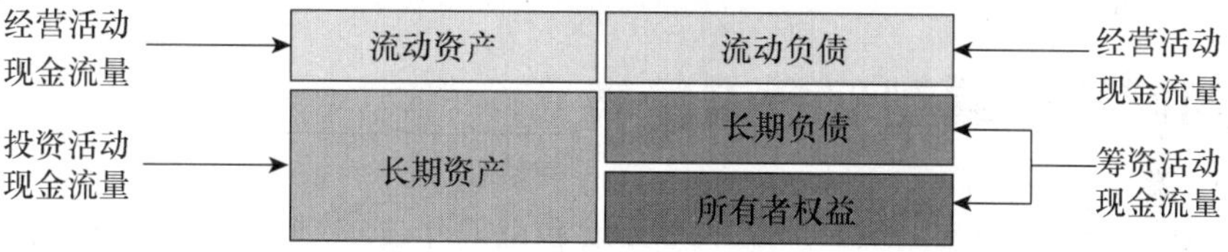

非现金投资和筹资活动

现金流量表的三个部分仅仅反映了涉及现金的活动。公司也会进行不涉及现金的投资，也会进行除现金以外的筹资活动，这些交易称为非现金投资和筹资活动（non-cash investing and financing activities）。这些活动的例子包括使用长期应付票据购买设备或者股东为了获得普通股投入设备。这些活动不包括在现金流量表中，它们或者在报表的最后作为一个独立的明细表或者作为现金流量表附注进行披露。

图表 16—2 反映了经营活动、投资活动和筹资活动与资产负债表各部分之间的关系。

图表 16—2　　现金流量表的不同部分

经营活动	现金流入： ● 销售库存商品和服务从顾客那里收到现金 ● 利息和股利收入 现金流出： ● 购买库存商品和支付经营费用 ● 利息费用和所得税费用
投资活动	现金流入： ● 销售不动产、厂房、设备和投资获得的现金 ● 收回长期应付票据 现金流出： ● 购买不动产、厂房、设备和投资带来的现金流出 ● 给借款人的贷款
筹资活动	现金流入： ● 发行股票和销售库存股获得的现金 ● 收回借款 现金流出： ● 购买库存股和支付股利 ● 偿还贷款
非现金投资和筹资活动	一个独立的明细表，包括不涉及现金的投资和筹资活动

□ 经营活动产生现金流量的两种编制方式

在现金流量表中存在两种反映经营活动现金流量的方式：

● **间接法**（indirect method），从净利润开始，把净利润调整为经营活动产生的现金流量。

● **直接法**（direct method），用现金的方式重述利润表，列示出经营活动产生的所有现金收入和现金支出。

直接法和间接法计算方法不同，但是能得到相同的经营活动现金流量。两种方法对投资活动和筹资活动现金流量没有影响。

下面从间接法开始，因为大多数公司都使用这种方法。直接法将在附录16A中介绍。

使用间接法编制现金流量表

为了编制现金流量表，需要从本年度和以前年度的利润表和资产负债表获得数据。另外，还需要通过检查相关交易来获得额外的信息。STL公司的比较资产负债表如图表16—3所示，图表16—4为利润表。STL公司提供的额外信息如下：

● 支付现金＄310 000购买固定资产。
● 卖出成本为＄55 000的资产，累计折旧为＄15 000，产生＄10 000的利得。
● 发行应付票据获得现金＄90 000。
● 支付现金＄10 000收回应付票据。
● 发行普通股收到现金＄120 000。
● 支付现金＄20 000购买库存股。

图表16—3　　比较资产负债表

STL公司比较资产负债表 12月31日			
	2015	2014	增加（减少）
资产			
流动资产：			
现金	＄22 000	＄42 000	＄（20 000）
应收账款	90 000	73 000	17 000
存货	143 000	145 000	（2 000）
长期资产			
固定资产	507 000	252 000	255 000
累计折旧——固定资产	（47 000）	（42 000）	（5 000）
资产合计	＄715 000	＄470 000	＄245 000
负债			
流动负债：			
应付账款	＄90 000	＄50 000	＄40 000
应计负债	5 000	10 000	（5 000）
长期负债：			

应付票据	160 000	80 000	80 000
负债合计	$ 255 000	$ 140 000	$ 115 000
所有者权益			
普通股	370 000	250 000	120 000
留存收益	110 000	80 000	30 000
减：库存股	(20 000)	0	(20 000)
所有者权益合计	460 000	330 000	130 000
负债和所有者权益合计	$ 715 000	$ 470	$ 245 000

图表 16—4　　利润表

STL 公司利润表 截止到 2015 年 12 月 31 日的会计年度		
销售收入		$ 286 000
销货成本		156 000
毛利润		130 000
营业费用		
工资费用	$ 56 000	
折旧费用	20 000	
其他营业费用	16 000	
总营业费用		92 000
营业收入		38 000
其他收入和费用		
利息收入	12 000	
股利收入	9 000	
出售固定资产利得	10 000	
利息费用	(15 000)	
其他收入和费用合计		16 000
税前收入		54 000
所得税费用		14 000
净利润		$ 40 000

用间接法编制现金流量表的步骤如下：

第一步：使用净利润就经营活动调整现金流，对流动资产（不包括现金）和流动负债的增加或者减少进行调整。也需要对利得或者损失以及像折旧费用的非现金费用进行调整。

第二步：就投资活动对现金流进行调整——通过检查资产负债表的长期资产部分。

第三步：就筹资活动对现金流进行调整——通过检查资产负债表的长期负债和所有者权益部分。

第四步：计算本年度现金的净增加或者减少额。现金的变动额是现金流量表调整数据的关键，同时必须和资产负债表中反映的现金流变化量相吻合。

第五步：准备一个独立的明细表来报告非现金投资和筹资活动。

让我们运用这些步骤来编制 STL 公司的现金流量表中的经营活动部分。图表 16—5 提供了完整的现金流量表。

图表16—5 现金流量表——间接法

STL公司现金流量表 截止到2015年12月31日的会计年度			
经营活动产生的现金流量：			第一步：经营活动
净利润		$ 40 000	
将净利润调节为经营活动产生的现金流量			
折旧/摊销费用	$ 20 000		
处置固定资产的利得	(10 000)		
应收账款增加	(17 000)		
库存商品减少	2 000		
应付账款增加	40 000		
应计负债减少	(5 000)	30 000	
经营活动产生的净现金流量		70 000	
投资活动产生的现金流量：			第二步：投资活动
取得固定资产支付现金	(310 000)		
处置固定资产收到现金	50 000		
投资活动产生（或支付）的净现金流量		(260 000)	
筹资活动产生的现金流量：			第三步：筹资活动
发行应付票据收到现金	90 000		
应付票据支付现金	(10 000)		
发行普通股收到现金	120 000		
购买库存股支付现金	(20 000)		
支付股利	(10 000)		
筹资活动产生的净现金流量		170 000	
本年现金净增加（减少）额		(20 000)	第四步：现金净增加（减少）额
2014年12月31日，现金余额		42 000	
2015年12月31日，现金余额		$ 22 000	

□ 经营活动产生的现金流量

在使用间接法时，现金流量表中的经营活动部分从利润表中的净利润（或者净损失）开始，因为收入和费用都会影响净利润，并带来现金的流入和流出。收入会带来现金的流入，而费用会带来流出。但是应计项目和现金流项目列示的净利润不会总与应计项目的金额相同。例如，销售科目表示收入的增加，但是公司还没有从销售中获得现金。应计费用会减少收益，但是如果费用记为应计项目，现金并没有真实流出。

为了从净利润变为经营活动的现金流量，我们必须在现金流量表上对净利润进行调整。这些调整和抵减项都会以净利润为起点，并最终调整为经营活动产生的净现金流量，从而与调整后的净经营收入相匹配。

折旧、折耗和摊销费用

将净利润调节为经营活动产生的现金流量时，这些费用要加回到净利润中去。为什么呢？来看一下计提折旧的分录：

日期	科目及摘要	借	贷
	折旧费用——固定资产	20 000	
	累计折旧——固定资产		20 000

可见，折旧并不影响现金，因为在日记账分录中没有现金账户。折旧属于非现金类费用。当资产购买的时候，而不是资产折旧的时候，与折旧相关的现金流出就会发生。但是，像其他所有费用一样，折旧会减少净利润。在计算净利润时折旧费用要从收入中扣减。因此，在把净利润调节为经营活动产生的现金流量时，我们要把折旧费用加回到净利润中去，加回的部分抵减了先前减少的部分。

STL 公司现金流量表（部分） 截止到 2015 年 12 月 31 日的会计年度		
经营活动产生的现金流量		
净利润		＄40 000
将净利润调节为经营活动产生的净现金流量		
折旧	＄20 000	

假设某公司当期只有两笔业务：

- 销售收到现金＄60 000；
- 发生折旧费用＄20 000。

则净利润为＄40 000（＄60 000－＄20 000），但经营活动产生的现金流量为＄60 000。为了从净利润得到现金流量＄60 000，我们必须把折旧费用（＄20 000）加回到净利润＄4 000 中去。同样，折耗和摊销费用也都要加回到净利润中。

处置资产的利得和损失

出售长期资产，例如，土地和建筑物，应当列入投资活动。并且这些活动通常会取得利得或损失，由此形成的利得或损失反映在利润表中，而这张利润表已经在现金流量表的经营活动中使用过，所以必须在现金流量表中做出调整。因为这项利得使得净利润变大，所以它需要从经营活动中扣除。另一方面，固定资产销售的损失也会使得净利润变小，所以它需要加回净利润。

图表 16—4 还包括了对于利得的调整，在 2015 年，STL 公司通过销售设备获得了＄10 000 的收入。这笔收入应该包括在利润表的净利润计算当中，所以它应该从经营活动现金流中剔除。利得增加了净利润，因此它必须从经营活动中扣除。

STL 公司现金流量表（部分） 截止到 2015 年 12 月 31 日的会计年度		
经营活动产生的现金流量		
净利润		＄40 000
将净利润调节为经营活动产生的净现金流量		
折旧	＄20 000	
处置固定资产利得	(10 000)	

另一方面，由于固定资产销售带来的损失使得净利润变小，所以它还会被加回到净

利润当中。例如，处置固定资产带来损失＄5 000将会增加现金流量表的净利润，以此来确定由经营活动带来的净现金流。

流动资产和流动负债账户的变化

大多数流动资产和流动负债都是由经营活动产生的，例如：

- 销售产生的应收账款；
- 与销货成本有关的存货等。

在现金流量表中，这些流动项目的变动作为净利润的调整项反映。规则如下：

1. 非现金流动资产的增加意味着现金的减少。原因是要获取资产必须花费现金。如果应收账款、存货或预付费用在期间内增加，那么在计算经营活动产生的现金流量时就要从净利润中减去。举例来说，STL公司的应收账款增加了＄17 000。流动资产的增加导致现金流量表现金的减少，如图表16—3所示。

2. 非现金流动资产的减少意味着现金的增加。假设STL公司应收账款余额减少了＄2 000。什么原因导致减少？STL公司可能销售存货，收回了该款项。因此，存货＄2 000的减少额要加到现金流量表中。

3. 流动负债的减少意味着现金的减少。偿还流动负债使现金减少，因此，我们在净利润中减去流动负债的减少额，以此从经营活动中得到净现金流。STL公司的应计负债减少了＄5 000，这个变化反映为现金流减少＄5 000。

4. 流动负债的增加意味着现金的增加。STL公司的应付账款增加了＄40 000，这意味着没有花费现金来偿付应付账款，但是不久会归还，因此产生了一项负债。即使净利润会减记费用，但是现金不会减少。只有当STL公司偿还负债的时候现金才减少。因此流动负债的增加额要被加入到净利润中。

STL公司现金流量表（部分） 截止到2015年12月31日的会计年度		
经营活动产生的现金流量		
净利润		＄40 000
将净利润调节为经营活动产生的净现金流量		
折旧	＄20 000	
处置固定资产利得	(10 000)	
应收账款增加	(17 000)	
库存商品减少	2 000	
应付账款增加	40 000	
应计负债减少	(5 000)	30 000

评价经营活动产生的现金流量

2015年，STL公司的经营活动提供了＄70 000净现金流量，这笔金额称为经营活动带来的现金流。如果这是净现金流出，那么STL公司将会披露经营活动使用的现金净额。

STL公司现金流量表（部分） 截止到2015年12月31日的会计年度	
经营活动产生的现金流量	
净利润	＄40 000
将净利润调节为经营活动产生的净现金流量	

折旧	$ 20 000	
处置固定资产利得	(10 000)	
应收账款增加	(17 000)	
库存商品减少	2 000	
应付账款增加	40 000	
应计负债减少	(5 000)	30 000
经营活动净现金		70 000

经营活动部分（间接法）通常是从权责发生制净利润开始的。接下来进行调整以得到收付实现制净利润。图表 16—6 总结了为得到经营活动净现金流入需要对净利润进行的调整。

图表 16—6　　得到经营活动现金流入需要对净利润进行的调整

处置项目	对现金流量表的调整
折旧、折耗和摊销费用	+
处置长期资产利得	−
处置长期资产损失	+
流动资产增加	−
流动资产减少	+
流动负债增加	+
流动负债减少	−

□ 投资活动产生的现金流量

投资活动影响长期资产账户，如固定资产和投资。以上内容已经在图表 16—3 中介绍，让我们看看如何计算投资活动现金流量。

在计算投资现金流时，评估每个长期资产的 T 型账户将会有所帮助。从 T 型账户中可以看出在当期是否存在资产的取得或者处置。让我们来看一下 STL 公司的固定资产和累计折旧账户。

固定资产

2014 年 12 月 31 日	252 000		
取得	310 000	55 000	出售
2015 年 12 月 31 日	507 000		

累计折旧——固定资产

		42 000	2014 年 12 月 31 日
出售	15 000	20 000	折旧费用
		47 000	2015 年 12 月 31 日

折旧费用来自利润表

每个账户的期初和期末余额都是直接从比较资产负债表中得到的。折旧费用包括在累计折旧账户中，是从现金流量表中得到的。资产的取得和出售信息来自额外信息：

- 支付现金 $ 310 000 购买固定资产；
- 卖出成本为 $ 55 000 的资产，累计折旧为 $ 15 000，产生 $ 10 000 的利得。

我们现在知道 STL 公司支付了＄310 000 现金来购买固定资产。这个项目在投资活动部分列在首位并按照现金流出披露。

下面我们需要确定处置固定资产收到的现金数量。通过使用提供的信息，我们可以重新做一个日记账分录：

日期	科目及摘要	借	贷
	现金	?	
	折旧费用——固定资产	15 000	
	出售固定资产利得		10 000
	固定资产		55 000

我们用如下方法计算出售固定资产收到的现金：

收到现金＝成本－累计折旧＋利得－损失
＝＄55 000－＄15 000＋＄10 000
＝＄50 000

销售固定资产获得的＄50 000 现金在现金流量表投资活动中列示。由于长期资产没有其他的变化，那么投资活动产生的净现金流量就确定了。注意，这是一个负值，或者说是现金流出，按照投资活动产生的净现金流量进行披露。

STL 公司现金流量表（部分） 截止到 2015 年 12 月 31 日的会计年度		
投资活动产生的现金流量		
取得固定资产支付现金	(310 000)	
出售固定资产收到现金	50 000	
投资活动净现金		(260 000)

筹资活动产生的现金流量

筹资活动影响负债和所有者权益账户，如长期应付票据、应付债券、普通股和留存收益。为了确定筹资活动带来的现金流，我们需要重新检查这些账户类型。

长期负债

STL 公司的应付票据 T 型账户如下。企业提供的关于应付票据的其他信息如下：

- 发行应付票据获得现金＄90 000；
- 支付现金＄10 000 偿付应付票据。

应付票据

		80 000	2014 年 12 月 31 日
支付	10 000	90 000	发行
		160 000	2015 年 12 月 31 日

长期应付票据年初及年末余额均来自资产负债表。对于 STL 公司，新发行的应付票据总额为＄90 000。分录如下：

日期	科目及摘要	借	贷
	现金	90 000	
	应付票据		90 000

另外，STL 公司支付＄10 000 收回应付票据：

日期	科目及摘要	借	贷
	应付票据	10 000	
	现金		10 000

与这些应付票据有关的现金流入和现金流出列在筹资活动现金流的第一位。

STL 公司现金流量表（部分） 截止到 2015 年 12 月 31 日的会计年度	
筹资活动产生的现金流量	
发行应付票据收到现金	90 000
偿付应付票据支付现金	(10 000)

普通股和库藏股

筹资活动的现金流量可以通过分析各种股票账户得到。例如，普通股的发行金额可以通过普通股账户和检查企业提供的额外信息确定：

- 发行普通股收到现金＄120 000；
- 购买库存股支付现金＄20 000。

STL 公司的股票 T 型账户如下：

普通股

		250 000	2014 年 12 月 31 日
收回	0	120 000	发行
		370 000	2015 年 12 月 31 日

库存股

2014 年 12 月 31 日	0		
购买	20 000	0	出售
2015 年 12 月 31 日	20 000		

普通股账户显示，发行新股＄120 000，分录如下：

日期	科目及摘要	借	贷
	现金	120 000	
	普通股		120 000

这表明报表的筹资活动部分有＄120 000 的现金流入。

库存股也会改变 STL 公司的资产负债表。用 T 型账户记录库存股的取得如下：

日期	科目及摘要	借	贷
	库存股	20 000	
	现金		20 000

＄20 000 在现金流量表的筹资部分按照购买库存股的现金流出反映。

STL 公司现金流量表（部分） 截止到 2015 年 12 月 31 日的会计年度	
筹资活动产生的现金流量	
发行应付票据收到现金	90 000
偿付应付票据支付现金	(10 000)
发行普通股收到现金	120 000
购买库存股支付现金	(20 000)

计算应付股利

股利支付的金额可以通过分析留存收益得到。首先要录入余额。

留存收益

		80 000	余额 2014 年 12 月 31 日
净损失	?	?	净利润
发放股利	?		
		110 000	余额 2015 年 12 月 31 日

当公司取得净利润后，留存收益会增加。当公司净利润为负或宣布发放股利时，留存收益会减少。我们从图表 16—4 中的利润表知道 STL 公司的净利润是＄40 000。

留存收益

		80 000	余额 2014 年 12 月 31 日
净损失	?	40 000	净利润
发放股利	?		
		110 000	余额 2015 年 12 月 31 日

由于 STL 公司不能同时有净利润和净损失，因此，剩余的部分就是 STL 公司发放的股利，计算方法如下：

期末留存收益＝期初留存收益＋净利润－净损失－股利

＄110 000＝＄80 000＋＄40 000－＄0－股利

股利＝＄80 000＋＄40 000－＄0－＄110 000

股利＝＄10 000

所以，留存收益账户的最终金额如下：

留存收益

		80 000	余额 2014 年 12 月 31 日
		40 000	净利润 ← 净收益来自利润表
发放股利	10 000		
		110 000	余额 2015 年 12 月 31 日

股票股利对现金没有影响，也不在现金流量表中披露。STL 公司只有现金股利，没有股票股利，将在现金流量表中的筹资活动部分作为一项现金流出反映。

STL 公司现金流量表（部分） 截止到 2015 年 12 月 31 日的会计年度		
筹资活动产生的现金流量		
发行应付票据收到现金	$ 90 000	
偿付应付票据支付现金	(10 000)	
发行普通股收到现金	120 000	
购买库存股支付现金	(20 000)	
现金支付股利	(10 000)	
筹资活动净现金		170 000

现金和现金余额的净变动

为了完成现金流量表，现金和现金余额的变化必须披露。这代表了当期现金发生的总的变化，以及对现金流量表进行的调整。首先，现金的净增加或者减少是通过合并经营、投资和筹资活动带来或者使用的现金流量得到的。在 STL 公司的例子中，本年度现金账户的余额净减少了 $ 20 000，计算方法如下：

$$\text{现金净增加(减少)} = \text{经营活动带来的净现金流} - \text{投资活动使用的净现金流} + \text{筹资活动带来的净现金流}$$

$$= \$70\,000 - \$260\,000 + \$170\,000$$

$$= \$(20\,000)$$

接下来，如对比的资产负债表中所列，2014 年 12 月 31 的期初现金为 $ 42 000。从期初现金余额 $ 42 000 中减去净损失 $ 20 000，就等于 2015 年 12 月 31 日期末的现金余额 $ 22 000。这是现金流量表的关键，它解释了为什么 STL 公司当年报告了净利润，但是现金余额减少了 $ 20 000。

STL 公司现金流量表（部分） 截止到 2015 年 12 月 31 日的会计年度	
经营活动净现金流	$ 70 000
投资活动使用的净现金流	(260 000)
筹资活动带来的净现金流	170 000
现金流净增加（减少）	(20 000)
现金余额，2014 年 12 月 31 日	42 000
现金余额，2015 年 12 月 31 日	$ 22 000

在继续往下进行前，让我们花一点时间复习一下图表 16—5 展示的完整的现金流量表。

非现金投资和筹资活动

准备现金流量表的最后一步就是准备非现金投资和筹资活动部分，这个部分作为现金流量表的一个独立的明细表或者作为报表附注出现。STL 公司的例子没有包括这种类型的交易，因为公司在当年没有进行非现金交易。因此，为了说明它们，让我们以 GGT 公司的三笔非现金交易为例，看看是怎样列报的。首先需要得知哪些活动是非现金活动。

1. 通过发行股票获得价值 $ 300 000 的建筑物。

2. 通过发行应付票据获得价值＄70 000 的土地。

3. 通过发行普通股偿付了＄100 000 的应付债券。

现在，单独分析每一笔交易。

1. GGT 公司发行了＄300 000 的普通股获得了建筑物，其分录如下：

日期	科目及摘要	借	贷
	建筑物	300 000	
	普通股		300 000

这笔业务不在现金流量表上反映，因为它不涉及现金支付。但是，购买建筑物和发行股票都是重要的业务。购买建筑物是投资活动，发行普通股是筹资活动，加在一起，这笔交易是不涉及现金的投资和筹资活动。

2. 第二笔交易展示了 GGT 公司通过发行应付票据获得价值＄70 000 的土地。其分录如下：

日期	科目及摘要	借	贷
	土地	70 000	
	应付票据		70 000

这笔业务不在现金流量表上反映，因为它不涉及现金支付。但是，发行应付票据和购买土地都是重要的业务。购买土地是投资活动，发行应付票据是筹资活动。加在一起，这笔交易是不涉及现金的投资和筹资活动。

3. 第三笔交易展示了 GGT 公司通过发行普通股偿付＄100 000 的应付债券。其分录如下：

日期	科目及摘要	借	贷
	应付票据	100 000	
	普通股		100 000

这笔业务不在现金流量表上反映，因为它不涉及现金支付。但是，应付票据和股票发行都是重要的业务。它们都是筹资活动，加在一起，这笔交易是不涉及现金的投资和筹资活动。

不涉及现金的投资和筹资活动会在现金流量表中单独列示。图表 16—7 列示了 GGT 公司不涉及现金的投资和筹资活动（所有数据均为假设）。该类信息或在现金流量表中列示，或在附注中披露。

图表 16—7　　不涉及现金收支的投资和筹资活动

GGT 公司 现金流量表（部分） 截止到 2015 年 12 月 31 日的会计年度	
不涉及现金收支的投资和筹资活动：	
发行股票购买建筑物	＄300 000
发行应付票据购买土地	70 000
发行普通股偿还应付票据	100 000
不涉及现金收支的投资和筹资活动合计	＄470 000

使用自由现金流评价企业经营状况

通过本章的学习，我们已经学习了经营活动、投资活动和筹资活动的现金流。一些投资者想知道公司有多少现金能够帮助其发现新的市场机会。**自由现金流**（free cash flow）表示企业在为长期资产支付现金后，现存的经营活动的现金流量。自由现金流可以用以下方法计算得出：

自由现金流＝经营活动产生的现金流－长期资产的现金投资－现金股利

许多公司用自由现金流来评估其经营活动。假如 STL 公司期望经营活动产生的净现金流为＄200 000。假设 STL 公司计划花费＄160 000 在它的产品线上，并支付＄15 000 的现金股利。在本例中，STL 公司自由现金流将为＄25 000（＄200 000－＄160 000－＄15 000）。如果此时有一个好的投资机会，STL 公司将会有＄25 000 的现金去投资。

附录 16A：使用直接法编制现金流量表

财务会计准则委员会（FASB）表示倾向于用直接法报告经营活动产生的现金流量。直接法更清楚地提供了关于现金的来源和使用的信息。遗憾的是，很少有公司使用直接法，原因是这种方法的计算比间接法更复杂。在这两种方法下，投资和筹资活动现金流量是一样的，只有经营活动有差别，这将会在此附录中介绍。

为了解释清楚为什么直接法和间接法编制的经营活动现金流量有差别，我们以 STL 公司为例说明现金流量表的编制。

经营活动产生的现金流量

使用间接法时，我们以净利润为起点，然后基于现金基础进行一系列的调整。我们将利润表中的每一列从应计项目转换为现金项目。所以，从本质上，直接法编制的现金流量表中的经营活动部分实际上是基于现金编制的利润表。现在，让我们把这个信息应用于 STL 公司。

来自客户的现金收入

利润表的第一项就是销售收入，销售收入反映了本期销售量的总和，不管是现金还是应收账款。资产负债表涉及销售收入账户的是应收账款。应收账款从 2014 年 12 月 31 日的＄73 000 上升到 2015 年 12 月 31 日的＄90 000，增长了＄17 000。销售收入可按如下方法调整为现金收入：

从客户处收到现金＝销售收入＋期初应收账款余额－期末应收账款余额
＝＄286 000＋＄73 000－＄90 000
＝＄269 000

应收账款

2014 年 12 月 31 日	73 000	
增加	17 000	
2015 年 12 月 31 日	90 000	

销售收入

	286 000

所以 STL 公司从客户处收到的现金流入为＄269 000，这是现金流量表经营活动的第一项。

STL 公司
现金流量表（部分）
截止到 2015 年 12 月 31 日的会计年度

经营活动现金流	
收到：	
从客户处收到现金	＄269 000

如果 STL 公司的应收账款增加，则企业从客户处收到的现金将会高于销售收入。

利息的现金收入

利润表披露的利息收入为＄12 000。在资产负债表上是用已收利息账户体现的。因为在资产负债表上已收利息不是应收项目，利息收入均为已收到的现金。因此，现金流量表中反映收到利息＄12 000。

STL 公司
现金流量表（部分）
截止到 2015 年 12 月 31 日的会计年度

经营活动现金流	
收到：	
从客户处收到现金	＄269 000
收到利息	12 000

收到的现金股利

利润表披露的股利收入为＄9 000。在资产负债表上是用已收股利账户体现的。和利息一样，因为在资产负债表上已收股利不是应收项目，所以股利收入均为已收到的现金。因此，现金流量表中反映收到股利＄9 000。

STL 公司
现金流量表（部分）
截止到 2015 年 12 月 31 日的会计年度

经营活动现金流	
收到：	
从客户处收到现金	＄269 000

收到利息	12 000	
收到投资股利	9 000	
总现金收入		$ 290 000

向供应商支付的款项

向供应商支付的款项包括：

- 存货；
- 除员工薪酬、利息和所得税以外的经营费用。

供应商是指那些能够提供存货或必要服务的经济实体，在存货方面涉及供应商的账户有销货成本、存货和应付账款。在利润表上的销货成本为 $ 156 000，库存从 2014 年 12 月 31 日的 $ 145 000 降低到 2015 年 12 月 31 日的 $ 143 000，应付账款从 2014 年 12 月 31 日的 $ 50 000 增加到 2015 年 12 月 31 日的 $ 90 000，通过之前讲到的公式计算如下：

$$\begin{aligned}\begin{matrix}\text{为存货}\\\text{支付现金}\end{matrix} &= \begin{matrix}\text{销货}\\\text{成本}\end{matrix} - \begin{matrix}\text{期初}\\\text{存货}\end{matrix} + \begin{matrix}\text{期末}\\\text{存货}\end{matrix} + \begin{matrix}\text{期初应付}\\\text{账款}\end{matrix} - \begin{matrix}\text{期末应付}\\\text{账款}\end{matrix}\\ &= \$156\,000 - \$145\,000 + \$143\,000 + \$50\,000 - \$90\,000\\ &= \$114\,000\end{aligned}$$

存货

2014 年 12 月 31 日	145 000		
买入	154 000	156 000	卖出
2015 年 12 月 31 日	143 000		

应付账款

		50 000	2014 年 12 月 31 日
		40 000	增加
		90 000	2015 年 12 月 31 日

销货成本

卖出	156 000		

涉及应付供应商的账户不是其他经营费用就是应计负债。利润表上的其他经营费用是 $ 16 000，应计负债从 2014 年的 12 月 31 日的 $ 10 000 降低到 2015 年 12 月 31 的 $ 5 000，通过公式计算如下：

$$\begin{aligned}\text{使用现金支付经营费用} &= \text{其他经营费用} + \text{期初应计负债} - \text{期末应计负债}\\ &= \$16\,000 + \$10\,000 - \$5\,000\\ &= \$21\,000\end{aligned}$$

应计负债

		10 000	2014 年 12 月 31 日
	5 000		
		5 000	2015 年 12 月 31 日

其他经营费用	
16 000	

将上述两项加在一起，便得出支付给供应商的现金流出：＄135 000（＄114 000＋＄21 000）。

STL公司 现金流量表（部分） 截止到2015年12月31日的会计年度		
经营活动现金流		
收到：		
从客户处收到现金	＄269 000	
收到利息	12 000	
收到投资股利	9 000	
总现金收入		＄290 000
支付：		
向供应商支付现金	(135 000)	

支付职工薪酬

职工薪酬包括支付给员工的薪金、工资和其他形式的员工补偿。应计金额不是现金流量，因为它们是尚未支付的金额。涉及应付职工薪酬的项目有利润表的薪酬费用和资产负债表上的应付职工薪酬，利润表上的薪酬费用反映的是本期支付给员工作为薪酬的现金。因为在资产负债表上的应付薪酬不涉及现金支付，所以薪酬费用账户代表所有支付给员工的现金金额，因此现金流量表显示支付给员工的薪水为＄56 000。

STL公司 现金流量表（部分） 截止到2015年12月31日的会计年度		
经营活动现金流		
收到：		
从客户处收到现金	＄269 000	
收到利息	12 000	
收到投资股利	9 000	
总现金收入		＄290 000
支付：		
向供应商支付现金	(135 000)	
向员工支付薪酬	(56 000)	

支付利息费用和所得税费用

这些现金支出与其他费用单独列示，与利息相关的科目涉及利润表上的利息费用和资产负债表上的应付利息。因为资产负债表上的应付利息不涉及现金支出，所以，利润表上的利息费用代表所有支付利息的现金金额，因此，现金流量表上的利息费用为＄15 000。

与所得税相关的科目包括利润表上的所得税费用和资产负债表上的应交所得税，因为资产负债表上的应交所得税不涉及现金支出，所以，利润表上的所得税费用代表所有支付所得税的现金金额，因此现金流量表上的利息费用为＄14 000。

STL 公司 现金流量表（部分） 截止到 2015 年 12 月 31 日的会计年度		
经营活动现金流		
收到：		
从客户处收到现金	＄269 000	
收到利息	12 000	
收到投资股利	9 000	
总现金收入		＄290 000
支付：		
向供应商支付现金	(135 000)	
向员工支付薪酬	(56 000)	
支付利息	(15 000)	
支付所得税	(14 000)	
总现金支付		(220 000)

销售长期资产带来的非现金费用和利得或损失

在使用直接法时，销售长期资产带来的非现金费用和利得或者损失在现金流量表中反映，但是不包括在经营活动中。不披露非现金费用是因为这些项目不影响现金流。销售长期资产收到的现金在投资活动部分反映，而不是经营活动。

经营活动带来的净现金流

为了通过直接法计算经营活动的净现金流，我们将前面叙述的所有现金流入和流出加总在一起，进而找出其中的差额。对于 STL 公司来说，所有的现金流入量为＄290 000，所有的现金流出量为＄220 000，所以经营活动的净现金流量为＄70 000，这正如图表 16—5 所示的一样，你会发现除了计算方法有区别外，经营活动的净现金流量均是＄70 000。

STL 公司现金流量表的剩余部分也与通过间接法编制的现金流量表完全一样。图表 16A—1 展示了采用直接法编制的现金流量表。

图表 16A—1　　现金流量表——直接法

STL 公司 现金流量表 截止到 2015 年 12 月 31 日的会计年度		
经营活动现金流		
收到：		
从客户处收到现金	＄269 000	
收到利息	12 000	

收到投资股利	9 000	
总现金收入		$ 290 000
支付：		
向供应商支付现金	(135 000)	
向员工支付薪酬	(56 000)	
支付利息	(15 000)	
支付所得税	(14 000)	
总现金支付		(220 000)
经营活动净现金		70 000
投资活动现金流		
取得固定资产支付现金	(310 000)	
销售固定资产收到现金	50 000	
投资活动净现金		(260 000)
筹资活动现金流：		
发行应付票据收到现金	90 000	
偿付应付票据支付现金	(10 000)	
发行普通股收到现金	120 000	
购买库存股支付现金	(20 000)	
支付现金股利	(10 000)	
筹资活动净现金		170 000
现金净增加（减少）		(20 000)
现金余额，2014 年 12 月 31 日		42 000
现金余额，2015 年 12 月 31 日		$ 22 000

附录 16B：使用工作底稿和间接法编制现金流量表

本章主体部分讨论了现金流量表在决策中的应用，以及怎样运用 T 型账户编制现金流量表。T 型账户作为一种学习工具非常有用。然而，在实际业务中，大多数公司面对的都是很复杂的情况，这时，工作底稿能帮助会计师编制现金流量表。

工作底稿从年初余额开始，到年末余额结束。中间的两栏左边一栏是借方，另一栏是贷方——构成了工作底稿的全部，这两栏称作业务分析栏，其中包含了现金流量表的所有数据。会计师可以直接取用工作底稿下面部分的数据来编制现金流量表。附录中所有的表格都依据本章列出的 STL 公司的数据。在此附录中，我们只通过间接法编制现金流量表。直接法也可以用工作底稿来完成。

间接法体现了从净利润到经营活动的净现金流入（或净现金流出）的调整过程。图表 16B—1 就是用间接法编制现金流量表的工作底稿。A 部分列出了交易分析，B 部分给出了现金流量表。

图表 16B—1　　　　现金流量表工作底稿——间接法

现金流量表工作底稿 截止到 2015 年 12 月 31 日的会计年度						
	余额	业务分析				余额
	2014 年 12 月 31 日		借方	贷方		2015 年 12 月 31 日
A 部分——资产负债表						
现金	42 000			20 000	(n)	22 000
应收账款	73 000	(d)	17 000			90 000
存货	145 000			2 000	(e)	143 000
固定资产	252 000	(h)	310 000	55 000	(c)	507 000
累计折旧——固定资产	(42)	(c)	15	20	(b)	(47)
总资产	470 000					715
应付账款	50 000			40 000	(f)	90 000
应计负债	10 000	(g)	5 000			5 000
长期应付票据	80 000	(j)	10 000	90 000	(i)	160 000
负债合计	140 000					255 000
普通股	250 000			120 000	(k)	370 000
留存收益	80 000	(m)	10 000	40 000	(a)	110 000
库存股	0 000	(l)	20 000			(20 000)
总负债和总所有者权益	470 000		387 000	387 000		715 000
B 部分——现金流量表						
经营活动的现金流量:						
净利润						
加（减）对净利润和现金流量		(a)	40 000			
有不同影响的项目						
折旧费用——固定资产		(b)	20 000			
出售固定资产收益				10 000	(c)	
应收账款的增加				17 000	(d)	
存货的减少		(e)	2 000			
应付账款的增加		(f)	40 000			
应计负债的减少				5 000	(g)	
经营活动净现金						
投资活动的现金流量:						
购买固定资产				310 000	(h)	
出售固定资产收入		(c)	50 000			
投资活动净现金						
筹资活动的现金流量:						
发行应付票据收到现金		(i)	90 000			
偿付应付票据支付现金				10 000	(j)	
发行普通股收到现金		(k)	120 000			
购买库存股支付现金				20 000	(i)	
支付现金股利				10 000	(m)	
筹资活动净现金						
现金净增加（减少）额		(n)	20 000			
合计			382 000	382 000		

下面是间接法下在工作底稿中提供的交易列表：

a. 净利润＄40 000是经营活动现金收入的第一项。净利润在工作底稿（B部分）中，被计入经营活动的现金流量部分净利润账户的借方，留存收益账户的贷方（A部分）。

b. 接着是净利润的调整，第一个是业务（b）＄20 000折旧，借记折旧费用——固定资产账户，贷记累计折旧——固定资产账户。

c. 业务（c）是出售固定资产，在经营活动的现金流量部分贷记出售固定资产收益＄10 000——作为净利润的减项，这样就从经营活动的现金流量中减掉了出售固定资产的利得＄10 000，这是因为出售固定资产收到的现金不是＄10 000，而是＄50 000，这一金额已经在工作底稿投资活动的现金流量部分借记，分录（c）还需要将出售固定资产的成本＄55 000，贷记固定资产账户，并借记累计折旧——固定资产账户＄15 000。

d. 分录（d）借记应收账款＄17 000，是因为应收账款当年增加了＄17 000，而现金流量相应减少＄17 000，现金流量的这一减少贷记经营活动的现金流量部分应收账款的增加项目。

e. 分录（e）因为库存减少＄2 000，贷记存货账户，现金流量的这一减少借记经营活动的现金流量部分存货的减少项目。

f. 分录（f）因为应付账款增加＄40 000，借记经营活动的现金流量部分应付账款的增加项目。

g. 分录（g）因为预计负债减少＄5 000，它应贷记经营活动的现金流量部分预计负债的减少项目。

h. 此笔分录借记净值＄310 000的固定资产，贷记投资活动下固定资产购得的现金流出。

i. 此笔分录借记收到由于筹资活动——发行应付票据收到现金＄90 000，贷记应付票据账户。（发行应付票据收到现金。）

j. 此笔分录是（j）分录的反向分录。它是借记应付票据减少＄10 000，贷记筹资活动下由于应付票据的偿付所带来的现金流出。

k. 此笔分录借记收到由于筹资活动——普通股发行收到现金＄120 000，它应该贷记普通股。

l. 库存股的购买应该借记资产负债表上库存股＄20 000，相应地应该由于库存股购买，贷记现金＄20 000。

m. 留存收益账户＄10 000的减少是宣布发放股利的结果，所以我们知道股利的发放应该在筹资活动部分贷记现金。

n. 图表16B—1的最后一项是现金的增加（减少）。它展示的是贷记现金，并借记现金账户的净增加（减少）＄20 000。

在图表16B—1的B部分，借方展示的是现金的增加（或者流入），贷方展示的是现金的减少（或者流出）。这是因为借记会增加现金，贷记会减少现金。

疑难问题A部分

P16-32A 理解现金流量表的目的，并使用间接法编制现金流量表

CRRC公司在2015年1月1日成立，在该年中发生了以下业务：

a. 2015年1月1日，CRRC发行普通股股票＄425 000。

b. 1月初，CRRC发生了以下现金支付：

1. 购买商店家具，支付＄54 000；

2. 为存货，支付＄270 000；

3. 支付商店租赁费，＄10 000。

c. 在下半年，CRRC 购买了价值＄243 000 的存货，在年末之前，CRRC 支付了该笔货款＄163 000。

d. 在 2015 年，CRRC 共销售了 2 100 件价值＄350 的库存。在年末之前，公司收回了该笔货款的 80%，销售货物的成本是＄260 000，年末库存合计＄253 000。

e. 该商店雇用了 3 个人。年度应付职工薪酬为＄94 000，在年末时仍然有＄4 000 未付。

f. 在年末，CRRC 支付所得税＄23 000，没有应付所得税。

g. 在 2015 年下半年 CRRC 支付现金股利＄41 000。

h. 对于设备，CRRC 采用直线法计提折旧，折旧年限为 5 年，残值为 0。

要求：

1. 编制现金流量表的目的是什么？

2. 编制 2015 年的利润表。使用单步式，并且列报所有的收入和费用。

3. 编制 2015 年 12 月 31 日的资产负债表。

4. 使用间接法编制年度截止到 2015 年 12 月 31 日的现金流量表。

P16-33A　使用间接法编制现金流量表

J 公司的会计师整理出该公司截止到 2015 年 12 月 31 的会计年度的下述数据：

	12 月 31 日	
	2015 年	2014 年
流动资产：		
现金	＄92 100	＄17 000
应收账款	64 500	69 200
存货	87 000	80 000
流动负债：		
应付账款	57 900	56 200
应交所得税	14 400	17 100

2015 年发生业务的有关数据：

发行普通股取得现金	＄40 000	偿还应付债券	＄48 100
折旧费用	25 000	支付现金股利	54 000
购买设备	75 000	发行应付票据偿付借入现金	67 000
发行长期票据购买土地	122 000	出售厂房利得	5 500
出售建筑物账面价值	53 000	净利润	70 500

要求：

编制公司的现金流量表，用间接法反映经营活动的现金流量，包括反映不涉及现金收支的投资和筹资活动的附表。

P16-34A　使用间接法编制现金流量表，包括非现金交易

RH 公司 2015 年 12 月 31 日的利润表和比较资产负债表如下所示：

RH 公司 利润表（部分） 截止到 2015 年 12 月 31 日的会计年度		
销售收入		＄436 000
销货成本		202 200
毛利润		233 800
营业费用：		
销售费用	＄78 400	
折旧费用——固定资产	14 400	
其他营业费用	10 200	
总营业费用		103 000
营业收入		130 800
其他收入和费用		
利息收入	8 000	
利息费用	(21 900)	
总其他收入和费用		(13 900)
税前净利润		116 900
收入所得税费用		19 100
净利润		＄97 800

RH 公司 比较资产负债表		
	12 月 31 日	
	2015 年	2014 年
资　产		
流动资产：		
现金	＄26 400	＄15 900
应收账款	26 700	25 500
存货	79 800	91 700
长期资产：		

固定资产	$124 680	$107 640
累计折旧——固定资产	(20 780)	(17 940)
土地	34 600	11 000
总资产	$271 400	$233 800
负　债		
流动负债：		
应付账款	35 500	30 600
应计负债	28 600	30 700
长期负债：		
应付票据	78 000	101 000
总负债	142 100	162 300
所有者权益		
普通股	88 800	64 900
留存收益	40 500	6 600
所有者权益合计	129 300	71 500
负债和所有者权益合计	$271 400	$233 800

另外，在2015年RH公司使用长期应付票据支付$23 600购买了一块土地。该公司在2015年没有发生不涉及现金收支的投资和筹资活动，当年也没有出售土地或设备，没有签发应付票据，没有收回股票，也没有库存股业务。一个固定资产以$0出售，出售资产的成本和累计折旧为$11 560。

要求：

（1）编制2015年该公司的现金流量表，用直接法反映经营活动的现金流量。

（2）在这个练习中学到的知识，对你评价一项投资有何帮助？

P16-35A　使用间接法编制现金流量表，并且评价现金流量，衡量自由现金流

JES公司的比较资产负债表如下所示：

	2015年	2014年
流动资产：		
现金	$88 200	$22 500
应收账款	14 400	21 700
存货	63 600	60 400
流动负债：		
应付账款	$28 600	$27 100
应计负债	10 600	11 200

该公司在2015会计年度中发生业务的有关数据如下：

支付现金股利	$17 200	折旧费用	$16 700
用现金购买设备	54 400	用现金购买厂房	100 000
签发长期应付票据借入现金	50 000	净利润	59 600
发行普通股取得现金	106 000		

要求：

1. 编制2015年12月31日的现金流量表，用间接法反映经营活动现金流量。

2. 结合三类活动的现金流量，评价该公司当年的现金流量状况，并说出理由。

3. 如果JES计划2016年开展类似的经营活动，那么它预期的现金流应该是多少？

P16A-36A　使用直接法编制现金流量表

使用P16-32A中CRRC公司的数据。

要求：

1. 使用单步法编制CRRC截止到2015年12月31日的会计年度的利润表，所有的收入和费用均以总额列示。

2. 编制2015年12月31日CRRC的资产负债表。

3. 编制截止到2015年12月31日的会计年度CRRC的现金流量表，用直接法反映经营活动现金流量。

P16A-37A　使用直接法编制现金流量表

使用P16-34A中RH公司的数据。

要求：

1. 使用直接法编制2015年的现金流量表。

2. 在这个练习中学到的知识，对你评价一项投资有何帮助？

P16B-38A　使用间接法和工作底稿编制现金流量表

AG公司2015年的比较资产负债表和利润表如下，AG公司2015年以账面价值出售了一项固定资产。

AG公司利润表 截止到2015年12月31日的会计年度	
销售收入	$439 000
销货成本	205 500
毛利润	233 500

营业费用：		
薪酬费用	$76 500	
累计折旧——固定资产	15 500	
其他营业费用	49 500	
总营业费用		141 500
营业收入		92 000
其他收入和费用		
利息收入	11 800	
利息费用	(24 300)	
其他收入和费用合计		(12 500)
税前净利润		79 500
所得税费用		16 300
净利润		$63 200

AG 公司比较资产负债表
12 月 31 日

	2015 年	2014 年
资产		
流动资产：		
现金	$9 300	$15 300
应收账款	42 000	43 200
存货	97 100	93 700
固定资产：		
固定资产	121 440	113 160
累计折旧——固定资产	(20 240)	(18 860)
土地	41 100	16 000
资产合计	$290 700	$262 500
负债		
流动负债：		
应付账款	$25 600	$26 600
应计负债	24 000	22 800
长期负债：		
应付票据	46 000	62 000
负债合计	95 600	111 400
所有者权益		
普通股	140 300	131 400
留存收益	54 800	19 700
所有者权益合计	195 100	151 100
负债及所有者权益合计	$290 700	$262 500

要求：

编制该公司 2015 年现金流量表的工作底稿，用间接法编制经营活动的现金流量部分。该公司以 $0 的价格销售固定资产，销售固定资产的成本和累计折旧是 $14 120，没有销售土地，没有注销普通股，也没有库存股交易。

小组作业

小组作业 16—1

小组中的每一个人都要找一家不同企业的年度报告，选择不同行业的企业。评价每家企业最近两年的现金流趋势。在你的评估中，你可能会用到一些其他的信息，例如，其他财务报告（利润表、资产负债表、所有者权益变动表和相关附注）以及来自报纸杂志的信息。将企业按照现金流从好到坏进行排名，并就你的发现写一份两页的报告。

小组作业 16—2

选择一家企业并找到它的年度报告，包括所有的财务报告。重点关注现金流量表，尤其是经营活动现金流。确定企业是否使用直接法或者间接法来报告经营现金流。

第 17 章

财务报表分析

- 使用财务报表来分析一家企业
- 横向分析
- 纵向分析
- 相关比率
- 附录 17A：公司利润表

我应该投资哪家公司?

克拉拉·萨勒诺想念她的母亲西尔维娅很久了。每当克拉拉在繁忙的工作告一段落去看望她时，母亲总是知道应该说些什么，而且母亲的巧克力曲奇饼干总能神奇地让她感觉好起来。克拉拉的母亲已经去世 6 个月了，克拉拉需要自己做出很多决定。作为母亲遗产的执行人，克拉拉负责帮助会计和律师敲定一些财务上的细节和遗产的书面工作。克拉拉知道一旦遗产确定下来，她会收到一大笔钱。她知道如何使用这笔钱将会是非常重要的决定。

克拉拉和她的理财规划师会面，分享了自己的计划和目标——还清她在学生时代的贷款和其他的私人债务，然后将钱存起来为退休做准备。她希望用还清债务后的钱到股票市场上进行投资。但是克拉拉很焦虑。她试图通过阅读报纸的商业板块和听财经新闻来跟上金融市场发展的节奏，但是她不确定如何决定哪家公司是最好的投资选择。克拉拉的财务策划人告诉她其实有很多可以用来评价哪家公司更赚钱的工具。这些工具将会帮助她决定一段时间后的投资走向。克拉拉知道，在她的财务策划人和这些工具的帮助下，她能够搞清楚公司的财务报表，并信心十足地进行投资，成为她母亲的骄傲。

在本章中，你会学到允许使用者获得资产负债表数据之外的信息并将它们转换成有效分析的工具。到目前为止你已经学习了编制财务报表需要做什么工作，现在你将要学习如何使用财务报表有效地管理公司、做明智的投资，以及对不同的公司进行比较。为企业工作的注册理财规划师——例如，瑞杰金融集团（Raymond James Financial），一家经营佛罗里达州 1/4 的经济和投资公司的金融服务控股公司——会对财务报表进行分析，对比不同时期企业的经营状况。这种比较帮助投资者确定随着时间的推移，公司的经营是否越来越好。另外，理财规划师们还会使用另外的工具——比率分析——对同行业的某家企业与其他企业进行比较。不管你是投资者、雇员还是公司的经理，知道如何准确地评价一家公司的经营状况会帮助你做出明智的决定。

本章大纲

- 如何使用财务报表分析一家企业?
- 如何使用横向分析对一家企业进行分析?
- 如何使用纵向分析对一家企业进行分析?
- 如何使用比率分析一家企业?
- 如何编制完整的企业利润表（附录 17A）?

学习目的

1. 解释如何利用财务报表分析一家企业。
2. 对财务报表进行横向分析。
3. 对财务报表进行纵向分析。
4. 计算标准财务比率。
5. 完成一家企业的利润表，包括每股收益（附录 17A）。

使用财务报表来分析一家企业

在本章中，我们将会用你已经学到的关于财务报表的知识来分析 STL 公司，以此来确定它的财务状况以及公司是否盈利。

分析目的

股东和债权人不能仅凭一年的数据评估一家公司，这就是为什么财务报告分析需要两个时期。实际上，大多数的财务分析涉及 3～5 个时期。本章将展示如何利用分析工具对于公司的各项发展进行分析。小企业的所有者可以用这些工具评价经营状况，财务分析师可以用这些工具进行股票投资分析，审计师可以用来获得企业财务状况的所有相关信息，债权人可以用来确定债务风险，任何其他想要在相关范围内比较财务数据的人都可以使用这些分析工具。

为了精准确定一家公司的财务表现，例如，STL 公司，我们需要按以下方式来对比公司的绩效。

a. 年度之间比较；

b. 与竞争公司进行对比；

c. 和教育及培训行业进行比较。

然后我们就会对如何判断 STL 公司现在的状况，以及预测不久的将来可能发生的事情有比较好的理解。

分析工具

有三种分析财务报表的主要方法：

- 横向分析可以提供不同期间的企业业绩的年度比较。
- 纵向分析提供了比较不同企业的方法。
- 比率分析可以用来提供关于一家企业业绩的信息。它通常用来将本企业与同行业中的其他企业进行有效对比，揭示公司的发展趋势。

企业财务报告

在讨论财务报表分析可以使用的不同工具以前，先来回顾一下企业的财务报告。

年度报告

上市公司的股票需要在证券交易所中列示出来，像纽约证券交易所，或者纳斯达克证券交易所。证券交易委员会要求它们披露年度和季度报告。**年度报告**（annual report）提供了一家公司财务状况的相关信息。这些报告帮助投资者做出有根据的投资决定。典型的年度报告是从企业的概况开始的——包括企业所处的行业、成长策略以及对企业品牌的介绍，通常也会讨论企业的竞争对手以及与企业经营相关的风险。

管理层讨论与分析

年度报告的另一个部分就是对财务状况以及经营成果的**管理层讨论与分析**（management's discussion and analysis，MD&A）。年度报告的这部分旨在帮助投资者理解经营成果以及公司的财务状况。这部分是由公司所写，并且能够代表公司财务状况和经营成果，认识到这一点很重要。报告的这部分是企业试图解释它的财务报表并讨论它的经营状况。

投资者对管理层讨论与分析很感兴趣，因为它通常包含一些不会在财务数据中出现的信息，例如，企业计划下年度在固定资产和设备上如何分配现金，能够带来收入和费用增加或减少的重大变化在未来是否会发生。这个部分通常提供一些前瞻性的信息，来帮助那些想要评价公司未来盈利状况的投资者。

独立注册的会计师事务所的报告

独立注册的会计师事务所的报告（通常称为审计报告）也包括在年度报告中，审计报告证实了财务报告披露的公允性以及报告是否根据 GAAP 披露。这个报告由独立的外部审计师给出，由他来进行财务报表审计。另外，外部审计师还对评估企业的内部控制是否有效负责。

大部分审计报告出具的都是标准审计意见（unqualified opinions），这意味着财务报表在所有实质性方面是公允的；如果财务报表和一般公认会计原则有偏离，审计师可能会出具保留意见；如果审计师发现财务报表的披露不公允，那么将会出具否定意见。

横向分析

许多经营者的决策都是根据销售额、净利润和费用额等指标的金额在一定时期内的增减趋势而定的。例如，销售额比上年增加了吗？增加了多少？

我们可能发现销售额增加了，可只是单独考虑销售额金额的增加对决策并不是很有用。分析某一时期净销售额的变动百分比能够对预测提供更有用的帮助。例如，如果一家企业第一年的销售额为＄100 000，第二年增加了＄50 000，那么这＄50 000 是一笔很大的金额。但是，如果公司的销售额为 10 亿美元，增加＄50 000 就不是那么多了。因此，知道增加的百分比比起增加的数额更有用。

研究比较报表的变动百分比的方法叫**横向分析**（horizontal analysis）。横向分析主要比较相邻两年的数据。在比较财务报表上，变动百分比的计算分为以下两个步骤：

1. 计算从较早期到最近一期的变动金额。
2. 用变动金额除以基期金额，我们称较早期为基期。

以 STL 公司为例的横向分析列示如下：

	2016 年	2015 年	增加（减少）	
			金额	百分比
销售净额	＄858 000	＄803 000	＄55 000	6.8%

2016 年销售净额增长了 6.8%，计算过程如下：

步骤 1：计算 2015 年到 2016 年销售额变动金额。

销售变动金额＝后一年度金额－前一年度金额
＝$858 000－$803 000
＝$55 000

步骤2：用销售额变动金额除以基期金额计算最近一期的百分比变动。

横向分析%＝(销售变动金额/基期金额)×100
＝($55 000/$803 000)×100
＝6.8%

利润表的横向分析

图表17—1是STL公司利润表的横向分析。这个比较利润表反映了2016年发生的高额增长。虽然毛利润只增加了17.3%，但STL公司成功降低了费用，带来了净利润84.6%的增加。

图表17—1　　比较利润表——横向分析

利润表（简化） 截止到12月31日的会计年度				
	2016年	2015年	增加（减少） 金额	增加（减少） 百分比
销售净额	$858 000	$803 000	$55 000	6.8%
销货成本	513 000	509 000	4 000	0.8
毛利	345 000	294 000	51 000	17.3
营业费用				
销售费用	126 000	114 000	12 000	10.5
管理费用	118 000	123 000	(5 000)	(4.1)
费用合计	244 000	237 000	7 000	3.0
营业收入	101 000	57 000	44 000	77.2
其他收入和费用				
利息收入	4 000	0	4 000	—
利息费用	(24 000)	(14 000)	10 000	71.4
其他收入和费用合计	(20 000)	(14 000)	6 000	42.9
税前利润	81 000	43 000	38 000	88.4
所得税费用	33 000	17 000	16 000	94.1
净利润	$48 000	$26 000	$22 000	84.6%

STL公司利润表中有两个项目的增长率是最低的——销货成本和管理费用。销货成本仅增长0.8%，管理费用下降4.1%。在最后一行，净利润增长了84.6%，这是一个很大的进步。

资产负债表的横向分析

图表17—2为STL公司的比较资产负债表的横向分析。这个分析也显示资产的增加，总资产增加了22.2%。注意，现金和预付费用账户在当年减少了，但是这个减少

被其他资产的增加所抵消。

图表 17—2　　比较资产负债表——横向分析

STL 公司合并资产负债表（简化）
12 月 31 日

	2016 年	2015 年	增加（减少）	
			金额	百分比
资产				
现金及现金等价物	$ 29 000	$ 32 000	$ (3 000)	(9.4%)
应收账款（净额）	114 000	85 000	29 000	34.1
库存商品	113 000	111 000	2 000	1.8
预付费用	6 000	8 000	(2 000)	(25.0)
流动资产合计	262 000	236 000	26 000	11.0
长期投资	18 000	9 000	9 000	100.0
不动产、固定资产和设备（净值）	507 000	399 000	108 000	27.1
资产合计	$ 787 000	$ 644 000	$ 143 000	22.2%
负债				
流动负债				
应付账款	$ 73 000	$ 68 000	$ 5 000	7.4
应计负债	27 000	31 000	(4 000)	(12.9)
应付票据	42 000	27 000	15 000	55.6
流动负债合计	142 000	126 000	16 000	12.7
长期债务	289 000	198 000	91 000	46.0
负债合计	431 000	324 000	107 000	33.0%
所有者权益				
普通股	186 000	186 000	0	0
留存收益	170 000	134 000	36 000	26.9%
所有者权益合计	356 000	320 000	36 000	11.3%
负债及所有者权益合计	$ 787 000	$ 644 000	$ 143 000	22.2%

STL 公司的负债也增加了。总负债增加了 33.0%，从括号中的负债数据中可以看出预计负债实际上减少了，这是 STL 公司正在积极发展的另一个证明。

□ 趋势分析

趋势分析（trend percentages）是横向分析的一种形式。趋势表明了公司的发展方向。销售额在 5 年的时期内发生了怎样的变动？公司净利润的趋势如何？这些问题都可以通过分析一定时期，比如 3 年或者 5 年的趋势百分比得到回答。

计算趋势百分比时要用到基期，基期的金额被设定为 100%，以后每年的金额表示为基期金额的百分比。用每年每一项目的金额去除以基期相应项目的金额，就可得到趋势百分比。

$$趋势百分比=\frac{任意年份金额}{基期的金额}\times 100\%$$

假设STL公司2012年的总收入是$750 000，在2016年是$858 000，为了说明趋势分析，让我们看一下STL公司2012—2016的销售额，我们将2012年设为基期，那么2012年的比率即为100%：

	2016年	2015年	2014年	2013年	2012年
销售净额	$858 000	$803 000	$780 000	$748 000	$750 000
趋势百分比	114%	107%	128%	99.7%	100%

我们要计算2012—2016年5年的趋势百分比，2012年定为基期。销售额的趋势百分比用每年的销售额去除以2012年的销售额得到。例如，2013年的趋势百分比的计算方法如下：

$$\begin{aligned}\text{趋势百分比} &= (\text{任意时期的销售额}/\text{基期销售额})\times 100\% \\ &= (\$748\,000/\$750\,000)\times 100\% \\ &= 99.7\%\end{aligned}$$

注意，2013年净利润增长较慢，2014—2016年收入有了较快的增长。你可以对任何一个你觉得重要的项目进行趋势分析。趋势分析广泛应用于预测未来。

趋势分析和横向分析非常相似，但是它们可以用来预测一家企业不同的项目。横向分析可以让企业看到从一年到下一年的变化百分比，而趋势分析则是显示了从基期到某一期的变化趋势，例如，上升或者下降。

纵向分析

横向分析和趋势分析强调的是某一项目在一个时期内的变动。然而，没有一种单一的方法能够反映一个公司的全貌，所以我们还需要纵向分析。

财务报表的**纵向分析**（vertical analysis）揭示了报表中的每个项目与其基数的关系。财务报表上的每一项目被反映成基数的百分比。在利润表中，销售收入（或销售净额）往往作为基数。

$$\text{纵向分析} = \frac{\text{利润表的每一项目金额}}{\text{销售净额(销售收入)}}\times 100\%$$

图表17—3是对2016年和2015年STL公司比较利润表的纵向分析。

图表17—3　比较利润表——纵向分析

STL公司 利润表 截止到12月31日的会计年度				
	2016年	百分比	2015年	百分比
销售净额	$858 000	100.0%	$803 000	100.0%
销货成本	513 000	59.8	509 000	63.4
毛利	345 000	40.2	294 000	36.6
营业费用				
销售费用	126 000	14.7	114 000	14.2

管理费用	118 000	13.8	123 000	15.3
费用合计	244 000	28.4	237 000	29.5
营业收入	101 000	11.8	57 000	7.1
其他收入和费用				
利息收入	4 000	0.5	0	0.0
利息费用	(24 000)	(2.8)	(14 000)	(1.7)
其他收入和费用合计	(20 000)	(2.3)	(14 000)	(1.7)
税前利润	81 000	9.4	43 000	5.4
所得税费用	33 000	3.8	17 000	2.1
净利润	\$48 000	5.6%	\$26 000	3.2%

通过纵向分析，2016 年 STL 公司销货成本是净利润的 59.8%（(\$513 000/\$858 000)×100%＝59.8%），2015 年为 63.4%（(\$509 000/\$803 000)×100%＝63.4%），这就意味着在 2016 年每 \$1 的收入当中有 \$0.60 的成本，在 2015 年有 \$0.63 的成本。

在最下面，2016 年 STL 公司的净利润是收入的 5.6%，2015 年为 3.2%。这表明从 2015 年到 2016 年有很大的改善。在通常情况下，公司的净利润占收入的百分比大约是 10%，低于 4%意味着投资者需要警惕并且考虑出售股票。

图表 17—4 是 STL 公司资产负债表的纵向分析。基数是总资产。负债和所有者权益也可以作为基数，因为它们和总资产的数额是一样的，在 2016 年为 \$787 000。

图表 17—4　　比较资产负债表——纵向分析

STL 公司合并资产负债表（简化） 12 月 31 日				
	增加（减少）			
	2016 年	百分比	2015 年	百分比
资产				
现金及现金等价物	\$29 000	3.7%	\$32 000	5.0%
应收账款（净额）	114 000	14.5	85 000	13.2
库存商品	113 000	14.4	111 000	17.2
预付费用	6 000	0.8	8 000	1.2
流动资产合计	262 000	33.3	236 000	36.6
长期投资	18 000	2.3	9 000	1.4
不动产、固定资产和设备（净值）	507 000	64.4	399 000	62.0
资产合计	\$787 000	100.0%	\$644 000	100.0%
负债				
流动负债				
应付账款	\$73 000	9.3%	\$68 000	10.6%
应计负债	27 000	3.4	31 000	4.8
应付票据	42 000	5.3	27 000	4.2
流动负债合计	142 000	18.0	126 000	19.6
长期负债	289 000	36.7	198 000	30.7
负债合计	431 000	54.8	324 000	50.3

所有者权益				
普通股	186 000	23.6	186 000	28.9
留存收益	170 000	21.6	134 000	20.8
所有者权益合计	356 000	45.2	320 000	49.7
负债及所有者权益合计	$ 787 000	100.0%	$ 644 000	100.0%

对STL公司资产负债表的纵向分析揭示出了公司财务状况的许多有趣的事情：

● 2016年流动资产占总资产的33.3%，2015年为36.6%，对于大多数公司来说这个比例为30%。

● 在2016年总负债占总资产的54.8%，比2015年的50.3%略有提高。

● 2016年所有者权益占总资产的比率为45.2%，2015年为49.7%，两年的数据大致接近。

□ 结构百分比表

横向分析和纵向分析可以提供许多关于一家公司的有用数据，正如我们所看到的一样，STL公司的比率说明它是一家非常成功的公司，但是这些数据仅能用于一家公司。

为了能将STL公司与其他公司进行对比，我们使用**结构百分比表**（common-size statement），它仅报告和纵向分析相同的比率，通过只报告比率，可以去除货币对于相关公司的价值偏差。**货币价值偏差**（dollar value bias）是由于比较个体之间由于使用绝对数，而没有使用相对数进行比较而带来的偏差。例如，对于个人100万美元是非常多的，但是对于较大的公司来说，它是微不足道的。

我们可以用结构百分比表来对比STL公司和LS公司的盈利性，两家公司在同一行业中竞争。培训行业里的竞争异常激烈。到底哪家公司能够获得较高的收入，从而为股东带来较高的回报呢？图表17—5给出了两家公司2016年的结构百分比表，因此我们可以使用相对数进行比较，而避免使用绝对数。

图表17—5　　STL公司和LS公司的结构百分比表

STL公司 vs. LS公司
结构百分比利润表
截止到2016年12月31日的会计年度

	STL公司	LS公司
销售净额	100.0%	100.0%
销货成本	59.8	36.3
毛利	40.2	63.7
营业费用		
销售费用	14.7	21.8
管理费用	13.8	7.3
费用合计	28.4	29.1
营业收入	11.8	34.6
其他收入和费用		
利息收入	0.5	11.5

利息费用	(2.8)	(10.3)
其他收入和费用合计	(2.3)	1.2
税前利润	9.4	35.8
所得税费用	3.8	12.3
净利润	5.6%	23.5%

图表 17—5 展示了 LS 公司在 2016 年比 STL 公司有更强的盈利性。LS 公司的毛利率为 63.7%，而 STL 公司的毛利率为 40.2%，这意味着 LS 公司每一美元能够获得更高的利润，而且最重要的是，LS 公司的净利润率为 23.5%，这就意味着 LS 公司几乎 1/4 的收入都会成为股东的净利润，而 STL 公司却是 5.6%，远低于 LS 公司。STL 公司较低的净利润直接归因于它较高的销货成本。STL 公司销货成本占销售净额的 59.8%，而 LS 公司只有 36.3%。

□ 标杆比较

标杆比较（benchmarking）是将一个公司与行业内的领导者进行比较。它通常用一种图形的方式显示结构百分比，以凸显差距。在财务报告分析中有两种标杆：与重要竞争对手的标杆比较和与行业平均水平的标杆比较。

与重要竞争对手的标杆比较

图表 17—5 将 LS 公司作为 STL 公司的主要竞争对手，比较了盈利性，两个公司在同行业进行竞争，所以 LS 公司的服务方法就是 STL 公司学习的标杆。图表 17—6 强调了不同公司的盈利性，如果我们将重点放在净利润上，会发现 LS 公司比 STL 公司的盈利性强。

图表 17—6　结构百分比利润表图解——STL 公司 vs. LS 公司

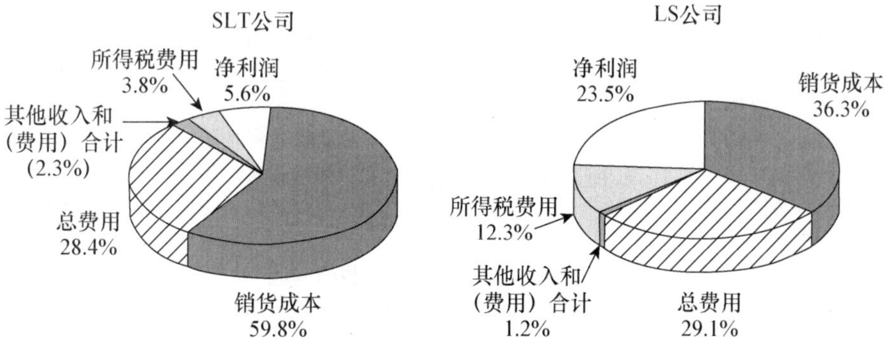

与行业平均水平的标杆比较

行业均值同样也是评价公司业绩非常有效的指标。行业比较将会显示出 STL 公司相对于在线培训行业平均水平的业绩情况。由风险管理协会（Risk Management Association）出版的年度财务报告提供了大多数行业的结构百分比，如果想将 STL 公司与行业均值进行比较，只需要简单地将图表 17—5 中 LS 公司的数据换成行业均值即可。

相关比率

在线财务数据库，比如 Lexis Nexis 数据库和道琼斯，提供许多公司的财务数据。假设你想要比较一些公司最近的盈利情况，你可以对比公司的权益报酬率指标，计算机可以从数据库中搜索出权益报酬率最高的前 20 家公司。用户可以搜索任何与特定决策相关的比率进行分析。

但需要注意，并不是一个比率就可以告诉你公司的整体绩效。不同的比率会阐释公司绩效的不同方面。本章要讨论的比率可以分为以下几类：

1. 衡量公司偿还流动负债能力的比率；
2. 衡量公司出售存货和收回应收账款能力的比率；
3. 衡量公司偿还长期负债能力的比率；
4. 衡量公司获利能力的指标；
5. 公司股票投资价值分析。

我们将会用 STL 公司的比较利润表和资产负债表来讨论能够用来评价一家公司的比率，如图表 17—7 所示。让我们先从讨论能够用来评价企业偿还流动负债能力的比率开始。

图表 17—7 **比较财务报表**

STL 公司合并资产负债表（简化） 12 月 31 日	增加（减少）	
	2016 年	2015 年
资产		
现金及现金等价物	$ 29 000	$ 32 000
应收账款（净额）	114 000	85 000
库存商品	113 000	111 000
预付费用	6 000	8 000
流动资产合计	262 000	236 000
长期投资	18 000	9 000
不动产、固定资产和设备（净值）	507 000	399 000
资产合计	$ 787 000	$ 644 000
负债		
流动负债		
应付账款	$ 73 000	$ 68 000
应计负债	27 000	31 000
应付票据	42 000	27 000
流动负债合计	142 000	126 000
长期债务	289 000	198 000
负债合计	431 000	324 000
所有者权益		
普通股	186 000	186 000
留存收益	170 000	134 000
所有者权益合计	356 000	320 000
负债及所有者权益合计	$ 787 000	$ 644 000

STL 公司 利润表 截止到 12 月 31 日的会计年度	2016 年	2015 年
销售净额	$ 858 000	$ 803 000
销货成本	513 000	509 000
毛利	345 000	294 000
营业费用：		
销售费用	126 000	114 000
管理费用	118 000	123 000
费用合计	244 000	237 000
营业收入	101 000	57 000
其他收入和费用		
利息收入	4 000	0
利息费用	(24 000)	(14 000)
其他收入和费用合计	(20 000)	(14 000)
税前利润	81 000	43 000
所得税费用	33 000	17 000
净利润	$ 48 000	$ 26 000

□ 衡量偿还流动负债能力

营运资金是一家公司偿还流动负债能力的指标，**营运资金**（working capital）的定义如下面等式：

营运资金＝流动资产－流动负债

STL 公司在 2016 年和 2015 年 12 月 31 日营运资金的计算方法如下：

营运资金＝流动资产－流动负债
2016：　＄262 000－＄142 000＝＄120 000
2015：　＄236 000－＄126 000＝＄110 000

以营运资金数据为基础的三个决策工具是流动比率、现金比率和速动比率。

流动比率

使用最广泛的比率就是**流动比率**（current ratio），它是用流动资产总额除以流动负债总额得到。流动比率衡量企业用流动资产偿还流动负债的能力。

STL 公司 2016 年和 2015 年 12 月 31 日的流动比率计算如下，下表也同时列出了行业平均水平：

公式	2016 年	2015 年	行业平均水平
流动比率＝$\frac{流动资产}{流动负债}$	$\frac{\$262\,000}{\$142\,000}=1.85$	$\frac{\$236\,000}{\$126\,000}=1.87$	0.60

一般说来，较高的流动比率意味着公司有足够的流动资产来维持企业正常的经营活动。STL 公司的流动比率为 1.85，而行业平均水平为 0.6。

可接受的流动比率是多少，这要由行业性质决定。据风险管理协会公布的数据，大多数行业公司流动比率的标准是 1.5。STL 公司的流动比率为 1.85 是非常好的。但是要注意，我们也不希望流动比率非常高，比如 2.5。这可能意味着公司资产的流动性过强，没有得到很好的利用。例如，企业可能需要减少库存商品水平，来确保不需要紧缩可用的资源。

现金比率

现金比率（cash ratio）对于每家公司都很重要。没有恰当的可用现金，企业就不能持续经营下去。因此，企业非常谨慎地监控现金。现金比率可以用来计算一家企业的流动性，该比率能帮助确定一家企业偿还短期负债的能力。现金比率的计算方法是用现金加上现金等价物除以流动负债总额。

注意到现金比率包括现金和现金等价物。现金等价物是流动性很高的投资，能够在三个月或者更短的时间内转换成现金。现金等价物包括货币市场账户和政府债券。

STL 公司在 2016 年和 2015 年的现金比率计算方法如下，下表也同时列出了行业的平均水平：

公式	2016年	2015年	行业平均水平
现金比率$=\frac{\text{现金+现金等价物}}{\text{流动负债}}$	$\frac{\$29\,000}{\$142\,000}=0.20$	$\frac{\$32\,000}{\$126\,000}=0.25$	0.40

由于可用现金和现金等价物的减少以及流动负债总额的减少，STL公司现金比率从2015年到2016年略有下降。现金比率是对流动性最保守的评估，因为它仅包括现金和现金等价物，将其他流动资产，如库存商品和应收账款排除在外。注意到在两年中，STL公司的现金比率都小于1.0。现金比率小于1是一件好事，高于1的现金比率可能意味着企业的现金供应超出了需要的金额。这些现金本可以用来产生更多的利润，或者作为股利分发给股东。但是，过低的现金比率会向投资者传递公司没有能力偿还其所有短期负债的信息。

酸性测试比率

酸性测试比率（acid-test ratio）也叫速动比率（quick ratio），告诉我们如果全部流动负债立刻到期，企业是否能够偿还。速动比率是一种比流动比率更严格的方法，但是没有现金比率严格。

为了计算酸性测试比率，我们先将现金、短期投资、应收款项净值（应收账款和应收票据扣除坏账准备后的净额）加总，然后除以流动负债总额。存货和预付费用没有被包括进来，因为它们是流动性较差的资产。2016年和2015年STL公司酸性测试比率计算如下：

STL公司酸性测试比率

公式	2016年	2015年	行业平均水平
酸性测试比率$=\frac{\text{现金+短期投资+流动应收项目的净额}}{\text{流动负债}}$	$\frac{\$29\,000+\$0+\$114\,000}{\$142\,000}=1.01$	$\frac{\$32\,000+\$0+\$85\,000}{\$126\,000}=0.93$	0.46

2016年公司的酸性测试比率有很大提高，并且明显优于行业平均水平。据风险管理协会公布的数据，酸性测试比率的标准从鞋子零售业的0.2到设备制造业的1.0各不相同。在大多数行业，酸性测试比率为0.90～1.00是比较安全的。

□ 衡量销售存货和收回应收账款能力

下面我们将讨论衡量企业销售存货和收回应收账款能力的五种比率。

存货周转率

存货周转率（inventory turnover）是指企业一年内卖出平均存货的次数。存货周转率高意味着销售存货很容易；存货周转率低意味着销售存货比较困难。存货周转率为4意味着公司在一年中销售了平均存货量4次，每3个月周转一次。如果企业是一家季节性的公司，那么这是一个非常好的比率，因为这意味着企业平均在每个季度会周转它的存货。

为了计算存货周转率，用一定时期的销货成本除以当期的平均存货，就得到存货周转率。我们用销货成本，而不是销售收入进行计算是因为销货成本和存货都是以成本价表示的，而销售收入则是以商品的售价表示的，因此不能与存货的成本进行比较。

2016 年 STL 公司的存货周转率计算如下：

公式	STL 公司 存货周转率	行业平均水平
$存货周转率=\frac{销货成本}{平均存货}$	$\frac{\$513\,000}{(\$111\,000+\$113\,000)/2}=4.58$	27.70

销货成本的数据来自利润表（见图表 17—7），平均存货是指年初存货（$111 000）和年末存货（$113 000）的平均数（见图表 17—7 中的资产负债表）。

存货周转率因企业性质不同差异很大。例如，许多农场设备制造企业年存货周转率接近 3，而开采天然气的公司存货往往只会储存一小段时间，周转非常快，存货周转率的平均值达到 30。STL 公司的存货每年周转 4.58 次，公司有足够的存货来满足大概 80 天（365/4.68 次）的销售，这个值在行业中算是比较低的，该行业的平均存货周转率为 27.70，这意味着 STL 需要改善这个比率。

存货周转天数

另一个关键的指标就是存货周转天数（days' sales in inventory），这个指标衡量存货在企业中储存的平均天数。STL 公司 2016 年存货周转天数的计算如下：

公式	STL 公司 存货周转天数	行业平均水平
$存货周转天数=\frac{365\ 天}{存货周转率}$	$\frac{365\ 天}{4.58}=79.7\ 天$	13 天

不同的企业存货周转天数有很大的不同，STL 公司的存货周转天数为 79.7 天，对于它的行业来说过高，行业的平均水平仅为 13 天。这个指标明确了 STL 公司需要改善的领域。STL 公司需要专注于减少持有的平均存货数量。通过减少持有的平均存货数量，企业可以增加存货周转率，降低存货周转天数。STL 公司减少存货库存和保险成本，同样也可以减少持有过时存货的风险。

毛利率

毛利的计算是用净销售收入减去销货成本。商业企业都希望增加**毛利率**（gross profit percentage）。这个比率用来衡量除去销货成本的每单位销售额的盈利能力，计算方法是用毛利除以销售收入。

毛利率是最谨慎的衡量盈利能力的指标之一。它反映了企业从库存商品中获取利润的能力。从库存商品中获得的毛利必须足够高，这样才能支付经营费用并获取净利润。从上年到当年毛利率很小的增加可能意味着收入发生了很重要的增长；相反，很小的减少可能会意味比较大的麻烦。

STL 公司 2016 年的毛利率计算如下：

公式	STL 公司 毛利率	行业平均水平
$毛利率=\frac{毛利}{净销售收入}$	$\frac{\$345\,000}{\$858\,000}=0.402=40.2\%$	43%

由于企业所处的行业不同，毛利率也有很大的不同。STL 公司的毛利率为 40.2%，比行业平均水平的 43%略低。这个比率明确了 STL 公司需要改善的领域。为了增加毛利率，STL 公司需要减少库存商品成本或者增加收入（销售价格）。另外，强调存货周转率可能会帮助 STL 公司增加毛利率。

应收账款周转率

应收账款周转率（accounts receivable turnover ratio）是用来衡量企业从客户那里收回现金的能力。一般说来，应收账款周转率越高，表明企业收回现金越成功。但是，应收账款周转率太高可能意味着信用标准太高，会造成优质客户的流失。为了计算应收账款周转率，我们用赊销净额除以平均应收账款净额（假设图表 17—7 中 STL 公司所有的销售额均为赊销）。

2016 年 STL 公司的应收账款周转率计算如下：

公式	STL 公司 应收账款周转率	行业平均水平
应收账款周转率$=\frac{\text{赊销收入净额}}{\text{平均应收账款净额}}$	$\frac{\$858\,000}{(\$85\,000+\$114\,000)/2}=8.6$ 次	29.10 次

赊销收入净额来自于利润表（见图表 17—7），平均应收账款净额是由年初应收账款余额＄85 000 加上年末应收账款余额＄114 000，然后除以 2 得到。

STL 公司的应收账款周转率为 8.6，远低于同行业水平。这是因为该公司的业务是面向当地居民，人们习惯于隔很长一段时间再付款。进一步说，这是因为应收账款周转率是和库存周转率相匹配的。所以，STL 公司可以通过提高库存周转率增加应收账款周转率。

应收账款周转天数

应收账款周转天数（days' sales in receivables），也称为收账期，这个指标反映的是企业需要用多长时间来收回平均应收账款，计算方法是用 365 天除以应收账款周转率。应收账款天数应该和顾客平均被允许偿还账款的天数相近。收账期越短，企业就能更快地使用它收回的现金；收账期越长，企业经营能够使用的现金就越少。

为了计算 STL 公司 2016 年的应收账款周转天数，我们用 365 天除以前面计算得到的应收账款周转率。

公式	STL 公司 应收账款周转天数	行业平均水平
应收账款周转天数$=\frac{\text{365 天}}{\text{应收账款周转率}}$	$\frac{\text{365 天}}{8.6}=42.4$ 天	25 天

STL 公司的比率告诉我们，当年的销售收入在应收账款中停留的天数是 42.4 天。STL 公司应收账款周转天数比行业平均水平的 25 天高出很多（不利），可能 STL 公司给了顾客更长的时间偿还欠款，例如，45 天而不是 30 天。另一方面，STL 公司的信贷部门需要重新审核它用来评价个人信贷能力的标准。顾客没有好的付款习惯，公司的现金流状况就无法好转。

衡量长期偿债能力

到现在为止讨论的比率使我们对流动资产和流动负债有了深入的了解。这些比率有助于我们衡量企业销售存货、回收应收账款和支付流动负债的能力。许多公司同时有长期负债。反映企业偿还长期负债能力的三个关键指标就是资产负债率、权益负债率和利息保障倍数。

资产负债率

总负债与总资产的比率叫**资产负债率**（debt ratio）。资产负债率代表公司总资产中负债融资的比例，是由总负债除以总资产得到。资产负债率是 1，就是说公司的全部资产都是负债筹集的；资产负债率为 0.5，意味着公司的资产一半是靠负债筹集的，另一半来自所有者的投资。资产负债率越高，公司每年付息和到期还本的压力越大。资产负债率可以用来衡量一家企业偿还负债的能力。

STL 公司 2016 年和 2015 年年末的资产负债率计算如下：

STL 公司资产负债率

公式	2016 年	2015 年	行业平均水平
$资产负债率=\frac{负债总额}{资产总额}$	$\frac{\$431\,000}{\$787\,000}=0.548=54.8\%$	$\frac{\$324\,000}{\$644\,000}=0.503=50.3\%$	69%

总负债和总资产额数据均来自图表 17—7 的资产负债表。STL 公司在 2016 年的资产负债率为 54.8%，不是很高。风险管理协会的报告显示，大多数公司资产负债率的范围为 57%～67%，且公司之间的差异不大。与行业平均资产负债率 69%相比，STL 公司的资产负债率意味着公司的风险较小。

权益负债率

总负债与总所有者权益的比率叫**权益负债率**（debt to equity ratio）。权益负债率代表公司总负债与所有者权益之间的比例。因此，这个指标衡量的是财务杠杆。如果权益负债率大于 1，也就是说与所有者权益相比，公司的大部分资产都是负债筹集的；如果权益负债率小于 1，那么意味着与负债相比，公司的大部分资产都是所有者权益筹集的。权益负债率越高，那么公司面对的财务风险越高。

STL 公司 2016 年和 2015 年年末的权益负债率计算如下：

STL 公司权益负债率

公式	2016 年	2015 年	行业平均水平
$权益负债率=\frac{负债总额}{所有者权益总额}$	$\frac{\$431\,000}{\$356\,000}=1.21$	$\frac{\$324\,000}{\$320\,000}=1.01$	2.23

STL 公司在 2016 年的权益负债率为 1.21，不是很高。与行业平均权益负债率 2.23 相比，STL 公司的权益负债率意味着公司的风险相对较小。

利息保障倍数

资产负债率和权益负债率都没有涉及企业支付利息费用的能力。分析师和投资者利用**利息保障倍数**（times-interest-earned ratio）评价企业支付利息费用的能力。这个比例衡量息税前利润（EBIT）能够支付多少次利息费用。利息保障倍数越高，表明企业支付利息越轻松；越低则付息越困难。用 EBIT（净利润＋所得税费用＋利息费用）除以利息费用就可以计算出利息保障倍数。

STL 公司的利息保障倍数计算如下：

STL 公司利息保障倍数

公式	2016 年	2015 年	行业平均水平
利息保障倍数$=\frac{\text{EBIT}}{\text{利息费用}}$	$\frac{\$48\,000+\$33\,000+\$24\,000}{\$24\,000}=4.38$	$\frac{\$26\,000+\$17\,000+\$14\,000}{\$14\,000}=4.07$	7.80

2016 年公司的利息保障倍数为 4.38，2015 年为 4.07，都明显低于行业平均水平的 7.80，但是比美国企业平均水平要好，据风险管理协会的报告，美国企业的标准介乎 2～3 之间。从资产负债率和利息保障倍数来看，STL 公司偿还债务没什么问题。

□ 衡量获利能力

企业首要的目标是要获利，衡量获利能力的比率在决策中作用很大。我们讨论五个获利能力的衡量指标。

销售利润率

销售利润率（profit margin ratio）反映了企业实现的每一美元净销售额带来了多少净利润。换句话说，销售利润率反映了一家企业每一美元的销售能带来多少净利润。这个比率关注的重点是企业的盈利能力，计算方法就是用净利润除以企业的净销售额。

STL 公司的销售利润率计算如下：

STL 公司销售利润率

公式	2016 年	2015 年	行业平均水平
销售利润率$=\frac{\text{净利润}}{\text{净销售额}}$	$\frac{\$48\,000}{\$858\,000}=0.056=5.6\%$	$\frac{\$26\,000}{\$803\,000}=0.032=3.2\%$	1.7%

净利润和净销售额的数据均来自图表 17—7 中的利润表。STL 公司取得了较高的销售利润率。销售利润率越高，销售收入提供的利润越多。STL 公司从 2015 年到 2016 年销售利润率的增长很明显，行业平均的销售利润率为 1.7%，表明 STL 公司比在线培训行业的平均水平更成功。

总资产报酬率

总资产报酬率（rate of return on total assets）是衡量企业利用资产获取利润的能力。有两种方法为公司的资产提供资金：

- 债务——债权人贷款给企业，收到的利息就是他们的投资报酬；
- 权益——股东投资于公司的股票，净利润就是他们的投资报酬。

总资产报酬率就是用利息费用和净利润之和除以平均总资产。利息费用重新加到净利润上是为了确定资产真正的回报，不管企业的筹资选择是什么。

STL 公司的总资产报酬率计算如下：

公式	STL 公司总资产报酬率	行业平均水平
总资产报酬率 $=\frac{\text{净利润}+\text{利息费用}}{\text{总资产平均数}}$	$\frac{\$48\,000+\$24\,000}{(\$644\,000+\$787\,000)/2}=0.101=10.1\%$	6.0%

净利润和净销售额的数据均来自图表 17—7 中的利润表。总资产平均额是用比较资产负债表上总资产年初余额 $644 000 和年末余额 $787 000 加以平均得到（见图表 17—7）。STL 公司的资产报酬率为 10.1%，明显优于行业平均值 6.0%。

资产周转率

资产周转率（asset turnover ratio）衡量的是总资产中投入的每一美元能够带来的净销售额。这个比率用来衡量企业使用资产带来销售利润的能力。计算资产周转率的方法就是用净销售额除以平均总资产。

2016 年 STL 公司资产周转率的计算方法如下：

公式	STL 公司总资产报酬率	行业平均水平
总资产周转率 $=\frac{\text{销售净额}}{\text{总资产平均数}}$	$\frac{\$858\,000}{(\$644\,000+\$787\,000)/2}=1.2$ 次	3.52 次

STL 公司的资产周转率为 1.2，明显低于行业平均水平的 3.52 次，这说明 STL 公司在总资产中投入的每一美元带来的销售额较少。前面提到过，STL 公司的毛利率也低于行业平均水平。通常情况下，一家公司的毛利率高的话，它的资产周转率就会比较低。STL 公司的管理层可以考虑增加销售、减少平均总资产来改善资产周转率。

普通股股东权益报酬率

普通股股东权益报酬率可能是最常用的衡量企业获利能力的指标，它也常简称为**权益报酬率**（ROE）。这一比率表明了企业的净利润和普通股股东投资之间的关系，即普通股股东每一美元的投资可以获得多少利润。

要计算这一比率，我们首先要从净利润中减去优先股股利，得到可向普通股股东分配的净利润。（STL 公司没有优先股，所以优先股为 0。）然后我们用这一数字除以当年平均普通股股东权益。普通股股东权益是股东权益总额减去优先股权益。平均普通股权益是年初和年末余额的平均值。

2016 年 STL 公司的普通股股东权益报酬率计算如下：

公式	STL 公司普通股股东权益报酬率	行业平均水平
普通股股东权益报酬率 $=\frac{\text{净利润}-\text{优先股股利}}{\text{平均普通股股东权益}}$	$\frac{\$48\,000-\$0}{(\$320\,000+\$356\,000)/2}=0.142=14.2\%$	10.5%

STL 公司的权益报酬率（14.2%）高于总资产报酬率（10.1%），形成这一差异的原因是：公司以某一利率（比如 8%）借款，然后将这笔资金投资来获取更高的收益率，比如公司的权益报酬率 14.2%。这种做法叫**低息举债经营**（trading on the equity），也叫使用杠杆。这和资产负债率直接相关。资产负债率越高，杠杆效应越高。使

用债务筹集经营资金称作杠杆经营。

在经营状况好的时期，通常杠杆可以增加盈利，但也不总是这样。杠杆也会对盈利产生负面影响。因此，杠杆是个双刃剑，经营状况好时增加利润；经营状况不好时加剧损失。将 STL 公司的权益报酬率与行业均值 10.5%进行比较发现，STL 公司比行业中多数公司的绩效要好。大多数行业年权益报酬率保持在 15%～20%，所以 STL 公司的该指标是很好的。

普通股每股收益

普通股每股收益简称**每股收益**（EPS），是所有财务数据中被引用最多的一个。每股收益是唯一必须出现在利润表上的比率。每股收益是公司发行在外普通股每股获得的收益。每股收益用可向普通股股东分配的净利润除以当年发行在外普通股股数得到。优先股股东对股利有优先要求权，因此优先股股利要从净利润中减去。发行在外的普通股加权平均数量的计算将在高级会计课程中提到。简单地说，我们在确定发行在外的普通股平均数带来的每股收益时，用期初余额加上期末余额除以 2。

FASB 要求每股收益要反映在利润表中。企业需要就每一个收入项目设置一个独立的每股收益数据。

STL 公司 2016 年和 2015 年公司的每股收益计算如下（2016 年和 2015 年公司发行在外的普通股股数为 10 000 股）：

公式	STL 公司每股收益 2016 年	STL 公司每股收益 2015 年	行业平均水平
普通股每股收益 $=\frac{\text{净利润}-\text{优先股股利}}{\text{发行在外普通股股数}}$	$\frac{\$48\,000-\$0}{10\,000}=\$4.80$	$\frac{\$26\,000-\$0}{10\,000}=\$2.60$	\$9.76

2016 年 STL 公司的每股收益增加了 85%，股东不应该期望公司的每股收益每年都增长这么多。大多数公司都在争取每年 EPS 增加 10%～15%，比较成功的公司也是如此。但即使是最成功的公司偶尔也会有比较糟糕的时候。行业均值为 \$9.76，是 STL 公司 2016 年 EPS 的两倍还多。因此，STL 公司需要继续努力提高 EPS，从而使其相较于同行业的其他公司更有竞争力。

□ 公司股票投资价值分析

投资者购买股票是期望获得投资报酬，股票投资报酬包括两个方面：（1）以高于或者低于买家买入时的价格出售股票获得的收益或者损失；（2）股利。本节我们研究的比率可帮助分析者评价公司的股票。

市盈率

市盈率（P/E）是公司普通股每股市价与每股收益的比率。它表明了每一美元收益的市场价格。这一比率出现在《华尔街日报》股票专栏里，这一指标衡量的是股票市场对于企业的收益所确定的价值。

市盈率可以从财经出版物、股票经纪人或是公司的网站上获得。STL 公司的市盈率计算如下。

STL 公司市盈率			
公式	2016 年	2015 年	行业平均水平
市盈率 $=\frac{\text{普通股每股市价}}{\text{每股收益}}$	$\frac{\$60.00}{\$4.8}=12.5$	$\frac{\$35.00}{\$2.60}=13.46$	17.79

2016 年年末 STL 公司普通股的市价为 \$60，2015 年年末为 \$35。每股收益在市盈率以前计算。STL 公司 2016 年市盈率为 12.5，意味着公司股票是以每股收益 12.5 倍的价格交易。净利润更可控一些，2016 年净利润增长了。STL 公司有可能在未来年度看到该比率的增长，从而达到行业平均水平 17.79。

□ 股利报酬率

股利报酬率（dividend yield）是普通股每股股利与每股市场价格的比率。这一比率衡量每年以股利形式收回股票价值的百分比。优先股股东投资的首要目标是获得股利，他们特别关心股利报酬率。

假设 STL 公司每年支付一次现金股利，2016 年为普通股每股 \$1.20，2015 年为每股 \$1.00；公司普通股的市场价格 2016 年为 \$60，2015 年为 \$35。该公司的股利报酬率计算如下：

STL 公司股利报酬率			
公式	2016 年	2015 年	行业平均水平
普通股股利报酬率 $=\frac{\text{普通股每股股利}}{\text{普通股每股市价}}$	$\frac{\$1.20}{\$60.00}=0.020=2.0\%$	$\frac{\$1.00}{\$35.00}=0.029=2.9\%$	3.6%

以每股 \$60 价格购买 STL 公司股票的投资者可望以现金股利的形式每年收回 2% 的投资。但行业平均水平为 3.6%。如果股票市场的价格上升，投资者希望得到的股利可能会减少。

□ 股利支付率

股利支付率（dividend payout）是与公司每股收益相关的普通股每股年度宣告的股利，这个比率用来衡量每年支付给普通股股东的现金股利所占收益的比率。

前面提到过 STL 公司在 2016 年每股普通股支付股利 \$1.2，2015 年为 \$1，2016 年的每股收益为 \$4.8，2015 年为 \$2.6，因此 STL 公司的股利支付率计算如下：

STL 公司股利支付率			
公式	2016 年	2015 年	行业平均水平
股利支付率 $=\frac{\text{每股年度股利}}{\text{每股收益}}$	$\frac{\$1.20}{\$4.80}=0.25=25\%$	$\frac{\$1.00}{\$2.60}=0.38=38\%$	63%

STL 公司 2016 年的股利支付率为 25%，2015 年为 38%，均低于行业平均水平的 63%。STL 公司作为一个相对比较新的公司，可能会为了以后的成长和扩张而保留更多的收益。根据 2016 年的股利支付率，购买了 STL 公司普通股的投资者可能会希望年度现金股利大概为收益的 25%。投资者希望看到 STL 公司未来更高的市场价值和更高的资产周转率。

□ 财务报表分析中的预警信号

分析师会寻找在财务报表中出现的可能预示财务困境的信号。最近的会计丑闻提高了这些预警信号的重要性。如果出现下面的情况，公司可能就比较危险了。

● **销售、存货和应收账款的活动**。销售、应收账款和存货通常一起变动。销售增加引起应收账款增加并需要更多的存货（或者更高的存货周转率）来满足需要。这些项目中不正常的或者不连续的活动使得财务报表看起来很可疑。

● **收益问题**。连续若干年的持续经营利润和净利润是否明显下降？利润是否变成了损失？大多数公司无法在持续亏损的情况下存活下来。

● **现金流量减少**。现金流量保证收益。是否经营现金流量持续低于净利润？如果是，公司已经陷入困境。固定资产的销售是不是现金流量的主要来源？如果是，公司可能面临现金短缺。

● **债务过高**。公司的资产负债率与主要竞争对手以及行业平均水平相比如何？如果资产负债率比平均水平高，公司可能无法支付债务。

● **无力回收应收款项**。应收账款周转天数如果比同行业其他公司增长得快，现金短缺可能会马上发生。

● **存货积压**。存货周转率是否降低？如果是，公司可能无法卖出商品，或者存货水平被高估。

我们在本章中的分析是否为STL公司面临困难的预警信号？虽然财务报表描绘了一家强壮并且具有成长性的公司，分析也指出了STL公司面临的几个不足，包括较低的存货周转率、较低的应收账款周转率、较低的毛利率、较低的利息保障倍数、较低的资产周转率和较低的每股收益。随着STL公司的成长，它应该继续密切关注它的财务报表。图表17—8总结了你在本章中学到的财务比率。

图表17—8　**在财务报表分析中用到的比率**

比率	计算公式	提供的信息
衡量偿还流动负债能力		
营运资金	流动资产－流动负债	衡量流动资产满足短期负债的能力
流动比率	$\frac{\text{流动资产}}{\text{流动负债}}$	衡量用流动资产偿还流动负债的能力
现金比率	$\frac{\text{现金＋现金等价物}}{\text{流动负债}}$	衡量用现金和现金等价物偿还流动负债的能力
速动比率	$\frac{\text{现金＋短期投资＋流动应收项目的净额}}{\text{流动负债}}$	衡量如果流动负债立刻到期企业的偿债能力
衡量公司出售存货和收回应收账款能力		
存货周转率	$\frac{\text{销货成本}}{\text{平均存货}}$	衡量企业销售存货的能力——企业一年中销售平均存货的次数
存货周转天数	$\frac{\text{365天}}{\text{存货周转率}}$	衡量企业持有存货的平均天数

毛利率	$\frac{\text{毛利}}{\text{净销售收入}}$	衡量销售额的每一美元超过销货成本的盈利能力
应收账款周转率	$\frac{\text{赊销收入净额}}{\text{平均应收账款净额}}$	衡量从赊销客户处收回现金的能力
应收账款周转天数	$\frac{\text{365 天}}{\text{应收账款周转率}}$	衡量收回平均应收账款所需天数
衡量公司偿还长期债务能力		
资产负债率	$\frac{\text{负债总额}}{\text{资产总额}}$	表明资产中由借款筹集的比例
权益负债率	$\frac{\text{负债总额}}{\text{所有者权益总额}}$	负债总额占所有者权益总额的比例
利息保障倍数	$\frac{\text{净利润}+\text{所得税费用}+\text{利息费用}}{\text{利息费用}}$	衡量营业利润可以负担利息费用的倍数
衡量公司获利能力		
销售利润率	$\frac{\text{净利润}}{\text{净销售额}}$	表明每一美元销售额中净利润的比例
总资产报酬率	$\frac{\text{净利润}+\text{利息费用}}{\text{总资产平均数}}$	衡量公司利用资产获利的能力
资产周转率	$\frac{\text{销售净额}}{\text{总资产平均数}}$	衡量公司用平均总资产创造销售额的效率
普通股股东权益报酬率	$\frac{\text{净利润}-\text{优先股股利}}{\text{平均普通股股东权益}}$	普通股股东投入资金产生收益的能力
普通股每股收益	$\frac{\text{净利润}-\text{优先股股利}}{\text{发行在外普通股股数}}$	说明普通股每股获得净利润大小
公司股票投资价值分析		
市盈率	$\frac{\text{普通股每股市价}}{\text{每股收益}}$	表明每一美元收益的市场价格
普通股股利报酬率	$\frac{\text{普通股每股股利}}{\text{普通股每股市价}}$	说明每期股东收到的股利占股票市价的比例
普通股支付率	$\frac{\text{每股年度股利}}{\text{每股收益}}$	衡量普通股每股宣告股利和公司每股收益的比率

附录 17A：公司利润表

一家公司的利润表可能包括一些小企业没有的项目，这些非经常性损益在确定公司来自持续经营的收入后列示。我们将会回顾虚构的 GGT 公司来说明这些项目，图表 17A—1 为 GGT 公司截止到 2015 年 12 月 31 日会计年度的利润表。

图表 17A—1

GGT 公司 利润表 截止到 2015 年 12 月 31 日的会计年度		
销售净额	$ 500 000	持续经营
销货成本	240 000	
毛利	260 000	
营业费用	181 000	
营业收入	79 000	
其他收入和费用：		
销售设备利得	11 000	
税前利润	90 000	
所得税费用	36 000	
持续经营收入	54 000	
终止经营（减去应缴税费 $ 14 000）	21 000	特殊项目
非经常性损益前收入	75 000	
非经常性损益（减去应交税费节省 $ 8 000）	(12 000)	
净利润	$ 63 000	
普通股每股收益（发行 20 000 股普通股）		
来自持续经营的收入	$ 2.70	每股收益
终止经营的收入	1.05	
非经常性损益前收入	3.75	
非经常性损益	(0.60)	
净利润	$ 3.15	

□ 持续经营

在图表 17A—1 中，第一部分披露了持续经营。企业的这个部分应该一期一期地持续下去。因此来自持续经营的收入能够帮助投资者对企业未来的收益进行预测。我们可以使用这个信息来预测 GGT 公司明年大概会有收益 $ 54 000。

GGT 公司的持续经营包括两个项目，具体解释如下：

- GGT 公司有出售设备利得，这是在企业出售音乐产品的核心业务以外的。这就是为什么这笔利得在“其他”项目中反映——与 GGT 公司的经营收入是分开的。
- 为了得到 GGT 公司持续经营的收入，$ 36 000 的所得税已经减掉了。GGT 公司的所得税税率为 40%（$ 90 000×0.40＝$ 36 000）

在持续经营后，一份利润表可能包括两个明显不同的利得和损失：终止经营和非经常性损益。

□ 终止经营

大部分企业都会同时从事几种业务。例如，通用汽车公司的汽车最为出名，但是它也有一家信贷公司——通用汽车信贷公司。

一家公司每一个可单独辨认的部门称为企业业务的一个部分。一家公司可能会卖出自己业务的一个部分。例如，通用汽车公司卖了它的信贷公司，但是仍继续保留汽车部门。出售信贷部分可以视为通用汽车公司的终止经营。

财务分析师通常会密切注意他们跟踪观察的公司并预测公司的净利润。大多数的分析师在财务分析中并不包括终止经营的后果，因为终止经营的部分在未来不会存在。利润表会在终止经营下披露已经被卖出的部门的信息。在我们的例子中，终止经营带来的收入＄35 000 税率为 40%，并按照如图表 17A—1 所示的方法进行披露。终止经营带来的损失也会用相似的方法披露，但是会从节省的所得税中减掉损失（节省的税费减掉损失）。

处理固定资产的利得和损失并不按照终止经营项目进行披露，它们按照持续经营中“其他收入和费用”进行披露。因为公司处理旧的固定资产和设备比处理业务部门更频繁。

□ 非经常性损益

非经常的利得和损失，也称为非经常性损益，是不寻常的，出现频率很低。一般通用会计原则把“低频率”定义为考虑到企业所处的环境，在可预见的将来不会出现的事项。自然灾害（洪水、地震和龙卷风）带来的损失以及国外政府拿走企业的资产（征用）通常被认为是非经常性损益。它们和持续经营分开反映，因为它们是不寻常且出现频率低的项目。

非经常性损益和它对所得税的影响一起进行反映，2015 年，GGT 公司在一次洪水中损失了＄20 000 的库存。这次洪水带来的损失减少了 GGT 公司的收入和所得税。对于所得税的影响减少了 GGT 公司的损失，这和所得税会减少净利润是一个道理。如下所示，非经常性损失可以和它带来的对税收的影响一起披露：

非经常性损失——洪水	＄（20 000）
减：节省所得税费用（＄20 000×40%）	8 000
非经常性损失——洪水，税后净额	＄（12 000）

追踪这个项目到图表 17A—1，一项非经常性收益也按照损失的方法反映——收入所得税净额的影响。下列项目不属于非经常性：

- 销售固定资产利得和损失；
- 诉讼引起的损失；
- 员工罢工带来的损失；
- 当地频繁出现的自然灾害（例如佛罗里达的飓风）。

这些利得和损失是在企业的核心业务之外的，因此它们在利润表中作为其他利得和损失反映，但是它们不是非经常性的。GGT 公司中的一个例子就是销售设备的利得在其他收入和费用部分披露，如图表 17A—1 所示，作为持续经营带来的收入的一部分。

□ 每股收益

企业利润表的最后一部分反映的是企业的每股收益，简称 EPS。一家报告终止经营或者非经常性损益的企业必须报告这几个部分的每股收益（如图表 17A—1 所示），在利润表中反映或者作为财务报表附注。

疑难问题A部分

P17-27A 趋势分析和普通股回报率的计算

AM公司过去4年的销售收入净额、净利润和普通股股东权益的资料如下所示：

	2016年	2015年	2014年	2013年
销售收入净额	\$762 000	\$706 000	\$637 000	\$665 000
净利润	58 000	44 000	37 000	43 000
普通股股东权益年末余额	376 000	358 000	330 000	304 000

要求：

1. 计算每一项目2014—2016年的趋势百分比，2013年作为基期，计算结果保留两位小数。

2. 计算2014—2016年的普通股股东权益报酬率，计算结果保留三位小数。

P17-28A 进行纵向比较分析

MC百货商店的CEO请你对该公司的获利能力和财务状况与行业的平均水平作个比较。商店CEO向你提供了公司的利润表、资产负债表以及行业平均水平资料如下：

MC百货商店
与行业平均水平相比的利润表
2014年度（截止到12月31日）

	MC百货商店	行业平均水平
销售收入净额	\$778 000	100.0%
销货成本	522 816	65.8
毛利	255 184	34.2
营业费用	161 046	19.7
营业利润	94 138	14.5
其他费用	4 668	0.4
净利润	\$89 470	14.1%

MC百货商店
与行业平均水平相比的资产负债表
2014年12月31日

	MC百货商店	行业平均水平
流动资产	\$325 440	70.9%
固定资产净值	120 960	23.6
无形资产净值	8 640	0.8
其他资产	24 960	4.7
资产总额	\$480 000	100.0%
流动负债	\$222 720	48.1%
长期负债	107 520	16.6
负债总额	330 240	64.7
所有者权益	149 760	35.3
负债及所有者权益总额	\$480 000	100.0%

要求：

1. 对MC百货商店的利润表和资产负债表进行纵向分析。

2. 将MC百货商店的盈利和财务状况与行业平均水平进行比较。

P17-29A 编制结构百分比表，相对于行业平均水平分析盈利性和财务状况，使用相关比率评价一家公司

参考问题P17-28A中提供的MC百货商店的数据。

要求：

1. 编制MC百货商店的结构百分比利润表和结构百分比资产负债表。每张表的第一栏列示公司的结构百分比，第二栏列示行业平均水平。

2. 在进行获利分析时，计算MC百货商店的（a）销售毛利率；（b）销售利润率。将计算结果与行业平均水平进行比较，该公司的获利水平是高于还是低于行业平均水平？

3. 在进行财务状况分析时，计算MC百货商店的（a）流动比率；（b）权益负债率。将计算结果与行业平均水平进行比较。假设行业平均的流动比率为1.47，权益负债率为1.83，该公司的财务状况是好于还是差于行业平均水平？

P17-30A 企业的交易对于相关比率的影响

AT杂志的财务报表包括以下内容：

现金	\$23 000
应收账款净额	79 000
存货	184 000
资产合计	634 000

应付账款	104 000
应计负债	40 000
短期负债	47 000
长期负债	221 000
净利润	74 000
发行在外普通股股数	60 000 股

要求：

1. 计算该公司的流动比率、资产负债率和每股收益。

2. 考虑以下业务的影响后重新计算这三个比率（单独考虑每笔业务的影响）。

a. 赊购商品 $ 49 000。

b. 签发长期应付票据，借入资金 $ 122 000。

c. 发行 6 000 股普通股收到现金 $ 103 000。

d. 收到应收账款 $ 3 000。

P17-31A　使用比率评估股票投资

D 公司的比较财务报表资料如下：

D 公司比较利润表 截止到 12 月 31 日的年度		
	2015 年度	2014 年度
销售收入净额	$ 467 000	$ 428 000
销货成本	237 000	218 000
毛利	230 000	210 000
营业费用	136 000	134 000
营业利润	94 000	76 000
利息费用	9 000	10 000
税前利润	85 000	66 000
所得税费用	24 000	27 000
净利润	$ 61 000	$ 39 000

D 公司比较资产负债表 12 月 31 日			
	2015 年	2014 年	2013 年
流动资产			
现金	$ 97 000	$ 95 000	
应收账款净值	112 000	118 000	$ 102 000
存货	145 000	163 000	203 000
预付费用	12 000	5 000	
流动资产合计	366 000	381 000	
固定资产净值	211 000	179 000	
资产合计	$ 577 000	$ 560 000	598 000
流动负债	$ 225 000	$ 246 000	
长期负债	114 000	97 000	
负债合计	339 000	343 000	
优先股股东权益，3%	108 000	108 000	
普通股股东权益（无面值）	130 000	109 000	85 000
负债及所有者权益	$ 577 000	$ 560 000	

其他资料：

1. 公司普通股每股市价：2015 年 12 月 31 日为 $ 86.58，2014 年 12 月 31 日为 $ 46.54。

2. 发行在外普通股股数：2015 年为 12 000 股，2014 年为 10 000。

3. 所有的销售都是赊销。

要求：

1. 计算该公司 2015 年和 2014 年的下列财务比率：

a. 流动比率；

b. 现金比率；

c. 利息保障倍数；

d. 存货周转率；

e. 毛利率；

f. 权益负债率；

g. 普通股股东权益报酬率；

h. 普通股每股收益；

i. 市盈率。

2. 判断：(a) 公司 2015 年的偿债能力和库存周转率是好转还是恶化？(b) 该公司普通股股票对投资者的吸引力是增大了还是减小了？

P17-32A　使用比率分析法决定两种股票之间的投资

假设你有意投资一家数字电话行业的公司，并已经将投资范围缩小在 D 公司和 ZN 公司之间，收集到的资料如下。

来自两家公司当年利润表的资料：

	D 公司	ZN 公司
销售收入（全部为赊销）	$ 423 035	$ 493 115
销货成本	206 000	258 000
利息费用	0	19 000
净利润	54 000	66 000

当年年末资产负债表和股票市价的数据如下：

	D公司	ZN公司
流动资产		
现金	$23 000	$21 000
短期投资	38 000	19 000
应收账款净值	38 000	43 000
存货	64 000	96 000
预付费用	21 000	13 000
流动资产合计	184 000	192 000
资产总额	266 000	326 000
流动负债合计	102 000	96 000
负债合计	102 000	131 000
普通股：每股面值$1（12 000股）	12 000	
每股面值$2（16 000股）		32 000
所有者权益合计	164 000	195 000
普通股每股市价	$76.50	$94.99
普通股每股股利	$0.50	$0.40

年初资产负债表的部分数据：

	D公司	ZN公司
应收账款净值	$44 000	$53 000
存货	80 000	86 000
资产总额	262 000	276 000
普通股：每股面值$1（12 000股）	12 000	
每股面值$2（16 000股）		32 000

你的投资策略是选择市盈率较低，但看起来财务状况比较好的公司进行投资。假设你已经分析了其他所有因素，你的决策依赖于将要进行的比率分析的结果。

要求：

1. 计算两个公司当年的下列财务比率。
   a. 速动比率；
   b. 存货周转率；
   c. 应收账款周转天数；
   d. 资产负债率；
   e. 普通股每股收益；
   f. 市盈率；
   g. 股利支付率。
2. 决定哪家公司能更好地满足你的投资策略。

P17A-33A 编制利润表

下列信息均来自CM公司在11月30日的记录：

销售费用	$125 000	普通股，每股账面价值$10，授权发行21 000股	$210 000
管理费用	134 000	优先股，每股账面价值$4，发行6 000股	240 000
终止经营收入	5 000	所得税费用：持续经营	70 000
销货成本	430 000	所得税费用：终止经营	2 000
库存股——普通股（1 000股）	11 000	净销售收入	834 000

为CM公司编制多步式利润表，会计年度截止到2014年11月30日。要包括每股收益。

小组作业

小组作业17—1

选取一个你们感兴趣的行业，从这个行业中选取一家企业作为基准。然后在同行业中选取两家其他的公司。对于每个类别的比率，计算三家公司的所有比率。将两家公司与基准公司进行比较，并写一份报告。

小组作业17—2

选取一家公司并拿到它的财务报表。将利润表和资产负债表转换成结构百分比表，然后将你选择的公司与行业平均水平进行对比。风险管理协会的年度报表分析和邓白氏公司的《行业标准和企业关键比率》为大部分行业发布了结构百分比财务报表。

第 18 章

管理会计简介

- 为何管理会计很重要
- 服务业企业、商业企业和制造业企业的不同
- 成本如何划分
- 制造业企业如何确定完工产品成本
- 管理会计如何运用于服务业企业和商业企业

我该如何决策?

罗伯特·贝内特与最新研发的主菜的第一次体验是非常美妙的。菜式的品相赏心悦目，搭配也很完美。罗伯特确信他的厨师最新研发的这道菜就是他们一直期待的那道。

罗伯特是一位餐厅经理。他明白自己不能让生意原地踏步，所以不停地寻找各种方式以提高客人的用餐体验，同时关注着经营底线。他意识到存在一种平衡的措施既能使顾客用餐愉快，也能创造足够的利润使得投资者和债权人满意，所以现在罗伯特需要做很多决策。新的主菜何时发布？如何推广？定价为多少？如果价格过高顾客不愿尝试应该如何处理？如果很受欢迎导致厨房无法满足顾客的需求量或者很快脱销应该怎么办？需要雇用更多的员工吗？如果定价过低导致餐厅的利润下滑应该如何应对？

在做出决策之前，罗伯特需要更多的信息。管理者使用会计信息来帮助做决策，但年度财务报告中的信息对于罗伯特的帮助不够，他需要更多更具体的信息。管理者使用管理会计来帮助制定这些决策。一个良好的管理会计系统会帮助罗伯特为餐厅制定计划和之后评价这些计划是否成功。

你是否好奇过像Red Lobster这样的公司如何确定菜单上的价格？或者它们的特惠供应会如何影响利润？如何修改菜单才能吸引新的顾客？

Red Lobster由比尔·达登于1968年在佛罗里达州的莱克兰创立。在1970年其发展到5家餐厅时被通用磨坊公司收购。到2012年，美国和加拿大共有超过680家Red Lobster餐厅。1995年，通用磨坊剥离了其餐饮部门，并成立了达登餐饮有限公司。

2007—2013财年，达登餐饮公司的净利润增长了136%，从2.014亿美元增长到4.763亿美元。显然，该公司制定的决策提高了其经营效益。现在，让我们开始管理会计的学习，以了解优秀的企业如何利用管理会计信息制定成功的商业决策。

本章大纲

- 为何管理会计很重要?
- 服务业企业、商业企业和制造业企业有何不同?
- 成本如何分类?
- 制造业企业如何确定完工产品成本?
- 管理会计如何运用于服务业企业和商业企业?

学习目的

1. 了解管理会计并且理解其如何运用。
2. 描述服务业企业、商业企业和制造业企业的不同。
3. 区分服务业企业、商业企业和制造业企业的成本性态。
4. 编制制造业企业的利润表和产品的生产成本表。
5. 为服务业企业计算每项服务的成本，为商业企业计算每项商品的成本。

为何管理会计很重要

在这一章，我们将注意力从财务会计转到管理会计。财务会计关注的是如何完成财务报告；管理会计则更关注管理者用于经营管理的会计工具。所以尽管在财务会计中所学到的基本概念仍然适用，你仍需要学会如何使用这些新工具。任何有兴趣拥有或管理一家企业的人会发现管理会计对提供决策所需信息有很大帮助。我们将会继续使用虚拟公司 STL 来解释这些概念。STL 公司初创时是一家专门提供会计、经济、市场营销和管理学在线培训的服务业企业，后来发展成一家商业企业。现在，STL 公司的业务是出售上传了它们课程的平板电脑。

□ 财务会计与管理会计

STL 公司的管理者在经营公司时需要信息来帮助他们计划和控制公司的运作，包括管理公司的厂房、设备和人力资源。

- **计划**（planning）是指确定目标和达到目标的途径。例如，许多企业的目标就是增加营业利润。为此，公司可能会提高销售价格来提高总收入或者通过削减广告费用来降低成本。管理会计工具中的**预算**（budget）是计划工具的一种。预算展现了决策的预期财务影响，例如提高价格或者降低成本。预算还帮助管理者整合资源，从而完成计划。预算将在后面的章节中详细阐述。
- **控制**（controlling）是执行计划，并通过比较计划和实际结果来评价经营成果。例如，管理者通过比较实际成本和计划成本的差异，来评价员工的业绩。实际成本低于计划成本是有利的。但如果实际成本高于计划成本，就可能需要做出改变。

财务会计关注于过去的事项，报告以前会计期间的结果。然而，管理者需要对未来的经营活动做出决策，所以管理会计经常需要前瞻性的信息。此外，管理会计报告可能含有公司特有和不公开的所有者信息，为投资者和债权人准备的财务报告不包括这种类型的信息。图表 18—1 区分了财务会计和管理会计的主要不同。

图表 18—1　　管理会计与财务会计的区别

	财务会计	管理会计
1. 主要使用者	外部——投资者、债权人和政府主管部门	内部——企业管理者
2. 提供信息的目的	帮助投资者、债权人做出投资、借款或其他决定	帮助管理者进行计划和控制
3. 侧重点和确认期间	侧重于客观性、可信度，着重于过去，例如，2016 年完成的 2015 年度实际经营业绩报告	侧重于相关性，放眼将来，例如，2015 年做的 2016 年预算
4. 报告类型	受一般公认会计原则限制，并需注册会计师审计	内部报告不受一般公认会计原则的限制——由成本效益分析决定
5. 信息范围	对公司整体情况做概括反映，做季度报告或年报	关于企业的详细报告（产品、部门、地区），有日报、周报或者月报
6. 行为含义	关心披露的充分性，行为含义处于次要地位	关心报告将怎样影响员工行为

管理者可以自由设计公司的管理会计系统，更好地帮助决策。设计系统时管理者需要考虑采用该系统带来的收益和运行该系统的成本。这种通过权衡效益和成本来做决策的方法叫做**成本效益分析**（cost/benefit analysis）。

管理责任

管理责任（management accountability）是公司管理人员对于公司不同利益相关方的责任，要求管理者能够正确地配置公司的各项资源。利益相关方包括消费者、债权人、供应商和投资者。我们将这些群体称为利益相关方是因为每一方都在公司中存在相关的利益。图表18—2展示了管理活动与不同利益相关方的联系。图表由三种主要的现金流活动组成：经营活动、投资活动和筹资活动，也包括公司作为一个整体对社会产生影响的活动。对于每一项管理活动，我们列出其涉及的利益相关方和他们对组织的贡献。最右边一栏展示了管理者如何对利益相关方负责。

为赢得利益相关方的信任，管理者需提供关于他们决策的内容和决策的结果。财务会计将介绍经营活动、财务状况和现金流量的财务报告同时提供给管理者和外部利益相关方。财务会计满足了对以下群体的管理责任：

- 进行投资决策的所有者和债权人；
- 监管机构，例如，证券交易委员会、联邦贸易委员会和国税局；
- 希望公司能够履行责任的客户和社会。

图表18—2　对于不同利益相关方的管理责任

利益相关方	贡献	管理层的责任
经营活动		
供应商	产品和服务	定期支付
员工	时间和技术	提供一个安全、高效的工作环境
客户	现金	提供安全而无缺陷的商品和服务
投资活动		
资产供应商	长期资产	定期支付
筹资活动		
投资者	现金和其他资产	提供投资回报
债权人	现金	到期偿还本金和利息
影响社会的活动		
政府	允许经营	遵守法律并照章纳税
社区	人力和物质保障	提供工作机会并符合道德经营，支持社区发展

管理会计提供了计划和控制活动所需要的信息。企业的管理者需要对外部相关利益者负责，因此公司的管理层必须认真地进行计划和控制。导致公司衰退的决策会给从投资者到雇员的不同群体带来影响，同时可能对整个社会经济产生冲击。

现代商业环境

为了取得成功，无论大型企业还是小型企业的管理者都需要了解当代商业环境的发展趋势。

- **向服务型经济转变**。服务业企业为社会提供的服务涉及健康保健、沟通交流、金融等。联邦银行、谷歌、花旗银行不出售商品。它们销售的是服务。20世纪，许多地区的经济就已经从制造业转向服务业。如今，服务业占美国经济的份额最大，拥有美国人口 55%的从业人员。美国人口普查统计局估计在接下来的十年内，服务业尤其是科技、医疗保健将成为发展最快的行业。

● **全球化市场竞争**。不少制造商将生产基地迁往国外以更靠近新兴市场或者是利用廉价劳动力。许多公司和外国公司合作，以满足当地的需求。例如，日本企业丰田公司在美国设立了 10 个制造工厂。

● **基于时间的竞争**。国际互联网、电子商务和速递服务加速了商业的步伐。现在，顾客们在网上浏览，用电子邮件可以马上订货，两个星期内就可以收到他们的 DVD。可见在世界级商业竞争中，时间就是最大的竞争砝码。先进的信息系统、电子商务和准时制是成功做到这一点的三大法宝。

1. **先进的信息系统**。现在许多大公司都开始运用**企业资源计划**（ERP）来提供决策信息。ERP 可以将一个公司的全球业务、部门和数据融入一个系统。ERP 的优势在于使业务流程流线型，并能使公司对变化做出快速反应。

2. **电子商务**。公司可以使用互联网进行经营、对外销售并提供产品服务。互联网的存在使得在线销售成为现实，全世界的消费者能够每周七天，每天 24 小时接受到优质的服务。

3. **准时制**。长期以来，各公司都习惯于持有大量存货以保证有足够的原材料以供生产，并满足客户的订购。但这样就使大量的现金套在存货中而不能有其他用途。**准时制**（just-in-time，JIT）帮助管理者削减掉这部分成本，并加速原材料向产成品的转换。供应商提供小批、数量精确、刚好满足当天生产所需的材料；企业在正好需要运输给顾客成品的时候完成生产。

● **全面质量管理**。公司必须确保产品和服务的高质量才能在竞争中立于不败之地。**全面质量管理**（total quality management，TQM）的目标在于以高质量的产品和服务取悦顾客。为了达到这一目标，公司要消除产品链上所有环节的小缺陷或浪费。全面质量管理强调组织中每个人的重要性，创造跨流程的合作文化：研发、设计、生产、营销和销售、分销以及客户服务。流程中的每个步骤都会为最终的产出增加价值。

□ 职业道德准则

管理层经常会面对职业道德的挑战，美国管理会计师协会（IMA）制定了帮助管理会计人员处理一些职业道德挑战的标准。这个标准提醒我们社会要求高水平的会计专业人员必须具有较高的道德水准。图表 18—3 摘自《IMA 职业道德实践声明》。这些标准需要管理会计人员做到以下几点：

- 保持职业竞争力；
- 确保处理信息的秘密性；
- 保证行为的客观公正。

为了解决道德上进退两难的困境，美国管理会计师协会建议遵循组织既定的政策，如果额外的措施是必要的，可以与以下人群讨论面临的道德困境：（1）直接的上级；（2）客观的顾问；（3）必要的话，律师。

图表 18—3　　《IMA职业道德实践声明》(节选)

管理会计师对他们服务的组织、会计师职业、社会及他们本人负有坚持最高的道德行为标准的义务。这些标准包括：

Ⅰ. 才能

1. 不断学习专业知识和技能，保持适当的专业水平。
2. 遵守法律、法规和专业标准。
3. 提供准确、清晰、简明和及时的信息和建议，以支持决策。
4. 识别有碍于职业判断与良好绩效的局限和限制。

Ⅱ. 保密

1. 除在授权或法律要求的情况下，不得透露其在工作过程中获得的保密信息。
2. 提醒利益相关方对于保密信息的使用，管理下属的行为，以确保其行为符合法律的要求。
3. 禁止使用保密信息获取违反道德和法律的不当利益。

Ⅲ. 正直

1. 避免陷入任何实际或显而易见的利益冲突，对可能的冲突，要告知相关方。
2. 拒绝接受任何将影响或可能影响其行为的礼物、好处或热情招待。
3. 拒绝接受或支持任何将影响或可能影响其行为的活动。

Ⅳ. 客观

1. 传达信息及专业判断和意见，不论是有利还是不利的。
2. 披露一切可能会影响使用方对于报表、分析和建议的信息。
3. 披露一切执行企业章程和法律的信息、时间、程序和内部控制方面的延迟和缺陷。

资料来源：摘自 IMA，www.imanet.org。

服务业企业、商业企业和制造业企业的不同

企业一般划分为服务业企业、商业企业和制造业企业。下面阐述不同类型企业的差别。

服务业企业

服务业企业，例如，会计师事务所、电话公司和保洁公司，出售时间、技术和知识。与其他类型的公司类似，服务业企业试图以合理的价格提供及时、高质量的服务。在本书的财务会计部分我们集中讨论了服务业企业的财务报告。

从财务会计的角度来看，服务业企业的会计是最简单的，因为它们没有存货。它们所有的成本都是期间成本，那些成本都是发生在同一会计期间的。通常情况下，服务业企业最大的费用是职工薪酬。

商业企业

商业企业销售从供应商处购买来的货物。商业企业有存货，而且管理者对于货物的购买、储存和出售都负有管理责任。在本书的财务会计部分你也学习了商业企业的财务会计处理。

与服务业企业不同，商业公司利润表的特征就是，销货成本是企业最大的一项费用。销货成本指的是销售库存商品的成本。销货成本的计算一般不体现在对外报告的利润表上，只是作为一个项目简单列示。这一部分内容经常细致地列示在内部管理报告

上，以显示成本在库存商品上的流转。这些产品成本都是存货产品成本（inventoriable product costs），因为产品如果不出售，这些成本只是存在于库存中，并不会产生成本的确认。存货产品成本强调的是成本首先被记录在存货账户中。然而，在实际中，存货产品成本通常被当做产品成本。对于外部报告，一般公认会计原则要求公司只有在产品出售时，才能确认成本的发生。

公司的产品成本是为了出售而购入的商品买价与将产品运输到库房的运输费用。换言之，产品成本包括购买成本和将商品运送到仓库的成本。产品成本在资产负债表上记录为一项资产，直到该资产被出售。这项成本然后被转移到费用账户——销货成本上。可以通过以下公式计算销货成本：

期初库存＋采购金额＋运输费用＝可供销售产品

可供销售产品－期末库存＝销货成本

在管理会计中，我们需要将产品成本从期间成本中分离出来。和前面所提到的一样，期间成本是指一些本期发生的经营成本。因此，期间成本是不能归属到产品成本中的费用，例如，销售人员的薪酬、广告费用、仓储工具和租金，这些称为销售和管理费用。在利润表中，销货成本直接从销售收入中扣除以计算利润总额。然后，再扣除期间成本来确定营业利润。

□ 制造业企业

制造业企业利用劳务、设备、物资和器材将原材料加工成完工产品。制造业企业的管理者必须利用这些资源生产出价格能被消费者接受的产品。管理者负责的是创造利润和保持正向的现金流。

与服务业企业和商业企业不同，制造业企业有大量的生产活动，这要求追踪三种存货的成本。

1. **原材料存货**（raw materials inventory）：用于生产的原材料。比如，蛋糕的原材料有面粉、糖和鸡蛋；制作 DVD 的材料有盘盒、标签、母盘和软件程序。

2. **在产品存货**（work-in-process inventory）：生产过程中尚未完工的在产品。生产活动将原材料进行了加工，但最终的产品并没有形成。蛋糕的在产品是生面团；DVD 的在产品是包含程序，但是没有装盒、贴标签的 DVD。

3. **产成品存货**（finished goods inventory）：已完工尚未出售的产品。产成品存货是制造业企业最后销售给商业企业或者顾客的商品。如烤好的蛋糕和装箱的 DVD。

类似于商业企业，在制造业企业中，销货成本通常是最大的费用。产成品存货科目的变动提供了利润表中销货成本的信息。如下列公式所示：

期初产成品存货＋本期生产产品＝可供销售产品

可供销售产品－期末产成品存货＝销货成本

产品生产成本将在本章后面的部分进行介绍。

图表 18—4 展示了服务业企业、商业企业和制造业企业的资产负债表、利润表的比较。用黑体字标出的科目，说明了不同类型企业使用的不同的存货科目。

图表 18—4　　**财务报表比较**

服务业企业利润表			商业企业利润表			制造业企业利润表		
收入:			收入:			收入:		
服务收入		$7 600	销售收入		$7 600	销售收入		$7 600
费用:			销货成本:			销货成本:		
工资费用	$3 800		**期初库存商品**	$2 000		**期初产成品**	$2 000	
租赁费用	1 000		采购与运输费用	3 800		产品生产成本	3 800	
水电费	400		**期末库存商品**	(2 200)		**期末产成品**	(2 200)	
费用总计		5 200	销货成本总计		3 600	销货成本总计		3 600
营业利润		$2 400	毛利		4 000	毛利		4 000
			销售和管理费用		1 600	销售和管理费用		1 600
			营业利润		$2 400	营业利润		$2 400

服务业企业资产负债表（部分）			商业企业资产负债表（部分）			制造业企业资产负债表（部分）		
资产			资产			资产		
现金	$10 500		现金	$10 500		现金	$10 500	
应收账款	8 750		应收账款	8 750		应收账款	8 750	
设备	60 000		**商品存货**	2 200		**原材料**	1 500	
总计		$79 250	设备	60 000		**在产品**	800	
			总计		$81 450	**产成品**	2 200	
						设备	60 00	
						总计		$83 750

成本如何划分

在前面部分，我们讨论了期间成本和产品成本的不同。现在让我们继续探讨制造业企业的这些成本。

□ 直接成本和间接成本

直接成本（direct cost）是指能够容易地或有成本效益地直接追溯到某一成本对象的成本。**成本对象**（cost object）是管理层认为有必要单独计量成本的事物。管理者可能想要知道一个产品、一个部门、一个销售区域或者一项作业的成本。**间接成本**（indirect cost）是不能容易地或有成本效益地直接归属于某一成本对象的成本。在制造业企业中，成本对象通常是产品单位。间接产品成本被要求分配到完工产品中但并不容易追溯到某一特定的完工产品中。例如，生产主管的工资，生产主管监管在某一设备上生产的全部产品但并不直接参与其中任何单一产品的生产，因此，很难将生产主管产生的成本追溯到特定的产品中。在制造业企业中，产品成本包括直接成本和间接成本。

□ 产品成本

在制造业企业，产品成本被划分为三种。

1. **直接材料**（direct materials）。直接材料是构成产品实体的一部分，其成本能单独方便地从制造过程归集到产成品中。

2. **直接人工**（direct labor）。直接人工是对工人把材料加工制成产品所付出劳动的补偿。工人付出的劳动，其成本可以直接归集到产成品中。

3. **制造费用**（manufacturing overhead）。制造费用是指除直接材料、直接人工之外的其他所有制造成本。这些成本是由辅助性活动产生的成本，包括储存材料、维护机器，以及打扫工作场所。这些活动产生了间接材料、间接人工、车间水电费、修理费、维护费、租金、保险费、财产税和厂房折旧。制造费用也叫**车间费用**（factory overhead）或者**间接制造费用**（indirect manufacturing costs）。

让我们更为详细地介绍制造费用中的两个部分。区分直接材料和间接材料、直接人工和间接人工是十分重要的。

● 间接材料指的是用于生产中但是难以将成本直接归集到产品中的原材料。对家具制造企业来说，用于组装桌子的木用胶水成本就是间接成本。对于企业来说，追溯每张桌子用了多少胶水并且确定这些胶水的成本是不划算的。

● 间接人工包括很难直接归集到产品中的人工成本。例如生产主管、保安和维修人员的人工成本。

我们假设 SML 公司已经决定扩大生产安装有它们公司电子课程的平板电脑。图表 18—5 展示了其期间成本和产品成本。

图表 18—5　　STL 公司的期间成本和产品成本

	期间成本	产品成本		
	销售和管理费用	直接材料	直接人工	制造费用
生产设备折旧				√
办公设备折旧	√			
广告费	√			
办公室财产税与保险	√			
工厂财产税与保险				√
生产主管的工资				√
CEO 的薪酬	√			
装配线工人工资			√	
电池、处理器等制造平板电脑的材料		√		
制造用品				√
采购材料的运输成本		√		
产品运输费用	√			

□ 主要成本和加工成本

管理会计的目的是为管理者提供有用的信息。为了使成本信息发挥更大的作用，依据管理者的需求，制造业企业的产品成本可按不同的方式划分。

主要成本由直接材料和直接人工成本组成。在劳动密集型的生产过程中，直接成本是主要的成本。劳动密集型指的是工人而不是机器承担了大部分工作。在这种环境下，管理者会更关注这些主要成本。为了盈利，企业对这些成本加以控制是十分必要的。

加工成本由直接人工和制造费用组成。这些成本是原材料加工成产成品所耗费的成本。在机器密集型的生产过程中，直接人工的成本最小，因为机器承担了大部分工作。员工主要负责调试、准备和监控机器生产系统。然而，包括水电费和机器折旧的制造费用会是主要的成本。

图表18—6解释了主要成本和加工成本的关系。注意，直接人工既属于直接成本又属于加工成本。

图表18—6　主要成本和加工成本

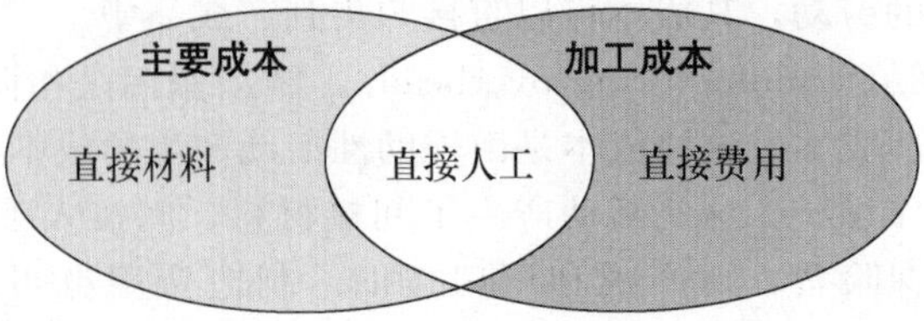

制造业企业如何确定完工产品成本

在这一章的前面部分，我们比较了服务业企业、商业企业和制造业企业的财务报告。我们注意到，不同于服务业企业和商业企业，制造业企业有一系列生产活动需要加以追踪，以确定完工产品和售出产品的成本。既然我们已经了解了较多制造业企业不同种类的成本，现在可以看看产品生产成本的计算过程。

计算销货成本

如我们在这一章的前面部分所看到的，产成品存货科目的变化提供了利润表中销货成本的信息。销货成本从净销售收入中扣除以确定利润总额。接下来就是扣除期间成本、销售和管理费用来确定营业利润。图表18—7是STL公司在生产安装有它们公司电

图表18—7　利润表——制造业企业

STL公司利润表 截止到2016年12月31日的会计年度		
销售收入		\$1 200 000
减：销售折让与退回	\$120 000	
销售折扣	80 000	
净销售收入		1 000 000
销货成本：		
期初产成品	0	
产品生产成本	660 000	
可供出售产品成本	660 000	
期末产成品	(60 000)	
销货成本合计：		600 000
毛利		400 000
销售和管理费用		
工资费用	120 000	
租赁费用	100 000	
保险费用	10 000	
折旧费用	6 000	
其他费用	5 000	
销售和管理费用合计：		241 000
营业利润		159 000
其他收入和费用		
利息费用		(7 600)
净利润		\$151 400

销货成本是产品成本

销售和管理费用是期间成本

子课程的平板电脑第一年的利润表。仔细研读这张利润表。注意报表如何将产品成本从期间成本中分离出来，确定你能够理解计算过程后再开始后面的学习。

计算产品生产成本

注意，产品生产成本指的是已经发生的成本。产品生产成本总结了整个会计期间在制造车间发生的成本。

为了弄清这个问题，先回忆与生产有关的活动。由图表 18—8 可知，生产是从购买原材料开始，通过直接人工和机器设备将原材料加工生产成产成品。当存货完成的时候，它就成了产成品。这些活动所涉及的成本都是产成品的成本，因为它们与生产相关。

图表 18—8　制造业企业：制造成本和期间成本

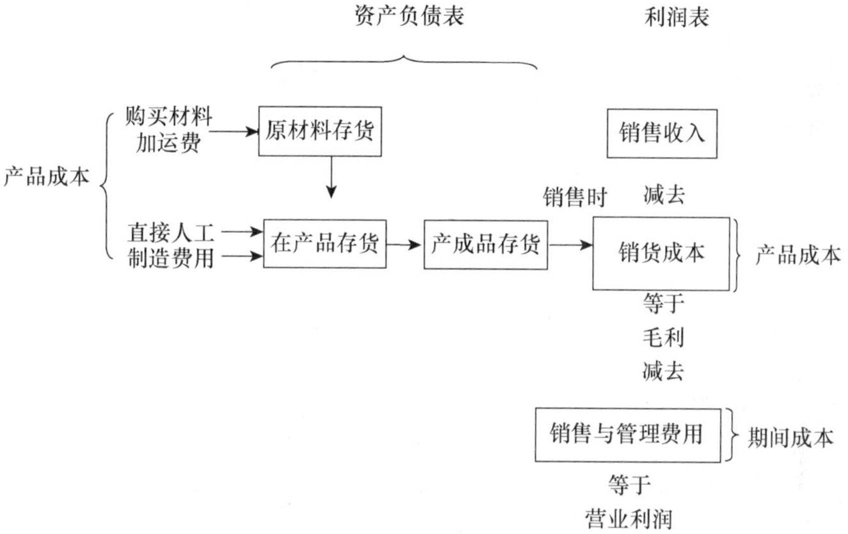

产成品是唯一准备销售的存货。当产成品出售时，产成品的成本就作为销货成本在利润表中反映。注意在销售前产品成本一直保持在资产负债表的存货科目下。到销售时，成本费用化并转入利润表。

生产商的非生产活动发生的成本，例如，销售人员的薪酬，是期间成本，同时在发生的期间记为费用。在利润表上，它们被称为销售和管理费用。

对车间的生产活动和成本流转情况有了清晰的认识之后，即可以计算产品生产成本了。图表 18—9 是 STL 公司产品生产成本计算表。该公司计算出 2016 年的产品成本为 $ 660 000。这是 STL 公司在 2016 年完工的 2 200 台平板电脑的成本。

产品生产成本是当年制造产成品存货的相关成本的总和。2015 年 12 月 31 日，STL 公司开始生产但尚未完成第一个完工的平板电脑。然而，公司已经开始了生产而且制造了 $ 80 000 的半成品。2015 年底的半成品存货也就是 2016 年初的半成品存货。

图表 18—9 显示，在这一年中 STL 使用了 $ 355 000 的直接材料、$ 169 000 的直接人工和 $ 83 000 的制造费用。因此年度发生的总生产成本是三者之和 $ 607 000。本年发生的制造成本加上年初的半成品存货 $ 80 000 得出总生产成本为 $ 687 000。在

2016 年 12 月 31 日，未完成的平板电脑成本仅仅只有＄27 000 在半成品存货中。公司完工了 2 200 台平板电脑并将它们转为产成品存货。年度产品生产成本是＄660 000。下面是产品生产成本的计算：

期初半成品存货＋直接材料＋直接人工＋制造费用－期末半成品存货＝产品生产成本

＄80 000＋＄355 000＋＄169 000＋＄83 000－＄27 000＝＄660 000

图表 18—9　　　　产品生产成本计算表

STL 公司产品生产成本计算表 截止到 2016 年 12 月 31 日		
在产品期初余额		＄80 000
加：直接材料		
期初直接材料存货	＄70 000	
购买直接材料	350 000	
可使用直接材料	420 000	
期末直接材料存货	(65 000)	
耗用直接材料合计		＄355 000
直接人工		169 000
制造费用		
间接材料	＄17 000	
间接人工	28 000	
厂房和设备的折旧费	10 000	
水电费、保险费和财产税	18 000	
制造费用合计		83 000
本年发生生产成本合计		607 000
总成本		＄687 000
减：在产品期末余额		(27 000)
产品生产成本		＄660 000

如果你重新查询图表 18—7 所列的 STL 公司的 2016 年的利润表，你会发现＄660 000 列在了完工产品成本上。

□ 存货账户的成本流转

图表 18—10 说明了 STL 公司存货账户的成本流转。下列公式可用于三种存货账户：

期初余额＋增加额－期末余额＝使用额或售出额

每一阶段的末项进入下一阶段。再花时间仔细看看图表 18—9 产品生产成本计算表中原材料的成本流转过程和图表 18—7 利润表中完工产品的成本流转。充分理解制造业企业的成本流转非常重要，而且在未来的章节中会经常使用。

图表 18—10　　STL 公司存货账户的成本流转

直接材料存货		在产品存货		产成品存货	
期初存货	\$7 000	期初存货	\$80 000	期初存货	\$0
+购入存货及运费	350 000	+耗用直接材料	\$355 000	+完工转入产品成本	660 000
=可用直接材料	420 000	+直接人工	169 000	=可供销售产品成本	660 000
−期末存货	(65 000)	+制造费用本年发生	83 000	−期末存货	(60 000)
=耗用直接材料	\$355 000	=合计总的制造成本	687 000	=销货成本	\$600 000
		−期末存货	(27 000)		
		=完工转出产品成本	\$660 000		

□ 计算单位产品成本

知道每单位产品的成本有助于管理层决定产品的价格。他们可以计量营业费用，决定产成品的成本。2016 年 STL 公司共产出 2 200 台平板电脑，那么每台平板电脑的成本是多少呢？

产品的制造成本÷产品的生产量=单位产品成本

\$660 000÷2 200=\$300

在 2016 年，STL 公司一共销售 2 000 台平板电脑，并且公司知道每台平板电脑的成本为\$300，有了这个信息，STL 公司就可以计算出销货成本：

销售数量×单位产品成本=产品销售成本

2 000×\$300=\$600 000

管理会计如何运用于服务业企业和商业企业

这一章之前两部分重点介绍了制造业企业，但是管理会计可以运用于所有类型的企业中。我们知道了如何确定完工产品的成本，现在让我们看看管理会计如何运用于计算服务业企业和商业企业的成本。

□ 计算每项服务的成本

了解每项服务的成本可以帮助管理者确定提供的每项服务的价格。服务业企业不存在生产成本，所以它们认为所有的营业费用都是服务成本的一部分。在更为大型、更为先进的服务业企业，期间成本被划分为服务成本和非服务成本。我们假设在 2013 年 5 月，在 STL 公司开始购买或生产平板电脑之前，公司发生了\$3 900 的成本，提供了 1 950 项电子课程服务。每一项服务的成本是多少？用下列公式计算单位成本：

总成本/总服务数量=单位成本

\$3 900/1 950=\$2

□ 计算每件商品的成本

商业企业需要知道哪些商品是盈利最多的。了解单位商品成本可以帮助管理人员为每件商品确定合适的出售价格。我们假设在 2014 年 12 月，STL 公司出售了成本为 $ 90 800 的 260 台平板电脑。每件商品的成本是多少？使用下列的公式计算单位成本：

总商品成本/总商品数量＝单位成本

$ 90 800/260＝$ 349.23

注意后文中 STL 公司生产平板电脑的决策，该公司以 $ 349.23 的价格购买平板电脑，而生产一台却只需要 $ 300。

疑难问题 A 部分

P18-26A　运用道德标准和管理责任决策

Natalia Wallace 是斯玛特软件公司的新任财务总监，该公司研发和销售教育软件。快到会计年度末 12 月 31 日时，公司董事长 James Cauver 向 Wallace 询问该年度的会计数据。董事长对利润增长 5 年来第一次低于 13%很不满意，董事长解释说，财务分析已经预测了 13%的增长率，他不想让股东失望。他建议 Wallace 跟助理财务总监（他知道以前的经理是如何处置这种增长率低于 13%的情况）讨论这件事。助理财务总监建议了以下策略：

a. 说服供应商将本年度 $ 13 000 的账单推迟到明年 1 月 1 日。

b. 将一些存放在公共仓库待售的软件记录为销售收入 $ 115 000。

c. 将年终结账的日期推迟到 1 月份，将明年销售收入计入今年。

d. 降低坏账准备，从 5%降到 3%，以保持公司良好的业绩表现。

e. 将每月例行维护推迟到明年 1 月份。

要求：

1. 上述建议中，哪些与管理会计职业道德准则相冲突？

2. 这些冲突对公司的利益相关者会产生怎样的影响？

3. 当董事长建议经理采纳这些策略时，经理应该怎么做？

P18-27A　区分期间费用和产品成本

Lawlor 公司是一家草地维护设备的生产商。该公司在生产除草机时发生了以下成本：

- 除草机的传动轴和把手；
- 除草机的引擎；
- 组装除草机的人工成本；
- 除草机所使用的尼龙线（不追溯到产品中）；
- 黏合外壳的胶水；
- 工厂保安的工资；
- 工厂设备的折旧；
- 厂房租金；
- 销售佣金；
- 管理人员工资；
- 厂房工具；
- 将产成品发给顾客的运输费用。

要求：

1. 简述期间费用和产品成本的不同。

2. 将 Lawlor 公司的成本划分为期间费用和产品成本。如果是产品成本，进一步划分为直接材料、直接人工和制造费用。

P18-28A　计算商业企业和制造业企业的销货成本

下面的表格中是两家公司的数据：

	A公司	B公司
期初余额：		
商品存货	$ 10 000	
产成品存货		$ 15 500
期末余额：		
商品存货	12 500	
产成品存货		11 750
采购净额	156 000	
产品生产成本		212 500

要求：

1. 简述三种类型企业的定义：服务业企业、商业企业和制造业企业。

2. 以上述数据为基础，确定每个公司是哪种类型的公司。

3. 计算每个公司的销货成本。

P18-29A　编制利润表并为服务业企业计算服务的单位成本

WP 公司提供修理汽车挡风板的服务。该公司在 2014 年 2 月发生的营业成本如下：

工资	$ 9 000
挡风板维修材料	4 900
卡车的折旧	250
建筑与设备折旧	800
使用的物资	600
工具	2 130

WP 公司的该月收入是 $ 26 000，其修理了 500 个挡风板。上述的所有成本都与修理服务直接有关。

要求：

1. 编制 2 月份的利润表。

2. 计算修理挡风板的单位成本。

3. WP 公司的经理必须保持单位营业成本在 $ 50 以下才能获得奖金。他能达到这一目标吗？

P18-30A　为商业企业编制利润表并计算其单位成本

2014 年，Charlie Snyder 开办了查理宠物店。这是一家小型宠物用品零售店，2014 年末的会计数据如下所示：

期末存货	$ 10 200
期初存货	15 100
销售收入	57 000
水电费用	3 900
租金	4 100
销售佣金	2 150
商品采购成本	27 000

要求：

1. 编制该公司年度利润表。

2. 该公司销售了 4 250 件商品，确定其产品的单位销售成本。

P18-31A　为制造业企业编制产品成本计算表和利润表

Fido Treats 公司生产自有品牌的宠物食品。其在 2014 年末的会计数据如下：

存货：	期初	期末
原材料	$ 13 400	$ 9 500
在产品	0	2 000
产成品	0	5 300
其他数据：		
原材料采购成本		$ 33 000
工厂保洁服务		800
销售人员薪酬		5 000
运输费用		1 700
销售收入		109 000
水电费		1 600
租金		13 000
消费者热线费用		1 400
直接人工		22 000

要求：

1. 编制该企业本年度制造产品的成本分配表。

2. 编制该企业本年度的利润表。

3. 该公司的利润表在格式上与商业企业有何不同？

4. 该公司在本年度制造了 18 075 件产品，计算其单位成本。

P18-32A　为制造业企业编制产品成本计算表和利润表

Tioga 制造公司的月度产品成本分配表和利润表如下。完成下表中的空格部分。

Tioga 制造公司		
____________		
______ 2014年6月30日		
期初______		$ 22 000
直接______：		
期初材料存货	$ ×	
材料采购	54 000	
______	80 000	
期末材料存货	(23 000)	
直接______		$ ×
直接______		×
制造费用		43 000
总______成本		175 000
总______成本		×
期末______		(29 000)
______		$ ×

Tioga 制造公司		
____________		
______ 2014年6月30日		
销售收入		$ ×
销货成本：		
期初______	$ 112 000	
______	×	
产品______成本	×	
期末______	×	
销货成本		217 000
毛利		283 000
______费用：		
营销费用	94 000	
管理费用	×	
总______		159 000
______利润		$ ×

P18-33A　通过制造业企业的存货账户确定其成本流转

Renka 鞋业公司生产休闲鞋。最近一年，Renka 发生的总制造成本是 $ 26 400 000。其中，直接材料为 $ 2 100 000，直接人工为 $ 19 800 000。原材料账户的期初余额为 $ 600 000；在产品账户期初余额为 $ 800 0000；产成品账户的期初余额为 $ 700 000。这些账户的期末余额为：原材料 $ 900 000；在产品 $ 1 400 000；产成品 $ 990 000。

要求：

分析存货账户以确定：

1. 本年度购进的原材料的成本。
2. 本年度生产的产品的成本。
3. 本年度产品的销货成本。

小组作业

小组作业 18—1

在网上搜索附近一家拥有网站的公司。安排你的小组去采访这家公司的管理会计师、主计长，或者其他会计财务人员。

要求：

在你的小组去采访之前，先回答以下问题。

1. 这是一家服务业企业、商业企业还是制造业企业？主要的产品或服务是什么？
2. 这家公司网站的目的是为了介绍公司产品、销售产品还是为投资者提供财务信息？
3. 这家公司网站是否有需要密码才能进入的页面？为何要设置这些限制？
4. 网站提供用于联络公司的电子邮箱地址了吗？

在采访中，请先告诉对方前四题你们的答案，并且问以下问题：

5. 如果公司在网络上销售，那么公司的收益来源于哪里？

或者

如果公司不在网络上销售，那么为什么？是不是公司进行了成本效益分析决定不在网络上销售？

6. 运营这个网站最大的成本是什么？
7. 公司通过互联网进行购买活动吗？占所有购买活动的百分比是多少？
8. 电子商务如何影响了公司的管理会计系统？管理会计的责任变得更复杂了，还是更简单了？更有趣了，还是更无聊了？
9. 公司是否应用基于网络的会计软件，例如应收账款和应付账款？
10. 公司是否应用了 ERP 系统？如果应用了，管理层是否认为这个系统很成功？成本如何？收益如何？

将你的小组的发现总结为一篇简短的文章。可以用图表的方式来强调你对关键问题的解释。要提供正确的资料来源和网址信息。

第 19 章

分批法

- 制造业企业如何使用分批成本法和分步成本法
- 材料成本和人工成本在分批法中的流转
- 制造费用在分批法中的流转
- 产品完工和出售时的处理
- 制造费用账户的调整
- 服务业企业如何使用分批成本法

为何我们的客户不断流失？

Melinda Duncan 陷入了沉思。她供职于一家地方性的会计师事务所。她主要从事审计方面的工作，Melinda 很享受她的工作。她喜欢走出办公室前往客户所在地。她认为审计像拼图一样，把不同的部分组合在一起极富挑战性。最近，由于竞争对手的审计收费更低，她供职的事务所的一些客户流向了他们。Melinda 不断思索这一情况，产生了很多疑问。她的事务所是否也需要降低收费来保持竞争力呢？如果降低收费，能否继续保持盈利呢？

Melinda 知道审计的收费必须包含提供服务的成本。与审计有关最大的成本是会计师的薪酬。但事务所也有其他人员的薪酬需要包括进去，例如，办公室后勤人员的薪酬。为了使事务所正常运转，还存在其他支出，包括水电费、办公用品和设备。在会计师事务所做出降低收费的决策之前，首先要确定提供服务的准确成本。一家事务所如何确定一项审计工作的全部成本？会计师事务所可以使用分批成本法来追踪提供给客户的每项服务的成本，然后再利用这些信息做出定价决策。

所有的企业都需要知道它们产品和服务的成本。像毕马威这样专业的会计师事务所会确定为客户提供的每一项服务的成本。有些成本很容易确定，例如，会计师可以通过记录的一项审计中花费的小时数来确定人工成本。但其他成本，例如，后勤人员薪酬、办公室租金和办公设备折旧之类的间接成本却不容易被归集到一项工作中去。本章将讲述制造业企业和服务业企业如何确定它们产品和服务的成本。

本章大纲

- 制造业企业如何使用分批成本法和分步成本法？
- 材料成本和人工成本在分批法中如何流转？
- 制造费用在分批法中如何流转？
- 产品完工和出售时作何处理？
- 制造费用账户如何调整？
- 服务业企业如何使用分批成本法系统？

学习目的

1. 区分分批法和分步法。
2. 分批成本法下原材料和人工成本的会计核算。
3. 计算预定制造费用分配率，分配制造费用。
4. 记录产品的完成和销售情况。
5. 调整多分配的和少分配的制造费用。
6. 计算服务业企业的订单成本。

制造业企业如何使用分批成本法和分步成本法

成本会计系统能够收集产品成本信息以帮助管理者确定单位产品的成本。了解单位成本可以帮助管理者实现以下目的：

- 制定合理的价格以便获得利润。
- 计算利润表中的销售成本。
- 计算资产负债表中的存货成本。

管理者的主要职责包括计划和控制。如果管理者知道产品的单位成本，那么他就可以计划和控制生产产品以及将其交付给顾客所需的资源成本。成本会计系统是管理者用来帮助制定计划和控制决策的工具。图表 19—1 是一些管理者想要计算的产品单位成本。

如图表 19—1 所示，成本会计系统不只是为制造业企业服务。所有的企业都需要了解产品与服务的成本。

图表 19—1 产品单位成本举例

企业的管理者	需要知道的成本
快餐店	制作一个汉堡包
运输服务公司	运输一磅货物一英里
汽车制造商	制造一辆汽车
建筑公司	建造一栋房屋
会计师事务所	编制一张纳税申报单

现在主要有两种传统的成本会计系统：分批成本法和分步成本法。本章主要介绍分批法，分步法在下一章进行介绍。在我们开始学习分批成本法之前，你需要了解这两种方法的区别。

分批成本法

一些企业按批次制造特定产品或者提供特定服务。分批成本法收集每一批次产品的成本信息。会计师事务所、音乐工作室、诊所、建筑承包商和家具制造商就是使用分批成本法的实例。伴随着我们逐步向服务型经济迈进以及 ERP 系统使用的不断增长，分批成本法的使用越来越广泛，因为软件让企业对成本的追踪更加有效。了解成本细节带来的收益超越了通过 ERP 系统获取信息的成本。

分步成本法

还有一些企业通过一系列生产步骤或者流程制造相同的产品。分步成本法收集完成产品的每一步骤的成本信息。例如，一家饮料公司的生产步骤包括混合、装瓶和装箱。一家冲浪板制造企业的生产步骤包括打磨、喷漆、上蜡和包装。一家血糖仪制造企业的生产步骤包括焊接、装配和测试。分步成本法主要用于大批量生产相同产品的公司。

材料成本和人工成本在分批法中的流转

分批法追溯成本从原材料出库到生产车间开始，在生产车间原材料被加工成产成品的整个过程。让我们来研究一家制造业企业如何使用分批成本法。为了说明这一过程，我们使用虚拟的企业 STL。STL 公司生产已经安装了电子学习课程软件的平板电脑。大多数顾客按批次订购平板电脑，同时 STL 公司将每一个订单作为一个单独的工作。STL 使用分批成本计算单记录每一批产品的成本：直接材料、直接人工和制造费用。

当订单开始生产时，企业开设分批成本计算单。当成本发生时，STL 公司将成本记入分批成本计算单，成本被记录到生产成本账户或在产品存货账户。当 STL 公司完成一个批次时，公司会汇总所有成本，并将在产品成本转移到产成品存货账户。转移到产成品存货账户的成本叫做产品生产成本。

当该批次的产品出售时，成本从产成品存货账户（一项资产）转移到产品销售成本账户（一项费用）。图表 19—2 是 STL 公司不同的三批产品的成本流转示意图。

图表 19—2　分批法下成本的流转

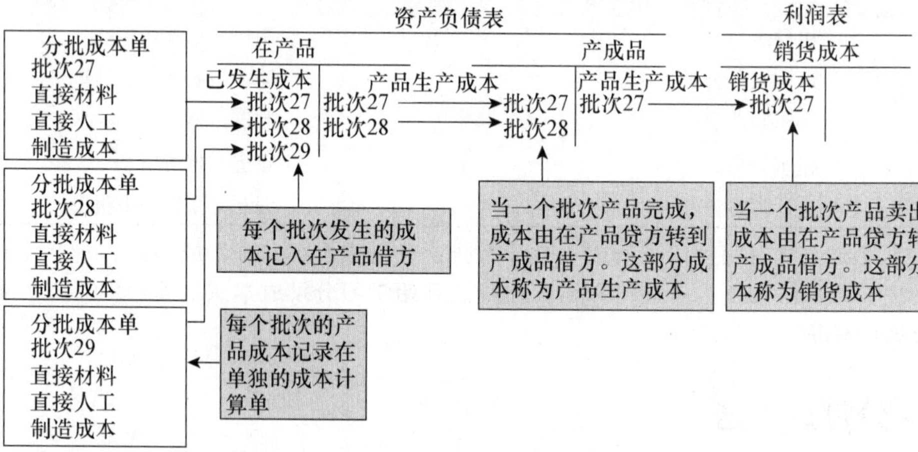

图表 19—2 表明 STL 公司在这一会计期间生产了三个批次的产品：批次 27、批次 28 和批次 29。批次 27 和 28 的产品完成了，其成本也从在产品转入了产成品账户。批次 27 的产品已经发给了客户，所以其成本又从产成品转入了销货成本。

期末余额在在产品账户的是批次 29，也是仅有的在本会计期间未完成仍在生产的批次。期末余额在产成品账户的是批次 28，也是仅有的在本会计期间已完工但尚未发货给客户的批次。期末余额在销货成本账户的是批次 27 的产品，也是仅有的在本会计期间完工并且出售的批次。这些余额可以通过比较成本的分批记录在比较总账账户的期末余额后进行验证。

本章的下一部分将更为细致地介绍成本流转。我们将以批次 27 为例。在 2015 年 12 月 31 日，STL 公司的存货账户期末余额如下：

原材料	
期末余额　70 000	

生产成本	
期末余额　80 000	

完工产品	
期末余额　0	

□ 原材料

原材料的会计核算主要存在于两方面：原材料的购买与原材料在生产过程中的使

用。因为原材料并非一经购入就必须立刻使用，而是可以储存起来在以后使用，原材料购买量和生产使用量往往不同，这就是产生原材料期末余额的原因。让我们来看一下对原材料购买和使用的记录。

购买原材料

业务 1——购买原材料：2016 年，STL 公司购买了价值 $ 367 000 的原材料。这是一项归集在原材料存货账户上的产品成本。为了简化记录过程，我们将一年的材料购买总体记为一个分录而不是记录每一笔购买的分录。其记录如下：

日期	科目及摘要	借方	贷方
业务 1	原材料	367 000	
	应付账款		367 000

原材料

期初余额 70 000	
业务 1 367 000	

原材料账户是一个总分类账账户。STL 公司也使用了一个原材料的明细账户。明细账户包括了总账账户的细节，而且明细账户余额之和等于总账账户的余额。

原材料明细账户包含了每一种材料的单独记录，所以有不同的页面分别记录电池、处理器、外壳和其他用于生产平板电脑的材料。明细账记录了购买（收到）的原材料、用于生产的原材料，以及库存余额。明细账的使用有助于加强对存货的控制，因为其帮助追踪生产过程中每种材料的使用。图表 19—3 是 STL 公司使用的一种电池的明细账。原材料总账账户的余额始终等于各明细账账户余额之和。

图表 19—3　　原材料明细账

日期	收到			发出				余额		
	数量	单位成本	合计	领料单号	数量	单位成本	合计	数量	单位成本	合计
2015 年										
12 月 5 日	200	$ 55	$ 11 000					200	$ 55	$ 11 000
12 月 10 日				334	50	$ 55	$ 2 750	150	$ 55	$ 8 250
2016 年										
1 月 14 日				342	15	$ 55	$ 825	135	$ 55	$ 7 425

使用原材料

使用原材料，批次 27：STL 在 2016 年开始批次 27 产品的生产。在 1 月 14 日，生产部门提出领料申请。图表 19—4 是电池的领料申请单——要求将原材料转移至生产部门。注意图表 19—3 明细账中相应材料领料单（342）的数量与成本。

图表 19—4　　材料领料单

领料单＃**342**

日期：2016 年 1 月 14 日
批次：27
申请人：休·帕特森

物品	数量	单位成本	总成本
B-103 电池	15	$ 55	$ 825

当原材料下发至生产部门，如同图表 19—3 所示，转移过程被记录在明细账中。当生产部门收到了原材料，它们也会分批进行记录。图表 19—5 显示的是在领料单 342 被记录后批次 27 产品的成本计算单。

图表 19—5　　成本计算单——直接材料记录

成本计算单

批次： 27
客户： 中央学院书店
备注： 15 台平板电脑

直接材料			直接人工			制造费用		
日期	领料单号	金额	日期	工时记录号	金额	日期	费率	金额
1 月 14 日	342	$ 825						

成本汇总
直接材料：
直接人工：
制造费用：
总成本
单位成本

从领料单 342 投入批次 27 的材料被当做直接材料，因为电池的成本可以比较容易地追溯到完工产品中。材料成本已经被分配到批次 27 中去，同时在原材料明细账中要记录减少，在这一批次的成本中则要记录增加。然而，STL 并不会在此时完成分录，而是会等到期末完成一个使用材料的总的分录。

业务 2——使用原材料： 在本年度，除了批次 27，STL 还有很多批次产品的生产工作。在 2016 年，公司使用的原材料价值 $ 355 000，包括电池、处理器和外壳。数量包括用于批次 27 及本年度其他批次的产品所耗用的材料。这些材料可以追溯到相应批次的产品中，且全部是直接材料。直接材料从原材料账户转出，转入半成品账户。每一批次的成本记录会显示转入该批次直接材料的数量。

另一方面，公司也使用了难以追溯到特定批次产品的材料。这些材料是间接材料。间接材料从原材料账户转出，转入制造费用账户。以下的分录记录了本年度生产过程中材料的使用情况：

日期	科目及摘要	借方	贷方
业务 2	在产品（直接材料）	355 000	
	制造费用（间接材料）	17 000	
	原材料		372 000

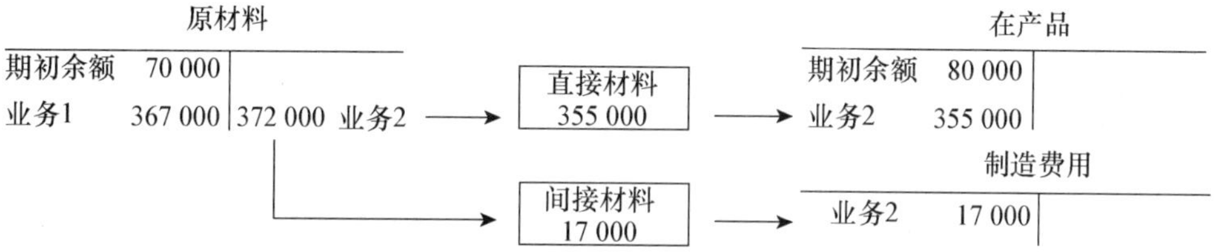

制造费用是一个在会计期间用于归集间接制造成本的临时性账户。因为其是一个临时性账户，所以被划分为一个权益账户。我们将在本章的后面部分调整制造费用账户。

无论是直接材料还是间接材料，生产部门都要通过领料申请将原材料投入到生产过程中。因为我们为这些材料的领用做了一个总的分录，所以不再分述。此外，领料单通常是电子版而非纸质版的，之前所述的样例只是为了更清楚地介绍和说明。

□ 人工

耗用的直接人工，批次 27：大多数企业采用电子人工/时间记录单以简化人工追溯成本。时间被自动加入到合适的成本记录中。如果使用的是手工系统，每一个员工完成的工时记录指的是完成一个批次的工作所花费的时间。例如，工时记录单显示一个员工在批次 27 的产品中花费了 5 个小时，员工每小时的薪酬是 $ 18。

图表 19—6 显示了 STL 如何将直接人工成本加入到批次 27 的成本记录中。员工的劳务被认为是直接人工，所以其成本被分配到该批次产品的成本中。成本被加入到批次成本记录中。STL 公司会在每个工资周期编制人工成本的总会计分录。

图表 19—6　　成本计算单——直接人工记录

成本计算单

批次：27
客户：中央学院书店
备注：15 台平板电脑

直接材料			直接人工			制造费用		
日期	领料单号	金额	日期	工时记录单号	金额	日期	费率	金额
1 月 14 日	342	$ 825	1/15	236	$ 90			

成本汇总
直接材料：______
直接人工：______
制造费用：______
总成本　______
单位成本　______

业务 3——发生的人工成本：在 2016 年度，STL 共发生了 $ 197 000 的人工成本，其中 $ 169 000 是直接人工成本，$ 28 000 是间接人工成本。这些成本包括批次 27 产品的所有直接人工成本和本年度其他批次产品的成本。间接成本是员工发生在工厂的人工成本，但不直接归集到产品上，包括管理人员、维修人员和保洁人员的人工。

日期	科目及摘要	借方	贷方
业务 3	生产成本（直接人工）	169 000	
	制造费用（间接人工）	28 000	
	应付职工薪酬		197 000

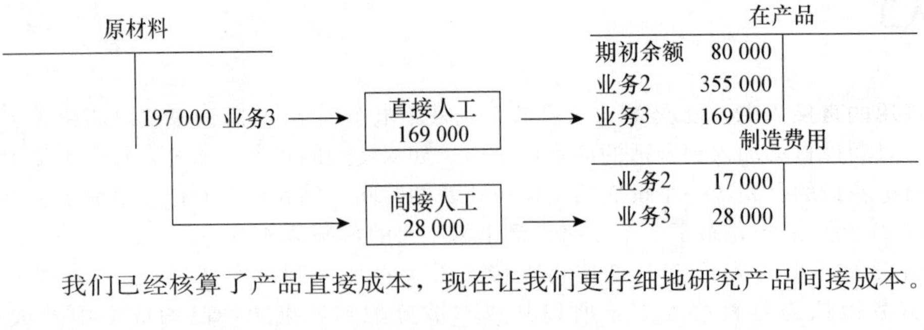

我们已经核算了产品直接成本，现在让我们更仔细地研究产品间接成本。

制造费用在分批法中的流转

接下来让我们研究分批成本法下制造费用的流转。

业务 4～7——实际发生的制造费用：所有的制造费用都会作为借方记录在一个单

独的总账账户—制造费用。我们已经将间接材料成本（业务 2，＄17 000）和间接人工成本（业务 3，＄28 000）记录在制造费用账户中。除了间接材料和间接人工，STL 发生了如下的制造费用：

- 厂房和设备的折旧＄20 000。
- 车间工具＄7 000。
- 车间保险＄6 000（提前预付）。
- 应计厂房财产税＄5 000，尚未支付。

业务 4～7 记录了这些制造费用。在本年度发生的实际制造费用记录在制造费用账户的借方。年终时，制造费用账户的借方包括了所有实际发生的制造费用。

日期	科目及摘要	借方	贷方
业务 4	制造费用	20 000	
	累计折旧		20 000
业务 5	制造费用	7 000	
	库存现金		7 000
业务 6	制造费用	6 000	
	预付保险费		6 000
业务 7	制造费用	5 000	
	应付财产税		5 000

制造费用

业务 2	17 000	
业务 3	28 000	
业务 4	20 000	
业务 5	7 000	
业务 6	6 000	
业务 7	5 000	
期末余额	83 000	

如你所见，制造费用包括一批企业无法追溯到特定批次产品的成本。例如，无法确定多少车间工具成本与批次 27 的产品有关。但是制造费用与直接人工和直接材料一样重要，所以 STL 公司必须找到某种能将制造费用分配到特定批次产品的方法。否则，无法正确地确定每一批次的产品成本在总成本中所占的比重。如果 STL 公司不能获取准确的成本信息，就很可能做出糟糕的定价决策。如果销售价格设置得过低，企业将会以低于成本的价格销售产品，进而导致亏损而不是盈利。

制造费用分配的会计核算分为三步，而且发生在会计循环的三个节点上：

1. 在会计期间开始之前计算计划制造费用分配率；
2. 在会计期间分配制造费用；
3. 在会计期末调整制造费用。

□ 会计期间开始前——计算计划制造费用分配率

只有在知道总的制造费用的基础上才能对制造费用进行最为准确的分配，但是准确的制造费用数额只有在期末才能获得。然而，管理者不能为这一成本信息等待如此之长的时间，所以计划制造费用分配率需要在会计期间开始之前加以计算。企业使用这个计划分配率将制造费用分配到每批次的产品中去。

计划制造费用分配率＝预计制造费用/预计制造费用分配基数

计划制造费用分配率由两个因素决定：

- 期间内预计总制造费用
- 预计制造费用分配基数

将间接制造费用分配给每批次产品的关键是确定一个可行的制造费用分配基数。分配基数是将制造费用分配到产品的标准。理想情况下，分配基数是制造费用的主要成本动因。成本动因指的是引起一项成本发生的主要因素。例如，机器运转的电力成本伴随着机器的持续使用而不断增长。因此，电力成本的动因就是机器的使用，而分配基数就是机器小时（机器运转的小时数）。制造费用和分配基数之间存在联系，即分配基数越大，分配的制造费用就越多，反之亦然。

习惯上，制造业企业使用的成本动因如下：

- 直接人工工时（人工密集型生产）；
- 直接人工成本（人工密集型生产）；
- 机器工时（机器密集型生产）。

STL公司只是用直接人工成本作为分配基数将制造费用分配到不同批次的产品中。本书的后面部分我们将学习其他分配制造费用的方法。在2015年末，STL估计2016年的制造费用总额为＄68 000，直接人工成本为＄170 000。利用这一信息，我们可以算出计划制造费用分配率为：

计划制造费用分配率＝预计制造费用/预计制造费用分配基数
＝＄68 000/＄170 000
＝40％

会计期间——分配制造费用

如我们所见，STL公司将直接成本直接分配到每一批次的产品中去。但是公司如何将制造费用分配到每一批次的产品中呢？由于产品是在2016年完成的，STL公司将会以40％的计划制造费用分配率乘以该批次产品的直接人工成本确定该批次产品的制造费用。STL公司使用相同的计划制造费用分配率分配所有批次产品的制造费用，包括在会计期末未完成的产品。让我们以批次27为例。批次27的总计直接人工成本是＄1 250，计划制造费用分配率是40％。因此，STL公司将＄500的制造费用分配到批次27的产品中去。＄500记录在这一批次产品的成本计算单中。

分配的制造费用＝计划制造费用分配率×实际制造费用分配基数
＝40％×＄1 250
＝＄500

为完成中央学院书店的订单所做的产品成本计算单（见图表19—7）显示，批次27产品的成本共计＄4 500，其中包括＄2 750的直接材料、＄1 250的直接人工和＄500制造费用。批次27共生产了15台平板电脑，所以STL每台平板电脑的成本是＄300。

图表 19—7　**成本计算单，批次 27**

成本计算单

批次：27
客户：中央学院书店
备注：15 台平板电脑

直接材料			直接人工			制造费用		
日期	领料单号	金额	日期	工时记录号	金额	日期	费率	金额
1 月 14 日	342	$ 825	1 月 15 日	236	$ 90	1 月 31 日	直接人工工时的 40%	$ 500
1 月 16 日	345	650	1 月 15 日	237	450			
1 月 25 日	352	1 275	1 月 31 日	252	710			

成本汇总

直接材料：	$ 2 750
直接人工：	1 250
制造费用：	500
总成本：	$ 4 500
单位成本：	$ 300

业务 8——制造费用分配：2016 年 STL 公司生产了很多批次的产品，包括批次 27。公司将制造费用分配到每一批次的产品中去，包括在年末未完工的产品。STL 在 2016 年的总计直接人工为 $ 169 000，按照 40%的分配率，总计分配的制造费用为 $ 67 600。将制造费用分配到在产品中的分录如下：

日期	科目及摘要	借方	贷方
业务 8	生产成本	67 600	
	制造费用		67 600

制造费用

业务2	17 000	67 600	业务8
业务3	28 000		
业务4	20 000		
业务5	7 000		
业务6	6 000		
业务7	5 000		
期末余额	15 400		

→ 分配制造费用 →

在产品

期初余额	80 000	
业务2	355 000	
业务3	169 000	
业务8	67 600	

□ 会计期末——调整制造费用

在将制造费用分配给 2016 年相应批次的产品后，其账户借方仍然存在 $ 15 400 的余额。这意味着 STL 公司的实际制造费用余额 $ 83 000 大于已经分配到生产成本中的 $ 67 600 的制造费用。我们认为 STL 公司的制造费用分配不足是因为公司分配到每一批次产品的制造费用小于实际发生的制造费用。制造费用账户是一个在会计期间用于归集间接产品成本的临时性账户。在会计年度末，制造费用账户余额必须为 0。因此，在会计期末，当制造费用被过度分配和分配不足时都需要进行调整。下面我们将介绍在核算完工和出售的产品时如何进行调整。

产品完工和出售时的处理

你已经知道了如何将直接材料、直接人工和制造费用归集和分配到每批次的产品中去。要完成以上步骤，你需要做如下的工作：

- 批次完工时核算；
- 批次销售时核算；
- 在会计期末调整制造费用。

将成本转入产成品账户

让我们回顾一下成本通过账户的流转。图表19—8显示了STL公司批次27、28、29三个批次产品的成本流转情况。注意，批次27和批次28的产品已经完工，它们的成本从生产成本账户转入了产成品账户。这使得在产品账户的余额等于部分完工的批次29的产品成本。产成品的T型账户显示批次27的产品已经出售而且其成本已转入销货成本。这使得产成品账户的余额等于已完工但未销售的批次28的产品成本。批次27是仅有的产品已经销售的批次，因此销货成本账户的余额等于批次27的产品成本。

图表19—8　批次27、28、29产品成本的流转

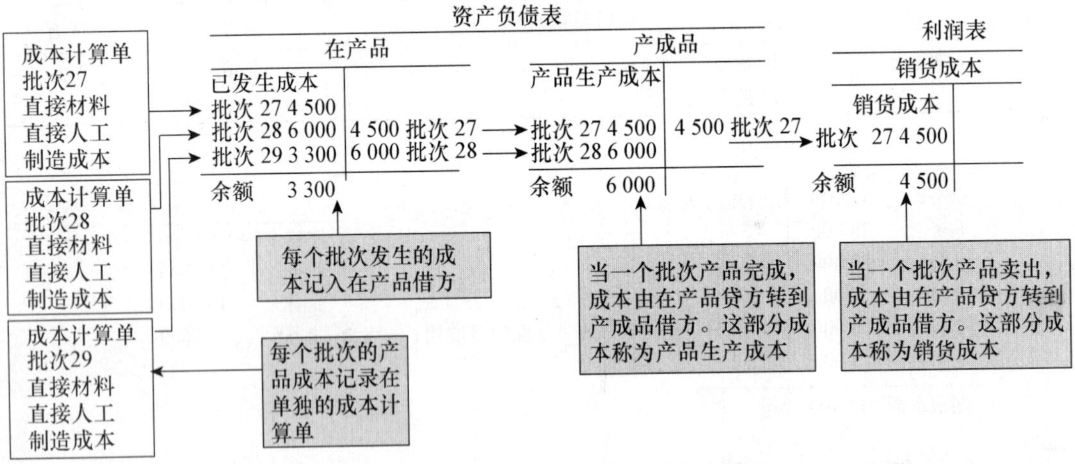

现在让我们看看STL公司是如何记录2016年各批次产品完工进度和数额的。该公司上年末的存货余额如下所示：

原材料	$70 000
在产品	80 000
产成品	0

2016年发生的业务如下所示：

产品生产成本	\$ 644 600
赊销	1 200 000
销货成本	584 600

业务 9——产品完工：\$ 644 600 的产品生产成本是 STL 公司在 2016 年完工的所有批次的产品的成本。一般来说，每一批次产品完工时都需要单独做分录，但是我们只用一个总分录来表示。当每批次产品完工并转入产成品仓库时，产品生产成本就从在产品账户转入产成品账户。STL 公司记录的 2016 年的产成品如下：

日期	科目及摘要	借方	贷方
业务 9	产成品	644 600	
	在产品		644 600

□ 转入销货成本

业务 10——产品销售：当平板电脑销售时，STL 公司记录的销售收入和应收账款如下：

日期	科目及摘要	借方	贷方
业务 10	应收账款	1 200 000	
	销售收入		1 200 000

业务 11——销货成本：产品已发给顾客。所以 STL 公司必须减少产成品成本，增加销货成本。分录如下：

日期	科目及摘要	借方	贷方
业务 11	销货成本	584 600	
	产成品		584 600

STL 公司生产成本的 T 型账户如下：

生产成本

期初余额	80 000	644 600	业务 9
业务 2	355 000		
业务 3	169 000		
业务 8	67 000		
期末余额	27 000		

产成品

期初余额	0	584 600	业务 11
业务 9	644 600		
期末余额	27 000		

销货成本

业务 11	584 600	

当每批次产品完成时，其成本转入产成品账户。在会计期末，产成品账户中的余额 \$ 27 000 代表了已经开始但未完工批次的产品的成本。还有些批次的产品已经完工但尚未出售，这些体现在产成品账户的余额 \$ 60 000 中。

制造费用账户的调整

在分批成本法中记录成本的最后一步是调整制造费用账户中多分配或者分配不足的制造费用。

业务12——调整制造费用：在本年度，制造费用账户的借方发生额是实际发生的制造费用，而贷方发生额是分配到各批次产品中的制造费用。

制造费用

实际成本 →	83 000	67 600	← 分配的成本
未调整余额	15 400		

制造费用的借方发生总额很少等于其贷方发生总额。这是因为STL是按照计划制造费用分配率分配制造费用，而计划制造费用分配率是以估计值为基础的，计划制造费用分配率代表的是制造费用与分配基数之间预期的关系。在我们的例子中，制造费用账户的借方发生额＄15 400是分配不足的制造费用，因为分配到在产品中的制造费用小于实际发生的制造费用。如果是多分配的制造费用，那么制造费用账户将会产生贷方余额，即实际发生的制造费用小于分配的制造费用。

会计师会在期末对多分配和少分配的制造费用账户进行调整。所以，当制造费用少分配时，我们需要将制造费用账户借方的＄15 400清零。那我们应记入哪个账户的借方呢？未分配制造费用代表的是STL公司本年度少计入的产品成本＄15 400。成本在在产品、产成品账户中流转并在最终转入销货成本。因此，制造费用的调整应该增加销货成本。销货成本账户是一个费用账户，所以借方代表增加。

日期	科目及摘要	借方	贷方
业务12	销货成本	15 400	
	制造费用		15 400

制造费用

业务2	17 000	67 600	业务8
业务3	28 000		
业务4	20 000		
业务5	7 000		
业务6	6 000		
业务7	5 000		
未调整余额	15 400		
		15 400	业务12 →
调整后余额	0		

销货成本

业务11	584 000	
→ 业务12	15 400	
调整后余额	600 000	

现在，制造费用账户的余额调整为0，而销货成本也加以了调整。

图表19—9总结了制造费用的会计处理。

图表 19—9　**制造费用的会计处理**

期初

计算预定制造费用分配率

$$\text{预定制造费用分配率}=\frac{\text{预计制造费用}}{\text{预计制造费用分配基数}}$$

期间

分配制造费用

$$\text{分配的制造费用}=\text{预定制造费用分配率}\times\text{每批次的实际制造费用分配基数实际量}$$

期末

调整多分配或少分配的制造费用

	制造费用	销售成本	会计分录
实际成本＞已分配制造费用	少分配	低估成本	借：销货成本↑ 贷：制造费用↓
实际成本＜已分配制造费用	多分配	高估成本	借：制造费用↑ 贷：销货成本↓

□ 总结

伴随着成本在分批成本法系统中的流转，我们经过了归集、分派、分配和调整四个步骤。图表 19—10 列出了本章中所有与这四个步骤有关的会计分录。

图表 19—10　**会计分录汇总**

日期	科目及摘要	借方	贷方
业务 1	原材料	367 000	
	应付账款		367 000
业务 2	在产品（直接材料）	355 000	
	制造费用（间接材料）	17 000	
	原材料		372 000
业务 3	在产品（直接人工）	169 000	
	制造费用（间接人工）	28 000	
	应付职工薪酬		197 000
业务 4	制造费用	20 000	
	累计折旧		20 000
业务 5	制造费用	7 000	
	库存现金		7 000
业务 6	制造费用	6 000	
	预付保险费		6 000
业务 7	制造费用	5 000	
	应付财产税		5 000
业务 8	在产品	67 600	
	制造费用		67 600
业务 9	产成品	644 600	
	在产品		644 600

业务10	应收账款	1 200 000	
	销售收入		1 200 000
业务11	销货成本	584 600	
	产成品		584 600
业务12	销货成本	15 400	
	制造费用		15 400

既然你已获得了仔细研究产品成本在分批成本法系统中流转的机会，不妨再重温一遍。图表19—11是STL公司2016年产品生产成本的汇总。图表19—12是同一时期的利润表。这些报告在前一章中也有展示。

图表19—11　　产品生产成本计算表

STL公司生产成本计算表 截止到2016年12月31日			
期初在产品			\$80 000
直接材料：			
期初原材料	\$70 000		
本期购入的原材料	350 000		
可供使用原材料	420 000		
期末原材料	(65 000)		
合计		\$355 000	
直接人工		169 000	
制造费用：			
间接材料	17 000		
间接人工	28 000		
折旧——厂房与设备	20 000		
水电、保险与财产税	18 000		
合计		83 000	
当年生产成本总计			607 000
应计生产成本			687 000
期末在产品			(27 000)
产品生产成本			\$660 000

图表19—12　　利润表

STL公司利润表 截止到2016年12月31日的会计年度		
销售收入		\$1 200 000
减：销售折让与退回	\$120 000	
销售折扣	80 000	
		200 000
净销售收入		1 000 000
销售成本：		
期初产成品	0	
产品生产成本	660 000	

可供出售产品成本	660 000	
期末产成品	(60 000)	
销货成本合计：		600 000
毛利		400 000
销售和管理费用		
工资费用	120 000	
租赁费用	100 000	
保险费用	10 000	
折旧费用	6 000	
其他费用	5 000	
销售和管理费用合计：		241 000
营业利润		159 000
其他收入和费用		
利息费用		(7 600)
净利润		$ 151 400

服务业企业如何使用分批成本法

如我们所见，服务业企业没有存货。这些企业只发生非存货性成本，但是管理者仍然需要知道每项服务的成本以确定其价格。我们将以一家律师事务所为例来阐明服务业企业如何将成本归集到每项服务中。

Walsh 联合律师事务所将每个客户当作一项单独的服务。Walsh 事务所最重要的成本是直接人工——律师花费在每个客户案子上的时间。服务业企业如何追踪其在每项服务中的直接人工呢？

Walsh 公司的员工可以完成一个每周的电子版人工工时记录表。相关的软件会合计出花费在每项服务中的时间。例如，洛伊丝律师的电子工时记录表显示在 2016 年 6 月 10 日的那一周，她在客户 367 上花费了 14 个小时，在其他顾客上花费了 26 个小时。

洛伊丝的薪水和福利每年总共有 $ 100 000。假设其在一年里每周工作 40 个小时，工作 50 周，那么其一年的工时为 2 000 小时（50×40）。所以，洛伊丝的每小时薪酬如下：

员工的每小时薪酬＝$ 100 000/2 000＝$ 50

洛伊丝在客户 367 上花费了 14 个小时，所以归集到客户 367 上的直接人工成本是 14× $ 50＝$ 700。这项直接人工成本将会记录在客户 367 的分批成本计算单上。

事务所合伙人雅各布想要知道每一个客户的总服务成本，而不只是直接人工成本。Walsh 联合律师事务所也将间接成本分配到每个客户中去。律师事务所估算计划制造费用分配率所用的方法与 STL 公司类似。在 2015 年 12 月，Walsh 公司预估 2016 年会发生以下间接费用：

办公室租金	$200 000
办公室后勤人员工资	70 000
案例研究用法律文库的维护和更新费用	25 000
广告费用	3 000
赞助费用	2 000
间接成本合计	$300 000

雅各布使用直接人工工时作为分配基数，因为直接人工工时是间接费用的主要成本动因。他估计事务所的律师在2016年的直接人工工时会达到10 000小时。

第一步：计算计划制造费用分配率。

计划制造费用分配率＝$300 000预计间接成本/10 000预计直接人工工时
＝$30每直接人工工时

第二步：用每项服务实际耗费的直接人工工时乘以计划制造费用分配率，计算每项服务应分配的间接成本。例如，客户367花费了洛伊丝14个小时，所以其分配的间接成本为：

14直接人工工时×$30每小时＝$420

总计，归集到客户367的成本如下：

直接人工：14小时×$50每小时	$700
间接成本：14小时×$30每小时	420
总计	$1 120

如你从上述例子中所见，和制造业企业一样，服务业企业可以使用分批成本法来归集直接成本，并分配间接成本。

因为服务业企业对于总成本有一个很好的估算，所以其可以更好地进行定价决策。该事务所每工时的成本是$80，即每工时的直接人工$50加上间接成本$30。该事务所可以使用成本加成定价法设定加成率向顾客收费。例如，如果希望利润达到成本的75%，则定价结果如下：

利润＝总成本×利润率＝$80×75%＝$60
定价＝总成本＋利润＝$80＋$60＝$140

根据上述计算结果，该公司应该向顾客每小时收费$140。

疑难问题A部分

P19-28A　分析成本数据，记录产品批次的完工和销售。　蓝鸟制造公司为便携式电子设备制造携带用箱。下面是其成本记录表：

产品批次	日期			10月31日的总成本	11月增加的总制造成本
	开始	完工	出售		
1	10月3日	10月12日	10月13日	$1 900	
2	10月3日	10月30日	11月1日	1 800	

续前表

3	10 月 17 日	11 月 24 日	11 月 27 日	400	$1 500
4	10 月 29 日	11 月 29 日	12 月 3 日	800	1 200
5	11 月 8 日	11 月 12 日	11 月 14 日		550
6	11 月 23 日	12 月 6 日	12 月 9 日		700

要求：

1. 蓝鸟公司使用的是哪种成本计算系统？你的答案是依据哪些数据做出的？

2. 用表格中的日期确定每批次产品所处的生产阶段。计算蓝鸟公司 10 月 31 日的在产品、产成品期末余额和销货成本。按批次计算 11 月 30 日的在产品、产成品期末余额和销货成本。

3. 编制会计分录记录 10 月份和 11 月份产品从在产品账户转入产成品账户的过程。

4. 记录批次 3 产品的销售，价格为 $2 100。

5. 批次 3 产品的毛利润是多少？

P19-29A 使用分批成本计算单编制会计分录

陆氏科技公司为电脑软件和娱乐公司生产 CD 与 DVD。其使用分批成本法。

在 4 月 2 日，陆氏公司开始了批次 423 产品的生产。批次 423 的产品是 5 900 张 DVD，每张 DVD 的售价为 $1.3，客户为 SP 映画公司。陆氏承诺将在 4 月 5 日之前将这批产品发到 SP 映画公司。陆氏公司发生了以下成本：

日期	工时记录号	备注	金额
4 月 2 日	655	10 小时；$14 每小时	$140
4 月 3 日	656	20 小时；$13 每小时	260

日期	领料单号	备注	金额
4 月 2 日	63	31 磅树脂；$11 每磅	$341
4 月 2 日	64	25 磅丙烯；$27 每磅	675
4 月 3 日	74	3 磅精炼铝；$42 每磅	126

SP 映画要求陆氏公司将提供的电影文件刻录到 DVD 中，每张成本为 $0.5。陆氏公司采用计划制造费用分配率分配制造费用。预计的制造费用为 $540 000。预计直接人工成本为 $432 000。批次 423 的产品在 4 月 3 日完工并发出。

要求：

1. 编制批次 423 产品的分批成本计算单。计算计划制造费用分配率，然后将制造费用分配到该批次的产品中。

2. 为直接材料的领用、直接人工的归集和制造费用的分配编制会计分录并记入相应账户中。

3. 为该批次产品的完工和出售编制会计分录并记入相应账户中。

P19-30A 建筑企业会计业务的核算

Quaint 公司是亚利桑那州的一家住宅建筑公司。Quaint 使用分批成本法，而且每栋房屋就是一个批次的产品。因为其建造房屋，所以其使用的账户名称是建筑制造费用。该公司依据预估的直接人工成本分配制造费用。本年度其预估的建筑制造费用是 $1 100 000，直接人工成本是 $2 750 000。以下事项发生在 8 月份：

a. 购买材料且款项尚未支付，$400 000。

b. 领用直接材料并在建造过程中使用直接人工。领用的材料记录如下。

	直接材料	直接人工
房屋 402	$54 000	$42 000
房屋 403	68 000	35 000
房屋 404	63 000	57 000
房屋 405	85 000	53 000

c. 公司共发生工资费用 $200 000。使用文中数据分派工资费用。

d. 建筑设备折旧，$6 200。

e. 发生的其他制造费用：现金支付的设备租金，$37 000；到期的工人保险，$3 000。

f. 将制造费用分配到每批次的产品中。

g. 房屋完工：402 和 404。

h. 房屋出售但款项尚未收回：404，售价

$ 250 000。

要求：

1. 计算 Quaint 公司的年度计划制造费用分配率。

2. 编制会计分录并在日记账中记录发生的业务。

3. 设立生产成本和产成品的 T 型账户。按字母顺序将相关的业务记录到这些账户中去。假设账户期初余额为 0，确定其期末余额。

4. 增加未完工房屋成本的核算，并且说明其总额等于在产品账户的期末余额。

5. 增加完工但尚未出售房屋成本的核算，并且说明其总额等于产成品账户的期末余额。

6. 计算已出售房屋的毛利润。对于 Quaint 公司来说毛利润必须要弥补哪些成本？

P19-31A 制造费用的会计核算

白色森林公司生产珠宝盒。主要材料（木材、黄铜、玻璃）和直接人工被直接归集到产品中。制造费用按照机器工时进行分配。2014 年的数据如下：

	计划	实际
机器工时	25 000 小时	32 100 小时
维护人工	$ 12 000	$ 28 500
车间主任的工资	47 000	48 000
螺丝、钉子和胶水	24 000	45 000
水电费	41 000	96 850
运输费用	37 000	46 500
工厂和设备折旧	87 000	83 000
广告费用	43 000	54 000

要求：

1. 计算计划制造费用分配率。

2. 在制造费用 T 型账户中列出分配的制造费用和实际发生的制造费用。

3. 编制会计分录调整少分配或者多分配的制造费用。

4. 计划制造费用分配率通常是不够准确的。那为什么会计师不使用实际制造费用分配率？

P19-32A 对会计业务进行综合核算

Howie Stars 为小学教师生产奖励用的星星。Howie Stars 在 6 月 1 日的试算平衡表如下：

账户名称	余额	
	借方	贷方
库存现金	$ 14 000	
应收账款	155 000	
存货：		
原材料	5 700	
在产品	39 400	
产成品	20 400	
固定资产	200 000	
累计折旧		$ 72 000
应付账款		127 000
应付职工薪酬		1 700
普通股		142 000
留存收益		91 800
销售收入		
销货成本		
制造费用		
销售和管理费用		
合计	434 500	434 500

6 月 1 日的明细分类账如下：

- 原材料：纸张，$ 4 700；间接材料，$ 1 000。
- 在产品：批次 120，$ 39 400；批次 121，$ 0。
- 产成品：大星星，$ 9 400；小星星，$ 11 000。

6 月份的业务如下：

a. 收款 $ 152 00。

b. 发生且已经支付的销售和管理费用，$ 28 000。

c. 应付薪酬，$ 36 000。

d. 赊购材料：纸：$ 22 900；间接材料：$ 3 800。

e. 生产领用材料：

批次 120：纸	$ 850
批次 121：纸	$ 7 650
间接材料	$ 1 000

f. 6 月份发生工人工资 $ 35 000。工时记录卡如下：批次 120，$ 3 500；批次 121，$ 16 600；间接人工 $ 14 900。

g. 6 月份支付的包括 5 月 31 日的应付工资余额以及 6 月份的应计工资 $ 32 200。

h. 厂房设备折旧费用，$ 2 600。

i. 制造费用以直接人工成本为分配基础，按照 50%的计划分配率进行分配。

j. 当月完工批次：批次 120，300 000 个大星星，总成本 $45 850。

k. 销售收入：批次 120 产品全部销售，收入 $111 000。

l. 调整少分配的制造费用或多分配的制造费用。

要求：

1. 为发生的业务编制会计分录。
2. 为总账账户和原材料、在产品、产成品的明细账账户开设 T 型账户，按照题目中列示的余额资料，记入各个账户的余额。
3. 编制 2014 年 6 月 30 日的试算平衡表。
4. 使用在产品的 T 型账户编制 6 月份的成品生产成本表。
5. 编制 6 月份的利润表。

P19-33A 服务业的分批成本法

CD 设计有限公司是一家网页设计和咨询公司。该公司采用分批法，每一位顾客被当作“一个批次”。该公司将直接人工、认证成本、差旅费直接归集到各批次（顾客）。将间接成本按照以直接人工成本为分配基数计算的间接费用分配率分配到各批次。

在 2014 年初，管理者 Sally Simone 编制的预算如下：

直接人工小时（专业人员）	6 250 小时
直接人工成本（专业人员）	$1 800 000
内勤人员工资	765 000
计算机租赁费	46 000
办公用品	27 000
办公室租赁费	62 000

在 2014 年 11 月，该公司为几位顾客提供了服务。其中两位顾客的相关记录如下：

	DT	MC
直接人工工时	700 小时	100 小时
软件认证成本	$4 000	$400
差旅费	8 000	0

要求：

1. 计算 2014 年该公司的直接人工费率和间接费用计划分配率。
2. 计算各批产品的总成本。
3. 如果 Simone 想要得到相当于销售收入 50%的利润，那么其应当分别向这两个顾客收取多少服务费？
4. 为什么该公司要将成本分配到各批产品中？

小组作业

小组作业 19—1

大型的航空公司，例如美国航空、达美航空和大陆航空正在遭到捷蓝航空和西南航空这类廉价航空公司的冲击。假设达美航空的 CFO 刚刚开完一场关于应对廉价航空公司的会议。运营副总裁认为什么都不需要做：“我们只需等待那些航空公司没钱了，那么低的票价它们不可能有利润。”而市场副总裁认为不应该看着市场白白被占据，认为应该降低达美航空的票价来和它们竞争，“如果捷蓝航空纽约航班售价 75 美元，我们也该收这么多！”包括 CFO 在内的其他人，强调削减成本的潜力。另外的可选方案是在达美航空中开设一条廉价航线。CEO 暂停了会议，并且让 CFO 收集一些可靠的数据。

开始，CFO 决定收集达美航空的标准成本和利润数据，并且和捷蓝航空作对比。假设她准备了以下资料：

	达美航空	捷蓝航空
航线：纽约到坦帕	1247 号航班	53 号航班
距离	1 000 英里	1 000 英里
座位数量	142	162
单程票价	$80～$621*	$75
食品和饮料	餐点	小吃

* 最贵的票价为头等舱的价格。

除去食品和饮料，CFO 估计达美航空每个座位的单位成本为 $0.084，捷蓝航空为 $0.053（这指的是，一个座位飞行一英里的成本——无论座位有没有人——达美为＄0.084，而捷蓝为＄0.053）。假设食品和饮料的平均成本为每位乘客小吃＄5，餐点＄10。

将你的小组分为两组。第一组回答要求 1，第二组回答要求 2，然后一起讨论要求 3 和 4。

要求：

1. 利用信息计算达美航空的数据：

A. 1247 号航班的总成本，假设全机坐满乘客。

B. 1247 号航班带来的收入，假设全机坐满乘客，并且平均每张单程票的收入为＄102。

C. 根据 A 和 B 计算 1247 号航班的利润。

2. 利用信息计算捷蓝航空的数据：

A. 53 号航班的总成本，假设全机坐满乘客。

B. 53 号航班带来的收入，假设全机坐满乘客。

C. 根据 A 和 B 计算 53 号航班的利润。

3. 根据 1 和 2 的答案，请细心评价达美航空会议中讨论的四个计划。

4. 这个案例的分析基于很多简化的假设。请整个小组进行头脑风暴，考虑可能影响达美公司应对廉价航空公司的其他因素。

第 20 章

分步法

- 分步成本法下成本的流转
- 约当产量及计算
- 编制产品成本报告
- 分步成本法中会计分录的编制
- 使用产品成本报告进行决策
- 附录 20A：分步成本法：先进先出法

饮料，有人要吗？

卡尔·马里诺注视着塑料瓶不断从他的眼前经过，他的机器运行得很流畅。卡尔在德雷克饮料公司工作。这家企业的全职员工有两班10小时的轮班，兼职员工则是每班4小时的轮班。短轮班对大学生卡尔非常适合。这给了卡尔一个不会占用他学习时间的赚钱机会。但是这件工作最棒的部分是，德雷克公司的经理总是愿意回答卡尔的各种问题。作为一个商科学生，德雷克总是有很多关于企业管理的问题。

最近，卡尔一直想了解德雷克公司生产一瓶饮料的成本。公司的产量如此之大，它们又怎样了解每一瓶饮料的成本呢？卡尔的经理一直在跟他解释它们的成本核算系统。德雷克公司采用分步成本法核算系统。在这一方法下，公司首先确定每一生产步骤，例如，混合、装瓶、包装的成本。然后，在月末，公司采用成本核算系统来确定生产每瓶饮料的平均成本。了解成本使得管理者能够做出正确的定价决策，在市场中保持竞争力。

看着眼前饮料瓶不断地经过，卡尔决定更多地了解公司的分步成本法核算系统。

你在便利店买了一瓶饮料。当你在付钱时，你可能会考虑生产这样一件产品的成本。百事公司的三样拳头产品——百事可乐、激浪饮料和乐事薯片，2010年在全球的零售额超过200亿美元。伴随着如此之大的产量和销售额，公司如何追踪产品的成本？很多食品和饮料公司大量生产产品，生产过程包括一系列生产步骤，而成本则与每一步骤息息相关。通过追踪每一步骤的成本，公司可以在会计期末确定产品的总成本。

本章大纲

- 分步成本法下的成本如何流转？
- 什么是约当产量？
- 如何编制产品成本报告？
- 在分步成本核算系统中需要编制哪些会计分录？
- 如何使用产品成本报告进行决策？
- 如何使用先进先出法编制产品成本报告？

学习目的

1. 了解分步成本法下成本的流转。
2. 为直接材料和加工成本计算约当产量。
3. 使用加权平均法编制产品成本报告。
4. 为分步成本法核算系统编制分录。
5. 使用产品成本报告做出决策。
6. 使用先进先出法编制产品成本报告（附录20A）。

分步成本法下成本的流转

在上一章中，你了解了使用成本核算系统来确定产品和服务成本的重要性。管理者使用成本信息来履行其计划和控制的责任。上一章的重点是分批成本法核算系统，本章则主要介绍分步成本法核算系统。让我们复习一下这两种核算系统的相同点与不同点。

分批法与分步法

在上一章，你了解到像 STL 这样由我们虚拟的制造安装了电子课程的平板电脑的公司使用分批成本法来确定其产品和服务的成本。分批成本法适用于按批次生产特定产品、提供特定服务的企业。其他使用分批成本法的企业包括会计师事务所、建筑商和家具制造商等。

还有一些公司按照一系列生产步骤大量制造相同的产品。这样的公司包括饮料公司、油漆制造商和炼油企业等。这些企业使用分步成本法。分步进行成本核算的两种主要方法是：加权平均法和先进先出法。这里将主要介绍加权平均法；在章末的附录中你会接触到先进先出法。

分批法和分步法都是追踪产品成本中的直接材料、直接人工和制造费用在资产负债表上的原材料、在产品和产成品三个存货账户中流转。当产品出售时，两种方法都将产品成本结转到利润表中的费用账户销货成本中。

分批发和分步法的主要不同在于如何和何时将成本记录在在产品账户中。分批法有一个在产品账户和一个包含每批次产品成本的明细分类账户。每批次的工作完成时，成本转入产成品账户。分步法为每一个生产步骤或者生产部门设立了独立的在产品账户。在每一个会计期末，产品成本报告由每一生产步骤或者生产部门完成。成本的流转从一个在产品账户转入下一个在产品账户直到最终转入产成品账户。

图表 20—1 总结了分批法和分步法的不同。

图表 20—1　　分批法与分步法区别

	分批法	分步法
企业类型	按批次生产特定产品，提供特定服务的企业	按照一系列生产步骤大量制造相同产品的企业
成本归集依据	批次	生产步骤
在产品	一个总账账户和一个包含每个独立的批次的明细账户	每个生产步骤或生产部门分设在产品账户
记录	按批次记录成本	每个部门或生产步骤编制产品成本报告
成本转移时点	每批次的产品完工时	会计期末

分步成本法下成本的流转

为了加深对分步成本法的理解，我们以蜡笔的生产为例。快乐色彩是一家虚拟的生产蜡笔的企业，其生产分为三个步骤：混合、塑形和包装。混合部门将直接原材料，例如，固体石蜡和颜料混合在一起。加热混合体被转移到塑形部门，在那里被加工成固定的形状。冷却后，蜡笔从模具上移除，转移到包装部门，在那里每一支蜡笔裹上包装纸然后装箱。蜡笔的成本是生产过程中每一步骤的成本之和。公司将这些成本分配到经过生产流程的每一支蜡笔中。在快乐色彩公司，每一个生产步骤都由一个单独的部门完成。

假设该公司生产 10 000 只蜡笔的总成本和每支蜡笔的成本如下：

	总成本	单位成本
混合	$ 200	$ 0.02
塑形	100	0.01
包装	300	0.03
总计	$ 600	$ 0.06

生产 10 000 支蜡笔的总成本是三个步骤的成本之和。每支蜡笔的成本是用总成本除以生产的蜡笔的数量：

$ 600/10 000＝$ 0.06

快乐色彩公司使用每步骤的单位产品成本来进行如下工作：

● 控制成本：当某些生产步骤的实际成本大于计划成本时，公司可以寻找方法削减实际成本。

● 确定售价：公司希望售价可以包含制造蜡笔的成本，并在此基础上盈利。

● 计算账户余额：公司需要知道在产品和产成品的期末余额以编制资产负债表，以及用销货成本编制利润表。

在任何时点，都有一些蜡笔处在混合步骤中、一些处在塑形步骤中，剩下的处在包装步骤中。当蜡笔处在生产循环中的不同阶段时，计算蜡笔的成本更为复杂。

图表 20—2 比较了 STL 公司使用的分批法中成本的流转和快乐色彩公司使用的分步法中成本的流转。

图表 20—2　成本流转的比较：分批法和分步法

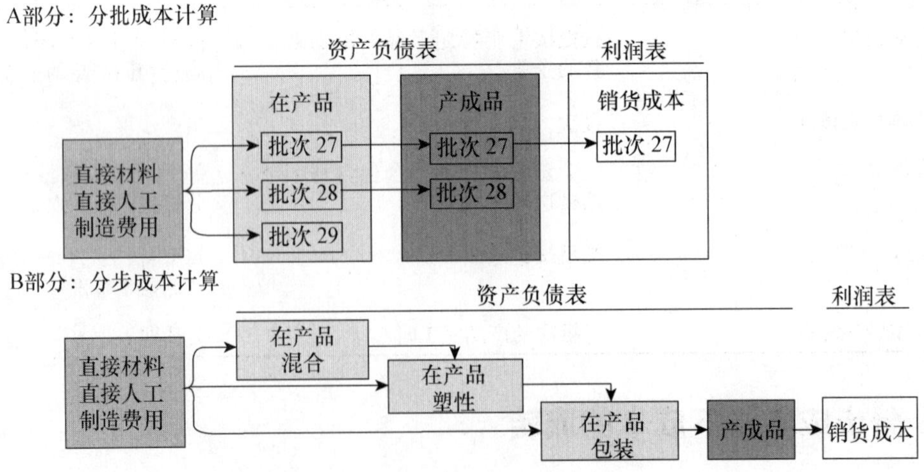

A 部分说明分批成本法有一个单独的在产品成本控制账户。总分类账中的在产品账户由每一批次产品单独的成本账户集合而成。B 部分总结了分步成本法中的成本流转过程。注意以下事项：

1. 每一步骤（混合、塑形和包装）的生产由单独的部门完成，而且每一个部门有自己的在产品账户。

2. 直接材料、直接人工和制造费用在使用到它们的每一步骤都被分配到在产品账户中。

3. 当混合部门的工作完成时，混合物从混合部门转出，进入塑形部门。混合部门的成本也从混合部门的在产品账户转入塑形部门的在产品账户。

4. 当塑形部门的工作完成时，蜡笔从塑形部门转出，进入包装部门。塑形部门的成本也从塑形部门的在产品账户转入包装部门的在产品账户。

5. 当生产完成时，成箱的蜡笔进入产成品仓库。成本只是从最后一个生产步骤的在产品账户转入产成品账户。

6. 蜡笔的总成本包括混合、塑形和包装的成本。第一步发生的成本转入第二步，发生在第一、第二步的成本转入第三步。最后，全部成本转入产成品成本。

约当产量及计算

生产流程需要花费一定的时间，所以在会计期末企业可能存在未完工的产品。在分步成本法中，产品成本是根据生产步骤进行归集的。在会计期末，总的生产成本必须划分为以下部分：

- 在本步骤已经完成并转移到下一步骤的产品。
- 在本步骤仍未完成并且存在于在产品账户的产品。

图表 20—3 阐明了所有成本必须核算的时点。它们或者存在于本部门的生产中，或者转移到下一部门的生产中。

图表 20—3　　期末部门 1 成本的分派

部门 1 当期发生的总成本	＝	期末转移到部门 2 的成本
		期末留在部门 1 的成本

当产品成本必须分开计算时，我们不能依照开始生产的产品数平均分摊总成本以获得单位产品成本。因为有些产品并未完成，所以并不负担相同数额的成本。完工的单位产品成本大于未完工的单位产品成本。那么成本如何进行分摊呢？

约当产量

约当产量的概念使得企业可以衡量在一个会计期间添加到部分完工成品上的材料或工作的数量，并且以完工产品的产量来表现。

让我们将约当产量的概念运用到制造业企业中。假设会计期末快乐色彩公司的制造工厂在包装部门的在产品账户有 10 000 支蜡笔。每支蜡笔都已经用纸包装好但尚未装箱。对于包装部门，包装纸和箱子都是包装过程中的直接材料。如果包装纸成本占这一步骤中直接材料成本的 40%，那么 10 000 支使用了 40%材料的蜡笔相当于 4 000 支使用了 100%材料的蜡笔。

10 000×40%（完工进度）=4 000（耗用直接材料的约当产量）

因此，包装步骤中在产品的期末余额有约当产量为 4 000 完工产品的直接材料。

□ 加工成本

很多采用分步成本法的企业都是高度自动化的，所以直接人工在制造成本中所占比例很小。为简化会计核算，常常将直接人工与制造费用统一核算，称为加工成本。加工成本指的是将原材料加工为产成品的成本。

假设包装部门的 10 000 支蜡笔完成了加工过程的 80%，如果加工成本在本步骤中平均分摊，那么 10 000 支完成了加工过程 80%的蜡笔的成本相当于 8 000 支完成了 100%加工过程的蜡笔。当加工过程中的成本平均分摊时，我们使用下述公式计算约当产量。这通常是确定加工成本的方法。

10 000×80%（完工进度）=8 000（耗用加工成本的约当产量）

总而言之，在会计期末，快乐色彩公司在包装部门有 10 000 支蜡笔处于生产过程中。用直接材料的耗用来衡量，这 10 000 支蜡笔的完工程度达到 40%；用加工成本来衡量，这 10 000 支蜡笔的完工程度达到 80%。从约当产量的角度看，这 10 000 支蜡笔在直接材料耗用上的约当产量为 4 000，而在加工成本上的约当产量为 8 000。

编制产品成本报告

我们以一家虚构的生产拼图玩具的 PM 公司为例，来研究分步成本法。图表 20—4 阐明了两种主要的生产步骤：

- 装配部门将卡片粘合起来然后在上面印制图片。
- 切割部门将卡片切割成多块拼图并包装在盒中。包装好的盒子被转移到产成品仓库中。

图表 20—4　拼图生产中的成本流转

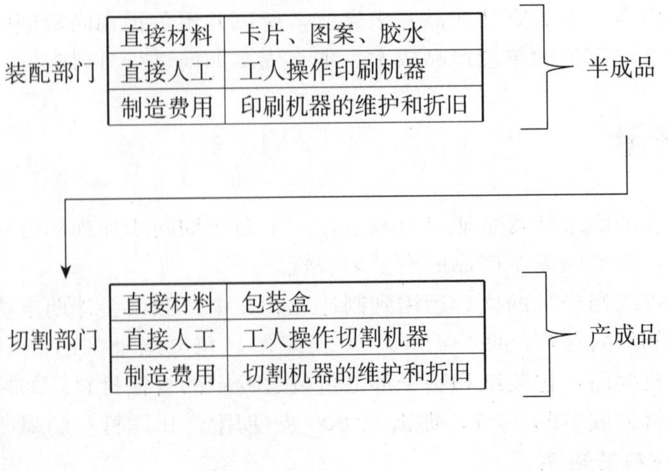

这两个部门在生产过程中都使用了材料、机器和人工，因此存在两个在产品账户：一个是装配部门的在产品账户，一个是切割部门的在产品账户。

PM 公司每个月都需要为各个部门编制产品成本报告。成本报告反映了产品的实物流转和成本流转过程。编制成本报告包括以下四个步骤：

1. 汇总产品实物流转数量。
2. 计算产出的约当产量。
3. 计算每单位约当产量的成本。
4. 将成本分摊至产成品和未完工的在产品。

在成本报告中有两个独特的术语：

● 应计产品(to account for) 包括期初在产品加上本期投产的产品。

● 已计产品(accounted for) 反映了应计产品的结果。已计产品要么是在产品，要么是完工并转出的产品。

这些术语在数量和成本中都会使用。应计产品和已计产品必须相等。为了区分这两者的使用，我们来编制 7 月份 PM 公司两个部门的产品成本报告。

□ 产品成本报告——第一步骤——装配部门

本章编制的所有产品成本报告都采用加权平均法。先进先出法在章末的附录 20A 中有详细阐述。

PM 公司 7 月份的数据如下：

	装配部门	切割部门
数量		
期初在产品——数量	0	5 000
投入生产	50 000	需要计算
7 月份转出	40 000	38 000
期初在产品——完工程度	—	60%
期末在产品——完工程度	25%	30%
成本		
期初在产品——转入成本	$0	$22 000
期初在产品——材料成本	0	0
期初在产品——加工成本	0	1 200
直接材料	140 000	19 000
加工成本：		
直接人工	20 000	3 840
制造费用	48 000	11 000
总加工成本	68 000	14 840

第一步：汇总产品实物流转数量　装配部门在 7 月 1 日没有在产品，而是在 7 月份投产了 50 000 单位的产品。因此，应计产品是 50 000 单位。

应计产品＝期初余额＋投产产品＝0＋50 000＝50 000

装配部门完成了40 000单位产品的装配步骤并将其转入切割部门。因此，还剩下10 000单位的在产品。而我们已经记录了所有数量的产品。

已计产品＝转出产品＋在产品＝40 000＋10 000＝50 000

应计产品等于已计产品，所以我们将这一结果记录在产品成本报告中。图表20—5显示的是应计产品和已计产品。注意，我们正在完成报告中的实物数量部分。此时，尚未将成本分配到产品中。

图表20—5　　产品成本报告——装配部门——所有产品

PM公司产品成本报告——装配部门
截止到2016年7月31日

		约当产量		
数量	总数量	转入成本	直接材料	加工成本
应计数量：			第一步：汇总产品流转数量	
期初在产品	0			
投产产品	50 000			
应计数量合计	50 000			
已计数量：				
完工转出产品	40 000			
期末在产品	10 000			
已计数量合计	50 000			

成本	转入成本	直接材料	加工成本	总成本
应计成本：				
期初在产品				
投产产品				
应计成本合计				
除以：总约当产量				
单位约当产量成本				
已计成本：				
完工转出产品				
期末在产品				
已计成本合计				

第二步：计算产出的约当产量　装配部门在开始生产时投入了所有的直接材料。加工成本则是在生产过程中均匀发生的。因此，我们必须为直接材料和加工成本分别计算约当产量。

装配部门在7月份加工了50 000张拼图卡片。我们已经确定其中40 000张在7月份已经完成并被转移到下一部门。如果已经完成并转移，那么从直接材料和加工成本角度来看它们都是100%完工的。剩下的10 000张卡片的完工程度只有25%。那么装配部门在7月份的约当产量是多少呢？让我们分别研究其计算过程。

直接材料的约当产量　直接材料的约当产量是 50 000，因为直接材料是在投产时一次性投入的。直接材料的约当产量计算如下：

完工产品数量＝40 000×100%＝40 000
在产品数量＝10 000×100%＝10 000
约当产量总和＝40 000＋10 000＝50 000

加工成本的约当产量　40 000 张完工并转入切割部门的卡片的加工成本等于 100%的完整加工成本，而 10 000 未完工卡片的加工成本只占完整加工成本的 25%，因为其只完成了加工进度的 25%。加工成本的约当产量计算如下：

完工产品数量＝40 000×100%＝40 000
在产品数量＝10 000×25%＝2 500
约当产量总和＝40 000＋2 500＝42 500

我们现在可以将上述结果添加到产品成本报告中。图表 20—6 显示了更新的报告。注意，在转入栏中没有数据。因为装配部门是生产步骤中的第一个部门，所以该部门没有从之前部门转入的产品。在为切割部门编制产品成本报告时我们会用到这一栏。

图表 20—6　　产品成本报告——装配部门——约当产量

PM 公司产品成本报告——装配部门
截止到 2016 年 7 月 31 日

		约当产量		
数量	总数量	转入成本	直接材料	加工成本
应计数量：				
期初在产品	0			
投产产品	50 000			
应计数量合计	50 000		第二步：计算产出的约当产量	
已计数量：				
完工转出产品	40 000	n/a	40 000	40 000
期末在产品	10 000	n/a	10 000	2 500
已计数量合计	50 000	n/a	50 000	42 500

成本	转入成本	直接材料	加工成本	总成本
应计成本：				
期初在产品				
投产产品				
应计成本合计				
除以：总约当产量				
单位约当产量成本				
已计成本：				
完工转出产品				
期末在产品				
已计成本合计				

第三步：计算每单位约当产量的成本 我们已经完成了报告中的数量部分，那么就可以计算成本部分了。计算每单位约当产量的成本需要总成本和约当产量两方面的数据。计算要分别进行：

单位约当产量的直接材料成本＝直接材料总成本/直接材料约当产量

单位约当产量的加工成本＝总加工成本/加工成本约当产量

装配部门的应计成本有＄208 000。其中包括＄140 000的直接材料和＄68 000的加工成本。我们接下来要做的是将这些成本在40 000完工产品和10 000在产品中进行分配。

在第二步中，我们计算出直接材料的约当产量是50 000，而加工成本的约当产量是42 500。因为二者的约当产量不同，所以需要分别计算其单位成本。单位约当产量的直接材料成本是＄2.80，计算过程如下：

单位约当产量的直接材料成本＝直接材料总成本/直接材料约当产量
＝＄140 000/50 000
＝＄2.80

单位约当产量的加工成本是＄1.60，计算过程如下：

单位约当产量的加工成本＝总加工成本/加工成本约当产量
＝＄68 000/42 500
＝＄1.60

图表20—7是添加了上述结果的产品成本报告。

图表20—7　　产品成本报告——装配部门——应计成本

PM公司产品成本报告——装配部门
截止到2016年7月31日

		约当产量		
数量	总数量	转入成本	直接材料	加工成本
应计数量：				
期初在产品	0			
投产产品	50 000			
应计数量合计	50 000			
已计数量：				
完工转出产品	40 000	n/a	40 000	40 000
期末在产品	10 000	n/a	10 000	2 500
已计数量合计	50 000	n/a	50 000	42 500

成本		转入成本	直接材料	加工成本	总成本
应计成本：					
期初在产品	第三步：应计成本	n/a	＄0	＄0	＄0
投产产品		n/a	140 000	68 000	208 000
应计成本合计		n/a	140 000	68 000	208 000
除以：总约当产量		n/a	50 000	42 500	

单位约当产量成本	n/a	$2.80	$1.60	$4.40
已计成本：				
完工转出产品				
期末在产品				
已计成本合计				

第四步：将成本分摊至产成品和未完工的在产品　产品成本报告的最后一步是确定 $208 000 的已计总成本应该如何分摊。成本必须划分为两部分：

- 40 000 完工并转入切割部门的产品成本；
- 10 000 未完工的产品成本。

每部分产品的成本由单位约当产量成本乘以约当产量获得。这一步骤要通过四次乘法运算分别将直接材料和加工成本分配给完工产品和在产品。计算过程如下：

直接材料：

完工产品 =40 000× $2.80= $112 000

在产品 =10 000× $2.80= $28 000

总计 140 000

加工成本：

完工产品 =40 000× $1.60= $64 000

在产品 =2 500× $1.60 = $4 000

总计 68 000

我们完成了将 $208 000 的总成本在完工产品和在产品之间进行分配的目标。同时，可以将这些成本记录在产品成本报告中。图表 20—8 是装配部门最终的产品成本报告。

图表 20—8　**产品成本报告——装配部门——已计成本**

PM 公司产品成本报告——装配部门
截止到 2016 年 7 月 31 日

数量	总数量	约当产量 转入成本	约当产量 直接材料	约当产量 加工成本
应计数量：				
期初在产品	0			
投产产品	50 000			
应计数量合计	50 000			
已计数量：				
完工转出产品	40 000	n/a	40 000	40 000
期末在产品	10 000	n/a	10 000	2 500
已计数量合计	50 000	n/a	50 000	42 500

成本	转入成本	直接材料	加工成本	总成本
应计成本：				
期初在产品	n/a	$0	$0	$0
投产产品	n/a	140 000	68 000	208 000
应计成本合计	n/a	140 000	68 000	208 000

除以：总约当产量		n/a	50 000	42 500	
单位约当产量成本		n/a	$2.80	$1.60	$4.40
已计成本：		n/a			
完工转出产品	第四步：已计成本		$112 000	64 000	176 000
期末在产品		n/a	28 000	4 000	32 000
已计成本合计		n/a	$140 000	$68 000	$208 000

我们已经对装配部门产品的数量和成本进行了核算，现在需要对切割部门完成相同的工作。

□ 产品成本报告——第二步骤——切割部门

需要注意的是，在切割部门，直接材料指的是在该部门生产时投入的包装盒，而不是在装配部门使用的材料（卡片、图案和胶水）。从装配部门转入切割部门的材料的成本称为转入成本。类似地，切割部门的加工成本指的也是在切割部门发生的直接人工和制造费用。在装配部门发生的加工成本也被当做转入成本处理。

让我们回顾一下 PM 公司之前的成本信息：

	装配部门	切割部门
数量		
期初在产品——数量	0	5 000
投入生产	50 000	需要计算
7 月份转出	40 000	38 000
期初在产品——完工程度	—	60%
期末在产品——完工程度	25%	30%
成本		
期初在产品——转入成本	$0	$22 000
期初在产品——材料成本	0	0
期初在产品——加工成本	0	1 200
直接材料	140 000	19 000
加工成本：		
直接人工	20 000	3 840
制造费用	48 000	11 000
总加工成本	68 000	14 840

上述数据显示，PM 公司的切割部门在开始 7 月份的生产时有 5 000 张在 6 月份未完成的拼图卡片。在 7 月份，切割部门额外开始了 40 000 张拼图卡片的加工，这些拼图卡片是从装配部门转入的。

切割部门在进行成本核算时需要关注以下相关信息：

- 上月末（本月初）未完成的 5 000 张拼图卡片的成本；
- 本月完成这 5 000 张拼图卡片的成本；
- 本月新转入的 40 000 单位产品的成本。

加权成本法在计算单位约当产量成本时将这些成本归入一个成本池中。让我们使用加权平均法和相同的四个步骤为切割部门编制产品成本报告。

第一步：汇总产品流转数量　在 7 月 1 日，切割部门有 5 000 单位的在产品，并且收到从装配部门转入的 40 000 单位的产品。因此，应计产品有 45 000 单位。

应计产品＝期初余额＋转入产品＝5 000＋40 000＝45 000

切割部门完成了 38 000 单位产品的切割和包装步骤并将其转入产成品成本。因此，在产品的数量为 7 000，我们得出已计产品数量如下：

已计产品＝转出产品＋在产品＝38 000＋7 000＝45 000

应计产品等于已计产品，我们将这一结果记录在产品成本报告中。如同在装配部门所做的一样，我们将首先完成报告的实物数量部分。此时，我们未将成本分配到产品中去。图表 20—9 显示的是应计产品和已计产品的数量。

图表 20—9　**产品成本报告——切割部门——所有产品**

PM 公司产品成本报告——切割部门
截止到 2016 年 7 月 31 日

		约当产量		
数量	总数量	转入成本	直接材料	加工成本
应计数量：				
期初在产品	5 000			
转入产品	40 000			
应计数量合计	45 000			
已计数量：				
完工转出产品	38 000			
期末在产品	7 000			
已计数量合计	45 000			

成本	转入成本	直接材料	加工成本	总成本
应计成本：				
期初在产品				
转入产品				
应计成本合计				
除以：总约当产量				
单位约当产量成本				
已计成本：				
完工转出产品				
期末在产品				
已计成本合计				

第二步：计算产出的约当产量　切割部门在本步骤的最后投入了直接材料，而加工

成本则是在生产过程中均匀发生的。因此，我们必须按照直接材料和加工成本分别确定约当产量。此外，转入产品的约当产量也必须考虑在内。

7月份，切割部门加工了45 000张拼图卡片。我们已经确定完工了38 000张并将其转入产成品账户。如果这些产品完工并被转出，那么对于转入产品、直接材料和加工成本来说它们都是100%完工的产品。剩下的7 000张拼图卡片完工程度只达到30%。那么切割部门在7月份生产的产品的约当产量是多少呢?

转入产品的约当产量 切割部门是生产系统中的第二个部门，所以其从装配部门中接受产品。这些产品是转入产品。转入产品的约当产量总是100%。因为这些产品转入时总是包含着之前部门分配给其的成本。这些成本是依据装配部门的产品成本报告计算的。如果这些产品不是前一步骤中100%完成的，则其不可能转入下一步骤的生产中。因此，所有与装配部门完工产品有关的成本的约当产量都是100%。

完工产品数量＝38 000×100%＝38 000
在产品数量＝7 000×100%＝7 000
约当产量总和＝38 000＋7 000＝45 000

直接材料的约当产量 完工产品直接材料的约当产量是38 000，因为它们是100%完工的。然而，本部门的在产品还未投入任何直接材料，因为包装盒是在这一步骤的最后才用于产品中的。因为其是在产品，所以其并未使用到包装盒。

完工产品数量＝38 000×100%＝38 000
在产品数量＝7 000×0%＝0
约当产量总和＝38 000＋0＝38 000

加工成本的约当产量 对于完工并转入产成品的38 000张拼图卡片来说，加工成本是完整的。但是剩下的7 000张拼图板只完成了加工进度的30%。所以计算的约当产量如下：

完工产品数量＝38 000×100%＝38 000
在产品数量＝7 000×30%＝2 100
约当产量总和＝38 000＋2 100＝40 100

我们可以将上述结果加入产品成本报告中（见图表20—10）。

图表20—10　　产品成本报告——切割部门——约当产量

PM公司产品成本报告——切割部门
截止到2016年7月31日

		约当产量		
数量	总数量	转入成本	直接材料	加工成本
应计数量：				
期初在产品	5 000			
转入产品	40 000			
应计数量合计	45 000			
已计数量：				
完工转出产品	38 000	38 000	38 000	38 000
期末在产品	7 000	7 000	0	2 100
已计数量合计	45 000	45 000	38 000	40 100

成本	转入成本	直接材料	加工成本	总成本
应计成本：				
期初在产品				
转入产品				
应计成本合计				
除以：总约当产量				
单位约当产量成本				
已计成本：				
完工转出产品				
期末在产品				
已计成本合计				

第三步：计算每单位约当产量的成本　我们已经完成了成本报告中的实物数量部分，那么就可以完成成本部分了。计算单位约当产量成本的公式与装配部门使用的完全相同。我们只需要添加转入产品成本。切割部门将从三个角度来计算单位约当产量的成本。

单位约当产量的转入成本＝转入产品总成本/转入产品约当产量

单位约当产量的直接材料成本＝直接材料总成本/直接材料约当产量

单位约当产量的加工成本＝总加工成本/加工成本约当产量

切割部门的成本为＄233 040，如图表 20—11 所示。

图表 20—11　　**切割部门：应计成本**

	转入成本	直接材料	加工成本	合计
在产品期初余额	＄22 000	＄0	＄1 200	＄23 200
装配部门转入成本	176 000			176 000
切割部门新增投入成本		19 000	14 840	33 840
合计	＄198 000	＄19 000	＄16 040	＄233 040

期初余额和新增成本在原始数据中已经给出。从装配部门转出的成本＄176 000 是根据装配部门的产品成本报告中完工并转出的成本计算得出的。

我们的下一个任务是将这些成本分别分摊到 38 000 张完工并转出的拼图卡片和 7 000张仍处在加工过程中的拼图卡片上。在第二步，我们计算出转入成本的约当产量是 45 000，直接材料的约当产量是 38 000，加工成本的约当产量是 40 100。因为约当产量不同，我们必须分别计算单位约当产量成本。

单位约当产量的转入成本是＄4.40，计算如下：

单位约当产量的转入成本＝转入产品总成本/转入产品的约当产量
＝＄198 000/45 000
＝＄4.40

单位约当产量的直接材料成本是＄0.50，计算如下：

单位约当产量的直接材料成本＝直接材料总成本/直接材料约当产量
＝＄19 000/38 000
＝＄0.50

单位约当产量的加工成本是＄0.40，计算如下：

单位约当产量的加工成本＝总加工成本/加工成本约当产量
＝＄16 040/40 100
＝＄0.40

将计算结果加入到产品成本报告中，如图表 20—12 所示。

图表 20—12　　产品成本报告——切割部门——应计成本

PM 公司产品成本报告——切割部门
截止到 2016 年 7 月 31 日

数量	总数量	约当产量：转入成本	约当产量：直接材料	约当产量：加工成本
应计数量：				
期初在产品	5 000			
转入产品	40 000			
应计数量合计	45 000			
已计数量：				
完工转出产品	38 000	38 000	38 000	38 000
期末在产品	7 000	7 000	0	2 100
已计数量合计	45 000	45 000	38 000	40 100

成本	转入成本	直接材料	加工成本	总成本
应计成本：				
期初在产品	＄22 000	＄0	＄1 200	＄23 200
转入产品	176 000	19 000	14 840	209 840
应计成本合计	198 000	19 000	16 040	233 040
除以：总约当产量	45 000	38 000	40 100	
单位约当产量成本	＄4.40	＄0.50	＄0.40	＄5.30
已计成本：				
完工转出产品				
期末在产品				
已计成本合计				

第四步：将成本分摊至产成品和未完工的在产品　产品成本报告的最后一步是确定如何将切割部门＄233 040 的总成本分配到以下各项中：

- 38 000 张完工并转入产成品的拼图卡片；
- 7 000 张未完成的拼图卡片。

每部分产品的成本由单位约当产量成本乘以约当产量获得。这一步骤要通过六次乘法运算分别将转入成本、直接材料和加工成本分配给完工产品和在产品。计算过程如下：

转入成本：

完工产品＝38 000×＄4.40＝＄167 200
在产品　＝7 000×＄4.40　＝　30 800

总计	198 000
直接材料：	
完工产品＝38 000×＄0.50 ＝	＄19 000
在产品　＝0×＄0.50　　＝	＄0
总计	19 000
加工成本：	
完工产品＝38 000×＄0.40 ＝	＄15 200
在产品　＝2 100×＄0.40 ＝	＄840
总计	16 040

我们已经完成了将＄233 040 的成本在完工产品和在产品之间分配的目标。同时，将这些成本计入产品成本报告。完成的报告如图表 20—13 所示。

图表 20—13　　产品成本报告——切割部门——已计成本

PM 公司产品成本报告——切割部门
截止到 2016 年 7 月 31 日

		约当产量		
数量	总数量	转入成本	直接材料	加工成本
应计数量：				
期初在产品	5 000			
转入产品	40 000			
应计数量合计	45 000			
已计数量：				
完工转出产品	38 000	38 000	38 000	38 000
期末在产品	7 000	7 000	0	2 100
已计数量合计	45 000	45 000	38 000	40 100

成本	转入成本	直接材料	加工成本	总成本
应计成本：				
期初在产品	＄22 000	＄0	＄1 200	＄23 200
转入产品	176 000	19 000	14 840	209 840
应计成本合计	198 000	19 000	16 040	233 040
除以：总约当产量	45 000	38 000	40 100	
单位约当产量成本	＄4.40	＄0.50	＄0.40	＄5.30
已计成本：				
完工转出产品	＄167 200	＄19 000	＄15 200	＄201 400
期末在产品	30 800	0	840	31 640
已计成本合计	＄198 000	＄19 000	＄16 040	＄233 040

分步成本法中会计分录的编制

伴随着成本在分步成本法核算系统中的流转，我们会经历归集、分派、分配和调整四个步骤的过程，这与前一章所述的分批成本法核算系统中的过程是一样的。记住，两种成本核算系统的主要区别在于成本是如何归集的与何时分派成本。在分步成本核算系统中，成本归集在以下账户：原材料、各种在产品账户和制造费用。在月末，当生产成本报告完成时，成本就会被分派到产品中去。被分派到完工并转出的产品的成本，从一个步骤的在产品账户，转移到下一个步骤的在产品账户，直到最终转入产成品账户和销货成本账户中。以下是7月份与PM公司分步成本法核算有关的会计分录。

业务1——原材料采购

7月份，公司购买了＄175 000的材料。

日期	科目及摘要	借方	贷方
业务1	原材料	175 000	
	应付账款		175 000

业务2——原材料投入生产

7月份，原材料被投入到两个部门的生产中：＄140 000的材料投入到装配部门，＄19 000的材料投入到切割部门；＄2 000的间接材料被归集到制造费用中。

日期	科目及摘要	借方	贷方
业务2	在产品——装配部门	140 000	
	在产品——切割部门	19 000	
	制造费用	2 000	
	原材料		161 000

业务3——人工成本

在本月中，PM公司在装配部门发生＄20 000的直接人工成本，在切割部门发生了＄3 840的直接人工成本。还有＄1 500的间接人工被归集到制造费用中。

日期	科目及摘要	借方	贷方
业务3	在产品——装配部门	20 000	
	在产品——切割部门	3 840	
	制造费用	1 500	
	应付职工薪酬		25 340

业务4——其他制造费用

除了间接材料和间接人工成本，PM公司的制造费用还包括＄35 000的机器折旧和以现金支付的水电费与租金＄20 000。

日期	科目及摘要	借方	贷方
业务4	制造费用	35 000	
	累计折旧		35 000
	制造费用	20 000	
	现金		20 000

业务 5——分配制造费用

PM 公司使用计划制造费用分配率将间接成本分配给以下部门：＄48 000 分配到装配部门，＄11 000 分配到切割部门。

日期	科目及摘要	借方	贷方
业务 5	在产品——装配部门	48 000	
	在产品——切割部门	11 000	
	制造费用		59 000

业务 6——转出装配部门，转入切割部门

在 7 月末编制装配部门的产品成本报告时，PM 公司将＄176 000 成本分配给40 000 单位从装配部门转入切割部门的产品。

日期	科目及摘要	借方	贷方
业务 6	在产品——切割部门	176 000	
	在产品——装配部门		176 000

业务 7——转出切割部门，转入产成品

在 7 月末编制装配部门的产品成本报告时，PM 公司将＄201 400 成本分配给38 000 单位从切割部门转入产成品的产品。这是产品生产成本。

日期	科目及摘要	借方	贷方
业务 7	产成品	201 400	
	在产品——切割部门		201 400

业务 8——出售拼图

7 月份，PM 公司出售了 35 000 张拼图。我们从切割部门的产品成本报告中已经确定每张拼图的成本是＄5.30。所以 35 000 张拼图的总成本是＄185 550。拼图以每张＄8.00 出售，总计＄280 000。

日期	科目及摘要	借方	贷方
业务 8	应收账款	280 000	
	销售收入		280 000
	销售成本	185 500	
	产成品		185 500

业务 9——调整制造费用

实际发生的制造费用是＄58 500，其中包括业务 2 中的间接材料、业务 3 中间接人工，以及业务 4 中的累计折旧和其他间接成本。分配到两个部门的制造费用是＄59 000，如业务 5 所示。

制造费用

业务 2	2 000	59 000	业务 5
业务 3	1 500		
业务 4	35 000		
业务 4	20 000		
		500	期末余额

制造费用的 T 型账户显示分配的制造费用比实际发生的制造费用多了＄500。这意味着制造费用被多分配了。为了调整这部分制造费用，制造费用必须从借方转出，以将账户归零。贷方将是销货成本，以降低拼图多分配的成本。

日期	科目及摘要	借方	贷方
业务 9	制造费用 　销货成本	500	500

经过上述过程后，主要账户的结果如下：

在产品——装配部门

期初余额	0	176 000	业务6
业务2	140 000		
业务3	20 000		
业务5	48 000		
期末余额	32 000		

在产品——切割部门

期初余额	23 200	201 400	业务7
业务2	19 000		
业务3	3 840		
业务5	11 000		
业务6	176 000		
期末余额	31 640		

产成品

期初余额	0	185 500	业务8
业务7	201 400		
期末余额	15 900		

销货成本

业务8	185 500	500	业务9
期末余额	185 500		

使用产品成本报告进行决策

到目前为止，你已经学会了如何编制产品成本报告。现在需要考虑的是管理者如何使用这些报告来进行决策。

- **控制成本** PM 公司使用成本数据来找寻降低成本的途径。有的管理者认为公司需要更换供应商来降低原材料成本。有的管理者则认为需要通过优化生产流程来降低直接材料成本。为了降低人工成本，还有管理者认为需要对效率不同的工人采取不同的薪酬标准。越高效的工人每小时获得的薪酬越高，虽然支出的薪酬有所增加，但是会节省更多的时间，每小时薪酬的提高会被更高的生产力抵消。此外，效率更高的机器可以降低制造费用成本。

- **业绩评价**　管理者通常依据是否达到预算目标来决定是否得到奖励。PM 公司将实际直接材料成本和加工成本与计划值进行比较。如果实际成本过高，管理者将寻求途径进行削减；如果实际成本低于计划，管理者就会得到奖励。
- **产品定价**　PM 公司制定的价格要足够包含每块拼图的制造成本、营销成本和配送成本。图表 20—12 显示每块拼图的成本是＄5.30。显然，拼图的定价要更高以获取利润。
- **确定最盈利的产品**　销售价格和成本数据帮助管理者确定哪些产品最盈利。他们可以推广这些产品以提高利润。
- **编制财务报告**　最后，产品成本报告有助于编制财务报告。其提供了资产负债表中的存货数据和利润表中的销售成本。

附录 20A：分步成本法：先进先出法

本章说明了 PM 公司如何使用加权平均法完成产品成本报告。在加权平均法中，确定产品的单位约当产量成本时是将期初在产品成本与本期发生成本混合在一起进行计算的。在本附录中，你会学到另一种分配产品成本的方法——先进先出法（FIFO）。在这种方法中，期初在产品成本与本期发生成本将分开核算。

PM 公司的装配部门在 7 月份没有期初存货。因此，7 月份所有进行核算的成本都是当月发生的成本。因为没有包含之前月份的成本，对于装配部门来说加权成本法和先进先出法的计算结果是相同的。然而，切割部门含有 6 月份遗留的成本和 7 月份发生的成本。我们就利用 7 月份切割部门的数据来阐述先进先出法。

用先进先出法编制产品成本报告

以下对 PM 公司 7 月份的原始数据做了一点细小改动：期初在产品——加工成本的余额由＄1 200 改为＄700。这个＄500 的差别会帮助解释先进先出法中在不同会计期间发生的成本是如何影响单位成本的。

	装配部门	切割部门
数量		
期初在产品——数量	0	5 000
投入生产	50 000	需要计算
7 月份转出	40 000	38 000
期初在产品——完工程度	—	60%
期末在产品——完工程度	25%	30%
成本		
期初在产品——转入成本	＄0	＄22 000
期初在产品——材料成本	0	0

期初在产品——加工成本	0	700
直接材料	140 000	19 000
加工成本：		
直接人工	20 000	3 840
制造费用	48 000	11 000
总加工成本	68 000	14 840

我们将使用相同的四个步骤来完成切割部门 7 月份产品成本报告的编制：

1. 汇总产品流转实物数量。
2. 计算产出的约当产量。
3. 计算每单位约当产量的成本。
4. 将成本分摊至产成品和未完工的在产品。

第一步：汇总产品流转实物数量

在 7 月 1 日，切割部门有 5 000 单位的在产品，并且收到了从装配部门转入的 40 000单位的产品。因此，应计产品有 45 000 单位。

应计产品＝期初余额＋转入产品＝5 000＋40 000＝45 000

使用先进先出法将核算的产品分为三类：

- 6 月份投产 7 月份完工的产品；
- 7 月份投产 7 月份完工的产品；
- 7 月份投产且月末未完工将在 8 月份完工的产品。

数据显示切割部门在期初有 5 000 单位产品，而期末转出 38 000 单位产品。如果期末有 38 000 单位的产品完工并转出，那么其包括 5 000 单位的期初产品和 7 月份投产的 33 000单位产品。先进先出法假设先进入的产品会先发出。我们需要核算的产品达到 45 000单位。如果 38 000 单位的产品被转出，那月末还剩下 7 000 单位的在产品。我们可以做出以下记录。

已计产品＝期初余额＋本期投产并完工产品品＋期末在产品
＝5 000＋33 000＋7 000
＝45 000

图表 20A—1 区分了这三类产品。

图表 20A—1　7 月份的已计产品

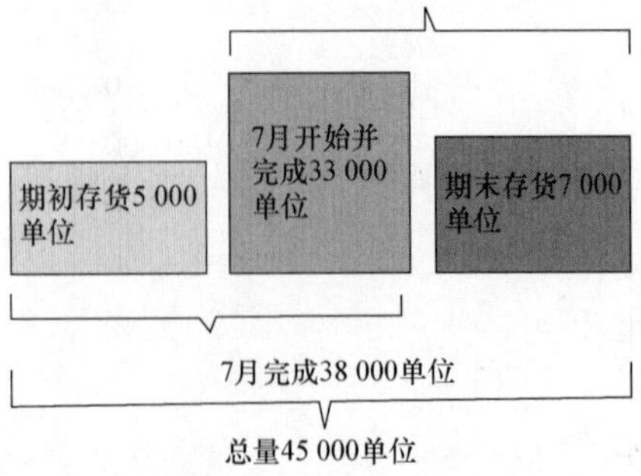

因为应计产品等于已计产品，所以我们准备将这一数据记录在产品成本报告中。如在加权平均法中所做的一样，我们完成了报告的实物数量部分。此时我们还没有将成本分配到产品中。图表 20A—2 记录了所有产品。

图表 20A—2　　产品成本报告——切割部门——先进先出法——所有产品

PM 公司产品成本报告——切割部门
截止到 2016 年 7 月 31 日

数量	总数量	约当产量：转入成本	约当产量：直接材料	约当产量：加工成本
应计数量：				
期初在产品	5 000			
投产产品	40 000			
应计数量合计	45 000			
已计数量：				
期初在产品	5 000			
投产完工产品	33 000			
完工转出产品	38 000			
期末在产品	7 000			
已计数量合计	45 000			

成本	转入成本	直接材料	加工成本	总成本	单位成本
应计成本：					
期初在产品					
新增成本					
应计成本合计					
本期新增成本					
除以：本期约当产量					
本期单位约当产量成本					
已计成本：					
期初在产品					
期初在产品的完工成本					
期初在产品成本合计					
投产完工产品					
完工转出产品					
期末在产品					
已计成本合计					

第二步：计算产出的约当产量

在先进先出法中，之前期间发生的成本与当前期间的成本不能合并处理。因此，只计算当前期间的约当产量。切割部门在生产步骤的最后加入直接材料，而加工成本在生产过程中平均发生。因此，我们需要将直接材料和加工成本的约当产量分开计算。此外，还有转入成本的产品必须加上转入成本。这意味着我们必须计算三种约当产量。

转入成本的约当产量 切割部门是生产过程中的第二个部门，所以其会接受来自装配部门的产品。这些产品是转入产品。转入产品在当前期间期初的约当产量是零。为什么？因为这些产品是从上个期间转入的产品，因此，本期这些产品没有增加转入成本。记住我们只计算当前期间的约当产量。

然而，当前期间转入产品的约当产量是100%。它们携带着在上个部门分配到的成本进入切割部门，这些成本在装配部门的产品成本报告中有记录。如果在上个步骤中不是100%完工的，它们不会被转入，它们仍会处在上个步骤的生产过程中。任何与装配部门完工产品有关的成本在当前期间的约当产量都是100%。

期初在产品：5 000×0%＝0
投产且完工的产品：33 000×100%＝33 000
本期在产品：7 000×100%＝7 000

直接材料的约当产量 当前期间完工产品直接材料的约当产量是100%，包括期初在产品和本期投产且完工的产品，因为这些产品是100%完工而且直接材料是在生产的最后加入的。但是，本期在产品在本部门还没有加入直接材料，因为其还没有完工。

期初在产品：5 000×100%＝5 000
投产且完工的产品：33 000×100%＝33 000
本期在产品：7 000×0%＝0

加工成本的约当产量 这一部分是加权平均法与约当产量法区别最明显的地方。

- **期初在产品** 期初5 000单位在产品的完工程度达到了60%，这意味着在6月份完成了加工工作的60%。我们关注的是在7月份的加工工作。如果在6月份完工了60%而在7月份完成了全部工作，那么7月份完成了整个加工工作的40%。因此，这些产品的约当产量是5 000×40%＝2 000。
- **投产且完工产品** 对于这些产品而言，所有的加工工作在7月份开始并完成，所以约当产量是33 000×100%＝33 000。
- **本期在产品** 本期7 000在产品的加工工作完成了30%，所以其约当产量是7 000×30%＝2 100。

期初在产品：5 000×40%＝2 000
投产且完工的产品：33 000×100%＝33 000
本期在产品：7 000×30%＝2 100

图表20A—3说明了加工成本的发生期间，图表20A—4是加入了约当产量的产品成本报告。

图表20A—3　加工成本的发生期间

	6月	7月	8月
期初在产品	60%	40%	
投产且完工		100%	
期末在产品		30%	70%

图表 20A—4　　产品成本报告——切割部门——先进先出法——约当产量

PM 公司产品成本报告——切割部门
截止到 2016 年 7 月 31 日

数量	总数量	约当产量 转入成本	直接材料	加工成本
应计数量：				
期初在产品	5 000			
投产产品	40 000			
应计数量合计	45 000			
已计数量：				
期初在产品	5 000	0	5 000	2 000
投产完工产品	33 000	33 000	33 000	33 000
完工转出产品	38 000	33 000	38 000	35 000
期末在产品	7 000	7 000	0	2 100
已计数量合计	45 000	40 000	38 000	37 100

成本	转入成本	直接材料	加工成本	总成本	单位成本
应计成本：					
期初在产品					
新增成本					
应计成本合计					
本期新增成本					
除以：本期约当产量					
本期单位约当产量成本					
已计成本：					
期初在产品					
期初在产品的完工成本					
期初在产品成本合计					
投产完工产品					
完工转出产品					
期末在产品					
已计成本合计					

第三步：计算每单位约当产量的成本

既然我们已经知道了成本报告的数量部分，那么就可以计算成本部分了。切割部门必须分三部分计算单位约当产量成本。

如图表 20A—5 所示，切割部门需要核算的总成本有＄233 040。

图表 20A—5 切割部门：应计成本

	转入成本	直接材料	加工成本	总计
在产品期初余额——切割部门	$ 22 000	$ 0	$ 700	$ 22 700
转入成本	176 000			176 000
本期新增成本		19 000	14 840	33 840
总计	$ 198 000	$ 19 000	$ 15 540	$ 232 540

期初余额和本期发生的成本在原始数据中给出。其中从装配部门转入的 $ 176 000 成本是在装配部门 7 月份的产品成本报告中计算出来并转出的。

我们的下一个任务是将这些成本在 38 000 单位的产成品和 7 000 单位产成品中分配。

在第二步中，我们计算出的转入成本的约当产量是 40 000，直接材料约当产量是 38 000，加工成本的约当产量是 37 100。因为约当产量的结果不同，所以我们分别计算单位约当产量成本。在先进先出法下，每一次计算的分子是当期发生的成本，而不是总成本。计算当期的单位约当产量成本如下。

单位约当产量转入成本是 $ 4.40，计算如下：

单位约当产量的转入成本＝转入产品总成本/转入产品的约当产量
＝$ 176 000/40 000＝$ 4.40

单位约当产量的直接材料成本是 $ 0.50，计算如下：

单位约当产量的直接材料成本＝直接材料总成本/直接材料约当产量
＝$ 19 000/38 000＝$ 0.50

单位约当产量的加工成本是 $ 0.40，计算如下：

单位约当产量的加工成本＝总加工成本/加工成本约当产量
＝$ 14 840/37 100＝$ 0.40

将计算结果添加到产品成本报告中，如图 20A—6 所示。

图表 20A—6 产品成本报告——切割部门——先进先出法——应计成本

PM 公司产品成本报告——切割部门
截止到 2016 年 7 月 31 日

		约当产量		
数量	总数量	转入成本	直接材料	加工成本
应计数量：				
期初在产品	5 000			
投产产品	40 000			
应计数量合计	45 000			
已计数量：				
期初在产品	5 000	0	5 000	2 000
投产完工产品	33 000	33 000	33 000	33 000
完工转出产品	38 000	33 000	38 000	35 000
期末在产品	7 000	7 000	0	2 100
已计数量合计	45 000	40 000	38 000	37 100

成本	转入成本	直接材料	加工成本	总成本	单位成本
应计成本：					
期初在产品	$ 22 000	$ 0	$ 700	$ 22 700	
新增成本	176 000	19 000	14 840	209 840	
应计成本合计	$ 198 000	$ 19 000	$ 15 540	$ 232 540	
本期新增成本	$ 176 000	$ 19 000	$ 14 840		
除以：本期约当产量	40 000	38 000	37 100		
本期单位约当产量成本	$ 4.40	$ 0.50	$ 0.40		
已计成本：					
期初在产品					
期初在产品的完工成本					
期初在产品成本合计					
投产完工产品					
完工转出产品					
期末在产品					
已计成本合计					

第四步：将成本分摊至产成品和未完工的在产品

产品成本报告的最后一步是将 $ 232 540 的总成本分配到以下产品中：

- 期初在产品中在本期完工并转入产成品的 5 000 张拼图卡片。
- 33 000 张投产并完工转入产成品的拼图卡片。
- 7 000 张部分完成且仍处在切割部门在产品的拼图卡片。

这一步骤要通过单位约当产量成本乘以约当产量得出。这一步骤要通过九次乘法运算分别将转入成本、直接材料和加工成本分配给期初在产品、完工产品和期末在产品中。

除了上述对当期发生成本分配的计算，期初在产品的成本也需要加入到这些产品中。

我们已经完成了将 $ 232 540 的总成本在完工产品和在产品之间的分配，我们可以将这些成本记录到产品成本报告中。完成的报告如图表 20A—7 所示。

图表 20A—7　　产品成本报告——切割部门——先进先出法——已计成本

PM 公司产品成本报告——切割部门
截止到 2016 年 7 月 31 日

		约当产量		
数量	总数量	转入成本	直接材料	加工成本
应计数量：				
期初在产品	5 000			
投产产品	40 000			
应计数量合计	45 000			
已计数量：				
期初在产品	5 000	0	5 000	2 000
投产完工产品	33 000	33 000	33 000	33 000
完工转出产品	38 000	33 000	38 000	35 000
期末在产品	7 000	7 000	0	2 100
已计数量合计	45 000	40 000	38 000	37 100

成本	转入成本	直接材料	加工成本	总成本	单位成本
应计成本：					
期初在产品	$22 000	$0	$700	$22 700	
新增成本	176 000	19 000	14 840	209 840	
应计成本合计	$198 000	$19 000	$15 540	$232 540	
新增成本	$76 000	$19 000	$14 840		
除以：本期约当产量	40 000	38 000	37 100		
本期单位约当产量成本	$4.40	$0.50	$0.40		
已计成本：					
期初在产品	$22 000	$0	$700	$22 700	
期初在产品的完工成本	0	2 500	8 00	3 300	
期初在产品成本合计	22 000	2 500	1 500	26 000	$5.20
投产完工产品	145 200	16 500	13 200	174 900	5.30
完工转出产品	167 200	19 000	14 700	200 900	
期末在产品	30 800	0	840	31 640	
已计成本合计	$198 000	$19 000	$15 540	$232 540	

注意到期初在产品的单位成本是$5.20，在7月份投产并完工的产品的单位成本是$5.30。这说明6月份和7月份产品的成本不同。图表20A—8是切割部门使用加权平均法完成的7月份产品成本报告。找出相同点与不同点。

图表20A—8　　产品成本报告——切割部门——加权平均法

PM公司产品成本报告——切割部门——加权平均法
截止到2016年7月31日

		约当产量		
数量	总数量	转入成本	直接材料	加工成本
应计数量：				
期初在产品	5 000			
转入产品	40 000			
应计数量合计	45 000			
已计数量：				
完工转出产品	38 000	38 000	38 000	38 000
期末在产品	7 000	7 000	0	2 100
已计数量合计	45 000	45 000	38 000	40 100
成本	转入成本	直接材料	加工成本	总成本
应计成本：				
期初在产品	$22 000	$0	$1 200	$23 200
转入产品	176 000	19 000	14 840	209 840
应计成本合计	198 000	19 000	16 040	233 040
除以：总约当产量	45 000	38 000	40 100	
单位约当产量成本	$4.40	$0.50	$0.40	$5.30
已计成本：				
完工转出产品	$167 200	$19 000	$15 200	$201 400
期末在产品	30 800	0	840	31 640
已计成本合计	$198 000	$19 000	$16 040	$233 040

□ 加权平均法与先进先出法的比较

在我们的案例中，这两种方法并没有特别大的差别。每单位的成本只相差＄0.10，这甚至小于成本额的 2%。然而，我们考虑的只是一个小企业的一种产品。在一个生产多种产品的大企业中，一个小小的波动会带来巨大的影响。

如果企业所在的行业成本经常发生重大的变化，那么使用先进先出法更为有利。加权平均法将之前期间的成本与当期发生的成本混合核算，这会平滑各期间的成本，成本的变化就不会暴露出来。先进先出法则将月与月的成本差异更好地表现出来，这在期末有大量在产品的会计期间表现得更加明显。从先进先出法中得到越多的细节信息越能帮助管理者做出更好的定价与产品组合决策。

如果企业所在的行业不经常发生成本的重大变化，加权平均法将会非常合适。这种方法更易于使用。

疑难问题 A 部分

如没有特殊要求，则假设下面所有问题都使用加权平均法。

P20-29A　编制生产成本报告，期初没有在产品也没有转入成本

AE 公司制造 DVD 播放器，制造过程分三个步骤：组装、编程、包装。直接材料在组装阶段初已经投入完毕。加工成本在整个过程中平均投入。组装车间在 10 月 31 日没有在产品。11 月中，AE 公司开始制造 125 000 台 DVD 播放器。在这批播放器中，95 800 台在本月组装完毕并且转入编程车间。11 月 30 日组装车间的在产品完工程度为 25%。11 月份投入组装车间的直接材料费用为＄437 500，直接人工费用为＄200 800，分配给这个车间的制造费用为＄134 275。

要求：

1. 编制 11 月份组装车间的成本报告。
2. 制作组装车间在产品 T 型账户，编制本车间 11 月份的会计分录。

P20-30A　编制生产成本报告，期初没有在产品也没有转入成本；编制会计分录

RPC 公司生产墙纸。该公司的四个生产步骤分别为混合、加热、分捆和切割。3 月份，混合车间开始生产，并且完成了 4 520 捆纸。这个车间还有 500 捆纸没有完成混合步骤，根据直接材料耗费和加工来看完工程度为 20%。直接材料和加工成本在整个混合过程中平均投入。混合车间 3 月份发生了如下支出：

在产品——混合部门

期初余额 3 月 1 日	0	
直接材料	5 775	
直接人工	620	
制造费用	6 310	

要求：

1. 编制 3 月份混合车间的生产成本报告。
2. 为公司混合车间中发生的所有业务编制会计分录并记入相应账簿。

P20-31A　编制生产成本报告，两种材料在不同时点投入，期初没有在产品也没有转入成本；编制会计分录

SE 公司制作家庭住宅的外墙。准备车间的起始步骤是将木头切成小块。在步骤结束的时候将会加入胶体，然后木块和胶体的混合物进入压制车间，木材会被压制成板。制造费用在整个准备车间平均投入。准备车间 1 月份的数据如下：

数量	
期初在产品	0
本期投入	3 700 块
完成转入压制车间	2 000 块
期末在成品（30%完工程度）	1 700 块
成本	
期初在产品	$0
1月份投入成本	
木材	3 108
胶体	1 240
直接人工	558
制造费用	1 450
总成本	$6 356

要求：

1. 编制1月份的生产成本报告。
2. 编制压制车间完工并转出的板材的会计分录。
3. 编制在产品T型账户会计分录。期末余额是多少?

P20-32A　编制生产成本报告，有期初在产品的第二步骤车间；编制会计分录

CC公司生产单色宽幅地毯，生产过程分为七个步骤：编织、染色、编层、缠线、分簇、黏合和剪切。在染色车间，直接材料在期初全部一次性投入，加工成本在整个过程中平均分配。2014年11月份的信息如下：

数量	
期初在产品	90 卷
从编制车间转入	540 卷
11月份完工	510 卷
期末在产品（完工程度 80%）	120 卷
成本	
期初在产品（转入$4 900，材料成本$1 390，加工成本$4 900）	$11 190
从编制车间转入	22 190
11月份投入的材料	11 210
11月份投入的加工成本（制造工人工资$8 225，制造费用$43 839）	52 064

要求：

1. 编制CC公司染色车间11月份的成本报告。
2. 为CC公司染色车间中发生的所有业务编制会计分录。

P20-33A　编制生产成本报告，有期初在产品的第二步骤车间；制定决策

WB公司为私人船只生产千斤顶，整个流程分为三个步骤：用钢铁制造零件、组装千斤顶、测试。千斤顶将被运送到产成品仓库，然后发往全国各地的港口。8月份的其他信息如下：

数量	
期初在产品	2 000 套
从组装车间转入	7 000 套
本期完成	5 000 套
期末在产品（完工程度 40%）	4 000 套
成本	
期初在产品（转入成本$93 000；加工成本$18 000）	$111 000
从组装车间转入	672 000
加工费用	54 000

转入产成品仓库的成本等于从测试车间转出的成本。

要求：

1. 编制测试车间的成本报告。
2. 转入产成品仓库的千斤顶的单位成本是多少？管理层为何会对这一成本感兴趣?

P20-34A　编制成本报告，第二步骤车间，有期初在产品的转入成本，编制分录；先进先出法

VV公司用两个步骤制造轮胎：组装和密封。密封车间用来测试轮胎，并且为轮胎增加一个涂层使轮胎不容易被刺穿漏气。

直接材料（涂层）在密封过程的最后投入，加工成本在整个过程中平均分配。2014年2月28日的在产品有700个，完工程度为30%的产品。密封车间在产品的期初余额是$27 890，包括$10 440的转入成本和$17 450的加工成本。3月中，从组装车间转入3 600个产品。密封车间转出3 100个产品到产成品仓库，并且3月31日仍有1 200个在产品，完工率为50%。VV公司使用先进先出法。

3月31日，在记录转入产成品仓库产品的成本之前，VV公司的账簿包括：

在产品——密封车间

期末余额，2月28日	27 890	
装配车间的转入成本	36 000	
直接材料	24 800	
直接人工	25 340	
制造费用	33 990	

要求：

1. 编制密封车间 3 月份的成本报告。

2. 为公司密封车间中发生的所有业务编制会计分录并记入相应账簿。

P20A-35A　编制成本报告，第二步骤车间，有期初在产品；记录交易

用先进先出法解决问题 P20-32A。染色车间期初有 90 单位产品，30%完工程度。约当产量保留四位有效数字。

小组作业

小组作业 20—1

爱达荷食品加工厂用土豆制作炸薯条。制作需要两道工序：切制和烹调。直接材料在切制步骤的起始（土豆）和烹调工序的最后（箱子）投入，加工成本在整个过程中平均发生。爱达荷加工厂利用加权平均法计算成本。

假设麦当劳用每磅 \$0.40 的价格让爱达荷加工厂提供食品。如果爱达荷加工厂接受麦当劳的订单，爱达荷加工厂将产生的成本（单位产量）和 4 月份的单位生产成本相同。烹调部门的经理凯特娜必须编制一份报告来建议爱达荷加工厂是否要接受这份订单。凯特娜收集了 4 月份烹调部门中的信息：

爱达荷加工厂烹调部门 2014 年 4 月份活动和成本	
期初在产品	12 000 磅
4 月份转入的切完的薯条	129 000 磅
炸好并且转出的薯条	130 000 磅
期末在产品（20%完工）	11 000 磅
期初 12 000 磅在产品的加工成本	\$576
4 月份增加的成本：	
直接材料	9 100
加工成本	15 420

丽塔门德兹是切制部门的经理，她根据切制部门 4 月份的运行报告了下列的数据：

爱达荷加工厂切制部门 2014 年 4 月活动和成本	
期初在产品	21 000 磅
4 月份开始切制的土豆	121 000 磅
切好并且转出的薯条	129 000 磅
期末在产品（60%完工）	13 000 磅
期初 21 000 磅在产品的加工成本	
（直接材料 \$1 260，加工成本 \$840）	\$2 100
4 月份增加的成本：	
直接材料	7 260
加工成本	12 840

将你的小组分为两组。两组先分开讨论，然后再一起进行讨论。

要求：

1. 第一组扮演烹调部门的经理凯特娜。在和另外一组汇合讨论之前，确定麦当劳的订单中从切制部门转来的薯条每磅能带来多少利润？

2. 第二组扮演切制部门的经理丽塔门德兹。在和另外一组汇合讨论之前，确定 4 月份切制部门薯条的单位成本。

3. 两个组汇合之后，整个组要考虑接受还是拒绝麦当劳的订单。

第 21 章

本量利分析

- 业务量变化时成本的变动
- 运用边际贡献计算营业利润
- 如何使用本量利分析
- 使用本量利分析进行敏感性分析
- 本量利分析的其他应用
- 附录 21A：变动成本法

哪些商品应该特价销售?

查伦避开夏日室外的酷暑，走入一家开着空调的凉爽的电子产品商店。她试着想象在未来几个月的节日季，当装修完成之后商店会变成什么样子。她看着顾客一边挑选商品，一边与销售人员议价。她注意着商店的哪些地方更为繁忙，哪些地方稍微冷清一点。近期的销售报告显示平板电脑和高清电视是流动较快的商品，而店内的现象证实了这一报告。

尽管现在才 7 月，查伦必须为 11 月和 12 月的销售计划做出决策。查伦是这家商店的买手。她的工作就是保证商店有足够的存货可以满足顾客的需求。查伦必须决定在“黑色星期五”将哪些商品作为折扣商品。“黑色星期五”是感恩节后最重要的购物日之一。主打商品的价格应该定到多低？如果降低价格，这些商品的毛利润也会下降。销售数量的增长能否弥补每件商品毛利润的下降？部分商品的打折能否将顾客吸引来购买其他有更高毛利润的商品？对于之前公司的购买协议，查伦能否通过协商达成一个更好的降低成本提高利润的协议？

查伦的决策对公司有重大的影响。对很多零售商而言，11 月和 12 月的销售额决定了全年的盈利水平。查伦需要像本量利分析这样的管理工具，因为这些工具可以帮助她制定正确的计划。

你是否想过像百思买这样的公司如何确定它们销售计划中的折扣商品？它们为何能承受某些商品在“黑色星期五”和网购星期一以匪夷所思的低价销售？这些销售对利润会有怎样的影响？

1996 年，百思买在明尼苏达的圣保罗开设了第一家商店。现在这家公司在全美有超过 1 000家分店，在全世界有超过 4 000 家分店和大约 180 000 名员工。其 2011 年的合并收入报表显示其收入超过 500 亿美元，毛利率达到 25.1%，营业收入比率达到 4.2%。这些比率在 2007—2011 年间一直十分稳定。百思买必须考虑销售价格的变化如何影响销量和总体利润。这通常需要使用到本量利分析。

本量利分析不仅适用于商业企业，而且可以运用在制造业企业和服务业企业中。让我们仔细研究一下这一功能强大的管理工具吧。

本章大纲

- 业务量变化时成本有何变动?
- 什么是边际贡献？如何运用边际贡献计算营业利润?
- 如何使用本量利分析?
- 如何使用本量利分析进行敏感性分析?
- 其他使用本量利分析的地方有哪些?
- 变动成本法和全部成本法有何不同?
- 营业利润在变动成本法和全部成本法下有何不同?

学习目的

1. 弄清业务量的变化如何影响成本。
2. 运用边际贡献和边际贡献率计算营业利润。
3. 运用本量利分析进行利润规划。
4. 运用本量利进行敏感性分析。

5. 运用本量利分析计算安全边际、经营杠杆和盈亏平衡点。
6. 区分变动成本法和全部成本法。
7. 使用变动成本法和全部成本法计算营业收入。

业务量变化时成本的变动

某些成本，比如销货成本，随着业务量的增加而增加。另外的一些成本，比如直线折旧，不受销量变化的影响。管理者需要知道业务量的变化是怎样影响业务成本的。我们来看看下面三种不同种类的成本：

- 变动成本；
- 固定成本；
- 混合成本。

我们会再次以虚拟的公司 STL 为例来阐述某些概念。STL 公司制造安装有电子课程的平板电脑。

变动成本

变动成本（variable costs）是随业务量成正比发生变动的成本。业务量是对影响成本的商业活动的度量——业务量越大，成本越高。受业务量影响的商业活动包括销售、制造、驾驶与打电话，业务量分别可以用销售量、制造数量、驾驶里程和电话数量来衡量。

对 STL 公司而言，生产平板电脑过程中使用的直接材料就是变动成本。例如，每台平板电脑都需要一个电池。如果每个电池是 \$55，那么每多生产一台电脑就会增加 \$55 的成本。下表显示了不同产量下使用的电池的成本：

产量（台）	每台平板的变动成本	总变动成本
0	\$55	0
25	55	1 375
50	55	2 750
75	55	4 125
100	55	5 500

如你所见，总变动成本与平板电脑产量成正比例变化，但是每台电脑的电池成本并没有变化。图表 21—1 显示了平板电脑产量从 0～100 台时总变动成本的变化。

如果不生产平板电脑，那么 STL 公司就不会发生电池成本。所以总变动成本的起点在左下角，其代表 0 产量和 0 成本。变动成本线的斜率是由电池成本的变动除以电脑产量所得，斜率等于每台电脑的变动成本。在图表 20—1 中斜率是 \$55，因为每台电脑的电池成本是 \$55。

图表 21—1 说明了总变动成本与平台电脑的产量直接相关。但注意，每台平板的电池成本仍然是 \$55。

从上述例子可以看出，直接材料是制造业企业的变动成本，直接人工也是变动成

图表 21—1　总变动成本

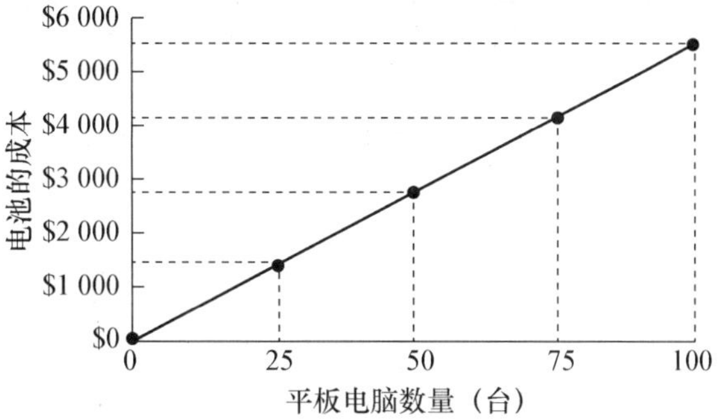

本。制造费用通常既包括变动成本也包括固定成本。下面让我们看看固定成本与变动成本有何不同。

固定成本

与变动成本相比，在一定范围内，**固定成本**（fixed costs）不随着业务量的变动而变化。一些常见的固定成本包括租金、工资、财产税和折旧。STL 公司的固定成本是厂房和设备的折旧。企业的这些固定成本与产量无关。

假设 STL 公司每月发生的固定成本是＄12 000，而每月生产的电脑的数量从 0 到 100 台不等。图表 21—2 显示固定成本是一条在纵坐标＄12 000 上平行于横轴的直线。这是因为无论产量多少，STL 公司月度的固定成本始终是＄12 000。

图表 21—2　总固定成本

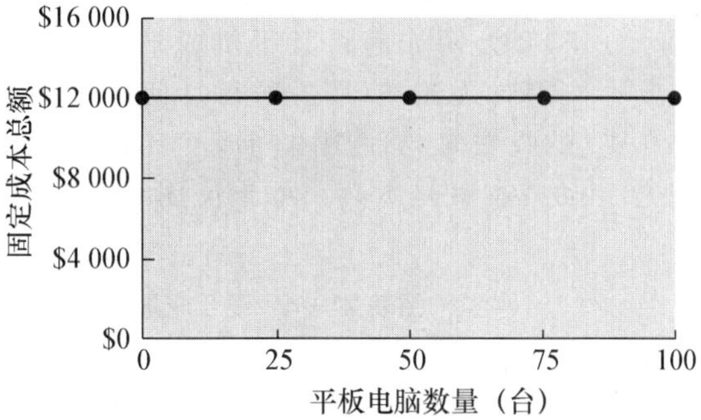

如图表 21—2 所示，总固定成本不变，但是单位固定成本会随着产量的变化而变化。如果 STL 公司生产 25 台平板电脑，则单位固定成本就是＄480。如果产量提高到 50 台，则单位固定成本就会降至＄240。因此单位固定成本与产量成反比。换言之，随着产量的提高，单位固定成本降低。如下所示：

总固定成本	产量（台）	总变动成本
＄12 000	25	＄480
12 000	50	240
12 000	75	160
12 000	100	120

图表 21—3 总结了固定成本和变动成本的特点。

图表 21—3　　变动成本与固定成本的特点

	总成本	单位成本
变动成本	与产量成正比： 产量上升，总成本上升 产量下降，总成本下降	保持不变
固定成本	保持不变	与产量成反比： 产量上升，单位成本下降 产量下降，单位成本上升

□ 混合成本

并不是所有的成本都可以划分为固定成本或者变动成本。既含有变动成本又含有固定成本的成本是混合成本。例如，STL公司的通信服务商每月向公司固定收取＄100，同时根据使用时间每分钟收取＄0.10。如果使用时间达到100分钟，则供应商就应该收取STL公司＄110。下表显示了不同使用时间的成本：

使用时间（分钟）	总固定成本	总变动成本	总成本
100	＄100	＄10	＄110
200	100	20	120
300	100	30	130
400	100	40	140
500	100	50	150

图表21—4显示了STL公司如何将其手机成本分解为固定部分和变动部分。每月的＄100是固定成本，因为无论STL公司每月使用时间是多久，这部分成本都保持不变。每分钟＄0.10的收费是与使用时间成正比例变化的变动成本。如果使用时间是100分钟，则总变动成本就是＄10；如果使用时间达到200分钟，则总变动成本就是＄20。

图表 21—4　混合成本

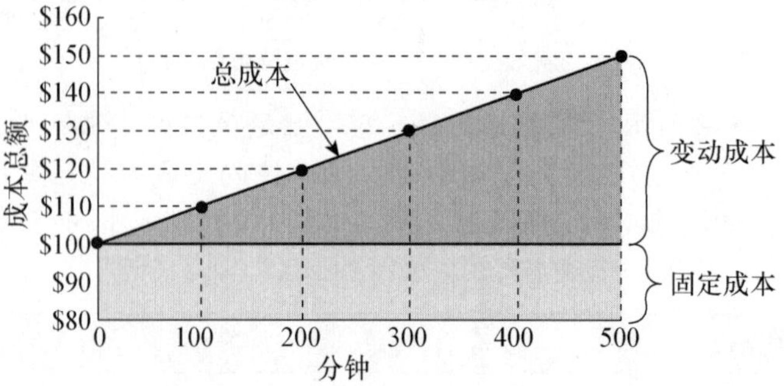

高低点法

当企业发生混合成本时，将成本分解为固定部分和变动部分对于帮助管理者进行计划和控制决策很有帮助。有些成本，比如手机通话成本，很容易分解，有些成本则不是那么容易分解。

一种简易的成本分解方法称为**高低点法**（high-low method）。这一方法要求你确定一定时期的最高业务量和最低业务量。使用这些信息来完成下列三个步骤：

步骤 1：计算单位变动成本：

单位变动成本＝总成本变化额÷业务量变化量
＝(最高点成本－最低点成本)÷(最高点业务量－最低点业务量)

步骤 2：计算总固定成本：

总固定成本＝总混合成本－总变动成本

步骤 3：使用公式来描述混合成本：

总混合成本＝(单位变动成本×业务量)＋总固定成本

让我们来回顾一下 STL 的例子。下表是 STL 上年每季度制造设备维修费用的数据：

	平板电脑产量（台）	总维修费用
第一季度	360	$1 630
第二季度	415	1 935
第三季度	480	1 960
第四季度	240	1 480

我们可以使用高低点法来确定 STL 公司设备维修的固定和变动成本。

步骤 1：计算单位变动成本。

选取最高点的产量，即第三季度的 480 台，最低点的产量，即第四季度的 240 台。使用这两点的数据计算如下：

单位变动成本＝总成本变化÷业务量变化
＝(最高点成本－最低点成本)/(最高点产量－最低点产量)
＝($1 960－$1 480)/(480－240)
＝$480/240
＝$2

步骤 2：计算总固定成本。

总固定成本＝总混合成本－总变动成本
＝总混合成本－(单位变动成本×产量)
＝$1 960－($2×480)
＝$1 960－$960
＝$1 000

本例中使用了最高点的产量和混合成本计算出总固定成本，但其实使用最低点的数据计算的结果是相同的。

记住变动成本和固定成本的特点：业务量的变化并不影响单位变动成本或总固定成本；这两个数据都保持不变。因此，一旦得出单位变动成本，最高点或最低点的数据都可以用来计算总固定成本。

步骤 3：使用公式来描述混合成本。

总混合成本＝(单位变动成本×产量)＋总固定成本
总维修费用＝(＄2×平板电脑数量)＋＄1 000

使用上述公式估算出产量为400台时的设备维修费用为：

总维修成本＝(＄2×400)＋＄1 000
＝＄1 800

高低点法是一种粗略估算固定成本和变动成本的方法。高点业务量和低点业务量即下一部分将要讨论的相关范围。管理者发现高低点法简便快捷，但是回归分析提供了最精确的估计，成本会计课程会对这一方法进行详细介绍。

相关范围

相关范围（relevant range）是总固定成本和单位变动成本都保持不变的业务范围。为了计算和预计成本，管理层需要知道相关业务范围。因为：

- 在不同的相关范围内，总固定成本是不同的；
- 在不同的相关范围内，单位变动成本也是不同的。

图表21—5表明STL公司的固定成本有三种不同的业务范围。假设STL公司下一年计划生产2 400台平板电脑，相关范围就在2 000～4 000台之间，管理者预算的固定成本是＄144 000。

图表21—5　相关范围

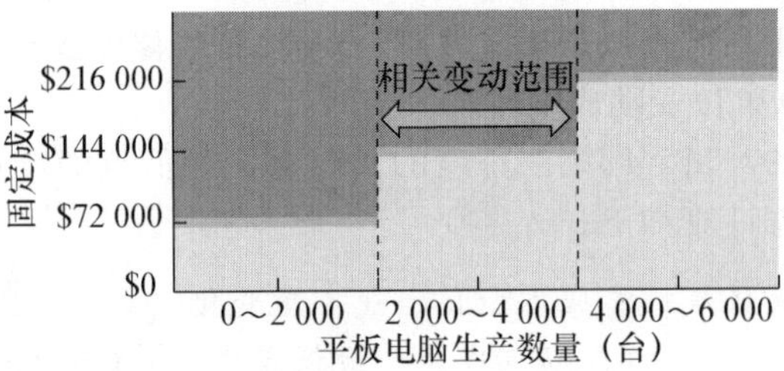

为了生产4 000台以上的平板电脑，STL公司必须进行扩张。这会提高总固定成本，其中包括增加的租金、管理者的薪酬和设备成本。图表21—5显示出当相关范围达到更高的业务量时，固定成本将会提高至＄216 000。相反，如果公司计划生产2 000台以下的平板电脑，其预算的固定成本只有＄72 000。管理者可以通过裁员和其他措施来削减固定成本。

单位变动成本在相关范围以外也可能发生变化。例如，STL公司如果购买4 000个以上的电池，有可能得到一定数量的折扣。

我们还需要记住的是，成本只是针对相应的业务划分为固定成本和变动成本。如果划分的标准改变，划分的结果也会变化。例如，STL公司会在销售代表进行销售洽谈时为其租赁汽车，每月的租金都是＄500。因此，对于生产的平板电脑来说，这项成本是固定成本。提高或者降低产量不会影响租赁费用。租金始终保持每月＄500。然而，从销售代表的人数上来看，这项成本是变动的，因为其与销售代表的人数成正比关系。如果只有一位销售代表，租赁费用是每月＄500；如果有两位，则会翻倍达到每月＄1 000。尽管每位代表的成本保持每月＄500不变，但是总成本却会随着代表人数的变化而变化。

运用边际贡献计算营业利润

将成本划分为固定成本或变动成本指的是划分成本性态，因为数量上的变化对成本会产生不同的影响。就是说总成本会随之变化（变动成本）或保持不变（固定成本）。让我们看看管理者是如何使用成本性态来制定决策的。

边际贡献

边际贡献（contribution margin）等于销售收入减去变动成本。其被称为边际贡献是因为这部分是扣除变动成本后的额外收入，可以用来补偿固定成本，从而产生营业利润。边际贡献一般以总数来表示。例如，如果STL公司以每台＄500的价格销售200台平板电脑，每台的成本是＄275，则边际贡献是：

边际贡献＝销售收入－变动成本
＝＄500×200－＄275×200
＝＄45 000

单位边际贡献

之前的例子将边际贡献作为一个总额来计算。我们也可以计算单位边际贡献。使用上例则计算出单位边际贡献是：

单位边际贡献＝单位销售收入－单位变动成本
＝＄500－＄275
＝＄225

边际贡献和单位边际贡献可以替换使用。

边际贡献率

第三种表示边际贡献的方式就是边际贡献率。**边际贡献率**（contribution margin ratio）是边际贡献占销售收入的比率。因为边际贡献是以销售价格和变动成本为基础的，所以边际贡献率既可以使用边际贡献也可以使用单位边际贡献来计算：

边际贡献率＝边际贡献/销售收入
＝＄45 000/＄100 000
＝45％
或　＝＄225/＄500
＝45％

边际贡献利润表

传统的利润表是按照功能来划分成本，即成本被划分为产品成本和期间成本。记住，**产品成本**（product costs）是那些发生在产品购买和生产过程中的成本。对于像STL公司这样的制造业企业而言，产品成本是直接材料、直接人工和制造费用。这些成本一直归集在存货账户中直到产品出售。出售时，成本被结转到费用账户销货成本中。**期间成本**（period costs）是销售和管理费用。以上都是按照一般公认会计原则（GAAP）进行划分的，传统的利润表如下所示：

销售收入 －销货成本
毛利 －销售和管理费用
营业利润

传统的利润表并没有为管理者提供足够的信息，所以需要采用新的利润表形式。**边际贡献利润表**（contribution margin income statement）按照成本性态来划分成本，即成本被划分为固定成本和变动成本。边际贡献利润表如下所示：

销售收入 －变动成本
边际贡献 －固定成本
营业利润

如何使用本量利分析

在你对成本有足够的了解之后，让我们看看管理者如何使用这些信息来制定商业决策。**本量利分析**（cost-value-profit analysis）是一件考察成本、产量与利润（或者损失）之间关系的工具。本量利分析有时也称**本量价分析**（cost-value-price analysis），因为销售价格的变化也会影响利润。STL公司使用本量利分析来计算销售价格、变动成本、固定成本和产量的变化会如何影响利润。

假设

对于相关范围，本量利分析作出了如下假设：

- 单位产品的价格不随产量的变化而变化。例如，STL公司假设所有的平板电脑都以＄500出售。
- 管理者可以将每种成本划分为变动成本、固定成本和混合成本。
- 唯一影响总成本的因素就是产量，其会提高变动成本和混合成本。STL公司假设每台平板电脑的单位变动成本是＄275。
- 固定成本总额不变。STL公司假设每月的固定成本是＄12 000。
- 库存不会发生改变。STL公司假设生产的产品数量等于出售的商品数量。

大多数商业条件并不能达到一般的假设，所以本量利分析只是一个大致而非精确的分析。

□ 目标利润——三种方法

本量利分析可以用来估算销售量应达到多少才能实现目标利润。**目标利润**（target profit）是管理者对销售收入减去变动成本和固定成本后能达到的利润的要求。要求的销售量可以用数量表示也可以用金额表示。我们会介绍三种求出要求销售量的方法：

- 公式法；
- 边际贡献法；
- 边际贡献率法。

公式法

让我们先用公式来表示利润，然后再将其分解：

销售收入－总成本＝营业利润
销售收入－变动成本－固定成本＝营业利润

销售收入等于单位销售价格乘以销售数量。变动成本等于单位变动成本乘以销售数量。STL公司的固定成本每月总计＄12 000。如果该公司想要每月赚取＄6 000，它应该销售多少台平板电脑？

销售收入－变动成本－固定成本＝营业利润
(＄500×销售量)－(＄275×销售量)－＄12 000＝＄6 000
＄225×销售量－＄12 000＝＄6 000
＄225×销售量＝＄18 000
销售量＝80台

检验你的计算结果。我们可以将计算结果代入利润表以确定在这个销量下可以达到目标利润。

销售收入－变动成本－固定成本＝营业利润
(＄500×80)－(＄275×80)－＄12 000＝＄6 000

由以上结果得出，STL公司每月必须销售80台平板电脑才能实现＄6 000的目标利润。用金额表示，即销售额需要到＄40 000（80台×＄500）。

边际贡献法

边际贡献法是一种计算要求销售量的快速方法。注意到在上例中，固定成本加上目标利润除以单位边际贡献等于要求的销售量。如下所示：

销售量＝(固定成本＋目标利润)/单位边际贡献

使用上述公式，我们可以代入已知的数据计算出要求的销售量，注意公式中的数据是用金额表示的，而计算结果却是用数量表示的。

销售量＝(固定成本＋目标利润)/单位边际贡献
＝(＄12 000＋＄6 000)/＄225
＝80台

之前，我们使用公式法检验了答案。现在，我们也可以使用边际贡献利润表来检验答案：

销售收入	（$500×80）	$40 000
－变动成本	（$275×80）	22 000
边际贡献	（$225×80）	18 000
－固定成本		12 000
营业利润		$6 000

边际贡献率法

从销售金额而不是销售数量的角度来看，企业也可以使用边际贡献率法来计算出要求的销售量。公式与边际贡献法相同，不同的是除数是边际贡献率而不是单位边际贡献。我们之前已经得出STL公司的边际贡献率是45%。代入公式中可得：

销售金额＝(固定成本＋目标利润)/边际贡献率
＝($12 000＋$6 000)/45%
＝$40 000

盈亏平衡点——目标利润的一种变形

一种等同于目标利润计算的方法是盈亏平衡点计算。**盈亏平衡点**（breakeven point）是企业既不盈利也不亏损时的销售水平，此时的收入等于成本。计算目标利润的三种方法同样适用于盈亏平衡点的计算，唯一的不同是目标利润为$0。图表21—6是STL公司使用三种方法计算盈亏平衡点的过程。

图表21—6　　STL公司盈亏平衡点的计算

公式法

销售收入－变动成本－固定成本＝目标利润
（$500×销售量）－（$275×销售量）－$12 000＝$0
$225×销售量－$12 000＝$0
$225×销售量＝$12 000
销售量＝54台

边际贡献法

销售量＝(固定成本＋目标利润)/单位边际贡献
＝($12 000＋$0)/$225
＝54台

边际贡献率法

销售金额＝(固定成本＋目标利润)/边际贡献率
＝($12 000＋$0)/45%
＝$26 667

本量利关系图

本量利关系图提供了一个显示销售量的变化如何影响利润的函数图。如图表21—1、图表21—2和图表21—4所示的变动成本、固定成本和混合成本，横轴是销售量，纵轴是金额。绘制 STL 公司本量利关系图的 5 个步骤如图表 21—7 所示。

图表 21—7　STL 公司的本量利关系图

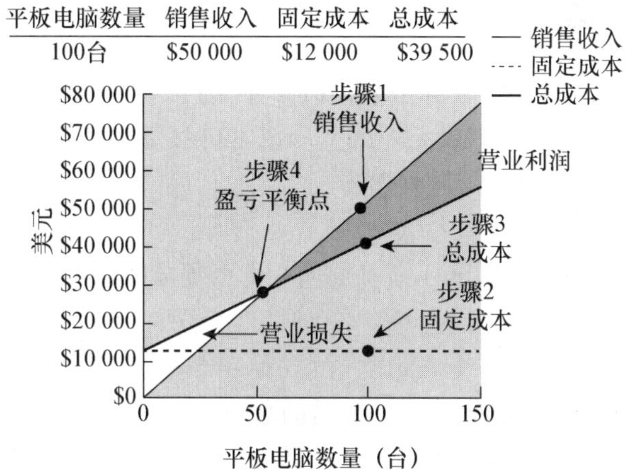

步骤 1：选择一个销售量，例如 100 台。确定这一点的总销售收入为＄50 000。将原点和这一点连接起来确定为销售收入线。为什么起点是原点？因为如果没有销售，收入就是 0。

步骤 2：绘制固定成本线，即一条纵坐标为＄12 000 平行于横轴的线。固定成本线是平行于横轴的，因为无论销售量是多少，固定成本都是＄12 000。

步骤 3：绘制总成本线。总成本是固定成本和变动成本之和。因此总成本是混合的。总成本线与图表 21—4 的混合成本线类似。先计算在选定销售量 100 台下的变动成本：＄275 000。再将变动成本加入到固定成本中：＄27 500＋＄12 000＝＄39 500。确定这一点的总收入是＄39 500。然后将这一点与固定成本线的起点连接起来。这就是总成本线。总成本线的起点在固定成本线上，是因为如果 STL 公司的销售量为 0，其仍然会发生＄12 000 的固定成本。

步骤 4：确定盈亏平衡点。盈亏平衡点是销售收入线和固定成本线相交的点。这一点的总收入等于总成本。即销售 54 台平板电脑或者销售额是＄26 667。

步骤 5：在关系图中标出营业亏损区。盈亏平衡点左边总成本大于销售收入，产生了营业亏损。在图中标出营业利润区。在盈亏平衡点的右侧，销售活动创造了利润，因为销售收入大于总成本。

类似图表 21—7 的关系图对于管理者很有帮助，因为管理者可以利用这一关系图快速地对不同销售水平下的利润或者亏损做出大致的估计。三个目标利润公式也很有用，但是其只显示了一种销售水平下的利润或者亏损。

使用本量利分析进行敏感性分析

管理者经常希望通过预测售价、成本和销售量的变化来确定对利润的影响。管理者可以利用本量利之间的关系进行敏感性分析。**敏感性分析**（sensitivity analysis）是一种估算如果售价、成本、销售量或者原有假设改变时利润如何变化的技术。敏感性分析让管理者能够了解到不同的经营策略会如何影响利润，也因此给予管理者更多的信息进行决策。让我们看看管理者如何使用本量利分析来估算商业环境中的一些改变带来的影响。

□ 售价的变化

平板电脑市场的竞争十分激烈，以至于 STL 公司认为其必须将售价降低到每台 \$475 以保持市场份额。假设企业的变动成本仍然是每台 \$275，固定成本是 \$12 000，降低售价会如何影响盈亏平衡点呢？

使用边际贡献法计算如下：

销售量＝(固定成本＋目标利润)/单位边际贡献
＝(\$12 000＋\$0)/(\$475－\$275)
＝60 台

在原来售价为 \$500 时，STL 公司的盈亏平衡点是 54 台。在每台 \$475 的新销售价格下，盈亏平衡点上升到 60 台。降低售价意味着每台平板电脑对于固定成本的贡献减少，所以企业必须销售更多的产品来保持平衡。此外，销售超过盈亏平衡点的每台平板电脑对利润的贡献也会降低，因为单位边际贡献变低了。

□ 变动成本的变化

回到 STL 公司的原始数据中，不考虑上个例子中售价的变化。假设公司的一个供应商提高了价格，导致单位变动成本上升到 \$285。STL 公司认为不能将这一提高转嫁到顾客身上，所以保持了每台 \$500 的售价。固定成本保持为 \$12 000。在单位变动成本提高后 STL 公司的盈亏平衡点变为多少？

销售量＝(固定成本＋目标利润)/单位边际贡献
＝(\$12 000＋\$0)/(\$500－\$285)
＝56 台

更高的单位变动成本将每台平板电脑的边际贡献从 \$225 降低到 \$215，公司必须售出更多的产品以达到盈亏平衡——56 台而不是原来的 54 台。这一分析说明为什么管理者在经济下行时特别关注成本的控制。成本的上升提高了盈亏平衡点。而如果由于经济衰退导致需求下降，更高的盈亏平衡点很难达到。

当然，变动成本的下降会有相反的影响。更低的变动成本提高了每台平板电脑的边际贡献，因此也降低了盈亏平衡点。

□ 固定成本的变化

回到 STL 公司的原始数据中，不考虑上两个例子中的变化。该公司计划增加 \$3 000 的网络广告费。这会使得固定成本从 \$12 000 提高到 \$15 000。如果平板电脑的售价仍然是每台 \$500，单位变动成本为 \$275，新的盈亏平衡点又是多少？

销售量＝(固定成本＋目标利润)/单位边际贡献
＝(\$15 000＋\$0)/(\$500－\$275)
＝67 台

更高的固定成本提高了达到盈亏平衡的总边际贡献。在这个例子中，固定成本从 $ 12 000 提高到 $ 15 000，将盈亏平衡点提高到 67 台。

管理者更倾向于较低的盈亏平衡点，但是也不要过分强调本量利分析的这一方面。尽管在网络广告上的投入提高了 STL 公司的盈亏平衡点，但如果这能够提高销量和利润，公司仍然应该支付这笔费用。

图表 21—8 显示了上述的变化如何影响单位边际贡献和盈亏平衡点。

图表 21—8　销售价格、变动成本和固定成本变化的影响

原因	影响	结果
变化	单位边际贡献	盈亏平衡点
单位售价提高	提高	降低
单位售价降低	降低	提高
单位变动成本上升	降低	提高
单位变动成本降低	提高	降低
总固定成本上升	无影响	提高
总固定成本下降	无影响	降低

本量利分析的其他应用

我们已经知道本量利分析可以用于估算目标利润和盈亏平衡点以及进行敏感性分析。让我们来看看本量利分析的另外三种应用。

安全边际

安全边际（margin of safety）是预期销售量超过盈亏平衡点的部分。因此，安全边际是一个公司在发生营业亏损前可以降低的销售量。我们可以将其理解为盈利和亏损之间的缓冲。

管理者可以用安全边际来评估他们当前经营活动和未来经营计划的风险。让我们把安全边际运用到虚拟的公司中去。

STL 公司原来的盈亏平衡点是 54 台平板电脑。假设该公司预期卖出 100 台，安全边际可以用数量、金额和百分数来表示。

预期销量－盈亏平衡点＝安全边际(数量)

100－54＝46 台

安全边际(数量)×单位售价＝安全边际(金额)

46× $ 500＝ $ 23 000

安全边际(数量)/预期销量＝安全边际率

46/100＝46%

在 STL 公司发生亏损前销量可以下降 46 台，或者销售额下降 $ 23 000。安全边际是总期望销售量的 46%。换言之，该公司在发生亏损前可以承受失去近一半的销量。这是一个很好的安全边际。

目标利润和安全边际都使用了本量利分析，但是从不同的角度。安全边际关注的是公司在盈亏平衡点以上创造了多少销售额。相反，目标利润关注的是销售收入在扣除固定成本和变动成本后剩下多少营业利润。

经营杠杆

一个公司的**成本结构**（cost structure）是固定成本与变动成本的比例。这一比例关系十分重要，因为根据成本结构，商业环境的微小变化会对利润产生重要的影响。固定成本越高的公司风险越大，但是其也更有可能取得巨大的收益。让我们通过两个公司的比较来研究在销售量发生变化时成本结构如何影响它们的利润。

在南加州的查尔斯顿有两家经营马车旅行的公司。这是一项竞争非常激烈的业务，两家公司的收费都是每位游客 25 元。两家公司都希望 9 月份的游客数量能达到 500 名。A 公司的变动成本很低而固定成本很高，B 公司的成本结构则正好相反。预期边际贡献利润表如下所示：

	A 公司	B 公司
销售收入	12 500	12 500
变动成本		
	2 500	
		7 500
边际贡献	10 000	5 000
固定成本	6 000	1 000
营业利润	$4 000	$4 000

在 9 月份，飓风袭击了这一区域，很多游客选择了其他旅行计划。两家公司在本月的游客数都是 400 名。让我们看看游客下降后实际的利润表：

	A 公司	B 公司
销售收入	10 000	10 000
变动成本		
	2 000	
		6 000
边际贡献	8 000	4 000
固定成本	6 000	1 000
营业利润	$2 000	$3 000

两家公司的游客数量的下降幅度一致，但是 B 公司的成本结构导致其营业利润的下降幅度小于 A 公司。

公司可以依据它们的成本结构对由于销售量改变而改变的营业利润做出预测。**经营杠杆**（operating leverage）反映的是当销售量发生变化时固定成本对营业利润的影响。经营杠杆的水平可以用边际贡献除以营业利润来衡量。让我们计算有 500 名游客时两家公司的经营杠杆水平：

经营杠杆水平＝边际贡献/营业利润

A 公司＝＄10 000/＄4 000＝2.50

B 公司＝＄5 000/＄4 000＝1.25

A 公司的经营杠杆水平是 2.50，这意味着经营利润的变动率是销售量变动率的 2.5 倍。对 B 公司而言，销售量的变动率对于营业利润变动率的影响小一点，只有 1.25 倍。计算如下：

	A 公司	B 公司
预计销售额	＄12 500	＄12 500
实际销售额	(10 000)	(10 000)
销售额变动	＄2 500	＄2 500
销售额变动率	20%	20%
经营杠杆系数	×2.50	×1.25
营业利润变动率	50%	25%
预计营业利润	＄4 000	＄4 000
实际营业利润	(2 000)	(3 000)
营业利润变动	2 000	1 000
营业利润变动率	50%	25%

上述表格说明经营杠杆系数准确地反映了当销售额变化时对营业利润的影响。注意，A 公司的固定成本更高，因此当销售额下降时利润的下降幅度更大。高固定成本为公司带来了高风险。当销售额下降时，弥补固定成本和创造利润的边际贡献也会下降。然而，在销售额上升时，固定成本比例较高的成本结构会产生相反的影响。销售额 20%的上升会有 2.5 倍的影响，即营业利润 50%的提高。因此，销售额提高＄2 500（＄125 000×20%）会导致营业利润上升＄2 000（＄4 000×50%）。

□ 销售组合

大多数公司销售的产品不止一种。每种产品的销售价格和变动成本都不相同，所以每种产品对利润的贡献都不尽相同。之前使用的本量利公式也可以运用到生产多种产品的企业。

为计算每种产品的盈亏平衡点，我们必须计算公司所有产品的加权平均边际贡献。销售组合提供了每种产品在所有产品中的权重。所有产品的总权重是 100%。**销售组合**（sales mix），也称作产品组合，是组成总销售额的产品的组合。例如，假设酷猫咪家具公司上年销售了 6 000 张猫床和 4 000 块猫抓板。这一销售组合中猫床的权重达到 60%，猫抓板的权重为 40%。你也可以将这一权重转化为比率，即猫床 3/5，猫抓板 2/5。所以我们认为销售组合是 3∶2，即每销售 3 张猫床就要同时卖出 2 块猫抓板。

酷猫咪家具的总固定成本是＄40 000，猫床的单位售价是＄44，变动成本是＄24；猫抓板的单位售价是＄100，变动成本是＄30。该公司按以下三步计算销售盈亏平衡点。

第一步：计算单位产品的加权边际贡献：

	猫床	猫抓板	合计
单位售价	$44	$100	
单位变动成本	24	30	
单位边际贡献	20	70	
销售组合	×3	×2	5 单位
边际贡献	$60	$140	$200
单位加权边际贡献			$40

第二步：计算产品组合的盈亏平衡点：

销售量＝(固定成本＋目标利润)/单位加权边际贡献
＝($40 000＋$0)/$40
＝1 000 套

第三步：计算每种产品的盈亏平衡点。用产品组合盈亏平衡点乘以每种产品在销售组合中所占的比例：

猫床的盈亏平衡点:(1 000×3/5)	600 张
猫抓板的盈亏平衡点:(1 000×2/5)	400 块

在这个例子中，总的盈亏平衡销售金额是$66 400：

600 张猫床,每张售价$44	$26 400
400 块猫抓板,每块售价$100	$40 000
总销售收入	$66 400

我们可以通过编制边际贡献利润表证明这一盈亏平衡点：

	猫床	猫抓板	合计
销售收入			
猫床	$26 400		
猫抓板		$40 000	$66 400
变动成本			
猫床	14 400		
猫抓板		12 000	26 400
边际贡献	$12 000	$28 000	40 000
固定成本			40 000
营业利润			$0

如果销售组合改变，酷猫咪家具公司可以使用新的组合信息来分析找出每种产品新的盈亏平衡点。

除了确定盈亏平衡点，该公司还可以估算要达到一定水平的利润需要多少销售额。假设该公司希望利润达到$20 000，则每种产品的销售量要达到多少？

销售量＝(固定成本＋目标利润)/单位加权边际贡献
＝($40 000＋$20 000)/$40
＝1 500 套

猫床的盈亏平衡点：(1 500×3/5)　　900 张
猫抓板的盈亏平衡点：(1 500×2/5)　　600 块

我们也可以通过编制边际贡献利润表证明这一盈亏平衡点：

	猫床	猫抓板	合计
销售收入			
猫床	$ 39 600		
猫抓板		$ 60 000	$ 99 600
变动成本			
猫床	21 600		
猫抓板		18 000	39 600
边际贡献	$ 18 000	$ 42 000	60 000
固定成本			40 000
营业利润			$ 20 000

附录 21A：变动成本法

变动成本法与全部成本法的不同之处

管理会计的目的就是为管理者提供关于内部决策——计划与控制决策的有用信息。如你所见，这方面的信息与财务会计提供给外部使用者，比如债权人和投资者的信息通常不同。在本章附录，你会学习到两种确认产品生产成本的方法以及每种方法的适用范围。

全部成本法

到现在，我们已经在确认产品成本时说明了全部成本法的使用。**全部成本法**（absorption costing）将直接材料、直接人工、变动制造费用和固定制造费用归入产品的成本。这种方法被称为全部成本法是因为产品负担了全部的成本——材料、人工和制造费用。这些成本首先作为资产记录在存货账户中；之后，当产品出售时，这些成本被转入费用账户销货成本中。全部成本法是一般公认会计原则规定的适用于提供给投资人、债权人等外部信息使用者的财务报告的方法。对外财务报告使用的是关注毛利润的传统利润表格式。

变动成本法

变动成本法（variable costing）是一种只将变动制造费用归入产品成本的成本计算方法。变动成本法将直接材料、直接人工和变动制造费用归入产品成本，而将固定制造费用归入期间费用。因为无论是否生产产品，固定制造费用都会在相应的会计期间发生。变动成本法不能用于对外的财务报告，但是可以用于帮助管理者进行计划和控制决策。内部财务报告使用的是关注边际贡献的边际贡献利润表格式。

图表21A—1列示了全部成本法与变动成本法的区别。两种方法的关键区别使用黑体字强调。

图表21A—1　　全部成本法和变动成本法的区别

	全部成本法	变动成本法
产品成本	直接材料 直接人工 变动制造费用 **固定制造费用**	直接材料 直接人工 变动制造费用
期间费用	变动销售和管理费用 固定销售和管理费用	**固定制造费用** 变动销售和管理费用 固定销售和管理费用
利润表格式	传统格式： 销售收入 一销货成本 **毛利** 一销售和管理费用 营业利润	边际贡献格式： 销售收入 一变动成本 **边际贡献** 一固定成本 营业利润

单位成本的比较

为了说明变动成本法和全部成本法之间的不同，我们以STL公司为例。图表21A—2依据第18章中2016年的利润表总结了该公司的价格和成本信息。

图表21A—2　　STL公司——价格与成本信息

生产数量	2 000	单位
销售价格	$500.00	每台
直接材料	150.00	每台
直接人工	75.00	每台
变动制造费用	20.00	每台
固定制造费用	110 000.00	每年
变动销售和管理费用	62.50	每台
固定销售和管理费用	116 000.00	每年

当使用全部成本法确定产品的单位成本时，将下列变动成本加入到每台平板电脑中：直接材料、直接人工和变动制造费用。然后用总的固定制造费用除以产品的总数量确定单位产品的固定制造费用，并添加到变动成本中。当使用变动成本法确定产品的成本时，仅仅需要将以下变动成本加入到每台平板电脑中：直接材料、直接人工和变动制造费用。计算结果如图表21A—3所示。

图表 21A—3　　单位产品成本的比较——2 000 单位产品

	全部成本法	变动成本法
直接材料	$ 150.00	$ 150.00
直接人工	75.00	75.00
变动制造费用	20.00	20.00
固定制造费用	55.00	
单位成本总和	$ 300.00	$ 245.00

营业利润在变动成本法和全部成本法中的不同

我们已经了解了如何使用变动成本法和全部成本法计算产品的单位成本，现在让我们看看这两种方法对于计算营业利润的影响。以下是需要考虑的三种不同情形：

- 生产数量等于销售数量；
- 生产数量大于销售数量；
- 生产数量小于销售数量。

产量等于销量

假设 STL 公司第一年的数据如下：

- 完工产品中没有期初余额；
- 该年度制造了 2 000 台平板电脑；
- 该年度销售了 2 000 台平板电脑。

依据这些假设，可以认为 STL 公司在期末没有库存商品，因为期初余额为 0，而且所生产的平板电脑都已经售出。

图表 21A—4 是 STL 公司使用全部成本法和变动成本法的利润表。单位产品成本和总固定成本由图表 21A—2 和 21A—3 给出。

图表 21A—4　　全部成本法和变动成本法：第一年——产量等于销量

全部成本法		
销售收入		$ 1 000 000
销货成本		600 000
毛利		400 000
销售和管理费用		
变动销售和管理费用	$ 125 000	
固定销售和管理费用	116 000	241 000
营业利润		$ 159 000
产成品存货		$ 0
变动成本法		
销售收入		$ 1 000 000

变动成本		
变动制造费用	$ 490 000	
变动销售和管理费用	125 000	615 000
边际贡献		385 000
固定成本		
固定制造费用	110 000	
固定销售和管理费用	116 000	226 000
营业利润		$ 159 000
产成品存货		$ 0

如图 21A—4 所示，当产量等于销量时，使用两种方法计算出的营业利润没有区别。原因是所有的固定成本都被计入当期费用。换言之，因为期末存货账户为 0，所以没有产品成本被分配到存货账户中，所有当期发生的成本都被记为当期的费用，并在利润表中从收入中扣除。

产量大于销量

假设第二年 STL 公司的情形如下：

- 完工产品中没有期初余额；
- 该年度制造了 2 500 台平板电脑；
- 该年度销售了 2 000 台平板电脑。

伴随着生产的平板电脑的数量的变化，产品成本必须重新计算。计算结果如图表 21A—5 所示。

图表 21A—5　　单位产品成本的比较——2 500 单位产品

	全部成本法	变动成本法
直接材料	$ 150.00	$ 150.00
直接人工	75.00	75.00
变动制造费用	20.00	20.00
固定制造费用	44.00	
单位成本总和	$ 289.00	$ 245.00

产量上的增加降低了全部成本法下的单位产品成本，因为总固定成本被分配到更多数量的产品中。

图表 21A—6 是 STL 公司第二年使用全部成本法和变动成本法的利润表。单位产品成本和总固定成本由图表 21A—2 和 21A—5 给出。

图表 21A—6　　全部成本法和变动成本法：第二年——产量大于销量

全部成本法		
销售收入		$ 1 000 000
销货成本		578 000
毛利		422 000
销售和管理费用		

变动销售和管理费用	$ 125 000	
固定销售和管理费用	116 000	241 000
营业利润		$ 181 000
产成品存货		$ 144 500
变动成本法		
销售收入		$ 1 000 000
变动成本		
变动制造费用	$ 490 000	
变动销售和管理费用	125 000	615 000
边际贡献		385 000
固定成本		
固定制造费用	110 000	
固定销售和管理费用	116 000	226 000
营业利润		$ 159 000
产成品存货		$ 122 500

如图表 21A—6 所示，当产量大于销量时，全部成本法下的营业利润更大。原因是在全部成本法下，一些固定成本仍然处于资产负债表的产成品账户中，而没有被记为费用。两种方法下的营业利润之差为 $ 22 000。这也是产成品期末余额的差异。

让我们更为仔细地看看两种方法下的产品成本。图表 21A—7 说明了产品成本在全部成本法和变动成本法中的分配情况。

图表 21A—7　　第二年：全部成本法和变动成本法中的产品成本——产量大于销量

	全部成本法				
	产品成本	=	期末余额	+	本期计入费用的成本
直接材料	$ 375 000	=	$ 75 000	+	$ 300 000
直接人工	$ 187 500	=	$ 37 500	+	$ 150 000
变动制造费用	$ 50 000	=	$ 10 000	+	$ 40 000
固定制造费用	$ 110 000	=	$ 22 000	+	$ 88 000
总计	$ 722 500	=	$ 144 500	+	$ 578 000
	变动成本法				
	产品成本	=	期末余额	+	本期计入费用的成本
直接材料	$ 375 000	=	$ 75 000	+	$ 300 000
直接人工	$ 187 500	=	$ 37 500	+	$ 150 000
变动制造费用	$ 50 000	=	$ 10 000	+	$ 40 000
固定制造费用	$ 110 000	=	$ 0	+	$ 110 000
总计	$ 722 500	=	$ 122 500	+	$ 600 000

当产量大于销量时，在全部成本法中分配到存货中的成本更多，而计入当期费用中的更少。这是因为与全部成本法相比，在变动成本法中所有的固定制造成本都被计入当期费用。接下来让我们看看销量大于产量时的情形。

产量小于销量

假设第三年STL公司的情形如下：

- 完工产品中期初有500台平板电脑，在全部成本法下的成本是＄144 500，在变动成本法下的成本是＄122 500；
- 该年度制造了1 500台平板电脑；
- 该年度销售了2 000台平板电脑。

根据上述假设，我们可以确定STL公司的完工产品没有期末余额，因为期初余额是500台，同时本期生产了1 500台，共销售了2 000台。

由于生产数量的变化，单位产品的成本必须重新计算。计算结果如图表21A—8所示。

图表21A—8　　单位产品成本的比较——1 500单位产品

	全部成本法	变动成本法
直接材料	＄150.00	＄150.00
直接人工	75.00	75.00
变动制造费用	20.00	20.00
固定制造费用	73.33	
单位成本总和	＄318.33	＄245.00

产量的下降增加了全部成本法下的单位产品成本，因为总固定成本被分配到更少数量的产品中。

图表21A—9是STL公司第三年使用全部成本法和变动成本法的利润表。单位产品成本和总固定成本由图表21A—2和图表21A—8给出。

图表21A—9　　全部成本法和变动成本法：第三年——产量小于销量

全部成本法		
销售收入		＄1 000 000
销货成本		
毛利	＄144 500	621 995
	477 495	378 005
销售和管理费用		
变动销售和管理费用	＄125 000	
固定销售和管理费用	116 000	241 000
营业利润		＄137 005
产成品存货		＄0
变动成本法		
销售收入		＄1 000 000
变动成本		
变动制造费用	＄490 000	
变动销售和管理费用	125 000	615 000
边际贡献		385 000

固定成本		
固定制造费用	110 000	
固定销售和管理费用	116 000	226 000
营业利润		\$ 159 000
产成品存货		\$ 0

如图表 21A—9 所示，当销量大于产量时，变动成本法下的营业利润更大。销售量大于生产量的唯一可能是产成品存在期初余额。注意，使用全部成本法计算的销售成本包括了 500 台每台成本是 \$ 289.00 的产成品。这是第二年图表 21A—6 和图表 21A—7 中列出的。记住，第二年的期末存货成为第三年的期初存货。

在变动成本法中，固定生产成本在之前一期中就记为费用了。因为只有变动成本会被分配到产品中，所以两个会计期间的单位产品成本相同，都是 \$ 245.00。在全部成本法下，期初存货中含有分配的固定生产成本，所以其单位成本更高，这增加了销售成本并降低了利润。

让我们更为仔细地看看两种方法下的产品成本。图表 21A—10 说明了产品成本在全部成本法和变动成本法中的分配情况。

图表 21A—10　第二年：全部成本法和变动成本法中的产品成本——产量小于销量

全部成本法					
产品成本		=	期末余额	+	本期计入费用的成本
期初存货	\$ 144 500	=	\$ 0	+	\$ 144 500
直接材料	\$ 225 000	=	\$ 0	+	\$ 225 000
直接人工	\$ 112 500	=	\$ 0	+	\$ 112 500
变动制造费用	\$ 30 000	=	\$ 0	+	\$ 30 000
固定制造费用	\$ 110 000	=	\$ 0	+	\$ 110 000
总计	\$ 622 000	=	\$ 0	+	\$ 622 000
变动成本法					
产品成本		=	期末余额	+	本期计入费用的成本
期初存货	\$ 122 500	=	\$ 0	+	\$ 122 500
直接材料	\$ 225 000	=	\$ 0	+	\$ 225 000
直接人工	\$ 112 500	=	\$ 0	+	\$ 112 500
变动制造费用	\$ 30 000	=	\$ 0	+	\$ 30 000
固定制造费用	\$ 110 000	=	\$ 0	+	\$ 110 000
总计	\$ 600 000	=	\$ 0	+	\$ 600 000

当产量小于销量时，全部成本法中的销售成本大于变动成本法，因为全部成本法中的期初存货从上期分配到了更多的成本。

总结

STL 公司这三年的唯一不同就是产量。每一年的销量、销售单价、单位变动成本和总固定成本都是相同的。让我们对三年的数据进行比较以确定为什么管理者更倾向于使用变动成本法进行控制和计划。图表 21A—11 是三年的利润表。

图表 21A—11　　全部成本法和变动成本法：三年总结

全部成本法	第一年	第二年	第三年	总计
销售收入	$ 1 000 000	$ 1 000 000	$ 1 000 000	$ 3 000 000
销货成本	600 000	578 000	621 995	1 800 000
毛利润	400 000	422 000	378 005	1 200 000
销售和管理费用	241 000	241 000	241 000	723 000
营业利润	$ 159 000	$ 181 000	$ 137 005	$ 477 000
单位毛利	$ 200.00	$ 211.00	$ 189.00	
变动成本法	**第一年**	**第二年**	**第三年**	**总计**
销售收入	$ 1 000 000	$ 1 000 000	$ 1 000 000	$ 3 000 000
变动成本	615 000	615 000	615 000	1 845 000
边际贡献	385 000	385 000	385 000	1 155 000
固定成本	226 000	226 000	226 000	678 000
营业利润	$ 159 000	$ 159 000	$ 159 000	$ 477 000
单位边际贡献	$ 192.50	$ 192.50	$ 192.50	

假设依据全部成本法生产主管获得了一份奖励。该主管会提高还是降低产量？根据图表22A—1 的总结，在第 2 年产量大于销量时，全部成本法下的营业利润大于变动成本法下的营业利润。生产主管知道全部成本法将固定制造费用分配给每一台生产的平板电脑。在全部成本法下：

- 对于每一台完工但尚未销售的平板电脑，全部成本法在期末产成品中“隐藏”了固定制造费用。
- 期末产成品存货越多，“隐藏”其中的固定制造费用就越多。
- 期末产成品包含的制造费用越多，销售成本就越低，营业利润就越高。

为了在全部成本法下最大化自己的奖励，生产主管可能会提高产量增加期末产成品存货从而提高营业利润以实现自己的奖励。但是，这与准时制管理理念存在着冲突，该理念强调的是最低存货水平。因此，很多管理者倾向于使用变动成本法来制定内部计划与控制决策。使用变动成本法来确定奖惩不会刺激主管生产超过需求量的产品。

疑难问题 A 部分

P21-49A　计算本量利因素　　四个公司今年的预算信息如下：

	公司			
	蓝	红	绿	黄
销售收入	$ 960 000	$ (d)	$ 770 000	$ (j)
变动成本	(a)	132 000	462 000	162 000
固定成本	(b)	145 000	220 000	(k)
营业收入（损失）	32 000	(e)	(g)	93 000
售出产品	160 000	11 000	(h)	(i)
单位产品边际贡献	$ 2.7	$ (f)	$ 77.00	$ 16.00
边际贡献率	(c)	70%	(i)	40%

要求：

1. 填入缺失的数值（单位产品边际贡献小数精确到分）。

2. 哪个公司的盈亏平衡点最低？

3. 什么原因导致了盈亏平衡点比较低？

P21-50A 计算盈亏平衡销量，计算目标利润的销量；编制边际贡献利润表

英格兰表演团在伦敦开演。平均每场表演售出 1 300 张票，每张 \$60。今年有 150 场表演。由于其他公司也使用同一家剧院，所以不能增加演出场次。平均每场表演有 65 个演员，每个演员每场平均净利润是 \$340。演员在每场表演结束后发放工资。其他变动成本是每一位顾客的节目单，每张 \$8。年度固定成本是 \$728 000。

要求：

1. 计算每场的收入和变动成本。

2. 利用公式法计算为了达到盈亏平衡，英格兰剧团每年需要演出多少场？

3. 利用边际贡献率法来计算如果要达到 \$5 687 500 的利润，需要演出多少场？这个利润目标符合实际吗？说出你的理由。

4. 编制今年英格兰表演团演出 150 场的边际贡献利润表。只需报告两种成本：固定成本和变动成本。

P21-51A 分析本量利的关系

KCC 公司销售带有队标的旗子。KCC 公司的年度固定成本是 \$583 200，变动成本为每面旗子 \$4.80。每面旗子售价为 \$12。

要求：

1. 利用公式法计算 KCC 公司为了达到盈亏平衡所需要的销售量。

2. 利用边际贡献率法计算 KCC 为了获得 \$33 000 的营业收入需要达到的销售额（保留两位小数）。

3. 编制 KCC 公司 2014 年 12 月 31 日的边际贡献利润表，假设销量为 72 000 面旗子（小数点后进位取整）。

4. 公司整改考虑扩张，会使固定成本提高 21%，每面旗子的变动成本提高 \$0.60。计算新的盈亏平衡点下所需要的销售量和销售额。KCC 公司应该进行这次扩张吗？

P21-52A 计算盈亏平衡时的销售量，计算目标利润下的销售量；画图表示本量利关系；进行敏感性分析

NIG 公司在波兰开设了一间办公室。月固定成本为公司办公室租金 \$8 500，公司家具 \$2 000，水电费 \$2 100，特殊电话线路费 \$1 100，网络中介费 \$2 800，财务规划师工资 \$4 500。变动成本包括财务规划师奖金（收入的 8%）、广告费（收入的 13%）、宣传费（收入的 3%）和电话线及网络服务的使用费（收入的 6%）。

要求：

1. 使用边际贡献率法计算 NIG 公司的盈亏平衡点。如果平均每项交易带来 \$1 000 的收入，那么需要多少项交易才能达到盈亏平衡点？

2. 利用公式法计算如果要达到 \$12 600 的利润需要多少收入？

3. 画图表示 NIG 公司的本量利关系。假设平均每项交易带来 \$1 000 的收入。画出盈亏平衡点、销售利润线、固定成本线、总成本线、营业损失区域、营业盈利区域。表示出月利润为 \$12 600 时的销售量和销售额。

4. 假设平均每项交易带来的利润增加到 \$1 200。计算盈亏平衡点。这种变化会如何影响盈亏平衡点？

P21-53A 计算两种商品的盈亏平衡点、安全边际和经营杠杆

DD 甜甜圈公司 2014 年的边际贡献利润表如下：

销售收入		
变动成本：		\$150 000
销货成本	\$41 000	
销售费用	15 000	
管理费用	4 000	60 000
边际贡献		90 000
固定成本：		
销售费用	37 800	
管理费用	12 600	50 400
营业利润		\$39 600

DD甜甜圈的普通甜甜圈销售量是夹心甜甜圈的4倍。每打普通甜甜圈售价$4.00，变动成本为$1.60。每打夹心甜甜圈售价$5.00，变动成本为$2.00。

要求：

1. 计算加权平均边际贡献。

2. 计算如果要达到盈亏平衡点，需要销售多少普通甜甜圈和夹心甜甜圈。编制一份边际贡献利润表来验证你的答案。只需考虑两种成本：固定成本和变动成本。

3. 计算DD甜甜圈公司2014年8月的安全边际。

4. 计算经营杠杆系数。如果销售量增加20%，估计新的营业收入。（经营杠杆系数保留四位小数。假设销售组合不变。）

5. 编制一份销售量增加20%后的边际贡献利润表来验证第4题的答案。

P21A-54A　编制变动成本法和全部成本法下的利润表

LDF公司制作售价为$6的冷冻食品。公司根据计划生产食品的数量计算最新的月固定制造费用率。所有的成本和生产水平完全按照计划进行。下表展示了LDF公司第一个月的信息：

制作销售产品：	
销量	1 000份
产量	1 200份
单位食品变动制造费用	$2
单位食品销售佣金	1
总固定制造费用	660
总固定销售和管理成本	700

要求：

1. 在变动成本法下和全部成本法下计算每份食品的生产成本。

2. 编制当月的损益表，使用：

A. 全部成本法；

B. 变动成本法。

3. 全部成本法和变动成本法下，哪一种方法的营业利润更高？

P21A-55A　编制全部成本法和变动成本法下的利润表

VK公司制作售价为$41的电子游戏。公司每份游戏都有$4的固定制造费用。所有的成本和生产水平完全按照计划进行。下表的数据展示了VK公司2014年最初两个月的数据：

	10月	11月
销量	1 400份	2 800份
产量	2 700份	2 700份
每份游戏的变动制造费用	$14	$14
每份游戏的销售佣金	7	7
总固定制造费用	10 800	10 800
总固定销售和管理费用	10 000	10 000

要求：

1. 在全部成本法和固定成本法下计算单位生产成本。

2. 编制10月份和11月份的利润表，包括每月的销售量和总销售量，使用下面两种方法：

A. 全部成本法；

B. 变动成本法。

3. 10月份变动成本法下和全部成本法下，哪种方法营业利润更高？11月份呢？根据全部成本法和变动成本法计算成本的差异来解释这种现象。

4. 计算全部成本法和变动成本法下，10月31日和11月30日产成品存货的余额。比较产成品存货余额差异和营业利润的差异。根据全部成本法和变动成本法的不同来解释存货余额的差异。

小组作业

小组作业21—1

选择一家附近的公司，为你们的小组安排一次针对这家公司管理会计、管理层或者其他会计人员/财务人员的访谈。

要求：

在小组进行访谈之前，研究这家公司并且回答以下问题：

1. 这家公司是服务业企业、商业企业还是制造业企业？它的主要产品或服务是什么？

2. 这家公司可能发生的固定成本有哪些？

3. 这家公司可能发生的变动成本有哪些？

4. 选择这家公司的一项产品或服务，估计这项产品或服务的单位边际贡献。

在进行访谈时，询问上述问题，并且将小组的答案与公司的回答进行比较，然后询问以下问题：

6. 公司如何对产品和服务进行定价？

7. 公司的成本结构怎么样？公司有相对较高或较低的固定成本吗？

8. 公司的销售组合是什么？最近销售组合有变化吗？如果有，引起变化的原因是什么？

小组做一个简短的总结并且提供证据支持你们的解释，提供适当的参考文献以及引用的著作。

第 22 章

总预算

- 管理者缘何使用预算
- 预算的类型
- 制造业企业经营预算的编制
- 制造业企业财务预算的编制
- 信息技术在预算编制中的应用
- 附录 22A：为商业企业编制预算

预算如何帮助我做决策

汉娜·肯德尔满怀希望地坐在她的椅子上。汉娜是B&T公司新近提拔的部门经理，她正准备编制下一年度的预算。在上次的部门经理会议上，其他部门经理对编制预算的要求怨声载道。没有人喜欢这一工作，但汉娜对此有不同的看法。她记得在管理会计课上学到，预算可以通过提供指导和标准帮助管理者在预算期内计划和控制部门活动。汉娜希望预算可以成为部门的路标，即帮助部门明确自己前进的方向和目标实现的情况。

汉娜考虑如何开始预算的编制。她知道自己需要先学习之前经理编制的上年预算，将预算与实际结果进行比较，以观察哪些目标已经实现。同时，还需要考虑外部因素的影响，例如，对B&T产生影响的经济形势。汉娜还希望得到她的上级的指导，以使得设定的目标符合实际、可实现并具有激励性。汉娜曾经见过有的预算设立了不可实现的目标，并因此惩罚未实现目标的员工，她并不是那种经理。汉娜希望她的部门士气高昂，所有人都能朝同一目标努力。

预算是管理者用以调整商业活动的财务计划。所有类型的企业都能够从编制预算中获益，例如，NHC这样提供医疗保健的服务业企业、CVS这样出售药品和医疗器材的商业企业以及雅培这样生产药品的制造业企业。预算有很多种，有些是为短期决策服务的，有些则用于长期决策。预算帮助管理者计划未来，追踪商业活动的进展，并在需要时采取必要的措施。编制预算是一项非常重要的管理工具。在这一章，我们重点关注预算的目标和类型，以及一种预算的开发——总预算。在下一章，我们重点介绍管理者如何运用预算控制商业活动。

本章大纲

- 管理者缘何编制预算?
- 存在不同类型的预算吗?
- 如何编制制造业企业的经营预算?
- 如何编制制造业企业的财务预算?
- 信息技术如何运用于预算编制?
- 如何编制商业企业的经营预算（附录22A)?
- 如何编制商业企业的财务预算（附录22A)?

学习目的

1. 简述预算目标、优点、程序以及人为活动如何影响预算。
2. 定义预算的种类，了解总预算的组成。
3. 为制造业企业编制经营预算。
4. 为制造业企业编制财务预算。
5. 简述信息技术如何运用于预算编制。
6. 为商业企业编制经营预算（附录22A)。
7. 为商业企业编制财务预算（附录22A)。

管理者缘何使用预算

我们对预算的概念耳熟能详。大大小小的财务决策都需要计划。例如，当你决定租一间公寓还是买一栋房屋、修理你的旧车还是购买一台新车、在家做饭还是外出就餐，你都要考虑财务状况。也许你会考虑在家做饭为购买房屋省钱，这说明你有一个财务计划去实现某些目标。然而，对于很多人来说，预算并不是一份书面计划和严格遵守的正式流程。不能正式地对待预算通常会导致不能成功地完成财务目标。

和你在个人生活中一样，企业也由于某些原因使用预算。它们主要是为了计划和控制与收入和费用相关的经营活动。

预算目标

预算（budget）是管理者用来规划经营活动的财务计划。管理者使用预算来履行他们的主要责任。首先，他们确定发展战略，即整体的经营目标，比如，拓展国际市场、在保持某个市场的领导者地位的基础上将业务扩展到其他市场。企业接下来就会通过计划和预算工作来实现目标。再接下来就是执行计划。

在执行计划之后，企业将实际结果与预算目标进行比较，并使用相关信息进行控制的决策。反馈的信息让他们确定哪些是正确的措施。比如，如果企业在某一区域的投入大于预期，那么其必须削减其他成本或提高收入。这些决策会影响企业未来的战略和计划。

图表 22—1 阐明了制定战略、计划、执行和控制的过程。注意这是一个循环的过程，控制不是终点，而是下一次战略制定的开始。成功的企业会使用当前期间的结果来帮助制定关于未来发展的决策。

图表 22—1　预算目标

□ 预算的优点

预算要求管理者进行计划、协调和沟通，并且提供了一套评价实际结果的标准。预算实际代表了企业实现目标的计划。

计划

预算要求管理者计划企业的未来。然后按照这些正式的计划制定决策。比如，如果企业计划拓展进入一个新的市场，预算必须包括预期的资金与支出。但要记住的是，预算是对未来活动的计划而且需要进行改进。如果一个企业的实际收入低于预算，该公司必须改进它的计划，并且多元化发展，以提高收入，或者削减费用来实现既定的目标。计划得越合理，实现计划的时间越充足，企业越有可能实现目标。

协调与沟通

总预算能够协调公司的各项活动。预算强迫管理者考虑整个价值链上的各项运营活动之间的关系。比如，有一家公司通过对超过一定金额的订单提供免费送货来刺激销售。预算鼓励管理者确保销售增加带来的利益超过免费送货带来的损失。

标杆

预算提供了一个激励员工以及帮助管理者进行业绩评价的标杆。在大多数公司中，管理的一部分业绩评价取决于其实际结果与预算的对比情况。图表 22—2 是一家服务业企业的业绩报告。

图表 22—2　　业绩报告

	实际结果	预算目标	差额
出售的服务数量	19 000	20 000	(1 000)
服务收入	\$ 589 000	\$ 600 000	\$ (11 000)
变动费用：			
服务器费用	38 000	45 000	7 000
广告费用	29 450	30 000	550
总变动费用	67 450	75 000	7 550
边际贡献	521 550	525 000	(3 450)
固定费用：			
工资	20 000	20 000	0
网络费用	18 000	18 000	0
总固定费用	38 000	38 000	0
营业利润	\$ 483 550	\$ 487 000	\$ (3 450)

这个报告显示了实际结果与预算的差额。差异总结如下：

1. 实际收入小于预算收入。这是由两个因素导致的。公司销售时的实际平均价格是 \$ 31，高于计划的单价。但是公司出售的实际服务量比计划的少了 1 000 单位。单价的提高不足以弥补销售量的减少。

2. 服务器费用和广告费用这两项变动费用的实际数额都小于预算。实际服务器费用小于计划预算是因为公司少出售了1 000项服务，而且公司将单位服务器费用从预算的＄2.25降低到实际的＄2.00。广告费用依然占销售收入的5%，但因为销售收入下降了＄11 000，所以广告费用减少了＄550。

3. 实际固定费用与预算一致。固定费用一般不会变化除非公司改变了工资费率或者员工数量，又或者公司与其网络供应商签订了一份新的合约。

在管理者比较过这些差异之后，会考虑采取新的策略来实现其目标。公司能否以一个更高的价格提供更多的服务？公司是否应该增大广告投入以期望提高服务的销量？公司能否削减某些固定费用？这些分析将在下一章中更为详细地介绍。这一章将重点关注预算的编制。

□ 预算程序

每个公司制定预算的流程都是不同的。对小公司而言，这个过程可能是相对简单和非正式的。在较大型的公司，这一过程会非常复杂，而且有一个预算委员会协调这一过程。为了能够激励员工，预算必须包括各个方面的意见。这要求对公司的各个部门进行很好的协调。因此，预算的制定通常在预算期前的几个月就开始了。

□ 预算和人为活动

预算体系中最重要的部分是什么？是让管理者与员工接受预算，以保证公司可以获取计划、协调与控制活动带来的益处。

几乎没有人会喜欢自己的工作被监控和评价。如果管理者想把预算当做标杆来评价员工的表现，其必须首先激励员工接受预算目标。以下是他们可以做的：

- 管理者必须自己支持预算，否则没人会支持。
- 管理者必须向员工介绍预算如何帮助他们取得更好的结果
- 管理者必须让员工参与到预算的制定中以让他们觉得目标是现实和可达到的。

管理者的表现也可以通过比较预算与实际结果进行评价。当他们制定公司的预算时，他们可能会进行预算“游戏”并且导致预算松弛。**预算松弛**（budget slack）通常在管理者低估收入或者高估利润时发生。这使得实际结果优于预算的可能性大大增加，从而让管理者获得一个良好的业绩评价。但是，制造预算松弛会让其准确性下降——进而影响到计划和控制的作用。

另一种预算“游戏”是，在很多公司，如果一个部门在某个项目上的花费低于预算，其会担心该项目在未来的预算金额会降低。比如，如果应付账款部门的日常采购预算是＄5 000，但是其最终仅花费了＄3 000，那么其会担心在下一个预算期他们的经费会降低至＄3 000。该部门的员工就会采购不需要的物品以达到预算。这会降低公司的营业利润。

预算的类型

预算的目的多种多样，因此，存在多种类型的预算。让我们看看不同类型的预算。

战略预算与经营预算

战略通常指的是长期目标。一个公司会制定类似成为特定市场的成本领先者或者扩张至国际市场的战略。这可能需要多年才能实现目标。**战略预算**（strategic budget）是用来协调实现长期目标的活动的长期财务计划。战略预算的跨度一般从 3 年到 10 年。因为其长期性，所以其一般不如短期预算具体。

经营通常指的是短期目标。在公司确定战略并制定战略预算后，需要做的就是对短期的经营进行计划。**经营预算**（operational budget）是用来协调实现短期目标的活动的短期财务计划。经营预算的跨度通常是一年，也有可能是一个星期、一个月或者一个季度。经营预算比战略预算更为具体。

固定预算与弹性预算

固定预算（static budget）是只基于一个销售水平编制的预算。比如，STL 公司可能会以每年销售 2 000 台平板电脑为基础编制预算。所有收入和成本的计算都会以2 000台的销量为基础。

弹性预算（flexible budget）是基于多个销售水平编制的预算。这种预算适用于假设分析。STL 公司期望的销售量是 2 000 台，但是弹性预算会提供销量为 1 600 台、1 800台、2 000 台、2 200 台和 2 400 台的结果。这样管理者就可以在不同的销售水平下进行计划。弹性预算将在下一章中详细介绍。

总预算

总预算（master budget）是整个组织的一系列预计的财务报表和支持性明细表。预计的财务报表是依据预算的数据而非实际结果编制的。总预算是经营预算和固定预算。图表 22—3 列示了像 STL 这类制造业企业的总预算的组成部分以及编制顺序。

图表 22—3　总预算的组成

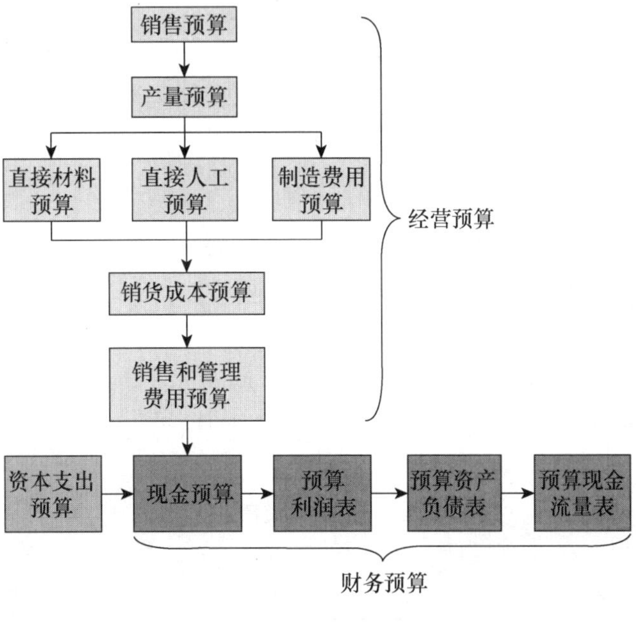

图表 22—3 说明总预算包含三种预算：

1. 经营预算；
2. 资本支出预算；
3. 财务预算。

经营预算（operating budget）是销售收入、销售成本、销售和管理费用的预算。所有这些项目都被归入预算利润表并算出本期预计的经营利润。经营预算的第一部分是销售预算，也是总预算的基石。因为销售影响总预算的其他所有部分。如果不能销售，企业不会生产。此外，产量和期间费用都是以销量和生产水平为基础的。因此，销售预算是总预算的第一步。

第二种类型的预算是**资本支出预算**（capital expenditures budget）。该预算表示的是公司购买房屋、工厂、设备以及其他长期资产的计划。

第三种类型的预算是**财务预算**（financial budget）。财务预算包括现金预算和财务预算报表。总预算前面的部分，都为财务预算的第一要素——现金预算提供了必要的信息。现金流量预算规划的是现金的流入和流出，这些财务预算报表和普通的报表类似，唯一的区别在于它们所列示的数字不是实际数而是预算数（规划的数字）。

在制定总预算时，管理者必须仔细考虑定价产品线、工作分配、新增设备的需求与银行的谈判。成功的管理者会利用这个机会制定出影响未来进程的决策。

制造业企业经营预算的编制

为了说明总预算的编制过程，我们以虚拟的公司 STL 为例。如你所知，该公司生产安装了电子课程的平板电脑。我们要编制的是按季度划分的 2017 年的总预算。2016 年的资产负债表如图表 22—4 所示，其提供了我们编制预算时需要用到的一些信息。

图表 22—4

资产负债表

2016 年 12 月 31 日

资产		
流动资产：		
库存现金	$ 15 000	
应收账款	70 000	
原材料	30 000	
库存商品	55 000	
流动资产合计		$ 170 000
非流动资产：		
设备	210 340	
减：累计折旧	(12 000)	198 340
资产合计		$ 368 340
负债		
流动负债：		
应付账款		$ 20 000

所有者权益		
普通股	300 000	
留存收益	48 340	
所有者权益合计		348 340
负债和所有者权益合计		$ 386 340

□ 销售预算

销售收入的预测是总预算的基石，因为销售水平影响费用和总预算的几乎所有因素。每种产品的预算收入等于销售价格乘以预计销售数量。STL 公司的市场营销部门预计公司在 2017 年第一季度会销售 500 台平板电脑，以后每个季度的销量会比前一季度多 50 台。每台的售价是 $ 500。图表 22—5 是 STL 公司 2017 年的销售预算，年度总销售额会被计入预算利润表中。

图表 22—5　销售预算

	第一季度	第二季度	第三季度	第四季度	总计
预计销量	500× $ 500	550× $ 500	600× $ 500	650× $ 500	2 300× $ 500
预计销售额	$ 250 000	$ 275 000	$ 300 000	$ 325 000	$ 1 150 000

□ 产量预算

产量预算确定了年度产品的产量，也是产品成本预算的基础，产品成本预算包括：直接材料预算、直接人工预算和制造费用预算。此外，其提供的信息也被用来完成销售成本预算。

计算产量需要从销售的数量开始。记住，STL 公司并不希望期末的库存为 0；它希望在下一个会计期间开始时有足够的库存。该公司希望有最少的存货，一方面能够满足顾客的需要，另一方面能够高效流转。将存货保持在最低的库存水平有助于降低储存成本、保险成本和仓库的管理成本，同时降低了存货成为废品的损失。

在确定需要的平板电脑的数量后，减去期初拥有的库存，差额就是本期需要生产的数量。计算过程如下：

　预算销售的数量
+期末存货数量
　总计需要的数量
−期初存货数量
　预算生产数量

如图表 22—4 的 2016 年期末资产负债表所示，STL 公司库存商品的余额是 $ 55 000，即 200 台每台成本是 $ 275 的平板电脑。公司希望每季度的期末存货是下季度销量的 20%。假设设定的 2018 年第一季度销售的平板电脑是 700 台，比 2017 年第四季度的销售量多 50 台。下面的是每季度期末希望保留的存货：

第一季度：

第二季度销量×20%=期末保有量

550×20%=110(台)

第二季度：

第三季度销量×20%=期末保有量

600×20%=120(台)

第三季度：

第四季度销量×20%=期末保有量

650×20%=130(台)

第四季度：

(2018年)第一季度销量×20%=期末保有量

700×20%=140(台)

图表22—6是STL公司的产量预算。

图表22—6 产量预算

	第一季度	第二季度	第三季度	第四季度	总计
预计销售量	500	550	600	650	2 300
加：期末存货	110	120	130	140	140
总需求量	610	670	730	790	2 440
减：期初存货	200	110	120	130	200
预算生产量	410	560	610	660	2 240

直接材料预算

STL公司已经确定了每季度平板电脑的生产数量。下一步是确定平板电脑的产品成本。首先从直接材料成本开始。采购部门已经设定每单位产品的直接材料成本是$150。公司需要确定每季度需要采购的材料量。生产过程中的间接材料因为不重要，所以在计算时不予考虑。这意味着原材料账户中的材料只是直接材料。

在计算需要生产的平板电脑的数量时需考虑期初库存商品的数量，在计算需要采购的原材料时也需要考虑期初原材料的数量。公式如下：

预算制造的数量

×单位产品直接原材料

生产需要的直接材料

+直接材料期末存货量

直接材料总量

−期初直接材料

预算直接材料采购量

图表22—4的2016年末的资产负债表显示的原材料期初余额是$30 000。公司期望每一季度原材料的期末存量能达到下一季度生产需求量的40%，第四季度的期末保有量是$42 600。下面是期末存货量的计算过程：

第一季度：

第二季度销量×150×40%＝期末存货量

560×150×40%＝＄33 600

第二季度：

第三季度销量×20%＝期末存货量

610×150×40%＝＄36 600

第三季度：

第四季度销量×20%＝期末存货量

660×150×40%＝＄39 600

第四季度：已知条件　＄42 600

图表 22—7 是 STL 公司的直接材料预算。

图表 22—7　　直接材料预算

	第一季度	第二季度	第三季度	第四季度	总计
预计制造量	410	560	610	660	2 240
单位直接材料	×＄150	×＄150	×＄150	×＄150	×＄150
生产所需直接材料	＄61 500	＄84 000	＄91 500	＄99 000	＄336 000
加：直接材料期末存货量	33 600	36 600	39 600	42 600	42 600
直接材料需求总量	95 100	120 600	131 100	141 600	378 600
减：期初直接材料	30 000	33 600	36 600	39 600	30 000
预算直接材料采购	65 100	87 000	94 500	102 000	348 600

□ 直接人工预算

接下来需要考虑的产品成本是直接人工。生产经理估计每台平板电脑需要 3 个小时的直接人工，人力资源经理则估计每个小时的平均直接人工成本是＄25。要计算直接人工成本，应该用平板电脑的数量乘以需要耗用的人工工时。再用总人工工时乘以每个小时的平均直接人工工时。图表 22—8 是 STL 公司 2017 年的直接人工预算。

图表 22—8　　直接人工预算

	第一季度	第二季度	第三季度	第四季度	总计
预计制造量	410	560	610	660	2 240
单位直接人工工时	×3	×3	×3	×3	×3
生产所需直接人工工时	1 230	1 680	1 830	1 980	6 720
每小时直接人工成本	×＄25	×＄25	×＄25	×＄25	×＄25
直接人工预算成本	＄30 750	＄42 000	＄45 750	＄49 500	＄168 000

□ 制造费用预算

最后一项需要考虑的产品成本是制造费用。生产经理与成本会计师共同预计单位产品的变动制造费用是＄20。此外，每季度的固定制造费用包括＄12 000 的生产设备折旧和＄15 440 的其他制造费用，例如，水电费、租金和制造设备的财产税。制造费用预算估算了当年的制造费用，同时预计了当年的计划制造费用分配率。计划制造费用分配率用来将制造费用分配到产品中。STL 公司使用直接人工工时计算制造费用分配率，计算公式如下：

计划制造费用分配率＝预计总制造费用/制造费用分配基数总量

图表 22—9 是 STL 公司 2017 年的制造费用预算。

图表 22—9　　制造费用预算

	第一季度	第二季度	第三季度	第四季度	总计
预计制造量	410	560	610	660	2 240
单位变动制造费用	×＄20	×＄20	×＄20	×＄20	×＄20
预算变动制造费用	＄8 200	＄11 200	＄12 200	＄13 200	＄44 800
预算固定制造费用					
折旧	12 000	12 000	12 000	12 000	48 000
其他	15 440	15 440	15 440	15 440	61 760
预算固定制造费用总额	27 440	27 440	27 440	27 440	109 760
预算制造费用	＄35 640	＄38 640	＄39 640	＄40 640	＄154 560
直接人工工时	1 230	1 680	1 830	1 980	6 720
预算制造费用					＄154 560
计划制造费用分配率（＄154 560÷6 720）					＄23

□ 销售成本预算

在确定产品成本以后，STL 公司的管理者可以以此为依据完成产品销售成本预算。首先需要计算 2017 年制造每一台平板电脑的成本。2017 年每台平板电脑总的预计制造成本是＄294。计算如下：

单位产品直接材料	＄150
单位产品直接人工	75
单位产品制造费用	69
总计	＄294

STL 公司使用先进先出法的存货计价方法。图表 22—6 的产品预算显示公司 2017 年期初的产成品存货账户中有 200 台平板电脑，图表 22—4 的资产负债表显示期初产成品存货余额是＄55 000。其他所有在 2017 年售出的平板电脑的预计成本按上述计算是＄294。

参照图表 22—5 的销售预算，该公司预计第一季度的销量是 500 台。因此，其中 200 台的成本是＄55 000，而剩下的每台成本则是＄294。销售成本预算如图表 22—10 所示。

图表 22—10

销售成本预算

	第一季度	第二季度	第三季度	第四季度	总计
期初存货，200 台	$ 55 000				$ 55 000
2017 年制造并出售的产品	88 200	$ 161 700	$ 176 400	$ 191 100	617 400
预算销售成本	$ 143 200	$ 161 700	$ 176 400	$ 191 100	$ 672 400

销售和管理费用预算

成本会计师与办公室经理及销售经理合作编制销售和管理费用预算。在这一预算中成本性态也被考虑在内，即每种成本是固定成本还是变动成本。STL 公司估计的 2017 年的销售和管理费用如下：

工资费用，固定成本	每季度 $ 30 000
租赁费用，固定成本	每季度 $ 25 000
保险费用，固定成本	每季度 $ 2 500
折旧费用，固定成本	每季度 $ 1 500
办公用品费用，变动成本	销售收入的 1%

为了计算办公用品费用，用每个季度的销售费用乘以 1%，结果如下：

季度	销售收入	办公用品费用
1	$ 250 000	$ 2 500
2	275 000	2 750
3	300 000	3 000
4	325 000	3 250

STL 公司 2017 年的销售和管理费用预算如图表 22—11 所示：

图表 22—11

销售和管理费用预算

	第一季度	第二季度	第三季度	第四季度	合计
工资费用	$ 30 000	$ 30 000	$ 30 000	$ 30 000	$ 120 000
租赁费用	25 000	25 000	25 000	25 000	100 000
保险费用	2 500	2 500	2 500	2 500	1 000
折旧费用	1 500	1 500	1 500	1 500	6 000
办公用品费用	2 500	2 750	3 000	3 250	11 500
总计	$ 61 500	$ 61 750	$ 62 000	$ 62 250	$ 247 500

制造业企业财务预算的编制

财务预算包括现金预算和预算财务报告——预算利润表、预算资产负债表和预算现金流量表。然而，在我们开始编制现金预算之前，我们必须完成资本支出预算。

资本支出预算

资本性支出是购买长期资产的支出，例如运输卡车、计算机系统、办公室家具和生产设备。购买这些昂贵的长期资产的决策是战略计划的一部分，这一决策过程将在下一章中详细阐述。目前，我们假设 STL 公司将在 2017 年 1 月 2 日购买生产设备。这些设备的成本是＄160 000，并且会在 2017 年第一、第二季度分期平均付款。这一分期付款将会包含在现金预算中。

□ 现金预算

现金预算是从之前编制的预算中提取信息完成的。其包括三个部分：现金收入、现金支出和短期融资。

现金收入

现金收入的主要来源是客户。图表 22—5 的销售预算显示了预计的每季度销售额。STL 公司 30％的销售额是现金销售额，这意味着现金可以立即收到。剩下的 70％记为应收账款。公司预计在销售当季收回应收账款的 60％，在下一季度收回 40％。坏账损失并不重要，因此，并未考虑在预算过程中。2016 年末的资产负债表显示应收账款余额是＄70 000，而且预计在 2017 年的第一季度可以收回。图表 22—12 是从客户取得的现金收入的计算过程。每一季度从客户处取得的现金收入会被计入现金预算中。2017 年 12 月 31 日的应收账款余额会被记入预算资产负债表。

图表 22—12　　来自客户的现金收入

	第一季度	第二季度	第三季度	第四季度	总计
总销售额	＄250 000	＄275 000	＄300 000	＄325 000	＄1 150 000
来自客户的现金收入					
应收账款余额	＄70 000				
第一季度销售——现金销售	75 000				
第一季度销售——本期收回的赊销	105 000				
第一季度销售——下期收回的赊销		＄70 000			
第二季度销售——现金销售		82 500			
第二季度销售——本期收回的赊销		115 500			
第二季度销售——下期收回的赊销			＄77 000		
第三季度销售——现金销售			90 000		
第三季度销售——本期收回的赊销			126 000		
第三季度销售——下期收回的赊销				＄84 000	
第四季度销售——现金销售				97 500	
第四季度销售——本期收回的赊销				136 500	
来自客户的现金收入总计	＄250 000	＄268 000	＄293 000	＄318 000	1 129 000
年末应收账款余额：					
第四季度销售——下期收回的赊销	＄91 000				

现金支出

STL 公司的现金支出主要包括资本性支出、产品成本、销售和管理费用。因此，现金支出的预算编制需要参照之前编制的预算。

直接材料　图表 22—7 是直接材料的购买支出。所有直接材料的购买支出都是应付账款，而且 STL 公司预计 75%的支出会在购买当季支付，剩下的 25%在下一季度支付。参考图表 22—4 的 2016 年末的资产负债表，应付账款余额是＄20 000。这些账款会在 2017 年的第一季度支付。

直接人工　图表 22—8 是直接人工成本，STL 公司就在当季支付发生的直接人工成本。

制造费用　图表 22—9 列出了制造费用成本。STL 公司使用现金在这些成本发生的当期支付。记住我们现在计算的是现金支出。因此，非现金费用不包括在现金预算中。最常见的非现金费用是折旧费用。用于长期资产的现金流出，例如生产设备，是在购买时发生的。折旧是将资产成本按照使用寿命分配到费用账户的结果。这种分配不会影响现金，也不会包括在现金预算中。

销售和管理费用　图表 22—11 列出了销售和管理费用。STL 公司使用现金在这些成本发生的当期支付。同样地，确保非现金费用，例如，办公设备的折旧，没有包括在现金预算中。

所得税费用　STL 公司的会计人员预计当年的所得税费用是＄70 000，并且将于四个季度平均支付。

资本支出　公司的制造设备购买于 2014 年 1 月 2 日。购买价款＄160 000 将于 2017 年第一、第二季度两次分别支付＄80 000 付清。

图表 22—13 是现金支出的计算结果，四个季度的现金支出会体现在现金预算中。2017 年的应付账款余额会转移到预算资产负债表中。

图表 22—13　　**现金支出**

	第一季度	第二季度	第三季度	第四季度	总计
直接材料采购合计	＄65 100	＄87 000	＄94 500	＄102 000	＄348 000
现金支付					
直接材料：					
应付账款余额	＄20 000				
第一季度采购——直接材料(75%)	48 825				
第一季度采购——直接材料(25%)		＄16 275			
第二季度采购——直接材料(75%)		65 250			
第二季度采购——直接材料(25%)			＄21 750		
第三季度采购——直接材料(75%)			70 875		
第三季度采购——直接材料(25%)				＄23 625	

第四季度采购——直接材料（75%）				76 500	
合计	68 825	81 525	92 625	100 125	$ 343 100
直接人工：					
合计	30 750	42 000	45 750	49 500	168 000
制造费用：					
变动制造费用	8 200	11 200	12 200	13 200	44 800
设备、保险等	15 440	15 440	15 440	15 440	61 760
合计	23 640	26 640	27 640	28 640	106 560
销售和管理费用：					
工资费用	30 000	30 000	30 000	30 000	120 000
租赁费用	25 000	25 000	25 000	25 000	100 000
保险费用	2 500	2 500	2 500	2 500	10 000
办公用品费用	2 500	2 750	3 000	3 250	11 500
合计	60 000	60 250	60 500	60 750	241 500
所得税					
合计	17 500	17 500	17 500	17 500	70 000
资本支出					
合计	80 000	80 000			160 000
现金支出总计（息前）	$ 280 715	$ 307 915	$ 244 015	$ 256 515	$ 1 089 160
年末应付账款余额：					
第四季度采购直接材料（25%）	$ 25 500				

短期融资

图表 22—4 中的 2016 年末的资产负债表显示库存现金余额是 $ 15 000。STL 公司的会计人员建议在未来保持一个更大的现金余额。建议 2017 年的最低现金余额是 $ 30 000。公司通过当地的一家银行进行短期融资。为保持最低的现金余额，公司在每季度的开始根据需求借入资金并保持每季度 $ 1 000 的增长。每一季度的利息是按照 3%的利率根据下一季度期初的未偿还本金余额进行确定并支付的。在有充足现金的情况下公司在每一季度的期初偿还本金并保持每季度 $ 1 000 的增长。

既然我们已经获得了现金收入和现金支出的相关信息，让我们将这些的信息加入到现金预算中以确定 2017 年短期融资的金额。图表 22—14 是部分完成的 2017 年的现金预算。

图表 22—14　　现金预算——第一季度，短期融资前

	第一季度	第二季度	第三季度	第四季度	总计
期初现金余额	$ 15 000				$ 15 000
现金收入	250 000	268 000	293 000	318 000	1 129 000

可用现金	265 000				
现金支出					
资本支出	80 000	80 000	0	0	160 000
直接材料	68 825	81 525	92 625	100 125	343 100
直接人工	30 750	42 000	45 750	49 500	168 000
制造费用	23 640	26 640	27 640	28 640	106 560
销售和管理费用	60 000	60 250	60 500	60 750	241 500
所得税	17 500	17 500	17 500	17 500	70 000
利息费用	0				
现金支出合计	280 715				
融资前期末现金余额	(15 715)				
最低现金余额要求	(30 000)	(30 000)	(30 000)	(30 000)	(30 000)
预计现金超量（短缺）	(45 715)				
融资					
贷款					
本金偿还					
融资合计					
期末现金余额					

注意，第一季度利息费用的现金支出是＄0。图表 22—5 中 2016 年末的资产负债表并未在负债中列出应付票据和应付利息。因此，2017 年第一季度的期初没有需要支付的利息。图表 22—14 列出了融资之前的现金余额－＄15 715，其显示可用现金小于现金支出。这个数额小于要求的最低现金余额并且产生了＄45 715 的现金缺口。这意味着公司需要借入相应数量的现金以保持最低要求的现金余额＄30 000。公司借入的资金每季度递增＄1 000，所以实际借入的金额是＄46 000。STL 得出的第一季度现金期末余额是＄30 285。

融资前期末现金余额＋融资金额＝期末现金余额

＄(15 715)＋＄46 000＝＄30 285

第一季度的期末现金余额是第二季度的期初现金余额。图表 22—15 是已完成的第一季度现金预算。

图表 22—15　　现金预算——第二季度，短期融资前

	第一季度	第二季度	第三季度	第四季度	总计
期初现金余额	＄15 000	＄30 285			＄15 000
现金收入	250 000	268 000	293 000	318 000	1 129 000
可用现金	265 000	298 285			
现金支出					
资本支出	80 000	80 000	0	0	160 000
直接材料	68 825	81 525	92 625	100 125	343 100
直接人工	30 750	42 000	45 750	49 500	168 000
制造费用	23 640	26 640	27 640	28 640	106 560

	第一季度	第二季度	第三季度	第四季度	总计
销售和管理费用	60 000	60 250	60 500	60 750	241 500
所得税	17 500	17 500	17 500	17 500	70 000
利息费用	0				
现金支出合计	280 715				
融资前期末现金余额	(15 715)				
最低现金余额要求	(30 000)	(30 000)	(30 000)	(30 000)	(30 000)
预计现金超量（短缺）	(45 715)				
融资					
贷款	46 000				
本金偿还					
融资合计	46 000				
期末现金余额	$ 30 285				

该季度借入的金额在当季度产生了利息，并需要在第二季度期初偿还。

本金×利率×时间＝利息费用

$46 000×3%每季度×1 个季度＝$1 380

在第二季度支付利息之后，STL公司又将产生现金缺口，因此必须要贷款以保持$30 000的最低现金余额。图表22—16显示的是第一、第二季度融资之后和第三季度融资之前的现金预算。

图表22—16　　现金预算——第三季度，短期融资前

	第一季度	第二季度	第三季度	第四季度	总计
期初现金余额	$ 15 000	$ 30 285	$ 30 990		$ 15 000
现金收入	250 000	268 000	293 000	318 000	1 129 000
可用现金	265 000	298 285	323 990		
现金支出					
资本支出	80 000	80 000	0	0	160 000
直接材料	68 825	81 525	92 625	100 125	343 100
直接人工	30 750	42 000	45 750	49 500	168 000
制造费用	23 640	26 640	27 640	28 640	106 560
销售和管理费用	60 000	60 250	60 500	60 750	241 500
所得税	17 500	17 500	17 500	17 500	70 000
利息费用	0	1 380			
现金支出合计	280 715	309 295			
融资前期末现金余额	(15 715)	(11 010)			
最低现金余额要求	(30 000)	(30 000)	(30 000)	(30 000)	(30 000)
预计现金超量（短缺）	(45 715)	(41 010)			
融资					
贷款	46 000	42 000			
本金偿还					
融资合计	46 000	42 000			
期末现金余额	$ 30 285	$ 30 990			

第三季度的利息费用计算如下：

本金×利率×时间＝利息费用

(＄46 000＋＄42 000)×3%每季度×1 个季度＝＄2 640

在计算出第三季度的利息且融资之前的期末现金余额确定之后，STL 公司预计会有现金盈余，如图表 22—17 所示。现金盈余可以用来偿还之前的部分贷款本金，并且仍然保持＄1 000 的增加。

图表 22—17 是完成的现金预算。仔细检查以确定你能理解这一计算过程，第四季度利息费用的计算如下：

本金×利率×时间＝利息费用

(＄46 000＋＄42 000－＄47 000)×3%每季度×1 个季度＝＄1 230

图表 22—17　　完成的现金预算

	第一季度	第二季度	第三季度	第四季度	总计
期初现金余额	＄15 000	＄30 285	＄30 990	＄30 335	＄15 000
现金收入	250 000	268 000	293 000	318 000	1 129 000
可用现金	265 000	298 285	323 990	348 335	1 144 000
现金支出					
资本支出	80 000	80 000	0	0	160 000
直接材料	68 825	81 525	92 625	100 125	343 100
直接人工	30 750	42 000	45 750	49 500	168 000
制造费用	23 640	26 640	27 640	28 640	106 560
销售和管理费用	60 000	60 250	60 500	60 750	241 500
所得税	17 500	17 500	17 500	17 500	70 000
利息费用	0	1 380	2 640	1 230	5 250
现金支出合计	280 715	309 295	246 665	257 745	1 094 410
融资前期末现金余额	(15 715)	(11 010)	77 335	90 590	49 590
最低现金余额要求	(30 000)	(30 000)	(30 000)	(30 000)	(30 000)
预计现金超量（短缺）	(45 715)	(41 010)	47 335	60 590	19 590
融资					
贷款	46 000	42 000			88 000
本金偿还			(47 000)	(41 000)	(88 000)
融资合计	46 000	42 000	(47 000)	(41 000)	0
期末现金余额	＄30 285	＄30 990	＄30 335	＄49 590	＄49 590

注意，即使第四季度公司的现金盈余有＄60 590，偿还的本金仍然只有＄41 000。在第四季度的期初，表中的贷款本金余额只有＄41 000，即第一、第二季度的贷款额减去第三季度的还款额后的金额。STL 公司只需要偿清贷款，并且现在有多余的现金用于其他经营活动。

此外，特别注意现金预算的“总计”一栏。你不能将之前的各列简单加总以确定这一栏的数字，因为其反映全年的数据。例如，年度期初现金余额与第一季度期初现金余额相同，而不是每个季度期初现金余额之和。

预算财务报告是预算过程的下一步，现金预算提供了一些需要的数字。利息费用的计算被代入预算利润表，期末现金余额被代入预算资产负债表。STL 公司偿清了该年度的所有贷款。如果这些贷款没有还清，余额将被代入为预算资产负债表的应付票据余额。

□ 预算利润表

STL 公司已经确定了计算 2017 年预计净利润的所有数据。以下是对这些数据来源的总结。

账户	预算	图表	数额
销售收入	销售	22—5	$ 1 150 000
销货成本	销售成本	22—10	672 400
销售和管理费用	销售和管理费用	22—11	247 500
利息费用	现金	22—17	5 250
所得税费用	现金	22—17	70 000

图表 22—18 是 STL 公司的年度预算利润表。

图表 22—18　　预算利润表

截止到 2017 年 12 月 31 日的会计年度

销售收入	$ 1 150 000
销货成本	672 400
毛利润	477 600
销售和管理费用	247 500
营业利润	230 100
利息费用	5 250
税前利润	224 850
所得税	70 000
净利润	$ 154 850

□ 预算资产负债表

STL 公司 2017 年 12 月 31 日的预算资产负债表将从之前完成的各个预算中提取数据总结而成。最后需要计算的是留存收益。留存收益的增加来自于赚取的净利润，并会因为派发股利而减少。净利润的数据来源于图表 22—18，并且该公司没有预计当年的股利。以下是预算资产负债表中数据来源的总结。

仔细查看一遍之前的图表以确定你了解每个数据的来源。此外，记住资产负债表只显示每个账户在 2017 年 12 月 31 日的余额。STL 公司 2017 年的预算资产负债表如图表 22—19 所示。

图表 22—19　　预算资产负债表

2017 年 12 月 31 日

资产	
流动资产：	
现金	$ 49 590
应收账款	91 000

原材料	42 600	
产成品（140 台×＄294/台）	41 160	
流动资产合计		＄224 350
固定资产：		
设备（＄210 340＋＄160 000）	370 340	
减：累计折旧（＄12 000＋＄48 000＋＄6 000）	（66 000）	304 340
资产总计		＄528 690
负债		
流动负债		
应付账款		＄25 500
所有者权益		
普通股	＄300 000	
留存收益（＄48 430＋＄154 850）	203 190	
所有者权益合计		503 190
负债与所有者权益总计		＄528 690

预算现金流量表

编制总预算的最后一步是编制预算现金流量表。相关信息来源于现金预算，如图表 22—17 所示。所有的现金收入和支付都是由相应的经营活动、投资活动和融资活动产生的。直接方法如图表 22—20 所示。

图表 22—20

预算现金流量表

截止到 2017 年 12 月 31 日的会计年度

经营活动		
来自客户的现金收入	＄1 129 000	
营业费用的现金支出	（859 160）	
利息费用的现金支出	（5 250）	
所得税的现金支出	（70 000）	
经营活动提供的净现金		＄194 590
投资活动		
购买设备的现金支出	（160 000）	
用于投资活动的净现金		（160 000）
筹资活动		
发行应付票据	88 000	
偿还应付票据	（88 000）	
筹资活动提供的净现金		0
现金净增长		34 590
期初现金余额		15 000
期末现金余额		＄49 590

信息技术在预算编制中的应用

图表 22—5 至图表 22—20 让我们了解到管理者必须进行很多计算才能编制完成一个像 STL 公司这样的小公司的总预算。科技将会帮助管理者更有效率地完成以下工作：

- 进行敏感性分析。
- 将各个独立单元的预算汇总起来编制公司范围的总预算。

敏感性分析

总预算模拟了公司的计划活动。高层管理者会特别关注以确保预算利润表、预算资产负债表和预算现金流量表支持公司的关键战略。

然而，实际结果通常与预算不同。因此，管理者需要知道，当关键假设不正确时预算利润表和预算现金流量表如何发生变化。我们之前将敏感性分析定性为一种检测如果预期数量没有达到或者假设变化会发生什么结果的技术。如果股票市场崩溃了，这会如何影响 STL 公司的销售？其是否需要推迟其扩张计划？如果当期的销售只收到了 25%的现金而不是 30%，公司 6 月 30 日的现金余额将是多少？STL 公司需要借入更多的资金吗？

很多公司使用电脑制表软件，例如 Excel 来帮助编制总预算的图表。今天，在 Excel 内，很多预算的问题很容易得到解答。

信息技术使得敏感性分析更加高效、易于理解，且成本低廉。充分理解销量与成本的变化如何影响公司的底线，可以帮助管理者的对预算关键假设的变化做出良好反应。

预算软件

拥有多个部门的公司必须将各个部门的预算数据汇总，以编制整个公司的总预算利润表、资产负债表和现金流量表。这个过程对于每个部门使用不同的制表软件编制预算的公司相当困难。

公司通常使用预算管理软件帮助解决这一问题。作为公司 ERP 系统的一部分，这类软件帮助管理者编制和分析预算。

这类软件帮助管理者依据自己部门的数据进行敏感性分析。当管理者对部门的预算满意时，他能将其加入到公司的总预算中，部门的预算会自动与公司其他部门的预算有机组成一个整体。

无论在公司总部还是在路上，高级管理人员都可以通过互联网登录预算系统，对各自部门的预算或者公司的总预算进行敏感性分析。这节约了管理者收集和汇总数据的时间，使他们有更多的精力进行分析，制定决策，从而保证预算能够帮助公司实现关键战略目标。

附录 22A：为商业企业编制预算

本章说明了制造业企业总预算的编制过程。附录 22A 则介绍了商业企业的总预算编制过程。与制造业企业相比，绝大多数的计算与编制过程是一样的，但是在某些方面商业企业总预算的编制要简单一些。商业企业通过出售采购的商品而不是自己制造商品获利。因此，存货、采购和销售成本预算代替了生产成本预算、直接材料预算、直接人工预算、制造费用预算和产品销售成本预算。图表 22A—1 列出了商业企业总预算的组成部分。

图表 22A—1　总预算的组成——商业企业

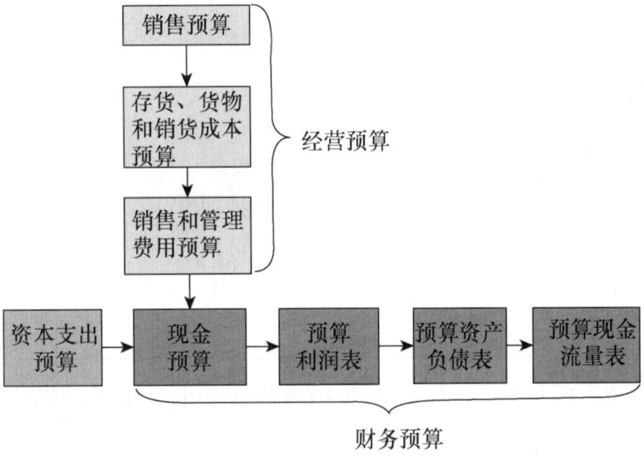

我们使用虚拟的 GT 公司来说明商业企业总预算的编制过程。GT 公司是一家音乐 CD 和 VCD 的连锁零售商。我们要编制的是其中一家商店销售旺季 4—7 月的总预算。

□ 编制商业企业的经营预算

图表 22A—2 是 GT 公司 2016 年 3 月 31 日的资产负债表。该表提供了一些我们在编制预算中需要用到的数据。

销售预算

和制造业企业类似，在商业企业，销售收入的预测是编制总预算的基础，因为销售水平会对费用和总预算的几乎其他所有因素产生影响。每种商品的预算总销售额等于销售单价乘以预算销量。

图表 22A—2　　资产负债表

2016 年 3 月 31 日

	资产	
流动资产：		
现金	$ 16 400	
应收账款	16 000	
存货	48 000	
预付保险费	1 800	
流动资产合计		$ 82 200

固定资产：		
设备	32 000	
减：累计折旧	(12 800)	19 200
资产总计		$ 101 400
负债		
流动负债		
应付账款	$ 16 800	
应付职工薪酬和佣金	4 250	
负债合计		$ 21 050
所有者权益		
普通股	$ 20 000	
留存收益	60 350	
所有者权益合计		80 350
负债与所有者权益总计		$ 101 400

3月份的销售额是$ 40 000。销售经理预计未来几个月的销售额如下：

4月	$ 50 000
5月	80 000
6月	60 000
7月	50 000
8月	40 000

销售价款中60%是现金，剩下的40%是应收账款。GT公司在月末汇总应收账款。2016年3月31日应收账款余额为$ 16 000，是3月份销售额（$ 40 000）的40%。图表22A—3是GT公司接下来4个月的销售预算。4—7月的总销售预算$ 240 000最后会记入预算利润表。

图表22A—3 **销售预算**

	4月	5月	6月	7月	总计
现金销售（60%）	$ 30 000	$ 48 000	$ 36 000	$ 30 000	$ 144 000
赊销（40%）	20 000	32 000	24 000	20 000	96 000
总预算销售	$ 50 000	$ 80 000	$ 60 000	$ 50 000	$ 240 000

存货、采购和销货成本预算

本项预算确定了预算利润表中销货成本和预算资产负债表中的期末库存商品以及现金预算中的商品存货采购成本。销货成本的计算体现了以下项目的关系：

期初库存商品＋采购成本－期末库存商品＝销货成本

期初库存商品是根据上月期末的资产负债表得出的，预算销货成本是销售额的70%，而预算库存商品期末余额是一个计算得出的数额。GT公司的最低库存商品规定如下：期末库存商品应等于$ 20 000加上下个月销货成本的80%。你必须计算出预算采购金额。将上述公式变形后可得：

采购成本＝销货成本＋期末库存商品－期初库存商品

GT 公司需要采购多少商品？GT 公司需要保持库存商品的最低数量，以保证既能满足顾客的需求，也能保持库存商品高效的周转。将库存商品保持在最低库存水平可以达到降低商品储存成本、保险费用的要求，同时降低商品成为废品的损失。图表 22A—4 是 GT 公司的存货、采购和销货成本预算。4 月份的期初余额来源于 3 月份的期末余额。

图表 22A—4　　存货、采购和销货成本预算

	4 月	5 月	6 月	7 月	总计
销货成本	$35 000	$56 000	$42 000	$35 000	168 000
加：期末需求库存商品	64 800	53 600	48 000	42 400	42 400
总需求库存商品	99 800	109 600	90 000	77 400	210 400
减：期初库存商品	48 000	64 800	53 600	48 000	48 000
预算采购	$51 800	$44 800	$36 400	$29 400	$162 400

销售和管理费用预算

GT 公司每月工资单显示的薪酬是 $2 500 加上相当于销售额 15%的销售佣金。这是一项混合成本。每月其他的费用如下所示：

租赁费用	$2 000
折旧费用	$500
保险费用	$200
杂项费用	销售额的 5%

GT 公司的销售和管理费用预算如图表 22A—5 所示：

图表 22A—5　　销售和管理费用预算

	4 月	5 月	6 月	7 月	总计
变动费用：					
佣金费用	$7 500	$12 000	$9 000	$7 500	$36 000
杂费	2 500	4 000	3 000	2 500	12 000
合计	10 000	16 000	12 000	10 000	48 000
固定费用：					
工资费用	2 500	2 500	2 500	2 500	10 000
租赁费用	2 000	2 000	2 000	2 000	8 000
折旧费用	500	500	500	500	2 000
保险费用	200	200	200	200	800
合计	5 200	5 200	5 200	5 200	20 800
销售和管理费用总计	$15 200	$21 200	$17 200	$15 200	$68 800

□ 编制商业企业的财务预算

我们继续 GT 公司的预算编制工作，编制资本支出预算、现金预算和预算财务报告——预算资产负债表、预算利润表和预算现金流量表。

资本支出预算

GT 公司计划在 4 月份购买一辆二手运输卡车，并且在购买时付款＄3 000。因为这是其唯一的资本支出，所以没有编制相应的预算，支付的金额体现在现金预算中。

现金预算

现金预算将以下信息从之前编制的预算中提取出来：现金收入、现金支出和短期融资。

现金收入 现金的主要来源是客户。图表 22A—3 的销售预算列出了本期的总销售额。注意，该公司销售额的 60％是现金销售，40％是信用销售。40％的信用销售将在销售发生后的一个月收回。图表 22A—6 列出了 4 月份现金收入的预算，包括两个部分：

1. 图表 22A—3 销售预算中列出的现金销售（＄30 000）。
2. 收回的 3 月份的信用销售（＄16 000）。

四个月的现金收入预算都是这样确定的。

图表 22A—6 来自客户的现金收入

	4 月	5 月	6 月	7 月	总计
现金销售	＄30 000	＄48 000	＄36 000	＄30 000	＄144 000
赊销到期收入	16 000	20 000	32 000	24 000	92 000
总计	＄46 000	＄68 000	＄68 000	＄54 000	＄236 000

现金支出 GT 公司在购买商品的当月支付一半的价款，在购买后的次月支付另一半。使用图表 22A—4 的存货、采购和销货成本预算中的数据计算采购存货的预算现金支出。4 月份采购的现金支出包括两个部分：

1. 3 月份采购价款的 50％（＄16 800）。
2. 4 月份采购价款的 50％（＄25 900）。

图表 22A—7 采购现金支出

	4 月	5 月	6 月	7 月	总计
上月采购的 50％	＄16 800	＄25 900	＄22 400	＄18 200	＄83 300
本月采购的 50％	25 900	22 400	18 200	14 700	81 200
总计	＄42 700	＄48 300	＄40 600	＄32 900	＄164 500

使用销售和管理费用预算以及 GT 公司的支付信息完成销售和管理费用的现金支出预算。GT 公司在当月支付一半的薪酬而在下一个月支付另一半。因此，在每月末 GT 公司的应付职工薪酬和佣金账户上的金额等于当月工资单金额的一半。图表 22A—2 所

示的 3 月 31 日资产负债表中的应付职工薪酬和佣金的余额 $ 4 250 等于 3 月工资单上的金额（$ 8 500）的一半：

3 月的工资单＝工资＋销售额 15%的销售佣金
＝$ 2 500＋(15%×$ 40 000)
＝$ 2 500＋$ 6 000
＝$ 8 500

注意，公司的销售和管理费用还包括 $ 2 000 的租金、$ 500 的折旧费用、$ 200 的保险费用，以及相当于销售额 5%的杂项费用。除了保险和折旧费用，GT 公司的其他费用都在发生当期支付。保险费用是预付保险费，所以相关的现金支出是在预算期之前发生的。因此，4—7 月之间没有保险费用的现金支出。折旧费用是一项非现金费用，所以其没有包括在销售和管理费用的预算现金支出中。4 月份销售和管理费用的现金支出包括以下项目：

支付 3 月份 50%的工资	$ 1 250
支付 3 月份 50%的佣金	3 000
支付 4 月份 50%的工资	1 250
支付 4 月份 50%的佣金	3 750
支付租赁费用	2 000
支付杂项费用	2 500
4 月份销售和管理费用的总现金支出	$ 13 750

图表 22A—8 是 GT 公司销售和管理费用的现金支出。

图表 22A—8　　销售和管理费用的现金支出

	4 月	5 月	6 月	7 月	总计
变动费用：					
上月佣金费用的 50%	$ 3 000	$ 3 750	$ 6 000	$ 4 500	$ 17 250
本月佣金费用的 50%	3 750	6 000	4 500	3 750	18 000
杂项费用	2 500	4 000	3 000	2 500	12 000
合计	9 250	13 750	13 500	10 750	47 250
固定费用					
上月工资费用的 50%	1 250	1 250	1 250	1 250	5 000
本月工资费用的 50%	1 250	1 250	1 250	1 250	5 000
租赁费用	2 000	2 000	2 000	2 000	8 000
合计	4 500	4 500	4 500	4 500	18 000
总计	$ 13 750	$ 18 250	$ 18 000	$ 15 250	$ 65 250

短期融资　GT 公司要求每月末的最低现金余额达到 $ 10 000。这家商店可以以 12%的年利率取得贷款，并且贷款额都是 $ 1 000 的整数据。管理者的贷款额只需要保证达到最低现金余额。因为每月的贷款额不同，利息费用也会发生变化。应付票据要求每月偿还 $ 1 000 的本金和未偿还本金的利息。这是一项分期贷款，因此，即使有多余的现金，每月偿还的本金仍然是固定的 $ 1 000。所有的贷款、本金与利息的偿还都发生在月末。

为了编制现金预算，首先需要依据 3 月 31 日资产负债表的现金余额再加上预算现金收入确定可用现金。再减去采购、销售和管理费用、资本支出中的现金支出。得出的结果就是进行融资前的现金余额。

GT 公司要求最低现金余额是 $10 000。4 月份的融资前现金余额是 $2 950，缺口为 $7 050。为了获取短期融资，GT 公司从银行取得了信用额度。提前取得信用额度对于出现现金短缺时取得贷款至关重要。因为 GT 公司的贷款是按千增加的，所以该公司需要贷款 $8 000 以弥补 4 月份预计的缺口。预算期末现金余额等于融资前期末现金余额经过融资活动调整后的余额。图表 22A—9 显示 GT 公司 4 月份的预算现金余额是 $10 950。此外，当 GT 公司贷款时，需要按月分期支付本金和利息。注意，在 5 月份，公司开始偿还 4 月份的贷款 $8 000，同时期也需要按照 12%的年利率支付利息。对于 5 月份而言，需要支付的利息是 $8 000×12%×1/12，即 $80。对于 6 月份而言，因为贷款本金减少了 $1 000，所以支付的利息是 $70；7 月份的利息是 $60。4—7 月份的现金预算如图表 22A—9 所示。

图表 22A—9　　现金预算

	4 月	5 月	6 月	7 月	总计
期初现金余额	$16 400	$10 950	$11 320	$19 650	$16 400
现金收入	46 000	68 000	68 000	54 000	236 000
可用现金	62 400	78 950	79 320	73 650	252 400
现金支出					
资本支出	3 000	0	0	0	3 000
采购	42 700	48 300	40 600	32 900	164 500
销售和管理费用	13 750	18 250	18 000	15 250	65 250
利息费用	0	80	70	60	210
现金支出合计	59 450	66 630	58 670	48 210	232 960
融资前期末现金余额	2 950	12 320	20 650	25 440	19 440
最低现金余额要求	(10 000)	(10 000)	(10 000)	(10 000)	(10 000)
预计现金超量（短缺）	(7 050)	2 320	10 650	15 440	9 440
融资					
贷款	8 000				8 000
本金偿还		(1 000)	(1 000)	(1 000)	(3 000)
融资合计	8 000	(1 000)	(1 000)	(1 000)	5 000
期末现金余额	$10 950	$11 320	$19 650	$24 440	$24 440

7 月末的现金余额 $24 440 是 7 月末预算资产负债表上的现金余额。

预算利润表

利用之前编制的预算编制预算利润表。现金预算中的利息费用也被用在了预算利润表中。所得税被忽略以简化这一过程。图表 22A—10 是 GT 公司的预算利润表。

图表 22A—10　　预算利润表

销售收入		$ 240 000
销货成本		168 000
毛利润		72 000
销售和管理费用		
佣金费用	$ 36 000	
杂项费用	12 000	
工资费用	10 000	
租赁费用	8 000	
折旧费用	2 000	
保险费用	800	
销售和管理费用合计		68 800
营业利润		3 200
利息费用		210
净利润		$ 2 990

预算资产负债表

为了编制预算资产负债表，根据之前图表中的数据确定预计的资产、负债和所有者权益账户的数据。图表 22A—11 是 GT 公司的预算资产负债表。

图表 22A—11　　预算资产负债表

	资产	
流动资产：		
现金	$ 24 440	
应收账款	20 000	
库存商品	42 400	
预付保险费（$ 1 800－$ 800）	1 000	
流动资产合计		$ 87 840
固定资产：		
设备（$ 32 000＋$ 3 000）	35 000	
减：累计折旧（$ 12 800＋$ 2 000）	(14 800)	20 200
资产总计		$ 108 040
	负债	
流动负债		
应付账款	$ 14 700	
应付薪酬与佣金	5 000	
应付票据	5 000	

负债合计		$24 700
所有者权益		
普通股	$200 000	
留存收益（$60 350＋$2 990）	63 340	
所有者权益合计		83 340
负债与所有者权益总计		$108 040

预算现金流量表

总预算的最后一步是编制预算现金流量表。相关的信息来源于图表22A—9的现金预算。所有的现金支出与收入都与相关的经营活动、投资活动和筹资活动有关。图表22A—12是GT公司的预算现金流量表。

图表22A—12　预算现金流量表

经营活动		
来自客户的现金收入	$236 000	
采购的现金支出	(164 500)	
销售和管理费用的现金支出	(65 250)	
利息费用的现金支出	(210)	
经营活动提供的净现金		$6 040
投资活动		
购买设备的现金支出	(3 000)	
用于投资活动的净现金		(3 000)
筹资活动		
发行应付票据	8 000	
偿还应付票据	(3 000)	
筹资活动提供的净现金		5 000
现金净增长		8 040
期初现金余额		16 400
期末现金余额		$24 440

疑难问题A部分

P22-38A　编制运营预算

MBC公司制作木质棒球棒。公司的两个主要产品是为儿童和青少年定制的小型球棒，以及为高中生和大学生定制的成人球棒。公司将球棒销售给体育用品商店，所有的交易都记录在账面上。小型球棒售价$35，成人球棒售价$65。公司销量最高的时期是每年的前三个月，此时所有零售商都在为棒球比赛季做准备。MBC公司2014年12月31日的资产负债表如下所示：

MBC公司资产负债表
2014年12月31日

资产		
流动资产：		
现金	$30 000	
应收账款	22 500	
原材料	11 000	
产成品	20 250	
流动资产总额		$83 750

固定资产：		
设备	125 000	
减：累计折旧	(50 000)	75 000
资产总额：		$ 158 750
负债		
流动负债：		
应付账款		$ 12 500
所有者权益		
普通股	$ 100 000	
留存收益	46 250	
所有者权益总额		146 250
所有者权益和负债总额		$ 158 750

MBC 公司的其他数据：

A. 预算销售量为 1 500 支小型球棒和 3 500 支成人球棒。

B. 12 月 31 日完工产品有成本为 $ 15 的小型球棒 500 支，成本为 $ 17 的成人球棒 750 支。

C. 预期完工产品是 300 支小型球棒和 450 支成人球棒；使用先进先出法。

D. 小型球棒的直接材料是 $ 8，成人球棒的直接材料是 $ 10。

E. 预期期末原材料成本为 $ 11 000。（间接材料忽略不计。）

F. 每支球棒的直接人工工时为 0.25，直接人工每小时成本 $ 20。

G. 变动制造费用为每支球棒 $ 0.75。

H. 每季度固定制造费用包括 $ 1 000 的折旧和 $ 2 000 的其他成本，比如保险和财产税。

I. 每季度固定销售和管理费用包括 $ 10 000 的工资、$ 3 000 的租金、$ 1 500 的保险费用以及 $ 300 的折旧。

J. 变动销售和管理费用为 1%的销售额。

要求：

1. 编制公司 2015 年第一季度的销售预算。
2. 编制公司 2015 年第一季度的生产预算。
3. 编制公司 2015 年第一季度的直接材料预算、直接人工预算和制造费用预算。
4. 编制公司 2015 年第一季度的销货成本预算。
5. 编制公司 2015 年第一季度销售和管理费用预算。

提示：在尝试解答 P22-39A 之前，请先完成 P22-38A。

P22-39A　编制财务预算

根据题目 P22-38A，其他数据如下：

A. 资本支出包括购买新制造设备第一季度支付的 $ 40 000。

B. 第一季度的销售额 75%在本季度收到，另外 25%在下一季度收到。

C. 购买直接材料 50%在本季度支出，另外 50%在下一个季度支出。

D. 直接人工、制造费用、销售和管理费用在本季度支出。

E. 第一季度的所得税费用为 $ 45 000，在本季度支出。

F. 公司在第一季度希望有足够的现金，并且不想借款。

要求：

1. 编制公司 2015 年第一季度现金收入和现金支出的计划。
2. 编制公司 2015 年第一季度的现金预算。

提示：在尝试解答 P22-40A 之前，请先完成 P22-39A 和 P22-38A。

P22-40A　编制财务预算

根据题目 P22-28A 和 P22-39A.

要求：

1. 编制公司 2015 年第一季度的预算利润表。
2. 编制公司 2015 年 3 月 31 日的预算资产负债表。
3. 编制公司 2015 年第一季度的预算现金流量表。

P22-41A　编制总预算——制造业企业

GT 公司制造自行车的竞赛用链条，售价为每条 $ 50。公司计划为下一年度编制分季度的总预算。公司 2014 年 12 月 31 日的资产负债表如下：

GT 公司资产负债表

2014 年 12 月 31 日

资产	
流动资产：	
现金	$ 20 000

应收账款	25 000	
原材料	3 000	
库存商品	5 800	
流动资产总额		$ 53 800
固定资产：		
设备	175 000	
减：累计折旧	(57 000)	118 000
资产总额		$ 171 800
负债		
流动负债：		
应付账款		$ 5 000
所有者权益		
普通股	$ 125 000	
留存收益	41 800	
所有者权益总额		166 800
所有者权益和负债总额		$ 171 800

其他数据如下：

A. 预计第一季度销售900条，以后每一季度增加100条。销售额的30%收到现金，另外70%为赊销。

B. 12月31日完工产品为200条，成本为$29。

C. 预期期末在产品是下一季度销售量的40%；2016年第一季度销售量预期为1 300条。使用先进先出法。

D. 直接材料为每条$15。

E. 预期期末原材料为下一季度直接材料需求的20%；预期12月31日的期末库存为$3 000，间接材料忽略不计。

F. 每条车链需要0.2直接人工工时，直接人工每小时成本为$18。

G. 变动制造费用为每条$2。

H. 每季度固定制造费用包括$3 000的折旧和$4 232的其他成本，如水电费、保险和财产税等。

I. 每季度固定销售和管理费用包括$9 000的工资、$3 000的租金、$600的保险费和$500的折旧费用。

J. 变动销售和管理费用为销售额的1%。

K. 资本支出包括购置新设备的$20 000，在第一季度购买支付。

L. 销售产生的应收款项50%在本季度收到，50%在下一季度收到。2014年12月31日的应收账款在2015年第一季度收到。坏账忽略不计。

M. 购买直接材料的费用75%在本季度支出，25%在下一季度支出。2014年12月31日的应付账款在2015年第一季度支出。

N. 直接人工、制造费用、销售和管理费用在发生的季度支付。

O. 每季度所得税预计为$2 000，在发生的季度支付。

P. GT公司决定至少保有$25 000的现金，并且每季度增加$1 000，不足则从银行借贷。本金在期初偿还，年利率为12%，利息根据上一季度剩余金额在期初支付。

要求：

1. 编制GT公司2015年的经营预算和现金预算。需要的预算包括：销售预算、产量预算、直接材料预算、直接人工预算、制造费用预算、成本预算、销售和管理费用预算、现金收支、现金预算。制造费用基于直接人工工时计算。

2. 编制GT公司2015年的年度财务预算，包括预算利润表、预算资产负债表和预算现金流量表。

P22-42A 敏感性分析

IVC公司为2016年第一季度编制的预算利润表如下：

IVC公司预算利润表
截止到2016年3月31日

	1月	2月	3月	4月
销售收入（每月增长10%）	$ 10 000	$ 11 000	$ 12 100	$ 33 100
销货成本（50%销售额）	5 000	5 500	6 050	16 550
毛利润	5 000	5 500	6 050	16 550
销售和管理费用（$2 000+10%销售额）	3 000	3 100	3 210	9 310
营业利润	2 000	2 400	2 840	7 240

续前表

	1月	2月	3月	4月
所得税费用（营业利润的 30%）	600	720	852	2 172
净利润	$1 400	$1 680	$1 988	$5 068

IVC 公司正在考虑两种方案。方案一是每月增加 $1 000 的广告费用。方案二是在加工步骤使用更高质量的原材料。高质量的原材料会使成本提高 55%，但是在售价相同的情况下会提高产品的质量。市场经理认为两种方案都能带来 20% 的销售增长。

要求：

1. 假设 1 月份的销售额是 $10 000，编制两种方案下的利润表。
2. IVC 公司应该选择哪一种方案？解释你的选择。

P22-43A 编制经营预算

TT 公司 2014 年 3 月 31 日的资产负债表如下所示：

TT 公司资产负债表

2014 年 3 月 31 日

资产		
流动资产：		
现金	$18 000	
应收账款	12 000	
库存商品	16 000	
预付保险费	2 200	
流动资产总额		$48 200
固定资产		
设备	45 000	
减：累计折旧	(30 000)	15 000
资产总额		$63 200
负债		
流动负债：		
应付账款	$12 500	
应付职工薪酬	1 400	
负债总额		$13 900
所有者权益		
普通股	16 000	
留存收益	33 300	
所有者权益总额		49 300
所有者权益和负债总额		$63 200

TT 公司的预算委员会还收集了下面这些数据：

A. 4 月份的销售收入预计为 $40 000。TT 公司预计 5 月份销售量将增长 2%，6 月份的销售量将增长 4%（相比 4 月）。现金收入为当月销售额的 80%，另外 20% 将于下个月收到。

B. TT 公司将保持 25% 下个月产品成本加上 $11 000 的库存水平。销货成本等于销售收入的 50%。其中 30% 将于本月支付，70% 于下月支付。

C. 月工资额为 $7 000。销售费用为销售额的 5%。工资费用的 30% 在本月支付，70% 在下月支付。

D. 每月其他费用如下：

租金：$2 400，当月支付

折旧：$200

保险费用：$100，从预付账户中支付

所得税：$1 700，当月支付

要求：

1. 编制 TT 公司 2014 年 4 月份和 5 月份的销售预算。数字计算保留至个位。
2. 编制 TT 公司 4 月份和 5 月份的存货、采购和销货成本预算。
3. 编制 TT 公司 4 月份和 5 月份的销售和管理费用预算。

提示：在尝试解答 P22A-44A 之前，请先完成 P22A-43A。

P22A-44A 编制财务预算

参考 P22A-43A 中的数据。

要求：

1. 编制 4 月份和 5 月份的预算现金收入表。
2. 编制 4 月份和 5 月份的预算现金采购支出表。
3. 编制 4 月份和 5 月份的销售和管理费用预算。假设应付职工薪酬包括 25% 的佣金和 75% 的工资。3 月 31 日的余额将在 4 月份支付。
4. 编制 4 月份和 5 月份的现金预算。假设没有融资发生。

小组作业

小组作业 22—1

Xellnet公司为制药行业提供电子商务软件。Xellnet公司分为多个分部。公司层面的计划委员会为公司和它的各个分部制定总体的战略和目标，但是每个分部要各自进行预算。

洛尼是无线通信部新的部门经理。他的分部有两个职能部门：开发部和销售部。查德管理着20多个由开发部招募的程序员和系统专家，他们开发应用软件并对其进行升级。史密斯管理销售部门。

预算在不断进行。查德和他的员工会面并且正为两个方案努力。A方案是他对下一年度成本的最好估计。但是在编写软件时，可能会出现不可预料的问题，并且发现拥有胜任能力的程序员也是一项挑战。他知道洛尼在读MBA前是一名程序员，所以洛尼应该对这种不确定性很敏感。因此，他正在考虑增加预算支出（B方案）。他的部门奖金在很大程度上依赖于部门是否能完成支出预算。

XELLNET 公司
无线通信部
2015 年开发预算

	A方案	B方案
职工薪酬（包括全职和兼职）	$2 400 000	$2 640 000
软件费用	120 000	132 000
差旅费用	65 000	71 500
折旧费用	255 000	255 000
其他费用	100 000	110 000
费用总计	$2 940 000	$3 208 500

史密斯也在为她的销售预算努力着。公司一开始就在通信软件上进行投资，所以很难引进新客户。如果发展良好，她相信她的销售团队可以保持过去几年增长情况的平均水平。这就是销售预算中的A方案。然而，如果史密斯太过乐观，那么也许会无法完成预算。如果这种情况发生，她的团队将无法获得奖金。因此，史密斯正在考虑减少销售数量并且接受B方案。

XELLNET 公司
无线通信部
2015 年销售预算

	A方案	B方案
销售收入	$5 000 000	$4 500 000
销售费用	360 000	360 000
差旅费用	240 000	210 500

将你们组分为三个小组，在全体小组会面之前，各个小组分开单独讨论。

要求：

1. 第一小组扮演开发部经理查德。在全体小组会面前，决定将哪组预算数据交给洛尼，并写一个记录来支持你们的决策，在全体小组会面前，将记录交给第三小组。

2. 第二小组扮演销售部经理史密斯。在全体小组会面前，决定将哪组预算数据交给洛尼，并写一个记录来支持你们的决策，在全体小组会面前，将记录交给第三小组。

3. 第三小组扮演部门经理洛尼。在全体小组会面前，利用查德和史密斯提交的记录准备一份基于销售和开发预算的部门预算。部门间接成本（开发和销售部门发生的费用以外的额外费用）大约为$390 000。

在全体小组会面时，扮演洛尼的小组要展示部门预算，并思考其含义。每个小组轮流讨论对预算计划的考虑。小组作为一个整体考虑部门预算是否必须要修改。准备一份关于部门预算的报告和一份在小组会面中发现的问题的总结。

第 23 章

弹性预算和标准成本

- 使用预算控制经营活动
- 使用标准成本系统控制经营活动
- 运用标准成本确定直接材料和直接人工差异
- 运用标准成本确定制造费用差异
- 产品成本差异之间的关系及谁应对此负责
- 标准成本系统中的会计分录

我们为何无法实现预算

瑞切在中西部拥有一家小型食品加工厂。这家企业加工本地农场出产的小麦生产面粉。其生产的产品包括燕麦、小麦和玉米面。瑞切正在浏览过去6个月的利润表并将其与预算比较。预算的营业利润与实际结果存在不小的差距。但是，瑞切很难明白为什么会出现这种状况。

瑞切知道今年小麦的采购成本有所增加，这导致直接材料成本的大幅提高。此外，瑞切以高于预期的工资新雇了一批很高效的员工。瑞切最近也更换了一台机器。新机器的性能很好，耗电更少而且维护保养费更低。这些节省的成本又体现在利润表的什么地方呢？

瑞切需要一个系统来帮助他更好地分析企业发生的成本。这样他才可以更好地理解他的决策对营业利润的影响。

绝大多数制造业企业都有规定了成本和产量的生产标准。以家乐氏公司（Kellogg）为例。100多年前，Kellogg兄弟偶然地将小麦粒做成薄片，后来经过进一步试验发明了玉米片和家乐氏公司的一系列食品。现在，家乐氏公司希望在生产每批玉米片时使用确定数量的玉米和糖。此外，公司对玉米和糖的成本有一个预估。对预估的一点小小的改变都会对利润产生重要的影响，所以这些信息被严格监控。在本章，你将了解到像家乐氏这样的公司会使用弹性预算和标准成本系统来规范经营活动，以及在需要时采取正确措施。

本章大纲

- 管理者如何使用预算来控制经营活动？
- 为什么管理者使用标准成本来控制经营活动？
- 如何运用标准成本确定直接材料和直接人工的差异？
- 如何运用标准成本确定制造费用的差异？
- 产品成本差异之间有什么关系？谁应对此负责？
- 标准成本系统中的会计分录有何不同？

学习目标

1. 编制弹性预算，使用固定预算与弹性预算编制绩效报告。
2. 了解标准成本系统的优点，理解标准成本如何制定。
3. 计算直接材料和直接人工的标准成本差异。
4. 计算制造费用的标准成本差异。
5. 简述产品成本差异的关系和责任。
6. 记录标准成本系统中的业务并编制标准成本利润表。

之前，你了解了管理者如何使用预算计划和控制企业的经营活动。图表23—1是预算目标。

总预算关注的是计划阶段。在这一章，我们将集中于控制阶段的介绍。我们将关注预算制定后管理者的决策与实际结果。管理者也许会问：

- 我的部门完成了销售目标吗？
- 成本上升了吗？

图表 23—1　预算目标

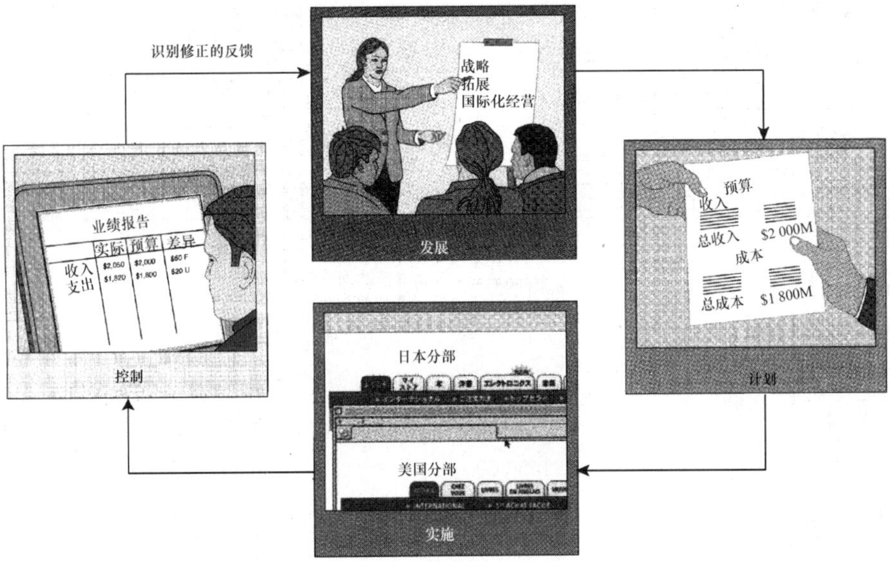

- 销售下降，我们应该如何调整支出？

公司的经营过程中经常需要做出艰难的决定。经济的不景气或者激烈的竞争可能会导致销售的下降。如果发生这种状况，公司必须削减支出以维持盈利。预算差异是实际数与预算数的差异。本章说明了管理层怎样利用差异来开展业务。明白实际成本与预算的差异是很重要的，它会让你确认问题并决定采取相应措施。

使用预算控制经营活动

我们使用虚拟的公司快乐色彩——一家蜡笔制造商来说明某些概念。这家企业通过混合直接材料，比如熔化的石蜡和干性颜料开始生产。加热的混合物随后被倒入模具中。冷却后，蜡笔被成批地装箱。然后这些蜡笔被运到另一个车间用包装纸进行包装。最后，完工的产品按照顾客的不同需要装箱。快乐色彩使用的模具可一次同时生产 100 根蜡笔。从销售和成本的角度看，认为 100 根为一个单位。

使用固定预算的业绩报告

在本年度开始之前，快乐色彩公司的管理者编制了一份总预算。总预算是一个固定预算，这意味着其是按照一个销售水平编制的。固定预算在制定完成后不会进行修改。

图表 23—2 是快乐色彩 2015 年的固定预算业绩报告。该报告显示快乐色彩公司 2015 年的实际营业利润是 \$ 36 320。这比预算中的期望值高了 \$ 2 750。这是 2015 年营业利润中的一个有利差异。**差异**（variance）指的是实际数量与预算数量的不同。图表 23—2 中的差异如下：

- 如果实际的营业利润高于预计的就是有利差异（F）。
  实际收入大于预算收入

实际费用小于预算费用

- 如果实际的营业利润低于预计的就是不利差异（U）。

  实际收入小于预算收入

  实际费用大于预算费用

图表 23—2　　固定预算业绩报告

	实际结果	固定预算	差异
单位	52 000	50 000	2 000F
销售收入	$ 384 800	$ 375 000	$ 9 800F
变动成本：			
制造：			
直接材料	104 000	87 500	16 500U
直接人工	145 600	150 000	4 400F
变动制造费用	30 160	37 500	7 340F
销售和管理：			
办公用品	19 200	18 750	450U
总变动成本	298 960	293 750	5 210U
边际贡献	85 840	81 250	4 590F
固定成本：			
固定制造费用	23 920	25 000	1 080F
销售和管理费用	25 600	22 500	3 100U
总固定成本	49 520	47 500	2 020U
营业利润	$ 36 320	$ 33 750	$ 2 570F

图表 23—2 中的差异称作固定预算差异，即实际结果与固定预算结果之间的差额。快乐色彩公司的营业利润固定差异是有利差异，因为其在 2015 年实际销售的蜡笔比预期的多 2 000 单位。但是这还不够，快乐色彩公司还需要一份弹性预算来显示在不同销售水平下的预算营业利润。现在让我们看看如何编制和使用弹性预算。

□ 使用弹性预算的业绩报告

编制弹性预算

弹性预算总结了在一个相关范围内不同的销售水平下的收入和费用。弹性预算将固定成本与变动成本分开；弹性预算将“弹性”加入到预算中。要编制弹性预算，以下是你需要了解的：

- 单位预算销售价格
- 单位变动成本

  产品成本：

    直接材料

    直接人工

变动制造费用
变动销售和管理费用

- 总固定成本
  固定制造费用
  固定销售和管理费用
- 相关范围内的不同销售水平

图表 23—3 是快乐色彩公司在 2015 年销售量分别为 48 000 单位、50 000 单位和 52 000单位时收入和费用的弹性预算。单位预算销售价格是＄7.50。单位预算变动成本中的直接材料是＄1.75，直接人工是＄3.00，变动制造费用是＄0.75。而且收入的 5% 是销售和管理用办公用品。预算固定成本中固定制造费用是＄25 000，销售和制造费用是＄22 500。

图表 23—3　　**弹性预算**

	单位预算金额			
数量		48 000	50 000	52 000
销售收入	＄7.50	＄360 000	＄375 000	＄390 000
变动成本：				
制造：				
直接材料	1.75	84 000	87 500	91 000
直接人工	3.00	144 000	150 000	156 000
变动制造费用	0.75	36 000	37 500	39 000
销售和管理费用：				
办公用品	销售收入的 5%	18 000	18 750	19 500
总变动成本		282 000	293 750	305 000
边际贡献		78 000	81 250	84 500
固定成本：				
固定制造费用		25 000	25 000	25 000
销售和管理费用		22 500	22 500	22 500
总固定成本		47 500	47 500	47 500
营业利润		＄30 500	＄33 750	＄37 000

注意，在图表 23—3 中销售收入、变动成本和边际贡献随着销售蜡笔数量的增长而增长，但是在销售量处于 48 000～52 000 之间时固定成本保持不变。单位变动成本和总固定成本在范围以外可能会发生变化。例如，如果该公司出售更多的蜡笔，其必须使用和租赁更多的场地和设施，这会增加总固定成本。同时要支付给工人加班工资，那样的话单位产品的直接人工可能会高于＄3.00。

预算差异

仅仅知道差异的发生是不够的。管理者必须知道差异是因何产生的，以查明问题进而采取正确的措施。如图表 23—2 所示，固定预算低估了销售额和变动成本。这些差异主要由两方面原因导致：售价和成本上的差异；销售量上的差异。为了获取更为有效的信息，管理者将固定预算差异分成两种：

- **弹性预算差异**——根据实际销售数量，实际结果与弹性预算结果的差异。产生这一差异是因为对于实际的销售数量公司会有不同的期望收入和成本。单位销售价格、单位变动成本和总固定成本在预算与实际值的不同导致了弹性预算差异。
- **销售数量差异**——根据实际销售数量，弹性预算中的期望结果与固定预算中期望结果的差异。这一差异产生的原因是实际销售数量与固定预算中的数量有所不同。销售数量差异是实际销售数量与预算销售数量的差异。

图表 23—4　预算差异

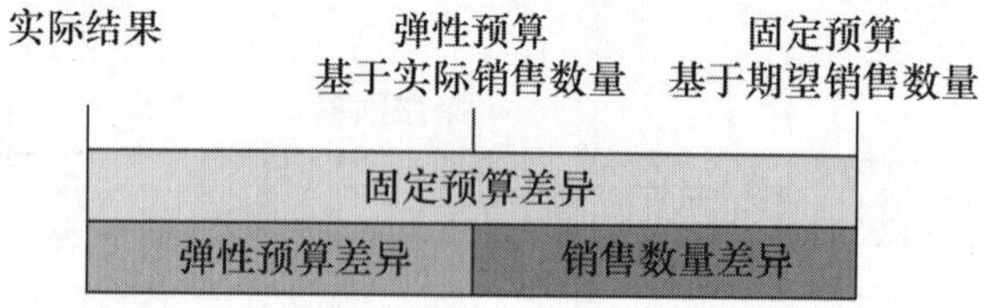

以下是计算快乐色彩公司两种差异的公式：

弹性预算差异＝实际结果（根据销售 52 000）－ 弹性预算（根据销售 52 000）

销售数量差异＝弹性预算（根据销售 52 000）－固定预算（根据销售 50 000）

我们已经看到快乐色彩公司在 2015 年预算销售的蜡笔是 50 000 单位。实际销量是 52 000 单位。我们需要计算快乐色彩公司的弹性预算差异和销售数量差异。图表 23—5 是快乐色彩公司的 2015 年的弹性预算业绩报告。图表 23—5 中 2 列和 4 列中数据的含义为：

- 如果实际数量提高了，营业利润就会产生有利差异（F）。
- 如果实际数量降低了，营业利润就会产生不利差异（U）。

图表 23—5　弹性预算业绩报告

		1	2 (1)－(3)	3	4 (3)－(4)	5
	单位预算金额	实际结果		弹性预算		固定预算
数量		52 000		52 000		50 000
销售收入	$7.50	$384 800	$5 200U	$390 000	$15 000F	$375 000
变动成本：						
制造：						
直接材料	1.75	104 000	13 000U	91 000	3 500U	87 500
直接人工	3.00	145 600	10 400F	156 000	6 000U	150 000
变动制造费用	0.75	30 160	8 840F	39 000	1 500U	37 500
销售和管理费用：						
办公用品	销售收入的 5%	19 200	300F	19 500	750U	18 750
总变动成本		298 960	6 540F	305 000	11 750U	293 750
边际贡献		85 840	1 340F	84 500	3 250F	81 250

固定成本：					
固定制造费用	23 920	1 080F	25 000	0	25 000
销售和管理费用	25 600	3 100U	22 500	0	22 500
总固定成本	49 520	2 020U	47 500	0	47 500
营业利润	$ 36 320	$ 680U	$ 37 000	$ 3 250F	$ 33 750
		弹性预算差异 $ 680U		销售数量差异 $ 3 250F	
			固定预算差异 $ 2 570F		

1 栏中的数据是实际销售结果——根据销售了 52 000 单位的蜡笔得出的结果，这些结果来自图表 23—2，并未以单位预算金额为基础，而是反映了该期间的实际营业利润与费用。2015 年的营业利润是 $ 36 320。

3 栏中的数据是快乐色彩公司弹性预算中销量为 52 000 单位时的结果。据此的预算营业利润是 $ 37 000。

5 栏中的数据是根据固定预算销售 50 000 单位时的结果。据此的预算营业利润是 $ 33 750。

2 栏的数据是弹性预算差异，其结果显示实际营业利润比弹性预算中的结果少了 $ 680。管理者希望知道为什么营业利润没有达到预算目标：

- 实际销售收入比预算销售收入少 $ 5 200。
- 实际变动成本比预算变动成本少 $ 6 540。
- 实际固定成本比预算固定成本多 $ 2 020。

管理者需要关注成本为什么高于预期，以确定其增长是不是可控的。如果是不可控的，是不是因为某些异常的独立事项。管理者也要关注成本为什么低于预期，以确定是否使用了低质量的材料，或者生产标准是否需要更新。

总之，在弹性预算中费用下降了 $ 4 520，收入下降了 $ 5 200。这导致产生了总计 $ 680 的不利差异。

4 栏的数据是销售数量差异，即 3 栏与 5 栏的差异。固定预算与弹性预算的差异产生的原因是快乐色彩公司销售了 52 000 单位蜡笔，而不是按预算的 $ 50 000。销售收入比固定预算高出 $ 15 000；变动成本比固定预算高出 $ 11 750；二者的固定成本是一样的，因为弹性预算的销售数量仍处于相关范围内。总之，营业利润存在 $ 3 250的有利差异是因为快乐色彩公司销售了比固定预算更多的蜡笔。注意，这 $ 3 250 也即边际贡献。

下一步就是深入研究弹性预算差异以更好地理解引起差异的因素，进而，管理者就可以采取必要的应对措施。

使用标准成本系统控制经营活动

大多数企业使用标准来编制预算。**标准**（standard）是价格、成本和数量在正常情况下的期望值。例如，根据图表23—5，快乐色彩公司每100根蜡笔预期的直接材料成本是＄1.75。因此，直接材料的标准成本是＄1.75，这也是编制固定预算和弹性预算使用的数据。标准和预算有时可以替代使用。然而，预算数量通常指的是总数量，标准数量指的是单位数量。就直接材料而言，每单位的标准成本是＄1.75，而52 000单位的预算成本是＄91 000。

快乐色彩公司使用了标准成本系统。这是一个提供包括直接材料、直接人工和制造费用在内的产品成本标准的会计系统。对于这一系统而言，每一个输入值都存在一个价格标准和一个效率标准。例如，快乐色彩公司对以下各项设定了标准：

- 为每磅石蜡支付的成本；
- 制作蜡笔所使用的石蜡。

让我们仔细看看管理者如何设定这些价格标准和效率标准。

□ 设定标准

设定标准是使用标准成本系统中最困难的部分。设定标准要求和各方进行沟通与协调。例如，直接材料标准成本的确定从每单位原材料的购买成本开始。会计师会在综合考虑购买折扣、运输成本和入库成本的基础上帮助管理人员设定标准成本。公司可以与可靠的卖家建立关系，以确保以合理的价格购买材料并且按时按质发货。

对于直接人工，会计师与人力资源经理合作确定直接人工的标准成本。他们必须考虑基本的工资率、税金和附加的福利。岗位说明书显示了每份工作对所需工作经验水平的要求。这一过程很重要的工作就是保证员工接受培训并且获得了公平的待遇。

会计师与生产经理合作计算制造费用成本。生产经理明确一个合理的分配标准，比如直接人工工时或者直接人工成本，或者使用作业成本法分配制造费用。会计人员接下来计算出标准制造费用分配率。图表23—6总结了标准成本制定的相关问题。

图表23—6　　标准成本问题总结

	价格标准	效率标准
直接材料	责任者：采购经理 影响因素：采购价格、折扣、运货要求、赊购政策	责任者：生产经理和工程师 影响因素：产品规格、损耗和产品调度
直接人工	责任者：人力资源经理 影响因素：基于经验要求的工资率、工资税和附加福利	责任者：生产经理和工程师 影响因素：生产要求、员工经验
制造费用	责任者：生产经理 影响因素：支持活动所需的资源种类与数量（如，移动材料、维护设备和检验产成品）	

让我们看看快乐色彩公司如何确定其产品的材料、人工和制造费用的价格标准。

价格标准

快乐色彩公司负责采购的经理表示每磅石蜡的购买价格在折扣以后是＄1.65，运输、入库和检查成本合计平均每磅＄0.1。快乐色彩公司的工人每小时工资是＄10.00，税金和附加福利是每直接人工工时＄2.00。变动制造费用按照 50 000 单位蜡笔总计＄37 500计算。固定制造费用是＄25 000。而制造费用按照估算的 12 500 直接人工工时进行分配。图表 23—7 根据 50 000 单位蜡笔的固定预算计算出了快乐色彩公司直接材料、直接人工和制造费用的价格标准。

图表 23—7　　标准成本计算

直接材料石蜡价格标准	
购买价格	＄1.65
运输、入库和检查成本	0.10
每磅石蜡的总标准价格	＄1.75
直接人工价格标准	
小时工资率	＄10.00
税金和附加福利	2.00
每直接人工工时的标准价格	＄12.00
变动制造费用价格标准	
估算的变动制造费用 / 估算的分配标准	＄37 500 / 12 500
	＝＄3.00
固定制造费用价格标准	
估算的固定制造费用 / 估算的分配标准	＄25 000 / 12 500
	＝＄200

效率标准

生产经理和工程师设定直接材料和直接人工的效率标准。效率标准也称作数量标准或者用量标准，因为这是一个衡量在生产过程中投入多少的指标。换言之，如果工人的生产工作十分高效，没有浪费材料，那么快乐色彩公司应该在每批蜡笔的生产中投入多少石蜡呢？这一数字就是直接材料的效率标准。

为了设定人工标准，企业会分析生产过程中的每一个细节并淘汰掉低效的部分。例如，去除不必要的工作，重新安排机器的使用以保证工作流程更为高效。公司还可以进行"时间与行为"的研究使得各项工作的组织与开展更加流畅。例如，一家工厂可以在工人的腰部安装一个运输装置以最小化弯腰与抬举的次数。

企业通常根据**最佳实践**（best practices）制定效率标准，这称为**标杆管理**（benchmarking）。最佳实践可能是企业其他工厂或者部门的内部标杆或者来自其他企业的外部标杆。内部标杆很容易取得，管理者也可以购买外部标杆数据。

快乐色彩公司分析了生产的过程并制定了以下的效率标准：

- 直接材料效率成本：每批蜡笔 1 磅石蜡。
- 直接人工效率成本：每批蜡笔 0.25 直接人工工时。

制造费用是按照直接人工工时进行分配的，而预计直接人工工时的效率标准已经确定，所以不需要为制造费用设定额外的效率标准。

标准成本系统的优点

调查表明，标准成本系统在美国和全世界的制造业企业中广泛运用。标准成本法帮助管理者：

- 编制总预算；
- 设定弹性预算的目标业绩水平；
- 明确业绩标准；
- 确定产品与服务价格；
- 降低核算成本。

标准成本系统看似十分昂贵。确实，企业必须在前期进行大量投入确定标准，而且标准需要按时更新（通常是一年一次）。但是标准可以节约核算成本。在与企业的 ERP 系统有机结合后，企业可以十分容易地追踪存货成本，确定价格差异与效率差异，并做出即时决策。

产品成本的差异分析

一旦建立起标准，企业就可以使用标准将成本分派到产品中。管理者每年至少需要将实际生产成本与标准成本进行一次比较以确定二者的差异。图表 23—8 是计算价格差异与效率差异的公式。

图表 23—8　价格差异和效率差异

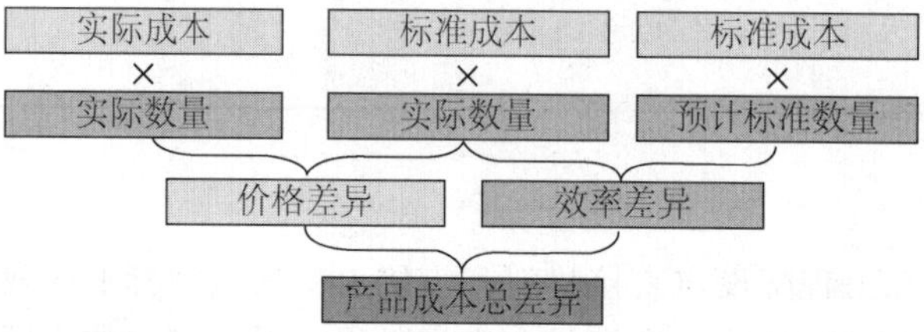

价格差异衡量的是企业将材料与人工的价格控制在标准价格内的能力。价格差异等于实际价格减去标准价格的结果乘以实际数量：

价格差异＝(实际价格×实际数量)－(标准价格×实际数量)
＝(实际价格－标准价格)×实际数量

效率差异衡量的是企业使用材料与人力资源的效率。效率差异等于实际数量减去标准数量的结果乘以标准价格：

效率差异＝(标准价格×实际数量)－(标准价格×标准数量)
＝(实际数量－标准数量)×标准价格

图表23—9 列出了各种差异的关系，以及如何将材料与人工的总弹性预算差异分别转化为价格与效率差异。

图表 23—9 强调了两点：

- 第一，价格差异与效率差异组成了弹性预算差异。
- 第二，固定预算对于价格差异与效率差异没有影响。

图表 23—9　差异的关系

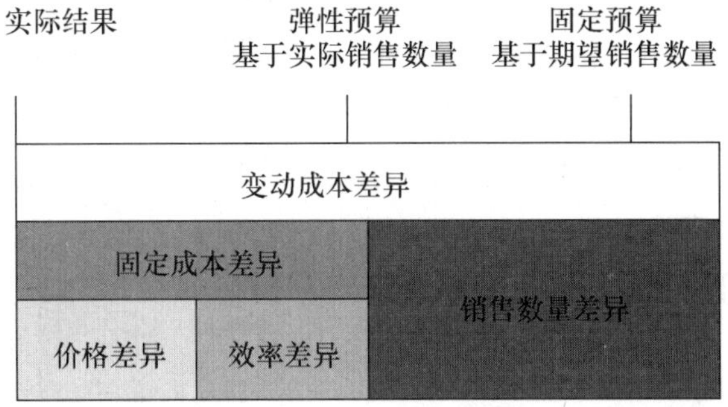

固定预算只是用来计算销售数量差异，即企业的实际销售量与预算销售量不同产生的差异，它从来不会用于计算弹性预算差异或者材料与人工的价格与效率差异。

运用标准成本确定直接材料和直接人工差异

现在让我们回到快乐色彩公司的例子。图表 23—5 中的弹性预算业绩报告显示了多项弹性预算差异，包括一项＄13 000 的直接材料的不利差异和＄10 400 的直接人工的有利差异。图表 23—10 总结了生产成本的弹性预算差异。

图表 23—10　　生产成本的弹性预算差异

	单位预算金额	实际结果	差异	弹性预算
单位		52 000		52 000
变动成本：				
直接材料	＄1.75	＄104 000	＄13 000U	＄91 000
直接人工	3.00	145 600	10 400F	156 000
变动制造费用	0.75	30 160	8 840F	39 000
固定成本：				
固定制造费用		23 920	1 080F	25 000
总计		＄303 680	＄7 320F	＄311 000

如果有利和不利差异的数量较大，则需要对其进行分析以确定产生的原因。例如，假设一个企业在当期因为节约了日常机器维护费用而取得了一项有利的成本差异。在下一期，该企业的机器可能会因为缺乏日常维护而发生本可以避免的重大故障。重大故障可能不仅导致一大笔维修费的产生，还会使产量下滑，导致销量下降。因此，管理者需要关注任何重大的差异。

让我们仔细研究直接材料和直接人工的弹性预算差异，并将它们分为两部分——价格与效率。

直接材料差异

直接材料的弹性预算差异是＄13 000 的不利差异。其他的有关直接材料的数据如下，包括之前部分讨论的标准：

直接材料价格标准	每磅石蜡＄1.75
直接材料效率标准	每单位蜡笔1磅石蜡
实际采购与使用的石蜡	65 000磅
实际采购与使用的石蜡的成本	＄104 000

直接材料价格差异

根据上述信息，我们确定快乐色彩公司在石蜡上实际支付的金额小于预期。石蜡的实际价格是每磅＄1.60（＄104 000/65 000）。根据下面的公式，直接材料的价格差异是＄9 750的有利差异。

直接材料价格差异＝(实际价格－标准价格)×实际数量
＝(＄1.60－＄1.75)×65 000
＝＄9 750F

直接材料的价格差异是有利差异，因为采购部门购买石蜡的实际价格小于标准价格。

直接材料效率差异

为计算直接材料的效率差异，投入的标准数量必须是确定的。投入的标准数量指的是预先确定的实际生产需要的数量。对于快乐色彩公司而言，投入（石蜡）的标准数量是52 000磅。因此，直接材料的效率差异是：

直接材料的效率差异＝(实际数量－标准数量)×标准价格
＝(65 000－52 000)×＄1.75
＝＄22 750U

直接材料的效率差异是不利差异，因为工人在生产过程中使用了多于计划的石蜡。

直接材料差异汇总

图表23—11汇总了快乐色彩公司如何将＄13 000的不利直接材料弹性预算差异划分成价格差异和效率差异。

图表23—11　直接材料差异

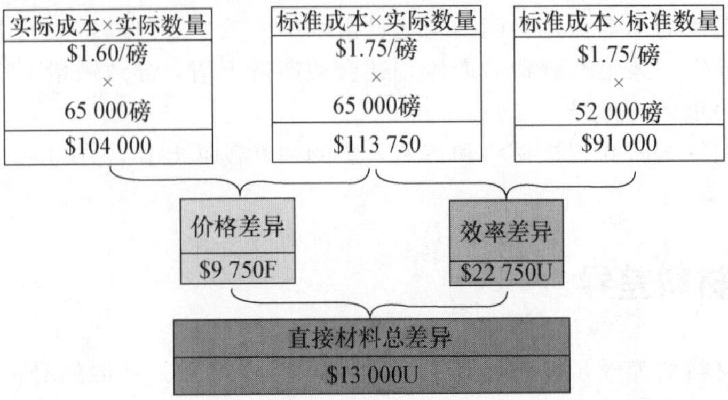

总之，快乐色彩公司在石蜡上的实际支出比计划支出多出＄13 000 是因为：

● 工人使用的石蜡比预期多出 13 000 磅。石蜡的低效使用使得利润降低了＄22 750，即不利效率差异。

● 快乐色彩公司以每磅＄1.60 而不是每磅＄1.75 的价格购买了石蜡，这是产生有利价格差异的原因。

让我们考虑一下每种差异产生的可能原因和谁应对其负责。

1. 采购经理最有资格解释有利的价格差异。快乐色彩的采购经理也许经过协商后以更低的价格购买了石蜡。

2. 负责蜡笔制造的生产经理可以解释为什么工人耗费了如此之多的石蜡来生产 52 000 单位的蜡笔。是不是因为石蜡的质量过低导致生产的蜡笔不合格？工人是否有浪费石蜡？是不是生产设备老化失灵了？快乐色彩的高层管理者需要上述信息来决定采取何种正确的措施。

这些差异产生的疑问可以帮助找出真正的问题。但需要注意的是一项有利差异并不总是意味着管理者做得好。也许快乐色彩的采购经理以较低的价格购买了质量较差的材料，这可能会导致材料浪费与蜡笔的质量下降。如果是这样，采购经理的决策就损害了整个公司的利益。这说明了为什么一个好的管理者使用差异分析作为指导而不是简单地作为归咎责任的手段。

□ 直接人工差异

快乐色彩公司使用一个相似的方法分析直接人工的弹性预算差异。直接人工的弹性预算差异是＄10 400 的有利差异。与直接人工相关的其他数据如下，包括之前部分确定的标准：

直接人工价格标准	每直接人工工时＄12.00
直接人工效率标准	每单位蜡笔 0.25 直接人工工时
实际直接人工工时	10 400 小时
实际直接人工成本	＄145 600

直接人工价格差异

根据上述信息，我们可以确定快乐色彩公司直接人工的实际成本大于预期成本。每小时直接人工的实际价格是＄14.00（＄145 600/10 400）。根据下列公式计算出直接人工的价格差异是＄20 800 的不利差异：

直接人工价格差异＝(实际价格－标准价格)×实际数量
＝(＄14.00－＄12.00)×10 400
＝＄20 800F

＄20 800 的直接人工价格差异是不利差异，因为快乐色彩公司实际上每小时支付给工人的金额比预算多＄2.00。

直接人工效率差异

现在让我们来看看快乐色彩公司使用人工的效率如何。直接人工工时的标准数量是每批次 0.25 小时，总计 13 000 小时（52 000×0.25）。直接人工的效率差异如下：

直接材料的效率差异＝(实际数量－标准数量)×标准价格
＝(10 400－13 000)×＄12.00
＝＄31 200F

＄31 200 的直接人工效率差异是有利差异，因为工人们实际工作的时间比预算的时间少了 2 600 小时。

直接人工差异汇总

图表 23—12 汇总了快乐色彩公司如何将＄10 400 的有利直接人工弹性预算差异分为价格和效率两个部分。

图表 23—12　直接人工差异

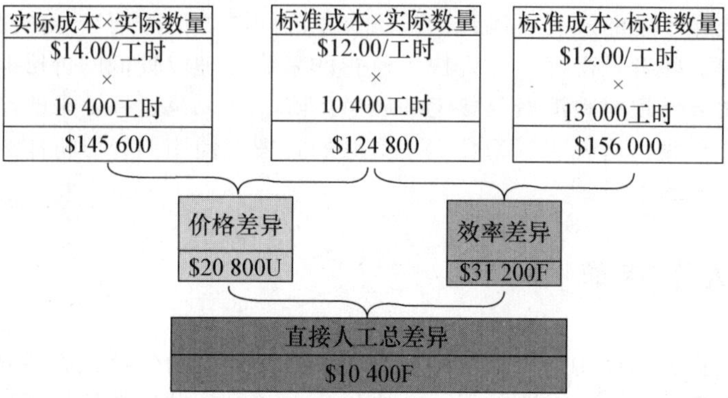

＄10 400 的有利直接人工差异说明了总人工成本小于预期。为了更好地管理快乐色彩的人工成本，我们需要进一步看到：

- 工人生产 52 000 单位蜡笔花费的实际时间是 10 400 小时，而不是预算的 13 000 小时，这也是有利效率差异产生的原因。
- 快乐色彩公司付给工人的实际每小时薪酬是＄14.00，而不是标准的＄12.00，这也是不利价格差异产生的原因。

这一情况体现了一种平衡。也许快乐色彩公司雇用了更有经验因而薪酬更高的工人，因此产生了不利的价格差异。但是，由于工人的高超技艺、经验丰富、干劲十足，工作效率又远远好于预期，所以产生了有利的效率差异。因此，这是一个成功的策略，对利润的总体影响是有利的。这一情况提醒管理者要注意使用效率来评价业绩。管理者始终应该在仔细分析数据后再做出决策。

运用标准成本确定制造费用差异

总的制造费用差异是实际制造费用与分配给产品的标准制造费用的差异。

图表 23—10 显示快乐色彩公司共发生了＄30 160 的变动制造费用和＄23 920 的固定制造费用，因此，总的制造费用是＄54 080。下一步是研究快乐色彩公司在标准成本系统中如何分配制造费用。

在标准成本系统中分配制造费用

在标准成本系统中，制造费用的分配如下：

分配到产品的制造费用＝标准制造费用分配率×以实际产量为基础的标准数量

在标准成本系统中，标准制造费用分配率代替了之前章节所提到的计划制造费用分配率，但概念是相似的。这是一个在预算过程中根据其他确定的标准计算的比率。

让我们从计算快乐色彩公司的标准变动与固定制造费用分配率开始。快乐色彩公司按照直接人工工时分配制造费用。在图表 23—2 中的固定预算显示预计产量是 50 000 单位蜡笔。在这一生产水平下，同时按照每单位蜡笔 0.25 小时直接人工工时的效率标准，快乐色彩公司预计会发生 12 500 的直接人工工时，计算如下：

预算分配基数＝50 000 批×0.25 直接人工工时每批次＝12 500 直接人工工时

固定预算给出的预算变动制造费用是＄37 500，预算固定制造费用是＄25 000。我们在这里使用固定预算的数据是因为标准是在预算期之前确定，所以快乐色彩公司的会计师在制定标准时还不知道当年的生产水平。

标准制造费用分配率计算如下：

标准制造费用分配率＝预算制造费用/预算分配基数
＝预算变动制造费用/预算分配基数
＋预算固定制造费用/预算分配基数
＝＄37 500/12 500＋＄25 000/12 500
＝＄5.00 每直接人工工时

现在，让我们来分析变动制造费用和固定制造费用差异。

变动制造费用差异

快乐色彩公司使用相同的方法分析变动制造费用的弹性预算差异。

根据图表 23—10 快乐色彩公司存在＄8 840 的有利变动制造费用弹性差异，这意味着耗费的制造费用小于预算。为了分析有利差异，快乐色彩公司计算了变动制造费用的价格差异与效率差异。注意，变动制造费用的价格标准是每直接人工工时＄3.00，而在弹性预算中生产 52 000 单位蜡笔的直接人工工时是 13 000 小时。然而，实际变动制造费用是＄30 160，而且其花费了 10 400 小时直接人工去完成 52 000 单位蜡笔的生产。总结变动制造成本的数据如下：

变动制造费用价格标准	每直接人工工时＄3.00
变动制造费用效率标准	每单位蜡笔 0.25 直接人工工时
实际直接人工工时	10 400 小时
实际变动制造费用	＄30 160

变动制造费用价格差异

根据上述信息，我们可以确定快乐色彩公司的实际变动制造费用小于预期。实际每人工工时的变动制造费用是＄2.90（＄30 160/10 400），根据下列公式，变动制造费用的价格差异是＄1 040 的有利差异。计算如下：

直接人工价格差异＝(实际价格－标准价格)×实际数量
＝(＄2.90－＄3.00)×10 400
＝＄1 040F

＄1 040 的变动制造费用价格差异是有利差异，因为快乐色彩公司每小时的实际变动制造费用比标准量小＄0.1。

变动制造费用效率差异

现在让我们看看快乐色彩公司使用变动制造费用的效率如何。因为变动制造费用是依据直接人工工时进行分配的，这一差异也是有利差异，因为直接人工效率差异是有利差异。标准直接人工工时是 13 000 小时。变动制造费用的效率差异如下所示：

变动制造费用效率差异＝(实际数量－标准数量)×标准价格
＝(10 400－13 000)×＄3.00
＝＄7 800F

＄7 800 的差异是有利差异，因为工人们实际耗费的工时比预算少了 2 600 小时，而变动制造费用是按照直接人工工时分配的。

变动制造费用差异汇总

图表 23—13 汇总了快乐色彩公司如何将＄8 840 的有利变动制造费用弹性预算差异分成价格与效率两部分的。

图表 23—13　变动制造费用差异

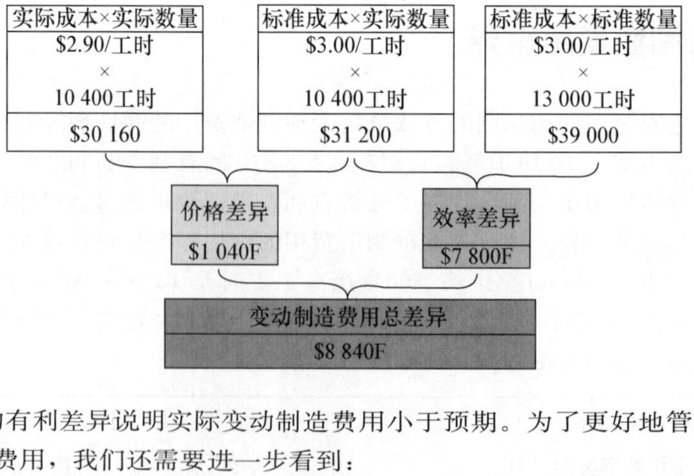

＄8 840 的有利差异说明实际变动制造费用小于预期。为了更好地管理快乐色彩公司的变动制造费用，我们还需要进一步看到：

- 快乐色彩公司发生的实际变动制造费用价格比预期的少＄1 040——这是一项有利的价格差异。
- 工人们生产 52 000 单位蜡笔的实际工作时间是 10 400 小时，而不是预算的

13 000 小时——这是一项有利的效率差异。

管理者也许会认为变动制造费用差异非常小而不需要进一步研究。然而，他们也许会进一步研究差异来确定成本的降低是不是可控的，以及成本标准是否需要更新。

□ 固定制造费用差异

目前分析的三种产品成本都是变动成本，所以分析过程十分相似。然而，快乐色彩公司使用一种稍稍不同的方法来分析固定制造费用差异。记住固定制造费用在相关范围内不会发生变化，但是当产量发生变化时单位固定制造费用则会发生变化。为了分析固定制造费用的变化，我们需要以下数据：

- 实际固定制造费用；
- 预算固定制造费用；
- 分配的固定制造费用。

记住固定预算与弹性预算的预算固定制造费用是一样的，因为当产量发生变化时固定制造费用不会发生改变。你可以参考图表 23—5 的弹性预算业绩报告来复习这一概念。

固定制造费用价格差异

固定制造费用价格差异衡量的是实际固定制造费用与预算固定制造费用之间的差异，以确定总固定制造费用差异中的可控部分。

固定制造费用价格差异＝实际固定制造费用－预算固定制造费用
＝＄23 920－＄25 000
＝＄1 080F

＄1 080 的固定制造费用差异是有利差异，因为快乐色彩公司的实际固定制造费用小于预算的结果。上述固定制造费用价格差异的计算与图表 23—5 中固定制造费用弹性预算差异的结果相同。产量的变化不会影响固定成本，因此，在固定制造费用弹性预算差异中只有价格因素的影响而没有效率因素的影响。

固定制造费用产量差异

固定制造费用产量差异衡量的是预算固定制造费用与分配到不同单位蜡笔的固定制造费用之间的差异。按照之前计算的标准固定制造费用分配率，固定制造费用以每直接人工工时＄2.00 的分配率进行分配。同时效率标准是每单位 0.25 直接人工工时。因此分配的固定制造费用是＄26 000，计算如下：

分配到产品的固定制造费用＝标准固定制造费用分配率×以实际产量为基础的标准数量
＝＄2.00×0.25×52 000
＝＄26 000

固定制造费用产量差异如下所示：

固定制造费用产量差异＝预算固定制造费用－分配的固定制造费用
＝＄25 000－＄26 000
＝＄1 000F

＄1 000 的固定制造费用产量差异是有利差异，因为快乐色彩公司实际生产的产量多于预算。因此分配了比＄25 000 更多的制造费用到产品中去。换言之，按照固定制造费用的标准，快乐色彩公司多分配了＄1 000 的固定制造费用。

固定制造费用产量差异并不是一项价格差异——而是一项产量差异——并且解释了固定制造费用为什么会多分配或者少分配。图表 23—14 显示了固定制造费用产量差异。预算固定制造费用、标准固定制造费用、标准直接人工工时线围出的小三角形代表了固定制造费用产量差异。

图表 23—14　固定制造费用产量差异

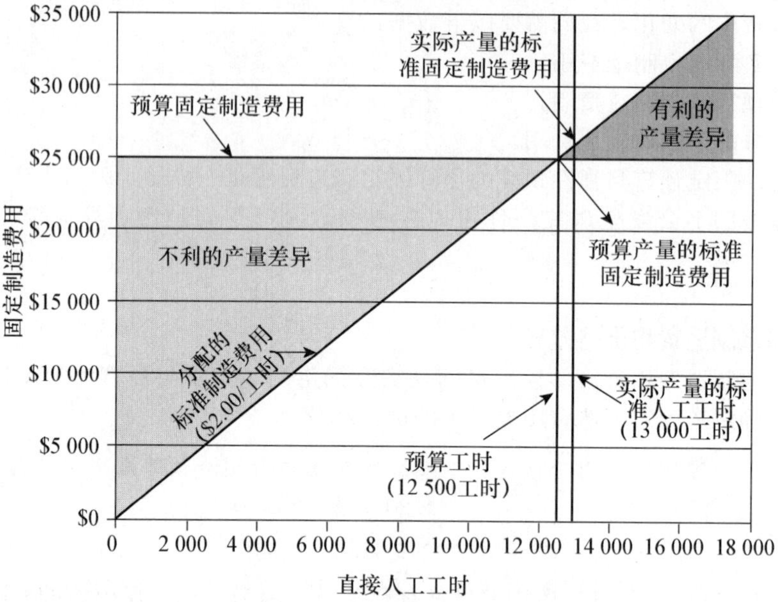

固定制造费用差异汇总

图表 23—15 汇总了固定制造费用差异。

图表 23—15　固定制造费用差异

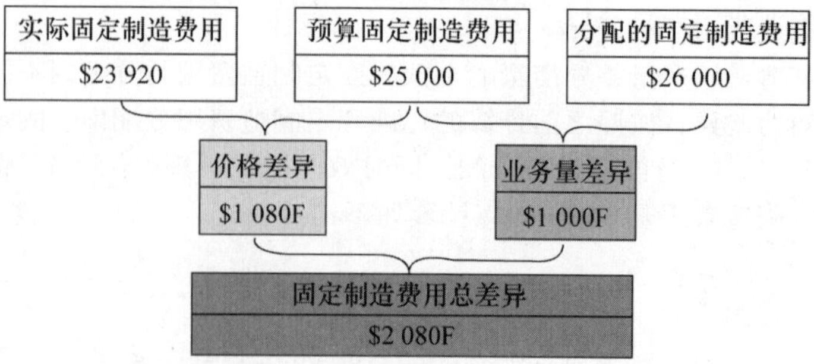

为了更好地管理快乐色彩公司的固定制造费用，我们需要进一步看到：

- 快乐色彩公司实际发生的固定制造费用比预期的少＄1 080，这是一项有利的价格差异。
- 工人们生产了 5 200 单位的蜡笔，比预算多生产了 2 000 单位，导致＄1 000 的有利产量差异。

管理者也许会认为固定制造费用差异非常小而不需要进一步研究。然而，他们也许会进一步研究差异来确定成本的降低是不是可控的，以及成本标准是否需要更新。

产品成本差异之间的关系及谁应对此负责

我们已经研究了每个单独的产品成本差异，现在让我们把它们当做一个整体进行研究。图表 23—10 列出了产品成本的弹性预算差异。为了更好地进行查阅，这里再次列示如下：

	单位预算金额	实际结果	差异	弹性预算
单位		52 000		52 000
变动成本：				
直接材料	$ 1.75	$ 104 000	$ 13 000U	$ 91 000
直接人工	3.00	145 600	10 400F	156 000
变动制造费用	0.75	30 160	8 840F	39 000
固定成本：				
固定制造费用		23 920	1 080F	25 000
总计		$ 303 680	$ 7 320F	$ 311 000

单独的成本差异汇总如下：

直接材料价格差异	$ 9 750F
直接材料效率差异	22 750U
直接人工价格差异	20 800U
直接人工效率差异	31 200F
变动制造费用价格差异	1 040F
变动制造费用效率差异	7 800F
固定制造费用价格差异	1 080F
固定制造费用产量差异	1 000F

差异的关系

图表 23—16 说明了各种产品成本差异之间的关系。请仔细研究这一关系图。

注意，固定制造费用产量差异并没有包括在关系图中。如之前所述，这一差异不是弹性预算差异，而是一个产量差异。其反映的是基于单位产量分配固定制造费用如何产生预算制造费用和分配制造费用的差异。分配过程导致固定制造费用的多分配或者少分配。

图表 23—16 产品成本差异关系

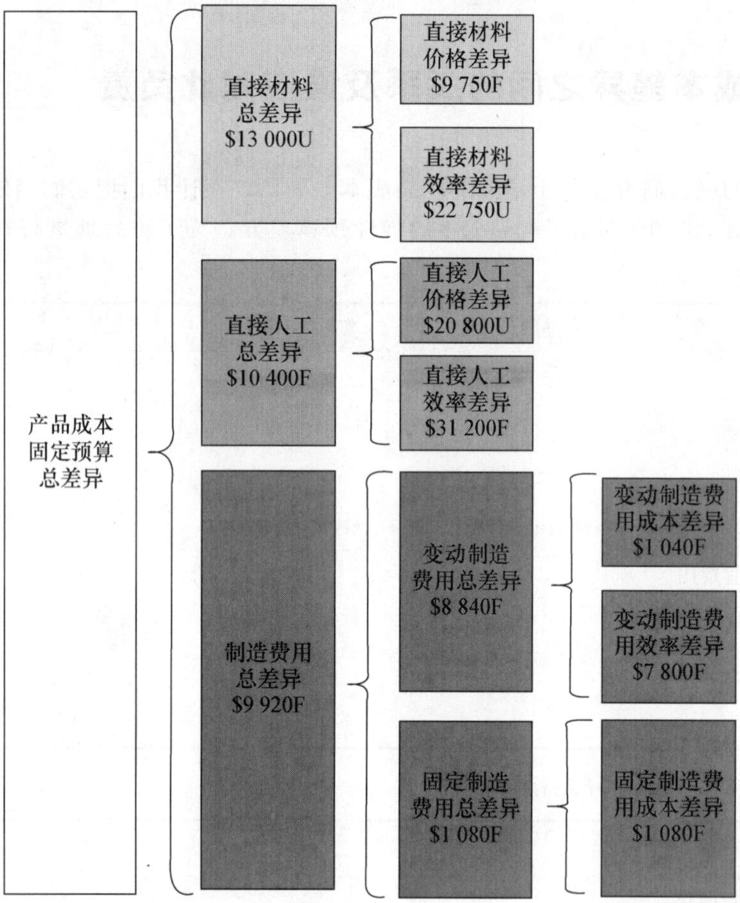

□ 差异的责任

既然已经汇总了所有的差异，快乐色彩公司可以选择认为重要的差异进行进一步调查，这称为**例外管理**（management by exception），因为管理者关注的是出现在可接受范围外的结果。换言之，管理者关注于例外情况。例外情况可以表述为一个预算结果的百分比或者金额。很多企业综合运用这两种方法。例如，一家企业会对任何大于预算结果10％或者＄10 000的差异进行调查。

快乐色彩公司会对任何大于＄5 000的差异进行调查，因此，快乐色彩公司会对以下差异进行调查：

直接材料价格差异	＄9 750F
直接材料效率差异	22 750U
直接人工价格差异	20 800U
直接人工效率差异	31 200F
变动制造费用效率差异	7 800F

图表 23—17 提供了快乐色彩公司高级经理可能提出的一些问题。

图表 23—17　　**例外管理**

差异	经理	可能问题
直接材料价格	采购	你采购石蜡的价格为何如此之低？ 你是否在质量上妥协了？ 你是否还能以这个价格采购石蜡？或者这只是一次性的交易？
直接材料效率	生产	为什么工人使用了比预期更多的石蜡？ 质量存在问题吗？ 是否有缺乏经验的工人导致过度的浪费？ 是否存在什么重要的事项导致差异？
直接人工价格	人力资源	为什么工人的薪酬高于预期？ 雇用的工人是否技术更好？ 福利费用的提高是否导致了人工成本的上升？
直接人工效率	生产	为何工人制造每批产品的速度快于预期？ 工人是否更富经验还是经过更多的培训？ 这个水平的产量是否可以持续？
变动制造费用效率	生产	哪项变动成本小于预期？ 这些是可控成本吗？ 我们可以期待继续以降低的成本进行生产吗？

标准成本系统中的会计分录

使用标准成本系统简化了记录过程，因为所有的分录都是按照标准成本进行记录的，让我们看看不同的会计分录。

会计分录

管理者需要了解差异并着手解决问题。因此，快乐色彩公司尽可能快地记录实际结果与标准的差异。这意味着快乐色彩公司会在材料采购时记录直接材料价格差异，也意味着开始生产蜡笔时按照标准数量和价格记入在产品账户的借方。然而，由于本章快乐色彩公司的案例是其整个 2015 年的经营活动，所以我们记录的是汇总分录。

业务 1——购买直接材料

业务 1 在原材料账户的借方按照实际数量和标准价格进行记录。相应地，在应付账款的贷方按照实际数量和实际价格进行记录。这是实际应支付给供应商的价款。在原材料账户记录时使用标准价格要求快乐色彩公司在材料采购时记录直接材料价格差异。快乐色彩公司的直接材料价格差异是 \$9 750 的有利差异。有利差异会存在贷方余额，并且可以抵减费用。不利差异说明实际比计划的费用更高并且会存在借方余额。

日期	科目及摘要	借方	贷方
业务 1	原材料	113 750	
	直接材料价格差异		9 750
	应付账款		104 000

业务 2——使用直接材料

在业务 2 中，在产品账户的借方按照生产 52 000 单位蜡笔的 52 000 磅石蜡的标准价格进行记录。原材料账户的贷方按照投入材料的实际数量和标准价格进行记录。快乐色彩公司的直接材料效率差异是＄22 750 的不利差异。不利差异会存在借方余额，并且会增加费用、降低利润。

日期	科目及摘要	借方	贷方
业务 2	在产品	91 000	
	直接材料效率差异	22 750	
	原材料		113 750

业务 3——直接人工

在业务 3 中，在产品账户的借方按照每小时＄12.00 的标准价格对生产 52 000 单位蜡笔的 13 000 直接人工工时进行记录。应付职工薪酬的贷方按照实际金额进行记录，因为这是快乐色彩公司实际支付给工人的工资。直接人工价格差异是＄20 800 的不利差异，记入借方。直接人工的效率差异是＄31 200 的有利差异。

日期	科目及摘要	借方	贷方
业务 3	在产品	156 000	
	直接人工价格差异	20 800	
	直接人工效率差异		31 200
	应付职工薪酬		145 600

业务 4——制造费用

业务 4 中记录了快乐色彩公司在 2015 年的实际制造费用。制造费用借方记入＄54 080。对应账户包括现金、应付账款、累计折旧、预付保险费或者其他相关账户。

日期	科目及摘要	借方	贷方
业务 4	制造费用	54 080	
	对应账户		54 080

业务 5——分配制造费用

业务 5 是将制造费用分配到在产品账户中：

日期	科目及摘要	借方	贷方
业务 5	在产品	65 000	
	制造费用		65 000

业务 6——产品完工

业务 6 将 2015 年完工的 52 000 单位蜡笔从在产品账户转入产成品账户。转移的金额是 52 000 单位蜡笔的标准成本：直接材料（＄91 000），直接人工（＄156 000）和制造费用（＄65 000）。

日期	科目及摘要	借方	贷方
业务 6	产成品	312 000	
	在产品		312 000

业务 7——销售成本

业务 7 将销售的 52 000 单位蜡笔按标准成本从产成品转入销货成本。

日期	科目及摘要	借方	贷方
业务 7	销货成本	312 000	
	产成品		312 000

业务 8——调整制造费用

业务 8 调整了制造费用账户并记录了差异。所有的制造费用差异都是有利差异，所以全部记入贷方。制造费用的调整在借方说明实际制造费用小于分配的制造费用，即制造费用多分配了。因此该账户存在一个贷方余额需要通过借方转出。当制造费用少分配时，制造费用的调整就发生在贷方，而且制造费用的差异是不利差异。

日期	科目及摘要	借方	贷方
业务 8	制造费用	10 920	
	变动制造费用价格差异		1 040
	变动制造费用效率差异		7 800
	固定制造费用价格差异		1 080
	固定制造费用产量差异		1 000

□ 标准成本利润表

快乐色彩的管理层需要知道公司的成本差异。图表 23—18 是一张标准成本利润表。其中重点列出了与管理有关的差异。

图表 23—18　　标准成本利润表

标准销售收入			$ 390 000
销售收入差异			(5 200)
实际销售收入			384 800
标准销货成本		$ 312 000	
生产成本差异：			
直接材料价格差异	$ (9 750)		
直接材料效率差异	22 750		
直接人工价格差异	20 800		
直接人工效率差异	(31 200)		
变动制造费用价格差异	(1 040)		
变动制造费用效率差异	(7 800)		
固定制造费用价格差异	(1 080)		
固定制造费用产量差异	(1 000)		
合计		(8 320)	
实际销货成本			303 680
毛利润			81 120
销售和管理费用			44 800
营业利润			$ 36 320

疑难问题 A 部分

P23-26a　编制弹性预算报告

ATT 公司制造 4G 基站和其他设施。公司 2014 年 7 月弹性预算显示产量水平为 6 500、8 000、10 000 单位。固定预算基于预期销售量为 8 000 编制。

2014 年 7 月 31 日弹性预算				
	单位预算	不同产量		
		6 500	8 000	10 000
销售收入	$ 24	$ 156 000	$ 192 000	$ 240 000
变动费用	10	65 000	80 000	100 000
边际贡献		91 000	112 000	140 000
固定费用		53 000	53 000	53 000
营业利润		$ 38 000	$ 59 000	$ 87 000

公司实际在 7 月售出 10 000 单位商品。实际营业利润如下：

销售收入	$ 246 000
变动费用	104 500
边际贡献	141 500
固定费用	54 000
营业利润	$ 87 500

要求：

1. 编制 7 月份弹性预算报告。
2. ATT 公司多销售 2 000 单位商品将对营业利润有什么影响？
3. ATT 公司的固定预算差异是多少？
4. 解释为什么对于 ATT 公司管理层来说，弹性预算报告比固定预算差异更有用？从弹性预算报告中管理者可以得到什么信息？

P23-27A　编制弹性预算计算标准成本差异

生产皮革躺椅的制造商 Preston Recliners 使用弹性预算以及标准成本系统。Preston 根据直接材料按码分配管理费用。公司的绩效报告包括以下数据：

		固定预算	实际结果
		（1 000 个躺椅）	（980 个躺椅）
销售额	（1 000 个躺椅×＄495/个）	＄ 495 000	
	（980 个躺椅×＄475/个）		465 500
变动生产成本：			
直接材料	（6 000 码，＄8.80/码）	52 800	
	（6 150 码，＄8.60/码）		52 890
直接人工	（10 000 工时，＄9.20/工时）	92 000	
	（9 600 工时，＄9.30 工时）		89 280
变动费用	（6 000 码，＄5.00/码）	30 000	
	（6 150 码，＄6.40/码）		39 360
固定生产成本：			
固定费用		60 000	62 000
总成本		234 800	243 530
毛利润		＄260 200	＄221 970

要求：

1. 根据实际销售躺椅的数量编制弹性预算。

2. 计算直接材料和直接人工的价格差异和效率差异。对于制造费用，计算变动制造费用价格差异、变动制造费用效率差异、固定制造费用价格差异以及固定制造费用产量差异。

3. Preston 的管理层对材料、人工和间接费用是否进行了有效管理？为什么？

4. 请描述 Preston 管理层如何能够从标准成本系统中受益。

P23-28A　计算标准成本差异并向管理层报告

HearSmart 是耳机外壳生产商。在 2014 年 9 月，公司生产并销售了 107 000 件外壳，下表为记录的相关成本数据：

标准成本

	数量	价格
直接材料	2 件	＄0.16/件
直接人工	0.02 小时	8.00/小时
变动制造费用	0.02 小时	9.00/小时
固定制造费用（固定预算＄ 32 980；97 000 单位和 1 940 小时，＄17/小时）		

实际成本

直接材料	（210 000 件，＄0.21/件）	＄44 100
直接人工	（1 640 小时，＄8.15/小时）	13 366
变动制造费用		8 000
固定制造费用		30 000

要求：

1. 计算直接材料和直接人工的价格和效率差异。

2. 针对制造费用，计算变动制造费用价格和效率差异，以及固定制造费用价格差异和产量差异。

3. HearSmart 管理层在 9 月份采用较好质量的原材料。讨论如何权衡两种直接材料差异。

P23-29A　计算标准成本差异并编写分录

Java 是一家生产咖啡杯的厂商，它接受其他公司定制带有自己图标的咖啡杯。Java 编制弹性预算，并且利用标准成本系统控制制造费用。一个咖啡杯的标准单位成本根据每月 60 200 个咖啡杯的固定预算产量确定：

直接材料（0.2 磅，＄0.25/磅）		＄0.05
直接人工（3 分钟，＄0.12/分钟）		0.36
制造费用：		
变动费用（3 分钟，＄0.05/分钟）	＄0.15	
固定费用（3 分钟，＄0.14/分钟）	0.42	0.57
每个咖啡杯的总成本		＄0.98

2014 年 7 月，实际成本和产量信息如下：

a. 没有期初或者期末存货余额。

b. 实际产量和销售量为 62 900 个咖啡杯。

c. 实际使用直接材料为 10 000 磅，实际单位成本为＄0.17/磅。

d. 实际使用直接人工为202 000分钟，总的直接人工成本为＄30 300。

e. 实际制造费用为＄10 000的变动费用和＄30 500的固定费用。

f. 销售和管理费用为＄115 000。

要求：

1. 计算直接材料和直接人工价格和效率差异。

2. 编写直接材料的使用和直接人工的分配的分录，包括相关差异。

3. 针对制造费用，计算变动制造费用价格差异和效率差异，以及固定制造费用价格差异和产量差异。

4. 编写实际制造费用和已分配的制造费用的分录。编写所有在产品移动的分录。编写制造费用的调整分录。

5. 7月份，Java雇用了更多的高级技工，这项决策对于成本差异有何影响？总的来说，这项决策明智吗？

提示：在完成问题P23-30A之前要先完成问题P23-29A。

P23-30A 编写标准成本收益表

回顾问题P23-29A的结果。Java的标准和实际销售单价为＄3。编制2014年7月的标准成本利润表。

小组作业

小组作业 23—1

Lynx公司生产窗户和门。Lynx公司一直使用标准成本法核算其发生的成本。假设Lynx公司的主管向你的管理小组咨询Lynx公司是否应该参照历史平均数据以外的信息制定自己的成本标准。

要求：

1. 列出你建议Lynx公司计算的差异的类型。对于每种差异，Lynx公司应该设定什么样的特定标准。除了成本标准，你会推荐Lynx公司设立一些非财务标准吗？

2. 除了以历史平均结果为依据设立标准以外还有很多设定标准的方法。

a. 列出三种可供Lynx公司选择的方法。

b. 评价每一种方法，包括优点和缺点。

c. 为Lynx公司的主管写一份备忘录，详细阐述你的建议。首先，Lynx公司是否应该采用以历史平均结果为依据设立标准的方法？如果不是，应该采用何种方法？

第 24 章 成本分配与责任会计

- 企业如何分派和分配成本
- 为何分权制企业需要责任会计
- 业绩评价系统
- 使用责任会计评价成本、收入和利润中心的业绩
- 投资中心的业绩评价
- 附录 24A：转移价格

如何控制不能见的东西?

皮尔在几年前创立了自己的饮料公司——德里克饮料公司。这个企业处于成长阶段。皮尔正在计划新建一条生产线。目前为止，所有的经营活动都在同一个地点，工厂与办公室相邻。然而，新的工厂距现在的地点有200英里。皮尔相信新的地点会帮助公司打入新的市场并降低运输成本。现在的问题是控制。皮尔应该如何监控200英里以外的工厂的运转呢?

当日常经营活动只在一个地点发生时，德里克饮料公司的成本控制工作相对简单。直接材料和直接人工被直接分派到产品中，制造费用则使用计划分配率进行分配。新增的工作地点使这一过程变得复杂。两个工厂是否应该使用相同的分配率? 此外，办公室会为两个工厂提供服务。皮尔需要知道这些服务成本在两个工厂间是如何分配的。

除了成本控制，德里克饮料公司已经发展到不能只依赖一个人管理日常经营活动的阶段。皮尔必须找到有能力管理新工厂的人。他还需要建立一套系统帮助其清晰地将公司目标传递给新工厂的管理者，并且帮助他监控新工厂的经营活动。皮尔作为企业所有者有自己的盈利目标，但是他也关注企业的其他方面。如何保证新客户的满意度? 如何保证生产产品的安全性? 如何提高员工的积极性?

随着企业的发展壮大，日常经营的管理被分派给不同的人——一个人无法持续监控企业的方方面面。以百事公司为例，百事可乐发明于19世纪90年代。百事公司成立于1965年。经过扩张与收购，百事公司的年收入达到了约600亿美元并且拥有超过285 000名员工。高层管理者如何监控公司的运营? 百事公司的年报包括6个商业分部的经营活动。该公司必须建立一套系统以保证每个管理者在决策时以公司而不是以其所在部门的最大利益为标准。我们现在来看看公司如何监控每个部门的经营活动。

本章大纲

- 企业如何分派和分配成本?
- 为何分权制企业需要责任会计?
- 什么是业绩评价系统? 如何使用?
- 企业如何使用责任会计评价成本、收入和利润中心的业绩表现?
- 投资中心的业绩评价与其他中心有何不同?
- 转移价格如何影响分权制企业（附录24A）?

学习目标

1. 使用计划制造费用分配率分派直接成本，并分配间接成本。
2. 解释企业为何分散权力并运用责任会计。
3. 描述业绩评价系统的目的和平衡计分卡如何帮助公司评价业绩。
4. 使用责任报告评价成本、收入和利润中心。
5. 使用投资报酬率和剩余收益评价投资中心。
6. 确定转移定价如何影响分权制企业（附录24A）。

企业如何分派和分配成本

如你之前所学到的，产品成本由直接材料、直接人工和制造费用组成。这些成本必须追溯到生产的每一件产品中。直接材料和直接人工可以很容易地追溯到产品中。因此，直接材料和直接人工被分派（assign）到产品中。制造费用，也称作间接成本，不能被很容易地追溯到产品中。制造费用包括租金、水电费、保险和工厂设备的财产税；制造设备的折旧；间接人工，例如，生产主管的工资；间接材料，例如，胶水等不能直接追溯到产品中的材料等。制造费用被归集（accumulate）到成本池中然后被分配(allocate)到产品中。

只有在确定总制造费用后才能做出最为准确的分配，但是这只会在期末才能确定。但是管理者不能为成本信息等待那么长的时间。企业必须找到一种在会计期间分配这些间接成本的方法。

在这一章，我们主要学习三种不同的企业分配间接成本的方法：单一分配率法、多部门分配法和作业成本法。我们从最简单的方法开始一步步介绍复杂的方法。越是复杂越能带来更多的细节信息，这通常会帮助更好地做决策。

STL 公司将又一次被用到。其之前的经营活动十分成功，现在这家公司正在通过制造更高级的产品以扩大其生产。

高级产品更为先进，包括一个更大的屏幕、更快的处理器、续航时间更长的电池和专门的软件系统。高级产品的制造过程与原来的标准产品有很多差异。例如，其要求用更为精密的工具进行校准。在开始批量生产前，需要建立一套校准系统。校准系统需要由有专业技术的工人进行操作。由于他们的专业技术，其工资费率更高。此外，与标准产品相比，高级产品的软件需要更长时间的检测与试验，以保证其对硬件的支持。

管理团队已经为来年的预测收集了以下信息：

		标准产品	高级产品
产量		2 000	500
单位产品直接材料		$150.00	$200.00
单位产品直接人工		$88.00	$148.00
总制造费用	$100 000		

真正的挑战是确定将 $100 000 制造费用分配到 2 500 个平板电脑的方法。这样，管理者才能获取产品的生产成本以制定计划和控制决策。

单一分配率法

单一分配率法是传统的分配制造费用的方法，也是最为简单的一种方法。在这种方法中，企业在每一会计期间开始前通过选择分配基数计算计划制造费用分配率，并使用相同的分配基数将制造费用分配到所有的产品中。当 STL 公司只生产一种类型的产品时，直接人工成本被用作分配基数。这里仍然以直接人工成本作为分配基数，让我们计算出计划制造费用分配率，并以此分配制造费用确定单位成本总额。

总的制造费用成本是已给出的＄100 000。为确定总的直接人工成本，用单位产品的直接人工乘以产品数量。两种产品都要计算。

	单位产品直接人工	×	产品数量	＝	直接人工成本总额
标准产品	＄88	×	2 000	＝	＄176 000
高级产品	＄148	×	500	＝	74 000
合计					＄250 000

我们现在已经拥有了确定计划制造费用分配率所需的数据。计算过程如下：

计划制造费用分配率＝预计制造费用总额/预计制造费用分配基数总额
＝＄100 000/250 000
＝40％

现在可以将制造费用分配到每种类型的产品中去，计算过程如下：

	计划制造费用分配率	×	实际制造费用分配基数	＝	实际分配的制造费用
标准产品	40％	×	＄176 000	＝	＄70 400
高级产品	40％	×	＄74 000	＝	＄29 600
合计					＄100 000

为确定单位产品的制造费用，我们用每种产品的制造费用总额除以产品数量。然后用计算出的单位制造费用加上单位直接材料与单位直接人工确定产品的单位成本。

	标准产品	高级产品
制造费用总额	＄70 400	＄29 600
÷产品数量	2 000	500
单位制造费用	＄35.20	＄59.20
单位直接材料	＄150.00	＄200.00
单位直接人工	88.00	148.00
单位制造费用	35.20	59.20
产品单位成本	＄273.20	407.20

因为直接人工成本是所有产品单一的分配基数，STL公司分配到标准产品的制造费用总额＄70 400远远大于高级产品的＄29 600。然而，标准产品的制造费用总额被更多的产品分摊，所以其单位制造成本＄35.20小于高级产品的＄59.20。

单一分配率法十分简单，但可能不够准确。在STL公司，使用直接人工成本作为分配基数可能会使两种产品的单位成本失真。例如，我们知道高级产品要求工人的技术更加高超，支付的薪酬也更高。高级产品更高的直接人工成本意味着其单位产品分配到更多的制造费用。生产高级产品的工人的薪酬更高，这是否说明高级产品耗费了更多的资源以至于引起了其制造费用的提高？换言之，直接人工成本与制造费用之间是否存在联系？如果有，则使用直接人工成本作为分配基数是准确的。如果没有，则需要采取另一种方法。

□ 多部门分配法

单一分配率法的改进就是使用包括多种不同分配基数的综合计划制造费用分配率分配制造费用。这种方法更为复杂，但也更为准确。分配过程是一样的，只是现在是多个成本池与多个成本分配基数。

STL 公司已经确定制造过程由两个部门完成。在第一个部门，即制造部门，平板电脑的部件被制造和组装起来。在第二个部门，即软件部门，软件被安装到平板电脑上并进行相关测试。管理者将制造费用分为两个成本池，一个与制造部门有关，一个与软件部门有关。

经过仔细分析，STL 公司认为机器的使用是制造部门主要的成本动因。换言之，公司认为机器使用小时与制造费用之间存在直接联系。因此，它们决定使用机器小时作为制造部门的分配基数。STL 公司认为直接人工成本是软件部门的分配基数。图表 24—1 总结了 STL 公司不同部门使用不同的分配基数分配制造费用的过程。

图表 24—1　　使用多部门分配法分配制造费用的流程

分配流程	部门	
第一步：确定部门，估算它们的制造费用总额	制造部门 $ 80 000	软件部门 $ 20 000
第二步：确定每个部门的分配基数并估算每种分配基数的总额	机器工时 15 000 小时 5 000 小时 20 000 小时	直接人工成本 $ 22 000 $ 9 250 $ 31 250
第三步：计算计划制造费用分配率	$ 80 000/20 000 $ 4.00/小时	20 000/31 250 64%
第四步：将间接成本分配到成本目标中	标准产品：15 000 小时×$ 4.00＝$ 60 000 高级产品：5 000 小时×$ 4.00＝$ 20 000	标准产品：64%×$ 22 000＝$ 14 080 高级产品：64%×$ 9 250＝$ 5 920

单位产品总额

为确定单位产品的制造费用，我们用制造费用总额除以产品数量。然后用单位制造费用加上直接材料和直接人工来确定产品的单位成本。

	标准产品	高级产品
制造费用——制造部门	$ 60 000	$ 20 000
制造费用——软件部门	14 080	5 920
制造费用总额	$ 74 080	$ 25 920
÷产品数量	÷2 000	÷500
单位制造费用	$ 37.04	$ 51.84
单位直接材料	$ 150.00	$ 200.00
单位直接人工	88.00	148.00
单位制造费用	37.04	51.84
产品单位成本	$ 275.04	$ 399.84

总结

我们使用了两种方法计算产品的单位成本，现在让我们比较一下结果。

	标准产品	高级产品
产品单位成本：		
单一分配率法	$273.20	$407.20
多部门分配法	$275.04	$399.84
差异	$（1.84）	$7.36

使用多部门分配法计算出的结果显示，标准产品的单位成本略高于原来的计算结果，而高级产品的计算结果略低于原来的计算结果。这一差异看似不是十分明显，但在当今竞争激烈的市场，即使很小的差异也会产生不小的影响。管理者需要更多的数据来制定价格，确定盈利水平最高的产品。让我们再看一种新的成本分配方法——作业成本法，其比多部门分配法更为先进。

□ 作业成本法

在商业竞争变得如此激烈之前，管理人员将他们的注意力集中在范围较大的经营活动上，比如说生产，并使用单一分配率法或者多部门分配法将制造费用分配到产品中去。但是当今的商业环境要求更为先进的成本核算系统，这在生产的产品耗用多种资源并且每种资源的耗费量不同时更为重要。STL公司现在面临的情况是，其两种主要产品耗费的资源不同。如我们之前所述，高级产品的校准工作需要拥有专业技术的、薪水更高的工人执行。同时因为高级产品特殊的结构，其测试的过程比标准产品所需的时间更长。

类似STL这样有多种产品的企业可以使用作业成本法和作业成本管理来获取更准确的成本信息。**作业成本管理**（activity-based management）关注的是企业主要的作业活动，确定作业的成本，然后利用这些信息做出能够提高顾客满意度与利润的决策。作业的成本成为将间接成本分配到产品与服务中的基础。通过先确定作业的成本再确定产品与服务的成本的方法称为作业成本法。

在作业成本法中，每一项作业有自己的分配基数，通常称为成本动因。图表24—2列出了一些有代表性的作业与分配基数。

图表24—2　作业与分配基数举例

作业	分配基数
质量检测	检测次数
保修服务	服务呼叫次数
产品运输	运输产品的磅数
校准机器	批数
使用机器	机器工时
采购	采购订单数

作业成本系统的建立由四个步骤构成。图表24—3总结了STL公司的步骤。

图表 24—3　STL 公司的作业成本法

第一步：明确作业并估算其总成本	校准 $ 15 000	制造 $ 65 000	检测 $ 20 000
第二步：明确每种作业的分配基数并估算每种分配基数的总量	批数 标准平板：40 批 高级平板：20 批 合计：60 批	直接人工工时 标准平板：10 000 工时 高级平板：2 500 工时 合计：12 500 工时	检测次数 标准平板：7 750 次 高级平板：2 250 次 合计：10 000 次
第三步：计算每种作业的计划制造费用分配率	$ 15 000/60 批 $ 250 批	$ 65 000/12 500 工时 $ 5.20/工时	$ 20 000/10 000 次 $ 2.00/次
第四步：分配间接成本到成本对象	标准平板：40 批×$ 250/批＝$ 10 000 高级平板：20 批×$ 250/批＝$ 5 000	标准平板：10 000 工时×$ 5.20/工时＝$ 52 000 高级平板：2 500 工时×$ 5.20/工时＝$ 13 000	标准平板：7 750 次×$ 2.00/次＝$ 15 500 高级平板：2 250 次×$ 2.00/次＝$ 4 500

第一步：明确作业并估算其总成本

建立作业成本系统的第一步就是明确用以分配制造费用的成本。分析一个产品或一项服务需要的所有作业会让管理者考虑如何改进每项作业或者某项作业是否需要。

STL 公司的管理团队仔细分析了生产过程。他们确定在生产过程中的三个作业产生了主要的制造费用。第一个作业是校准。在一批平板电脑生产之前，机器必须进行校准。在校准作业完成以后，平板电脑就可以生产了。组装是第二个作业。第三个作业是检测操作系统。管理者之后确定了这三个作业所产生的制造费用，并估算下年每项作业会发生以下的制造费用：

作业	估算制造费用
校准	$ 15 000
组装	65 000
检测	20 000
合计	$ 100 000

图表 24—4 列出了 STL 公司的传统成本核算系统与作业成本系统的不同。

图表 24—4　STL 公司传统成本系统与作业成本法系统总览

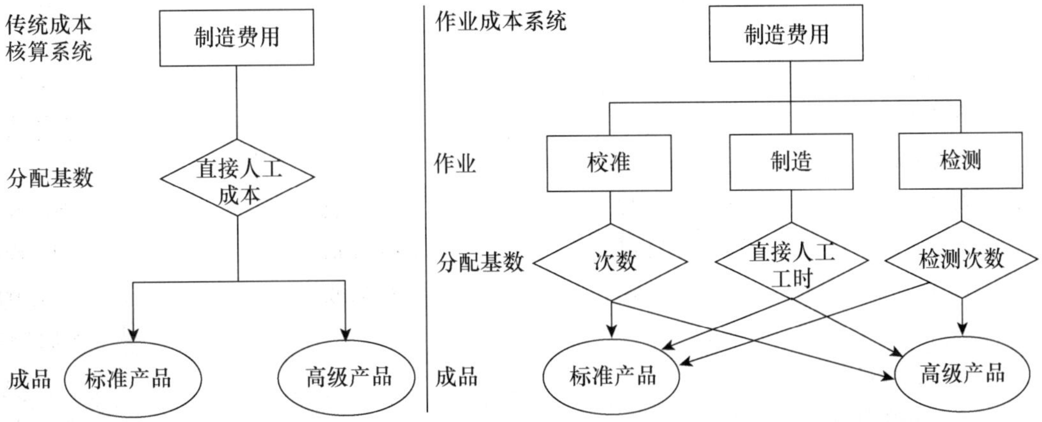

第二步：明确每种作业的分配基数并估算每种分配基数的总量

因为每种作业的分配基数不同，所以这一步骤必须按不同的作业分别进行。

校准 STL公司已经确定校准作业的分配基数是生产批数。标准产品每批次生产50台，因此生产2 000台需要40批。高级产品每批次生产25台，因此生产500台需要20批。

组装 STL公司已经确定组装作业的分配基数是直接人工工时。注意，公司使用的是直接人工工时而不是直接人工成本。分析表明，制造费用与通过作业组装产品的时间有关，而不是与工人工作的时间有关。两种产品平均都需要5个小时的人工来完成。因此，标准产品预计明年需要耗费10 000工时，而高级产品预计需要耗费2 500工时。

检测 STL公司已经确定检测作业的分配基数是测试活动的次数。产品被随机选择进行检测，高级产品比标准产品的检测频率更高，因为其更为复杂。根据生产的数量，生产经理估计标准产品明年会检测7 750次，而高级产品则会检测2 250次，二者总计10 000次检测。

第三步：计算每种作业的计划制造费用分配率

计算计划制造费用分配率的公式与其他方法相同。

计划制造费用分配率＝预计制造费用总额/预计制造费用分配基数总量

这一过程需要在每种作业中重复一次。计划制造费用分配率如图表24—3所示。

第四步：分配间接成本到成本对象中

作业成本系统的基本成本池是作业。我们已经确定了每种作业的成本并计算出相应的计划制造费用分配率。我们可以据此将制造费用从成本池分配到产品中。下表是每种产品分配的制造费用和单位产品的制造费用：

	计划制造费用分配率	×	实际分配基础	＝	分配的制造费用
标准产品					
校准	$250.00/批	×	40批	＝	$10 000
组装	$5.20/工时	×	10 000工时	＝	52 000
检测	$2.00/次	×	7 750次	＝	15 500
合计					$77 500
÷产品数量					÷2 000
单位制造费用					$38.75
高级产品					
校准	$250.00/批	×	20批	＝	$5 000
组装	$5.20/工时	×	25 000工时	＝	13 000
检测	$2.00/次	×	2 250次	＝	4 500
合计					$22 500
÷产品数量					÷500
单位制造费用					$45.00

产品单位成本如下所示：

	标准产品	高级产品
单位直接材料	$150.00	$200.00
单位直接人工	88.00	148.00
单位制造费用	38.75	45.00
产品单位成本	$276.75	$393.00

传统成本系统与作业成本法系统的比较

让我们比较一下使用三种不同的方法计算出的产品单位成本。

	标准产品	高级产品
单一分配率法		
单位直接材料	$150.00	$200.00
单位直接人工	88.00	148.00
单位制造费用	35.20	59.20
产品单位成本	$273.20	$407.20
多部门分配法		
单位直接材料	$150.00	$200.00
单位直接人工	88.00	148.00
单位制造费用	37.04	51.84
产品单位成本	$275.04	$399.84
作业成本法		
单位直接材料	$150.00	$200.00
单位直接人工	88.00	148.00
单位制造费用	38.75	45.00
产品单位成本	$276.75	$393.00

随着成本核算系统的每一次改进，从单一成本分配率到各部门不同的成本分配率再到以作业为基础的成本分配率，标准产品的单位成本在不断增加，高级产品的单位成本在不断下降。作业成本法更为准确，因为它考虑了每种产品实际耗费的资源（作业）。按照人工成本分配制造费用扭曲了高级产品的成本。生产高级产品的工人薪酬更高是因为其更先进的技术，这导致高级产品直接人工成本的提高。然而，更高的直接人工成本对于制造费用并没有一个直接的因果影响。而其他因素，例如每批次生产规模的缩小和检测时间的增加却对制造费用有这样的影响。

为何分权制企业需要责任会计

在小型企业，所有者或者高层管理者通常制定所有的计划与控制决策。小型企业通常被认为是**集权制企业**（centralized company）。因为其经营范围通常很小，所以集权决策更为容易。然而，当一个企业不断发展，一个人单独管理公司的所有日常经营活动是不可能的。因此，绝大多数企业在发展过程中不断分散权力。**分权制企业**（decentralized company）将其经营活动分解到各个分部，例如，各个不同的部门。高层管理者将决策责任分派给各个部门经理。高层管理者确定何种方式的分权制度最适合公司的战略。例如，可以参照的标准有地理区域（国内和国际）、顾客（商业和居民）、生产线（摩托车和越野车）、商业职能（销售和服务）和其他商业特征。

□ 分权的优点

分权制度对于大型企业有很多优点，包括以下几点：

- **解放了高层管理者的时间** 通过将日常经营活动的责任分派给部门经理，高层管理者可以集中于长期战略计划及影响公司总体的更高层次的决策的制定。
- **支持专业知识的运用** 分权管理使得高层管理者可以雇用各个部门所需的专业人才以保证在其相关的经营领域做到卓越。例如，按州进行分权管理要求公司必须雇用了解所在州情况的管理人员。这些专业知识可以帮助部门经理做出更好的决策。
- **改善客户关系** 分部管理者集中于公司一个分部的管理活动。因此与高层管理者相比，他们可以与重要客户保持更为紧密的联系。这样，分权管理可以改善客户关系，加快对客户的反应时间。
- **提供培训** 分权管理为分部管理者提供了成为高层管理者必需的培训与经验。比如，公司经常依据候选人过去作为部门经理时的表现来确定CEO。
- **提升积极性与忠诚度** 授予分部管理者决策的权力提升了管理者的积极性与忠诚度，也提高了其工作业绩与工作满意度。

□ 分权的缺点

尽管有上述优点，分权还是会引起一些潜在的问题，包括：

- **重复成本** 分权管理会要求公司重复增加某些特定的成本或者资产。比如，每个分部也许会建立自己的工资管理部门并购买自己的工资软件。公司可以通过提供集中服务避免这些重复成本的发生。
- **实现目标一致性的问题** **目标一致性**（goal congruence）通常是指分部管理者的目标与高层管理者的目标一致。分权管理的企业经常面临实现目标一致性的问题。分部的管理者也许不能完全理解整个公司的蓝图，他们可能会制定对本部门有利而伤害其他部门的决策。例如，采购部门也许会购买便宜的原材料以降低产品成本，但是便宜的材料可能会影响产品的质量，结果公司的品牌会受到伤害。本章的后面部分我们会了解到管理会计如何设计业绩评价系统来达到各方目标的一致。

尽管我们讨论了分权的一些缺点，但是仍要注意到分权利大于弊。

□ 责任会计

分权制企业将特定决策的责任分派给每个部门，这就形成了责任中心。**责任中心**

(responsibility center) 指的是企业的某个部分，其管理者拥有决策的权力并且对决策的结果负有管理责任。我们仍然以 STL 公司为例。如你所知，STL 公司生产自有品牌的安装有电子课程的平板电脑。电子课程软件也可以单独出售。

每一个管理者都负责公司部分的计划和控制活动。基层管理者通常负责预算和控制单一价值链的成本。例如，一个管理者负责计划和控制 STL 公司的平板电脑在工厂的生产，而另一个管理者则负责计划和控制产品分销的活动。基层管理者向高级管理者报告，而高级管理者负有更大的责任。负责生产和分销的管理者向更高级别的负责整条生产线利润的管理者报告。

责任中心

分权制企业需要一种评价其责任中心的方法。责任会计系统就是一个评价各个责任中心及其管理者表现的系统。系统业绩报告的目的是为被授权的管理者提供相关信息。有四种类型的责任中心：

- 成本中心；
- 收入中心；
- 利润中心；
- 投资中心。

成本中心　在成本中心，管理者只负责控制成本。生产部门，比如 STL 公司的平板电脑生产线就是成本中心。生产线主管通过监控材料成本、维修和维护成本、员工成本和员工效率来控制成本。主管不负责创造收入，因为其并未涉及产品销售，工厂经理通过比较预算成本和实际成本来评价生产线主管控制成本的能力。成本中心的责任报告只包括成本。

收入中心　在收入中心，管理者只负责创造收入。在本地商场销售太阳眼镜的小店就是一个收入中心。这家小店是连锁店的一家分店，所以店面经理不负责控制成本。商品存货是从采购中心采购而得，付给商场的租金由公司办公室人员谈判确定。公司规定在最基层的销售点只能有一名雇员，所以店面经理对于工资费用几乎没有控制。该经理的主要责任是销售太阳镜以创造利润。因此，这家小店被认为是一个收入中心。收入中心的责任报告只包括收入。

利润中心　在利润中心，管理者负责创造收入和控制成本，即负责利润。食品杂货店的经理主要负责提高销售收入和控制成本以实现利润目标。食品杂货店的经理在控制成本时要合理安排采购，以保证既能满足销售的要求，也避免食品的过期和腐烂，同时合理排班，以保证既提供足够的服务，也不用支付更多的薪酬。利润中心的责任报告包括收入和费用，以显示其营业利润。

投资中心　在投资中心，管理者负责创造利润和高效地管理中心的投入资本。投资中心的管理者，例如，连锁商店的分部经理，负责：(1) 扩大销量；(2) 控制费用；(3) 管理公司资本以获取收益；(4) 计划公司未来发展和扩张的投资。分部经理的资金有限而且需要决定哪家商店要装修、何时安装一个新的存货计算系统。这些长期投资也称为资本投资，其目的是提高利润。一般情况下依据该中心利用投资创造利润的能力对其管理者进行评价。投资中心责任报告包括利润以及投资报酬率和剩余收益。这些内容将在本章的稍后部分提到。

图表 24—5 汇总了责任中心的类型、管理者的责任和中心的责任报告。

图表 24—5　　责任中心

责任中心	管理者的责任	责任报告
成本中心	控制成本	比较实际成本与预算成本
收入中心	创造收入	比较实际收入与预算收入
利润中心	通过创造收入和控制成本创造利润	比较实际收入和成本与预算收入和成本
投资中心	创造利润和高效地管理中心的投入资本	比较实际利润与预算利润，同时衡量投资报酬率与剩余收益

责任报告

图表 24—6 说明了类似 STL 公司这样的组织如何分派责任。

图表 24—6　STL 公司的组织关系图

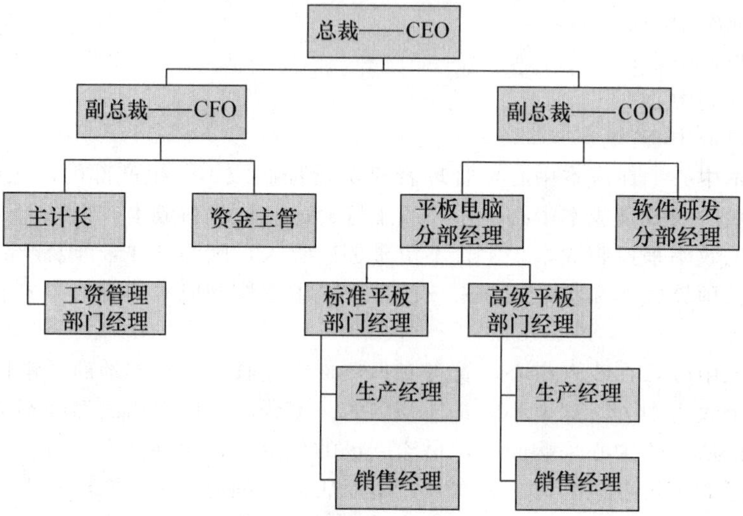

在顶层，总裁——CEO 监管两个副总裁。副总裁——COO 监管两个分部。分部经理一般负有较大的责任，包括决定如何使用资产以达到最大的投资报酬率。大部分企业将这样的部门定为投资中心。

每一个分部经理监管该部门的所有活动。图表 24—6 说明了平板电脑分部经理负责监管两条生产线的生产——一条是标准平板，一条是高级平板。生产线一般被当做利润中心。因此，标准平板生产线的管理者负责考评两个更低级别中心的管理者，这两个中心是：

- 成本中心——如制造标准平板的工厂；
- 收入中心——如负责销售标准平板的经理。

业绩评价系统

一旦公司进行分权管理，高层管理者就不再涉及基层部门的日常经营活动。业绩评价系统为高层管理者提供了对整个组织保持控制的手段。

□ 业绩评价系统的目的

当公司分权管理后，高层管理者需要一个系统帮助其将公司目标传达给低级部门的管理者。此外，高层管理者需要确定，低级部门制定的决策是否有效地符合了公司的目标。让我们看看业绩评价系统的主要目的。

促进目标的一致性与协调性

如之前所提到的，分权管理增加了实现目标一致性的难度。分部管理者可能不会始终制定与总体目标相符的决策。只有在所有的部门同时朝着公司的总体目标前进时，公司才有可能实现目标。业绩评价系统就可以为各部门实现公司总体目标提供指导并进行协调。

传达预期

为了制定符合公司总体目标的决策，分部的管理者必须了解这一目标和他的部门在实现目标过程中起到的作用。业绩评价系统应当列出该部门最关键的目标。如果不了解高层管理者期望的蓝图，分部管理者就失去了帮助其进行日常经营决策的指导。

激励分部管理者

分部管理者通常被激励作出实现高层管理者期望的决策。为了进行额外的激励，高层管理者也许会为实现或超出业绩目标的分部管理者提供奖金。高层管理者必须十分关注业绩目标的设定。例如，仅仅考核管理者控制成本的能力，可能会让管理者采取一切可能的措施实现这一目标，包括牺牲产品的质量和客户服务。类似的举措不符合公司整体的最大利益。因此，高层管理者需要考虑业绩目标设立带来的多重影响。

提供反馈

如前所述，在分权制企业，高层管理者并不参与每个基层部门的日常经营活动。业绩评价系统为高层管理者提供了足够的反馈信息以保证其对公司整体的控制。如果部门层次的目标没有实现，高层管理者就需要采取必要的措施，包括修改部门的目标和更换部门的管理者等。

标杆管理

业绩评价结果经常用作标杆管理，即将公司取得的结果与行业内的最佳实践进行比较。公司还可以将部门当期的表现与历史业绩进行比较。历史趋势数据帮助管理者评估他们的决策是否提高了基层部门的绩效，抑或是对基层部门的表现有反作用。将结果与行业标杆进行比较，比与预算和过去的表现比较更有启示作用。为了生存下去，公司必须跟上其竞争者。标杆管理帮助管理者确定公司是否与竞争者的业绩一样好。

□ 财务业绩评价的局限性

在过去，业绩评价主要围绕的是财务业绩。一方面，这很有道理，因为公司的主要目标就是创造利润。另一方面，当前的财务业绩评价反映的是过去行为的结果，而不是预测未来的表现。因此，财务评价是一项滞后指标而不是领先指标。管理者需要知道过去决策的结果，但也需要知道当前的决策对未来的影响。为了对企业的表现进行充分的评价，管理者需要滞后指标和领先指标两类指标。

财务业绩评价的另一个局限是其关注公司的短期结果而不是长期业绩，因为财务报告是按照月度、季度和年度编制的。为了保持竞争力，高层管理者需要明确地评价和预测公司未来长期业绩的指标。

因为财务业绩评价的局限性，公司还需要在其业绩评价系统中使用运营业绩指标。

□ 平衡计分卡

20世纪90年代，罗伯特·卡普兰（Robert Kaplan）和大卫·诺顿（David Norton）引入了**平衡计分卡**（balanced scorecard）。平衡计分卡是一个业绩评价系统，其要求管理者在评价公司业绩表现时同时使用财务业绩指标和运营业绩指标。这些指标需要与公司的目标和战略联系起来。平衡计分卡是公司业绩评价指标方面的进步。与将财务指标作为业绩评价的唯一指标不同，公司意识到财务指标只是评价指标的一种。同时保持对运营业绩指标和财务业绩指标的关注使得管理者对于公司总体有一个“平衡”的把握。

卡普兰和诺顿以飞行员为例，说明了使用平衡计分卡进行业绩评价的必要性。飞行员驾驶飞机不能只参考一方面的数据，比如风速，还需要考虑其他关键因素，比如航向、高度、燃油量等。类似地，公司不能只依据财务评价来引导发展。管理者需要考虑其他关键因素，比如顾客满意度、运营效率和员工表现等。管理者使用关键业绩指标——例如，顾客满意度和销售增长率——来评价影响公司成功的关键因素。**关键业绩指标**（key performance indicators，KPI）是帮助管理者评估公司是否实现目标的业绩汇总指标。

平衡计分卡从四个层面评估了公司的业绩表现：

- 财务层面；
- 客户层面；
- 内部业务层面；
- 学习和成长层面。

公司的战略与这四个层面相互影响，这四个层面之间存在着因果联系。

采用平衡计分卡的企业通常在四个层面都有特定的目标。一旦管理者明确了目标，其就会建立关键业绩指标体系来评估目标实现情况，即将实际结果与目标结果进行比较得出差异。管理者需要关注最关键的差异并预防信息过载。同时管理者要注意在每个层面使用相应的关键指标。下面让我们来看看每个层面及其之间的联系。

财务层面

财务层面帮助管理者回答这一问题：“股东如何看待我们？”对于追逐利润的企业而言，其终极目标是为所有者创造利润。因此，公司战略主要围绕通过提高收入和产量来增加利润。公司通过引入新产品，获得新客户和增加对原有客户的销售额来提高收入。公司通过降低成本和更高效地使用公司资产来提高公司的生产能力。管理者会执行看似正确的战略，对他们判断的检测是这些决策是否提高了公司的利润。财务层面将管理者的注意力集中到评价财务业绩的关键指标上。一些常用的指标包括销售收入增长率、投资报酬率等。

客户层面

客户层面帮助管理者回答这一问题："客户如何看待我们？"顾客满意度始终是公司取得长期成功需要最优先考虑的事项。如果客户不满意，他们就不会回来。因此，客户满意度对于实现平衡计分卡财务层面的目标至关重要。客户主要关心的是产品或服务四个方面的内容：(1) 产品价格；(2) 产品质量；(3) 服务质量；(4) 产品交付时间（越短越好）。

企业通常会使用客户层面的关键指标，比如顾客满意度评级，来评价他们在上述四个方面的表现。如果顾客满意度评级高于平均水平，则关键指标就是积极的；如果顾客满意度评级低于平均水平，管理者就要采取措施提高顾客满意度。其他典型的顾客层面的关键指标还有市场占有率、客户的增长数量等。

内部业务层面

这一层面帮助管理者回答这一问题："我们需要优化哪些业务流程以实现财务和客户层面的目标？"这一问题的答案涉及三个因素：创新、运营和售后服务。这三个方面的因素都会对顾客满意度产生影响，进而影响公司的财务业绩。

只满足客户一次不能保证长远的成功，这也就是为什么第一个因素是创新。顾客的需求在不断变化，企业必须不断改进现有产品和创造新的产品以在未来取得成功。企业评价创新表现的指标有新产品研发数量与新产品研发时间等。

第二个重要的因素是运营。精益和高效的内部运营使得企业能够满足客户的需求与期望。例如，制造一件产品的时间会影响该商品发货的快慢，继而影响顾客的满意度。生产效率和产品质量也会影响产品的价格。为保持竞争力，企业在内部运营方面需要做得和行业领导者一样优秀。

第三个因素是售后服务。销售后企业的表现如何？优质的售后服务会创造更大的销量。管理者评价售后服务的指标包括平均维修时间、平均等待时间等。

学习和成长层面

这一层面帮助管理者回答这一问题："我们如何持续地提高和创造价值？"

学习和成长层面关注三个因素：(1) 员工能力；(2) 信息系统能力；(3) 企业行动的氛围。没有技术高超的工人、现代化的技术和积极的企业文化，企业就无法实现其他层面的目标。

让我们分别考虑这三个因素。首先，因为大多数的日常工作是自动化的，员工被解放出来进行更多的思考因而帮助实现公司的目标。学习与成长层面衡量员工的技能、知识、积极性等。关键的指标包括员工培训时间、员工满意度等。其次，员工需要及时地了解客户、财务与内部运营的信息。因此，衡量公司信息系统的指标包括从网上了解客户信息的员工比率和含有及时反馈的流程的比率等。最后，管理者必须创造一个鼓励沟通与改变的良好企业文化，以更好地包容员工，并发挥他们的积极性。

图表 24—7 是平衡计分卡的总结。

图表 24—7 平衡计分卡

层面	战略	常用关键业绩指标
财务	通过提高收入增长率和生产效率增加利润	● 净利润 ● 销售收入增长率 ● 现金流 ● 投资报酬率 ● 剩余收益
客户	提高客户满意度以实现长期的成功	● 顾客满意度评级 ● 市场占有率 ● 客户增长数量 ● 老客户数量 ● 客户投诉数量 ● 准时发货率 ● 销货退回率
内部业务	通过以下三点提高公司内部效率以实现盈利和提高客户满意度： ● 创新 ● 运营 ● 售后服务	● 新产品研发数 ● 新产品研发时间 ● 生产周期时间 ● 故障率 ● 每小时生产数量 ● 保修索赔数量 ● 平均维修时间 ● 平均等待时间
学习和成长	保留技术人才、更新技术和创造良好的企业文化为提升内部运营、提高客户满意度和创造利润打好基础	● 员工培训时间 ● 交叉培训员工数量 ● 电脑停机时间百分比 ● 有适时反馈质量、周转期和成本信息的流程的百分比 ● 员工满意度 ● 员工流失率 ● 员工建议被采纳数量

目前为止，我们已经了解了企业为什么要分权化管理，为什么要评价基层部门的业绩和平衡计分卡如何提供关键的运营指标。下面，我们将关注企业如何评价平衡计分卡财务层面的表现。

使用责任会计评价成本、收入和利润中心的业绩

在本节，我们将深入研究公司如何评价不同部门平衡计分卡财务层面的业绩表现。我们现在关注的是每种责任中心的财务业绩指标。

责任会计业绩报告包括对成本、收入和利润中心的财务业绩的评价。注意，业绩报告是将实际结果与预算结果进行比较并发现差异。

责任会计业绩报告的一个特有因素就是关注**责任**（responsibility）与**可控性**（controllability）。因为责任会计业绩报告是用来进行业绩评价的，关注的是管理者应承担

的责任与控制范围。关注管理者不负有责任或无法控制的事项是没有意义的。

可控与不可控成本

可控成本（controllable cost）指的是管理者通过决策可以施加影响的成本。对于高层管理者而言，所有的成本都是可控的。但是随着责任的下降，可控性也在降低。这意味着基层管理者只对有限的成本负有责任。责任会计试图将成本与相关的管理者联系起来。呈现结果的责任会计业绩报告，通常称为责任报告。责任报告为每一个业务部门的管理者编制。

让我们以 STL 公司的生产经理为例。这位经理的主要责任是以尽可能节约的成本生产高质量的产品。因此，该经理对于控制直接材料的使用和培训工人负有责任。另一方面，生产经理不负责制定投资决策，如更换机器设备等。因此，生产经理的责任报告不包括机器设备的折旧费用，因为这一费用已经超出了其控制范围。

责任报告

让我们看看成本、收入和利润中心的责任报告。

成本中心

成本中心责任报告关注弹性预算差异——实际结果与弹性预算结果的差异。注意，弹性预算使用的是标准成本，因此弹性预算差异突出了成本变化引起的差异。以工资管理部门为例，图表 24—8 说明了成本中心业绩报告和责任报告的不同。

图表 24—8　　业绩报告与责任报告——成本中心

STL 薪酬管理部业绩报告
2014 年 7 月

	实际结果	弹性预算	弹性预算差异	差异率%
薪酬	$ 3 000	$ 3 000	$ 0	0.0%
工资	15 500	15 000	500U	3.3%U
福利	6 100	5 000	1 100U	22.0%U
设备折旧	3 000	3 000	0	0.0%
办公用品	1 850	2 000	150F	7.5%F
其他费用	1 900	2 000	100F	5.0%F
总计	$ 31 350	$ 30 000	$ 1 350U	4.5%U

STL 薪酬管理部责任报告
2014 年 7 月

	实际结果	弹性预算	弹性预算差异	差异率%
工资	15 500	15 000	500U	3.3%U
办公用品	1 850	2 000	150F	7.5%F
其他费用	1 900	2 000	100F	5.0%F
总计	$ 19 250	$ 19 000	$ 250U	1.3%U

业绩报告列出了该部门发生的所有成本。这一报告的主要作用是帮助管理者了解部门运营的全部成本。例如，如果STL公司正考虑外包薪酬发放并削减该部门，那么管理者需要完整的成本信息来做决策。（这种类型的决策在短期业务决策一章讲授。）然而，如果STL公司想要评估该部门经理的业绩，那么责任报告的作用就会更大。注意那些包含在业绩报告而没有包括在责任报告中的项目：

- 个人薪酬——部门经理不能决定自己的薪酬；
- 福利——类似医疗保险的成本由更高级别的管理者决定，不受部门经理控制；
- 设备折旧——部门经理无权进行投资决策，因此也不承担责任。

管理者使用例外管理来确定责任报告中的哪些差异需要进一步调查。例外管理将管理者的注意力集中在实际结果与预算结果的重大差异上。较小的差异说明经营结果与目标十分接近，无须管理者过多的关注。

收入中心

收入中心的责任报告通常突出弹性预算差异和销量差异。STL公司高级平板销售部门的责任报告与图表24—9相似，同时列出了销量和收入的细节。销售部门是高级平板电脑部门的一部分。

图表24—9　　责任报告——收入中心

STL高级平板销售部责任报告
2014年7月

	实际销售	弹性预算差异	弹性预算	销售数量差异	固定预算
高级平板数量	90	0	90	10F	80
销售收入	$47 250	$2 250F	$45 000	$5 000F	$40 000

注意销量差异指的是销售数量的差异——销售多于或者少于计划的数量。销量差异和弹性预算差异都能帮助收入中心的管理者理解为何其超出或者低于预算收入。

利润中心

利润中心的管理者负责创造收入和控制成本，所以他们的业绩报告包括收入和费用。图表24—10是利润中心标准平板电脑部门的业绩报告。

图表24—10　　业绩报告——利润中心

STL标准平板部门业绩报告
2014年7月

	实际结果	弹性预算	弹性预算差异	差异率
销售收入	$5 243 600	$5 000 000	$243 600F	4.9%F
变动费用	4 183 500	4 000 000	183 500U	4.6%U
边际贡献	1 060 100	1 000 000	60 100F	6.0%F
可追溯固定费用	84 300	75 000	9 300U	12.4%U
部门毛利	$975 800	$925 000	$50 800F	5.5%F

注意，利润中心业绩报告包含一项“可追溯固定费用”。回顾分权管理的潜在问题，

其中一点就是可能产生重复成本。很多企业通过为多个基层部门提供集中化的服务来避免这一问题，比如利润中心会共享某些资产和成本。

当基层部门共享集中化的服务时，管理者必须将这些成本分配到共享服务的各个部门。在分配之后，业绩报告就会如图表 24—10 一样列出这一费用。

大多数企业会向使用集中服务的部门收费，因为这些基层部门如果单独购买这些服务也会产生成本。

但是需要注意的是，即使这些部门为这些服务付费，支付的费用也很有可能包括在部门业绩报告中，而不会出现在部门责任报告中。STL 公司标准平板电脑部门对于工资管理部门的决策没有影响。图表 24—11 是该部门的责任报告，注意可追溯固定费用没有包括其中。

图表 24—11　　责任报告——利润中心

STL 高级平板销售部责任报告 2014 年 7 月				
	实际结果	弹性预算	弹性预算差异	差异率
销售收入	\$5 243 600	\$5 000 000	\$243 600F	4.9%F
变动费用	4 183 500	4 000 000	183 500U	4.6%U
边际贡献	\$1 060 100	\$1 000 000	\$60 100F	6.0%F

总结

对于任何类型的责任中心，责任报告更应该关注的是信息而不是指责管理者。分析弹性预算差异能帮助管理者理解深层次的原因。一旦管理者理解了这些原因，就会帮助其采取正确的措施。然而，某些差异是不可控的。例如，2010 年墨西哥湾漏油事件对英国石油公司（BP）的经营活动造成了巨大的损失，也对周边环境造成了极大的伤害。结果，由于供应量的下降，墨西哥湾海鲜的成本升高。这对于很多餐厅来说造成了不利差异，但管理者对此又无法控制。管理会计可以帮助管理者了解差异产生的原因，以及区分可控与不可控的事项。

在下一节，我们将关注投资中心常用的关键业绩指标。

投资中心的业绩评价

投资中心是公司典型的大型部门。投资中心的责任与 CEO 的相似。CEO 负责的是高效地使用公司的资产，利用投入的资本创造最大化的利润。类似地，投资中心的责任不仅有创造利润，也包括充分利用投资中心的资产。

例如，投资中心的管理者有权开设新店或者关闭旧店。管理者会决定需要多少存货、采取何种投资、应收账款的政策和是否购买新的设备。换言之，管理者对于中心的所有资产负有决策责任。

公司不能像评价其他中心一样只按照营业利润评价投资中心的业绩，因为营业利润不能很好地体现该部门使用资产的效率。投资中心的财务业绩评价应该包括两个方面：(1) 创造了多少营业利润；(2) 分部使用资产的效率如何。

以 STL 公司为例。除了平板电脑部门，其还有一个在线电子课程部门。7 月份两个部门的部分数据如下：

	电子课程部门	平板电脑部门
营业利润	\$ 450 000	\$ 975 800
平均总资产	2 500 000	6 500 000
销售净额	7 500 000	5 243 600

只依据营业利润，平板电脑部门显然比电子课程部门盈利水平更高。但是，这一比较存在误导，因为没有考虑投入到这两个部门的资产，平板电脑部门比电子课程部门的资产更多。

为了充分比较这两个部门的财务业绩，我们引入两个关键的衡量指标：投资报酬率（ROI）和剩余收益（RI）。

□ 投资报酬率

投资报酬率（return on investment，ROI）是评价投资中心财务业绩最常用的指标，计算公式如下：

投资报酬率＝营业利润/平均总资产

ROI衡量的是投资中心营业利润与其平均总资产的相关程度。每个分部的ROI如下所示：

电子课程部门的投资报酬率＝\$ 450 000/\$ 2 500 000＝18%
平板电脑部门的投资报酬率＝\$ 975 800/\$ 6 500 000＝15%

尽管平板电脑部门的营业利润比电子课程部门高，但是当考虑到平板电脑部门的平均总资产更高时，平板电脑部门的盈利能力实际上小于电子课程部门。

除了比较不同部门的投资报酬率，管理者还要比较不同时期的投资报酬率以确定该部门的盈利能力是否有提高。此外，部门管理者还需要与同行业竞争者相关部门的投资报酬率进行比较。

为了确定部门投资报酬率的决定因素，管理者经常将投资报酬率的公式分解。注意，销售净额在公式的前一部分是分母而在后一部分是分子。当这两个部分相乘时，销售净额被约去，形成了最初的投资报酬率公式。

投资报酬率＝营业利润/销售净额×销售净额/平均总资产
＝营业利润/平均总资产

将原始公式进行拆分后可以帮助管理者更好地确定如何提高部门的投资报酬率。公式中的第一项称为销售利润率：

销售利润率＝营业利润/销售净额

销售利润率反映的是每\$ 1.00的销售额会产生多少营业利润。每个部门的销售利润率计算如下：

电子课程部门的销售利润率＝\$ 450 000/\$ 7 500 000＝6%
平板电脑部门的销售利润率＝\$ 975 800/\$ 5 243 600＝19%

电子课程部门的销售利润率是6%，意味着电子课程部门从每\$ 1.00的销售额中取

得了 $0.06 的营业利润。同样地，平板电脑部门从每 $1.00 的销售额中取得了 $0.19 的营业利润。

资产周转率是该公式的第二部分：

资产周转率＝销售净额/平均总资产

资产周转率反映的是部门利用平均总资产创造销售额的效率。不同于关注盈利能力，资产周转率关注的是效率。每个部门的资产周转率如下所示：

电子课程部门的销售利润率＝$7 500 000/2 500 000＝3.00
平板电脑部门的销售利润率＝$5 243 600/$6 500 000＝0.81

电子课程部门的资产周转率是 3。这说明该部门利用每 $1.00 的资产创造了 $3.00 的销售额。同样地，平板电脑部门利用每 $1.00 的资产创造了 $0.81 的销售额。

将上述两部分合在一起得到以下数据：

	销售利润率	×	资产周转率	＝	投资报酬率
电子课程部门	6%	×	3.00	＝	18%
平板电脑部门	19%	×	0.81	＝	15%

如你所见，扩展的投资报酬率公式让管理者可以更透彻地了解部门的投资报酬率。管理者会发现，平板电脑部门利用销售额创造利润的能力更强，而电子课程部门则是利用资产创造销售额的能力更强。综合起来，电子课程部门的投资报酬率略高于平板电脑部门。

如果管理者不满意其所在部门的资产周转率，应该如何提高呢？他们也许会去除掉非生产用资产。如果管理者不满意现在的销售利润率又该如何提高呢？为了提高销售利润率，管理者必须提高每 $1.00 销售净额的营业利润。管理者也许会降低产品成本或者削减销售和管理费用。但是在削减成本时需要特别谨慎，在短期内削减成本可能会影响长期的投资报酬率。

投资报酬率有一个明显的缺点：只是用投资报酬率来评价部门经理的表现会促使他们只推行会提高当前投资报酬率的项目。假设高层管理者设定的公司投资报酬率目标是 16%。两个部门都在考虑投资购买店内音乐播放设备。这一设备会提高销售额，但会花费每个部门 $100 000。预计会给每个部门每年带来 $17 000 的营业利润。该设备的投资报酬率是：

设备投资报酬率＝$17 000/$100 000＝17%

高层管理者希望这两个部门投资这一设备，因为该设备的投资报酬率是 17%，高于 16%的投资报酬率目标。但是各部门的管理者会怎么做呢？平板电脑部门原来的投资报酬率是 15%，新设备提高了整个部门的投资报酬率。因此，平板电脑部门会购买这一设备。

然而，电子课程部门的当前投资报酬率是 18%。如果其购买了这一设备，则部门整体的投资报酬率会下降。因此，该部门的管理者很可能否决这一投资。在这一案例中，目标一致性没有达到，只有一个部门投资了这项设备。而高层管理者希望两个部门都能进行投资。

□ 剩余收益

剩余收益（residual income，RI）是另一个常用的业绩关键指标。与投资报酬率类似，剩余收益综合考虑了营业利润与平均总资产。剩余收益衡量的是部门的盈利能力与资产使用效率。剩余收益与高层管理者的目标投资报酬率有关。目标投资报酬率指的是可接受的最低投资报酬率。现在，我们提供目标投资报酬率。

剩余收益将部门的实际营业利润与根据部门资产规模得出的预期最低营业利润进行比较。剩余收益是超出最低营业利润的部分。正的剩余收益意味着部门的营业利润实现了公司的投资报酬率；负的剩余收益意味着部门的营业利润没有达到公司的投资报酬率。我们假设目标投资报酬率是16%，计算剩余收益的公式如下：

剩余收益＝营业利润－最低可接受营业利润

剩余收益＝营业利润－(目标投资报酬率×平均总资产)

在这一公式中，最低可接受营业利润是根据高层管理者的目标投资报酬率乘以部门平均总资产得出的。电子课程部门的是：

电子课程部门的剩余收益＝＄450 000－(16%×＄2 500 000)＝＄50 000

平板电脑部门的剩余收益是：

平板电脑部门的剩余收益＝＄975 800－(16%×＄6 500 000)＝－＄64 200

一家企业可能更倾向于使用剩余收益而不是投资报酬率来进行业绩评价。因为剩余收益比投资报酬率更有利于实现目标一致性。回顾购买投资报酬率为17%的音乐播放设备的例子。如果每个部门按照投资报酬率对这一投资行为进行评估，则平板电脑部门会购买这一设备，因为投资报酬率高于其原先的投资报酬率；而电子课程部门则很可能不会购买，因为这一设备的投资报酬率低于其原先的投资报酬率。

然而，如果按照剩余收益评估这一投资行为，则首先计算出该设备的剩余收益：

设备剩余收益＝＄17 000－(16%×＄100 000)＝＄1 000

如果购买了这一设备，则其会每年提高每个部门的剩余收益＄1 000。两个部门都会投资这一设备，即二者都会采纳高层管理者的建议。

使用剩余收益的另一优点是管理者可能会为不同的部门设定不同的目标收益，与实际情况结合得较为紧密。

图表24—12总结了投资中心的关键业绩指标。

图表24—12　　投资中心关键业绩指标

公式	投资报酬率＝营业利润/销售净额×销售净额/平均总资产 ＝营业利润/平均总资产
优点	● 扩展的公式为管理者提供了关于盈利与运营效率的额外信息 ● 管理者可以比较不同部门的投资报酬率 ● 投资报酬率对于资源分配很有帮助
公式	剩余收益＝营业利润－(目标投资报酬率×平均总资产)
优点	● 剩余收益对于目标一致性的促进作用强于投资报酬率 ● 该公式包含了管理者要求的最低投资报酬率 ● 管理者对于风险不同的部门可以采用不同的目标收益率

□ 财务业绩衡量的局限性

我们已经研究过评价投资中心财务业绩的常用关键指标。接下来我们将讨论这些关键指标的缺点。

计量问题

投资报酬率和剩余收益的计算看似十分直接明确，然而，管理者在进行计算前必须做出决策。例如，这两个指标都用到了平均总资产。注意，总资产是资产负债表的数据，是一个时点数。因为总资产的数据在期初和期末会有所不同，大多数企业选择简单地平均处理后就用于投资报酬率和剩余收益率的计算。

管理者必须确定其是否需要将所有的资产数据纳入平均资产的计算中。很多大型企业不断购置土地并在上面开设零售店，这些土地在商店建成和开张以前都是非生产性资产，即不会为公司创造营业利润。将非生产性资产纳入平均总资产的计算会拉低投资报酬率和剩余收益。因此，有些公司在计算平均总资产时不包括非生产性资产。

另一个资产衡量问题是使用资产的账面价值原值（历史成本）还是净账面价值（历史成本减去折旧）。很多企业使用净账面价值因为这一数据很容易从资产负债表中取得。由于折旧对于营业利润会产生影响，净账面价值的使用与营业利润的计量是一致的。然而，使用净账面价值有一个明显的缺点，随着时间的推移，资产的净账面价值会由于累计折旧的增加不断下降，直到该资产折旧完毕。因此，投资报酬率和剩余收益会随着时间因为折旧的增加而不是实际经营的改进不断增大。此外，折旧率会受到折旧方法的影响。

总的来说，按照资产的净账面价值计算资产的投资报酬率会促使管理者使用陈旧过时的设备，因为其较低的净账面价值会带来较高的投资报酬率。然而，高层管理者可能会想要投资新的技术以提高经营效率或者加强其信息系统。使用过时设备的长远影响可能会是灾难性的，因为竞争者会采用新技术降低生产成本与售价。因此，为实现目标的一致性，一些企业更倾向于使用资产的账面价值原值来计算投资报酬率。

关注短期

财务业绩评价的另一个严重的缺点是其关注的是短期结果。企业一般只会计算一年左右的投资报酬率和剩余收益。如果高层管理者使用短期结果，一方面，部门经理会采取措施在短期内大幅提高这些指标的数据，但是这些措施可能不符合公司的长期利益。另一方面，一些需要长期见效的措施可能不会被部门经理采纳。很多产品的盈利周期很长，在开始阶段甚至会有亏损。如果管理者只是关注于指标的短期表现，则其很难开发新产品，创造新的盈利点。

作为一种潜在的改进方法，管理者可以使用一个更长的时间线来评价财务业绩表现，例如 3～5 年。

财务业绩衡量的局限性突出了平衡计分卡的重要性。从平衡计分卡的四个方面对公司的业绩进行评价可以克服财务业绩衡量的缺点。

附录24A：转移价格

当公司进行分权化管理，一个责任中心会在企业内部将产品转移到另一个责任中心。例如，电子课程部门会将电子课程软件转移到平板电脑部门。当发生这样的交易时，相关的部门都需要对此进行记录。**转移价格**（transfer price）就是企业内部门间交易产品的价格。这里的挑战是确定转移价格的具体数值。

设定转移价格的目的

设定转移价格的主要目的是实现目标一致性。第二个目的是评价涉及的责任中心的管理者。实现这些目的会存在挑战，因为不同部门的管理者有不同的目标。出售产品的部门经理希望有最高的转移价格以提高收入，购买产品的部门经理想要最低的转移价格以降低成本。如果一个希望转移价格最高，一个希望转移价格最低，那么就会产生冲突。

在很多例子中，转移价格的高低不会影响企业的总体利润因为其是内部的交易。然而，在其他一些例子中，转移价格的确会影响总体利润，所以企业需要建立一套系统来促进管理者的目标一致性。让我们看看转移价格是如何确定的。

设定转移价格

STL公司的电子课程部门制作并出售在线课程。每门课程的售价是＄100，因此，市场价格是＄100。按照当前的产量，产品的总成本是＄80，其中固定成本是＄20，变动成本是＄60，因此边际贡献是＄40。

平板电脑部门在销售电脑前会安装该电子课程。因为这两个部门都是投资中心，所以每个部门独立地记录这笔交易。平板电脑部门为该课程支付的价格应该是多少呢？

转移价格应该是一个＄60（变动成本）到＄100之间的价格。平板电脑部门愿意支付的价格不会高于＄100，而电子课程部门愿意出售的价格不会低于＄60。＄60～＄100是转移价格的可协商范围。图表24—13是可协商范围。

图表24—13　　转移价格可协商范围

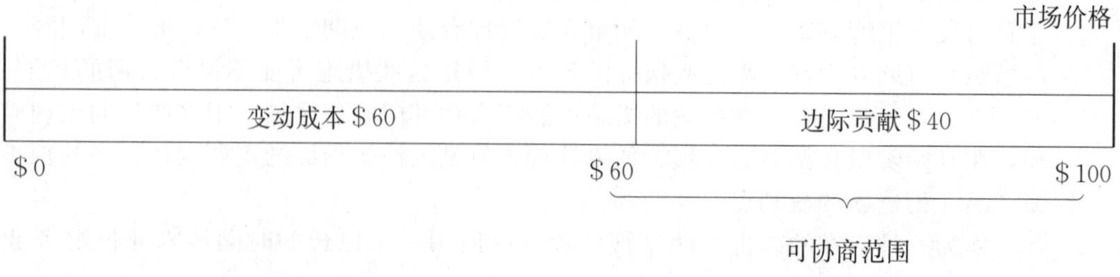

满负荷运营

如果电子课程部门满负荷运营，则其按照现有的最大能力进行生产和销售。在这种情况下，该部门需要选择将产品出售给谁：外部客户还是平板电脑部门。此时，转移价格是一个基于市场的价格，即市场价格。如果电子课程部门低于市场价格进行销售就会导致边际贡献和企业利润的降低，损失的边际贡献是该部门的机会成本。

非满负荷运营

如果电子课程部门没有满负荷运营，则其愿意以大于等于＄60 的任一价格将产品出售给平板电脑部门。高于＄60 的售价会产生边际贡献以补偿固定成本并提高利润。此时，转移价格以成本为依据。在这一情况下，管理者可以协商一个双方都满意的转移价格。

其他问题

一些与转移价格相关的其他问题超出了本课程的范围。例如，跨国公司在确定转移价格时还需要考虑税收因素的影响。

在某些例子中很难确定市场价格。例如，如果企业的某个部门生产的零件只能用在自己企业的产品上，那就不存在外部购买者。此时就需要使用基于成本的转移价格。

剩下的问题是非财务领域的。例如，一个部门可能会因为质量问题不购买企业其他部门的产品而是选择从外部进行购买。

疑难问题 A 部分

P24-27A 比较作业成本法和单一分配率法下的成本

Corbertt 制药公司生产一种抗过敏的非处方药。公司销售两种包装的药物，一种是含有 1 000 个胶囊的大型商业装，主要销售给卫生保健机构；另一种是只含有 20 个胶囊的旅行装，主要销售给机场、火车站和宾馆的药店。根据以下信息可以判断其作业成本法是否更有利：

作业	估计的间接成本	分配基础	分配基础的估计数量
原材料处理	＄ 95 000	重量	19 000 千克
包装	225 000	机器工时	3 000 小时
质量保证	124 500	样本数量	1 500 个样本
间接成本总计	＄ 444 500		

实际产量信息如下：

	商业装	旅行装
产品数量	3 500 包	57 000 包
重量	13 485	5 515
机器工时	2 430	570
样本数量	645	855

要求：

1. 计算每项作业的预计制造费用分配率。
2. 利用预计制造费用分配率计算商业装和旅行装作业成本法下的单位成本。结果保留两位小数。（提示：首先计算分配到每种产品的总的作业成本，然后计算单位成本。）
3. Corbertt 公司最初使用单一分配率法将间接成本分配到产品，分配率为＄148.17/机器工时。计算在单一分配率法下，分配到商业装和旅行装的全部间接成本，并计算每件商品的单位间接成本。结果保留两位小数。
4. 比较作业成本法下的单位间接成本和传统方法下的单位间接成本。单位成本有什么变化？请解释为什么会发生这种变化。

P24-28A 整合分权管理与业绩评价法

上个月，拳击运动公司的一个下属单位的财务经营状况如下：

子公司X	实际业绩	弹性预算	弹性预算差异（F或U）	差异（%）（F或U）
销售额	$479 000	$453 000		
变动成本	260 000	250 000		
边际贡献	219 000	203 000		
可追溯固定成本	94 000	85 000		
分部毛利	$125 000	$118 000		

要求：

1. 完成这家下属单位的业绩评价报告（保留两位小数）。
2. 根据已有的数据和你对这家公司的了解，这个下属单位属于哪种类型的责任中心？
3. 如果管理者的决策标准是调查等于或超过预算$5 000并且超过10%的所有差异，那么应该调查什么项目？
4. 是否只有不利的差异应该被调查？解释原因。
5. 差异的产生是由于实际销售量比预算更高？解释原因。
6. 管理者是否觉得所有超过$5 000的差异都重要？解释原因。
7. 业绩评价报告应用了平衡计分卡哪种层面的观点？从你的角度看，这种业绩评价报告对企业是启示还是误导？解释原因。
8. 分别为其他三个平衡计分卡层面列出一个关键指标。

P24-29A　利用ROI和RI评价投资中心

思考Money Freedom公司的财务报表。公司目标收益率为10%。

MONEY FREEDOM公司
比较资产负债表
2014年12月31日和2013年12月31日

	2014	2013
资产		
货币资金	$77 000	$66 000
应收账款	62 500	28 400
存货	500	600
固定资产净值	300 000	200 000
无形资产（专利权）净值	160 000	105 000
资产总计	$600 000	$400 000
负债和所有者权益		
应付账款	$32 000	$34 000
短期应付票据	146 000	48 000
长期应付票据	200 000	130 000
普通股（无面值）	200 000	167 500
留存收益	22 000	20 500
负债和所有者权益总计	$600 000	$400 000

MONEY FREEDOM公司利润表
截止到2014年12月31日的会计年度

销售收入	$5 000 000
销货成本	2 900 000
毛利润	2 100 000
营业费用	1 900 000
营业利润	200 000
其他费用：利息费用	(20 000)
税前利润	180 000
所得税费用	(63 000)
净利润	$117 000

要求：

1. 计算公司的ROI。保留四位小数。
2. 计算公司的销售利润率。解释计算的结果。
3. 计算公司的资产周转率。解释计算的结果。
4. 用ROI扩展公式确认1的结果。
5. 计算公司的RI。解释计算的结果。

P24-30A　利用ROI和RI评价投资中心

San Diego Paints是一家国际绘画生产商和销售商。公司分为五部分：绘画销售部、收购部、运输部、国际部和管理部。下表是本公司两个最大部门：销售部和收购部的信息。

	净利润	营业利润	平均总资产
销售部	$ 3 960 000	$ 476 000	$ 1 400 000
收购部	1 275 000	188 000	1 580 000

管理层要求的目标回报率为 19%。

要求：

1. 计算每个部门的 ROI。保留四位小数。
2. 计算每个部门的销售利润率。解释计算的结果。
3. 计算每个部门的资产周转率。解释计算的结果。
4. 用 ROI 扩展公式确认 1 的结果。
5. 计算每个部门的 RI。解释计算的结果并且对 RI 是负数的部门提出建议。
6. 请描述当设定最低投资报酬率时，管理层的考虑因素。

P24-31A　转移价格的决定

Cano 公司分为很多部门，这些部门被认为是投资中心。Cano 有一个部门负责生产带有坐垫的橡木餐椅。这个部门将材料进行切割、组装、完成橡木餐椅，然后购买坐垫并将其安装到餐椅上。餐椅生产部最近从外部供应商以每个 $ 20 的价格购买了一些坐垫。坐垫生产部生产装饰用坐垫，并将其出售给外部企业。餐椅生产部最近每个季度销售 1 000把餐椅，坐垫生产部满负荷生产，每季度生产 1 000 套坐垫。两个部门报告的信息如下：

餐椅生产部		坐垫生产部	
单位销售价格	$ 95	单位销售价格	$ 22
变动成本（除坐垫外）	45	单位变动成本	13
变动成本（坐垫）	20		—
单位边际贡献	$ 30	单位边际贡献	$ 9

要求：

1. 计算当前季度 Cano 公司总的边际贡献。
2. 假如餐椅生产部从坐垫生产部以其当期价格购买 1 000 套，那么每个部门总的边际贡献是多少？
3. 假如餐椅生产部从坐垫生产部以其当期变动成本购买 1 000 套，那么每个部门总的边际贡献是多少？
4. 回顾第 1、3 题的结果，对 Cano 公司来说，哪一种选择是最好的？
5. 假如坐垫生产部每季度的生产能力为 2 000 套坐垫，每季度可以持续为外部客户供应 1 000 套坐垫，并且可以为餐椅生产部每季度提供 1 000 套坐垫，那么 Cano 公司应该将内部转移价格设为多少合适？解释原因。运用你得出的内部转移价格计算 Cano 公司当前季度总的边际贡献。

小组作业

小组作业 24—1

每个小组需要找一家上市公司，评估其产品。整个小组要收集所有关于产品的信息。将有关产品的关键业绩指标列表。

第 25 章 短期业务决策

- 利用相关信息进行短期决策
- 定价对短期决策的影响
- 管理层如何决定生产、销售何种产品
- 外包及进一步加工的决策

谁来收拾烂摊子?

伍迪·斯戴尔斯看着他的公寓房间，房间一片狼藉。伍迪是全日制的大学在校生，并且在空闲时打工，这让他没有多少时间整理自己的房间。房间内的灰尘已经积成团，厨房地板也已经发粘。虽然对自己房间的卫生条件很不满意，但他更不想浪费上学的时间来清理房间。伍迪认为最好的选择就是外包房间的清洁工作，每隔几周就雇用清洁公司来自己的公寓打扫。

外包这一概念，伍迪是从他的哥哥艾伦身上学来的。艾伦是亚布拉罕玩具公司的设计经理。艾伦的工作是从最新开发的玩具样板中进行挑选，决定哪些玩具由自家公司的制造工厂制作，哪些要外包给第三方。艾伦要判断亚布拉罕的员工能否胜任工作、工厂的设备是否适合。在通常的情况下，与其雇用新员工、更新设备来生产玩具，不如将玩具生产外包给效率更高的第三方来达到更经济的目的。

伍迪决定分析一下他的外包决定。他调查了雇用清洁公司所需花费的钱，并且计算了需要多少小时的打工收入所得才能付清。伍迪决定在短期内还是由他自己来清理房间，但是他决定在毕业并且获得一份全职工作之后，把清洁工作外包。

管理层每天都要做出很多经济决策，例如，销售给哪些对象、产品如何定价、生产什么样的产品，以及自行生产还是外包。

美泰公司（Mettel）旗下有很多著名的品牌，包括费雪、芭比和风火轮。2007年，公司召回了一些费雪品牌的玩具产品，因为涂漆中含有美国政府限制使用的铅。美泰公司之前决定将一些产品的生产外包，这些被召回的产品就是由外包第三方进行生产的，这家公司在生产过程中使用了违反规定的涂漆。

美泰公司进行了调查，扩大了测试项目，并且增加了在公司责任方面的努力。这次召回本会对公司的形象造成非常大的损害，但是美泰公司反应非常迅速——并且结果表明公司并未因此次召回事件蒙受长期的影响。每股收益从2007年的＄1.55增加到了2011年的＄2.20，这也是美泰公司继续走向成功的预示。

本章大纲

- 如何利用相关信息进行短期决策?
- 定价如何影响短期决策?
- 管理层如何决定生产和销售何种产品?
- 管理层如何做出外包决策，如何做出进一步加工的决策?

学习目的

1. 描述与确认与业务决策有关的信息。
2. 特殊订单与定价决策。
3. 停产、产品组合和销售组合决策。
4. 外包和进一步加工后销售决策。

在此前的章节，我们看到了管理层如何利用成本性态来决定公司的盈亏平衡点，估计所需的销售量来达到目标利润、编制预算，并且进行业绩评价。在这一章，我们将学习管理层如何利用关于成本性态的知识来进行短期业务决策，例如，是否要接受特殊价格的订单，或者是否终止生产某种不再盈利的产品。本章所讨论的决策均是关于短期的，通常指一年或更短时间。在下一章中，我们将讨论长期决策。在我们开始细致研究几种短期决策之前，我们先考虑管理者制定决策的过程和评价各个选择所需要的信息。

利用相关信息进行短期决策

图表25—1说明了管理层如何在不同可选方案中做出选择。管理会计在第三步中发挥职责：收集并分析相关信息来比较备选方案。

图表25—1　管理者如何利用相关信息制定决策

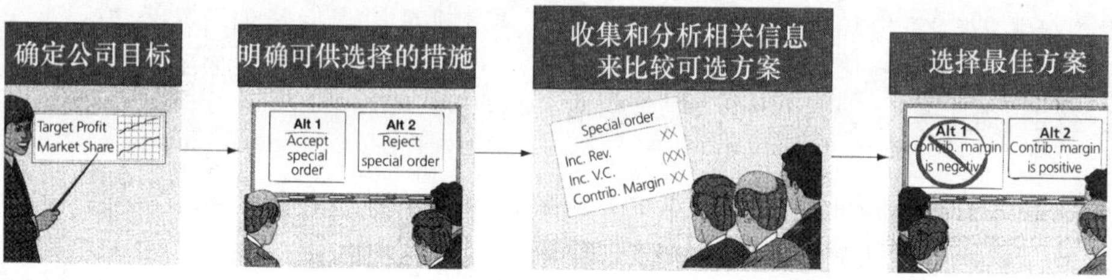

相关信息

当管理层进行决策的时候，他们将精力集中于与决策有关的成本和收入。**相关成本**（relevant costs）是那些与特定决策有关的成本。例如。如果STL公司考虑购买一辆新的运货卡车并且正在两种车型中选择，卡车成本、销售税和保险金成本将会是相关成本，因为它们会在将来发生（在STL决定购买什么样的卡车后），并且在不同备选方案中这些成本是不同的（每种卡车的购买价格、销售税和保险金不同）。这些成本是相关的，因为它们会对购买何种车的决策产生影响。

无关成本（irrelevant costs）是那些不影响决策的成本。例如，因为两种车型都有相同的耗油率和保养率，在两种可供选择的方案中，卡车运营成本是相同的。因为这些成本是相同的，它们不影响STL公司的决策。换句话说，它们是与决策无关的成本。类似地，年度牌照成本同样是无关成本，因为不管STL买哪种车型，牌照成本都是一样的。

沉没成本（sunk costs）是指发生在过去的不管将来采取什么行动都不会改变的成本。沉没成本与决策不相关。可能当STL购进新车时它想以自己现在的旧车换取新车。一年前，STL公司为现有汽车支付的价格——$15 000——就是沉没成本。现在的决策不会改变过去。STL已经购买了现有汽车，因此公司支付的价格就是沉没成本。STL现在能做的就是继续拥有现有汽车、以旧换新或是以最佳的价格卖掉它，即使这一价格比STL起初买它时低了很多。

STL将来可以从现有汽车得到的金额则是相关的。假设一个经销商为STL的现有汽车出价$8 000，另一个经销商则出价$10 000。因为价钱不一样并且交易会在将来发生，所以对STL公司来说，以旧换新的价格就是与决策相关的。同样的原则对所有情况都适用——只有相关信息影响决策。

非财务相关信息

非财务的或是定性的因素同样在管理者的决策中扮演着重要的角色。例如，关闭制造工厂和解雇员工可能会极大地挫伤员工的士气。**外包**（outsourcing），即决定购买或分包产品或服务，而不是自制，可以减少延期交货或者产品质量出现问题的情况。提供优惠价格有可能使常规客户感到利益受损，从而转投其他公司。管理层必须充分考虑到决策的定量和定性影响。

管理层如果忽视了定性指标可能会犯错。例如，英国的诺丁汉市看到沿地中海国家的太阳能停车计时器非常好用，就花费 160 万美元安装了 215 个太阳能停车计时器。但是，他们没有考虑到英国经常阴天，结果计时器经常由于缺少阳光而无法工作。由于无法计时，人们免费停车而政府损失了金钱！定性相关信息与财务相关信息具有相同的特点：定性因素发生在将来，并且在备选方案之间是不同的。比如，将来的阳光需求量对于不同的备选方案来说是不相同的：机械计时器不需要阳光，太阳能计时器则需要阳光。

差量分析

在进行短期决策时差量分析法是普遍使用的一种方法。在这种方法中，重点在于不同可选方案带来的营业利润的区别。差量分析法有时也称为增量分析法。该分析法不关注不同方案中公司的整体收入，只关注营业利润在不同方案中有何区别。通过这种方法，我们要删除无关信息——在不同方案中不会发生变化的成本和利润。在这一章，我们考虑以下几种短期特殊决策。

1. 普通和特殊定价；
2. 放弃不盈利的产品和部门、产品组合、销售组合；
3. 外包和进一步加工。

在研究这些决策时，应特别分析短期业务决策的两个关键指南，我们将在每个决策中用到这两个关键指南：

1. 强调相关收入、成本和利润。无关信息仅仅造成信息超载。
2. 运用能区分变动成本和固定成本的边际贡献方法。因为变动成本和固定成本的性态不同，必须分别分析。传统利润表（完全成本法）混合了固定成本和变动成本，可能会误导管理者。边际贡献利润表通过成本性态来分析成本（变动和固定），帮助管理者收集他们需要的成本信息。应该记住单位制造成本是混合成本，因此它们也会误导管理者。如果你在分析中使用单位制造成本，要确保首先区别固定成本和变动成本。

我们将会在每个决策中用到这两个关键指南。

定价对短期决策的影响

我们从讨论常规定价决策和特殊定价决策开始。过去，管理层不会将定价决策视为短期决策。但是，在许多产业中，产品生命周期正在不断缩短。企业仅仅销售一种产品几个月的时间，紧接着就用升级款的产品替代它，即使升级改动很细微。服装业和科技产业生命周期也往往较短。即使是汽车和住房风格也在不断变化，与过去相比定价决策已经成为一种短期决策。

□ 如何制定常规价格

管理者为产品或者服务制定常规价格之前要考虑三个基本问题：

- 公司的目标利润是多少？
- 客户将会支付多少？
- 对于这一产品，公司是价格接受者还是价格制定者？

这些问题的答案通常是复杂的甚至是变化的。股东期望公司获得一定的利润。经济形势、公司历史盈余、行业风险、竞争态势和新开发的业务都会影响股东期望的利润水平。股东通常将他们所期望的利润与投入企业的资产总额联系起来。例如，股东可能希望得到他们投资的10%的年回报。如果公司没有达到目标利润，它的股价可能会下跌，因此管理层将保持低成本从而创造足够的收入来实现目标利润。

这就导致了第二问题：客户将会支付多少？管理者不能将价格定在客户愿意支付的价格之上，否则销售额会下降。客户支付的总额取决于竞争者、产品的独特性、营销活动的有效性、大体的经济状况等。

为了解决第三个问题，想象这样一条水平线：价格的接受者在一端，价格的制定者在另一端。公司的产品和服务落在这条线的某处。当公司对产品或服务价格只有很弱甚至没有控制权时，它就是价格的接受者。当公司的产品和服务不是独特的或者当竞争非常激烈的时候，这种情况就会发生。比如，粮食商品（牛奶、玉米），自然资源（石油、木材等），以及一般消费产品和服务（纸巾、干洗和银行服务）。

当公司能够更多地控制定价时，它们就是价格的制定者——换句话说，某种程度上它们能够“制定”价格。公司产品是独特的，竞争就会比较少，公司就是价格制定者。独特的产品包括艺术品和珠宝、专门制造的机械、拥有专利的香水气味，以及定制家具，这些可以制定更高的价格。

显然，管理者想成为价格制定者而不是价格的接受者。为了获得更多的定价权，公司试着差别化它们的产品。它们想使自己的产品在功能、服务或质量上显得独特，或至少让你觉得它们的产品是独一无二的，或以某种方式显得更好——公司通过广告努力来获得这一差别化，想想耐克的网球鞋、星巴克咖啡、舒洁的纸巾、泰诺的退烧药、第一资本公司的信用卡、壳牌的汽油、A&F的牛仔裤，不胜枚举。这些产品真的比较好或者与价格较低的竞争产品相比显著不同吗？可能是这样。如果这些公司可以让顾客相信这些是真的，他们就获得了更多的定价权，因为顾客愿意为他们的产品或服务支付更多的钱。不足的是什么呢？这些公司必须要收取更高的价格或销售更多的产品来弥补其广告成本。

公司定价方法取决于其产品或服务是否在价格接受者或价格制定者范围内。价格接受者强调目标定价法，价格制定者强调成本加成方法。大多数公司提供多种产品和服务；一个公司可能在一些产品上是价格接受者，在另一些产品上是价格制定者。图表25—2总结了价格接受者和价格制定者的区别。

图表 25—2　　价格接受者与价格制定者

价格接受者的特征	价格制定者的特征
● 产品缺乏特点 ● 激烈的竞争 ● 定价方法侧重于目标定价法	● 产品十分独特 ● 缺少竞争 ● 定价方法侧重于成本加成定价法

目标定价法

当一个公司是价格接受者时，它强调用目标定价法来制定价格。基本的收益计算如下：

收入
减：成本
＝利润

这个等式也可以做如下变形来计算成本：

收入
减：利润
＝成本

目标定价法是用产品的市场价格（顾客愿意支付的价格）减去公司的期望利润来决定产品的**目标完全成本**（target full cost）——研发、制造和配送产品或服务的成本。目标定价有时也称为目标成本，因为预期的目标成本是从目标价格中推导的。继续完善上面的等式，我们可以得到目标价格等式：

市场价格下的销售收入
减：预期利润
＝目标完全成本

在这一关系中，公司对于市场价格是“被动接受”的。由市场设立价格，即消费者愿意付出的最高的价格，公司无法控制这个价格，因此，必须着眼于控制成本来获得预期的利润。完全成本包括价值链上所有的元素——生产成本和期间费用。如果产品现在的成本高于目标成本，公司必须要想办法降低成本否则无法达到目标利润。管理层经常使用作业成本法和价值工程结合来找出降低成本的方法。

我们回到 STL 公司。假设 STL 公司生产的一款平板电脑现在的市场价格是每台＄500。图表 25—3 显示了 STL 公司 2015 年销售 2 400 台平板电脑的预期营业收入。

图表 25—3　　STL 公司的预算利润表

销售收入		＄1 200 000
变动成本		
变动制造费用	＄588 000	
变动销售和管理费用	150 000	738 000
边际贡献		462 000
固定成本		
固定制造费用	110 000	
固定销售和管理费用	116 000	226 000
营业利润		＄236 000

因为平板电脑是商品，STL公司会强调目标价格策略。假设公司的股东希望达到10%的年度ROI。如果公司的平均资产是＄2 500 000，预期利润就是＄250 000。当前销售规模下产品的目标成本可以通过下表计算：

市场价格下的收入	＄1 200 000
减：预期利润	＄250 000
所有产品的目标成本	＄950 000

我们一旦知道了所有产品的目标成本，就可以分别分析固定成本和变动成本的构成。在目标成本为＄950 000的水平下，STL公司能够生产并销售2 400台平板电脑吗？我们从图表25—3中得知公司的单位变动成本是＄307.50（＄738 000/2 400）。这个单位变动成本包括生产成本、销售和管理成本。我们同时知道公司在目前的相关范围内的固定成本为＄226 000。一些固定成本来自生产，另外一些来自销售和管理活动。在制定常规价格的时候，公司必须覆盖到所有的成本——无论期间费用还是生产成本，无论固定成本还是变动成本。

生产并销售2 400台平板电脑目前会使公司花费＄964 000，比目标总成本高出＄14 000。STL公司有什么选择呢？

1. 接受更低的营业收入水平，236 000美元，相当于9.44%的回报率，而非股东所要求的10%。
2. 减少至少14 000美元的固定成本。
3. 减少至少14 000美元的变动成本。
4. 尝试增加销售量。如果公司拥有额外的生产能力，生产和销售更多产品只会影响变动成本；然而，这也同时意味着固定成本由更多的单位来分摊。因此单位产品的总成本会降低，利润会上升。
5. 变更或者增加产品组合。
6. 尝试差异化自己的平板电脑产品来获得对销售价格的控制。
7. 通过上述策略的组合来达到增加收入或者降低成本＄14 000的结果。

STL的管理层可以通过本量利分析来确定为了达到目标利润需要销售多少平板电脑。公司会考虑如何增加产品的需求，与此同时会带来成本的增长，比如广告支出。当目前成本超过目标完全成本时，管理层的任务并不轻松。有时，鉴于当前的价格，公司根本无力竞争。如果是这样的话，它们可能已经别无选择，只能退出该产品市场。

成本加成定价法

当一个公司是价格制定者时，它强调的是成本加成定价法。这一定价方法从本质上来说与目标价格定价法是相反的。成本加成定价法用公司的完全成本（给定的）加上它的期望利润，得出成本加成价格。

完全成本
加：预期利润
＝成本加成价格

正如你所见，我们用最基础的利润计算公式算出价格。

若产品是独特的，则公司能更多地控制价格的制定。公司仍旧需要确保成本加成价格不高于顾客愿意支付的价格。让我们看看开始时的 STL 公司的例子。这一次平板电脑有一定的品牌识别度，而预装好的学习软件让公司享有一定的声誉，因此公司对于产品的定价有一定的控制能力。使用成本加成定价策略，假设当前销售水平下预期平均资产利润率为 10%，成本加成价格是 $506，如下所示：

当前变动成本（$307.50×2 400）	$738 000
加：当前固定成本	226 000
完全产品成本	$964 000
加：期望利润（10%×2 500 000）	250 000
目标收入	$1 214 000
除以 DVD 的数量	÷2 400
单位成本加成定价	$506

标准平板电脑的市场价格是 $506，根据我们之前的假设，STL 公司能以 $506 或者更高的价格出售其品牌的产品吗？答案取决于公司将自己的产品或品牌差别化的程度。该公司可能会使用焦点小组访谈或市场调查来了解客户回应其成本加成价格的情况。公司可能会发现成本加成价格太高，或者可能发现可以再提高产品价格而不会降低销量。

定价决策遵循了两个关键指南：（1）强调相关信息；（2）使用边际贡献法来区分变动成本和固定成本。在定价决策中，所有的成本信息都是相关的，因为公司在盈利之前必须要弥补价值链上所有的成本。但是，我们仍需要分开考虑变动成本和固定成本，因为它们在不同的产量上有不同的性态。

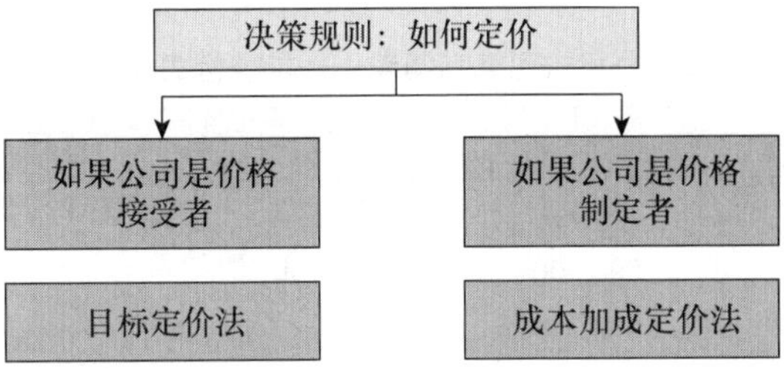

□ 特殊订单

当客户以更低的销售价格提出一个一次性订单时，一个特殊订单就发生了。在同意特殊交易之前，管理层必须要考虑如下问题：

- 企业是否有剩余的生产能力来满足该订单？
- 降低了的销售价格是否足以承担为实现订单而增加的成本？
- 从长期来看，特殊订单是否会影响正常销售？

第一，管理层必须考虑现有生产能力。如果企业按照其现有生产能力生产了足够多的产品，并且以正常价格出售，那么企业考虑较低价格的特殊订单就没有任何意义。因此，有剩余的生产能力是接受特殊订单的必要条件。这对服务业（律师事务所、美发店等）和制造业是一样的。

第二，管理层要考虑降低的价格是否足以弥补执行订单所增加的成本。特殊价格必须要超过执行订单的变动成本，否则企业就会在交易中赔钱。换句话说，特殊订单必须提供一个正的边际贡献。

第三，企业必须考虑固定成本。如果企业有剩余生产力，固定成本不会因为制造了更多的产品（或者提供了更多的服务）而受影响。但是，在一些例子中，管理者不得不增加其他的一些固定成本来完成特殊订单，例如，额外的保险费。如果是这样，它们需要考虑特殊销售价格是否高到足以提供正的边际贡献并且弥补额外的固定成本。

最后，管理层需要考虑从长远来说特殊订单是否会影响常规销售。老客户是否会发现特殊销货订单并且要求更低的价格或者与其他企业交易？特殊订单客户会不会一而再再而三地要求同样的低价格？特殊订单价格会不会在竞争者中引发价格战？管理层要确定这些问题的答案或者考虑客户会做出怎样的回应。管理层要确定是不是值得为特殊销售订单的利润而冒险。

让我们来看一个特殊销货订单的例子。我们知道 STL 销售平板电脑的正常价格是 $500 一台。假设一个公司给 STL $68 750 买 250 台平板电脑，即 $275 一台。与这一销售订单相关的信息如下：

- 会使用闲置的生产能力（剩余生产力）；
- 不会改变固定成本；
- 不会产生任何变动的非制造费用（因为特殊订单没有额外的营销费用）；
- 不会影响正常销售。

除此之外我们还有一个情况没有考虑：特殊订单价格是否可以弥补与该订单有关的变动制造费用？首先让我们来看看正确的方法和错误的方法，以此来得出答案。

假设 STL 在考虑特殊订单之前制造和销售了 2 400 台平板电脑。图表 25—4 展示了 STL 的预算利润表，左边使用传统利润表（完全成本法），右边展示了边际贡献利润表。

图表 25—4　　STL 公司的预算利润表——传统格式与边际贡献格式

传统格式		边际贡献格式		
销售收入	$1 200 000	销售收入		$1 200 000
销货成本	698 000	变动成本		
毛利润	502 000	变动制造费用	$588 000	
销售和管理费用	266 000	变动销售和管理费用	150 000	738 000
营业利润	$236 000	边际贡献		462 000
		固定成本		
		固定制造费用	110 000	
		固定销售和管理费用	116 000	226 000
		营业利润		$236 000

在传统利润表中，每单位产品成本是 $290.83（$698 000÷2 400）。一个没有检查数据的管理层可能会认为 STL 不应该接受特殊订单 $275 每台的价格，因为每台平板电脑的成本是 $290.83。但是表面的东西往往具有欺骗性！记住每台 $290.83 的成本是混合成本，包括了变动和固定成本的部分。为了正确回答我们的问题，我们需要找到仅仅只包含变动成本的单位制造费用。

图表 25—4 的右边展示了区分开变动费用与固定费用的边际贡献利润表。边际贡献利润表使我们看到单位产品的变动制造费用仅仅只有 $245（$588 000÷2 400）。特殊销售价格每台 $275 高于变动制造费用每台 $245。因此，特殊订单会提供一个 $30 的

正的边际贡献（＄275－＄245）。既然特殊订单量为 250 台，那 STL 接受这一订单，总的边际贡献应该上升＄7 500（250 台×＄30）。

使用差量分析法，STL 比较了从特殊销货订单获得的额外收入与增量成本，以此来确定特殊销货订单是否获利。图表 25—5 展示了特殊销货订单会增加＄68 750（250×＄275）的收入，但是也会增加＄61 250（250×＄245）的变动制造成本。因此，STL 的边际贡献会增加＄7 500，这与之前期望的一样。图表 25—4 的其他成本是非相关成本。因为 STL 没有付出特别的努力以获取这项销售，所以不管 STL 是否接受特殊销货订单，变动销售和管理费用是不会改变的。由于 STL 在不需新增生产能力的情况下，已有足够的闲置生产能力生产 250 台额外的平板电脑，所以，固定成本是不变的。固定销售和管理费用不会受特殊销货订单的影响。因为没有额外的固定成本，边际贡献的总增加额直接流入了营业利润中。结果，特殊订单会增加＄7 500 的利润。

图表 25—5　　**特殊订单决策的差量分析**

预期收入的增加（250×＄275）	＄68 750
预期变动制造费用的增加（250×＄245）	(61 250)
预期利润的增加（250×＄30）	＄7 500

注意，分析遵循前面提到的特殊业务决策的两项关键指南：

1. 强调相关收入、成本和利润。
2. 运用能区分变动和固定成本的边际贡献法。

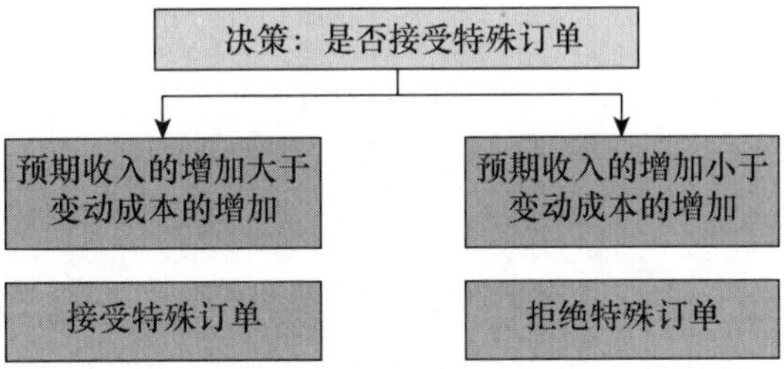

管理层如何决定生产、销售何种产品

决定生产、销售何种产品是管理层需要做的一项重要决策。如果制造工厂的生产能力有限，管理层必须要做出决定生产哪一种产品。如果商店中货架空间有限，管理层必须要决定摆放、销售哪种产品。而且管理层也要做出关停达不到预期盈利的产品、部门或者领域的决策。让我们来看看管理层是如何做决策的。

舍弃不盈利的产品与部门

管理层在决定产品、生产车间、生产领域是否停产时必须考虑以下一些问题：

- 产品是否产生了一个正的边际贡献？
- 如果公司不再生产该产品，固定成本是否仍旧存在？
- 如果公司停产该产品，是否有可以避免的直接固定成本？
- 停产该产品是否会影响公司其他产品的销售？

● 对于释放出来的生产能力，公司应该怎么办？

我们按照两个关键指南来做特殊业务决策：(1) 聚焦于相关数据；(2) 使用边际贡献法。相关财务数据依然是收入和成本中变化的部分，但是我们现在考虑的是产量的减少，而不是特殊订单决策时的增加。在接下来的例子中，我们将会看看管理层怎样决定停产一种产品。管理层在是否停产生产车间或生产领域时会使用同样的决策过程。

之前，我们只聚焦于STL的众多产品中的一个——标准平板电脑。现在我们来聚焦于两个产品——标准平板电脑和高级平板电脑。图表25—6展示了产品线的边际贡献利润表，假设固定成本由所有产品承担。中间一栏展示了标准平板电脑带来的收入，和图表25—4所展示的内容相同。因为高级平板电脑生产线营业亏损＄5 000，管理层决定让该生产线停止生产。

图表25—6　　产品的预算利润表

	总计	标准平板电脑	高级平板电脑
销售收入	＄1 430 000	＄1 200 000	＄230 000
变动成本			
变动制造费用	706 000	588 000	118 000
变动销售和管理费用	172 000	150 000	22 000
合计	878 000	738 000	140 000
边际贡献	552 000	462 000	90 000
固定成本			
固定制造费用	180 000	110 000	70 000
固定销售和管理费用	141 000	116 000	25 000
合计	321 000	226 000	95 000
营业利润	＄231 000	＄236 000	＄ (5 000)

管理者第一个问题是"该产品提供了一个正的边际贡献吗？"如果产品的边际贡献是负值，该产品就不能弥补它的变动成本。因此，公司应该停止该产品线的生产。但是，如果产品线有一个正的边际贡献，则至少它能帮助弥补公司的固定成本。在STL案例中，高级平板电脑产生了一个＄90 000的正的边际贡献。现在STL的管理层需要考虑固定成本了。

固定成本的影响

STL公司可以通过不同的方法来分配固定成本，每种方法分配给各个产品的承担的固定成本都不尽相同。举个例子来说，固定成本可以根据传统的直接人工工时、生产活动相关的成本或者其他方法进行分配。然而，从短期来看，很多固定成本的总值固定不变，不会因为分配方法发生变化。因此，除去那些因为决策不同而发生变化的固定成本，已分配的固定成本是无关信息。相关信息如下：

1. 产品线停产固定成本是否依然存在？
2. 如果高级平板电脑生产线停产，是否可以避免某些直接固定成本？

固定成本继续存在且保持不变　产品停产后继续存在的固定成本称为不可避免固定成本。不可避免固定成本是与决策无关的，因为它们不会因为公司关停生产线而发生变化——无论哪种方式它们都会存在。我们假设即使 STL 停产高级平板电脑其所有的固定成本（$321 000）仍会继续存在。假设 STL 在同一个工厂里使用与制造标准平板电脑同样的机器制造高级平板电脑。这一例子中，仅有高级平板电脑提供的边际贡献是相关的。如果 STL 停产高级平板电脑，它将会损失 $90 000 的边际贡献。

图表 25—7 的差量分析验证了损失。如果 STL 停产高级平板电脑，收入将会下降 230 000 美元，但是变动成本仅下降 $140 000，这导致营业利润 $90 000 的净亏损。因为固定成本不受影响，它们就不包括在分析中。这一分析表明管理层不应该停产高级平板电脑。对 STL 来说损失 $5 000 要比营业收入亏损 $90 000 好多了。

图表 25—7　　固定成本不变时产品停产的差量分析

预期的收入下降	$（230 000）
预期的总变动成本下降	140 000
预期的营业利润下降	$（90 000）

直接固定成本变动　在这一章中，我们假设 STL 公司使用独立的设备生产高级平板电脑。如果生产线停产，设备的租金就会停止，公司也会避免除 $3 000 以外所有的固定成本。在这种情况下，$92 000 的固定成本则只归属于生产高级平板电脑的生产线（$95 000 总固定成本－$3 000 不可避免的固定成本＝$92 000 可避免的固定成本）。这些是仅属于高级平板电脑的直接固定成本。因此，$92 000 的固定成本是可避免的固定成本，是和决策相关的，因为固定成本会随着生产线的停产而变化。

图表 25—8 表明如果 STL 停产高级平板电脑，在这一情况下可以增加 $2 000 的营业利润。因为虽然收入会下降 $230 000，但是费用下降得更多——$232 000，结果是营业利润净增长 $2 000。这一分析表明管理层应该停产高级平板电脑。

图表 25—8　　固定成本变动时产品停产的差量分析

预期的收入下降		$（230 000）
预期的总变动成本下降	$140 000	
预期的固定成本下降	92 000	
预期的总成本下降		232 000
预期的营业利润上升		$2 000

其他考虑事项　管理层也必须考虑产品、生产车间、生产领域的停产是否会影响其他产品的销售。迄今为止的案例中，我们假设停产高级平板电脑不会影响 STL 公司其他产品的销售。但是，考虑一下杂货店的情况。即使产品部门不盈利，管理层会放弃它吗？可能不会，因为如果那样做，就会失去需要一站式购物的顾客。在这种情形下，管理层必须要考虑放弃一个部门对其他部门的边际贡献造成的损失。再举一个例子，公司正在生产餐桌和椅子。消费者想要购置一套桌椅，如果公司停止了餐桌的生产，那么椅子的销售也必将受到影响。

管理层还必须考虑怎样来处理释放出来的剩余生产能力。在 STL 的例子中，我们假设 STL 公司使用相同的制造设备来生产标准平板电脑和高级平板电脑。如果 STL 停产高级平板电脑，它能够使用释放出的机器工时生产和销售另外的产品吗？管理层要确定使用机器来生产不同的产品是否能比生产高级平板电脑更加盈利。

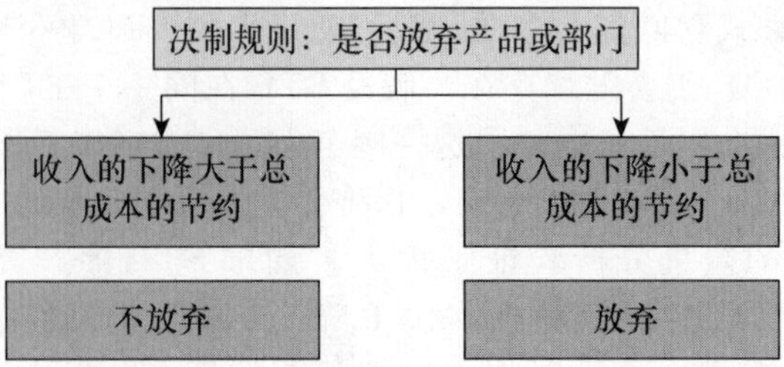

特殊决策要考虑所有被该项活动所影响的成本。管理层必须要问：总成本——变动成本和固定成本——将会如何改变？如图表 25—7 和图表 25—8 所示，决定是否放弃公司产品、部门或生产领域的关键是把损失的收入与停产所节约的成本进行比较，并且要考虑如何利用释放出来的生产能力。

产品组合

公司的资源是有限的。在不同的公司有不同的**约束因素**（constraints）限制产品的生产和销售。例如，对于像 STL 这样的制造商，生产能力可能受到人工工时、机器工时或材料数量的限制。对经销商而言，主要的限制可能来自货架空间。而其他公司则可能受到销售需求的限制。竞争可能是激烈的，因此公司仅仅能销售有限数量的产品，仅仅制造它能销售的产品。但是，如果公司能够销售它生产的所有产品，应该重点生产哪种产品呢？应该提高哪种产品的产量？受约束的公司应该考虑如下的问题：

- 什么约束因素使得公司不能制造所有能够销售出去的产品？
- 约束因素下哪种产品的单位边际贡献最大？
- 强调一种产品会影响固定成本吗？

让我们回到 STL 的例子。假设公司能够销售它所制造的所有标准平板电脑和高级平板电脑，但是它只有 19 500 机器工时的生产能力。公司使用同样的机器制造标准平板电脑和高级平板电脑。在这一案例中，机器工时是一个约束因素。请注意，这是一个短期的决策，因为从长远来看，如果在财务上来说有益，STL 可以扩展其生产设施，以满足市场需求。图表 25—9 中的数据表明高级平板电脑比标准平板电脑更盈利：

图表 25—9　　STL 的单位边际贡献

	标准平板电脑	高级平板电脑
每台平板电脑的销售价格	$500	$575
单位变动成本	307.5	350
边际贡献	192.5	225
边际贡献率		
标准平板电脑：192.5/500	38.5%	
高级平板电脑：225/575		39.13%

但是，一项重要的信息没有考虑——制造每台平板电脑的时间。我们假设生产一台标准平板电脑需要 7.5 机器工时，生产一台高级平板电脑需要 10 机器工时。不管怎样公司的固定成本都会发生，因此固定成本是不相关的。应该重点生产哪种产品？

决策规则：生产哪种产品
↓
在约束条件下单位边际贡献最高的产品

因为机器工时是一个约束因素，STL 需要计算出哪种产品有最高的单位工时边际贡献。图表 25—10 确定了每种产品的单位工时边际贡献。

图表 25—10 **STL 的单位工时边际贡献**

	标准平板电脑	高级平板电脑
(1) 生产一台平板电脑所需的机器工时	7.5	10
(2) 每个机器工时生产的平板电脑	0.133	0.1
(3) 每台平板电脑的边际贡献	\$192.5	\$225
每机器工时的边际贡献	\$25.66	\$22.50

标准平板电脑的单位工时边际贡献为 \$25.66，高于高级平板电脑的单位工时边际贡献 \$22.50。STL 可以通过制造标准平板电脑赚取更多的利润。因为虽然标准平板电脑的单位产品边际贡献比较低，但是在 19 500 机器工时内 STL 可以制造比高级平板电脑更多的标准平板电脑。图表 25—11 同样表明 STL 在标准平板电脑上赚取了更高的总利润。用可获得的生产能力乘以单位机器工时边际贡献可以得出 STL 通过制造标准平板电脑赚取了 \$500 370 的边际贡献，而高级平板电脑只有 \$438 750。

图表 25—11 **总边际贡献**

	标准平板电脑	高级平板电脑
每机器工时边际贡献	\$25.66	\$22.50
满负荷生产机器工时	× 19 500	× 19 500
满负荷生产总边际贡献	\$500 370	\$438 750

为了将利润最大化，STL 会制造 2 600 台标准平板电脑（19 500 机器工时×每小时 7.5 台标准平板电脑）而不生产高级平板电脑。为什么不生产高级平板电脑呢？因为每花一个机器工时生产高级平板电脑，就会损失掉 \$3.16 的边际贡献（标准平板电脑每机器工时边际贡献为 \$ 25.66，高级平板电脑为 \$22.50）。

这里我们有两个假设：(1) STL 其他产品的销量不会受该决策影响；(2) STL能够卖出它生产的所有标准平板电脑。让我们来质疑一下这两个假设。首先，仅仅制造标准平板电脑是否影响其他产品的销量？零售商乐于在店面同时展示标准平板电脑和高级平板电脑，以方便消费者对比选择。STL 只提供标准平板电脑，零售商可能会减少对其的展示，因此，如果 STL 不再销售高级平板电脑，标准平板电脑的销量可能会下降。

我们再来质疑第二个假设。假设一个新的竞争者使得 STL 的标准平板电脑市场需求量下降了。现在 STL 公司标准平板电脑的预期销售量是 2 400 台，生产能力为 2 600 台（19 500 工时/7.5 工时每台）。而竞争者出现后 STL 只能销售 2 000 台标准平板电脑，然后利用剩余的机器工时来生产高级平板电脑。让我们来看看这一限制对盈利性的影响。

通过图表 25—11 知道，STL 可以使用全部的 19 500 机器工时来生产标准平板电脑，从而获得 \$500 370 的边际贡献。但是，如果 STL 仅仅生产 2 000 台标准平板电脑，它仅仅使用了15 000机器工时（2 000台平板电脑×每台所需的7.5机器工时）。这样就剩下了4 500机器工时，可以生产450台高级平板电脑（4 500机器工时÷每台所需的10机器工时）。STL的新边际贡献如图表25—12所示。

图表25—12　　有限市场下STL公司的总边际贡献

	标准平板电脑	高级平板电脑	合计
单位工时边际贡献	$ 25.66	$ 22.50	
满负荷生产机器工时	× 15 000	× 4 500	19 500
满负荷生产能力的边际贡献合计	$ 384 900	$ 101 250	$ 486 150

因为产品组合的改变，STL的边际贡献从$ 500 370下降到$ 486 150，下降了$ 14 220。因为STL耗费4 500机器工时生产高级平板电脑而不是标准平板电脑，STL不得不放弃每单位机器工时$ 3.16（$ 25.66－$ 22.50）的边际贡献。但是，STL没有其他选择——公司生产出不能出售的标准平板电脑，就会蒙受实际损失。如果STL生产了2 600台标准平板电脑，但是仅仅售出了2 000台，公司花费了$ 184 500生产未售出的平板电脑（600台标准平板电脑×$ 307.5单位变动成本），却没有创造营业收入。

固定成本呢？在许多例子中，短期内改变产品组合不会影响固定成本，因此固定成本是不相关的。但是，固定成本可能因为强调不同的产品组合而有所不同。如果STL每月租用了生产高级平板电脑专用的生产机器会怎样呢？如果STL仅仅生产标准平板电脑，它就可以避免租赁费用。一旦STL生产高级平板电脑，就需要专用的机器。在这一例子中，固定成本是相关的，因为在不同的产品组合中它是不同的（仅仅生产高级平板电脑；仅仅生产标准平板电脑；两者同时生产）。

分析再次使用了特殊业务决策的两个指南：（1）强调相关数据；（2）使用可以区分开变动成本和固定成本的边际贡献法。

□ 销售组合

之前的分析主要关注制造业企业的生产限制。零售业同样拥有限制，其中展销空间便是重要的限制因素。零售业者受到店面大小的限制，所以管理者必须要决定展销何种商品。

因为STL公司的两种平板电脑的大小相同，我们来考虑布拉格公司，这个公司主要在机场开设礼品店。机场礼品店一般面积很小，布拉格公司的每家店面只有48层书架隔层。下面的表格展示了精装书和平装书的变动成本、销售价格以及边际贡献。

	精装书	平装书
销售价格	$ 28.00	$ 12.00
变动成本	19.60	7.20
边际贡献	$ 8.40	$ 4.80

固定成本不受展销商品的种类影响。根据这个信息，很明显精装书的边际贡献更大，应该重点生产。但是管理者还要考虑货架空间的限制。布拉格公司每一层书架可以放置10本精装书或者20本平装书。要记住，限制条件下最重要的就是对于单位限制因

素可以带来更多边际贡献的产品要重点生产。图表 25—13 展示了展销空间限制下总体的边际贡献。

图表 25—13　　展销空间限制下的总边际贡献

	精装书	平装书
每本书的边际贡献	$ 8.40	$ 4.80
每层可展示图书数量	10	20
每层的边际贡献	$ 84	$ 96

如果展销平装书，布拉格公司可以获得更多的利润。因此，公司应该重点展销平装书。但是，布拉格公司同时也应该考虑市场——机场的消费者想要什么？布拉格公司可展销的平装书是精装书的两倍。如果增加展销货物的种类，会不会增加销售量和加快消化库存？只展销平装书会不会导致销售量下降？当考虑销售组合的时候，其他的因素也要充分考虑。

外包及进一步加工的决策

现在我们从如何生产产品的角度来考虑短期业务决策，比如公司是否应该外包零部件生产、产成品是直接销售还是进一步加工？

外包

很多公司都选择外包自己的产品或服务。例如，一个连锁酒店可能会把自己的预订系统外包，这使得公司可以更加专注在首要的工作上——服务客人，而不是购置使用复杂的电子预订系统。通过外包，连锁酒店可以利用其他公司的专长，自己则可以集中在核心业务上。外包决策也经常称作自制或外购决策，因为决策者必须要考虑是购置一整套产品服务，还是自己生产。这个决策的核心是如何最好地利用可以利用的资源。

STL 公司正在决定是自己生产平板电脑的盒子，还是外包给专业生产纸盒的 CC 公司，这家公司专门为电脑、手机和其他电子产品生产包装盒。STL 公司生产 2 400 套包装盒的生产成本如下：

直接材料	$ 15 600
直接人工	7 200
变动制造费用	13 200
固定制造费用	19 200
生产成本合计	$ 55 200
纸盒总量	÷2 400
单位产品成本	$ 23

CC 公司以每只 $ 21 的价格向 STL 公司销售纸盒。STL 公司应该自制还是外购纸盒呢？STL 自制纸盒的单位成本 $ 23 比外购的单位成本高 $ 2。看起来，STL 公司应该外购该产品。但是，事情并非这么简单。因为单位制造成本包括固定成本和变动成

本。为了决定外购还是自制，管理层必须要单独评估固定成本和变动成本。下面展示了管理层做外包决策时必须要考虑的问题：

- 与外包成本相比，公司的变动成本怎样？
- 外包有无能够避免的固定成本？
- 对于释放出来的生产能力，公司应该怎么办？

让我们来看看这些问题如何运用到 STL 公司。通过购买纸盒，STL 能够避免所有的变动制造成本——直接材料＄15 600、直接人工＄7 200、变动制造费用＄13 200。总的来说，公司能够节约＄36 000 的变动制造成本，或者每盒＄15（＄36 000÷2 400 盒）。但是，STL 需要支付每盒＄21 的变动外包价格，或者说 2 400 个纸盒共＄50 400。仅仅基于变动成本，成本较低的是自制。但是，管理层必须要考虑固定成本。

首先，假设 STL 通过外包不能避免任何的固定成本。在这一例子中，公司的固定成本是决策不相关的，因为不管怎样 STL 都会发生＄19 200 的固定成本（固定成本不因备选方案而变化）。STL 应该继续自己制造纸盒，因为外包纸盒的变动成本＄50 400 超过了自制的变动成本＄36 000。图表 25—14 展示了关于外包决策的差量分析。

图表 25—14　　固定成本不变时外包决策的差量分析

成本	自制	外包	差异
变动成本			
直接材料	＄15 600		＄15 600
直接人工	7 200		7 200
变动制造费用	13 200		13 200
采购成本		＄50 400	(50 400)
总计	＄36 000	＄50 400	＄ (14 400)

但是，如果 STL 能通过外包来避免一些固定成本的发生会怎样呢？让我们假设管理层通过外包纸盒减少了＄12 000 的固定费用。即外包纸盒，STL 依然会发生＄7 200（＄19 200－＄12 000）的固定费用。在这一情况下，固定成本就是决策相关的，因为它随备选方案的不同而不同。

图表 25—15 显示了 STL 公司自制纸盒比从 CC 公司购买花费的成本低，虽然外购能减少＄12 000 的固定成本。自制纸盒净节约＄2 400。图表 25—15 同样显示了外购决策也遵循特殊业务决策的两项规则：(1) 强调相关数据（本例指成本差异）；(2) 采用划分固定成本和变动成本的边际贡献方法。

图表 25—15　　固定成本改变时外包决策的差量分析

成本	自制	外包	差异
变动成本			
直接材料	＄15 600		＄15 600
直接人工	7 200		7 200
变动制造费用	13 200		13 200
固定成本	12 000		12 000
采购成本		＄50 400	(50 400)
总计	＄48 000	＄50 400	＄ (2 400)

注意，如果没有根据成本性态将成本分为变动成本和固定成本，那么单位成本是有欺骗性的。如果 STL 的管理层通过比较单位总制造费用（＄23）与外包单位成本（＄21）来决策，那他们就会错误地决定外包。要记住单位制造成本（＄23）包括固定成本和变动成本部分，而外包成本（＄21）仅仅是变动的。为了做出正确的决策，必须要将两种成本分开分析。

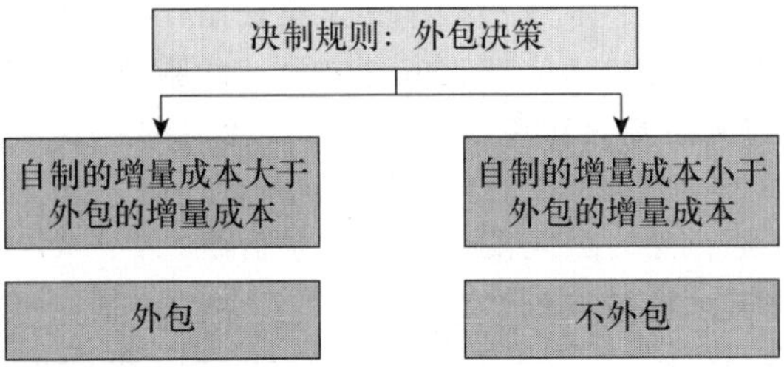

我们还没有考虑如果 STL 通过外包释放出来的生产能力。图表 25—15 分析了公司如果从 CC 外购纸盒，其生产能力将没有其他用途的情形。但是假定 STL 公司外购产品可以使工厂闲置出来生产更多的其他产品，预期利润为＄30 000。那么 STL 公司就要考虑其机会成本（opportunity cost）——如果不选择某种行为将会放弃的收益。在这个案例中，STL 公司制造纸盒的机会成本是它使用闲置设备生产更多新产品的利润＄30 000。

STL 的经理面临以下三种方案：

1. 利用生产设备自制；
2. 外购、机器设备闲置（假设外购能避免＄12 000 的固定成本）；
3. 外购、机器设备生产更多其他产品（假设外购能避免＄12 000 的固定成本）。

净成本最低的方案是机器设备得到最有效使用。三种方案的净成本比较如图表 25—16 所示：

图表 25—16　　变动成本改变且存在机会成本时外包决策的差量分析

成本	自制	外包（机器闲置）	外包（生产新产品）
预期成本	＄48 000	＄50 400	＄50 400
新产品的预期利润			(30 000)
预期净成本	＄48 000	＄50 400	＄20 600

STL 公司应该从 CC 公司购买纸盒，并且利用闲置设备生产更多的新产品。如果自制纸盒或外购纸盒但设备闲置，公司将丧失赚取＄30 000 的机会。

在制定决策时，STL 的经理不仅应当考虑收入和成本，而且也要考虑质量因素。比如，STL 公司的经理可能认为如果自制纸盒，则可以更好地控制其质量，因此应该选择自制。

在当今经济全球化的情况下，外包决策变得越来越重要。过去，由于协调、信息交流和文件处理等问题导致外包很不方便，所以采用较多的决策是“自制”。现在互联网使这些问题大大减少，即使供需方分别在地球的两边，公司也可以借助供需信息系统顺利完成交易。因此，公司应把重心放在核心竞争力方面，外包可承担越来越多的其他职能。

□ 直接销售还是进一步加工

公司应该在什么节点上销售自己的产品？许多公司，尤其是食品加工业和自然资源产业，面临着这一业务决策。这些行业的公司加工原材料（如牛奶、玉米、家畜、原油、木材）到可出售的某一节点上。例如，某公司在原料奶出售之前进行消毒，随后必须决定是将它卖出去或是进一步加工成乳制品（脱脂牛奶、黄油、酸奶油、奶酪、酸奶和其他乳制品）。在决定是直接销售还是进一步加工时，管理层考虑的问题如下：

- 如果直接销售，公司能获得多少销售收入？
- 进一步加工后销售，公司能获得多少销售收入？
- 进一步加工的成本是多少？

让我们来看看STL公司直接销售还是进一步加工的决策。假设STL公司可以原装销售其平板电脑产品，也可以增加一个前置的USB接口。增加一个USB接口的成本是＄5。这个成本涵盖了更新包装盒、USB零件和人工支出。这项功能在消费者中很受欢迎，并且拥有这项功能的平板电脑的售价会提高＄20。图表25—17展示了通过差量分析法得出的两种决策的不同。

图表25—17　　直接销售还是进一步加工决策的差量分析

成本	直接销售	进一步加工	差异
预期销售收入（2 400台×＄500）	＄1 200 000		
预期销售收入（2 400台×＄520）		＄1 248 000	＄48 000
额外加工成本（2 400台×＄5）		(12 000)	(12 000)
净利润总额	＄1 200 000	＄1 236 000	＄36 000

注意，STL公司的管理层没有考虑图表25—3所示的生产平板电脑的成本＄964 000（＄738 000变动成本＋＄226 000固定成本）。为什么？它是联合成本——一个生产过程生产出不同产品的成本（在这个例子中，不同产品指的是平板电脑和有USB接口的平板电脑）。联合成本是沉没成本。正如我们刚开始讨论的，沉没成本是过去发生的不管公司将来采取什么行动都不会变化的成本。STL公司会发生联合成本，不管它是销售没有USB接口的平板电脑，还是销售有USB接口的平板电脑。因此，联合成本是决策无关的。图表25—18说明了联合成本。

图表25—18　联合成本

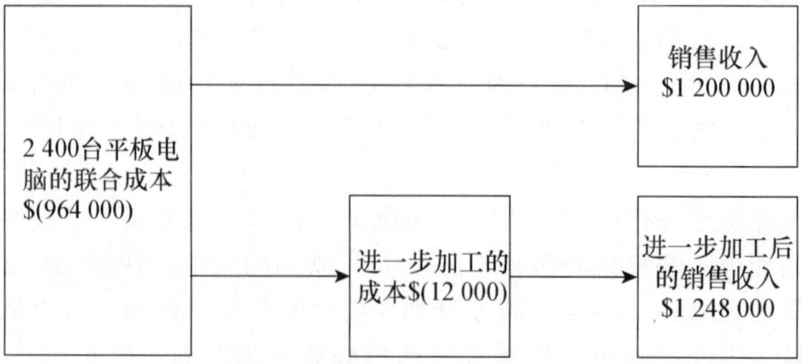

分析图表25—17中所有的相关成本，管理层会看到如果为产品增加USB接口，就可以增加＄36 000的利润。额外的＄48 000收入（＄1 248 000－＄1 200 000）超过了进

一步加工所需的＄12 000 的成本。

记住我们决策的关键指南：(1) 强调相关收入、成本和利润；(2) 运用能够区分变动和固定成本的边际贡献法。图表 25—18 的分析仅仅包括那些将来的成本和不同备选方案下不同的收入。假设 STL 公司已经有了为平板电脑增加 USB 接口的设备和人工。因为固定成本不因方案不同而变化，它们是不相关的。但是，如果 STL 需要获得设备或者雇用员工来为平板电脑增加接口，那么额外的固定成本就是相关的。固定成本仅仅在不同方案下有变化时才是相关的。

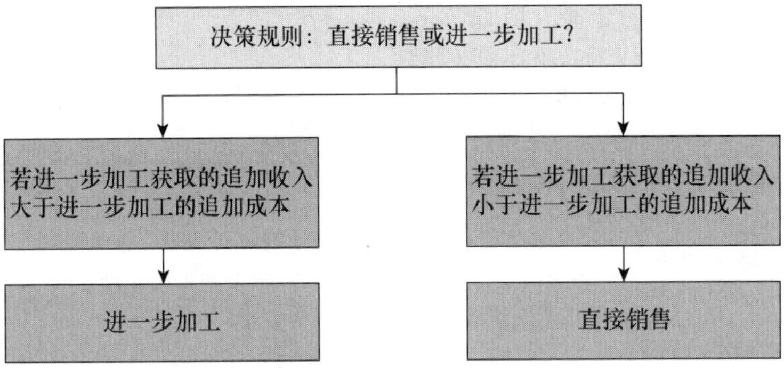

疑难问题 A 部分

P25-21A　确定哪些信息是相关的并且制定定价决策

位于南卡罗来纳州查尔斯顿的博易公司生产救生衣。博易公司 2014 年 12 月 31 日的报表包含的数据如下：

销售量	32000
销售收入	＄544 000
变动成本：	
生产成本	＄96 000
销售和管理费用	110 000
变动成本合计	206 000
边际贡献	338 000
固定成本：	
生产成本	127 000
销售和管理费用	95 000
固定成本合计	222 000
营业利润	＄116 000

假设欧文波德公司想购买 3 900 件救生背心，如果接受这笔订单，博易公司不会产生新的变动销售和管理费用。博易公司还有额外的生产能力来接受这笔订单。欧文波德公司愿意以每件＄8 的价格购买，正常的售价是＄17。

要求：

1. 确定利润表中的每项成本与博易公司的决策是否相关。

2. 进行差量分析，帮助公司决定是否应该接受特殊订单。

3. 指出该公司在决定是否接受特殊订单时应该考虑的长期因素。

P25-22A　定价决策

Green Thumb 是一家经营商业植物的苗圃，为地区的花园中心培育植物。Green Thumb 有＄4 800 000 的资产。它每年的固定成本是＄600 000，每加仑尺寸的盆栽土、容器、标签和幼苗的变动成本是＄1.35。Green Thumb 的产量是 470 000 单位。竞争者以＄3.6 的价格给花园提供中心同类别、同质量的植物。花园中心将它们标上价，按照植物种类以＄9～＄12 的价格出售。

要求：

1. Green Thumb 的股东希望实现 10%的年资产回报率。Green Thumb 的目标完全成本是多少?

2. 考虑到 Green Thumb 现在的成本，股东能实现他们的目标利润吗？

3. 假设 Green Thumb 找到了将其每单位变动成本减少到＄1.20 的方法，新的目标固定成本是多少？变动成本的减少能够使得公司的目标利润实现吗？

4. Green Thumb 开展了积极的广告战略，从而将他们的植物与其他苗圃培育的植物区别开来。Monrovia 公司使用了这一策略，因此 Green Thumb 也打算这样做。Green Thumb 不希望销售受到影响，但是希望有更多制定价格的控制权。如果 Green Thumb 今年花费＄115 000 做广告，并且其变动成本依然是＄1.20，它的成本加成价格是多少？你认为 Green Thumb 会以成本加成价格将植物销售给花园中心吗？为什么？

P25-23A 产品停产决策

安全系统公司的董事会成员收到了截止到 2014 年 5 月 31 日的年营业利润数据资料：

	工业系统	家庭系统	合计
销售收入	＄370 000	＄390 000	＄760 000
销货成本：			
变动成本	36 000	42 000	78 000
固定成本	260 000	65 000	325 000
销货成本合计	296 000	107 000	403 000
毛利	74 000	283 000	357 000
销售和管理费用：			
变动	66 000	75 000	141 000
固定	44 000	24 000	68 000
销售和管理费用合计	110 000	99 000	209 000
营业利润（损失）	＄（36 000）	＄184 000	＄148 000

董事会成员吃惊地发现工业系统产品线正在遭受损失，他们正在讨论是否要停止该生产线。公司的会计人员估计放弃该生产线将降低固定成本＄84 000 与固定销售和管理费用＄14 000。

要求：

1. 采用差量分析法说明公司是否应该放弃工业系统生产线。

2. 编制边际贡献利润表来说明两种选择下公司总的营业利润：（1）不停止工业生产线；（2）停止工业生产线。在两种选择的利润额和 1 的答案之间做比较，并说出通过比较发现的差异。

3. 从 2 的比较中你得出了什么结论？

P25-24A 产品组合的决策

佛罗里达州圣路易斯港的 Brik 公司生产豪华型和普通型电动牙刷。因为公司不管生产多少件产品都能销售出去，所以公司的所有者准备扩大生产规模。他们正在考虑应重点生产哪种产品。为了进行决策，他们收集了下列资料：

	豪华型	普通型
销售单价	＄88	＄52
单位变动费用	24	16
单位边际贡献	＄64	＄36
边际贡献率	72.7%	69.2%

经过扩张，工厂生产能力达到了每月 4 900 机器工时，每机器工时可以生产 60 个普通型牙刷或者是 28 个豪华型牙刷。

要求：

1. 找出 Brik 公司的约束因素。

2. 分析应该重点生产哪种产品。

P25-25A 外包决策

户外生活公司制造滑雪板。该公司生产 2 000 个滑雪板用固定装置的成本是：

直接材料	＄17 550
直接人工	3 400
变动制造费用	2 040
固定制造费用	6 300
生产成本合计	＄29 290

假设兰斯卡特公司向该公司销售固定装置的单位价格是＄14。该公司将固定装置运输到生产车间的运费每单位＄3，生产车间内贴上自己品牌标识的单位成本是＄0.7。

要求：

1. 户外生活公司的会计人员预计从兰斯卡特公司购买固定装置将使公司的固定制造成本减少＄2 100。请分析该公司应该自制还是外购固定装置。

2. 假设从兰斯卡特公司外购固定装置可以使闲置设备生产另外一种产品，该产品可以创造＄2 700 的利润。固定成本与自制固定装置相同。分析下面哪一个方案能够最有效地使用公司的设备：（a）自制固定装置；（b）外购固定装置，设备闲置；（c）外购固定装置，生产另外的产品。

P25-26A　直接销售还是进一步加工的决策

Smith Petroleum 公司提炼 62 000 加仑的石油馏出物需花费 $ 204 000。每加仑售价 $ 6.4。另外，Smith Petroleum 公司可以把石油馏出物加工为 56 000 加仑的清洗液，每加仑增加额外加工成本 $ 1.75，而每加仑清洗液销售价格为 $ 9。销售 1 加仑清洗液，该公司需支付 $ 0.13 的销售费用和 $ 0.18 的运输费用。

要求：

1. 以图表 25—18 为指导，编制该公司的选择方案图。

2. 确认沉没成本，沉没成本和该公司决策相关吗？

3. 分析说明该公司是应该卖出石油馏出物还是进一步加工为清洗液，并说明这两种方案预期净利润的差异。

小组作业

小组作业 25—1

Ledford 是一家房屋装修连锁店。Ledford 正在决定是否生产自己的家具系列，包括台面、橱柜、野餐桌。假设 Ledford 生产自己的产品会发生以下单位成本：

	台面	橱柜	野餐桌
单位直接材料	$ 15	$ 10	$ 25
单位直接人工	10	5	15
单位变动制造费用	5	2	6

假设 Ledford 外购这些产品而不是自己生产，供应商提供的价格为：台面 $ 40/件、橱柜 $ 25/件、野餐桌 $ 65/件。假设无论 Ledford 自制还是外购，公司每年的期望销售情况如下：

- 台面——每件 $ 130，售出 487 200 件
- 野餐桌——每件 $ 225，售出 100 000 件
- 橱柜——每件 $ 75，售出 150 000 件

假设 Ledford 拥有一套超额生产能力的生产设备，公司在利用这套设备生产产品时不产生额外的固定成本。如果自制比外购能够产生更多的利润，Ledford 将自己生产这一系列新产品。Ledford 的负责人就相关问题咨询你们团队。

要求：

1. 针对 Ledford 建设新厂房来生产产品，以下各项是否相关？

a. 台面、橱柜和野餐桌的单价（Ledford 向客户收取的产品售价）；

b. 如果 Ledford 外购产品而非自制，外部供应商针对三项产品向 Ledford 收取的价格；

c. Ledford 生产三项产品时发生的直接材料、直接人工和变动制造费用；

d. 负责人薪酬。

2. 判断 Ledford 自制还是外购台面、橱柜和野餐桌。换句话说，Ledford 自制和外购每项产品每年营业利润的差异是多少？

3. 提出你们的建议并写成备忘录，将建议交给 Ledford 的负责人。备忘录应当清晰地阐述你们的建议以及简要总结提出这些建议的原因。

第 26 章

资本投资决策

- 资本预算
- 投资回收期法和会计报酬率法
- 货币时间价值
- 贴现现金流模型

开设新店，人们会来购物吗？

考迪站在 Thacker's 商店新分店的停车场，看着新的顾客初次来到他的第 10 家分店。考迪很满意新的分店周围的交通。开设一家新的分店需要一笔很大的投资，从某种意义上说也是一次赌博。之前的第 9 家分店经营得并不理想。考迪没有做好对市场的评估，这导致第 9 家分店所在的地区没有足够的客流量为其创造足够的效益。劳动力不足和员工的流失也是巨大的问题。

幸运的是，考迪从失误中总结了经验，在最近一家分店的选址中更加谨慎。在最终决定第 10 家分店的地址时，考迪将地区的人口数量纳入考虑范围，以保证新的分店有足够的客流量和劳动力。他也分析了该地区其他类型的商店，并且特别留意了竞争对手的选址，因为这会影响其吸引顾客与员工的能力。到目前为止，考迪雇用的员工还是十分合格可靠的。整个团队的士气高昂，员工也非常快乐。考迪认为他在这家分店的投资能够得到很好的回报。他希望当前这家分店的利润可以允许他在明年开设下一家分店。

所有的公司都需要做投资决策——例如扩张、更新设备与革新技术。在长期资产投资上的良好决策对于商业上的长期成功至关重要。QuickTrip 公司于 1958 年在俄克拉荷马州的图尔萨开设了第一家便利店。50 年后的 2008 年，QuickTrip 公司开设了其第 500 家分店。现在这这家公司在美国 11 个州有超过 600 家分店和 10 000 多名员工。QuickTrip 公司有一个明确的目标，即通过选址在高客流量的地区成为当地市场最具统治力的便利店。为了实现这一目标，QuickTrip 公司在扩张时必须选择很好的地址。他们必须十分谨慎地考察每一处潜在的选址地点，并且通过一套完整的程序来确定新店的地点。

这一章的重点是学习分析潜在投资机会的方法，以保证最终的选择符合公司的需求，并实现最高的回报。

本章大纲

- 什么是资本预算？
- 回收期法和会计报酬率法如何操作？
- 什么是货币的时间价值？
- 什么是现金流折现法？

学习目的

1. 描述资本投资和资本预算的过程。
2. 运用回收期法和会计报酬率法进行资本投资决策。
3. 利用货币时间价值计算一次总付和年金的现值。
4. 运用贴现现金流模型进行资本投资决策。

资本预算

在财务会计中，你学会了如何确认资本资产——长期使用的资产。其主要包括厂房、设备和办公设施。这些资产用于日常的生产经营活动中，它们被称为资本资产是因为这些资产是资本化的。这意味着这些资产在取得时将会被计入长期资产，并会在使用期内进行折旧。折旧是资本资产成本的分摊。用于日常生产的资本资产，例如，设备和厂房等，其成本被分配到了制造费用中。这些成本最终被转入销货成本中。未被用于日常生产的资本资产，例如，办公设施的成本被分配到销售和管理费用中，这是资本资产在其存续期内被分解成各种费用的另一种方式。

当通过建造或者购买取得一项资本资产时，公司就是在进行资本投资。本章的重点就是了解公司如何进行资本投资决策。资本投资决策的过程通常称为资本预算，即一个规划长期资产投资如何给公司带来最大收益的过程。资本预算对于公司来说至关重要，因为这些投资会影响生产经营活动很多年，并且需要大量的现金。

资本投资决策会影响所有的企业，因为它们试着通过自动化产品生产和实施新技术来使企业更加有效率。杂货商和零售商投资昂贵的自助结账收银机；航空公司投资自助值机服务设备。这些新的技术耗费大量金钱，管理层如何才能弄清这些扩张策略是不是一项明智的投资呢？可以运用资本预算分析来解决这个问题。一些大型企业会雇用专门的员工来从事资本预算分析，它们每年花费数千小时来决定进行哪项资本投资。

□ 资本预算过程

在之前了解如何制定总预算时，我们讨论了预算流程：制定战略、计划、执行和控制。这些目标同样适用于资本预算，但是由于资本资产长期性的特征，预算的过程更加复杂。图表 26—1 说明了资本预算的过程。

图表 26—1　　资本预算过程

制定战略 →	计划 →	执行 →	控制
制定长期目标	确认潜在资本投资 分析潜在资本投资 设置资本限额	执行通过批准的资本投资	进行投资后审计： 事中审计 事后审计

资本投资决策的第一步是制定战略。战略指的是公司的长期目标，例如，开拓国际市场，或者在某个市场上成为价值领先者。对于所有的预算——短期预算、长期预算等来说，这一步都是一样的。在公司制定战略之后，下一步就是制定具体的计划和预算来实现这些目标。

进行资本预算的第二步是计划，其中包括三个分步骤。第一步，确认潜在的资本投资，例如，新的技术和设备会帮助公司运营得更有效率、更有竞争力，或者盈利更多。员工、顾问和供应商经常为经理提供资本投资的选择。在明确潜在的资本投资决策之后，第二步就是使用一种或者多种资本预算方法分析这些投资。在这一章中，我们主要讨论四种方法：

1. 投资回收期法；
2. 会计报酬率法；
3. 净现值法；
4. 内部收益率法。

前两种方法，投资回收期法和会计报酬率法，计算较为简便、容易，对于期限相对较短的资本投资，如使用年限只有 3～5 年的电脑设备和软件投资，是比较有用的。投资回收期法和会计报酬率法也用于从期望不高的投资中找出潜在投资。投资回收期给管理层提供了投资将会多快收回的有价值的信息；会计报酬率说明了投资对公司权责发生制下收入的影响。

但是，如果资本投资期限比较长，这两种方法都是不准确的。为什么？因为它们没有考虑货币时间价值。后两种方法，净现值法和内部收益率法，考虑了货币时间价值，因此它们更加适合长期资本投资，如 STL 公司扩张平板电脑业务。管理层经常使用混合的方法来进行资本投资决策。

资本预算不是一门精密的科学。不管这些方法计算得多么准确，它们也只是基于不确定未来的预测——估计。估计必须考虑许多未知的因素，如顾客偏好的改变、竞争和政府法律。对未来预测越远，现实和预测的偏差就越大。所以，长期决策比短期决策的风险大。

有时分析涉及两阶段过程。第一阶段，管理层使用一个或是两个不包含货币时间价值的方法来审查投资：投资回收期法或会计报酬率法。这些简单的方法快速地去除掉非期望的投资。通过第一阶段审查的潜在投资进入第二阶段的分析。第二阶段，管理层使用净现值法或是内部收益率法进一步分析潜在投资。因为这两个方法考虑了货币时间价值，它们为潜在投资的获利性提供了更加准确的信息。

一些公司可能会进行所有满足或是超过他们决策标准的潜在投资。但是，因为资源的限制，另一些公司必须设置**资本限额**（capital rationing），在资本投资中做出选择，这也是计划过程中的第三个步骤。管理层根据资金的可获得性确定是否以及何时进行资本投资。例如，管理层可能会推迟三年购买一件设备，因为他们认为其他的投资更加重要。在三年期间，公司会重新评估是否仍需要投资该设备。可能技术已经发生了改变，可以获得更先进的设备；可能顾客的品位改变，公司不再需要该设备了。因为因素的变化，长期资本预算很少一成不变。

资本预算过程的第三步是执行——执行获得批准的投资决策以获得相应的资本资产。这些资产的主要目的是为企业创造利润。

资本预算过程的第四步是控制。大多数公司对资本投资进行**投资后审计**（post-audit）。在投资于资产后，它们将投资创造的实际净现金流入量与预测的净现金流入量进行比较。投资后审计帮助公司确定投资是否按计划进行，以及是否值得继续支持，还是应该放弃该项目，并且出售这些资产。管理层也使用投资后审计的反馈来更好地估计未来项目的净现金流入量。如果管理层将投资后审计作为一项常规工作，他们将更有可能提出契合实际净现金流量的资本投资建议。

□ 重点关注现金流

一般公认会计原则基于权责发生制，而资本预算关注现金流量。一项资本资产的吸引力取决于它在使用寿命期内产生净现金流入量（现金流入量减去现金流出量）的能力。基于权责发生制的营业利润包括非现金费用，如折旧费用和坏账费用。因此，资本投资的净现金流入量与营业利润是不同的。这一章中的四种方法，仅仅会计报酬率法使用的是基于权责发生制的利润，其他三种方法使用的都是投资项目的净现金流入量。

现金流入量包括投资创造的未来收入、投资所导致的持续现金运营成本节约和未来资产的残值。为了确定投资的净现金流入量，现金流入要冲抵现金流出，如投资的持续现金运营成本和翻修、维修以及保养费用。初始投资本身也是一项重要的现金流出。但是，在我们的计算中，将投资本身与其他和投资有关的现金流分开考虑。在例子和材料中，项目的净现金流量是给定的。现实中，大部分的资本投资分析都围绕使用投入整个组织的员工（或产品、营销等，取决于资本投资的类型）来尽可能准确地预测这些数据。图表 26—2 总结了资本投资中常见的现金流入和现金流出。

图表 26—2　　资本投资现金流

现金流入	现金流出
投资产生的收入	初始投资
节约的经营成本	新增的经营成本
残值收入	维修与保养费用

图表 26—3 反映了资本投资的生命周期。

图表 26—3　资本投资的生命周期

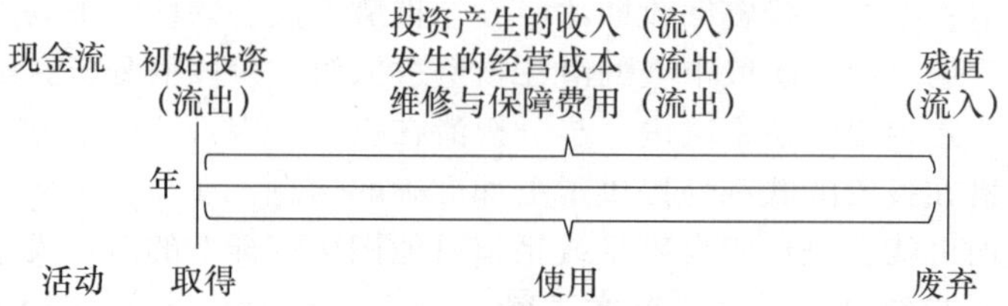

投资回收期法和会计报酬率法

投资回收期

投资回收期（payback period）是指以项目历年所获净现金流入量回收该项目最初投资所需要的时间。回收期模型测算管理者期望在多长时间收回投资。别的情况相同的话，回收期越短，资产越有吸引力。投资回收期的计算取决于每年净现金流入量是否相等，或者它们是否因时间不同而变化。我们将会逐一考虑。

每年等额净现金流入量的回收期

STL 正打算在硬件和软件上投资 \$240 000 来提供 B2B 接口。公司的员工可以通过这个接口进入公司授权的注册供应商市场。STL 希望接口在它的 6 年寿命期内，每年节约费用 \$60 000。费用节约主要源于采购人员的减少和所购买的货物或服务的价格下降。净现金流入量的增加主要源于收入的增加、费用的减少，或者两者同时作用。在 STL 案例中，净现金流入量的增加是由于更低的费用。

$$\text{投资回收期}=\frac{\text{投资额}}{\text{预期年净现金流入量}}$$

STL 公司的投资回收期为：

$$\text{B2B 接口的投资回收期}=\frac{\$240\,000}{\$60\,000}=4\text{ 年}$$

STL 公司希望在 4 年内（累计现金流入量达到 \$240 000）弥补投资在接口上的 \$240 000 资金。

STL 也考虑投资 \$240 000 升级网站。公司希望网站在 3 年寿命期内，每年产生 \$80 000 现金流入量。回收期计算如下：

$$网站升级回收期=\frac{\$240\ 000}{\$80\ 000}=3\ 年$$

STL 公司希望在 3 年内（累计现金流入量达到 \$240 000）弥补投资在网站上的 \$240 000 资金。图表 26—4 总结了投资回收期的计算过程。

图表 26—4　　投资回收期——每年等额净现金流入量

净现金流出		净现金流入			
		B2B 接口		网站升级	
年度	投资总额	平均每年	累计金额	平均每年	累计金额
0	\$240 000				
1		\$60 000	\$60 000	\$80 000	\$80 000
2		60 000	120 000	80 000	160 000
3		60 000	180 000	80 000	240 000
4		60 000	240 000		
5		60 000	300 000		
6		60 000	360 000		

每年净现金流入量不等的回收期

上述公式仅仅在每个期间净现金流入量相等时才成立。当期间净现金流入量不相等时，必须要加总净现金流入量直到总投资被弥补。假设 STL 正在考虑另外一项投资：Z80 接口。Z80 接口在两个方面和 B2B 接口有所不同：(1) 在寿命期内净现金流入量不等；(2) 在期末有 \$30 000 的残值。在第一年 Z80 接口能创造 \$100 000 的净现金流入量，第二年 \$80 000，第 3 和第 4 年每年 \$50 000，第 5 和第 6 年每年 \$30 000，最后将其出售能获得 \$30 000。图表 26—5 反映了在每年净现金流入量不等时的回收期。

图表 26—5　　投资回收期——每年等额净现金流入量不等

年度	净现金流出	净现金流入	
	投资总额	平均每年金额	累计金额
0	\$240 000		
1		\$100 000	\$100 000
2		80 000	180 000
3		50 000	230 000
4		50 000	280 000
5		40 000	320 000
6		40 000	360 000
6（残值）		30 000	390 000

到第 3 年末，公司已经收回了初始投资 \$240 000 中的 \$230 000，因此仅仅只有 \$10 000 的短缺。因为第 4 年的期望净现金流入量是 \$50 000，到第 4 年末公司收回的

现金将会超过初始投资。因此，回收期在3～4年之间。假设现金流量在第4年平均发生，回收期计算如下：

$$回收期=3年+\frac{\$10\,000(第4年回收额)}{\$50\,000(第4年净现金流入量)}=3.2年$$

对投资回收期法的批评

对投资回收期法的主要批评来自它仅仅强调时间因素，而不是盈利性。投资回收期法仅仅考虑在投资回收期间发生的现金流入量，这一方法忽略了回收期以后的现金流入量。例如，图表26—4显示B2B接口将在回收期外继续产生2年的净现金流入量。这些额外的净现金流入量总和为＄120 000（＄60 000×2年），但是投资回收期法忽略了额外的现金流。同样的情况也发生在Z80接口上。如图表26—5所示，Z80接口在3.2年投资回收期后，产生额外的＄150 000（总计＄390 000现金流入量—＄240 000投资额）净现金流入量，其中包括残值。网站升级的寿命期和回收期是相同的（3年），如图表26—4所示，没有忽略任何现金流入量，但是网站升级仅仅能弥补成本并没有利润。由于这个原因，公司没有任何财务理由来投资该网站。

图表26—6比较了三种投资的回收期。如图表所描述，回收期没有考虑资产的盈利性。该方法仅仅告诉管理层成本将会多快被收回。虽然网站升级具有最短的回收期，但B2B接口和Z80接口是更好的投资，因为它们创造了利润。仅当其他因素都相同时投资回收期最短的投资才是最好的。因此，管理者经常使用投资回收期法来"排除"回收期过长的投资。在决定是否投资于资产时，管理者极少将投资回收期作为唯一的方法。

图表26—6 投资回收期的比较

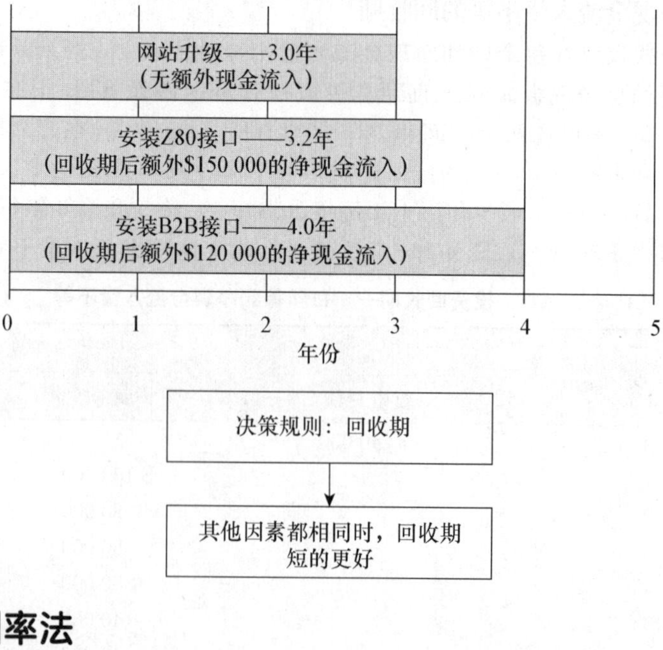

□ 会计报酬率法

企业的基本目标是获利。衡量获利能力的一个指标是**会计报酬率**（accounting rate of return，ARR）。计算公式如下：

会计报酬率=年平均营业利润/平均投资额

会计报酬率主要考虑资产创造的营业利润，而不是净现金流入量。资产的营业利润用净现金流入量减去折旧来计算。会计报酬率衡量资产在其整个生命周期的平均回报率。让我们先来看看没有残值的投资。

投资安装 B2B 接口，初始投资为＄240 000，每年有相等的净现金流入量＄60 000，寿命期是 6 年，没有残值。

首先考虑被除数年平均营业利润。年平均营业利润是资产寿命期内总营业利润之和除以寿命期的年数。营业利润是基于权责发生制计量的，因此，任何非现金费用，如折旧费用，必须从资产产生的净现金流入量中减去以得到营业利润。图表 26—7 展示了年均营业利润的计算方法。

图表 26—7　　资产年均营业利润计算

资产运营寿命期净现金流入量合计	A
减：资产寿命期折旧合计（成本一残值）	B
寿命期内的总营业利润	(A－B)
除：资产寿命期年数	C
资产年平均营业利润计算	(A－B)/C

安装 B2B 接口年均营业利润如下：

资产运营寿命期净现金流入量合计（＄60 000×6 年）	360 000
减：资产寿命期折旧合计（成本一残值）	240 000
寿命期内的总营业利润	120 000
除：资产寿命期年数	÷6
资产年平均营业利润计算	20 000

现在我们来看看会计报酬率等式的除数。资产的平均投资额等于资产寿命期初的账面净值加上资产寿命期末的账面净值之和除以 2。另外一种方法就是资产成本加上资产残值之和除以 2。资产的账面价值随着资产的折旧的提取逐年减少。

因为 B2B 接口没有残值，平均投资额是＄120 000（（＄240 000 成本＋＄0 残值）÷2）。

B2B 会计报酬率计算如下：

$$\text{会计报酬率}=\frac{\$20\ 000}{\$240\ 000-\$0}=\frac{\$20\ 000}{\$120\ 000}=0.167=16.70\%$$

现在来考虑 Z80 接口。Z80 和 B2B 唯一的不同是它寿命期内的净现金流入量是不等的，并且寿命期末有＄30 000 的残值。营业利润计算如下：

资产运营寿命期净现金流入量合计 （逐年相加，不包括寿命期末残值）	＄360 000
减：资产寿命期折旧合计 （成本一残值）	(210 000)
寿命期内的总营业利润	＄150 000
除：资产寿命期年数	÷6
资产年平均营业利润计算	＄25 000

注意，Z80 接口的年均营业利润＄25 000 高于 B2B 接口的年均营业利润＄20 000。因为 Z80 寿命期末有残值，折旧费用逐年减少，从而导致了较高的年均营业利润。

现在我们来计算一下会计报酬率的分母，资产的平均投资额。对于 Z80 来说，资产的平均投资额计算如下：

$$\text{资产平均投资额}=(\text{资产投资额}+\text{残值})/2=(\$240\,000+\$30\,000)/2=\$135\,000$$

Z80 的会计报酬率计算如下：

$$\text{会计报酬率}=\frac{\$25\,000}{(\$240\,000+\$30\,000)/2}=\frac{\$25\,000}{\$135\,000}=0.185=18.5\%$$

使用会计报酬率模型的公司往往会设定一个最低可接受的会计报酬率。如果 STL 公司需要至少 20%的报酬率，管理层就不会进行 B2B 或者 Z80 接口的投资，因为两项投资的会计报酬率都低于 20%。

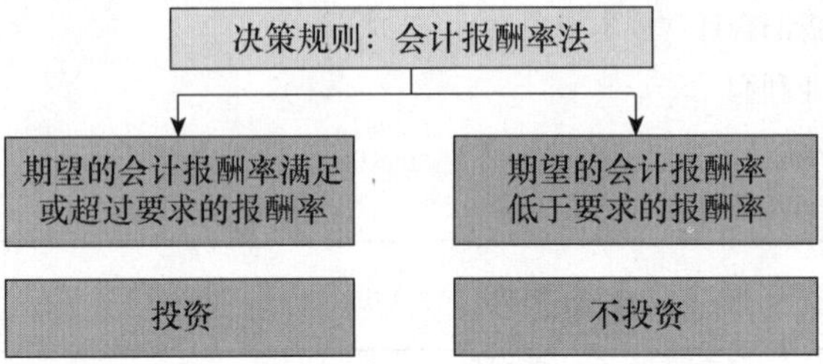

货币时间价值

今天收到的一美元比将来收到的一美元更值钱。因为你可以将今天的钱投资并且获得额外的收入。投资的货币随时间推移获得收入称为货币时间价值，这就解释了为什么我们偏爱尽早而不是尽晚收到现金。货币时间价值意味着资本投资的净现金流入的时点是非常重要的。有两种资本投资分析方法包含了货币时间价值：净现值法和内部收益率法。下面讨论货币时间价值确保你有坚实的基础来学习这两种方法。

影响货币时间价值的因素

货币时间价值取决于几个关键因素：

1. 本金（p）；
2. 期数（n）；
3. 利率（i）。

本金表示投资或借入的货币总额。本章讨论资本投资，我们将主要讨论投资的本金。但是，同样的概念也适用于借款（第 7 章所涉及的）。我们说的本金是一次总付的现金或是年金。例如，如果你中了彩票，你可以选择现在就拿到所有的奖金（一次总付）或者在将来的一定期限内获得一系列等额的支付（年金）。**年金**（annuity）是指在同样的利率、同样的时间间隔下收到的等额现金流①。

① 普通年金是指分期付款额发生在每期期末。期初年金是指分期付款额发生在每期期初。在本章我们使用普通年金，因为它更符合资本预算现金流假设。

回收期数（n）是指从投资开始到终止时的时间长度。其他条件相同的情况下，投资期越短，获得的利息总额就越少。如果你四年以后而不是五年以后取出你的存款，你得到的利息就会比较少。在本章，期数以年计①。

利率（i）是投资每年赚取的百分比。利率可分为单利和复利。

单利 vs. 复利

单利（simple interest）意味着利息的计算仅以本金为基础。复利（compound interest）意味着利息的计算以本金和到目前为止的所有利息为基础。复利假设赚取的所有利息都会继续投资，并且以同样的利率获得额外的利息。图表 26—8 比较了单利（6%）、5 年期、本金为＄10 000 与同样条件下复利的比较（四舍五入至个位）。

图表 26—8　　$10 000 本金、6%利率、5 年期的单利与复利比较

年份	单利计算	单利利息	复利计算	复利利息
1	＄10 000×6%＝	＄ 600	＄10 000×6%＝	＄600
2	＄10 000×6%＝	＄ 600	（＄10 000＋600）×6%＝	636
3	＄10 000×6%＝	＄ 600	（＄10 000＋600＋636）×6%＝	674
4	＄10 000×6%＝	＄ 600	（＄10 000＋600＋636＋674）×6%＝	715
5	＄10 000×6%＝	＄ 600	（＄10 000＋600＋636＋674＋715）×6%＝	758
	总利息	＄3 000	总利息	＄3 383

你可以看到，复利计算的每年利息随着计算基数（本金加上累积到当期的利息）的扩大而增加。在投资寿命期内，复利利息的总额比单利利息的总额多 10%。大部分的投资赚取的是复利利息而不是单利利息，因此本章剩下的部分将以复利计算。

幸运的是，涉及时间价值的复利计算不像图表 26—8 所示的那样枯燥。商务计算器和电子表格软件（如微软 Excel）简化了计算。在下一部分，我们将会讨论怎样使用这些工具来计算时间价值。

现值系数

一项投资的终值或现值可以简单地表示为投资在不同时间点上的价值。如果我们知道（或假设）前面提到的 3 个因素，就可以计算任何投资的终值和现值：（1）本金；（2）期数；（3）利率。例如，在图表 26—8 中，我们通过（1）＄10 000本金，（2）投资 5 年，（3）6%的利率来计算获得的利息。投资的终值就是其在第 5 年值多少钱——初始本金加上利息。在我们的例子中，投资的终值计算如下：

终值＝本金＋利息
　　＝＄10 000＋＄3 383
　　＝＄13 383

如果我们今天投资＄10 000，它的现值就是＄10 000。因此另一种计算终值的方法如下：

终值＝现值＋利息

① 期数也可以用天数、月数或者季度来表示。如果采用这些计量方式，利率就需要调整为以年度计的期数。

重新组织等式如下：

现值＝终值－利息

＄10 000＝＄13 383－＄3 383

现值与终值唯一的区别就是时间期限内获得的利息总额。

如图表 26—8 所示，计算每期的复利利息，然后将其加上现值从而计算出终值（或者从终值中减去利息得出现值），是很枯燥的。幸运的是，利率（i）和期数（n）的无限组合下的终值和现值数学公式已经制定出来。一次总付的投资和年金存在单独的公式。

商业计算器里存储有这些公式，只要使用者能正确地输入本金、利率和期数，就能算出现值或终值。微软 Excel 软件里也有这些公式。我们使用现值表来计算，该表格包括了不同利率和期数组合的公式的结果。

公式和结果表格在本书最后的附录中：

1. 1 美元现值（见附录表 1）——用于一次总付；
2. 1 美元年金现值（见附录表 2）——用于年金。

花些时间看看这些表格，本章剩下的内容将会用到这些表格。注意，列是利率（i），行是期数（n）。

每个表中的数据，称为现值系数，是用于＄1 投资（或贷款）的结果。计算一项不是＄1 的投资的现值，你可以将现值系数与未来总额相乘得出。

年金表是从一次总付表得来的。例如，年金系数（在＄1 年金现值表格中）是＄1 现值系数表中特定期数的现值系数之和。年金表格让我们能够“一步”计算出所有年金的现值，而无须单独计算每年现金收款额的现值再将它们加总。

使用现值系数计算单笔金额的现值

计算现值的过程通常称作对未来现金流的折现。让我们以图表 26—8 中的投资为例，这笔投资的终值是＄13 383。那么问题是：在年利率为 6％的情况下现在需要投资多少才能保证 5 年后得到＄13 383 呢？让我们使用现值系数来进行计算。

现值＝终值×（$i=6\%$，$n=5$ 的现值系数）

经过查询现值系数表我们得到现值系数为 0.747，得出计算结果如下：

现值＝终值×（$i=6\%$，$n=5$ 的现值系数）

＝＄13 383×0.747

＝＄9 997

年金现值

现在假设不是在五年后收到一笔总额，而是在每年末都收到一笔＄2 000 的款项。在每个相等的时间区间（年）收到相同的金额（＄2 000），就称为年金。假设利率为 6％，你现在需要投资多少才能在接下来的五年收到这笔款项呢？

从附录中的年金现值表（见附录表 2）可以得到 1 美元的年金现值系数，我们用这张表来计算年金。从利率 6％的列往下看，和期数为 5 的行相交，找到年金现值系数是 4.212。计算如下：

现值＝年金×年金现值系数（$i=6\%$，$n=5$）

＝＄2 000 × 4.212

=＄8 424

这是指按 6%的利率，现在一笔＄8 424 的投资能够在之后五年陆续收到总计＄10 000 的金额（＄2 000×5），差额是因为每年的期初余额投资所得到的利息收入。我们通过计算来验证这个结果：

年份	[1] 期初余额	[2] 实际利息收入	[3] 收到年金	[4] 期末余额
	上期 [4]	[1]× 6%	＄2 000	[1]+[2]−[3]
0				＄8 424
1	＄8 424	＄505	＄2 000	6 929
2	6 929	416	＄2 000	5 345
3	5 345	321	＄2 000	3 666
4	3 666	220	＄2 000	1 886
5	1 886	114*	＄2 000	0

* 四舍五入到 1 美元。

从这张表可以看出，一笔金额为＄8 424 的初始投资，一年产生的利息是＄505。第一年年末收到的＄2 000 的年金将期末余额减少至＄6 929（＄8 424＋＄505－＄2 000）。五年后的期末摊余成本为 0，就证明了这笔年金的现值为＄8 424。

□ 总结

假设你花＄5 购买彩票并获得了大奖，官方给你提供了下列三种方法来获得你的税后奖金：

选择 1：马上获得＄1 000 000；

选择 2：接下来的 10 年里，每年年末获得＄150 000；

选择 3：10 年后获得＄2 000 000。

你应该选择哪一选项呢？你可能会想等 10 年获得双倍的收入，你也可能想现在就拿到钱并花掉它。但是，假设你计划谨慎地投资你获得的所有钱——不管你何时收到钱——这样你在将来会有财务上的灵活性（如购买房产，提前退休或者去异国度假）。官方提供的每个选择的总额是不同的（＄1 000 000 vs. ＄1 500 000 vs. ＄2 000 000），现金流产生的时间是也不同的（现在 vs. 每年 vs. 以后），你应如何选择支付方法呢？比较这三种选择就像拿苹果与橘子比较——我们不能那样做——除非找到一些共同的基础来进行比较。共同基础的比较就是奖金在某个时间点上的价值——比如说今天。换句话说，如果将每种支付办法转换成它的现值，就能用苹果比较苹果了。

我们已经知道了本金和每次付款的时间，因此要做的唯一假设就是利率。利率是会变化的，它取决于你在投资上愿意承担的风险总额。风险较高的投资（如股票投资者）需要较高的利率；更安全的投资（如美国联邦存款保险公司的银行存款）的利率较低。在比较可能的投资选择后，你选择了一个年回报率 8%的合同。我们已经知道了选择 1 的现值是＄1 000 000。让我们将其他两个付款选择换算为现值，以此来对它们进行比较。我们需要使用 1 美元年金现值表（见附录表 2）计算出选择 2（年金）的现值，并用＄1 现值表（见附录表 1）计算出选择 3（一次总付）的现值。为了获得现值系数，顺着 8%列往下看，与期数为 10 的行交叉。然后，完成计算如下：

选择 2：

现值＝每期付款额×（$i=8\%$，$n=10$ 的年金现值系数）
现值＝＄150 000×6.710
现值＝＄1 006 500

选择 3：

现值＝本金×（$i=8\%$，$n=10$ 的现值系数）
现值＝＄2 000 000×0.463
现值＝＄926 000

图表 26—9 中，我们将每种付款选择转化成了共同的基础——现值，因此我们可以做出有效的比较。根据这一比较，我们应该选择第 2 种支付办法，因为其现值是三种选择中最高的。

现在你知道了货币时间价值的概念，我们将会讨论包含货币时间价值的两种资本预算方法：净现值法和内部收益率法。

图表 26—9　　彩票奖金支付不同选择的现值

支付选择	奖金现值（$i=8\%$，$n=10$）
选择 1	＄1 000 000
选择 2	＄1 006 500
选择 3	＄926 500

彩票问题是一个如何运用折现现金流来分析资本投资的良好范例。公司通过原始投资购买资产，原始投资就是以现值计量的，这与彩票奖金中的选择 1 类似。而投资的目的在于提高未来的现金流，但是这些现金流必须折现为现值与初始的投资进行比较，这就与彩票奖金中的选择 2 类似。部分投资还存在残值，这意味着公司可以在使用寿命结束时出售资产来额外获得一笔现金流，这与彩票奖金中的选择 3 类似。

贴现现金流模型

回收期法和会计报酬率法没有考虑货币时间价值，即它们没有考虑净现金流产生的时间。贴现现金流量模型——净现值法和内部收益率法克服了这个缺点。这些模型使用复利假设，即假设公司在收到未来现金流时会重新投资。在美国，超过 85%的大型工业企业使用这些模型进行资本预算决策。服务业企业也使用这些模型。

净现值法和内部收益率法依靠现值计算来比较投资总额（初始投资成本）与期望净现金流入量。一项投资的净现金流入量包括所有与投资有关的未来现金流量，如未来销售收入的增加、成本的节约、冲抵投资的现金运营成本。因为现金流出量发生在现在，而现金流入量发生在将来，公司只能将现金流量转换到同一时间点，即现值，才能进行“苹果对苹果”的比较。公司使用现值而不是用终值来比较是因为投资的初始成本已经是现值了①。

① 如果投资是通过租赁付款购买，而不是目前的现金支出，我们仍将使用目前的现金价格作为其初始投资成本。如果没有目前的现金价格，可折现未来的租赁付款为现值，用现值来估计投资的当前价格。

如果投资的净现金流入量的现值超过了投资的初始成本，即是一个良好的投资。之前讨论的彩票即是一个“好的投资”，因为其净现金流入量的现值（三种付款方式中的任何一种方式的现值）超过了投资的成本（花费＄5 购买彩票）。让我们更进一步来分析净现值法。

□ 净现值法

STL 公司在考虑生产两种产品——笔记本电脑和台式电脑。每种产品需要不同的生产设备，但是设备的成本相同，都是 100 万美元。每台设备预计使用寿命为 5 年，没有净残值。两种产品预计净现金流入量的模式如图表 26—10 所示。

图表 26—10　　两个项目的预期现金流量表

	每年净现金流入量	
年份	笔记本电脑	台式电脑
1	＄305 450	＄500 000
2	305 450	350 000
3	305 450	300 000
4	305 450	250 000
5	305 450	40 000
合计	＄1 527 250	＄1 440 000

笔记本电脑的净现金流入量较大，而投资于台式电脑回收现金较早。我们用**净现值**（net present value，NPV）来确定哪个项目更好。NPV 是投资净现金流入量的现值与投资初始成本（现金流出）的净差异。我们折现净现金流入量——正如在彩票例子中做的——使用了 STL 公司的最低期望回报率。这一比率就是**折现率**（discount rate），因为它是用来计算现值的利率。折现率也叫期望报酬率（required rate of return），因为投资必须要满足或者超过这一比率才能被接受。贴现率的变化取决于投资的风险。风险越高，贴现率越高。STL 公司的投资贴现率为 14％。

我们比较净现金流入量的现值与投资的初始成本来确定哪一个项目满足或者超过了管理层的最低期望报酬率。换句话说，管理层是在决定 100 万美元价值更高还是项目的未来净现金流入量价值更高。管理层仅能通过在同一时间点上对两种款项进行有效比较，即比较它们的现值。

净现值——每期现金流量相等（年金）

STL 公司销售笔记本电脑预计每年产生净现金流入量＄305 450。每期等额的系列收款叫年金。因此，我们使用＄1 年金现值表（见附录表 2）找到 $i=14\%$，$n=5$ 的现值系数。

STL 的笔记本电脑项目净现金流入量的现值如下：

现值＝每期净现金流入量×($i=14\%$，$n=5$ 的年金现值系数)
　　＝＄305 450 ×3.433
　　＝＄1 048 610

从现值＄1 048 610 中减去＄1 000 000 的初始投资，就得到了笔记本电脑项目的净现值为＄48 610。

年度		年金现值系数（5 年，14%）	净现金流入量	现值合计
1～5		3.433	每年＄305 450	＄1 048 610
0	原始投资			(1 000 000)
	笔记本电脑项目的净现值			＄48 610

如果净现值为正，说明该项目可以获得比期望报酬率更高的收益；如果净现值为负，则说明该项目不能达到期望报酬率。所以，决策规则如下：

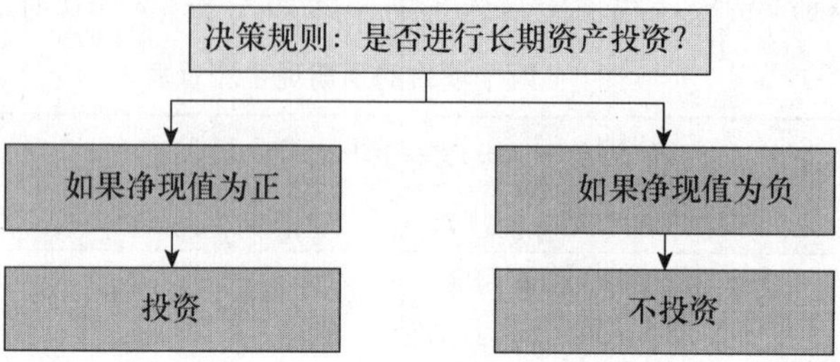

在 STL 案例中，净现值为＄48 610，说明笔记本电脑项目可以获得超出 14%的报酬率，笔记本电脑项目是有吸引力的。

管理层可以使用另外一种现值分析方法，计算项目的净现金流入量的总现值来确定公司在项目上可以投资的最大金额以及是否仍旧能获得目标报酬率。对于 STL 来说，净现金流入量的现值是＄1 048 610，这意味着 STL 最多能够投资＄1 048 610 并且仍能获得 14%的目标报酬率（即如果 STL 投资＄1 048 610，NPV 将会是 0，并且报酬率是 14%）。因为 STL 的管理层相信他们能够承受项目＄1 000 000 的成本，所以该项目是有吸引力的。

净现值——每期现金流量不等额

台式电脑与笔记本电脑相反，其净现金流入量是不同的：第一年为＄500 000，第二年为＄350 000，等等。因为金额不同，管理层不能使用年金表来计算台式电脑的现值，而必须使用＄1 现值表（见附录表 1）单独计算每年净现金流入量的现值（将其作为不同年份的一次总付款项）。第一年收到的＄500 000 净现金流入量用 $i=14\%$，$n=1$ 的现值系数折现，第二年收到的＄350 000 净现金流入量用 $i=14\%$，$n=2$ 的现值系数折现，等等。在分别计算五年净现金流入量的现值后，我们将结果加总得到台式电脑净现金流入量总的现值是＄1 078 910。最后，减去投资成本＄1 000 000 得到台式电脑的 NPV：＄78 910。

年份	$i=14\%$的现值系数		净现金流入量		每年净现金流量现值
第 1 年	0.877	×	＄500 000	＝	＄438 500
第 2 年	0.769	×	350 000	＝	269 150
第 3 年	0.675	×	300 000	＝	202 500
第 4 年	0.592	×	250 000	＝	148 000
第 5 年	0.519	×	40 000	＝	20 760
净现金流入量现值合计					1 078 910
初始投资					(1 000 000)
台式电脑项目净现值					＄78 910

因为净现值为正，STL 期望台式电脑能获得超过 14%目标回报率。因此，台式电脑项目是具有吸引力的。

我们的计算表明笔记本电脑和台式电脑两个项目的净现值均为正，因此都是值得投资的项目。但因为资源是有限的，企业常常不能投资全部满足投资标准的项目，这就是之前提到的资本限额问题。例如，STL 公司可能没有足够的资金同时投资笔记本电脑和台式电脑的项目，此时它应该选择台式电脑项目，因为该项目的净现值更高，在满足 14%的必要报酬率后还可以赚得额外的 \$78 910，而笔记本电脑项目则仅能赚得 \$48 610。

这个例子说明了一个重要观点，尽管笔记本电脑项目能提供更多的现金总流入，但由于台式电脑项目的现金流入时点更接近项目初始期，其净现值更高。台式电脑项目因为时间价值就成为了更有吸引力的项目，现金流入较少但回收期较短的台式电脑项目比现金流入较多但回收期较长的笔记本电脑项目更有价值。

净现值——有残值项目的净现值

因为残值的存在，许多资产在寿命期末都有现金流入量。当确定项目净现金流入量的总现值时，公司将投资的残值也进行折现。残值作为一次总付款项折现——不是年金——因为出售资产时，它仅仅“收到”一次。简言之，它仅仅是项目的另一种现金流入量。

假设 STL 希望笔记本项目设备在第 5 年末能值 \$100 000。为了确定笔记本电脑项目的净现值，我们使用 \$1 现值表（$i=14\%$，$n=5$）将 \$100 000 残值折现（见附录表 1）。然后将 \$51 900 现值加到计算出的笔记本电脑项目的其他净现金流入量的现值上（\$1 048 610）。新的净现值计算如下：

年份		贴现率为 14%的现值		净现金流入量		现值
1～5	年金现值	3.433	×	\$305 450	=	\$1 048 610
5	残值现值（一次总付）	0.519	×	\$100 000	=	51 900
净现金流入量总现值						\$1 100 510
初始投资						(1 000 000)
净现值						\$100 510

因为有预期的残值，现在笔记本电脑项目比台式电脑更加有吸引力了。如果 STL 仅仅能够投资笔记本电脑或台式电脑，那它会选择笔记本电脑项目，因为它的净现值是 \$100 510，高于台式电脑的净现值 \$78 910，并且两个项目都要求同样的初始投资 \$1 000 000。

盈利能力指数

如果 STL 公司必须要在笔记本电脑和台式电脑中做出选择，公司会选择台式电脑，因为它能获得更高的 NPV（\$78 910）。但是，比较两个项目的 NPV 仅仅在两个项目的初始成本相同时才是有效的。图表 26—11 总结了 STL 面临的 3 个资本投资选择，每个资本项目所要求的初始投资是不同的。三个项目的 NPV 都为正，因此它们都是有吸引力的。假设 STL 一次只能投资于一个项目，它应该选择哪个？项目 B 获得了一个最高的 NPV，但是它也要求比其他项目更大的初始投资。

图表 26—11 STL公司资本投资选择

现金流	项目A	项目B	项目C
净现金流入量现值	$150 000	$238 000	$182 000
初始投资	(125 000)	(200 000)	(150 000)
净现值（NPV）	$25 000	$38 000	$32 000

为了在项目中做出选择，STL计算了盈利能力指数（present value index，也称现值指数）。盈利能力指数计算如下：

盈利能力指数 ＝ 净现金流入量现值 ÷ 初始投资

盈利能力指数计算了每一美元所得到的回报，所有的计算都是用现值。它让我们可以以现值的形式比较不同投资（就像净现值法），同时它也考虑了不同投资的初始成本。让我们来计算三项投资的盈利能力指数。

净现金流入量现值÷初始投资＝盈利能力指数

项目A：$150 000÷$125 000＝1.20

项目B：$238 000÷$200 000＝1.19

项目C：$182 000÷$150 000＝1.21

盈利能力指数显示项目C是三个项目中最好的，因为每$1的投入它可以获得$1.21的回报（以现值表示）。项目B和C略微低一些。

让我们来看看STL公司的笔记本电脑和台式电脑的盈利能力指数：

笔记本电脑：$1 048 610÷$1 000 000＝1.049

台式电脑：$1 078 910÷$1 000 000＝1.079

盈利能力指数证实了我们前面的结论：台式电脑比笔记本电脑项目更有盈利性。台式电脑的回报是每$1获得$1.079（超过了已折现现金流下14%的回报率）。我们不需要盈利能力指数来确定台式电脑更好，因为两个项目都需要相同的投资额（$1 000 000）。如果STL公司选择了台式电脑而不是笔记本电脑，那么笔记本电脑就是其机会成本。机会成本指的是为了做出某种选择而所要放弃另一选择的最大价值。

□ 内部收益率

资本预算的另一个贴现现金流量模型是内部收益率（IRR）。**内部收益率**（internal rate of return）是公司预期从投资项目中获得的报酬率。投资项目的内部收益率是使投资项目的净现值等于零时的报酬率。

让我们从净现值的替代来看看这一概念：

NPV＝净现金流入现值－初始投资

如果

NPV＝0

那么

初始投资＝净现金流入现值

在计算净现值时，应当根据公司要求的必要报酬率来选取现值系数。如果净现值为正，则实际报酬率高于要求的报酬率，这就是个可接受的项目。但你并不知道具体报酬率是多少，只知道高于公司要求的必要报酬率。如果净现值为零，则实际报酬率等于要求报酬率。实际报酬率被称为内部收益率（IRR），换句话说，净现值为零时的 IRR 就是使原始投资金额等于未来各期现金流入现值的利率。内部收益率越高，项目就越有利。

内部收益率——每期净现金流量相等（年金）

让我们来考虑 STL 公司的笔记本电脑项目，它的成本是＄1 000 000，每年现金流量都是＄305 450。我们通过下列步骤计算每期现金流量相等（年金）的投资的内部收益率：

1. 内部收益率是使投资的成本等于投资净现金流入量的现值的利率，因此我们建立了下列公式：

初始成本＝净现金流入量的现值
初始成本＝每期等额净现金流入量×年金现值系数(i＝?,n＝给定)

2. 接下来，我们加上已知信息——投资成本，＄1 000 000，每期等额净现金流量，＄305 450，没有残值，期数是 5 年：

＄1 000 000＝＄305 450×年金现值系数(i＝?,n＝5)

3. 重新组织等式，解出年金现值系数（i＝?，n＝5）：

＄1 000 000÷＄305 450＝年金现值系数(i＝?,n＝5)
3.274＝年金现值系数(i＝?,n＝5)

4. 最后，我们要找到符合这一年金系数的利率。查看＄1 年金系数现值表（见附录表 2）。在我们的例子中，查找符合项目期望寿命期是 5 年的行。选择与步骤 3 中计算得出年金系数最接近的列。3.274 年金系数是在 16%一列。因此，笔记本电脑项目的内部收益率是 16%。STL 希望项目在寿命期内获得 16%的内部收益率。我们可以证实这一结果：使用 16%作为折现率，项目的净现值为 0。换句话说，16%是使投资的成本等于投资净现金流量的现值的利率。

年份		贴现率为 16%的现值系数		净现金流入量		现值合计
1—5	年金现值	（5 年，16%）3.274	×	＄305 450	＝	＄1 000 000
0	初始投资					(1 000 000)
	笔记本电脑项目的净现值					＄0

为了确定哪一个项目是可接受的，将内部收益率与期望报酬率进行比较。决策规则如下：

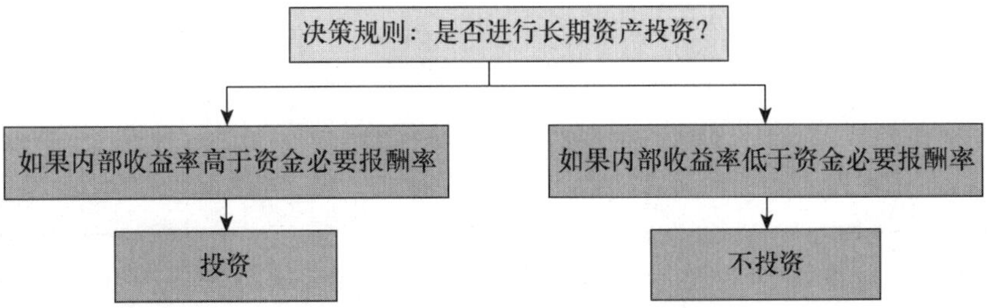

STL公司的期望报酬率是14%。因为笔记本电脑项目的内部收益率16%高于报酬率14%，STL会投资于该项目。

在笔记本电脑项目中，年金系数（3.274）精确地显示在$1年金现值表格中（见附录表2）。很多时候，精确的系数将不会出现在表格上。例如，让我们看看STL的B2B接口项目的内部收益率。B2B接口有6年寿命期限，每年净现金流入量是$60 000。投资成本是$240 000。我们通过下列步骤得到其年金现值系数：

初始成本＝净现金流入量的现值

初始成本＝每期等额净现金流入量×年金现值系数(i＝?,n＝给定)

$240 000＝$60 000×年金系数(i＝?,n＝6)

$240 000÷$60 000＝年金系数(i＝?,n＝6)

4.00＝年金系数(i＝?,n＝6)

现在看看$1年金现值表格中的期数为6的列（见附录表2）。你看在这一列你查不到4.00。两个最接近的系数是3.889（14%）和4.111（12%）。因此，B2B接口项目的内部收益率肯定是处于14%与12%之间。如果需要一个更精确的数据，我们可以插入一个值或者使用商业计算器、微软Excel来找到接口的精确内部收益率为12.978%。如果STL公司的期望回报率为14%，它就不会投资于B2B接口，因为接口的内部收益率低于14%。

内部收益率——每期现金流量不等

因为台式电脑每年现金流入量不相等，STL公司不能通过$1年金现值表找到资产的内部收益率，而是必须使用试错法来确定使项目净现值等于零的折现率。例如，因为最低期望报酬率是14%，STL会从14%开始计算来看台式电脑报酬率是否至少高于14%。回顾使用14%的折现率时台式电脑的净现值是$78 910。既然NPV是正值，内部收益率必然高于14%。STL会使用更高的折现率来继续试错，直到公司找到使台式电脑净现值为零的利率。在16%时，净现值是$40 390。因此，内部收益率必然高于16%。在折现率为18%时，净现值是$3 980，非常接近于零。这样，内部收益率就比18%略高。如果我们使用商业计算器，就会发现IRR是18.23%。

年份		净现金流入量	i=16%的现值系数	现值	净现金流入量	i=18%的现值系数	现值
	每年现金流入量现值						
1	(n=1)	$500 000	0.862	$431 000	$500 000	0.847	$423 500
2	(n=2)	350 000	0.743	260 050	350 000	0.718	251 300
3	(n=3)	300 000	0.641	192 300	300 000	0.609	182 700
4	(n=4)	250 000	0.552	138 000	250 000	0.516	129 000
5	(n=5)	40 000	0.476	19 040	40 000	0.437	17 480
	净现金流入量合计			1 040 390			1 003 980
0	初始投资			(1 000 000)			(1 000 000)
	NPV			$40 390			$3 980

台式电脑的内部收益率高于STL的14%期望收益率，因此台式电脑是有吸引力的。

比较资本预算方法

我们讨论了四种公司普遍用来做资本投资决策的资本预算方法。其中回收期和会计报酬率法不考虑货币时间价值。图表 26—12 总结了这两种方法之间的异同点。

图表 26—12　　资本预算方法比较

	回收期法	会计报酬率法	净现值法	内部收益率法
关注	● 公司收回投资花费的时间	● 投资如何影响营业利润	● 净现金流入量现值与初始投资之间的差异	● 基于折现现金流量的资本投资回报率
优点	● 计算简单 ● 强调回收期较长项目的风险	● 唯一使用权责发生制会计数据的方法 ● 衡量资产在其寿命周期内的盈利性	● 考虑了货币时间价值和资产全生命周期的净现金流入量 ● 表明资产是否获得了公司最低的期望报酬率 ● 显示资产净现金流入量现值与初始投资成本孰高孰低	● 考虑了货币时间价值和资产全生命周期的净现金流入量 ● 计算项目的独特的回报率 ● 对于资本限额决策，没有额外的步骤
缺点	● 忽视了回收期以后的任何现金流量，包括残值 ● 忽视了货币时间价值	● 忽视了货币时间价值	● 当资产需要不同的初始投资时，应该为资本限额决策计算盈利能力指数	● 没有商业计算器或电脑软件时，难以精确计算

管理层通常从不同的视角使用不止一种方法来看待风险和回报。例如，STL 公司应该投资净现值为正的资本项目，只要这些项目的投资回收期不超过 4 年。

敏感性分析

本章所讲的关于资本投资分析方法的例子，运用了附录中的现值系数表。这些计算也可以通过商务计算器的 NPV 和 IRR 功能来实现。利用计算机的电子表格软件，如 Microsoft Excel，就可以实现更有用处的计算，因为它可以通过对数据的简单操作来进行敏感性分析。敏感性分析是一个“如果……会怎样……”的技术，可以展示在假设前提改变的情况下结果会有什么不同。资本预算决策很大程度上影响着未来的现金流量。STL 公司的管理者想要知道他们的决策是否会受到任何一个主要假设变化的影响，例如，折现率从 14%变为 12%或者 16%，净现金流量增加或减少 10%。管理者在进行了基本的净现值分析后，还会进行敏感性分析，计算并评价结果。

我们使用 Excel 来计算 STL 公司两个项目（笔记本电脑和台式电脑项目）的净现值和内部收益率。回顾一下，两个项目都要求 $1 000 000 的初始投资，都没有残值。年净现金流入如下所示：

	每年净现金流入量	
年份	笔记本电脑	台式电脑
1	$ 305 450	$ 500 000
2	305 450	350 000
3	305 450	300 000
4	305 450	250 000
5	305 450	40 000
合计	$ 1 527 250	$ 1 440 000

一种设置 Excel 表格的方法是定义表中的输入和输出区域。输入部分的单元格在表格的顶端。含有公式并计算输出结果的单元格在输入部分单元格的下方。所有的输出结果都由输入的公式决定。这一方法使得使用者可以任意修改输入部分的单元格的内容，并且能让 Excel 表自动计算出输出的结果。图表 26—13 反映了 Excel 表格中两种投资决策的比较分析。

图表 26—13　　Excel 中的资本投资决策分析

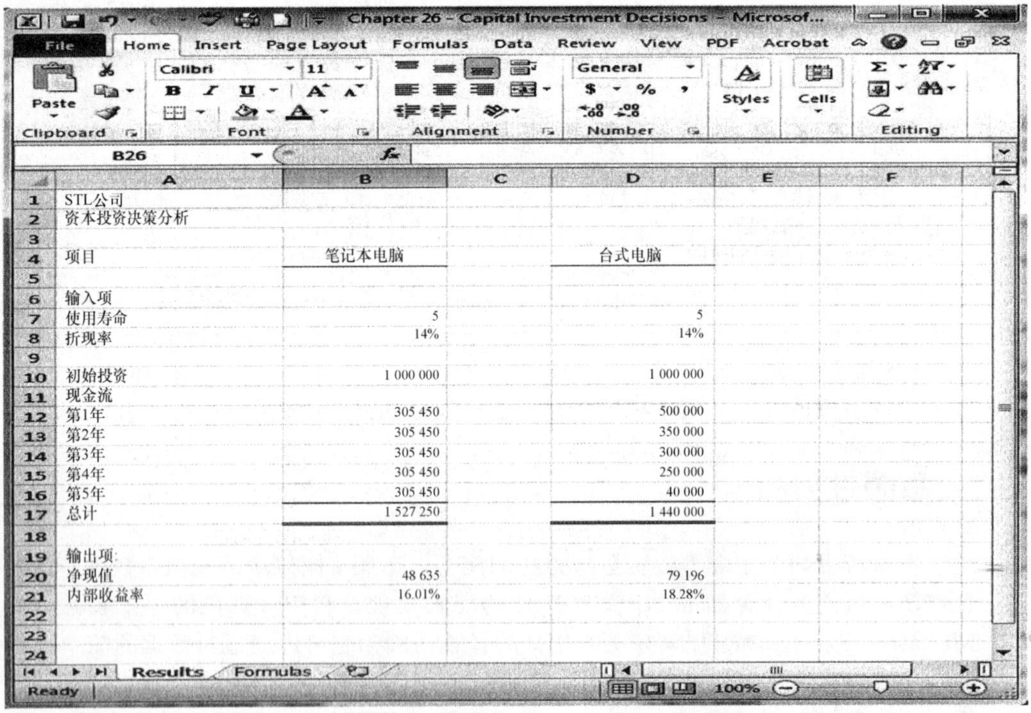

	A	B	C	D
1	STL公司			
2	资本投资决策分析			
3				
4	项目	笔记本电脑		台式电脑
5				
6	输入项			
7	使用寿命	5		5
8	折现率	14%		14%
9				
10	初始投资	1 000 000		1 000 000
11	现金流			
12	第1年	305 450		500 000
13	第2年	305 450		350 000
14	第3年	305 450		300 000
15	第4年	305 450		250 000
16	第5年	305 450		40 000
17	总计	1 527 250		1 440 000
18				
19	输出项:			
20	净现值	48 635		79 196
21	内部收益率	16.01%		18.28%

注意初始投资是负数的，代表它是一笔现金流出，现金流入就是正数。在结果输出界面可以看到，Excel 计算出笔记本电脑项目的净现值为 $ 48 635，比我们之前用现值表计算所得的结果（$ 48 610）多了 $ 25，这个差异是由现值表中的现值系数四舍五入到小数点后三位造成的。台式电脑项目的差异更大一些，为 $ 286（$ 79 196－$ 78 910）。然而对于一个 100 万美元的项目来说，这个差异仅仅占不到 0.03%（$ 286/$ 1 000 000），应该认为是不重要的。

图表 26—14 展示了两种投资决策下计算 NPV 和 IRR 的公式。

图表 26—14 Excel 工作表

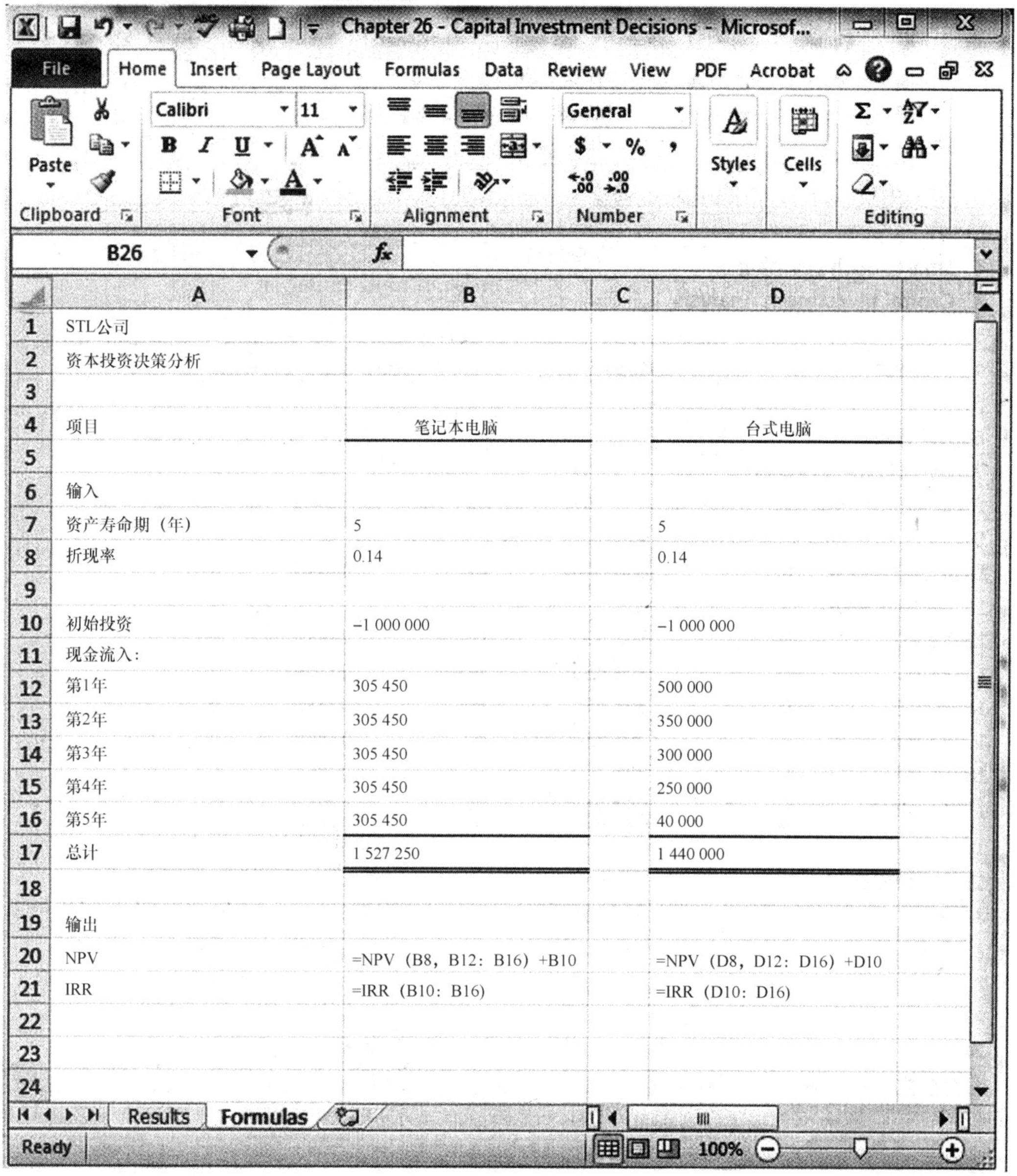

	A	B	C	D
1	STL公司			
2	资本投资决策分析			
3				
4	项目	笔记本电脑		台式电脑
5				
6	输入			
7	资产寿命期（年）	5		5
8	折现率	0.14		0.14
9				
10	初始投资	−1 000 000		−1 000 000
11	现金流入:			
12	第1年	305 450		500 000
13	第2年	305 450		350 000
14	第3年	305 450		300 000
15	第4年	305 450		250 000
16	第5年	305 450		40 000
17	总计	1 527 250		1 440 000
18				
19	输出			
20	NPV	=NPV（B8，B12：B16）+B10		=NPV（D8，D12：D16）+D10
21	IRR	=IRR（B10：B16）		=IRR（D10：D16）
22				
23				
24				

□ 资本限额

前文多次提到资本限额，这是一个值得回顾的话题。许多公司资源有限，难以做出决策去实施、延迟或否定某个项目。这些决策不仅仅是基于回收期、会计报酬率、净现值和内含报酬率等量化因素。定性因素也必须考虑。比如，一家公司可能选择净现值较低但是更环保的生产设备，或者接受一项不盈利的但是能够增加社会价值的项目。如果公司的选择会带来负面的公众效应，那么公司也应该考虑拒绝特定项目的机会成本和业务丢失的可能性。图表 26—15 显示了资本限额决策树。

图 26—15　资本限额决策树

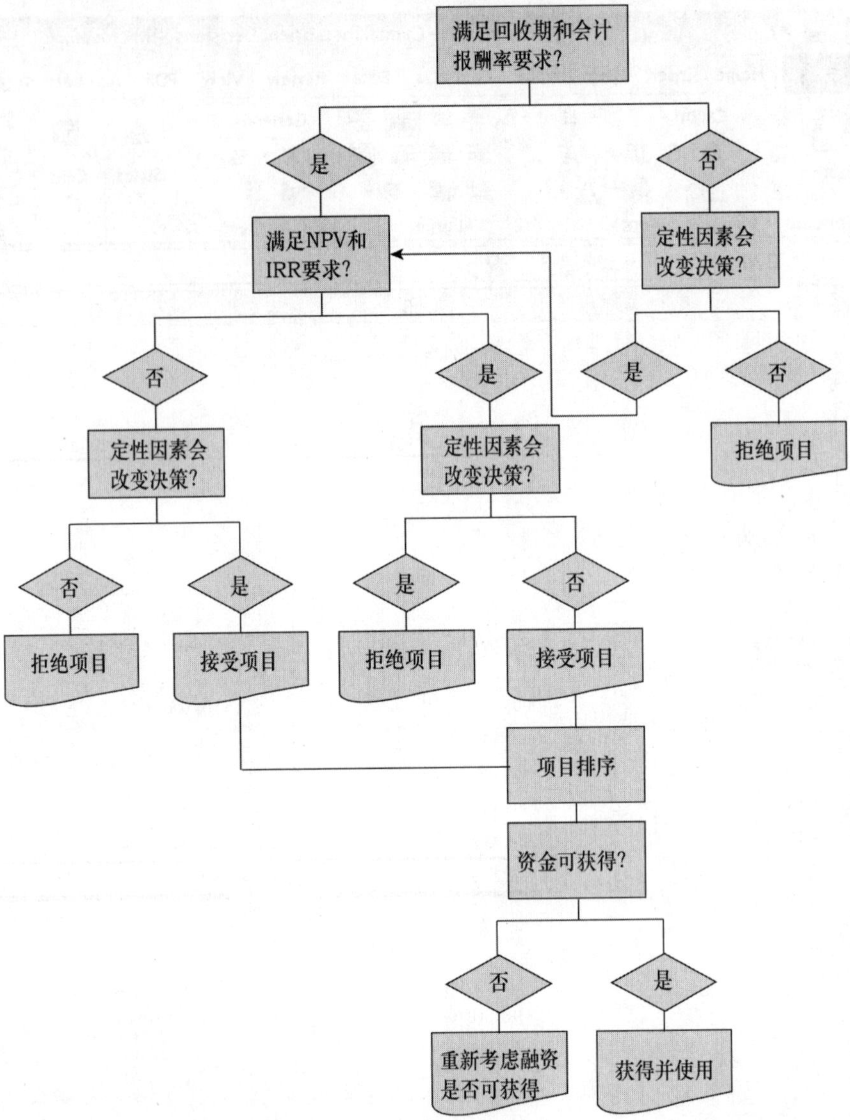

疑难问题 A 部分

P26-28A　运用货币的时间价值

你打算在 40 岁的时候退休并且有足够的钱保证你在接下来的 40 年里每年支取＄235 000。你计划从 25 岁到 40 岁的 15 年间每年将一笔等额的钱投入到一个基金中，并且这个基金每年的投资收益率是 12%。你想要将钱一直放在这个基金中，直到在 80 岁的时候被取完。

要求：

1. 到退休时你必须积累多少钱才能保证你的计划顺利进行？

2. 这个数额与你在退休期间从基金中取出的总数相比如何？这两个数额为何会不同？

P26-29A　运用回收期、会计报酬率、净现值、内部收益率和盈利能力指数进行资本投资决策

水行星公司计划以＄1 870 000 的价格在佐治亚州亚特兰大购买一座水上公园。新的公园在未来的 8 年内每年产生的净现金流入量为＄460 000。工程师估计公园内的设施可以使用 8 年，无残值。公司采用直线法进行折旧，并且其股东要求该笔投资每年的收益率达到 10%。

要求：

1. 计算该笔投资回报期、会计报酬率、净现值、内部收益率和盈利能力指数。

2. 判断水行星公司是否应该投资这个项目。

P26-30A　运用回收期、会计报酬率、净现值、内部收益率和盈利能力指数进行资本投资决策

Leches 公司拥有一些三明治快餐店。这家公司现在有两个扩张方案。A 方案是新开设 8 家比较小的分店，耗费的成本是 $ 8 400 000。预计未来 10 年产生的每年净现金流入量为 $ 1 500 000，无残值。B 方案是开设 3 家较大的分店，耗费的成本是 $ 8 250 000。预计未来 10 年产生的每年净现金流入量为 $ 1 080 000，预计残值为 $ 1 000 000。公司采用直线法进行折旧，并且其股东要求该笔投资每年的收益率达到 10%。

要求：

1. 计算该笔投资回收期、会计报酬率、净现值、内部收益率和盈利能力指数。

2. 这些资本预算方法的优劣分别是什么？

3. Leches 公司应该选择何种扩张方案？为什么？

4. 计算方案 A 的内部收益率。计算出的结果与公司要求的收益率比较如何？

P26-31A　在每期现金流入量不等时运用回收期、会计报酬率、净现值

Metz 制造公司有两种选择处理一台生产设备。选择一是以 $ 1 000 000 的成本对这台设备进行翻修。如果翻新，公司希望这台设备还可以继续使用 8 年并且不会有残值。选择二是以 $ 2 000 000 的成本更换一台新的设备。新的设备可以使用 10 年并且也没有残值。两种选择在未来的净现金流入量如下所示：

年度	翻新设备	更换设备
1	$ 500 000	$ 700 000
2	400 000	600 000
3	300 000	500 000
4	200 000	400 000
5	100 000	300 000
6	100 000	300 000
7	100 000	300 000
8	100 000	300 000
9		300 000
10		300 000
总计	1 800 000	4 000 000

Metz 制造公司使用直线折旧法，并且要求每年的回报率达到 10%。

要求：

1. 计算两种选择的回收期、会计报酬率、净现值和盈利能力指数。

2. Metz 制造公司应该选择哪一种处理方式？为什么？

P26-32A　使用 Excel 计算净现值和内部收益率

Crowell 公司在比较两项投资决策。两者的初始投资都是 $ 6 000 000，且在未来的 10 年里的净现金流入量都是 $ 10 000 000。公司要求这项投资的收益率达到 12%。具体每年的净现金流入如下所示：

年度	A 方案	B 方案
1	$ 1 000 000	$ 1 000 000
2	1 000 000	1 500 000
3	1 000 000	2 000 000
4	1 000 000	1 500 000
5	1 000 000	1 000 000
6	1 000 000	800 000
7	1 000 000	700 000
8	1 000 000	600 000
9	1 000 000	500 000
10	1 000 000	400 000
总计	10 000 000	10 000 000

要求：

1. 使用 Excel 计算两种方案的净现值和内部收益率。公司应该采用哪一种方案？

2. 解释净现值与内部收益率之间的关系。

3. 在进一步协商之后，现在公司的初始投资额改为 $ 5 500 000。重新计算净现值和内部报酬率。此时公司应该采用哪一种方案？

小组作业

小组作业 26—1

假如你正在考虑搬家，你需要决定是租房还是买房。根据这两个选择将你的团队划分为两个组。

要求：

1. 组1分析租房的选择。合适的租金是每月＄500，以后每年的月租金很可能会上涨＄50，准备一张显示接下来15年的租金支付情况的表格。为简单化问题，我们假设租金是按年支付，折现率为5%，来计算支付的租金现值。将现值金额四舍五入到整数。

2. 组2分析买房的选择。合适的房屋需要以5%的利率筹集资金＄105 876，在未来15年每年支付＄10 200（按年支付的假设是为了简化问题）。计算这些支付款项的现值，并运用Excel中合适的公式来准备一个如下的支付表（以下是以完成第一年的支付为例）：

年份	期初未偿还本金	支付额	利息	偿还本金	期末未偿还本金
0					＄105 876
1	＄105 876	＄10 200	＄5 294	＄4 906	100 970

3. 在每组准备完支付表后，整个团队再一起来进行讨论分析。每个选择的总现金支付为多少？现值为多少？这两个问题的结果又意味着什么？还有其他因素会影响租房或买房的决策吗？

附　录

现值及终值表

表1

$1的现值系数

	现值															
时期	1%	2%	3%	4%	5%	6%	7%	8%	9%	10%	12%	14%	15%	16%	18%	20%
1	0.990	0.980	0.971	0.962	0.952	0.943	0.935	0.926	0.917	0.909	0.893	0.877	0.870	0.862	0.847	0.833
2	0.980	0.961	0.943	0.925	0.907	0.890	0.873	0.857	0.842	0.826	0.797	0.769	0.756	0.743	0.718	0.694
3	0.971	0.942	0.915	0.889	0.864	0.840	0.816	0.794	0.772	0.751	0.712	0.675	0.658	0.641	0.609	0.579
4	0.961	0.924	0.888	0.855	0.823	0.792	0.763	0.735	0.708	0.683	0.636	0.592	0.572	0.552	0.516	0.482
5	0.951	0.906	0.883	0.822	0.784	0.747	0.713	0.681	0.650	0.621	0.567	0.519	0.497	0.476	0.437	0.402
6	0.942	0.888	0.837	0.790	0.746	0.705	0.666	0.630	0.596	0.564	0.507	0.456	0.432	0.410	0.370	0.335
7	0.933	0.871	0.813	0.760	0.711	0.665	0.623	0.583	0.547	0.513	0.452	0.400	0.376	0.354	0.314	0.279
8	0.923	0.853	0.789	0.731	0.677	0.627	0.582	0.540	0.502	0.467	0.404	0.351	0.327	0.305	0.266	0.233
9	0.914	0.837	0.766	0.703	0.645	0.592	0.544	0.500	0.460	0.424	0.361	0.308	0.284	0.263	0.225	0.194
10	0.905	0.820	0.744	0.676	0.614	0.558	0.508	0.463	0.422	0.386	0.322	0.270	0.247	0.227	0.191	0.162
11	0.896	0.804	0.722	0.650	0.585	0.527	0.475	0.429	0.388	0.350	0.287	0.237	0.215	0.195	0.162	0.135
12	0.887	0.788	0.701	0.625	0.557	0.497	0.444	0.397	0.356	0.319	0.257	0.208	0.187	0.168	0.137	0.112
13	0.879	0.773	0.681	0.601	0.530	0.469	0.415	0.368	0.326	0.290	0.229	0.182	0.163	0.145	0.116	0.093
14	0.870	0.758	0.661	0.577	0.505	0.442	0.388	0.340	0.299	0.263	0.205	0.160	0.141	0.125	0.099	0.078
15	0.861	0.743	0.642	0.555	0.481	0.417	0.362	0.315	0.275	0.239	0.183	0.140	0.123	0.108	0.084	0.065
16	0.853	0.728	0.623	0.534	0.458	0.394	0.339	0.292	0.252	0.218	0.163	0.123	0.107	0.093	0.071	0.054
17	0.844	0.714	0.605	0.513	0.436	0.371	0.317	0.270	0.231	0.198	0.146	0.108	0.093	0.080	0.060	0.045
18	0.836	0.700	0.587	0.494	0.416	0.350	0.296	0.250	0.212	0.180	0.130	0.095	0.081	0.069	0.051	0.038
19	0.828	0.686	0.570	0.475	0.396	0.331	0.277	0.232	0.194	0.164	0.116	0.083	0.070	0.060	0.043	0.031
20	0.820	0.673	0.554	0.456	0.377	0.312	0.258	0.215	0.178	0.149	0.104	0.073	0.061	0.051	0.037	0.026
21	0.811	0.660	0.538	0.439	0.359	0.294	0.242	0.199	0.164	0.135	0.093	0.064	0.053	0.044	0.031	0.022
22	0.803	0.647	0.522	0.422	0.342	0.278	0.226	0.184	0.150	0.123	0.083	0.056	0.046	0.038	0.026	0.018
23	0.795	0.634	0.507	0.406	0.326	0.262	0.211	0.170	0.138	0.112	0.074	0.049	0.040	0.033	0.022	0.015
24	0.788	0.622	0.492	0.390	0.310	0.247	0.197	0.158	0.126	0.102	0.066	0.043	0.035	0.028	0.019	0.013
25	0.780	0.610	0.478	0.375	0.295	0.233	0.184	0.146	0.116	0.092	0.059	0.038	0.030	0.024	0.016	0.010
26	0.772	0.598	0.464	0.361	0.281	0.220	0.172	0.135	0.106	0.084	0.053	0.033	0.026	0.021	0.014	0.009
27	0.764	0.586	0.450	0.347	0.268	0.207	0.161	0.125	0.098	0.076	0.047	0.029	0.023	0.018	0.011	0.007
28	0.757	0.574	0.437	0.333	0.255	0.196	0.150	0.116	0.090	0.069	0.042	0.026	0.020	0.016	0.010	0.006
29	0.749	0.563	0.424	0.321	0.243	0.185	0.141	0.107	0.082	0.063	0.037	0.022	0.017	0.014	0.008	0.005
30	0.742	0.552	0.412	0.308	0.231	0.174	0.131	0.099	0.075	0.057	0.033	0.020	0.015	0.012	0.007	0.004
40	0.672	0.453	0.307	0.208	0.142	0.097	0.067	0.046	0.032	0.022	0.011	0.005	0.004	0.003	0.001	0.001
50	0.608	0.372	0.228	0.141	0.087	0.054	0.034	0.021	0.013	0.009	0.003	0.001	0.001	0.001		

表2 $1年金的现值系数

时期	现值 1%	2%	3%	4%	5%	6%	7%	8%	9%	10%	12%	14%	15%	16%	18%	20%
1	0.990	0.980	0.971	0.962	0.952	0.943	0.935	0.926	0.917	0.909	0.893	0.877	0.870	0.862	0.847	0.833
2	1.970	1.942	1.913	1.886	1.859	1.833	1.808	1.783	1.759	1.736	1.690	1.647	1.626	1.605	1.566	1.528
3	2.941	2.884	2.829	2.775	2.723	2.673	2.624	2.577	2.531	2.487	2.402	2.322	2.283	2.246	2.174	2.106
4	3.902	3.808	3.717	3.630	3.546	3.465	3.387	3.312	3.240	3.170	3.037	2.914	2.855	2.798	2.690	2.589
5	4.853	4.713	4.580	4.452	4.329	4.212	4.100	3.993	3.890	3.791	3.605	3.433	3.352	3.274	3.127	2.991
6	5.795	5.601	5.417	5.242	5.076	4.917	4.767	4.623	4.486	4.355	4.111	3.889	3.784	3.685	3.498	3.326
7	6.728	6.472	6.230	6.002	5.786	5.582	5.389	5.206	5.033	4.868	4.564	4.288	4.160	4.039	3.812	3.605
8	7.652	7.325	7.020	6.733	6.463	6.210	5.971	5.747	5.535	5.335	4.968	4.639	4.487	4.344	4.078	3.837
9	8.566	8.162	7.786	7.435	7.108	6.802	6.515	6.247	5.995	5.759	5.328	4.946	4.772	4.607	4.303	4.031
10	9.471	8.983	8.530	8.111	7.722	7.360	7.024	6.710	6.418	6.145	5.650	5.216	5.019	4.833	4.494	4.192
11	10.368	9.787	9.253	8.760	8.306	7.887	7.499	7.139	6.805	6.495	5.938	5.453	5.234	5.029	4.656	4.327
12	11.255	10.575	9.954	9.385	8.863	8.384	7.943	7.536	7.161	6.814	6.194	5.660	5.421	5.197	4.793	4.439
13	12.134	11.348	10.635	9.986	9.394	8.853	8.358	7.904	7.487	7.103	6.424	5.842	5.583	5.342	4.910	4.533
14	13.004	12.106	11.296	10.563	9.899	9.295	8.745	8.244	7.786	7.367	6.628	6.002	5.724	5.468	5.008	4.611
15	13.865	12.849	11.938	11.118	10.380	9.712	9.108	8.559	8.061	7.606	6.811	6.142	5.847	5.575	5.092	4.675
16	14.718	13.578	12.561	11.652	10.838	10.106	9.447	8.851	8.313	7.824	6.974	6.265	5.954	5.669	5.162	4.730
17	15.562	14.292	13.166	12.166	11.274	10.477	9.763	9.122	8.544	8.022	7.120	6.373	6.047	5.749	5.222	4.775
18	16.398	14.992	13.754	12.659	11.690	10.828	10.059	9.372	8.756	8.201	7.250	6.467	6.128	5.818	5.273	4.812
19	17.226	15.678	14.324	13.134	12.085	11.158	10.336	9.604	8.950	8.365	7.366	6.550	6.198	5.877	5.316	4.844
20	18.046	16.351	14.878	13.590	12.462	11.470	10.594	9.818	9.129	8.514	7.469	6.623	6.259	5.929	5.353	4.870
21	18.857	17.011	15.415	14.029	12.821	11.764	10.836	10.017	9.292	8.649	7.562	6.687	6.312	5.973	5.384	4.891
22	19.660	17.658	15.937	14.451	13.163	12.042	11.061	10.201	9.442	8.772	7.645	6.743	6.359	6.011	5.410	4.909
23	20.456	18.292	16.444	14.857	13.489	12.303	11.272	10.371	9.580	8.883	7.718	6.792	6.399	6.044	5.432	4.925
24	21.243	18.914	16.936	15.247	13.799	12.550	11.469	10.529	9.707	8.985	7.784	6.835	6.434	6.073	5.451	4.937
25	22.023	19.523	17.413	15.622	14.094	12.783	11.654	10.675	9.823	9.077	7.843	6.873	6.464	6.097	5.467	4.948
26	22.795	20.121	17.877	15.983	14.375	13.003	11.826	10.810	9.929	9.161	7.896	6.906	6.491	6.118	5.480	4.956
27	23.560	20.707	18.327	16.330	14.643	13.211	11.987	10.935	10.027	9.237	7.943	6.935	6.514	6.136	5.492	4.964
28	24.316	21.281	18.764	16.663	14.898	13.406	12.137	11.051	10.116	9.307	7.984	6.961	6.534	6.152	5.502	4.970
29	25.066	21.844	19.189	16.984	15.141	13.591	12.278	11.158	10.198	9.370	8.022	6.983	6.551	6.166	5.510	4.975
30	25.808	22.396	19.600	17.292	15.373	13.765	12.409	11.258	10.274	9.427	8.055	7.003	6.566	6.177	5.517	4.979
40	32.835	27.355	23.115	19.793	17.159	15.046	13.332	11.925	10.757	9.779	8.244	7.105	6.642	6.234	5.548	4.997
50	39.196	31.424	25.730	21.482	18.256	15.762	13.801	12.234	10.962	9.915	8.305	7.133	6.661	6.246	5.554	4.999

表3

$1的终值系数

时期	现值												
	1%	2%	3%	4%	5%	6%	7%	8%	9%	10%	12%	14%	15%
1	1.010	1.020	1.030	1.040	1.050	1.060	1.070	1.080	1.090	1.100	1.120	1.140	1.150
2	1.020	1.040	1.061	1.082	1.103	1.124	1.145	1.166	1.188	1.210	1.254	1.300	1.323
3	1.030	1.061	1.093	1.125	1.158	1.191	1.225	1.260	1.295	1.331	1.405	1.482	1.521
4	1.041	1.082	1.126	1.170	1.216	1.262	1.311	1.360	1.412	1.464	1.574	1.689	1.749
5	1.051	1.104	1.159	1.217	1.276	1.338	1.403	1.469	1.539	1.611	1.762	1.925	2.011
6	1.062	1.126	1.194	1.265	1.340	1.419	1.501	1.587	1.677	1.772	1.974	2.195	2.313
7	1.072	1.149	1.230	1.316	1.407	1.504	1.606	1.714	1.828	1.949	2.211	2.502	2.660
8	1.083	1.172	1.267	1.369	1.477	1.594	1.718	1.851	1.993	2.144	2.476	2.853	3.059
9	1.094	1.195	1.305	1.423	1.551	1.689	1.838	1.999	2.172	2.358	2.773	3.252	3.518
10	1.105	1.219	1.344	1.480	1.629	1.791	1.967	2.159	2.367	2.594	3.106	3.707	4.046
11	1.116	1.243	1.384	1.539	1.710	1.898	2.105	2.332	2.580	2.853	3.479	4.226	4.652
12	1.127	1.268	1.426	1.601	1.796	2.012	2.252	2.518	2.813	3.138	3.896	4.818	5.350
13	1.138	1.294	1.469	1.665	1.886	2.133	2.410	2.720	3.066	3.452	4.363	5.492	6.153
14	1.149	1.319	1.513	1.732	1.980	2.261	2.579	2.937	3.342	3.798	4.887	6.261	7.076
15	1.161	1.346	1.558	1.801	2.079	2.397	2.759	3.172	3.642	4.177	5.474	7.138	8.137
16	1.173	1.373	1.605	1.873	2.183	2.540	2.952	3.426	3.970	4.595	6.130	8.137	9.358
17	1.184	1.400	1.653	1.948	2.292	2.693	3.159	3.700	4.328	5.054	6.866	9.276	10.76
18	1.196	1.428	1.702	2.026	2.407	2.854	3.380	3.996	4.717	5.560	7.690	10.58	12.38
19	1.208	1.457	1.754	2.107	2.527	3.026	3.617	4.316	5.142	6.116	8.613	12.06	14.23
20	1.220	1.486	1.806	2.191	2.653	3.207	3.870	4.661	5.604	6.728	9.646	13.74	16.37
21	1.232	1.516	1.860	2.279	2.786	3.400	4.141	5.034	6.109	7.400	10.80	15.67	18.82
22	1.245	1.546	1.916	2.370	2.925	3.604	4.430	5.437	6.659	8.140	12.10	17.86	21.64
23	1.257	1.577	1.974	2.465	3.072	3.820	4.741	5.871	7.258	8.954	13.55	20.36	24.89
24	1.270	1.608	2.033	2.563	3.225	4.049	5.072	6.341	7.911	9.850	15.18	23.21	28.63
25	1.282	1.641	2.094	2.666	3.386	4.292	5.427	6.848	8.623	10.83	17.00	26.46	32.92
26	1.295	1.673	2.157	2.772	3.556	4.549	5.807	7.396	9.399	11.92	19.04	30.17	37.86
27	1.308	1.707	2.221	2.883	3.733	4.822	6.214	7.988	10.25	13.11	21.32	34.39	43.54
28	1.321	1.741	2.288	2.999	3.920	5.112	6.649	8.627	11.17	14.42	23.88	39.20	50.07
29	1.335	1.776	2.357	3.119	4.116	5.418	7.114	9.317	12.17	15.86	26.75	44.69	57.58
30	1.348	1.811	2.427	3.243	4.322	5.743	7.612	10.06	13.27	17.45	29.96	50.95	66.21
40	1.489	2.208	3.262	4.801	7.040	10.29	14.97	21.72	31.41	45.26	93.05	188.9	267.9
50	1.645	2.692	4.384	7.107	11.47	18.42	29.46	46.90	74.36	117.4	289.0	700.2	1,084

表4

$1年金的终值系数

	现值												
时期	1%	2%	3%	4%	5%	6%	7%	8%	9%	10%	12%	14%	15%
1	1.000	1.000	1.000	1.000	1.000	1.000	1.000	1.000	1.000	1.000	1.000	1.000	1.000
2	2.010	2.020	2.030	2.040	2.050	2.060	2.070	2.080	2.090	2.100	2.120	2.140	2.150
3	3.030	3.060	3.091	3.122	3.153	3.184	3.215	3.246	3.278	3.310	3.374	3.440	3.473
4	4.060	4.122	4.184	4.246	4.310	4.375	4.440	4.506	4.573	4.641	4.779	4.921	4.993
5	5.101	5.204	5.309	5.416	5.526	5.637	5.751	5.867	5.985	6.105	6.353	6.610	6.742
6	6.152	6.308	6.468	6.633	6.802	6.975	7.153	7.336	7.523	7.716	8.115	8.536	8.754
7	7.214	7.434	7.662	7.898	8.142	8.394	8.654	8.923	9.200	9.487	10.09	10.73	11.07
8	8.286	8.583	8.892	9.214	9.549	9.897	10.26	10.64	11.03	11.44	12.30	13.23	13.73
9	9.369	9.755	10.16	10.58	11.03	11.49	11.98	12.49	13.02	13.58	14.78	16.09	16.79
10	10.46	10.95	11.46	12.01	12.58	13.18	13.82	14.49	15.19	15.94	17.55	19.34	20.30
11	11.57	12.17	12.81	13.49	14.21	14.97	15.78	16.65	17.56	18.53	20.65	23.04	24.35
12	12.68	13.41	14.19	15.03	15.92	16.87	17.89	18.98	20.14	21.38	24.13	27.27	29.00
13	13.81	14.68	15.62	16.63	17.71	18.88	20.14	21.50	22.95	24.52	28.03	32.09	34.35
14	14.95	15.97	17.09	18.29	19.60	21.02	22.55	24.21	26.02	27.98	32.39	37.58	40.50
15	16.10	17.29	18.60	20.02	21.58	23.28	25.13	27.15	29.36	31.77	37.28	43.84	47.58
16	17.26	18.64	20.16	21.82	23.66	25.67	27.89	30.32	33.00	35.95	42.75	50.98	55.72
17	18.43	20.01	21.76	23.70	25.84	28.21	30.84	33.75	36.97	40.54	48.88	59.12	65.08
18	19.61	21.41	23.41	25.65	28.13	30.91	34.00	37.45	41.30	45.60	55.75	68.39	75.84
19	20.81	22.84	25.12	27.67	30.54	33.76	37.38	41.45	46.02	51.16	63.44	78.97	88.21
20	22.02	24.30	26.87	29.78	33.07	36.79	41.00	45.76	51.16	57.28	72.05	91.02	102.4
21	23.24	25.78	28.68	31.97	35.72	39.99	44.87	50.42	56.76	64.00	81.70	104.8	118.8
22	24.47	27.30	30.54	34.25	38.51	43.39	49.01	55.46	62.87	71.40	92.50	120.4	137.6
23	25.72	28.85	32.45	36.62	41.43	47.00	53.44	60.89	69.53	79.54	104.6	138.3	159.3
24	26.97	30.42	34.43	39.08	44.50	50.82	58.18	66.76	76.79	88.50	118.2	158.7	184.2
25	28.24	32.03	36.46	41.65	47.73	54.86	63.25	73.11	84.70	98.35	133.3	181.9	212.8
26	29.53	33.67	38.55	44.31	51.11	59.16	68.68	79.95	93.32	109.2	150.3	208.3	245.7
27	30.82	35.34	40.71	47.08	54.67	63.71	74.48	87.35	102.7	121.1	169.4	238.5	283.6
28	32.13	37.05	42.93	49.97	58.40	68.53	80.70	95.34	113.0	134.2	190.7	272.9	327.1
29	33.45	38.79	45.22	52.97	62.32	73.64	87.35	104.0	124.1	148.6	214.6	312.1	377.2
30	34.78	40.57	47.58	56.08	66.44	79.06	94.46	113.3	136.3	164.5	241.3	356.8	434.7
40	48.89	60.40	75.40	95.03	120.8	154.8	199.6	259.1	337.9	442.6	767.1	1,342	1,779
50	64.46	84.58	112.8	152.7	209.3	290.3	406.5	573.8	815.1	1,164	2,400	4,995	7,218

图书在版编目（CIP）数据

会计学：第10版/诺布尔斯等著；刘俊勇等译. —北京：中国人民大学出版社，2016.5
（工商管理经典译丛. 会计与财务系列）
ISBN 978-7-300-22753-5

Ⅰ.①会… Ⅱ.①诺… ②刘… Ⅲ.①会计学 Ⅳ.①F230

中国版本图书馆CIP数据核字（2016）第073123号

工商管理经典译丛·会计与财务系列
会计学（第10版）
特蕾西·诺布尔斯
布伦达·马蒂森　　著
埃拉·梅·玛苏姆拉
刘俊勇 等　译
Kuaijixue

出版发行	中国人民大学出版社		
社　　址	北京中关村大街31号	**邮政编码**	100080
电　　话	010－62511242（总编室）		010－62511770（质管部）
	010－82501766（邮购部）		010－62514148（门市部）
	010－62515195（发行公司）		010－62515275（盗版举报）
网　　址	http://www.crup.com.cn		
经　　销	新华书店		
印　　刷	北京七色印务有限公司		
规　　格	185 mm×260 mm　16开本	**版　　次**	2016年5月第1版
印　　张	41.25插页1	**印　　次**	2020年3月第2次印刷
字　　数	1 010 000	**定　　价**	85.00元

尊敬的老师：

您好！

为了确保您及时有效地申请培生整体教学资源，请您务必完整填写如下表格，加盖学院的公章后传真给我们，我们将会在 2～3 个工作日内为您处理。

请填写所需教辅的开课信息：

采用教材			□中文版　□英文版　□双语版
作　　者		出版社	
版　　次		ISBN	
课程时间	始于　　年　月　日	学生人数	
	止于　　年　月　日	学生年级	□专　科　□本科 1/2 年级 □研究生　□本科 3/4 年级

请填写您的个人信息：

学　　校			
院系/专业			
姓　　名		职　　称	□助教　□讲师　□副教授　□教授
通信地址/邮编			
手　　机		电　　话	
传　　真			
official email（必填） （eg：xxx@ruc. edu. cn）		email （eg：xxx@163. com）	
是否愿意接受我们定期的新书讯息通知：	□是　　□否		

系/院主任：____________（签字）

（系/院办公室章）

______年______月______日

资源介绍：

——教材、常规教辅（PPT、教师手册、题库等）资源：请访问 www. pearsonhighered. com/educator；（免费）

——MyLabs/Mastering 系列在线平台：适合老师和学生共同使用；访问需要 Access Code；（付费）

100013 北京市东城区北三环东路 36 号环球贸易中心 D 座 1208 室

电话：（8610）57355003　　传真：（8610）58257961

Please send this form to：

教师教学服务说明

中国人民大学出版社财会出版分社以出版经典、高品质的会计、财务管理、审计等领域各层次教材为宗旨。

为了更好地为一线教师服务，近年来财会出版分社着力建设了一批数字化、立体化的网络教学资源。教师可以通过以下方式获得免费下载教学资源的权限：

在中国人民大学出版社网站 www.crup.com.cn 进行注册，注册后进入“会员中心”，在左侧点击“我的教师认证”，填写相关信息，提交后等待审核。我们将在一个工作日内为您开通相关资源的下载权限。

如您急需教学资源或需要其他帮助，请在工作时间与我们联络：

中国人民大学出版社　财会出版分社

联系电话：010-62515987，62511076

电子邮箱：ckcbfs@crup.com.cn

通讯地址：北京市海淀区中关村大街甲 59 号文化大厦 1501 室（100872）